William Lewis

Das deutsche Seerecht

ein Kommentar zum fünften Buch des Allgemeinen Deutschen Handelsgesetzbuchs

William Lewis

Das deutsche Seerecht
ein Kommentar zum fünften Buch des Allgemeinen Deutschen Handelsgesetzbuchs

ISBN/EAN: 9783744676083

Hergestellt in Europa, USA, Kanada, Australien, Japan

Cover: Foto ©Suzi / pixelio.de

Weitere Bücher finden Sie auf **www.hansebooks.com**

DAS

DEUTSCHE SEERECHT.

ERSTER BAND.

DAS
DEUTSCHE SEERECHT.

EIN KOMMENTAR

ZUM

FÜNFTEN BUCH
DES ALLGEMEINEN DEUTSCHEN HANDELSGESETZBUCHS
UND ZU DEN DASSELBE ERGÄNZENDEN GESETZEN

VON

Dr. WILLIAM LEWIS.

ZWEITE, VERMEHRTE UND VERBESSERTE AUFLAGE.

ERSTER BAND.

LEIPZIG,
VERLAG VON DUNCKER & HUMBLOT.
1883.

Vorwort.

Bei der ersten Auflage dieses Kommentars hatte ich mir die Aufgabe gestellt, eine möglichst allseitige Erklärung der Bestimmungen des V. Buchs des Deutschen Handelsgesetzbuchs und der dasselbe ergänzenden Gesetze zu geben; die den Regeln der Gesetze zu Grunde liegenden Prinzipien nachzuweisen und wieder daraus die Rechtssätze zu entwickeln, die der Gesetzgeber nicht ausdrücklich ausgesprochen. Auch bei der zweiten Auflage, von der ich hiermit den ersten Band dem Publikum vorlege, wird dieser Zweck verfolgt. Sodann aber habe ich zur Vergleichung die wichtigsten fremden Seerechte in weiterem Umfange und in eingehenderer Weise herangezogen, als dies bei der ersten Auflage der Fall war. Freilich musste ich mit Rücksicht auf den Charakter des Werkes diesen Ausführungen ihre Stelle in den Noten anweisen, woran man jedoch um so weniger Anstoss nehmen kann, als diese fast ausschliesslich dem gedachten Zwecke dienen. Ferner ist den Erläuterungen der Gesetzesstellen eine kurze Zusammenstellung der in den einzelnen Titeln des Gesetzbuchs enthaltenen Rechtssätze vorangeschickt worden. Auch abgesehen hiervon habe ich sämmtliche Materien einer eingehenden Prüfung und, wo es nöthig schien, Durcharbeitung unterworfen und dabei den neuesten Erscheinungen auf dem Gebiete des Seerechts, einschliesslich der Publikationen richterlicher Entscheidungen, eine sorgfältige Berücksichtigung zu Theil werden lassen.

Die Hoffnung, welche ich in der Vorrede zur ersten Auflage aussprach, dass mein Buch auch für die Praxis ein Hülfsmittel sein werde, hat mich nicht getäuscht. Und zwar hat dasselbe nicht nur in 'den Kreisen der praktischen Juristen, sondern auch in denen der Kaufleute, Rheder, Dispacheure und Nautiker Eingang gefunden. Die gerade aus diesen Kreisen im Anschluss an mein Buch in Betreff seerechtlicher Verhältnisse an mich ergangenen Anfragen haben mich auf manche Punkte, die mir sonst entgangen wären, aufmerksam gemacht. Indem ich hierfür den betreffenden Personen zu Dank verpflichtet bin, wünsche ich, dass das beim Seeverkehr betheiligte Publikum ein derartig sich bethätigendes Interesse, welches ganz besonders auf dem Gebiete des See- und Handelsrechts, wo die Verhältnisse immer und immer wieder neue rechtliche Gestaltungen zu Tage fördern, für den Schriftsteller fruchtbringend ist, meinem Buche auch fernerhin zuwenden möge.

Der zweite Band wird in kürzester Zeit folgen.

Berlin, den 10. Oktober 1883.

Lewis.

Inhalt.

In abgekürzter Form angeführte Werke.

Abbott (Lord Tenterden), *a treatise of the law relative to merchant ships and seamen, 12. ed. by* Samuel Prentice, London 1881.

Alauzet, *commentaire du code de commerce, 3 éd.*, Paris 1879.

Anschütz und Völderndorff, Kommentar zum Allgemeinen Deutschen Handelsgesetzbuch, Band III, Erlangen 1874.

Archiv für Entscheidungen der obersten Gerichte in den deutschen Staaten, hrsg. von Seuffert-Preusser, München 1847 ff.

Archiv für Theorie und Praxis des allgemeinen deutschen Handels- und Wechselrechts, hrsg. von Busch, Leipzig-Berlin 1862 ff.

Arnould, *on the law of marine insurance, 4. ed. by* Maclachlan, London 1872.

Bédarride, *commerce maritime (commentaire), 2. éd.*, Paris 1876.

Beseler, System des gemeinen deutschen Privatrechts, 3. Aufl., Berlin 1873; 1. Aufl. Bd. III, Berlin 1855.

Bravard-Veyrières et Demangeat, *traité complet de droit commercial*, Paris 1861 ff.

Caumont, *dictionnaire universel de droit maritime*, Paris 1867.

Centralorgan für das deutsche Handels- und Wechselrecht. Neue Folge, hrsg. von Löhr-Hartmann, Elberfeld 1865 ff.

Courcy, *questions de droit maritime*, Paris 1877, 1879.

Cresp, *cours de droit maritime*, hrsg. von Laurin, Paris und Aix 1876, 1878, 1882 (zitirt Cresp, Laurin bei Cresp, Cresp-Laurin, je nachdem es sich um Ausführungen des einen oder des anderen oder von beiden handelt).

Crump, *the principles of the law relating to marine insurance and general average*, London 1875.

Delamarre et Lepoitvin, *traité théorique et pratique de droit commercial, nouv. éd.*, Paris 1860 f.

Desjardins, *traité de droit commercial maritime*, Paris 1878, 1880, 1882.

Dufour, *droit maritime, commentaire des titres 1 et 2 l. II du code de comm.*, Rouen u. Paris 1859.

Ehrenberg, beschränkte Haftung des Schuldners nach See- und Handelsrecht, Jena 1880.

Endemann, das deutsche Handelsrecht, 3. Aufl., Heidelberg 1876.

Endemann, Handbuch des deutschen Handels-, See- und Wechselrechts, Bd. I u. II, Leipzig 1881, 1882, Bd. III 1. Hlfte., Bd. IV 1. Hlfte. 1883.

Entscheidungen des (Bundes-) Reichs-Oberhandelsgerichts, hrsg. von den Räthen des Gerichtshofes, Erlangen-Stuttgart 1871 ff.

Entscheidungen des Reichsgerichts in Zivilsachen, hrsg. von den Mitgliedern des
  Gerichtshofes, Leipzig 1880 ff.
Entscheidungen des Ober-Seeamts und der Seeämter des Deutschen Reichs,
  Hamburg 1878 ff.
Foard, *a treatise on the law of merchant shipping and freight*, London 1880.
Gerber, System des deutschen Privatrechts, 14. Aufl., Jena 1882.
Goldschmidt, Handbuch des Handelsrechts, Bd. I 2. Aufl. Stuttgart 1874,
  1875, Bd. II Erlangen 1868 (2. Aufl. 1. Hft. Stuttgart 1883).
Goujet et Merger, *dictionnaire de droit commercial, industriel et mari-
  time, 3. éd. par* Ruben de Couder (unter diesem Namen zitirt), Paris
  1877—1881.
Hahn, Kommentar zum Allgemeinen Deutschen Handelsgesetzbuch, Bd. II 2 Aufl.,
  Braunschweig 1883.
Hamburgische Handelsgerichts-Zeitung, Hamburg 1868 ff.
Hanseatische Gerichtszeitung, Hamburg 1880 ff.
Heise und Cropp, juristische Abhandlungen, Hamburg 1827, 1830.
Hoechster et Sacré, *manuel de droit commercial maritime français et
  étranger*, Paris 1875.
Kaltenborn, Grundsätze des praktischen europäischen Seerechts, Berlin 1851.
Kent, *commentaries on American law, 9. ed.*, Boston 1858.
Koch, Allgemeines Deutsches Handelsgesetzbuch mit Kommentar in Anmer-
  kungen, 2. Aufl., Berlin 1868.
Maclachlan, *a treatise on the law of merchant shipping, 3. ed.*, London
  1880.
Makower, das Allgemeine Deutsche Handelsgesetzbuch mit Kommentar,
  8. Aufl., Berlin 1880.
Mittermaier, Grundsätze des gemeinen deutschen Privatrechts, Bd. II, 7. Ausg.
  Regensburg 1847.
Neues Archiv für Handelsrecht, hrsg. von Voigt u. s. w., Hamburg 1858 ff.
Newson, *a digest of the law of shipping and of marine insurance, 2. ed.*,
  London 1883.
Oliver's *shipping law manual, 6. ed. by* Mills Roche, London 1879.
Pardessus, *collection de lois maritimes*, Paris 1828—1845.
Pardessus, *cours de droit commercial, 6. éd.* hrsg. von Rozière, Bd. III,
  Paris 1856.
Pöhls, Darstellung des Seerechts (Band III der Darstellung des gemeinen
  Deutschen und des Hamburgischen Handelsrechts), Hamburg 1830 ff.
Protokolle der Kommission zur Berathung eines allgemeinen Deutschen Handels-
  gesetzbuchs, hrsg. von Lutz, Würzburg 1858 ff.
Sammlung der Entscheidungen des Ober-Appellationsgerichts zu Lübeck, hrsg.
  von Kierulff, Hamburg-Lübeck 1866 ff.
Sammlung von seerechtlichen Erkenntnissen des Handelsgerichts zu Hamburg,
  hrsg. von Ullrich, Hamburg 1858 ff.
Sammlung von seerechtlichen Erkenntnissen des Handelsgerichts zu Hamburg,
  hrsg. von Seebohm, Hamburg 1866.
Sammlung von seerechtlichen Erkenntnissen des Handelsgerichts zu Hamburg,
  hrsg. von Hermann und Hirsch, Hamburg-Leipzig 1871 ff.
Stobbe, Handbuch des deutschen Privatrechts, Bd. I u. II 2. Aufl., Berlin 1882,
  1883, Bd. III 1878.
Thöl, das Handelsrecht, Bd. I 6. Aufl., Leipzig 1879.
Thöl, das Handelsrecht, Bd. III (das Transportgewerbe), Leipzig 1880.
Zeitschrift für das gesammte Handelsrecht, hrsg. von Goldschmidt u. s. w.,
  Erlangen-Stuttgart 1858 ff.

EINLEITUNG.

Die seerechtlichen Gesetze Deutschlands.

————

Das Seerecht ist schon frühzeitig in einzelnen deutschen Ländern durch die Gesetzgebung normirt worden. So ist das in einer Fassung aus dem J. 1292 erhaltene, später in die Statuten von 1497 aufgenommene Hamburger Schiffsrecht in seiner ältesten Gestalt wahrscheinlich bereits vor dem Stadtrecht von 1270 entstanden. Ebenso ist in Lübeck ein Seerecht im J. 1299 ausgearbeitet. Ein geschriebenes Seerecht, welches allerdings zunächst fast ausschliesslich öffentlichrechtlicher Natur ist, tritt uns auch seit dem 14. Jahrh. entgegen in den Hanserezessen, während das Hanseatische Seerecht eine Sammlung der Statuten und der Gebräuche des Hansebundes ist, welche 1591 von der Hansa veranstaltet, 1614 aber einer Revision unterworfen und unter dem Titel „Der Ehrbaren Hansestädte Schiffsordnung und Seerecht" publizirt wurde. Aus der späteren Zeit sind namentlich hervorzuheben das Revidirte Lübische Recht B. VI, B. III Tit. 4 u. 13, B. IV Tit. 1; das Hamburgische Stadtrecht von 1603 Th. II Tit. 13—19; das Preussische Seerecht vom 1. Dez. 1727 und Preuss. Allg. Landr. Th. II Tit. 8 §§ 1383—2451.

Abgesehen vom Preussischen Landrecht sind diese Partikulargesetzgebungen keine exklusiven Gesetzgebungen, und so rekurrirte man denn auf das gemeine Recht, welches ein ungeschriebenes war, wennschon die Privatsammlungen der Seerechtsgebräuche geradezu *legis vicem* hatten und man sich auf die in denselben enthaltenen Rechtssätze fast wie auf die §§ von Gesetzbüchern berief. Unter diesen kommt für Norddeutschland namentlich das Wisby'sche Seerecht aus dem 15. Jahrh. in Betracht. Für die österreichischen Seeländer wurde unter Maria Theresia das *Editto politico di navigazione mercantile Austriaca* am 24. April 1774 erlassen. Daneben beruft man sich — da dieses Gesetz lediglich öffentliches Seerecht enthält — in der neueren Zeit auf die italienische Bearbeitung des *Code de commerce*, den *Codice di commercio* von 1808. Denn wennschon derselbe in Südtirol, Görz, Gradiska, Istrien, Triest nach der Vereinigung dieser Distrikte mit der Oesterreichischen Monarchie ausser Kraft gesetzt war, so nimmt doch die Praxis in ihrer Noth zu seinem Inhalt ihre Zuflucht.

Die Kommission zur Berathung eines Allgemeinen Deutschen Handelsgesetzbuchs hatte auch die Aufgabe, den Entwurf eines Seerechts festzustellen. Zur Grundlage ihrer hierauf bezüglichen Berathungen diente der preussische Entwurf des Seerechts, welcher das IV. B. (die Art. 385—692) des „Entwurfs eines Handelsgesetzbuchs für die Preussischen Staaten" ausmachte („vom Seehandel", in 12 Titeln [1]). Daneben wurde der Entwurf eines österreichischen Privatseerechts von 1848 (in 331 §§ [2]) berücksichtigt. Die Berathung des Seerechts wurde unternommen, nachdem das Handelsrecht im engeren Sinne in erster und zweiter Lesung durchberathen war. Zu diesem Behufe wurde der Sitz der Konferenz nach Hamburg verlegt. Nach einem bereits am 26. Juni 1857 in Nürnberg gefassten Beschlusse sollten sich an diesen Berathungen alle Mitglieder der Kommission betheiligen, welche Theil zu nehmen in der Lage wären. Trotzdem gehörte weniger als die Hälfte der Mitglieder der nürnberger Konferenz der hamburger Konferenz an, während eine Anzahl neuer Mitglieder, zum Theil Juristen, zum Theil aus den kaufmännischen und nautischen Kreisen hinzutrat [3]). Es fanden zwei Lesungen statt. Der ersten waren 245 Sitzungen (177 bis 421 der Sitzungen der Handelsrechts-Konferenz überhaupt) gewidmet, welche vom 28. April 1858 [4]) bis 25. Okt. 1859 stattfanden; der zweiten Lesung 126 Sitzungen (Sitzung 422 bis 547), deren erste am 9. Januar und deren letzte am 22. August 1860 abgehalten wurde. Der Entwurf aus erster Lesung umfasst 390 Artikel (Art. 395—784 des H.G.B.) [5]), der Entwurf aus zweiter Lesung 480 Artikel (Art. 432—911 des H.G.B.) [6]). Die Berathungen selbst sind in Kürze wiedergegeben in den Protokollen der Kommission [7]). Diese bilden daher ein wichtiges Hülfsmittel

---

1) Im Buchhandel erschienen Th. I „Entwurf" Berlin 1857 (S. 71—123; Th. II „Motive" 1857—1859 S. 214—368); auch abgedruckt in der Lutz'schen Ausgabe der Protokolle, Beilageband S. 339—397. Ueber den preuss. Entwurf handelt Goldschmidt, H.R. (2. Aufl.) I S. 94—98.

2) Abgedruckt in der Lutz'schen Ausgabe der Prot., Beilageband S. 277—327.

3) Die Namen der Mitglieder führt auf Goldschmidt, H.R. I S. 102 Note 1.

4) Am 26. April 1858 war die Konferenz zu Hamburg in einer vorbereitenden Sitzung eröffnet worden.

5) Abgedruckt in der Lutz'schen Ausg. der Prot., Beilageband S. 398—484.

6) Dieser Entwurf ist herausgegeben Würzburg 1866 von Lutz, zugleich als 5. Heft des Beilagebandes der Protokolle. Ebenso findet er sich in einem besonderen Beilageband der offiziellen Ausgabe der Protokolle.

7) Protokolle der Kommission zur Berathung eines allgemeinen deutschen Handelsgesetzbuchs, offizielle Folioausgabe — die jedoch nicht in den Buchhandel gekommen ist — 9 Theile, Nürnberg 1857—1861; Oktavausgabe von Lutz,

für die Interpretation [1]). Im ersten und ebenso im zweiten Entwurf erscheint das Seerecht nicht als IV. Buch des H.G.B., sondern als V., indem in der zweiten Lesung des Handelsrechts im engeren Sinne die Titel „von der stillen Gesellschaft" und „von der Vereinigung zu einzelnen Handelsgeschäften für gemeinschaftliche Rechnung" zu einem eigenen III. Buch zusammen gestellt wurden, wodurch das III. Buch des preuss. Entw. „von den Handelsgeschäften" zum IV. geworden war.

Das V. Buch des H.G.B. enthält in 12 Titeln die Normen für die bei der Seeschifffahrt vorkommenden Rechtsverhältnisse (mit Einschluss der Seeversicherung), soweit sie privatrechtlicher Natur sind, ohne jedoch diese Grenze ganz streng einzuhalten, indem auch manche Vorschriften des öffentlichen Rechts gegeben werden. Natürlich ist der Art. 1 des H.G.B. auch für das Seerecht maassgebend, wonach bei Lücken des Gesetzes an erster Stelle auf die Usanzen des Seeverkehrs und, in Ermangelung von solchen, auf die Grundsätze des allgemeinen bürgerlichen (also, je nach dem Rechtsgebiet, gemeinen oder partikulären) Rechts zu rekurriren ist. Dass die allgemeinen Regeln des Handelsrechts auch auf die seerechtlichen Institute Anwendung finden, versteht sich ebenso sehr von selbst, als dass die Grundbegriffe des bürgerlichen Rechts auch in den Rechtsverhältnissen des Handelsrechts Platz greifen.

Mit dem H.G.B. überhaupt ist dem V. Buch desselben, dem Seerecht in den einzelnen deutschen Staaten, in den einen früher, in den anderen später, durch besondere Einführungsgesetze, Gesetzeskraft gegeben worden, wobei bald mehr, bald minder Ergänzungen und Modifikationen des von der hamburger Konferenz hergestellten Entwurfs beliebt wurden. In Betracht kommen von den Einführungsgesetzen zum H.G.B., abgesehen von den Uebergangsbestimmungen und den frühere Gesetze aufhebenden Vorschriften das preussische Einführungsgesetz (für die älteren Landestheile) vom 24. Juni 1861 Art. 53—59; das hannöversche Einführungsgesetz vom 5. Oktober 1864 §§ 40—42; das Einführungsgesetz für die Provinz Schleswig-Holstein vom 5. Juli 1867 §§ 56 77, 79 f. (von dem Einführungsgesetz für das Herzogthum Lauenburg vom 21. Oktober 1868 berührt das Seerecht nur der § 55, welcher verordnet, dass die Bestimmungen des Bundesgesetzes vom 25. Oktober 1867 durch das erst später in Lauenburg eingeführte H.G.B. (Art. 432 ff.) nicht berührt werden; die mecklenburg-schwerinische Einführungsverordnung vom 28. Dezember 1863 §§ 41—77, wovon die §§ 41, 42, 44, 53 durch die Verordnung vom 31. Januar 1865 modifizirt worden sind; das oldenburgische Einführungsgesetz vom 18. April 1864 Art. 26—32, 34 f.; die bremische Einführungsverordnung vom 6. Juni 1864 §§ 38—45, 47, 49; das hamburgische

---

9 Theile (mit gleicher Seitenzahl), Würzburg 1858 ff., von denen sich auf das Seerecht Thl. 4—8 beziehen.
1) Vgl. über die Bedeutung der Protokolle Hahn, Komment. zum D.H.G.B. I Einl. S. LXII ff.

1*

Einführungsgesetz vom 22. Dezember 1865 §§ 45—53, 55—67; das
lübische Einführungsgesetz vom 26. Oktober 1863 Art. 16—19.
In Oesterreich ist das V. Buch des D.H.G.B. nicht mit den ersten
4 Büchern eingeführt, und es steht diese Einführung auch zur Zeit
noch aus, wennschon dieselbe seit geraumer Zeit für Oesterreich-
Ungarn geplant wird.

Nachdem das H.G.B. durch das Bundesgesetz vom 5. Juni 1869
zum Gesetze des Norddeutschen Bundes und durch die Ver-
fassungs-Verträge resp. das Reichsgesetz vom 22. April 1871
zum Reichsgesetz erhoben, ist der Charakter desselben insofern
vollständig geändert, als nun der Inhalt desselben gemeines Recht
— was früher nicht der Fall war —, und zwar absolut herr-
schendes gemeines Recht geworden ist. Damit ist das Gesetzbuch
einseitigen Abänderungen durch die Partikulargesetzgebung entzogen, und auch die Einführungsgesetze und sonst noch zum H.G.B.
schon früher erlassenen Gesetze haben dadurch — wie dies noch
der § 2 des Reichsgesetzes vom 5. Juni 1869 ausdrücklich hervorhebt — ihre Gesetzeskraft auch als Landesgesetze verloren, soweit
sie nicht lediglich zur Ergänzung des Gesetzbuchs dienen oder als
solche vom Reichsgesetz ausdrücklich aufrecht erhalten worden
sind. Letzteres ist mit Rücksicht auf das Seerecht hinsichtlich folgender Bestimmungen geschehen: der §§ 51—55 der mecklenburg-
schwerinischen Einführungsverordnung, der bremischen Verordnung
vom 12. Februar 1866, betreffend die Löschung der Seeschiffe, und
des § 50 des hamburgischen Einführungsgesetzes.

Durch die Gesetzgebung des Norddeutschen Bundes resp. des
Deutschen Reichs hat das V. B. des H.G.B. in zwiefacher Hinsicht eine wesentliche Abänderung erfahren, nämlich durch das
Reichsgesetz, betreffend die Nationalität der Kauffahrteischiffe und
ihre Befugniss zur Führung der (Bundes-) Reichsflagge, vom 25. Oktober 1867 (mit der Verordnung, betreffend die Reichsflagge für
Kauffahrteischiffe, vom 25. Oktober 1867), wodurch die Artikel 432
bis 438 abgeändert sind, und die Reichs-Seemannsordnung vom
27. Dezember 1872, welches Gesetz mit dem 1. März 1873 an die
Stelle des dadurch (§ 110) ausdrücklich aufgehobenen IV. Titels des
V. Buchs des H.G.B. getreten ist, und wodurch die Rechtsverhältnisse der Seeleute nicht nur in privatrechtlicher, sondern auch in
öffentlichrechtlicher Beziehung normirt worden sind. Ausserdem
ist noch eine Reihe von Gesetzen erlassen, wodurch gewisse, die
Seeschifffahrt betreffende Einrichtungen geschaffen, und zu derselben in Beziehung stehende Verhältnisse geregelt sind. Diese Gesetze sind namentlich:

Einige Bestimmungen des Reichsgesetzes, betreffend die Organisation der Reichskonsulate, vom 8. November 1867;

Reichsgesetz, betreffend die Registrirung und die Bezeichnung
der Kauffahrteischiffe, vom 28. Juni 1873 (Ausführungs-Verordnungen
zu diesem Gesetz und zu dem Reichsgesetz vom 25. Oktober 1867:
die vom Bundesrath erlassenen Vorschriften über die Registrirung

und Bezeichnung der Kauffahrteischiffe, vom 13. November 1873 und die vom Bundesrath erlassene Schiffsvermessungs-Ordnung vom 5. Juli 1872);

Reichsgesetz, betreffend die Verpflichtung deutscher Kauffahrteischiffe zur Mitnahme hülfsbedürftiger Seeleute, vom 27. Dezember 1872;

Reichs-Strandungsordnung vom 17. Mai 1874;

kaiserliche Verordnung über das Verhalten der Schiffe nach dem Zusammenstoss von Schiffen auf See, vom 15. August 1876;

Noth- und Lootsen-Signal-Ordnung für Schiffe auf See und auf den Küstengewässern, vom 14. August 1876;

Reichsgesetz, betreffend die Untersuchung von Seeunfällen, vom 27. Juli 1877;

kaiserliche Verordnung zur Verhütung des Zusammenstossens der Schiffe auf See, vom 17. Januar 1880 (Art. 10 abgeändert durch die Verordnung vom 16. Februar 1881);

Reichsgesetz, betreffend die Küstenschifffahrt, vom 22. Mai 1881 (hierzu kaiserl. Verordnung, betreffend die Berechtigung fremder Flaggen zur Ausübung der deutschen Küstenfrachtfahrt, vom 23. Dezember 1881).

ERSTER TITEL.

Allgemeine Bestimmungen.

Uebersicht.

Der I. Titel enthält, wennschon er die Ueberschrift „allgemeine Bestimmungen" führt, keineswegs sämmtliche für die Seerechtsverhältnisse in Betracht kommende Grundbegriffe des Rechts. Es hängt dies mit dem Charakter des H.G.B. überhaupt zusammen, welches hinsichtlich der Grundlagen der von ihm normirten Rechtsinstitute auf das allgemeine bürgerliche Recht verweist. Die „allgemeinen Bestimmungen" beschränken sich denn ausschliesslich auf eine Reihe von Sondervorschriften für die Seeschiffe und die Erklärung einzelner Begriffe und Wörter, die entweder allein im Seerecht vorkommen oder für das Seerecht des D.H.G.B. eine besondere, vom gewöhnlichen Sprachgebrauch abweichende Bedeutung haben sollen. In ersterer Hinsicht ordnet das Gesetz zunächst die Führung von Schiffsregistern behufs Eintragung der Seeschiffe an, giebt die Voraussetzungen hierfür' und stellt die einzutragenden Thatsachen fest (Art. 432—438). Doch sind diese Vorschriften des Gesetzbuchs zum Theil modifizirt, zum Theil aufgehoben durch die Gesetzgebung des Norddeutschen Bundes, resp. des Deutschen Reichs, nämlich das Reichsgesetz vom 25. Oktober 1867, betreffend die Nationalität der Kauffahrteischiffe, und das vom 28. Juni 1873, betreffend die Registrirung und die Bezeichnung der Kauffahrteischiffe. Weiter trifft das H.G.B. Bestimmungen über die formellen Erfordernisse der Uebertragung des Eigenthums an Schiffen und Schiffsparten (Art. 439, 440), über den Einfluss der Veräusserung auf die persönlichen Rechtsverhältnisse des Veräusserers aus dem Rhedereibetriebe (Art. 441, 442). Sodann stellt es den Begriff der Pertinenz eines Schiffs fest (Art. 443); erklärt den Begriff der Reparaturunfähigkeit und -Unwürdigkeit (Art. 444), den der Schiffs-

besatzung (Art. 445); giebt an, in welchem Sinne die Benennung
„europäische Häfen“ im Gegensatz zu nichteuropäischen im V. B.
zu verstehen (Art. 447) und lässt eine Ausdehnung der für den
Heimathshafen vom Gesetz getroffenen Bestimmungen auf andere
Häfen durch die Partikulargesetzgebung zu (Art. 448). Ferner
normirt es die Arrestfreiheit eines zum Abgehen fertigen Schiffs,
der dazu gehörigen Besatzung und darauf befindlichen Güter (Art.
446) und erklärt endlich die Bestimmungen des V. Buchs — ganz
wie es das Gleiche in Betreff der für den Landtransport aufgestellten Vorschriften gethan — für die Postanstalten *in subsidium* für
anwendbar (Art. 449).

Art. 432.

Für die zum Erwerb durch die Seefahrt bestimmten Schiffe,
welchen das Recht, die Landesflagge zu führen, zusteht, ist ein Schiffs-
register zu führen.

　　Das Schiffsregister ist öffentlich; die Einsicht desselben ist wäh-
rend der gewöhnlichen Dienststunden einem Jeden gestattet.

1. Wie das Handelsrecht im engeren Sinne (H.G.B. B. I—IV)
der Inbegriff der Normen ist, welche sich auf den Kaufmann
— wenn auch nicht ausschliesslich, so doch vorzugsweise — beziehen, so enthält das Seerecht die Rechtssätze, welche sich um
das Seeschiff gruppiren, das Schiff in irgend einer Weise zum Gegenstande und zur Grundlage haben. Da nun das H.G.B den Begriff des Kaufmanns, wie es selbst ihn auffasst, angegeben hat, so
hätte man erwarten können, dass es auch die Kategorie von
Schiffen näher bezeichnen würde, auf welche es die Bestimmungen
des V. Buchs Anwendung finden lassen will. Eine derartige Erklärung enthielt der preussische Entwurf des H.G.B. an der Spitze
des Seerechts, indem er (im Art. 385) „nur solche Schiffe“ „als
Seeschiffe im Sinne dieses Gesetzbuchs“ bezeichnete, „welche zur
Beförderung von Personen oder Gütern über See dienen“. Diese
Definition wurde auf der hamburger Konferenz als unrichtig bezeichnet, da sie eine ganze Anzahl von Schiffen, die entschieden
zu den Seeschiffen gerechnet würden, wie z. B. Grönlandsfahrer,
Bugsirschiffe, hiervon ausschlösse (Prot. IV S. 1483 f., VIII S. 3695).
Man beschloss daher in erster Lesung das Wörtchen „nur“ zu
streichen. Dies hatte jedoch keinen Sinn; denn korrekter Weise
musste man auch nach dieser Streichung dem angeführten Satz
dieselbe Bedeutung, wie vorher beilegen. Wollte man aber dadurch, wie dies in der Konferenz ausgesprochen wurde (Prot. IV
S. 1485), der Definition das Exklusive nehmen, so wurde dieselbe
ganz bedeutungslos, so hörte sie eben auf, Definition zu sein. Denn
dann besagte der Satz: zur Beförderung von Personen oder Gütern
zur See dienende Schiffe gelten unbedingt als Seeschiffe; eben so
gut können aber auch irgend welchen anderen Zwecken dienende
Schiffe dieselbe Qualität haben. In zweiter Lesung strich man die

Definition (Prot. VIII S. 3696). Dafür glaubte man die Schiffe näher bezeichnen zu müssen, für welche die über die Schiffsregister gegebenen Vorschriften maassgebend sein sollten, und zwar als solche, die „zum Erwerb durch die Seefahrt" bestimmt sind. Indem nun aber das Gesetzbuch diese Begrenzung der Seeschiffe mit Rücksicht auf den Rheder gleichfalls zur Anwendung gebracht hat (Art. 450), ist damit gewissermaassen wieder eine Begriffsbestimmung für die Schiffe eingeführt, welche bei den Regeln des V. Buchs des H.G.B. in Frage stehen. Für die Seeschiffe, bei welchen diese Begriffsbestimmung des H.G.B. nicht Platz greift, sind die Grundsätze des bürgerlichen Rechts, also des gemeinen resp. des betreffenden Partikularrechts maassgebend.

2. Das H.G.B. spricht von Schiffen, die zum Erwerb durch die Seefahrt bestimmt sind, wofür das Reichsgesetz vom 25. Oktober 1867 sich der Bezeichnung „Kauffahrteischiffe" bedient. Das Gesetz hat nur im Auge Schiffe, welche zur Seefahrt bestimmt sind. Der Begriff der Seefahrt kann durch Gesetz oder auch durch Verordnung der gesetzlich hierzu autorisirten Exekutivgewalt bestimmt sein; anderenfalls würde dafür sachverständiges Ermessen (der Nautiker) maassgebend sein. In Deutschland ist der Begriff im Verordnungswege, durch den Bundesrath festgestellt worden. Die Vorschriften über die Registrirung und die Bezeichnung der Kauffahrteischiffe vom 13. November 1873 (§ 1)[1]) geben nämlich für die verschiedenen (17) Hafenreviere der deutschen Küsten die Punkte an, wo die Seefahrt beginnen soll.

Mit Rücksicht auf einzelne Rechtssätze wird bei der Seefahrt

---

1) Als „Seefahrt" im Sinne des § 1 des Gesetzes vom 25. Oktober 1867 (Bundesgesetzbl. S. 35) ist in den nachstehend aufgeführten Revieren die Fahrt ausserhalb der dabei bezeichneten Grenzen anzusehen: 1) bei Memel ausserhalb der Mündung des Kurischen Haffs, — 2) bei Pillau ausserhalb des Pillauer Tiefs, — 3) bei Neufahrwasser ausserhalb der Mündung der Weichsel, — 4) in der Putziger Wiek ausserhalb Rewa und Heisternest, — 5) bei Dievenow, Swinemünde und Peenemünde ausserhalb der Mündungen der Dievenow und Swine, sowie ausserhalb der nördlichen Spitze der Insel Usedom und der Insel Ruden, — 6) bei Rügen östlich: ausserhalb der Insel Ruden und dem Thiessower Höft, — westlich: ausserhalb Wittower Posthaus und der nördlichen Spitze von Hiddens-Oe, sowie ausserhalb des Bock bei Barhöft, — 7) bei Wismar ausserhalb Jackelberge Riff, Hannibal-Grund, Schweinskötel und Lieps, sowie ausserhalb Tarnewitz, — 8) auf der Kieler Föhrde ausserhalb Stein bei Labö und Bülk, — 9) auf der Eckern Föhrde ausserhalb Nienhof und Bocknis, — 10) bei Flensburg, Sonderburg und Apenrade ausserhalb Birknakke und Kekenis-Leuchtthurm, sowie ausserhalb Tundtoft-Nakke und Knudshoved, — 11) bei Hadersleben ausserhalb Raadhoved, Insel Aarö, Insel Linderum und Orbyhage, — 12) bei Husum ausserhalb Nordstrand, — 13) auf der Eider ausserhalb Vollerwiek und Hundeknoll, — 14) auf der Elbe ausserhalb der westlichen Spitze des hohen Ufers (Dicksand) und der Kugel-Bake bei Döse, — 15) auf der Weser ausserhalb Kappel und Langwarden, — 16) auf der Jade ausserhalb Langwarden und Schilligshörn, — 17) auf der Ems ausserhalb der westlichen Spitze der Westermarsch (Utlands-Hörn) und Ostpolder Siel.

noch die Küstenschifffahrt[1]) hervorgehoben. Einmal mit Rücksicht auf die den einheimischen Schiffen reservirte Küstenfrachtfahrt. Derartige Privilegien zu Gunsten der einheimischen Schiffe haben sich seit früherer Zeit erhalten in Frankreich, in Spanien, Portugal, Russland. Neuerdings ist eben dasselbe für das Deutsche Reich angeordnet worden. Das Reichsgesetz vom 22. Mai 1881 bestimmt: (§ 1) *Das Recht, Güter in einem deutschen Seehafen zu laden und nach einem anderen deutschen Seehafen zu befördern, um sie daselbst auszuladen (Küstenfrachtfahrt), steht ausschliesslich deutschen Schiffen zu.* Zuwiderhandlungen gegen das Gesetz werden mit Geldstrafe (bis 3000 Mark) an dem Führer des fremden Schiffs geahndet; auch kann auf Konfiskation des Schiffs selbst und der beförderten Güter erkannt werden (§ 3). Es sind jedoch nicht nur die bestehenden Verträge über die Küstenfrachtfahrt aufrecht erhalten, sondern auch künftige Einräumung dieses Rechts durch Staatsverträge, wie durch kaiserliche Verordnung unter Zustimmung des Bundesraths ist vorbehalten (§ 2). Und es ist dementsprechend durch kaiserliche Verordnung vom 29. Dezember 1881 das Recht der Küstenfrachtfahrt den Schiffen von Belgien, Brasilien, Dänemark, Grossbritannien, Italien, Schweden-Norwegen eingeräumt, während das gleiche auf Grund völkerrechtlicher Verträge für die österreichisch-ungarischen, die rumänischen, wie die Schiffe von Siam und Tonga gilt (vgl. Bekanntmachung des Reichskanzlers vom 29. Dezember 1881 — Reichs-Gesetzbl S. 276 f.). Ebenso ist der Begriff der Küstenschifffahrt von Interesse mit Rücksicht auf die Deckladungen (H.G.B. Art. 567 und 710 Ziff. 1), sowie — in dieser Hinsicht freilich nur deshalb, weil zur Küstenfahrt kleinere Fahrzeuge verwendet werden — mit Rücksicht auf die bezüglich der Registrirung der Schiffe (H.G.B. Art. 438; vgl. aber Reichsgesetz v. 28. Juni 1873 § 1) und der Journalführung gegebenen Vorschriften (H.G.B. Art. 489 und die hierauf bezüglichen Einführungsgesetze; s. die §§ derselben unten bei dem zit. Art.)

Das H.G.B. hat jedoch nicht alle Schiffe, die für die Seefahrt bestimmt sind, im Auge, sondern nur die, welche zum Erwerb durch die Seefahrt bestimmt sind. Damit sind ausgeschlossen nicht nur die Kriegsschiffe, sondern auch Lootsen-Fahrzeuge (s. auch Entsch. der Seeämter II S. 558), da, wennschon die Lootsen um des Erwerbes willen ihre Dienste den Schiffen leisten, doch die Lootsen-Fahrzeuge nicht zum Erwerb durch die Seefahrt bestimmt sind. Ferner sind ausgeschlossen Schiffe, die ihrem Eigenthümer lediglich zu Vergnügungszwecken dienen oder zu wissenschaftlichen

---

1) Das österreichische Recht unterscheidet kleine und grosse Küstenfahrt (Ges. über die Registrirung der Seehandelsschiffe vom 7. Mai 1879 § 5). Erstere ist auf das Adriatische Meer beschränkt (§ 6); letztere erstreckt sich ausserdem noch auf das Mittelländische, das Schwarze und Azowsche Meer, den Suezkanal und das Rothe Meer (§ 7). Ebenso das französische Recht. *Petit cabotage* ist Schifffahrt zwischen Häfen desselben Meeres, *grand cabotage* die zwischen Häfen verschiedener Meere (Desjardins I S. 94 f.)

Zwecken (Entdeckungsreisen). Dagegen gehören zu den Kauffahrteischiffen nicht nur die Schiffe, welche der Beförderung von Gütern
oder Reisenden dienen, sondern auch „die zur grossen Seefischerei
bestimmten Schiffe" und „die zum Schleppen anderer Schiffe bestimmten Fahrzeuge, welche Seefahrt betreiben". Dies ist noch besonders hervorgehoben in den vom Bundesrath erlassenen Vorschriften über die Registrirung und die Bezeichnung der Kauffahrteischiffe vom 13. November 1873.

3. Das H.G.B. hat nur Seeschiffe der einzelnen deutschen
Staaten vor Augen; denn die Flagge, durch welche die Nationalität des Schiffs angedeutet wird, ist nach dem H.G.B. die Landesflagge, d. h. die Flagge eines einzelnen deutschen Staates. Der
auf der hamburger Konferenz bereits angeregte Gedanke, eine
deutsche Nationalität der Schiffe gesetzlich zu sanktioniren
(Prot. IV S. 1480) ist jedoch durch die deutsche Reichsverfassung
und das Reichsgesetz vom 25. Oktober 1867 zur Ausführung gebracht, indem erstere anordnet:

*Art. 54. Die Kauffahrteischiffe aller Bundesstaaten bilden eine
einheitliche Handelsmarine.*

Art. 55. Die Flagge der Handelsmarine ist schwarz-weiss-roth;
und letzteres bestimmt:

*§ 1. Die zum Erwerb durch die Seefahrt bestimmten Schiffe
(Kauffahrteischiffe) der Bundesstaaten haben fortan als Nationalflagge ausschliesslich die Bundesflagge zu führen.*

4. Demgemäss enthält denn auch das Reichsgesetz vom 25. Oktober 1867 Vorschriften über die Schiffsregister. Dasselbe verordnet nämlich:

*§ 3. Für die zur Führung der Bundesflagge befugten Kauf-
fahrteischiffe sind in den an der See belegenen Bundesstaaten Schiffsregister zu führen. Die Landesgesetze bestimmen die Behörden,
welche das Schiffsregister zu führen haben.*

*§ 4. Das Schiffsregister ist öffentlich; die Einsicht desselben
ist während der gewöhnlichen Dienststunden einem Jeden gestattet.*

Das Schiffsregister, welches das H.G.B. nach dem Muster des
englischen Rechts [1]), dem dasjenige anderer Staaten bereits nachgebildet war, eingeführt hat, soll zunächst dazu dienen, die Nationalität der Schiffe zu bekunden, indem es die Grundlage der dem
Schiffe zur Legitimation dienenden Dokumente bildet (Prot. IV
S. 1665 ff.). Daneben soll dasselbe, ähnlich wie das Handelsregister,
diejenigen auf die Seeschiffe bezüglichen Rechtsverhältnisse zur
allgemeinen Kenntniss bringen, welche für den Seeverkehr von
Bedeutung sind. Dass letzterer Zweck den Vorschriften über die
Schiffsregister nicht fremd ist, geht aus den darüber auf der ham-

---

1) Vgl. Abbott S. 42—56; Maclachlan S. 73—94.

burger Konferenz gepflogenen Erörterungen hervor (Prot. IV
S. 1477—1483); zeigt sich aber auch als die ausgesprochene Absicht des Gesetzes, indem nur dadurch der wörtlich in das Reichsgesetz vom 25. Oktober 1867 (§ 4) aufgenommene zweite Absatz
des Art. 432 sich erklärt. Dass dieser Zweck aber erst ein sekun-
därer ist, ergiebt sich aus der Natur der Thatsachen, welche nach
den Bestimmungen des I. Titels des H.G.B. B. V und des
Reichsgesetzes vom 25. Oktober 1867 in das Schiffsregister einzutragen sind; denn wenn dies auch nicht lediglich die Thatsachen
sind, aus denen das Recht zur Führung der Reichsflagge hervorgeht, so dienen dieselben doch zur Feststellung der Identität des
Schiffs und zur Beseitigung von Bedenken, welche sich über die
Frage, ob ein an Bord eines Schiffs befindliches Zertifikat auch
wirklich diesem Schiffe gehöre, erheben können; es ergiebt sich
ferner daraus, dass von der Eintragung in das Schiffsregister die
Ausübung des Rechts, die Reichsflagge zu führen, abhängig gemacht wird, nicht aber das Eintreten bestimmter privatrechtlicher
Folgen (§ 10 des zit. Reichsgesetzes); es ergiebt sich endlich daraus, dass die Führung der Reichsflagge ohne vorangegangene Eintragung (§ 14) und die Unterlassung der Anzeige der Veränderung
von Thatsachen, welche im Schiffsregister zu vermerken sind, wie
von Thatsachen, welche die Löschung des Schiffs im Register herbeiführen (§§ 11 u. 12), nicht etwa Ordnungsstrafen, sondern Kri-
minalstrafen zur Folge haben (§§ 14 u. 15). Jedenfalls schafft das
Schiffsregister nicht, wie die Grundbücher, formales Recht hinsichtlich der Eigenthumsverhältnisse am Schiff; denn zur Uebertragung
des Eigenthums gehört und genügt Tradition resp. blosser Vertrag. (S. Hamb. Handelsger.-Zeit. von 1878 Nr. 137.) Wenn
also Jemand als Eigenthümer oder alleiniger Eigenthümer eines
Schiffs, ohne dies in Wahrheit zu sein, in das Schiffsregister
eingetragen ist, so kann er in seinem rechtlichen Verhältniss zu
anderen Personen doch nicht als solcher angesehen werden. Es
dürfte also z. B. der Schiffer, dem nur $^{1}/_{8}$ des Schiffs gehört, der
aber als alleiniger Eigenthümer eingetragen ist, weil man das Schiff,
dessen übrige Eigenthümer Nichtdeutsche sind, unter deutscher
Flagge fahren lassen wollte, nicht von den Gläubigern der Rhederei
ausschliesslich in Anspruch genommen werden. Auch aus dem dem
öffentlichen Recht angehörenden Satz, dass zur Führung der
deutschen Flagge nur ein im ausschliesslichen Eigenthum deutscher
Reichsangehöriger stehendes Schiff berechtigt ist, lässt sich nicht
der umgekehrte Satz folgern, dass ein unter deutscher Flagge fah-
rendes Schiff eben dadurch zu ausschliesslichem Eigenthum deutscher
Staatsangehöriger werde, und demgemäss der einzige deutsche Miteigenthümer auch als alleiniger Eigenthümer desselben im Verhältniss zu dritten Personen zu betrachten sei. Ich habe diese Ausführung nur um deswillen gemacht, weil ein — allerdings vor Erlass des H.G.B. ergangenes — Erkenntniss des Ober-Appellationsgerichts zu Rostock vom 17. Dezember 1853 zu dem zuletzt von

mir verworfenen Satz unter Anwendung des Prinzips: *ius publicum pactis privatorum mutari non potest*, gelangt (Seufferts Archiv XI Nr. 169).

Die Schiffsregister werden, wie die Grund- und Hypotheken-bücher, über einen gewissen Bezirk geführt, d. h. über alle Schiffe, deren Heimathshäfen sich in diesem Bezirk befinden. Dies ordnet auch § 5 des Reichsgesetzes vom 25. Oktober 1867 an:

Ein Schiff kann nur in das Schiffsregister desjenigen Hafens eingetragen werden, von welchem aus die Seefahrt mit ihm betrieben werden soll (Heimathshafen, Registerhafen);

womit nicht gesagt sein soll, dass i n jedem Heimathshafen, son-dern nur, dass f ü r jeden Heimathshafen ein solches Register ge-führt wird.

Art. 433.

Die Eintragung in das Schiffsregister darf erst geschehen, nach-dem das Recht, die Landesflagge zu führen, nachgewiesen ist.

Vor der Eintragung in das Schiffsregister darf das Recht, die Landesflagge zu führen, nicht ausgeübt werden.

1. Der Abs. 1 dieses Artikels ist in dem Reichsgesetz vom 25. Oktober 1867 nur insofern, als dies durch die in diesem (§ 6) stattgehabte anderweitige Formulirung der im Art. 435 H.G.B. ent-haltenen Anordnungen bedingt wurde, modifizirt worden. Der § 7 des zitirten Gesetzes lautet nämlich:

Die Eintragung des Schiffs in das Schiffsregister darf erst geschehen, nachdem das Recht desselben, die Bundesflagge zu führen, und alle in dem § 6 bezeichneten Thatsachen glaubhaft nach-gewiesen sind.

Dass die zur Führung der Schiffsregister niedergesetzten Behör-den erst *causa cognita* die Eintragung vornehmen, erklärt sich daraus, dass die Schiffsregister öffentlichen Glauben haben, und dass der Staat beansprucht, dass dieser öffentliche Glaube auch von anderen Staaten den auf Grund derselben ausgefertigten Schiffs-papieren beigelegt wird.

2. Die Bestimmung des Abs. 2 ist verschärft worden durch § 10 des Reichsgesetzes vom 25. Oktober 1867:

Das Recht, die Bundesflagge zu führen, darf weder vor der Eintragung des Schiffs in das Schiffsregister, noch vor der Ausferti-gung des Zertifikats ausgeübt werden;

indem hier bestimmt wird, der Schiffer solle nicht eher von dem Recht, die Flagge zu führen, G e b r a u c h   m a c h e n, als bis er in der Lage ist, den Beweis dieses Rechts jeden Augenblick in der kürzesten Weise durch Vorzeigung des Zertifikats zu führen. Korrekter wäre es übrigens gewesen, wenn der Gesetzgeber statt „Ausfertigung" „Aushändigung" gesagt hätte, da es nicht die Absicht hat sein können, sich damit zu begnügen, dass die Urkunde ausgefertigt bei der sie ausstellenden Behörde liegt; denn sonst wäre nicht abzusehen, weshalb man sich nicht mit der Eintragung auch fernerhin begnügt hätte [1]).

Zu beachten ist, dass nur die Ausübung des Rechts, die Reichsflagge zu führen, von der Eintragung in das Schiffsregister und Ausfertigung des Zertifikats abhängig gemacht wird, nicht aber das Recht selbst; wie denn auch für die widerrechtliche Aneignung des Rechts und die widerrechtliche Ausübung desselben ganz verschiedene Strafen bestimmt sind. Für den ersteren Fall bestimmt § 13 des zitirten Reichsgesetzes:

Wenn ein Schiff, welches gemäss den Bestimmungen des § 2 zur Führung der Bundesflagge nicht berechtigt ist, unter der Bundesflagge führt, so hat der Führer des Schiffs Geldbusse bis zu fünfhundert Thalern oder Gefängnissstrafe bis zu sechs Monaten verwirkt; auch kann auf Konfiskation des Schiffs erkannt werden;

für den zweiten dagegen wird im § 14 angeordnet:

Wenn ein Schiff, welches gemäss § 10 sich der Führung der Bundesflagge enthalten muss, weil die Eintragung in das Schiffsregister oder die Ausfertigung des Schiffszertifikats noch nicht erfolgt ist, unter der Bundesflagge führt, so hat der Führer des Schiffs Geldbusse bis zu einhundert Thalern oder verhältnissmässige Gefängnissstrafe verwirkt, sofern er nicht nachweist, dass der unbefugte Gebrauch der Bundesflagge ohne sein Verschulden geschehen sei.

Art. 434.

Die Landesgesetze bestimmen die Erfordernisse, von welchen das Recht eines Schiffs, die Landesflagge zu führen, abhängig ist.

Sie bestimmen die Behörden, welche das Schiffsregister zu führen haben.

Sie bestimmen, ob und unter welchen Voraussetzungen die Eintragung in das Schiffsregister für ein aus einem anderen Lande erworbenes Schiff vorläufig durch eine Konsulatsurkunde ersetzt werden kann.

1. Nachdem durch die Bundesverfassung und das Bundesgesetz vom 25. Oktober 1867 der Begriff einer norddeutschen und später deutschen Nationalität der Schiffe und einer norddeutschen Bundesflagge und deutschen Reichsflagge aufgekommen, musste der Abs. 1 des Artikels mit seinem Hinweis auf die für den Erwerb des Rechts, die Landesflagge zu führen, maassgebenden Bestimmungen der Partikulargesetze ersetzt werden durch eine allgemeine deutsche Norm über den Erwerb des Rechts zur

---

1) Das österreichische Gesetz über die Registrirung der Seehandelsschiffe vom 7. Mai 1879 (§ 21) verbietet denn auch die Flagge früher zu führen, „als der Registerbrief dem Schiffe zugekommen ist".

Führung der Bundes- resp. Reichsflagge. Diese Norm enthält der § 2 des zitirten Gesetzes:

Zur Führung der Bundesflagge sind die Kauffahrteischiffe nur dann berechtigt, wenn sie in dem ausschliesslichen Eigenthum solcher Personen sich befinden, welchen das Bundesindigenat (Artikel 3 der Bundesverfassung) zusteht[1]).

Diesen Personen sind gleich zu achten die im Bundesgebiete errichteten Aktiengesellschaften und Kommanditgesellschaften auf Aktien, in Preussen auch die nach Maassgabe des Gesetzes vom 27. März 1867 eingetragenen Genossenschaften, sofern diese Gesellschaften und Genossenschaften innerhalb des Bundesgebietes ihren Sitz haben, und bei den Kommanditgesellschaften auf Aktien allen persönlich haftenden Mitgliedern das Bundesindigenat zusteht.

In Uebereinstimmung mit manchen fremden Rechten, namentlich dem englischen (*Merchant Shipping Act* von 1854 sect. 18) und amerikanischen (Akte vom 31. Dezember 1792, vom 27. März 1804), bestimmt das heutige deutsche Recht, dass nur die Schiffe als deutsche Nationalschiffe anzusehen sind, welche sich im ausschliesslichen Eigenthum deutscher Reichsangehöriger befinden, während dafür anderweitige Erfordernisse, als Reichsindigenat des Kapitäns, der Mannschaft oder eines Theils derselben, nicht aufgestellt werden. Das Schiff verliert also die Befugniss, die Reichsflagge zu führen, d. h. es hört auf ein deutsches Schiff zu sein dadurch, dass es ganz oder zum Theil in das Eigenthum von Fremden übergeht; schon der Uebergang der kleinsten Part würde diese Wirkung haben. Und zwar tritt diese Wirkung mit dem Augenblick ein, in welchem der Uebergang des Schiffs resp. der Part in das Eigenthum von Ausländern stattgefunden hat. Hierdurch sind die Bestimmungen der mecklenburg-schwerinischen Einführungs-Verordn. § 41 f. (in der durch die Verordn. vom 31. Januar 1865 gegebenen Fassung) aufgehoben, wonach die Schiffe als mecklenburgische Schiffe galten und zur Führung der „mecklenburgischen Nationalflagge" berechtigt waren, die sich mindestens „zu drei Vierteln in dem Eigenthume mecklenburgischer Unterthanen" befanden; auch ein mecklenburgisches Schiff, wenn es durch Erbgang in das Eigenthum eines oder mehrerer Ausländer überging, nicht sofort die Qualität eines mecklenburgischen Schiffs verlor, sondern erst nach Ablauf eines Jahres (von dem Zeitpunkt an gerechnet, in welchem der oder die Ausländer die Verfügung über das Schiff erlangt hatten), wenn es nicht inzwischen wieder zu drei Vierteln in das Eigenthum von mecklenburgischen Unterthanen übergegangen war.

Es steht indess nichts im Wege, dass Ausländer als Mitglieder einer Aktiengesellschaft, einer Aktienkommanditgesellschaft, einer Genossenschaft Antheil an einem deutschen Schiff haben.

---

1) D. h. welche Angehörige irgend eines deutschen Bundesstaates sind.

Die hinsichtlich der eingetragenen Genossenschaften getroffene Bestimmung ist in Folge des Bundesgesetzes vom 4. Juli 1868 und der Erhebung desselben zum Reichsgesetz auf die auch in den übrigen Ländern des Deutschen Reichs domizilirten Genossenschaften ausgedehnt worden.

Dass bei den Aktienkommanditgesellschaften auch das Reichsindigenat der einzelnen persönlich haftenden Gesellschafter gefordert wird, hängt damit zusammen, dass diese nicht als juristische Personen gelten, also keine von ihren Mitgliedern getrennte Persönlichkeit haben. Die persönlich haftenden Gesellschafter kommen allein in Betracht, weil diese als die Träger der Gesellschaft gelten.

2. Zur Führung der Schiffsregister sind auch durch das Reichsgesetz vom 25. Oktober 1867 nicht dieselben Behörden für ganz Deutschland angeordnet worden. Das Gesetz (§ 3, s. o. S. 10) wiederholt vielmehr lediglich die Bestimmungen des H.G.B. Es sind daher in dieser Beziehung die Landesgesetze maassgebend. Nach diesen haben die Schiffsregister zu führen in Preussen die Amtsgerichte, in Mecklenburg die Schiffsregisterbehörden, in Oldenburg das Staatsministerium, Departement des Innern, in Lübeck die Kammer des Landgerichts für Handelssachen, in Bremen die Senatskommission für Schifffahrtsangelegenheiten und in Hamburg die Deputation für Handel und Schifffahrt. (Die Schiffsregister-Behörden sind verzeichnet in dem Handbuch für die deutsche Handels-Marine, so in dem für das Jahr 1882 S. 32—34.)

3. An Stelle des im Abs. 3 enthaltenen Hinweises auf die Partikulargesetzgebung ist in Betreff der vom Konsul ausgehenden provisorischen Ermächtigung, die Nationalflagge zu führen, der § 16 des Reichsgesetzes vom 25. Oktober 1867 getreten:

Wenn ein ausserhalb des Bundesgebietes befindliches fremdes Schiff durch den Uebergang in das Eigenthum einer Person, welcher das Bundesindigenat zusteht, das Recht, die Bundesflagge zu führen, erlangt, so können die Eintragung in das Schiffsregister und das Zertifikat durch ein von dem Bundeskonsul, in dessen Bezirk das Schiff zur Zeit des Eigenthumsüberganges sich befindet, über den Erwerb des Rechts, die Bundesflagge zu führen, ertheiltes Attest, jedoch nur für die Dauer eines Jahres seit dem Tage der Ausstellung des Attestes und über dieses Jahr hinaus nur für die Dauer einer durch höhere Gewalt verlängerten Reise, ersetzt werden.

Art. 435.

Die Eintragung in das Schiffsregister muss enthalten:
1. *Die Thatsachen, welche das Recht des Schiffs, die Landesflagge zu führen, begründen;*
2. *die Thatsachen, welche zur Feststellung der Identität des Schiffs und seiner Eigenthumsverhältnisse erforderlich sind;*

3. *den Hafen, von welchem aus mit dem Schiff die Seefahrt betrieben werden soll (Heimathshafen, Registerhafen).*

Ueber die Eintragung wird eine mit dem Inhalte derselben übereinstimmende Urkunde (Zertifikat) ausgefertigt.

Dieser Artikel ist insofern durch das Reichsgesetz vom 25. Oktober 1867 abgeändert, als die Thatsachen angegeben werden, welche für das Recht des Schiffs, die Nationalflagge zu führen, für die Identität und die Eigenthumsverhältnisse desselben maassgebend sind, und deren Eintragung in das Schiffsregister angeordnet wird. Die §§ 6 und 8 des zitirten Gesetzes lauten nämlich:

§ 6. Die Eintragung des Schiffs in das Schiffsregister muss enthalten:

1. *den Namen und die Gattung des Schiffs (ob Barke, Brigg u. s. w.);*
2. *seine Grösse und die nach der Grösse berechnete Tragfähigkeit;*
3. *die Zeit und den Ort seiner Erbauung, oder, wenn es die Flagge eines nicht zum Norddeutschen Bunde (Deutschen Reich) gehörenden Landes geführt hat, den Thatumstand, wodurch es das Recht, die Bundesflagge zu führen, erlangt hat, und ausserdem, wenn thunlich, die Zeit und den Ort der Erbauung;*
4. *den Heimathshafen;*
5. *den Namen und die nähere Bezeichnung des Rheders, oder wenn eine Rhederei besteht, den Namen und die nähere Bezeichnung aller Mitrheder und die Grösse der Schiffspart eines Jeden; ist eine Handelsgesellschaft Rheder oder Mitrheder, so sind die Firma und der Ort, an welchem die Gesellschaft ihren Sitz hat, und, wenn die Gesellschaft nicht eine Aktiengesellschaft ist, die Namen und die nähere Bezeichnung aller die Handelsgesellschaft bildenden Gesellschafter einzutragen; bei der Kommanditgesellschaft auf Aktien genügt statt der Eintragung aller Gesellschafter die Eintragung aller persönlich haftenden Gesellschafter;*
6. *den Rechtsgrund, auf welchem die Erwerbung des Eigenthums des Schiffs oder der einzelnen Schiffsparten beruht;*
7. *die Nationalität des Rheders oder der Mitrheder;*
8. *den Tag der Eintragung des Schiffs.*

Ein jedes Schiff wird in das Schiffsregister unter einer besonderen Ordnungsnummer eingetragen.

§ 8. Ueber die Eintragung des Schiffs in das Schiffsregister wird von der Registerbehörde eine mit dem Inhalt der Eintragung übereinstimmende Urkunde (Zertifikat) ausgefertigt.

Das Zertifikat muss ausserdem bezeugen, dass die nach § 7 erforderlichen Nachweisungen geführt sind, sowie dass das Schiff zur Führung der Bundesflagge befugt sei.

1. Der § 6 ist, wie die meisten Bestimmungen dieses Gesetzes dem preussischen Einführungsgesetz zum H.G.B. vom 24. Juni 1861 nachgebildet und stimmt mit dem § 4 desselben fast wörtlich

überein. Uebrigens befand sich die Mehrzahl der hier aufgezählten
Punkte bereits in dem preussischen Entwurf des H.G.B. (Art. 388)
und in der Formulirung, welche der Referent der hamburger Kommission den auf das Schiffsregister bezüglichen Bestimmungen zur
Berathung für die Kommission gegeben hatte (Prot. IV S. 1674),
wie auch in dem Entwurf aus erster Lesung (Art. 399, 400 Abs. 1).

2. Was das Gesetz unter Gattung versteht, giebt es selbst
durch die zugefügten Beispiele an, nämlich die Art und Weise,
wie das Schiff getakelt ist. Die Schiffsregisterbehörden pflegen sich
jedoch mit dieser Angabe nicht zu begnügen, sondern eine ganz
genaue Beschreibung von der Bauart des Schiffs, einschliesslich des
Materials — Eisen, Holzart, etwaige Metallhaut —, welches dazu
verwendet worden, zu geben.

3. Dem Namen des Schiffs wird das (aus 4 Buchstaben
bestehende) Unterscheidungssignal beigefügt.

Durch das Unterscheidungssignal, welches von der Schiffsregisterbehörde nach Anweisung des Reichsamts des Innern gegeben wird, unterscheidet sich das Schiff von allen anderen Schiffen,
welche dieselbe Flagge führen, indem dasselbe Unterscheidungssignal nicht mehreren Schiffen unter gleicher Flagge ertheilt werden soll, während derselbe Name von mehreren geführt werden
kann [1]). Auch bei etwaiger Aenderung des Namens und des
Heimathshafens behält das Schiff sein bisheriges Unterscheidungssignal.

Hinsichtlich des Namens des Schiffs kommen noch in Betracht die Bestimmungen des Reichsgesetzes vom 28. Juni 1873,
betreffend die Registrirung und die Bezeichnung der Kauffahrteischiffe:

§ 2. *Die Aenderung des Namens eines in das Schiffsregister*
eingetragenen Schiffs soll nur aus ganz besonders dringenden Gründen gestattet werden. Sie bedarf der Genehmigung des Reichskanzler-
Amts.

§ 3. *Jedes in das Schiffsregister eingetragene Schiff muss*
1. *seinen Namen auf jeder Seite des Bugs und*
2. *seinen Namen und den Namen des Heimathshafens am Heck*
an den festen Theilen in gut sichtbaren und fest angebrachten
Schriftzeichen führen.

§ 4. *Im Falle einer Zuwiderhandlung gegen die Vorschriften*
des § 3 hat der Führer des Schiffs Geldstrafe bis zu einhundert-
fünfzig Mark oder Haft verwirkt.

Durch die erste dieser Bestimmungen, welche denen anderer
Staaten (namentlich Englands und der Vereinigten Staaten Amerikas)

---

1) Nach dem österr. Gesetz über die Registrirung der Seehandelsschiffe vom
7. Mai 1879 (§ 14) darf dagegen der Name, der von einem österreichischen Schiffe
der weiten Fahrt oder der grossen Küstenfahrt geführt wird, nicht einem anderen
Schiffe der einen oder der anderen dieser Kategorien beigelegt werden.

nachgebildet sind, soll verhütet werden, dass eine Namensänderung in betrügerischer Absicht vorgenommen wird, so z. B. um einem Schiffe, welches wegen notorischer Seeuntüchtigkeit keine Versicherung oder keine Frachten mehr erhalten kann, das eine wie das andere unter einem neuen Namen zu verschaffen. Die Anbringung des Namens an der Aussenseite des Schiffs soll die Möglichkeit erschweren, sich der Feststellung der Identität zu entziehen, wenn das Schiff hieran ein Interesse hat, wie z. B. nach einer Ansegelung. (Vgl. R o m b e r g in H o l t z e n d o r f f s Jahrb. für Gesetzg., Verwaltung und Rechtspflege des Deutschen Reichs III S. 333 f.) Es ist jedoch zu beachten, dass diese Vorschriften auf kleine, nicht zu registrirende Schiffe keine Anwendung finden (s. u. zu Art. 438). Ebenso wenig gilt die erste Bestimmung über die Namens-Aenderung für den Fall des Ueberganges von fremden Schiffen in das Eigenthum von Deutschen; denn da das Gesetz die Bestimmungen nur für registrirte Schiffe giebt, solche Schiffe aber noch nicht in einem diesseitigen Schiffsregister eingetragen sind, so steht der Namens-Aenderung in diesem Falle nichts im Wege. Hierdurch wird es freilich möglich, dass durch einen Scheinkauf das Schiff zuerst unter eine fremde Flagge gebracht und durch einen zweiten unter die deutsche Flagge[1]) zurückgebracht und dadurch das Gesetz umgangen wird[2]).

4. Unter der T r a g f ä h i g k e i t, die nach der (durch die Länge, grösste Breite und Tiefe des Schiffs' ausgedrückten) Grösse berechnet werden soll, versteht man zunächst das Gewicht, mit welchem das Schiff beladen werden kann, ohne an seiner See- und Segelfähigkeit etwas einzubüssen. Ferner aber bezeichnet man damit auch die Ladefähigkeit, den kubischen Inhalt des Schiffs, d. h. das Volumen, welches der Schiffsraum aufnehmen kann (Prot. IV S. 1677). Wenn die Tragfähigkeit in das Schiffsregister eingetragen und demgemäss im Zertifikat vermerkt, darüber auch eine eigene Urkunde, der Messbrief, ausgestellt wird, so geschieht dies nicht

---

1) In neuester Zeit ist auch an die deutschen Konsulatsbehörden in den britischen Häfen, um den Missbrauch der deutschen Flagge durch seeuntüchtige Schiffe zu verhüten, die Weisung ergangen, für ein in das Eigenthum deutscher Reichsangehöriger übergehendes Schiff das Flaggen-Attest (s. Reichsges. vom 25. Oktober 1867 § 16 — oben S. 15 —) nur auf Grund des Zeugnisses eines Schiffsbesichtigers des britischen Board of Trade über die Untersuchung des Schiffs und dessen Seetüchtigkeit zu ertheilen (Zentralblatt für das Deutsche Reich 1875 Nr. 39).

2) In E n g l a n d war bei registrirten Schiffen durch die Merchant Shipping Act von 1854 (sect. 34) jede Namens-Aenderung verboten. Dagegen lassen die Merchant Shipping Act von 1871 (sect. 6; vgl. sect. 12) bei britischen Schiffen und die Merchant Shipping Act von 1873 (sect. 5) bei fremden Schiffen, die' zu britischen geworden sind, eine solche zu mit Genehmigung des Board of Trade. Das n o r w e g i s c h e Seeges. vom 24. März 1860 (Art. 4) gestattet eine Veränderung des Namens mit königlicher Erlaubniss; das ö s t e r r e i c h i s c h e Ges. vom 7. Mai 1879 (§ 14) mit Erlaubniss der Behörde, in deren Register das Schiff eingetragen ist. Das f r a n z ö s i s c h e Recht verbietet dieselbe ganz. (Ges. vom 5. Juli 1836 Art. 8).

sowohl im privatrechtlichen Interesse (z. B. mit Rücksicht auf die Befrachtungsverträge), als vielmehr im öffentlichrechtlichen. Einmal soll dadurch ein Mittel für die Feststellung der Identität des Schiffs und ferner die Grundlage für verschiedene Abgaben (Quai- und Hafenabgaben, Leuchtfeuergelder, Kanalzoll), sowie für Normirung der Maximalzahl von Passagieren bei Auswandererschiffen und ähnliches gewonnen werden.

Bis in die neueste Zeit hinein wurde nun in Deutschland die Tragfähigkeit in dem ersteren Sinne aufgefasst[1]. Als die Einheit wurde die Schiffslast angesehen, welche jedoch in verschiedenen Grössen vorkam, namentlich von 4000 Pfund (Normallast), 5200 Pfund, 6000 Pfund (Kommerzlast), 9000 Pfund (rostocker Kommerzlast). Dieser Gewichtsinhalt wurde aber erst wieder aus dem durch ein sehr unzuverlässiges Messungsverfahren ermittelten und daher von der wahren Grösse des Schiffs erheblich abweichenden Rauminhalt durch Anwendung eines Erfahrungskoëffizienten hergestellt, der stets derselbe war, während auch die Form des Schiffs für die Tragfähigkeit von wesentlichem Einfluss ist. Die Folge davon war, dass die wirkliche Tragfähigkeit der Schiffe bis zu 30 % und darüber von dem Messungsresultat abwich. (Neues Arch. f. Handelsr. II S. 261 ff.; Entsch. des R.O.H.G. IV S. 242 f.) Durch die vom Bundesrath erlassene Schiffsvermessungs-Ordnung vom 5. Juli 1872 ist an Stelle der Ermittelung des Gewichtsinhaltes die des Rauminhaltes angeordnet. Dieser wird durch Vermessung des Schiffs nach der sehr genauen, in England bereits im J. 1854 eingeführten und von fast allen bedeutenderen Seefahrt treibenden Nationen adoptirten Moorsom'schen Methode festgestellt (§§ 1—14). Die Vermessung geschieht durch die von den Landesregierungen bestellten Vermessungs-Behörden, zu deren Mitgliedern ein Schiffsbau-Techniker gehört. (Schiffsvermessungs-O. § 19. Ein Verzeichniss dieser Behörden nebst den denselben vorgesetzten Behörden enthält das Jahrb. f. d. deutsche Handelsmarine, so das für das Jahr 1882 S. 34—36.) Der Rauminhalt wird in Kubikmetern ausgedrückt, daneben wird die entsprechende Zahl englischer Register-Tons (Bezeichnung für den Raum von 100 Kubikfuss) angegeben, indem der Kubikmeter zu 0,353 englischen Register-Tons zu berechnen ist (§ 24). Von dem in dieser Weise ermittelten Rauminhalt des ganzen Schiffs in allen seinen Theilen (dem s. g. Bruttoraumgehalt) wird der Inhalt der ausschliesslich zum Gebrauch der Besatzung dienenden Räume (s. g. Logisräume), jedoch höchstens bis zum zwanzigsten Theile des Bruttoraumgehaltes, sowie der etwaigen Maschinen-, Dampfkessel- und Kohlenräume, bei Schraubendampfern auch des Raumes des Wellentunnels, jedoch — abgesehen von den Schleppdampfern — höchstens bis zur Hälfte des Bruttoraumgehaltes, in Abzug gebracht (§§ 15—18) und dadurch der s. g. Nettoraumgehalt des Schiffs ermittelt, der nach den meisten Rechten,

---

1) Vgl. zu diesem Abschnitt Romberg a. a. O. S. 313—323.

und so auch nach dem deutschen allein für die Entrichtung der
Abgaben maassgebend ist[1]). Ueber die Vermessung wird ein Messbrief (von den über den Vermessungsbehörden stehenden Revisions-
behörden: § 20) ausgefertigt, welcher, ebenso wie das Schiffsregister
und das Zertifikat[2]), den Brutto- und Nettoraumgehalt und zwar
in Kubikmetern und Register-Tons angiebt (Schiffsvermess.-O. § 24),
und der zu den an Bord geführten Schiffspapieren gehört. Auch
ist die den Nettoraumgehalt bezeichnende Kubikmeterzahl auf
einem Deckbalken des Schiffs einzubrennen, einzuschneiden oder
sonst in geeigneter Weise anzubringen[3]).

Die Aneignung der Moorsom'schen Methode hat noch die Folge
gehabt, dass nach den innerhalb der Jahre 1872 und 1882 zwischen
dem Deutschen Reich und Dänemark, Oesterreich-Ungarn, den
Vereinigten Staaten von Amerika, England, Frankreich, Italien,
Schweden, Norwegen, Chile, Holland, Spanien und Russland getroffenen Vereinbarungen wegen gegenseitiger Anerkennung der
nach dem neuen Schiffsvermessungsverfahren bewirkten Vermes-
sungen die deutschen Messbriefe in den genannten Staaten als maassgebend angesehen werden. Doch ist es den deutschen Dampfschiffen gestattet, in englischen Häfen die Nachmessung ihrer
Maschinenräume zu verlangen, um die grösseren Abzüge, welche
das englische Recht vom Bruttoraumgehalt zulässt, zu erhalten.
Ebenso werden umgekehrt die dänischen, österreichisch-ungarischen,
nordamerikanischen, englischen, französischen, italienischen, schwedischen, norwegischen, chilenischen, niederländischen, spanischen,
russischen, finnländischen Messbriefe in Deutschland anerkannt.
Nur findet bei den nordamerikanischen Schiffen, weil die amerikanische Gesetzgebung lediglich Bruttoraumgehalt kennt und hiervon Abzüge nicht gestattet, auf Verlangen der Schiffsführer im
deutschen Hafen eine Ausmessung der abzugsfähigen Räume zur
Ermittelung des Nettoraumgehaltes Statt. Und bei den englischen,
niederländischen, spanischen, finnländischen Dampfschiffen, bei
denen auf Grund der in den betreffenden Ländern geltenden Vorschriften grössere Abzüge vom Bruttoraumgehalt gestattet werden,
als in Deutschland, müssen die hier zulässigen Abzüge durch Nachmessung der abzugsfähigen Räume ermittelt werden, wobei jedoch der Raumgehalt der Logisräume den nationalen Messbriefen
gemäss angenommen wird; auch ist es bei den niederländischen

---

1) Die Schiffsvermess.-O. schrieb diese Ausmittelung der Ladefähigkeit auch
für solche Schiffe vor, die bereits nach der früheren Methode vermessen waren
(§ 33). Die Ummessung musste überall bis zum 1. Januar 1878 vollzogen sein.
2) S. auch Anweis. f. d. deutschen Schiffsregister-Behörden, betr. d. Eintragung der nach der Schiffsvermess.-O. vom 5. Juli 1872 ermittelten Vermes-
sungs-Ergebnisse in die Schiffszertifikat-Formulare vom 5. Januar 1873 (Zentralbl.
f. d. D. Reich 1873 S. 156; Stabenow, Samml. der deutschen Seeschifffahrts-
Gesetze, Leipzig 1875, S. 309).
3) Instruktion zur Schiffsvermess.-O. vom 23. November 1872 § 39; vgl.
Bekanntmachung betr. Ergänzung des § 23 der Schiffsvermess.-O. v. 24. Oktober
1875 (Zentralbl. f. d. D. Reich 1875 Nr. 46 S. 718).

Schiffen zulässig, den Nettoraumgehalt einfach durch einen Zuschlag von 3 Prozent zu dem in den heimischen Messbriefen angegebenen Nettoraumgehalt festzustellen [1]).

5. Durch die Angabe unter Ziff. 3 soll „über den **nationalen Ursprung** des Schiffs Gewissheit" gegeben und „die Anfechtung der Nationalität des Schiffs" erschwert werden. (Prot. IV S. 1681.)

6. Unter dem **Heimathshafen** versteht das Gesetz vom 25. Oktober 1867 natürlich dasselbe, wie Art. 435 H.G.B. Vgl. Art. 455, 475.

7. Die Bestimmungen unter Ziff. 5 und 7 sollen die **Möglichkeit** gewähren, jederzeit **den Beweis zu führen**, dass das Schiff zur Führung der Reichsflagge berechtigt ist. Es ergiebt sich dies, sowie der Grund der hinsichtlich der Gesellschaften gegebenen Vorschrift aus dem § 2 des Gesetzes vom 25. Oktober 1867 (s. o. S. 14).

8. Einige Landesgesetze schreiben auch für die vertragsmässige **Verpfändung** von (registrirten) Schiffen Eintragung in das Schiffsregister vor; nämlich das preussische Einführungsgesetz Art. 59, jedoch nur für die Landestheile, in denen das A.L.R. gilt; das Gesetz vom 26. Mai 1873 § 48, welches die Bestimmungen des eben zitirten Einführungsgesetzes für Neuvorpommern und

---

1) Vgl. die Bestimmungen, betr. die Anerkennung der in dänischen, österreichisch-ungarischen und nordamerikanischen Schiffspapieren enthaltenen Vermessungsangaben in deutschen Häfen, vom 21. Dezember 1872 (Reichszentralblatt f. 1873 S. 163 f.; Stabenow, Samml. der d. Seeschiffahrtsges. S. 274 f.; dazu Nachtrag: Zentralbl. f. 1875 S. 324 und f. 1879 S. 269); Bekanntmachung des dänischen Generaldirektors für das Steuerwesen vom 23. Dezember 1872 (preuss. Handelsarchiv von 1873 I Nr. 7 S. 157); Erlass des österr. und des ungarischen Handelsministeriums vom 3. Nov. 1872 (ebendas. II Nr. 44 S. 459); Zirkular des Schatzamtes zu Washington vom 25. Okt. 1872 (ebendas. I Nr. 14 S. 342); Bestimmungen über die Anerkennung der in den französischen und britischen Schiffspapieren enthaltenen Vermessungsangaben in deutschen Häfen, vom 2. Okt. 1873 (Zentralbl. f. 1873 S. 316 ff.; Stabenow S. 320—322); britischer Geheimrathsbeschluss vom 26. Juni 1873 (preuss. Handelsarchiv von 1873 II Nr. 42 S. 410); Bestimmungen über die Anerkennung der in italienischen Schiffspapieren enthaltenen Vermessungsangaben in deutschen Häfen vom 25. August 1874 (Zentralbl. f. 1874 S. 323 f.; Stabenow S. 345 f.); Deklaration zwischen der deutschen Reichsregierung und der italienischen Regierung vom 15. Juni 1874 (preuss. Handelsarchiv von 1874 II Nr. 37 S. 250); Bestimmung über die Anerkennung der schwedischen Messbriefe in deutschen Häfen (Zentralbl. f. 1875 S. 688); dazu Nachtrag vom 22. Juli 1882 (Zentralbl. f. 1882 S. 353); über die Anerkennung der in chilenischen Zertifikaten enthaltenen Vermessungsangaben, vom 11. Jan. 1876 (Zentralbl. f. 1876 S. 26); über die Anerkennung der norwegischen Messbriefe vom 7. April 1876 (Zentralbl. f. 1876 S. 221); über die Anerkennung der in niederländischen Schiffspapieren enthaltenen Vermessungsangaben, vom 8. April 1877 (Zentralbl. f. 1877 S. 184); über die Anerkennung der in spanischen Schiffspapieren enthaltenen Vermessungsangaben (Zentralbl. f. 1880 S. 38); über die Anerkennung der in russischen Schiffspapieren enthaltenen Vermessungsangaben, vom 11. Febr. 1882 (Zentralbl. für 1882 S. 37). — S. auch die Bestimmungen, betr. die Vermessung der Dampfschiffe für die Fahrt durch den Suezkanal, vom 15. April 1879 (Zentralbl. f. 1879 S. 288 ff.).

Rügen, und vom 27. Mai 1873 § 48, welches dieselben für Schleswig-Holstein für maassgebend erklärt; die mecklenburg-schwerinische Verordnung, betreffend die Verpfändung von Seeschiffen und Schiffsparten, vom 28. März 1881. Nach dem preuss. Einführ.-Ges. Art. 59 § 1 muss die Eintragung enthalten:

1. *den Namen des Gläubigers;*
2. *die Forderung, für welche die Verpfändung geschehen ist;*
3. *die Bezugnahme auf die Verpfändungs-Urkunde unter Bezeichnung des Orts und des Datums der Ausstellung;*
4. *die Zeit der Eintragung;*

nach der mecklenburgischen Verordnung (§ 3):

1. *den Namen des Gläubigers;*
2. *die Forderung, für welche das Pfandrecht bestellt ist; den Betrag der Forderung in einer bestimmten Kapitalsumme; den Zinsfuss oder die Bemerkung „zinsenlos“;*
3. *die Bezugnahme auf die Verpfändungsurkunde unter Bezeichnung des Ausstellers, sowie unter Angabe des Orts und der Zeit der Ausstellung;*
4. *den Tag der Eintragung;*
5. *die Unterschrift der Registerbehörde.*

9. Durch das Zertifikat soll der Beweis der Nationalität des Schiffs geführt werden, sowohl im Frieden wie im Kriege; im Frieden mit Rücksicht auf die von gewissen Nationen anderen Nationen und deren Schiffen vertragsmässig zugesicherten Rechte, im Kriege, um den kriegführenden Mächten die Möglichkeit zu gewähren, festzustellen, ob ein Schiff dem eigenen Staate angehört oder als neutrales oder als feindliches zu betrachten ist. Das Zertifikat ist eine öffentliche Urkunde, deren *publica fides* auch von fremden Nationen anerkannt wird. Weil dem so ist, so muss nicht nur mit der grössten Sorgfalt darüber gewacht werden, dass die im Zertifikat enthaltene Angabe über die Nationalität des Schiffs der Wahrheit entspricht, sondern es muss auch dafür gesorgt werden, dass diese Wahrheit stets geprüft werden kann. Daraus erklären sich die so komplizirten Vorschriften über die in das Schiffsregister einzutragenden Punkte im § 6 des Reichsgesetzes vom 25. Oktober 1867, sowie die Anordnung, dass das Zertifikat genau mit dem Schiffsregister übereinstimme, wennschon ersteres nicht gerade eine wörtliche Abschrift des letzteren zu enthalten braucht. Das Zertifikat ist das wichtigste Schiffspapier. Früher dienten in den deutschen Küstenstaaten verschiedene Papiere zur Legitimation des Schiffs, namentlich der Bielbrief oder Beilbrief — ein Attest der Obrigkeit über den vorschriftsmässigen Bau, die Grösse und Beschaffenheit, den Eigenthümer, den Erbauer, über den Zeitpunkt und Ort der Erbauung desselben (Pöhls, Seerecht I S. 55 ff.) — und der Seepass. Wie nun das H.G.B. das Schiffs-

register aus dem englischen Recht [1]) herübergenommen hat, so auch das hiermit übereinstimmende Zertifikat (Prot. IV S. 1666). Es ist übrigens hierdurch nicht ausgeschlossen, dass neben dem Zertifikat noch andere Schiffspapiere zur Legitimation geführt werden, so namentlich mit Rücksicht auf die dadurch bedingten, auf völkerrechtlichen Verträgen beruhenden Vortheile, der Seepass [2]). Dies war nach den Bestimmungen des H.G.B. anzunehmen (Prot. IV S. 1683). Es gilt aber eben dasselbe nach dem Reichsgesetz vom 25. Oktober 1867; denn indem dieses im § 9 bestimmt:

Durch das Zertifikat wird das Recht des Schiffs, die Bundesflagge zu führen, nachgewiesen. Zum Nachweise dieses Rechts ist insbesondere ein Seepass nicht erforderlich;

so erklärt es das Zertifikat für ausreichend, aber nicht für allein und ausschliesslich zulässig.

Art. 436.

Treten in den Thatsachen, welche in dem vorhergehenden Artikel bezeichnet sind, nach der Eintragung Veränderungen ein, so müssen dieselben in das Schiffsregister eingetragen und auf dem Zertifikat vermerkt werden.

Im Fall das Schiff untergeht oder das Recht, die Landesflagge zu führen, verliert, ist das Schiff in dem Schiffsregister zu löschen und das ertheilte Zertifikat zurückzuliefern, sofern nicht glaubhaft bescheinigt wird, dass es nicht zurückgeliefert werden könne.

Dieser Artikel ist wörtlich in dem Reichsgesetz vom 25. Oktober 1867 § 11 [3]) wiederholt, nur sind selbstverständlich statt der Worte: „in dem vorhergehenden Artikel" die Worte: „in dem § 6" und statt „Landesflagge" „B u n d e s f l a g g e" gesetzt worden.

Der im ersten Absatz vorgeschriebene Vermerk auf dem Zertifikat kann natürlich erst vorgenommen werden, wenn das Schiff in den Heimathshafen zurückkommt, weil das Zertifikat sich am Bord des Schiffs befindet.

---

1) Vgl. Abbott S. 46 f.; Maclachlan S. 88 ff.
2) Der Anhang zum hamb. Ges., betr. die Papiere für hamburgische Seeschiffe vom 22. Dezember 1865 bestimmt, dass auf Verlangen ein Bielbrief ausgestellt werden soll. In Oesterreich dient der Beilbrief nach dem Gesetz über die Registrirung der Seehandelsschiffe vom 7. Mai 1879 zum Beweise des Eigenthums an neugebauten Schiffen (§ 15 f.), während daselbst die Bedeutung, welche innerhalb des Deutschen Reichs dem Zertifikat innewohnt, der Registerbrief hat (§ 21).
3) *Treten in den Thatsachen, welche in dem § 6 bezeichnet sind, nach der Eintragung Veränderungen ein, so müssen dieselben in das Schiffsregister eingetragen und auf dem Zertifikat vermerkt werden.*
Im Fall das Schiff untergeht oder das Recht, die Bundesflagge zu führen, verliert, ist das Schiff in dem Schiffsregister zu löschen und das ertheilte Zertifikat zurückzuliefern, sofern nicht glaubhaft bescheinigt wird, dass es nicht zurückgeliefert werden könne.

Die Rückgabe des Zertifikats ist angeordnet, damit mit demselben kein Missbrauch getrieben werden kann.

Art. 437.

Die Landesgesetze bestimmen die Fristen, binnen welcher die Thatsachen anzuzeigen und nachzuweisen sind, welche eine Eintragung oder Löschung erforderlich machen, sowie die Strafen, welche für den Fall der Versäumung dieser Fristen oder der Nichtbefolgung der vorhergehenden Vorschriften verwirkt sind.

Die in diesem Artikel den Landesgesetzen vorbehaltenen Bestimmungen sind durch das Bundesgesetz vom 25. Oktober 1867 für sämmtliche zum Norddeutschen Bunde resp. zum Deutschen Reich gehörigen Seestaaten getroffen worden. Der § 12 des zitirten Gesetzes lautet nämlich:

Die Thatsachen, welche gemäss § 11 eine Eintragung oder die Löschung im Schiffsregister erforderlich machen, sind von dem Rheder binnen sechs Wochen nach Ablauf des Tages, an welchem er von ihnen Kenntniss erlangt hat, der Registerbehörde zum Zweck der Verfolgung der Vorschriften des § 11 anzuzeigen und glaubhaft nachzuweisen, betreffenden Falls unter Zurücklieferung des Zertifikats.

Die Verpflichtung zu der Anzeige und Nachweisung liegt ob:

1. *wenn eine Rhederei besteht, allen Mitrhedern;*
2. *wenn eine Aktiengesellschaft Rheder oder Mitrheder ist, für dieselbe allen Mitgliedern des Vorstandes;*
3. *wenn eine andere Handelsgesellschaft Rheder oder Mitrheder ist, für dieselbe allen persönlich haftenden Gesellschaftern;*
4. *wenn die Veränderung in einem Eigenthumswechsel besteht, wodurch das Recht des Schiffs, die Bundesflagge zu führen, nicht berührt wird, dem neuen Erwerber des Schiffs oder der Schiffspart.*

Ebenso ist die Festsetzung einer Strafe für den Fall der Nichtbeachtung dieser Vorschriften nicht der Partikulargesetzgebung überlassen, sondern es ist diese durch das Gesetz selbst getroffen im § 15:

Die im § 14 angedrohte Strafe[1] hat auch derjenige verwirkt, welcher eine nach den Bestimmungen des § 12 ihm obliegende Verpflichtung binnen der sechswöchentlichen Frist nicht erfüllt, sofern er nicht beweist, dass er ohne sein Verschulden ausser Stande gewesen sei, dieselbe zu erfüllen. Die Strafe tritt nicht ein, wenn vor Ablauf der Frist die Verpflichtung von einem Mitverpflichteten erfüllt ist. Die Strafe wird gegen denjenigen verdoppelt, welcher die Verpflichtung auch binnen sechs Wochen nach Ablauf des Tages, an welchem das ihn verurtheilende Erkenntniss rechtskräftig geworden ist, zu erfüllen versäumt.

---

1) Geldbusse bis zu 100 Thalern oder verhältnissmässige Gefängnissstrafe.

Art. 438.

Die Landesgesetze können bestimmen, dass die Vorschriften der Art. 432—437 auf kleinere Fahrzeuge (Küstenfahrer u. s. w.) keine Anwendung finden.

Das Reichsgesetz vom 25. Oktober 1867 (§ 17) hatte es gleichfalls der Landesgesetzgebung überlassen, von der Regel, dass die Ausübung des Rechts, die Reichsflagge zu führen, durch die vorangegangene Eintragung in das Schiffsregister und die Ertheilung des Zertifikats bedingt sei, Ausnahmen zu Gunsten kleinerer Fahrzeuge zu statuiren. Da aber in Folge hiervon ein zu ungleichmässiges Verfahren beobachtet wurde, so ist später die Sache durch die Reichsgesetzgebung selbst geregelt worden. Das Reichsgesetz vom 28. Juni 1873, betreffend die Registrirung und die Bezeichnung der Kauffahrteischiffe, bestimmt nämlich im § 1:

An Stelle des § 17 des Gesetzes, betreffend die Nationalität der Kauffahrteischiffe und ihre Befugniss zur Führung der Bundesflagge, vom 25. Oktober 1867 tritt die folgende Bestimmung:

Schiffe von nicht mehr als 50 Kubikmeter Brutto-Raumgehalt sind zur Ausübung des Rechts, die Reichsflagge zu führen, auch ohne Eintragung in das Schiffsregister und Ertheilung des Zertifikats befugt.

Hierdurch sind diese Fahrzeuge nur von der Pflicht der Registrirung befreit; es soll denselben aber dadurch nicht das Recht genommen sein, eine solche zu verlangen. Doch übernehmen dieselben alsdann auch alle Verbindlichkeiten, denen die registrirten Schiffe unterliegen; so werden sie dadurch speziell auch den über die Namensführung im Gesetz vom 28. Juni 1873 getroffenen Vorschriften unterworfen.

Art. 439.

Bei der Veräusserung eines Schiffs oder eines Antheils am Schiff (Schiffspart) kann zum Eigenthumserwerb die nach den Grundsätzen des bürgerlichen Rechts etwa erforderliche Uebergabe durch die unter den Kontrahenten getroffene Vereinbarung ersetzt werden, dass das Eigenthum sofort auf den Erwerber übergehen soll.

1. Für den Erwerb des Eigenthums an Schiffen bestand nach dem früheren Recht kein anderes Prinzip als in Betreff sonstiger Gegenstände. Es war also dazu die Tradition erforderlich. Doch galt eine symbolische Tradition als ausreichend, und diese wurde von den einen in der Uebertragung der Dokumente über das Eigenthum des Veräusserers (Entsch. des O.A.G. zu Lübeck vom 31. Dezember 1839, vom 25. November 1841 in Seufferts Archiv VIII Nr. 111, X Nr. 232), von anderen sogar schon in der Vollziehung des Kaufvertrags gefunden (Pöhls, Seerecht I S. 104;

Kaltenborn, Seerecht I S. 110; vgl. auch § 1396 preuss.
A.L.R. II, 8).
Der preuss. Entwurf des H.G.B. (Art. 389) fordert für den
Erwerb des Eigenthums einen gerichtlichen oder notariellen Ver-
trag, der österreichische Entwurf des Seerechts (§ 8) erklärt die
Grundsätze des A.B.G.B. für maassgebend; für das Veräusserungsgeschäft selbst, als die Quelle obligatorischer Wirkungen, enthält
weder der eine noch der andere Bestimmungen. Der von dem
Referenten der hamburger Konferenz ausgearbeitete Entwurf der
Vorschriften über das Schiffsregister fordert zur Rechtsbeständigkeit des Veräusserungsgeschäfts selbst Schriftlichkeit, verlangt jedoch eine weitere Form für die Uebertragung des Eigenthums
nicht. Der betreffende Art. 391 lautet nämlich hier:

*Ein Vertrag, durch welchen das Eigenthum eines in das Schiffs-
register eingetragenen Schiffs oder ein Antheil an demselben übertragen werden soll, muss schriftlich errichtet werden, um rechtsgültig
zu sein.*

*Zum Erwerbe des Eigenthums ist die Uebergabe nicht erfor-
derlich.*

Hiergegen wurde jedoch geltend gemacht, dass diese Vorschrift
im Widerspruch stünde mit dem bis dahin geltenden gemeinen
deutschen Seerecht und dem Geiste des H.G.B. überhaupt, soweit
dasselbe bereits berathen. Ebenso mit dem praktischen Bedürfniss,
indem die Eigenthümer häufig (namentlich im Kriege) ein Interesse
daran hätten, über ein in der Fremde befindliches Schiff ein Veräusserungsgeschäft zu schliessen; dies geschehe im Wege der Korrespondenz, der man doch nicht die Bedeutung einer Urkunde beilegen werde (Prot. IV S. 1693 f.). In Folge davon wurde die
Streichung des ersten Absatzes beschlossen, wodurch also für diejenigen Veräusserungsgeschäfte, welche als Handelsgeschäfte aufzufassen sind, nach Art. 317 H.G.B. vollständige Formlosigkeit
eingeführt wurde, für alle übrigen die Bestimmungen des bürgerlichen Rechts für maassgebend erklärt wurden.

Der Entwurf des Referenten der hamburger Konferenz (zit.
Art. 391) sieht ausdrücklich von der Tradition als Requisit des
Eigenthumsüberganges ab. Die Streichung des ersten Absatzes des
Art. 391 gab zunächst Veranlassung, sich über die Voraussetzungen
für die Uebertragung des Eigenthums schlüssig zu machen. Man
schlug zunächst, ebenso wie der preussische Entwurf, eine gerichtliche oder notarielle Urkunde vor, indem man darauf hinwies, dass
es gerade im Seeverkehr sehr wichtig wäre, bei Veräusserungen
von Schiffen den Augenblick der Eigenthumsübertragung zu fixiren
und über den Augenblick des Eigenthumsüberganges eine beweis-
fähige Urkunde zu besitzen. Diesem Vorschlag wurde jedoch keine
Folge gegeben. Eben so wenig stellte man unter Beseitigung des
zweiten Absatzes des zitirten Art. 391 das Erforderniss der Tradition wieder her, indem man darauf hinwies, dass diese allemal

da, wo das zu veräussernde Schiff sich nicht in der Nähe der Kontrahenten, also auf der Reise *(in transitu)* oder in einem fremden Hafen befinde, regelmässig nicht möglich oder doch mit grossen Schwierigkeiten verbunden sein würde. Auf der anderen Seite liess man den gedachten Abs. 2 des Art. 391 nicht einfach stehen und erklärte nicht, dass das Veräusserungsgeschäft allein schon den Uebergang des Eigenthums zur Folge haben sollte. Man schlug vielmehr einen Mittelweg ein, indem man als Regel die nach dem herrschenden gemeinen Recht oder Partikularrecht erforderliche Tradition resp. symbolische Tradition bestehen liess, den Kontrahenten aber das Recht beilegte, einfach durch eine dahin gehende Uebereinkunft ohne jeden weiteren rechtlichen Akt das Eigenthum übergehen zu lassen (Prot. IV S. 1698—1711, VIII S. 3702 f.) [1]).

[1) Englische Richter und Schriftsteller bezeichnen die Kaufurkunde *(bill of sale)* als die in einem universellen Gewohnheitsrecht der seefahrenden Nationen begründete Form für die Uebertragung des Eigenthums an Seeschiffen und Schiffsparten (s. Abbott S. 3; Maclachlan S. 32). Richtig ist, dass die fremden Rechte fast durchweg Schriftlichkeit des Veräusserungsgeschäfts fordern, soweit sie keine weiteren Form-Requisite aufstellen. Die meisten thun aber das letztere. So verlangen eine Kaufurkunde das **portugiesische** H.G.B. (Art. 1290 — bei Schiffen von über 6 Tonnen —), das **finnländische** Seeges. (Art. 8), das **englische** Recht bei nicht registrirten Schiffen (Abbott S. 2 f.; Maclachlan S. 25 f., S. 32). Bei der Veräusserung registrirter britischer Schiffe an Personen, die Eigenthümer solcher Schiffe sein können, wofür die *Merchant Shipping Act* von 1854 *sect. 55* ff. die Normen aufstellt, muss die *bill of sale* den von diesem Gesetz gegebenen Vorschriften entsprechen, d. h. eine genaue Beschreibung des Schiffs, ein Bekenntniss, die Kaufsumme empfangen zu haben, eine Erklärung, dass man das Schiff oder die bestimmten Parten desselben übertrage, enthalten und vom Veräusserer in Gegenwart von wenigstens einem Zeugen vollzogen sein. Der Empfänger hat gleichfalls eine Erklärung in der vom Gesetz vorgeschriebenen Form abzugeben über das Vorhandensein der Voraussetzungen der Registrirung, ganz wie das Gesetz eine solche vom ersten Eigenthümer eines (neuen) Schiffs verlangt. Darauf erfolgt die Eintragung in das Schiffsregister *(sect. 55—57)*. Dieses aber ist maassgebend für die Eigenthumsverhältnisse *except on evidence of fraud or of the invalidity of the bill of sale to him, or of the existence of an equitable title by his own authority in another.* (Vgl. überhaupt Abbott S. 47 ff.; Maclachlan S. 25 f., S. 32 f.) Auch nach dem Recht der **Vereinigten Staaten** bedarf es (bei registrirten Schiffen) für die Uebertragung des Eigenthums der Eintragung in das Schiffsregister, welche auf Grund einer *bill of sale* erfolgt (Kent — 10. *ed.* — II S. 700). Das **holländische** H.G.B. (Art. 309), das **italienische** (Art. 475), das **argentinische** (Art 1015 — bei Schiffen von über 6 Tonnen —), das **chilenische** (Art. 830 — bei Schiffen von über 10 Tonnen —) fordern eine Urkunde, die in die dazu bestimmten öffentlichen Register eingetragen wird; das **brasilianische** (Art. 468 — bei Schiffen, die zur Fahrt auf hoher See bestimmt sind —) sogar öffentliche Urkunde und Registrirung. Das **spanische** H.G.B. (Art. 585 f.) macht zwar den Eigenthumsübergang nicht von der Ausstellung einer öffentlichen Urkunde abhängig, lässt aber den Beweis desselben nur durch eine solche führen. Das **französische** Recht *(Code de comm. art. 195)* bestimmt: *La vente volontaire d'un navire doit être faite par écrit, et peut avoir lieu par acte public, ou par acte sous signature privée.* Doch ist die Schriftlichkeit nach der herrschenden Meinung nicht wesentlich für die Gültigkeit der Veräusserung, sondern nur nothwendig für den Beweis. Dieser kann daher nicht geführt werden durch Zeugen, Handelsbücher, Korrespondenz und ähnliches (und nur vereinzelt ist in Betreff der Korrespondenz der entgegengesetzte Standpunkt vertreten worden), wohl aber, nach

2. Die durch das Gesetz den Kontrahenten gegebene Befugniss, den Eigenthumsübergang von dem Erforderniss der Tradition unabhängig zu machen, ist an keinerlei Bedingung oder Voraussetzung geknüpft; sie steht denselben in jedem Falle zu, mag das Schiff sich auf der Fahrt oder in einem ausländischen oder inländischen Hafen oder sogar im Heimathshafen befinden; denn das Gesetz trifft seine Bestimmungen, ohne die verschiedenen möglichen Fälle zu unterscheiden.

3. Dass in dem Veräusserungsvertrage ausdrücklich gesagt werde, das „Eigenthum" solle übergehen, ist natürlich nicht erforderlich; es genügt, wenn die Kontrahenten solche Ausdrücke wählen, aus denen mit Nothwendigkeit auf jene Absicht geschlossen werden muss. Demgemäss findet auch das Reichs - Ober - Handels - Gericht (Entsch. IV S. 309 f.) eine Uebertragung des Eigenthums in den Worten: „vorstehende Part übertrage und zedire ich mit allen Rechten ohne Vorbehalt an B; Werth habe baar bezahlt erhalten".

4. Dass diese Uebereinkunft eine formlose sein kann, geht daraus hervor, dass das Gesetz, wo es darauf ankam, die Voraussetzungen für den Uebergang des Eigenthums festzustellen, schlechthin eine Vereinbarung, das ist eben ein einfaches — formloses — *pactum* gefordert hat; und es ist nicht noch nöthig, darauf aufmerksam zu machen, dass die hamburger Konferenz selbst diese Vereinbarung ausdrücklich als eine „wenn auch nur mündliche Willenserklärung" auffasste (Prot. IV S. 1772; vgl. S. 1703). Wie bereits Goldschmidt (Handelsr. II S. 806 Note 18) hervorgehoben, ist es nicht richtig, wenn Makower (Kommentar Anm. 15 b zu Art. 439) behauptet, dass Art. 439 die Form dieser Vereinbarung habe unbestimmt lassen wollen, und dass daher nur, wenn ein Handelsgeschäft vorliege, ein formloser Vertrag genüge, sonst aber die allgemeinen zivilrechtlichen — also auch die betreffenden partikularrechtlichen — Vorschriften über die Form der Verträge zur Anwendung zu bringen seien. Die Vereinbarung kann also münd-

---

einer weit verbreiteten Ansicht, durch Eidesdelation (Caumont S. 751 f. N. 45; Cresp-Laurin I S. 244—260; Desjardins I S. 154—156; Ruben de Couder V S. 517 f. N. 114—118 und die Zitate das.). Mit Rücksicht auf dritte Personen wird die Veräusserung jedoch erst wirksam durch *transcription de l'acte de vente sur les registres de l'Administration* (der Douane) und *annotation au dos de l'acte de francisation*: nur der durch diese als Eigenthümer ausgewiesene dem Dritten gegenüber als solcher. Dies folgert die Jurisprudenz aus einer Kombinirung des Art. 17 des Gesetzes vom 27. *Vendémiaire* des J. II mit den Art. 193, 196, 226 des *Code de comm.* (s. Caumont a. a. O., Laurin bei Cresp S. 265 ff. Note 52; Desjardins I S. 159 ff.; Couder V S. 519 f. N. 122—126 und die Zitate das.). Eine Ausnahme hiervon wird nur für den Fall anerkannt, dass dem Dritten die Veräusserung bekannt war. — Mit dem französischen Recht stimmt das belgische überein. Der Art. 2 Abs. 1 des *Code de comm.* II von 1879 ist eine wörtliche Wiederholung des eben zitirten Abs. des französischen *Code de comm.*; Abs. 3 desselben Art. aber fügt hinzu: *L'acte est transcrit en entier sur un registre à ce destiné au bureau de la conservation des hypothèques à Anvers. Jusque-là il ne peut être opposé aux tiers qui auraient contracté sans fraude.*

lich, wie schriftlich, namentlich auch im Wege der Korrespondenz
erfolgen; sie kann mit dem Veräusserungsgeschäft verbunden werden, aber auch später nachfolgen (Prot. IV S. 1705).

5. Der Grundsatz des Art. 439 gilt, in Gemässheit der Bestimmungen des Gesetzbuchs überhaupt, nur für die zum Erwerb
durch Seefahrt bestimmten Schiffe, freilich aber auch
für die, welche nur vorübergehend hierfür bestimmt sein sollten
(Prot. VIII S. 3712).

6. Das Wort „sofort" bedeutet lediglich „ohne Weiteres",
„ohne dass es einer Tradition bedürfte". Es soll damit keineswegs
angezeigt werden, dass diese Erklärung nicht selbst den Eigenthumsübergang von dem Eintritt einer Bedingung (z. B. wenn die
zur Zahlung gegebenen Wechsel akzeptirt sein würden) oder eines
dies abhängig machen dürfe. Es ist nämlich nur davon die Rede,
dass die Tradition durch die gedachte Vereinbarung ersetzt werden
könne. Wie es sich nun von selbst verstehen würde, dass die dem
Inhalt des Veräusserungsgeschäfts gemäss unbedingt vorzunehmende
Tradition nicht durch eine bedingte Vereinbarung über den ohne
solche erfolgenden Eigenthumsübergang ersetzt werden könnte, so
muss man auch umgekehrt sagen, dass wo die Tradition *sub die*
oder *condicione* zu erfolgen hat, auch die fragliche Vereinbarung
eine bedingte oder betagte sein dürfe. Ob die hamburger Konferenz, welche es sowohl ablehnte, das Wort „sofort" zu streichen,
wie auch statt desselben, die Worte „durch die Vereinbarung" zu
setzen, in ihrer Majorität derselben Ansicht gewesen ist, lässt sich
mit Sicherheit nicht behaupten. Es waren in der Konferenz drei
Meinungen vertreten. Die eine ging dahin, durch das Wort „sofort" würden bedingte und betagte Vereinbarungen über den Eigenthumsübergang für unwirksam erklärt; dies sei aber nicht die
Absicht der Konferenz, deshalb müsse man das Wort streichen.
Die andere legte dem Wort dieselbe Bedeutung bei, hielt aber die
Ausschliessung bedingter und betagter Willenserklärungen aus
praktischen Rücksichten für nothwendig und dem wahren —
wennschon nicht direkt ausgesprochenen — Willen der Versammlung entsprechend. Nach einer dritten Meinung sollte durch das
Wort „sofort" die Frage, „ob bedingten Willenserklärungen die
Kraft zukomme, die Tradition" zu ersetzen, nicht entschieden werden; das Wort sollte vielmehr lediglich den Gegensatz ausdrücken
zwischen den hier in Rede stehenden Willenserklärungen, durch
welche „die Eigenthumsübertragung wirklich vollzogen werde,
und denjenigen Willenserklärungen (Kauf u. s. w.), durch welche
lediglich erst eine Forderung entstehe, kraft deren der bisherige
Eigenthümer künftig einmal Eigenthum zu übertragen sich ver-
pflichte". (Prot. IV S. 1704, 1772 f., VIII S. 3702; Goldschmidt, Handelsrecht I S. 807 Note 19.)

7. Die Vereinbarung ist übrigens nicht als eine Form der
Besitzübertragung anzusehen (Prot. IV S. 1710; vgl. S. 1703).
Der Besitz muss daher stets besonders erworben werden, was aber,

vorausgesetzt, dass das Schiff nicht von einem anderen, als dem
Veräusserer oder dessen Stellvertreter besessen wird, durch Stellvertreter — regelmässig durch den Schiffer — sehr leicht zu bewerkstelligen sein wird.

Art. 440.

*In allen Fällen der Veräusserung eines Schiffs oder einer Schiffs-
part kann jeder Theil verlangen, dass ihm auf seine Kosten eine
beglaubigte Urkunde über die Veräusserung ertheilt werde.*

Im älteren gemeinen Recht steht die Veräusserung von Seeschiffen unter keinen anderen Regeln, als die von anderen Sachen
(Mittermaier, Privatr. II S. 756; Jacobsen, Seerecht S. 38;
Beseler, Privatrecht — 1. Aufl. — III S. 464; vgl. Kaltenborn, Seerecht I S. 110 f.), wie den gleichen Grundsatz auch das
preuss. L.R. (§ 1395 II, 8) ausdrücklich anerkennt. Partikularrechtlich wurde jedoch, wie nach den fremden Rechten (s. o. S. 27 f.
Note 1), vielfach schriftliche Abfassung des Vertrags gefordert,
grösstentheils aber deshalb, weil hierin die für die Eigenthumsübertragung geforderte symbolische Tradition gefunden wurde. (Vgl.
Pöhls, Seerecht I S. 103 f., S. 139; Kaltenborn, Seerecht I
S. 110 f.) Das D.H.G.B. hat von der Aufstellung des Erforder-
nisses einer bestimmten Form für den Veräusserungsvertrag abgesehen, so dass dieser, wenn er als Handelsgeschäft erscheint, auch
ohne jede Form verbindlich ist, anderenfalls unter den Vorschriften
des bürgerlichen (gemeinen oder partikulären) Rechts steht. Wenn
das Gesetzbuch jedem der Kontrahenten das Recht giebt, bei einer
Veräusserung — und zwar, wie dies aus der Stellung des Artikels
hervorgeht (Prot. VIII S. 3703), einer freiwilligen — eine Urkunde zu fordern, so soll diese ein Beweismittel für den Fall
sein, dass dieselben ein Interesse daran haben, nachzuweisen, dass
sie Eigenthümer oder umgekehrt nicht mehr Eigenthümer des
Schiffs oder einer Schiffspart sind. Daher kann denn auch die
Ertheilung der Urkunde nicht schon gefordert werden, sobald das
Veräusserungsgeschäft perfekt geworden ist, sondern erst nachdem
der Eigenthumsübergang wirklich stattgefunden hat; wie dies auch
daraus hervorgeht, dass das Gesetz von einer Urkunde nicht über
das Veräusserungsgeschäft, sondern über die Veräusserung spricht
(vgl. Entsch. des R.O.H.G. XXIV S. 47).

Die Urkunde soll beglaubigt sein, damit sie den Charakter
eines *instrumentum publicum* hat. Diese Beglaubigung kann aber
eben sowohl eine gerichtliche oder notarielle sein, als auch, wo
dies nach dem betreffenden Partikularrecht überhaupt zulässig, durch
eine Administrativbehörde erfolgen (Prot. VIII S. 3703).

Art. 441.

*Wird ein Schiff oder eine Schiffspart veräussert, während das
Schiff auf der Reise sich befindet, so ist im Verhältniss zwischen*

dem Veräusserer und Erwerber in Ermangelung einer anderen Vereinbarung anzunehmen, dass dem Erwerber der Gewinn der laufenden Reise gebühre oder der Verlust derselben zur Last falle.

Die Ansicht, dass der Gewinn einer Reise unter den Begriff der *fructus civiles* zu bringen, fand schon in der früheren Zeit ihre Vertreter. Doch wurde von diesen die Meinung verfochten, dass bei einem während der Reise veräusserten Schiff der Gewinn einerseits und andererseits der Verlust der laufenden Reise *pro rata temporis* zwischen dem Veräusserer und dem Erwerber getheilt werden müsse (W e d d e r k o p, *introductio in ius nauticum* III, 2 § 9; Samml. von Entsch. in Rostock'schen Rechtssachen, 2. Forts. S. 175). Im Gegensatz hierzu wurde partikularrechtlich der Satz aufgestellt, in Ermangelung einer anderweitigen Vereinbarung gebühre dem Veräusserer ein ausschliessliches Recht auf die Frachtgelder der Reise (so preuss. L.R. § 1401 II, 8).

Die dem Art. entsprechende Bestimmung des preuss. Entwurfs des H.G.B. (Art. 391 Abs. 2):

Auch die Frachtgelder der bereits angetretenen Reise sind als Zubehör des Schiffs zu erachten:

war mit Rücksicht auf die Anschauungen des Handelsstandes aufgestellt worden (Motive zum preuss. Entw. S. 218). Es entspricht aber auch der Satz, dass der Gewinn der laufenden Reise dem Erwerber des Schiffs zukomme, der Rechtskonsequenz. Dass die Frachtgelder als *fructus civiles* aufzufassen sind, ist klar. So lange dieselben nun als *pendentes* betrachtet werden können, müssen sie als Theile der Hauptsache auf den Erwerber übergehen. Sie hören aber erst auf, dies zu sein in dem Augenblicke, wo sie dem Eigenthümer des Schiffs verdient sind. Das ist der Fall bei Beendigung der betreffenden Frachtreise. Es lässt sich nämlich nicht sagen, dass für jeden zurückgelegten Theil der Reise auch ein Theil der Fracht als verdient gelte, indem es dem Befrachter nicht darum zu thun ist, die Güter überhaupt weiter geschafft, sondern nach dem Bestimmungsort gebracht zu sehen. Die über die Distanzfracht geltenden Grundsätze aber lassen sich über die Fälle hinaus, für welche sie bestimmt sind, nicht anwenden. Dass die Pacht- und Miethsgelder nach römischem Recht *(L. 13 § 11 De A. E. V. 19, 1)* nicht dem Käufer zufallen, steht dieser Entscheidung nicht entgegen, da jene ein Aequivalent für die Zeit des Gebrauchs der Sache sind. Natürlich wird vorausgesetzt, dass während der Reise nicht nur der Veräusserungsvertrag geschlossen, sondern auch das Eigenthum an dem Schiff übertragen worden ist.

In diesem Falle ist es aber sachgemäss, dass eben so, wie das *commodum*, auch der Verlust übergeht, welcher das Schiff auf dieser Reise betroffen hat; denn nicht durch den Gewinn der Reise gedeckte Unkosten haben dieselbe Bedeutung, wie Beschädigungen, welche das Schiff erlitten; sie sind als Verschlechterungen des Schiffs anzusehen. Sowie letztere, soweit sie nicht durch den

Veräusserer verschuldet sind, den Erwerber treffen, so hat dieser
auch für erstere aufzukommen. Es lässt sich dies auch als die
Intention der Parteien bezeichnen; denn nach den Anschauungen
des Handelsstandes ist anzunehmen, dass wenn ein Schiff während
einer Reise verkauft wird, „der Erwerber in das ganze Unternehmen eintreten wolle, auf welches das Schiff ausgegangen"
(Motive S. 217 f.; Prot. IV S. 1490—1492, 1636—1638, 1652,
VIII S. 3705, 3738). Ob der Veräusserungsvertrag auf das ganze
Schiff oder nur eine Schiffspart gerichtet war, ist für das Prinzip
durchaus irrelevant. Natürlich steht es den Kontrahenten frei,
über den Uebergang von Gewinn und Verlust abweichende Vereinbarungen zu treffen und dadurch die Regel des Gesetzes auszuschliessen [1]).
    Vgl. auch den Art. 442.

Art. 442.

*Durch die Veräusserung eines Schiffs oder einer Schiffspart
wird in den persönlichen Verpflichtungen des Veräusserers gegen
Dritte nichts geändert.*

    Der Art. 441 regulirt nur das Verhältniss von Veräusserer
und Erwerber, nicht aber das dieser zu dritten Personen. Das
Gläubiger- und Schuldner-Verhältniss, in welchem der Veräusserer
zu dritten Personen steht, wird, wie dieser Artikel hinsichtlich des
letzteren Verhältnisses noch ausdrücklich hervorhebt, durch die
Veräusserung nicht berührt. Soweit die Verbindlichkeiten lediglich
auf dem Schiffe ruhen, gehen sie natürlich, wo nicht die Ausnahmen
der Art. 767 f. Platz greifen, auf den Erwerber über. So kann
dieser wegen des das Schiff treffenden Beitrages zur Havariegrosse
in Anspruch genommen werden, auch wenn der Havariefall sich
unter dem Vorbesitzer ereignete.

--- --- --

    1) Die fremden Rechte weichen mehrfach vom D.H.G.B. und unter einander
ab. Nach englischem Recht erscheint die Frage, ob der Verkauf sich auf die
Frachtgelder bezieht, als *quaestio facti* (s. Maclachlan S. 18). Die französischen Juristen sprechen (in analoger Anwendung des Art. 1614 *Code civ.*)
die Frachtgelder bis zum Abschluss des Veräusserungsgeschäfts dem Veräusserer
zu und lassen diesen ebenso Unkosten und Verluste tragen, während von da an
Gewinn wie Verlust den Erwerber treffen. Vorausgesetzt wird hierbei, dass nicht
etwas anderes vereinbart ist (Delamarre u. Lepoitvin V N. 101; Desjardins I
S. 164 ff.). Nur wenn der Verkauf *à toutes chances* erfolgt ist, geht das ganze
Risiko der Reise auf den Erwerber über. Dagegen steht das spanische
H.G.B. (Art. 595) auf demselben Standpunkt, wie das deutsche. Es lässt die
Frachtgelder, die das Schiff auf der Reise seit Einnahme der letzten Ladung ver-
dient, in Ermangelung anderweitiger Verabredung auf den Erwerber übergehen.
(Dass, wenn bei dem Vertragsschlusse das Schiff den Bestimmungshafen erreicht
hat, die Frachtgelder dem Verkäufer bleiben, ist keine Ausnahme.) Ebenso
spricht das finnländische Seeges. (Art. 8) dem Erwerber die bis zum Zeitpunkt des Eigenthums-Ueberganges verdiente Nettofracht zu.

Art. 443.

Unter dem Zubehör eines Schiffs sind alle Sachen begriffen, welche zu dem bleibenden Gebrauch des Schiffs bei der Seefahrt bestimmt sind.
Dahin gehören insbesondere auch die Schiffsboote.
Im Zweifel werden Gegenstände, welche in das Schiffs-Inventar eingetragen sind, als Zubehör des Schiffs angesehen.

1. Das Schiff ist eine *res connexa*, „ein Gesammtbauwerk", wie das R.O.H.G. sich ausdrückt (Entsch. I S. 190). Alles was zu einem Schiffe gehört, gilt daher als Theil desselben. Also nicht blos der Kiel (welchen die Römer als Hauptbestandtheil des Schiffs bezeichneten: *L. 61 De R. V. 6, 1*), Planken, Steven, Decksbalken, Metallbeschlag u. s. w., sondern auch Masten, Raaen, Steuerruder *(L. 44 De evict. 21, 2)*, Tauwerk, Segel, Maschinen (bei Dampfschiffen) u. s. w.; denn ohne alle diese Sachen ist ein Seeschiff überhaupt nicht denkbar, eben so wenig, wie ein Haus ohne Thüren und Fenster, weshalb denn die Römer Gegenstände dieser Art treffend *quasi membra* des Schiffs nennen.

2. Von den Theilen unterscheiden sich die Pertinenzen dadurch, dass sie an sich als selbständige Sachen erscheinen[1]). Das Gesetzbuch hat sich darauf beschränkt, in Betreff derselben lediglich die Begriffsbestimmung des bürgerlichen Rechts wiederzugeben. Auf eine Aufzählung der einzelnen hierher gehörigen Gegenstände hat dasselbe verzichtet; selbst eine Exemplifizirung hat es unterlassen. Wenn es trotzdem ausdrücklich als Pertinenzen die Boote bezeichnet, so liegt der Grund hierfür darin, dass hinsichtlich dieser sowohl unter den römischen Juristen *(L. 29 De instructo legato 33, 7; vgl. L. 44 De evict. 21, 2)*, als in der neueren Zeit die Ansichten aus einander gingen[2]). Das Gesetz hat aber durch die ausdrückliche Hervorhebung der Boote diese nicht unter allen Umständen als Pertinenzen des Schiffs bezeichnen wollen,

---

1) Diese Unterscheidung zwischen Theil und Pertinenz wird in den Gesetzen und von den Schriftstellern nicht immer gemacht. Allerdings unterscheiden die französischen Juristen zwischen *coque* oder *corps* du *navire*, dem Rumpf *(avec ses bas-mâts, ses porte-haubans et ses chaînes ou lattes de porte-haubans)* und den *agrès et apparaux*, rechnen jedoch zu letzteren ebensowohl *les accessoires, qui ne pourraient être détachés du navire, sans le briser, comme les mâts et le gouvernail*, als auch *les objets, qui y sont seulement attachés ou même qui sont simplement affectés à son service, tels que les vergues, les poulies, les cabestans, les ancres etc.* (Vgl. Cresp-Laurin I S. 54 ff.; Desjardins I S. 81.) Aber es hat ja ebensowohl das R.R. (vgl. *L. 44 De evict. 21, 2; L. 3 § 1 De R. V. 6, 1; L. 242 § 2, L. 245 De V. S. 50, 16*), als auch die neuere Gesetzgebung (vgl. gerade mit Bezug auf das Schiff § 91 Preuss. A.L.R. I, 2) vielfach Theil und Pertinenz zusammengeworfen, weil dies praktisch ohne Bedenken ist, indem der Theil wie die Pertinenz dem Ganzen resp. der Hauptsache folgen.

2) Heutzutage geht auch für die fremden Rechte die herrschende Ansicht dahin, dass das Boot zu den Pertinenzen gehört. S. Cresp-Laurin I S. 56 ff.; Desjardins I S. 81 f.; Abbott S. 3; vgl. Maclachlan S. 16 f.

auf dem sie sich befinden. Dies deutet zur Genüge das Wort „dahin" im Abs. 2 an, was besagt: Die Boote gehören zu den Sachen, von denen Abs. 1 handelt, d. h. zu denen, welche dann, wenn sie zum bleibenden Gebrauch des Schiffs bei der Seefahrt bestimmt sind, Pertinenzqualität haben (vgl. Prot. VIII S. 3705). Andere Sachen, die unter derselben Voraussetzung zum Zubehör gehören, sind Anker, Ankerketten, Kompass, Log und Aehnliches. Ebenso Kanonen[1]), welche sich dauernd auf dem Schiff befinden, zur Vertheidigung, wie zum Abgeben von Signalen. Ausgeschlossen vom Zubehör sind nach der Begriffsbestimmung des Gesetzes einmal Sachen, welche nicht zum d a u e r n d e n Gebrauch des Schiffs bestimmt sind, sondern für eine einzelne Reise, wie Ballast[2]) und Munition[3]); nicht für den Gebrauch des S c h i f f s, sondern für die Besatzung resp. die Passagiere, als Proviant[4]), oder für den Gebrauch des Schiffsführers behufs besserer Schiffsführung, als Chronometer, Fernröhre, Seekarten[5]) (diese Gegenstände natürlich auch dann, wenn der Kapitän alleiniger Eigenthümer des Schiffs ist), oder auch für den Gebrauch der Besatzung, wie Geräthschaften zur Ausübung des Fischfangs[6]).

Der Beweis der Pertinenzqualität einer Sache ist durch Sachverständige zu führen; doch hat das Gesetz für dieselbe da, wo sie zweifelhaft ist, eine Präsumption aufgestellt, nämlich für den Fall, dass die Sache in das Schiffs-Inventar eingetragen ist (Prot. VIII S. 3704). Natürlich kann durch Privatdisposition die Pertinenzqualität den betreffenden Sachen im konkreten Falle auch genommen werden[7]).

---

1) Dies ist auch die herrschende Ansicht heutzutage unter den französischen Schriftstellern: C r e s p - L a u r i n I S. 54 ff.; D e s j a r d i n s I S. 82.

2) Dies ist in englischen Entscheidungen gleichfalls anerkannt: A b b o t t S. 4; M a c l a c h l a n S. 17.

3) Die Ansichten der französischen Juristen gehen in dieser Hinsicht auseinander. Einige, wie P a r d e s s u s III N. 599 verneinen die Pertinenzqualität, andere, wie L a u r i n zu C r e s p I S. 55, behaupten dieselbe (L a u r i n unter Berufung auf *Code de comm. art. 200*, indem hier hinsichtlich der Arrestirung *munitions, chaloupes, canots, agrès, ustensiles* ganz gleich behandelt würden.) Ebenso B é d a r r i d e I N. 41; D u f o u r II N. 527; D e s j a r d i n s I S. 82, indem sie nur ausdrücklich hervorheben, es werde hierzu vorausgesetzt, dass die Munition sich nicht blos vorübergehend auf dem Schiffe befinde.

4) Hier ist die herrschende Meinung in Frankreich gegen die Pertinenzqualität (vgl. D e s j a r d i n s I S. 82 f.). Dafür jedoch L a u r i n bei C r e s p I S. 56 f. unter Berufung auf Art. 200 des *Code de comm.*

5) So auch ein Erkenntniss des Handelsger. zu Marseille vom 28. Dezember 1875 (*Recueil de Mars. 1876 I, 160*); ebenso D e s j a r d i n s I S. 83.

6) Die englischen Gerichte rechneten bei Wallfischfängern die zum Fischfang erforderlichen Geräthschaften zum Schiffszubehör, als es sich darum handelte, den Werth festzustellen, bis zu welchem der Rheder bei der in Gemässheit von *st. 53 George III c. 159* beschränkten Haftung in Anspruch genommen werden konnte; dagegen thun sie dies nicht, wenn eine Versicherung in Frage steht *on the ship with her tackle, apparel, furniture etc.*: A b b o t t S. 3; M a c l a c h l a n S. 17; A r n o u l d, *Marine Insurance (4. ed)* I S. 20.

7) S. französisches Ges. *sur l'hypothèque maritime* vom 10. Dezember 1874 Art. 4; vgl. *Code de comm. art. 315, 334.*

Art. 444.

Im Sinne dieses fünften Buches gilt ein seeuntüchtig gewordenes Schiff

1. *als reparaturunfähig, wenn die Reparatur des Schiffs überhaupt nicht möglich ist oder an dem Orte, wo das Schiff sich befindet, nicht bewerkstelligt, dasselbe auch nicht nach dem Hafen, wo die Reparatur auszuführen wäre, gebracht werden kann;*

2. *als reparaturunwürdig, wenn die Kosten der Reparatur ohne Abzug für den Unterschied zwischen alt und neu mehr betragen würden, als drei Viertel seines früheren Werths.*

Ist die Seeuntüchtigkeit während einer Reise eingetreten, so gilt als der frühere Werth derjenige, welchen das Schiff bei dem Antritt der Reise gehabt hat, in den übrigen Fällen derjenige, welchen das Schiff, bevor es seeuntüchtig geworden ist, gehabt hat oder bei gehöriger Ausrüstung gehabt haben würde.

1. Die Voraussetzungen der Reparaturunfähigkeit und Reparaturunwürdigkeit zu fixiren, ist nothwendig mit Rücksicht auf das Interesse der Rheder (Art. 473), der Personen der Schiffsbesatzung (Seemannsordnung vom 27. Dezember 1872 § 56), der Befrachter (Art. 630, 632, 669) und der Assekuradeure, welche den hierdurch motivirten Verkauf auch dem Schiffer resp. den Rhedern gegenüber anzuerkennen verpflichtet sind (Art. 877).

2. Das Gesetz unterscheidet zwei Arten der Reparaturunfähigkeit. 1. Die Reparatur ist überhaupt nicht möglich (absolute Reparaturunfähigkeit); 2. sie ist unter den obwaltenden Verhältnissen nicht möglich (relative Reparaturunfähigkeit)[1]. Absolute Reparaturunfähigkeit liegt einmal vor, wenn das Schiff ein Wrack geworden ist, ferner aber auch wenn „die Verbindungen desselben in solchem Maasse gelöst und Theile desselben zertrümmert oder doch so sehr beschädigt sind, dass nur ein Neubau, wenngleich unter Mitbenutzung eines Theils der alten Materialien, Seefähigkeit wieder herstellen kann." „Die relative Reparaturunfähigkeit beruht in besonderen Umständen des Orts, an welchem die Ausbesserung des an sich reparirbaren Schiffs vorgenommen werden müsste, nämlich in dem an dem Liegeplatze des Schiffs bestehenden Mangel der zur Reparatur erforderlichen Voraussetzungen (Helgen, Docks, Materialien, Arbeiter u. s. w.) und zugleich in der Unmöglichkeit, das Schiff nach einem Platze, wo die Reparatur auszuführen wäre, zu bringen" (Entsch. des R.O.H.G. XVI Nr. 31 S. 106), aber auch in der Unmöglichkeit, die zur Ausführung der Reparatur nothwendigen Geldmittel zu beschaffen.

3. Der Begriff der Reparaturunwürdigkeit beruht auf dem Gedanken, dass die Reparatur zu unterlassen, wo die Wieder-

---

[1] Vgl. Allg. Seeversicherungs-Bedingungen von 1867 § 131.

3*

herstellung des Schiffs „wegen des schlechten Zustandes" desselben „als eine unverständige Maassregel" erscheinen würde [1]). Ein solcher Zustand wird dem Verlust des Schiffs gleichgestellt, und alle Wirkungen, welche an den zufälligen Untergang eines Schiffs geknüpft sind, treten auch ein, wenn durch Zufall ein derartiger Zustand eines solchen herbeigeführt ist (Prot. VIII S. 3995). Unverständig ist die Wiederherstellung des Schiffs, wenn ein grosses Missverhältniss zwischen den aufzuwendenden Reparaturkosten und dem Werth des ganzen Schiffs bestehen würde. Die Grenze hierfür wird sich immer durch die Anschauungen des Verkehrs feststellen lassen, und diese hat das Handelsgesetzbuch fixirt, indem es die Reparaturunwürdigkeit ausspricht, wenn die Kosten der Reparatur $^3/_4$ des früheren Werthes des Schiffs betragen würden, wobei die Reparaturkosten zu ihrem vollen Betrage in Ansatz kommen und nicht die im Versicherungsrecht in Folge des Umstandes, dass durch die

---

1) Der französische (Art. 289) und der belgische *Code de comm.* (Art. 222) geben den Begriff der *innavigabilité*, wenn sie mit Rücksicht auf das Abandonrecht des Versicherten bei der Kasko-Versicherung bestimmen: *Le délaissement à titre d'innavigabilité ne peut être fait, si le navire échoué peut être relevé, réparé et mis en état de continuer sa route pour le lieu de sa destination.* Die französischen Juristen unterscheiden jedoch *innavigabilité absolue et relative.* Erstere kommt mit der absoluten Reparaturunfähigkeit, wie sie im Text angegeben, überein (Caumont S. 363 N. 575, S. 364 N. 585). Die letztere umfasst sowohl die relative Reparaturunfähigkeit *(emporte l'idée d'une détérioration, dont la réparation aurait été possible en soi sans des circonstances extrinsèques, qui seules viennent y mettre obstacle:* Caumont S. 363 bis 365 N. 575, 577 — 583, 591), wie auch die Reparaturunwürdigkeit des D.H.G.B. *(quand les dépenses à faire, pour réparer un navire sont excessives:* Caumont S. 365 N. 591; vgl. S. 364 N. 578, 584). Letztere wird in älteren Erkenntnissen bereits angenommen, wenn die Reparaturkosten $^3/_4$ des Werthes des Schiffs übersteigen (s. Caumont S. 364 f. N. 584, 591), während solche in der neuesten Zeit von manchen Schriftstellern und Gerichten erst dann statuirt wird, wenn die Kosten dem Werthe des Schiffs nach der Reparatur gleichkommen oder denselben übersteigen (s. die Zitate bei Couder II S. 447 N. 100). Im englischen Recht wird wohl der Ausdruck *irreparability* für Reparaturunfähigkeit (absolute wie relative) und Reparaturunwürdigkeit gebraucht und letztere angenommen, wenn die Reparatur einen Kostenaufwand verursachen würde, *which a prudent owner, if uninsured, would not incur.* Das nimmt man aber in England (wenigstens im Versicherungsrecht) nur an, wenn die Reparaturkosten den Werth übersteigen würden, den das reparirte Schiff für den Rheder hätte (Abbott S. 8—11; Maclachlan S. 161—164; Arnould, *Marine Insurance* II S. 880, 882, 932 f., 939; Lowndes, *Marine Insurance* S. 120—124), während man in den Vereinigten Staaten von Amerika schon dann von Reparaturunwürdigkeit im Versicherungsrecht spricht, wenn nur die Reparaturkosten die Hälfte des Werthes des reparirten Schiffs übersteigen (Phillips, *on Insurance* — 5. ed. — N. 1539), wobei auch ein Abzug von $^1/_3$ wegen des Unterschiedes zwischen alt und neu nicht stattfindet (Phillips N. 1543). Einige neuere Gesetze enthalten indess über die Reparaturunwürdigkeit dieselben Grundsätze, wie das D.H.G.B. So das holländische H.G.B. (Art. 663 f.), nach welchem das Schiff wegen Unbrauchbarkeit (in Folge von Seeschaden) vom Versicherten dem Versicherer abandonnirt werden darf, wenn die Reparaturkosten $^3/_4$ des taxirten Werthes des Schiffs übersteigen; das spanische H.G.B. (Art. 901) und das finnländische Seegesetz (Art. 222), welche eben dasselbe wegen Verschlechterung zulassen, die wenigstens $^3/_4$ des Werthes des Schiffs beträgt.

Reparatur der Werth des Schiffs gegen die Zeit der Versicherung erhöht wird (s. Art. 712), übliche Kürzung von $\frac{1}{3}$ des Belaufs derselben (Abzug für den Unterschied zwischen alt und neu) stattfindet (Prot. VIII S. 3996). Für den Werth der Reparaturen kommen nicht nur die Geldaufwendungen in Betracht, welche durch jene unmittelbar verursacht worden sind, sondern auch die Kosten der Anschaffung des Geldes im Nothhafen, wie Bodmerei-Prämie, Banquier-Provision und Aehnliches. Das R.O.H.G. (Entsch. XII S. 403 f.) stellte dies zwar in Abrede, indem es geltend machte, das H.G.B. spräche nur von Kosten der Reparatur; von irgend welchen hinzuzurechnenden Kosten, namentlich von Kosten der Geldanschaffung, wäre nicht die Rede. Da aber das Gesetz von Kosten der Reparatur spricht, und nicht vom Werth der Reparatur, so kann damit einzig und allein gemeint sein die ganze Summe, welche der Rheder für die Reparatur zu verausgaben hat, und es erscheint mir durchaus willkürlich, die Arbeitslöhne und Materialienpreise, welche beispielweise im Nothhafen um $\frac{1}{3}$ höher sind als im Heimathshafen, zu ihrem vollen Betrag in Ansatz zu bringen, eine $33\frac{1}{3}$ % betragende Bodmerei-Prämie aber völlig ausser Ansatz zu lassen. Bei der Abschätzung des früheren Werthes des Schiffs sollen lediglich bestimmte Zeitpunkte, nicht aber auch die Orte, wo sich das Schiff zu denselben gerade befand (z. B. der Abgangshafen), in Betracht gezogen werden. Die hamburger Konferenz fürchtete aus einer ausdrücklichen Aufnahme des Orts Unzuträglichkeiten, indem es in diesem Fall z. B. „den Sachverständigen auch dann, wenn sich das Schiff in einem unbedeutenden Hafen befände, nicht gestattet sein würde, auf die Preisverhältnisse an den in nächster Nähe desselben gelegenen grossen Handelsplätzen Rücksicht zu nehmen, obschon der eigentliche Markt für das Schiff auch die letzteren umfassen würde" (Prot. VIII S. 4141 f.).

4. Das Gesetz nimmt eine Reparaturunfähigkeit und -Unwürdigkeit nur bei seeuntüchtigen Schiffen an. Die in jenen Fällen statuirten Folgen treten daher nicht ein, wenn das Schiff „ohne Reparatur" doch „See zu halten im Stande wäre", wenn es sich z. B. „in einem, wenngleich beschädigten, doch die Fortsetzung der Reise gestattenden Zustande an einem Orte befände, an welchem es nicht hätte reparirt werden können" (Prot. VIII S. 4069 f.).

Art. 445.

Zur Schiffsbesatzung werden gerechnet der Schiffer, die Schiffsmannschaft, sowie alle übrigen auf dem Schiff angestellten Personen.

Die Erklärung dieses Artikels ist wichtig mit Rücksicht auf die Bestimmungen der Art. 446, 479, 451, 736, 740.

Der Ausdruck Schiffsbesatzung begreift alle Personen, welche irgend ein Amt oder einen Dienst auf dem Schiffe haben. Das Gesetz unterscheidet drei Kategorien: den Schiffer (Art. 478),

die Schiffsmannschaft (Seemannsordnung vom 27. Dezember 1872
§ 3) und sonstige „auf dem Schiff angestellte Personen" (ebendas.).

Art. 446.

*Ein zum Abgehen fertiges (segelfertiges) Schiff kann wegen
Schulden nicht mit Beschlag belegt werden. Diese Bestimmung tritt
jedoch nicht ein, wenn die Schulden zum Behuf der anzutretenden
Reise gemacht worden sind.*

*Durch eine Beschlagnahme von bereits an Bord des Schiffs be-
findlichen Gütern wegen Schulden kann deren Wiederausladung nur
in denjenigen Fällen erwirkt werden, in welchen der Ablader selbst
die Wiederausladung noch zu fordern befugt wäre, und nur gegen
Leistung desjenigen, was dieser alsdann zu leisten haben würde.*

*Eine zur Schiffsbesatzung gehörige Person kann wegen Schulden
von dem Zeitpunkt an nicht mehr verhaftet werden, in welchem das
Schiff segelfertig ist.*

1. An ein Seeschiff und den Abgang desselben knüpfen sich
mannichfache Interessen, namentlich der Rheder, verschiedener
Ladungsinteressenten, des Schiffers. Wenn daher ein Gläubiger
eines Rheders, eines Befrachters oder einer Person der Schiffsbesatzung durch Auswirkung eines Arrestes gegen das Schiff, gegen
gewisse Güter oder Personen der Schiffsbesatzung den Abgang
des Schiffs verhindern oder doch verzögern könnte, so würde ein
mehrseitiges Interesse verletzt werden. Es ist aber natürlich, dass
das mehrfache Interesse dem Interesse einer einzelnen Person vor-
geht. Demgemäss wird schon frühzeitig ein gerichtliches Verfahren
und insbesondere ein Arrest gegen Mitglieder der Besatzung eines
zum Abgehen fertigen Schiffs für unstatthaft erklärt (so *Consulado
del mare c. 233* — P a r d e s s u s, *Collection* II S. 309 ff. — ; Wisbysches
Seerecht Art. 6 — P a r d e s s u s I S. 466 —). Später wird auch die
Unstatthaftigkeit des Arrestes statuirt bei segelfertigen Schiffen
und bei geladenen Gütern. (So im Preuss. L.R. §§ 1409—1419
II, 8.) Diese Grundsätze sind von den meisten neueren Gesetzen
adoptirt, jedoch in der Weise, dass daraus nicht eine offenbare
Unbilligkeit gegen die Gläubiger hervorgeht[1]). Auf diesem Standpunkt steht auch das D. H.G.B.

2. Zunächst wird diese Arrestfreiheit, und zwar für das
S c h i f f und die M i t g l i e d e r der B e s a t z u n g nur solchen
Schiffen gewährt, welche im Begriff stehen, auszulaufen, und welche

---

1) F r a n z ö s. *Code de comm. art. 215: Le bâtiment prêt à faire voile
n'est pas saisissable, si ce n'est à raison de dettes contractées pour le voyage
qu'il va faire; et, même dans ce dernier cas, le cautionnement de ces dettes
empêche la saisie.* Ebenso s p a n i s c h e s H.G.B. (Art. 604). Der Art. 231 des
Code de comm., der die gleiche Bestimmung hinsichtlich der Besatzung enthält,
ist gegenstandslos geworden in Folge der Aufhebung der *contrainte par corps;*
s. L a u r i n bei C r e s p I. S. 160 Anm. *.

ihre Vorbereitungen hierzu bereits vollständig getroffen haben [1]). Dies drückt man im Seeverkehr durch das Wort segelfertig aus; und nur weil sich in der hamburger Konferenz darüber Bedenken erhoben, ob dasselbe auch auf Dampfschiffe passe, wurde es durch die Worte „zum Abgehen fertig" erläutert resp. generalisirt (Prot. IV S. 1495 f.; vgl. VIII S. 3707 f.). Irrelevant ist es, ob das Schiff mit Ladung segelfertig liegt oder mit Ballast, und im letzteren Falle, ob es bereits gechartert ist und sich nach dem Orte zu begeben hat, wo die Ladung einzunehmen ist, oder ob es eine Fracht suchen soll. Ferner findet die Bestimmung Anwendung auf ein Schiff, welches seine Ausreise antreten soll, wie auf ein solches, dessen Ladung nach verschiedenen Häfen bestimmt ist, und welches nach Entlöschung des einen Theils sich nun nach einem anderen Bestimmungshafen begeben soll. Sie findet Anwendung auf ein Schiff, welches bereits ausgelaufen, aber durch widrigen Wind genöthigt war, in den Hafen zurückzukehren.

3. Die Arrestfreiheit gilt nicht gegenüber denjenigen Gläubigern, welche nicht in der Lage sind, ihre Forderungen in einem früheren Zeitpunkt geltend zu machen, d. h. denjenigen Personen, welche irgend welche zur Ausrüstung des Schiffs für die bevorstehende Reise erforderliche Gegenstände, z. B. Proviant geliefert haben (Prot. IV S. 1492).

4. In Betreff der Ladung hat man den verschiedenen Interessen dadurch Rechnung getragen, dass man den Gläubiger ganz eben so wie den Ladungseigenthümer stellte, d. h. ihm nur in den Fällen die Befugniss einräumte, in Folge des Arrestschlages die Wiederausladung der Güter zu bewirken, in denen dem Ablader das Recht gewährt ist, Herausgabe der bereits geladenen Waaren zu verlangen. Es kann daher im Wege des Arrestes die Wiederausladung der Güter erzwungen werden sowohl vor Antritt (Art. 581) als nach Antritt der Reise (Art. 583), aber wenn der Arrestimpetrat nicht das ganze Schiff gechartert hatte, und durch die Wiederausladung der Waaren eine Umladung oder eine Verzögerung der Reise verursacht werden würde, nur mit Einwilligung der übrigen Ablader (Art. 588). Ausserdem hat der Arrestimpetrant Fautfracht, d. h. je nach den Umständen die halbe, zwei Drittel oder die ganze Fracht zu entrichten (Art. 581, 583—585, 587 f.), die Kosten der Ein- und Wiederausladung zu tragen und Liegegeld zu zahlen (Art. 582).

5. Für den Fall, dass die Arrestanlegung keine Wiederausladung der Güter erforderlich macht, trifft das Gesetz keine Bestimmungen. Es tritt dies da ein, wo unter Vermerkung auf

---

1) Der Art. 215 des *Code de comm.* präzisirt dies genauer dahin: *le bâtiment est censé prêt à faire voile, lorsque le capitaine est muni de ses expéditions pour son voyage.* Und *les expéditions se composent du rôle d'équipage, du congé du capitaine, des acquits délivrés par la douane pour les objets, qui composent le chargement:* Colfavru, *le droit commercial, Paris* 1863, S. 279. Vgl. Pardessus III N. 611, 633).

dem Konnossement der Arrest „dem Schiffe und der Ladung" folgt
und in der Weise vollzogen wird, dass „der Kapitän gleichsam
als Sequester bestellt" wird und „den richterlichen Befehl erhält,
das arrestirte Gut nicht auszuliefern, sondern bei der Entlöschung
im Bestimmungshafen zu deponiren". Das ist eigentlich ein Arrest,
der auf die Konnossemente gelegt wird (Prot. IV S. 1493 f.) Für
diesen Fall sind also lediglich die allgemeinen Bestimmungen des
Prozessrechts über Arrestanlegung maassgebend. Doch wird diese
hier in den allerseltensten Fällen ausführbar sein, nämlich regelmässig nur dann, „wenn der Bestimmungsort derselben Gerichts-
barkeit unterworfen ist, wie der Ort der Abladung", indem aus-
wärtige Gerichte dergleichen Beschlagnahmen oft nicht respektiren"
werden (Prot. VIII S. 3709 f.). Gerade deshalb hat man es aus-
gesprochenermaassen unterlassen, über diese Art des Arrestes Bestimmungen zu treffen (Prot. VIII S. 3777).

6. Es ist noch zu beachten, dass die in diesem Artikel statuirte
Arrestfreiheit nur bei Schuldverhältnissen, obligatorischen
Verhältnissen Platz greift, nicht aber bei Zivilansprüchen überhaupt,
also nicht bei Vindikationsansprüchen und Pfandklagen (Prot. VIII
S. 3708).

7. Die Beschlagnahme ist ausgeschlossen in dem Fall,
wo die über die Güter ausgestellten Konnossemente vom Ablader
bereits fortgeschickt sind. Allein dies folgt nicht aus der Bestimmung des Artikels, sondern aus der Natur des Konnossements.
Mit der Absendung der Konnossemente verliert nämlich der Ablader die Disposition über die Waaren (Art. 661). Der Gläubiger des Abladers kann aber — wie dies in der hamburger
Konferenz ausgeführt wurde — „selbstverständlich keine Ansprüche
auf die Güter geltend machen, auf welche der Ablader selbst keine
mehr hat" (Prot. IV S. 1494).

8. Der Abs. 3 kommt für die Schuldhaft nicht mehr in Betracht, da diese durch das Reichsgesetz vom 29. Mai 1868 überhaupt beseitigt ist. Der persönliche Sicherheitsarrest, mag derselbe
durch Haft oder sonstige Beschränkung der persönlichen Freiheit
erfolgen, ist in dem hier vorausgesetzten Falle noch ausgeschlossen
durch die R.Civ.Pr.O. § 812, § 785 Ziff. 3, und zwar ausdrücklich
gegen den Schiffer, die Schiffsmannschaft und alle übrigen auf dem
Schiffe angestellten Personen.

Art. 447.

*Wenn in diesem fünften Buche die europäischen Häfen den
nichteuropäischen Häfen entgegengesetzt werden, so sind unter den
ersteren zugleich die nichteuropäischen Häfen des Mittelländischen,
Schwarzen und Azowschen Meeres als mitbegriffen anzusehen.*

Die Erklärung dieses Artikels kommt in Betracht bei den
Art. 518, 521, 866 H.G.B. Vgl. Seemannsordnung § 70.

Art. 448.

Die Bestimmungen des fünften Buches, welche sich auf den Aufenthalt des Schiffs im Heimathshafen beziehen, können von den Landesgesetzen auf alle oder einige Häfen des Reviers des Heimathshafens ausgedehnt werden.

Der Ausdruck H e i m a t h s h a f e n findet sich sehr häufig im D.H.G.B., und es werden daran die verschiedensten Rechtswirkungen geknüpft.

Die hier den Landesgesetzen gestattete Ausdehnung des Begriffs „Heimathshafen" ist durch die Thatsache bedingt, dass von dem beim Seeverkehr interessirten Publikum regelmässig verschiedenc in der Nähe des Heimathshafens eines Schiffs belegene Häfen diesem gleichgestellt werden (Prot. IV S. 1584). Dies führte zunächst dazu, bei der Bestimmung über die Vertretungsbefugnisse des Schiffers gegenüber dem Rheder im Entwurf aus erster Lesung Art. 448 dem Heimathshafen das Revier desselben gleichzusetzen (IV S. 1882). Da es jedoch in zweiter Lesung bedenklich erschien, „ohne Weiteres jedes auch noch so grosse Revier dem Heimathshafen" gleichzustellen, so behielt man es der Landesgesetzgebung vor, zu bestimmen, welche Häfen des Reviers dem Heimathshafen gleichzuachten wären (Prot. VIII S. 3765—3767).

Die Einführungsgesetze zum H.G.B. haben denn auch die ergänzenden Bestimmungen getroffen. Das p r e u s s i s c h e Einführungsgesetz behält die betreffenden Anordnungen königlicher Verordnung vor; § 54 desselben bestimmt nämlich:

Es bleibt königlicher Verordnung vorbehalten, in Betreff einzelner Häfen zu verordnen, dass denselben für die Anwendbarkeit der Bestimmungen, welche sich auf den Aufenthalt des Schiffs in dem Heimathshafen beziehen, alle oder einzelne Häfen ihres Reviers gleichzuachten seien (Artikel 448 des Handelsgesetzbuchs).

Eine solche Verordnung ist aber nicht erlassen.

Das Einführungsgesetz für H a n n o v e r (§ 32) stellt hinsichtlich der Bestimmungen der Art. 469, 495, 496, 503, 520, 521, 523, 681, 757 Ziff. 7 des H.G.B. „alle Häfen und Ankerplätze beziehungsweise

1. an der Elbe und ihren Nebengewässern,
2. an der Weser und ihren Nebengewässern,
3. an der Ems und ihren Nebengewässern

dem an dem nämlichen Fluss oder dessen Nebengewässern belegenen Heimathshafen" und (§ 33) hinsichtlich des Art. 473 „sämmtliche Häfen zwischen Eider und Schelde einschliesslich dem Heimathshafen" gleich.

Nach der Einführungsverordnung für die Provinz S c h l e s - w i g - H o l s t e i n § 67 sind in Betreff der Anwendbarkeit der Art. 495, 496, 681, 757 Ziff. 7 „für die Schiffe, deren Heimathshafen Altona ist, die Häfen von Hamburg und Harburg, für die Schiffe, deren Heimathshafen Blankenese ist, die Häfen von Altona, Hamburg und Harburg"; in Betreff der Anwendbarkeit der Art. 473, 521, 523 für Schiffe, deren Heimathshafen ein holsteinscher oder schleswigscher Hafen ist, jeder andere schleswigsche oder holsteinsche Hafen, sowie jeder Hafen an der Elbe oder Trave dem Heimathshafen gleich zu achten.

Nach der Einführungsverordnung für Oldenburg Art. 27 sind für die Art. 469, 473, 495, 496, 503, 520, 521, 523, 681, 757 Ziff. 7 des H.G.B. „alle Häfen und Ankerplätze beziehungsweise an der Weser, Jade, Ems und deren Nebengewässern dem an dem nämlichen Flusse oder dessen Nebengewässern belegenen Heimathshafen gleich zu achten".

Die Einführungsverordnung für Bremen § 40 dehnt den Begriff des Heimathshafens bei den Art. 469, 473, 495, 496, 503, 520, 521, 523, 681, 757 Ziff. 7 des H.G.B. auf „alle Häfen und Ankerplätze an der Weser und ihren Nebengewässern" aus.

Nach dem Einführungsgesetz für Hamburg § 46 gelten als Heimathshäfen im Sinne der Art. 473, 495, 496, 681, 757 Ziff. 7 des H.G.B. für „die in Hamburg in das Schiffsregister eingetragenen Seeschiffe auch die Häfen von Altona und Harburg, sowie sämmtliche hamburgische Häfen mit Ausnahme der Häfen des Amtes Ritzebüttel"; im Sinne der Art. 521, 523 alle Elbhäfen; „für hamburgische Seeschiffe, welche in das Schiffsregister zu Ritzebüttel eingetragen sind", rücksichtlich sämmtlicher zitirter Artikel alle Elbhäfen.

Das Einführungsgesetz für Lübeck Art. 17 stellt als Heimathshafen für alle Bestimmungen im Buch 5 des H.G.B. den Hafen von Travemünde dem von Lübeck gleich.

Art. 449.

Für die Postanstalten gelten die Bestimmungen des fünften Buchs nur insoweit, als nicht durch besondere Gesetze oder Verordnungen für dieselben ein Anderes vorgeschrieben ist.

ZWEITER TITEL.

Von dem Rheder und der Rhederei.

Uebersicht.

Als Rheder bezeichnet das Gesetzbuch den Eigenthümer eines Schiffs, welcher dasselbe zum Erwerb durch die Seefahrt verwendet (Art. 450). Doch stellt es dem Rheder im Verhältniss zu dritten Personen den gleich, der ein ihm nicht gehöriges Schiff in der gedachten Weise für eigene Rechnung verwendet, vorausgesetzt, dass er dasselbe selbst führt oder den dasselbe führenden Schiffer unter seiner Direktion hat (Art. 477). Der Rheder hat in gewissen Fällen für die vom Schiffsführer in dieser Eigenschaft eingegangenen Rechtsgeschäfte einzustehen (Art. 495—497, 499, 502, 512); ausserdem wird er auch durch Verschulden der Personen der Besatzung verpflichtet, wenn solches bei der Ausführung von Dienstverrichtungen vorgekommen ist (Art. 451). Der Rheder haftet aus dem Rhedereibetriebe der Regel nach in Gemässheit der Grundsätze des bürgerlichen Rechts (arg. Art. 454); dagegen nur mit Schiff und Fracht, wenn er 1. aus einem vom Schiffer als solchen abgeschlossenen Rechtsgeschäft, 2. aus einem von ihm selbst abgeschlossenen, aber vom Schiffer als solchen auszuführenden Vertrage, 3. aus einem Verschulden einer Person der Besatzung in Anspruch genommen wird und nicht in seiner eigenen Person ein Grund zu weitergehender Haftung liegt (Art. 452). Eine Ausnahme hiervon machen nur die Dienst- und Heuerverträge der Besatzung, aus denen der Rheder persönlich haftet (Seemanns-O. § 68). Das *forum* des Rheders als solchen ist das Gericht des Heimathshafens des Schiffs (Art. 455).

Das Rhedereigewerbe wird auch von Gesellschaften betrieben. Eine solche Gesellschaft kann eine Handelsgesellschaft sein; der Regel nach aber erscheint sie als eine eigenthümliche Sozietätsform, als Rhederei (Art. 456). Hierbei wird das Schiff in eine bald grössere, bald kleinere Zahl ideeller Theile, Parten zerlegt. Die Eigenthümer der Schiffsparten sind die Mitrheder. Die Mitrheder sind in der Befugniss, die Parten frei zu veräussern, bis auf einen Fall in keiner Weise beschränkt (Art. 470). Doch wird der Erwerber einer solchen als Mitglied erst anerkannt, wenn die Thatsache der stattgehabten Veräusserung von ihm und dem Veräusserer den Mitrhedern angezeigt worden ist; bis dahin gilt der Veräusserer noch in jeder Beziehung als Mitrheder, wennschon die Pflichten eines Mitrheders auf den Erwerber bereits mit dem Erwerb der Part übergehen (Art. 471). Nach der Grösse der Part, welche der einzelne am Schiffe hat, richtet sich das Gewicht, mit dem dessen Stimme bei Majoritätsbeschlüssen in Betracht kommt, durch welche regelmässig die Rhederei-Angelegenheiten geleitet werden (Art. 458 Abs. 1). Nur in gewissen Fällen ist Stimmeneinhelligkeit erforderlich (Art. 458 Abs. 2, 459 Abs. 1). Auch für den Antheil des einzelnen am Gewinn und Verlust ist die Grösse der Schiffsparten maassgebend (Art. 469). Ebenso für die Zuschüsse, welche zu den Ausgaben der Rhederei geleistet werden müssen (Art. 467). Der Pflicht, solche Zuschüsse zu leisten, kann sich der einzelne Mitrheder in drei vom Gesetz genannten Fällen befreien durch Aufgeben seiner Schiffspart, welche dann den übrigen Mitrhedern zufällt (Art. 468). Diese inneren Verhältnisse der Rhederei können auch durch Vertrag in anderer Weise normirt werden (Art. 457). Dritten haften die Mitrheder, soweit ihre persönliche Haftung in Frage steht, nur nach Verhältniss der Grösse ihrer Parten; für die zwischen der Veräusserung einer Part und der vorgeschriebenen Anzeige begründeten persönlichen Verbindlichkeiten Veräusserer und Erwerber (Art. 474). Belangt werden dieselben vor dem Gericht des Heimathshafens des Schiffs (Art. 475). Die Rhederei kann im Rhedereibetrieb durch einen von den Mitrhedern bestellten Korrespondentrheder vertreten werden (Art. 459), der im Verhältniss zu Dritten alle Rechtshandlungen vornehmen darf, die der Rhedereibetrieb überhaupt gewöhnlich mit sich bringt (Art. 460; Art. 462: Wirkung einer Beschränkung der Vollmacht), der Rhederei gegenüber aber hierzu nur dann befugt ist, wenn nicht seiner Vertretungsbefugniss von dieser engere Grenzen gezogen sind; auch zu gewissen Maassregeln stets einen Rhedereibeschluss einholen muss (Art. 463). In Betreff der vom Korrespondentrheder für die Rhederei eingegangenen Geschäfte gilt das Prinzip der direkten Stellvertretung (Art. 461). Der Korrespondentrheder hat in den Rhedereiangelegenheiten die Sorgfalt eines ordentlichen Rheders zu beobachten (Art. 464 f.). Er hat der Rhederei auf deren Beschluss jederzeit Rechnung zu legen (Art. 466).

Die Rhederei wird nicht alterirt durch eine Aenderung in den Personen der Mitrheder; sie wird nicht aufgelöst durch Tod eines Mitrheders, Konkurs oder Unfähigkeit eines solchen zur Vermögensverwaltung. Auch ist Aufkündigung Seitens eines Mitrheders oder

Ausschliessung eines solchen nicht statthaft (Art. 472). Dagegen kann die Rhederei aufgelöst werden durch einen Majoritätsbeschluss der Mitrheder, dem der Beschluss, das Schiff zu veräussern, gleichsteht (Art. 473).

Das H.G.B. lässt die für die Rhederei geltenden Grundsätze, soweit dies möglich ist, auch Anwendung finden auf eine Vereinigung mehrerer Personen, ein Schiff auf gemeinschaftliche Rechnung zu erbauen und zur Seefahrt zu verwenden (Art. 476).

Art. 450.

Rheder ist der Eigenthümer eines ihm zum Erwerb durch die Seefahrt dienenden Schiffs.

1. Nach R.R. erscheint der *exercitor* als der, welcher das Rhedereigewerbe für eigene Rechnung betreibt *(ad quem quotidianus navis quaestus pertinet: § 2 I. Quod cum eo 4, 7; ad quem obventiones et reditus omnes perveniunt: L. 1 § 15 De exercit. act. 14, 1)*, ohne Rücksicht darauf, ob er zugleich Eigenthümer des Schiffs ist oder nur dasselbe vom Eigenthümer gemiethet hat *(sive is dominus navis sit, sive a domino navem per aversionem conduxit vel ad tempus vel in perpetuum: L. 1 § 15 cit.)*. Dagegen versteht das D. H.G.B. unter dem Rheder den E i g e n t h ü m e r eines Schiffs, wennschon das Wort (abgeleitet von „reden" == bereiten, ausrüsten) auf dieselbe Bedeutung wie im R.R. hinweist, auch das Gesetzbuch selbst den, welcher mit einem fremden Schiff das Rhedereigeschäft für eigene Rechnung betreibt, wenigstens im Verhältniss zu dritten Personen, als Rheder behandelt (vgl. Art. 477 Abs. 1)[1]. Der Eigenthümer kann eine physische Person oder eine juristische Person (namentlich eine Aktiengesellschaft) oder eine offene Handelsgesellschaft, wie auch Kommanditgesellschaft sein. Dass diese letzteren unter den Begriff des Rheders und nicht unter den der

---

1) Ebenso das e n g l i s c h e Recht. In England ist gerade *owner of a ship (ship-owner* oder auch blos *owner)* die technische Bezeichnung für den Rheder. Doch kann auch hier der Eigenthümer den Besitz des Schiffs und damit auch zugleich die Aufsicht über Schiff, Schiffer und Mannschaft einem anderen übertragen, welcher dann wohl *owner pro tempore* genannt wird und Dritten gegenüber die Rechte und Verbindlichkeiten eines Rheders hat. S. A b b o t t S. 27—29, 221. Der C o d e d e c o m m e r c e spricht regelmässig vom *propriétaire*, daneben ein Mal (Art. 282) vom *armateur*, ohne beide zu unterscheiden. Der letztere wird bezeichnet als der, *qui arme un navire, pour l'expédier en mer* (Cau mont S. 213 N. 1; Cresp-Laurin I S. 317—319; Desjardins II S. 6), oder auch — und dies ist wohl richtiger — als *gérant* im Rhedereigewerbe (Courcy, *questions* I S. 129). In der Regel ist der *propriétaire* zugleich *armateur.* Es ist aber auch *armateur* der Mitrheder, welcher bei einer Rhederei für gemeinschaftliche Rechnung das Rhedereigewerbe betreibt; ebenso eine Person (Nicht-mitrheder), welche im Auftrage und für Rechnung des Eigenthümers oder der Miteigenthümer das Gewerbe betreibt; endlich auch der, welcher ein fremdes (nicht ausgerüstetes) Schiff auf eine bestimmte Zeit und für einen bestimmten Preis miethet, dasselbe ausrüstet und zum Erwerbe durch die Seefahrt verwendet. S. L a u r i n S. 318 f. Note 19; C o u d e r S. 400 N. 1 u. 3; D e s j a r d i n s II S. 9 f.

Rhederei fallen (Art. 456), hat seinen Grund darin, dass diese Gesellschaften unter ihrer Firma Eigenthum an allen möglichen Sachen, also auch an Schiffen erwerben und haben können. Hat eine solche aber das Eigenthum an einem Schiff, so kann sie mit Rücksicht auf dieses in ihrem inneren Verhältniss, d. h. im Verhältniss zu ihren Mitgliedern nicht ihren Charakter ändern und als Rhederei erscheinen. Hierbei ist es freilich nothwendig, dass das Schiff der Gesellschaft als solcher gehört; und es würde eine Rhederei vorliegen, wenn das Schiff zwei oder mehreren Personen gehörte, die zufällig auch eine Handelsgesellschaft bilden. Dagegen kommt es nicht in Betracht, ob der Erwerb durch Seefahrt das einzige oder doch Hauptgeschäft der Gesellschaft ist oder von derselben nur als Nebengeschäft neben anderen Handelsgeschäften betrieben wird (Prot. VIII S. 3714).

2. Das Gesetz bezeichnet nicht jeden Eigenthümer eines Schiffs als Rheder, sondern nur den, welchem das Schiff zum Erwerbe durch die Seefahrt dient. Dies kann geschehen durch Beförderung von Personen oder den Transport von Gütern, und zwar für fremde Rechnung oder für eigene des Rheders (wenn ein Kaufmann, welcher Waarenhandel betreibt, zur Beförderung der Güter ihm selbst gehörige Schiffe verwendet), durch Fischfang oder Bugsirdienste. Je nach dieser verschiedenartigen Verwendung des Schiffs erscheint der Rheder als Kaufmann oder nicht als solcher. Der, welcher das Schiff zum Erwerbe durch Güter- oder Personentransport verwendet, ist, (da aus der Bedeutung, welche das Schiff für den Rheder haben muss, die Gewerbmässigkeit des Betriebes von selbst folgt, nach Art. 271 in Verbindung mit Art. 4 D. H.G.B.), Kaufmann; der, welcher dasselbe zum Fischfang oder zu Bugsirdiensten [1]) verwendet, nicht. Die als Kaufleute erscheinenden Rheder stehen unter den Regeln des I. Buchs H.G.B.. Dieselben müssen daher auch als Minderkaufleute betrachtet werden, wenn auf sie der Begriff eines gewöhnlichen Schiffers im Sinne des alltäglichen Lebens (nicht des 3. Titels dieses Buchs) Anwendung findet.

Art. 451.

Der Rheder ist für den Schaden verantwortlich, welchen eine Person der Schiffsbesatzung einem Dritten durch ihr Verschulden in Ausführung ihrer Dienstverrichtungen zufügt.

1. Im R.R. gilt der Grundsatz: *debet exercitor omnium nautarum suorum — factum praestare — sed non alias praestat, quam si in ipsa nave damnum datum sit: ceterum si extra navem licet a nautis, non praestabit. (L. 7 pr. Naut. caup. stab. 4, 9; vgl. § 3 I. De obl. quae quasi ex del. 4, 5 u. L. 29 § 2 Ad leg. Aquil. 9, 2,*

---

1) Die, welche die Schleppschifffahrt unter den Begriff des Frachtgeschäfts bringen, müssen freilich auch den Rheder eines Bugsirschiffs als Kaufmann betrachten. S. darüber unten die Ausführungen zu Art. 557.

wodurch die Worte: *ex delicto cuiusvis eorum, qui navis navigandae causa in nave sint, detur actio in exercitorem* in *L. 1 § 2 De exercit. act. 14, 1* ihre Begrenzung finden.) Die Rücksicht auf die Sicherheit des Publikums und des Verkehrs verschaffte aber schon frühzeitig dem Grundsatz von der Haftung des Rheders für Verschulden der Besatzung Anerkennung in den Seerechten und speziell auch in Deutschland gemeinrechtliche (s. C r o p p in H e i s e s und seinen jurist. Abh. I S. 467 ff.; K a l t e n b o r n , Seerecht I S. 148; S e u f f e r t s Archiv V Nr. 164, XI Nr. 85, XIII Nr. 248), wennschon nicht unbestrittene Geltung[1] (G l ü c k XIV S. 193, 247 f.; T h i b a u t , Pand. § 523; M ü h l e n b r u c h , Pand. § 429). Doch bestand insofern einn Differenz zwischen den verschiedenen Gesetzen, als die meisten den Rheder nur *in subsidium* haften liessen (so *Consulado del mare c. 141* — P a r d e s s u s , *Collection* II S. 155 f. — *c. 153* — S. 171 f. — *c. 182* — S. 205 f. —; Hanseat. Seerecht von 1614 X Art. 2; Preuss. Seerecht von 1727 III Art. 53; Preuss. L.R. § 1528 II, 8), manche dagegen *principaliter* (so die *Ordonnance de la marine* von 1681 II, 8 Art. 2, III, 7 Art. 4). Letzteres Prinzip ist jetzt im D.H.G.B., wie in den meisten fremden Rechten[2] das herrschende..

2. Der Schaden muss in A u s f ü h r u n g der Dienstverrichtungen zugefügt sein, d. h. nicht etwa bei Gelegenheit einer Dienstverrichtung, so dass diese nur mittelbare Veranlassung dazu gegeben hat, sondern der Schaden muss durch die Dienstverrichtung selbst, nämlich durch eine fehlerhafte Vornahme derselben entstanden sein. Auf der hamburger Konferenz wurde dies durch folgendes Beispiel erläutert: Wenn die Besatzungen zweier Schiffe darüber in Streit gerathen, dass beide an derselben Stelle im Hafen anlegen wollen, und hierbei ein Mann des einen Schiffs von der Besatzung des anderen getödtet wird, so ist der Rheder des letzteren nicht

---

1) Hiernach ist (in den Gebieten des gemeinen Rechts) noch heute bei solchen Seeschiffen, welche nicht zu den im H.G.B. und in den dieses ergänzenden Reichsgesetzen behandelten gehören, die Frage nach der Haftung des Eigenthümers zu entscheiden. So bei Lootsenfahrzeugen (vgl. o. S. 9). S. S e u f f e r t s Archiv V Nr. 164, wo ausgesprochen wird, die Lootsengesellschaft eines Hafens oder Reviers hafte für den Schaden, welcher durch die Schuld des den Lootsenkutter führenden Lootsen oder der Mannschaft desselben verursacht sei; denn die Gesellschaft sei als juristische Person Eigenthümerin des Kutters, der denselben führende Lootse *magister navis*.
2) So im e n g l i s c h e n Recht (M a c l a c h l a n S. 117 f.), im h o l l ä n d. H.G.B. (Art. 321 in Verbindung mit Art. 534), i t a l i e n. H.G.B. (Art. 482), im f i n n l ä n d. Seeges. (Art. 17), s c h w e d i s c h e n Seeges. (§ 49), n o r w e g. Seeges. (§ 79). Ebenso im f r a n z ö s i s c h e n Recht. Hier folgt die Verantwortlichkeit des Rheders schon aus Art. 1384 des *Code civil*. In Betreff der Handlungen des Kapitäns statuirt dieselbe noch ausdrücklich *Code de comm.* Art. 216. (Ebenso b e l g i s c h e r *Code de comm.* II von 1879 Art. 7 Abs. 1.) Hinsichtlich derer der Mannschaft wird die Haftung des Rheders, wie dies auch die französischen Schriftsteller geltend machen, in Art. 277 und 405 vorausgesetzt. Vgl. L a u r i n bei C r e s p I S. 620 f.; D e s j a r d i n s II S. 59; C o u d e r I S. 403 f. N. 23. Nach s p a n i s c h e m H.G.B. (Art. 624) haftet der Rheder jedoch nicht für Exzesse, die der Kapitän und die Mannschaft auf der Fahrt begehen.

verpflichtet, für den Unterhalt der Hinterbliebenen des Getödteten zu sorgen. Wenn aber beim Befestigen des Schiffs von der Mannschaft das Tau so ungeschickt gespannt wird, dass ein fremdes Boot umgestürzt wird, so ist der Rheder des ersteren verpflichtet, den hierdurch entstandenen Schaden (also z. B. die dadurch zu Grunde gegangenen Güter) zu ersetzen (Prot. IV S. 2029; Hanseat. Gerichts-Zeit. v. 1882 Nr. 121). Natürlich kann auch eine Person der Besatzung selbst der beschädigte „Dritte" sein (Hanseat. Gerichts-Zeit. v. 1882 Nr. 61) [1]).

3. Das Verschulden kann eben so wohl *dolus*, wie *culpa* sein, und es kann die *culpa* in einem positiven Thun, wie in einem Unterlassen bestehen. Allein die Unterlassung darf nicht etwa blos „die Unterlassung eines zur Verhinderung des eingetretenen Schadens geeignet gewesenen Thuns" sein, sondern sie muss die Verletzung sein entweder einer „rechtlich bestehenden Verbindlichkeit zur fürsorgenden und schützenden Thätigkeit", oder der „durch vorangegangene Umstände oder durch eigenes Verhalten" hervorgerufenen Pflicht, „zu der Abwendung oder doch Verminderung des Schadens positiv mitzuwirken" [2]). Ein Verschulden ist daher die Unterlassung von Vorkehrungen, welche durch die Verordnung vom 7. Januar 1880 zur Verhütung des Zusammenstossens der Schiffe verordnet sind: z. B. Versäumniss, die vorgeschriebenen Lichter zu führen, die vorgeschriebenen Schallsignale bei dickem Wetter, Schneefall, Nebel zu geben. Ebenso aber die Verabsäumung irgend einer Vorsichtsmaassregel, welche durch die gewöhnliche seemännische Praxis oder durch die besonderen Umstände des Falls vom Standpunkte eines ordentlichen Seemannes aus geboten erscheint.

4. Der Rheder haftet nicht erst *in subsidium*, sondern solidarisch mit den schuldigen Personen der Besatzung (Prot. IV S. 2028).

5. Den Beweis, dass ein Schaden durch Verschulden der Besatzung verursacht ist, hat natürlich der zu führen, der deshalb Ersatzansprüche geltend macht (Entsch. des R.O.H.G. XXV S. 230 f.).

6. Handelt es sich um einen Schaden, den eine Person der Besatzung einem Dritten nicht im Heimathsstaate des Rheders, sondern im Auslande durch ihr Verschulden zugefügt hat, so entsteht die Frage, nach welchem Rechte sich die Haftung des Rheders richtet? nach dem Recht des Orts, wo die Handlung stattgefunden, oder nach dem des Staats, welchem der Rheder angehört? Die Frage ist im Sinne der letzteren Alternative zu beantworten. Die Haftung des Rheders für Handlungen von Personen der Besatzung ist eine gesetzliche Folge der Anstellung. Indem eine An-

---

1) Das Tribunal zu Havre hat in einem Erkenntniss vom 26. Januar 1872 die Verantwortlichkeit des Rheders statuirt für die Folgen ungesetzlicher Züchtigungen und schlechter Behandlung, welche einem Mann der Besatzung von einem Schiffsoffizier zu Theil geworden: Desjardins II S. 59 Note 4.

2) *L. 27 § 9, L. 30 § 3, L. 31 Ad leg. Aquil. (9, 2)*; *§ 5 I. De leg. Aquil. (4, 3)*; Windscheid, Pandekten § 455 Nr. 2; Entsch. des R.O.H.G. XIII S. 116, XXIII S. 353 f.

stellung Seitens des Rheders oder im Namen dieses Seitens des
Schiffers im Heimathshafen des Schiffs oder in der Fremde erfolgt,
unterwirft sich der Rheder stillschweigend allen Folgen, welche das
Recht mit einer solchen Anstellung verbindet. Diese Folgen können
aber selbstverständlich nicht diejenigen sein, die das Recht irgend
eines Staates, sondern nur die, welche das Recht des Staates des
Rheders damit verbindet — speziell das Recht des Heimathshafens
des Schiffs, weil dieser den Mittelpunkt des Geschäftsbetriebes des
Rheders bildet —; denn für letzteren ist eben das Recht eines fremden Staates nicht Recht (Entsch. des R.O.H.G. XXIV S. 85 ff.),
wenn derselbe sich nicht etwa einem solchen unterworfen hat (Samml.
der Erk. des O.A.G. zu Lübeck in hamburger Rechtssachen III
S. 366; Ullrichs Samml. N. 281, Heft 2 S. 220 f.; Entsch. des
R.O.H.G. XXV S. 94 f.). Nach dem Recht des Landes des Rheders
richtet es sich also, ob dieser für Verschulden der Besatzung überhaupt haftet und für welches Verschulden, ob für *dolus* und *culpa*
oder etwa nur für *dolus*[1]).

Art. 452.

*Der Rheder haftet für den Anspruch eines Dritten nicht persön-
lich, sondern er haftet nur mit Schiff und Fracht:*

1. *wenn der Anspruch auf ein Rechtsgeschäft gegründet wird,
welches der Schiffer als solcher kraft seiner gesetzlichen Befugnisse, und nicht mit Bezug auf eine besondere Vollmacht
geschlossen hat;*

2. *wenn der Anspruch auf die Nichterfüllung oder auf die unvollständige oder mangelhafte Erfüllung eines von dem Rheder
abgeschlossenen Vertrages gegründet wird, insofern die Ausführung des Vertrages zu den Dienstobliegenheiten des Schiffers
gehört hat, ohne Unterschied, ob die Nichterfüllung oder die
unvollständige oder die mangelhafte Erfüllung von einer Person
der Schiffsbesatzung verschuldet ist oder nicht;*

3. *wenn der Anspruch auf das Verschulden einer Person der
Schiffsbesatzung gegründet wird.*

*In den unter Ziffer 1 und 2 bezeichneten Fällen kommt jedoch
dieser Artikel nicht zur Anwendung, wenn den Rheder selbst in Ansehung der Vertragserfüllung ein Verschulden trifft, oder wenn derselbe die Vertragserfüllung besonders gewährleistet hat.*

1. Die Beschränkung der Haftung des Rheders, von welcher
dieser Artikel handelt, ist nicht römischrechtlichen Ursprungs.
Das R.R. lässt den *exercitor* für die ihm aus den Rechtsgeschäften

---

1) Diese Grundsätze gelten auch in der Praxis der bedeutendsten fremden
seefahrenden Nationen. So in der englischen und amerikanischen: Story, *on
the conflict of laws* N. 286ᵇ u. ε; Abbott S. 256; Maclachlan S. 175 ff.
Auch von französischen Schriftstellern wird das Prinzip anerkannt: Desjardins II
S. 77. Vgl. überhaupt Lewis in Endemanns Handb. IV S. 7.

des *magister navis* erwachsenen Verbindlichkeiten in derselben Weise unbeschränkt haften, wie für die von ihm selbst eingegangenen. Schon in den mittelalterlichen Rechtsquellen wird jedoch nicht selten die Haftung des Rheders auf das der See anvertraute Vermögen (Schiff und Fracht) in allen Fällen beschränkt, wo sie ihren Grund in irgend einer Handlung des Schiffers hat [1]. Es machte sich wohl bei der gewohnheitsrechtlichen Ausbildung dieses Prinzips dieselbe Erwägung geltend, wie im R.R. beim Haften bis auf den Betrag des Pekuliums. Wie in der *concessio peculii* die Ermächtigung an den Haussohn oder Sklaven liegt, mit dem Pekulium — aber auch nur mit diesem — Geschäfte zu machen und zugleich gewissermaassen ein stillschweigender Kreditbrief an das Publikum auf den Betrag des Pekuliums; so kann sehr wohl in der Bestellung eines Schiffskapitäns eine Vollmacht gefunden werden, (da, wo es der Rheder nicht gut kann, d. h. in der Fremde) alle Rechtsgeschäfte vorzunehmen, in denen der Rhedereibetrieb besteht, und die für diesen Rhedereibetrieb erforderlich sind, aber nur auf der Grundlage des demselben anvertrauten Vermögens, d. h. des Schiffsvermögens, als einer *universitas iuris*, und ebenso kann in dieser Bestellung ein Kreditbrief an das Publikum auf Höhe des Schiffsvermögens gesehen werden. Es ist dies um so natürlicher, als die Person des Rheders, demgemäss auch das Vermögen desselben denen, mit welchen der Schiffer kontrahirt, regelmässig unbekannt ist; dieselben daher, wenn sie dem Schiffer kreditiren, als das Vermögen, aus welchem sie ihre Befriedigung erhoffen, lediglich dasjenige ansehen, das unter der Herrschaft des Schiffers steht (vgl. Prot. IV S. 1576, 1592). Die Haftung des Rheders kann aber auch keine weitergehende sein gegenüber Ansprüchen, welche sich auf die dem Schiffer als solchem der Natur der Sache nach oder kraft gesetzlicher Anordnung obliegende Ausführung von Verträgen gründen, wenn diese auch der Rheder selbst abgeschlossen hat; denn in solchen Fällen besteht Uebereinstimmung unter den Betheiligten, dass der Rheder die Erfüllung nicht selbst herbeiführen werde, in den meisten Fällen (nämlich allemal dann, wenn ihm die Qualifikation eines Schiffers fehlt) gar nicht herbeiführen dürfe (Prot. VIII S. 4154 f.); und es ist demgemäss, wenn sich nicht aus anderen Momenten das Gegentheil ergiebt, das stillschweigende Uebereinkommen anzunehmen, dass die Ausführung des Vertrags in derselben Weise und mit denselben Wirkungen erfolgen werde, als wenn der Vertrag selbst vom Schiffer abgeschlossen wäre. Weiter aber war es nur natürlich, dass die Haf-

---

1) *Consulado del mare c. 141* (Pardessus. *Collection* II S. 155), *c. 182* (S. 205 f.), *c. 183* (S. 206 f.). Hanseat. Seer. v. 1614 Tit. 10 Art. 2 (Pardessus II S. 551). Vgl. Seerecht v. Oleron Art. 1 (Pardessus I S. 323), Art. 3 (S. 324), Art. 6 (S. 327); Seerecht v. Wisby Art. 15 (Pardessus I S. 470), Art. 43 (S. 492). Vgl. überhaupt Cropp in Heises und seinen jurist. Abh. I S. 467 ff., Harrington Putnam, *the liability of ship-owners for master's fault* in der American Law Review von Eaton und Thompson, St. Louis 1883, Heft 1 S. 1 ff.

tung des Rheders für die zivilrechtlichen Folgen von Delikten der Besatzung keine weitergehende sein konnte, wie die für Rechtsgeschäfte des Kapitäns.

Nach diesem System ist also die Haftung des Rheders in der Weise gesetzlich beschränkt, dass der Gläubiger sich zu seiner Befriedigung nur an das Schiffsvermögen, an Schiff und Fracht halten darf; dass diese die einzigen Exekutionsobjekte für den Gläubiger bilden. Das Bestreben, das mit dem Rhedereibetriebe verbundene Risiko für den Rheder zu mindern, hat in der späteren Zeit noch zur Ausbildung zweier anderer Systeme geführt. Das eine von diesen erkennt die persönliche Haftung des Rheders als ausnahmslose Regel an, gewährt aber dem Rheder das Recht des Abandons, d. h. das Recht, durch Abtretung von Schiff und Fracht an den Gläubiger von einer weiteren Verbindlichkeit sich zu befreien [1]). Das zweite fixirt, statt den Kreis der Exekutionsobjekte zu beschränken, einen, allerdings mit Rücksicht auf die Grösse des Schiffsvermögens verschieden bemessenen Betrag, über den hinaus der Gläubiger keine Befriedigung aus dem Vermögen des Schuldners erhalten kann. Aber auch noch mit Rücksicht auf die Forderungen, bei denen das Prinzip der unbeschränkten Haftung des Rheders eine Ausnahme in der einen oder anderen Weise erleidet, weichen die verschiedenen Rechte von einander ab. Die einen lassen die unbeschränkte Haftung des Rheders zessiren in allen Fällen, wo eine Haftung des Rheders für Handlungen des Kapitäns und der Mannschaft in Frage steht [2]); die anderen nur bei gewissen Arten von Handlungen. In den heute geltenden Rechten sind in dieser Hinsicht fünf Systeme zu unterscheiden: 1. Haftung des Rheders mit Schiff und Fracht (der *fortune de mer*) als Regel, namentlich im D.H.G.B. herrschend [3]); 2. Haftung des Rheders mit dem ganzen Vermögen (der *fortune de terre*) als Regel; in gewissen Fällen beschränkt auf einen vom Gesetz bestimmten, nach der Grösse des Schiffs bemessenen Maximalbetrag, englisches System [4]); 3. Haftung des Rheders mit dem ganzen

---

1) So *Ordonnance de la marine* von 1681 II, 8 Art. 2. Ebenso preuss. L.R. § 1529 II, 8; doch müssen nach diesem Gesetz ausser Schiff und Fracht auch noch die Rechte gegen die Versicherer den Gläubigern abgetreten werden: § 1530.

2) Nur ausnahmsweise findet diese beschränkte Haftung da Anwendung, wo eine eigene Handlung des Rheders in Frage steht, wie in Betreff der Entrichtung der Bergungs- und Hülfskosten (s. D.H.G.B. Art. 755). Die Verpflichtung hierzu geht über den Werth von Schiff und Fracht nicht hinaus, auch wenn der Rheder selbst sich zur Entrichtung von Berge- und Hülfskosten in bestimmter, darüber hinaus gehender Höhe anheischig gemacht hat.

3) Ebenso im schwedischen Seeges. §§ 12, 43, 49, 74, 172 und im norwegischen Seeges. §§ 43, 65, 79, in letzterem jedoch mit der Maassgabe, dass der Rheder nur mit dem Schiff, nicht auch mit der Fracht und, abgesehen von den Fällen, wo er wegen Schiffskollision in Anspruch genommen wird, nur *in subsidium* haftet. — Für das in Rede stehende System, wie auch für das englische schlägt Ehrenberg, beschränkte Haftung S. 13, die Bezeichnung „Exekutionssystem" vor.

4) Dem älteren englischen Recht ist irgend eine Beschränkung der Haf-

4*

Vermögen, aber mit dem Recht des Abandons (Abandonsystem) als
Regel, adoptirt vom französischen Recht [1]); 4. Haftung des Rheders
mit dem ganzen Vermögen als Regel; nur in gewissen Fällen Recht
des Abandons, im spanischen H.G.B. aufgestellt [2]); 5. Haftung des
Rheders mit dem ganzen Vermögen als Regel; nur in gewissen
Fällen entweder auf den Werth des Schiffs und den Betrag der
Fracht beschränkte Haftung des Rheders oder nach dessen Wahl
Abandon von Schiff und Fracht, nordamerikanisches Recht [3]).

----

tung des Rheders fremd. Seit dem vorigen Jahrhundert wurden Bestimmungen
erlassen, welche sukzessive bei Fällen der Inanspruchnahme des Rheders aus Delikten der Besatzung die Haftung auf den Werth von Schiff und Fracht beschränkten: 7 *George II c. 15; 26 George III c. 86; 53 George III c. 159*
(s. Maclachlan S. 119 f.). Die *Merchant Shipping Act* von 1854 *(17 u. 18
Victoria c. 104) sect. 504* beschränkt die Haftung des Rheders bei Beschädigungen von Passagieren, wie bei Beschädigungen oder Verlusten von Gütern, die
sich auf dessen Schiff befinden; bei den durch fehlerhafte Schiffsführung verursachten Beschädigungen von Personen, die sich auf fremden Schiffen oder Booten
befinden; bei den eben dadurch herbeigeführten Verlusten oder Beschädigungen
von fremden Schiffen, Booten, oder in solchen befindlichen Waaren, wie sonstigen Gegenständen auf den Werth des Schiffs und den Betrag der Fracht der
gerade zu der Zeit stattfindenden Reise, doch mit der Maassgabe, dass bei Beschädigung von Passagiren der Betrag des Werths des Schiffs und der Fracht auf
mindestens 15 Pfund pro Tonne des Raumgehalts des Schiffs berechnet wird.
Dies ist durch die *Merchant Shipping Act Amendment Act* von 1862 (25 u. 26
Victoria c. 63) sect. 54 dahin abgeändert, dass die Grenze der Haftung des Rheders nicht mehr der wirkliche Werth des Schiffs resp. der Betrag der Fracht
bilden, sondern ein vom Gesetz angenommener Werthbetrag, der bei Personen-
Beschädigungen auf 15 Pfund, bei Sach-Beschädigungen auf 8 Pfund pro Tonne
des Brutto-Raumgehalts des Schiffs fixirt ist. — Werden Entschädigungsansprüche
aus verschiedenen Ereignissen gegen den Rheder geltend gemacht, so haftet dieser
für die Schäden eines jeden Ereignisses in derselben Weise, als wenn keine
anderen damit konkurrirten: *Merchant Shipping Act* von 1854 *sect. 506.*
    1) *Code de comm.* Art. 216 Abs. 1 u. 2 (in der demselben durch das Ge-
setz vom 14. Juni 1841 gegebenen Fassung): *Tout propriétaire de navire est
civilement responsable des faits du capitaine, et tenu des engagements con-
tractés par ce dernier, pour ce qui est relatif au navire et à l'expédition.
Il peut, dans tous les cas, s'affranchir des obligations ci-dessus par l'abandon
du navire et du fret.* (Vgl. Caumont S. 22 N. 2 ff.) Ebenso belg. *Code de
comm. II* (v. 1879) Art. 7 Abs. 1 u. 2; holländ. H.G.B. Art. 321; portugies.
H.G.B. Art. 1339; italien. H.G.B. Art. 482 Abs. 1; finnländ. Seeges. Art. 17
Abs. 2 u. a.
    2) Spanisches H.G.B. Art. 622 (vgl. Art. 621). Das Abandonrecht steht
hiernach dem Rheder nur zu, wenn er in Anspruch genommen wird wegen Verlust und Beschädigung, welche die geladenen Güter in Folge mangelnder Sorgfalt
des Kapitäns erlitten haben. Ebenso brasilianisches H.G.B. Art. 494 und
einige andere südamerikanische Gesetzbücher.
    3) Das amerikanische Gesetz vom 3. März 1851 lässt eine beschränkte
Haftung eintreten bei *loss or destruction of goods on board, damage by col-
lission, any other damage or forfeiture done or incurred.* Hierfür gilt der
Satz: *the liability of the owner or owner's shall in no case exceed the amount or
value of such owner or owner's, respectively, in shuch ship
or vessel and her freight then pending (sect. 3).* Zugleich aber wird bestimmt
*(sect. 4): A transfer of the owner's interest in the ship and freight for the
benefit of the claimants, to a trustee officially appointed, shall be sufficient
compliance whit the act, and thereafter all claims against the owner shall
cease.* Es kombinirt also dieses Gesetz das englische System mit dem Abandonsystem. Vgl. Harrington Putnam S. 14 f.

2. Das Gesetz sagt: Der Rheder haftet nur mit Schiff und Fracht. Selbstverständlich ist das S c h i f f dasjenige, auf welches sich die Verbindlichkeit bezieht, die geltend gemacht; zu dessen Besatzung die Person gehört, auf deren Verschulden der Anspruch gegründet wird; und die Fracht diejenige, welche mit diesem Schiffe verdient wird. Hat der Rheder ausser diesem noch andere Schiffe, so gehören die letzteren nebst der vermittelst derselben verdienten Fracht, weil sie zu dem in Rede stehenden Anspruch in keiner näheren Beziehung stehen, wie die sonstigen Vermögensobjekte des Rheders, ganz ebenso wie diese, zur *fortune de terre*. Natürlich wird auch hier das Schiff mit Einschluss der Pertinenzen verstanden (Prot. IV S. 1595).

3. Unter Fracht ist zu verstehen die Fracht derjenigen Reise, auf welcher die Forderung entstanden ist; denn wenn man das Schiff mit Ausrüstung und zu erwartendem Verdienst als *universitas iuris* betrachtet und mit Rücksicht auf diese kreditirt, so hat man natürlich nicht den in der Zukunft überhaupt zu erwartenden Verdienst, sondern den auf der anzutretenden oder angetretenen Reise zu erwerbenden vor Augen.

Auf der hamburger Konferenz schwankten hinsichtlich dieses Punktes die Ansichten hin und her. Zuerst wurde der hier angegebene Grundsatz von der Majorität (aber nur mit Einer Stimme Majorität) adoptirt (Prot. IV S. 1595—1598). Darauf erzielte der Grundsatz, dass die noch nicht erhobene 'Fracht der letzten Reise zur *fortune de mer* zu rechnen sei, dieselbe Majorität (Prot. IV S. 1601—1606). Endlich kehrte man wieder zu dem ersten Grundsatz zuzück (Prot. VI S. 2882—2889), der auch seine Stelle in einem anderen Titel des H.G.B. gefunden hat und hier genauer normirt ist (Art. 759 ff.).

Unter die Fracht gehören die Ueberfahrtsgelder (nach Art. 678 in Verbindung mit Art. 759 ff.). Ebenso der Bugsirlohn bei Schleppschiffen. Die Gesetze haben nämlich, wenn sie die Fracht zur *fortune de mer* rechneten, dieser den gewöhnlichen, durch die Seefahrt erzielten Erwerb zuweisen wollen. Dazu gehört aber auch der Bugsirlohn bei den gedachten Schiffen. Es wird diese Auffassung auch noch dadurch unterstützt, dass die neueren Seegesetze alle zum Erwerb durch die Seefahrt bestimmten Schiffe als Kauffahrteischiffe bezeichnen. Nicht aber gehört darunter der Berge- und Hülfslohn, soweit er dem Rheder gebührt, weil dieser kein gewöhnlicher Erwerb durch Seefahrt ist. Daher auch nicht der Bugsirlohn, der einem anderen als einem Schleppschiff für geleistete Dienste zu entrichten ist; denn ein solcher hat entschieden den Charakter des Hülfslohns (s. L e w i s in E n d e m a n n s Handbuch IV S. 51). Für den Fall, dass der Rheder für eigene Rechnung Güter geladen hat, trifft Art. 774 Abs. 5 die Bestimmung.

Die weiteren Ausführungen über die Fracht s. bei Art. 759—761 und 774.

4. In Betreff der vom Gesetz aufgezählten Punkte, bei denen

diese Beschränkung der Haftung des Rheders eintritt, ist noch zu beachten, dass es sich in Ziffer 1 und 2 um Fälle handelt, in denen der **Kapitän ein Geschäft eingeht oder ausführt als Schiffsführer**, nicht als Mandatar des Rheders. Hat also z. B. der Schiffer das Schiff im Heimathshafen auf Grund eines Auftrages des Rheders durch einen Mäkler verchartert, so haftet der Rheder für die vom Mäkler verdiente Courtage mit der *fortune de terre*. Die beschränkte Haftung des Rheders wird übrigens noch nicht dadurch ausgeschlossen, dass die Handlung, durch welche die Schuld veranlasst ist, vom Rheder dem Schiffer speciell aufgetragen war, wie z. B. die Reparirung des Schiffs, sondern erst dadurch, dass das Rechtsgeschäft, welches sie begründete, also etwa die Aufnahme eines Darlehns, in Folge besonderer Anweisung des Rheders vom Schiffer, und nun nicht als Schiffer, sondern ausdrücklich als Bevollmächtigten des Rheders (**unter Bezugnahme** auf die Vollmacht, nicht blos **auf Grund** einer Vollmacht) eingegangen war (Prot. IV S. 1614, VIII S. 3731 f.; vgl. Entsch. des Hamb. Handelsger. v. 17. Sept. 1863 in **Hermann** u. **Hirsch**, Samml. S. 290). Der Vollmacht steht die Ratihabition gleich (zit. Entsch. a. a. O., **Laurin** bei **Cresp** I S. 634 f.).

5. Ein **Verschulden** des Rheders, wodurch die Beschränkung seiner Haftung in den Fällen der Ziffern 1 und 2 wieder aufgehoben wird [1]), liegt einmal vor, wenn derselbe dem eingegangenen Vertrage direkt zuwider handelt, wie z. B. das verfrachtete Schiff, statt dasselbe dem Befrachter zur Disposition zu stellen, anderswohin dirigirt (Prot. VIII S. 4469 f.) oder eine kontrakt- und rechtswidrige Handlungsweise des Schiffers anordnet (s. H.G.B. 479 Abs. 3, Art. 496). Es liegt ein solches aber auch bereits dann vor, wenn der Rheder nicht alle aus dem Vertrage ihm persönlich erwachsenden Verbindlichkeiten erfüllt (Prot. VIII S. 4155); z. B. wenn ihm in der Charter die Bestimmung des zum Transport geeigneten Schiffs vorbehalten war, ein zum Transport der einzunehmenden Güter nicht geeignetes Schiff wählt, und nun der Kapitän desselben lediglich aus diesem Grunde die Einnahme der Ladung und demgemäss die Erfüllung des Frachtvertrags verweigert (Entsch. des R.O.H.G. XI S. 260). Es ist also, um den Rheder persönlich in Anspruch zu nehmen, nicht stets erforderlich, dass dessen Verschulden bewiesen wird (Prot. VIII S. 4284—4286).

In allen Fällen, auch in dem unter Ziffer 3, haftet der Rheder persönlich für *culpa in eligendo* (Prot. VIII S. 4155).

6. Dass der Rheder, wenn er die specielle **Garantie** für die Erfüllung des Vertrags übernommen hat, persönlich dafür haftet, ist selbstverständlich. Er haftet in diesem Falle aus seiner eigenen

---

1) Dass dies der Fall, wird auch von einigen fremden Rechten ausdrücklich hervorgehoben. So von der englischen *Merchant Shipping Act* von 1862 *(sect. 54)*. Der Schaden muss, wenn die Haftung der Rheder eine beschränkte sein soll, eingetreten sein *without their actual fault or privity*. Ebenso das amerikanische Gesetz vom 3. März 1851 *(sect. 3)*.

Handlung, nicht aus der eines Dritten. Irrelevant ist es dabei, ob die darauf bezügliche Erklärung vom Rheder selbst oder in dessen Namen von dem dazu ermächtigten Schiffer abgegeben ist; wogegen das Versprechen des nicht dazu autorisirten Schiffers, die Zahlung werde aus der *fortune de terre* des Rheders erfolgen, eine persönliche Haftung des letzteren nicht herbeiführen würde (Hermann u. Hirsch, Sammlung S. 279). Mit Gewährleistung nicht zu verwechseln ist einfache Anerkennung der Verbindlichkeit, wodurch die Natur dieser letzteren in keiner Weise verändert werden kann.

7. Das Gesetz lässt in den im Abs. 2 des Art. angegebenen Fällen die beschränkte Haftung des Rheders nicht Platz greifen, weil derselbe hier nicht *facta aliena*, sondern seine eigenen zu vertreten hat; also die ganze Begründung der beschränkten Haftung keine Anwendung finden kann. Ebenso liegt die Sache, wenn der Rheder selbst Schiffsführer ist. Wird ein solcher in Anspruch genommen wegen eines Rechtsgeschäfts, das er in seiner Eigenschaft als Schiffer geschlossen hat, oder wegen Nichterfüllung oder mangelhafter Erfüllung eines Vertrags, dessen Ausführung zu den Dienstobliegenheiten des Schiffers gehört, so haftet er nicht nur mit Schiff und Fracht, sondern persönlich. In diesen Fällen wird nämlich dieselbe Person, welche das Rechtsgeschäft eingegangen, resp. hat ausführen sollen, eben daraus in Anspruch genommen, indem es doch nicht möglich ist, X als Schiffer und eben denselben X als Rheder als getrennte Personen zu behandeln. Dass das H.G.B. nicht den entgegengesetzten Grundsatz hat aufstellen wollen (wennschon auf der hamburger Konferenz allerdings in dieser Hinsicht die Ansichten aus einander gingen: Prot. VIII S. 3834 f.), darf nicht etwa daraus geschlossen werden, dass dasselbe durch ein Bodmereigeschäft auch dann keine persönliche Haftung des Rheders begründen lässt, wenn dieser zugleich Schiffer ist und selbst das Geschäft eingegangen ist (Art. 700); denn dieser Grundsatz ist lediglich eine Konsequenz der Natur der Bodmerei, wie dies noch durch den Umstand bestätigt wird, dass auch dann nur die verbodmeten Gegenstände für die Schuld haften, wenn der Schiffer auf Grund besonderer Anweisung des Betheiligten zur Verbodmung geschritten ist (Art. 700). Ebenso wenig aber darf die in Rede stehende Absicht daraus gefolgert werden, dass das H.G.B. die Forderungen aus sonstigen Kreditgeschäften, die der Schiffer als solcher während des Aufenthaltes des Schiffs ausserhalb des Heimathshafens abgeschlossen hat, die Rechte eines Schiffsgläubigers auch dann gewähren lässt, wenn der Schiffer Eigenthümer des Schiffs ist (Art. 757 Ziff. 7); denn wenn gesagt ist (Ehrenberg, beschränkte Haftung S. 182 f. Note 23), nur unter solchem Gesichtspunkt werde das Privilegium der Schiffsgläubigerschaft erklärlich, so wird dabei, was ich schon früher (in Endemanns Handbuch IV S. 49 Note 24) geltend machte, übersehen, dass auch andere Forderungen, als die, für welche der

Schuldner beschränkt haftet, die Rechte von Schiffsgläubigern gewähren, wie die aus den Dienst- und Heuerverträgen herrührenden Forderungen der Besatzung (Ziff. 4). Eine Rechtsungleichheit wird durch die hier vertretene Ansicht in keiner Weise herbeigeführt zwischen den Rhedern, die zugleich Schiffer, und solchen, die nicht auch Schiffer sind (Ehrenberg S. 217); denn bei letzteren handelt es sich um das Einstehen für *facta aliena*, bei ersteren für *facta propria*[1]). Es würde sich auch gar nicht absehen lassen, weshalb der Rheder aus Rechtsgeschäften des Schiffers, wenn er zu deren Abschluss Vollmacht ertheilt hat, persönlich haften soll, wenn er dieselbe selbst eingegangen, allerdings in seiner gleichzeitigen Eigenschaft als Kapitän[2]), nur mit Schiff und Fracht[3]).

Dass der Rheder, der zugleich Schiffsführer ist, für jedes Verschulden, das ihm in letzterer Hinsicht zur Last fällt, unbeschränkt haftet, ist selbstverständlich; denn es hat keinen Sinn, zu sagen, die betreffende Person haftet in ihrer Eigenschaft als Rheder zwar beschränkt, in ihrer Eigenschaft als Schiffer aber unbeschränkt, da dieselbe von dem Beschädigten in jeder Eigenschaft in Anspruch genommen werden kann.

Die angegebenen Sätze gelten für den Fall, dass der Schiffer alleiniger Rheder ist. Ist derselbe nur Theilrheder, so ist zu unterscheiden, ob ihm der grössere Theil des Schiffs oder der kleinere gehört. Im ersteren Fall steht er in allen den Angelegenheiten, in denen Beschlüsse *per maiora* gefasst werden, dem Alleineigenthümer gleich; denn hier gilt der Wille dessen, dem mehr als die Hälfte des Schiffs gehört, als Rhedereibeschluss. Gehört demselben dagegen weniger als die Hälfte des Schiffs, so fehlt es an der Identität von Schiffer und Rheder; so erscheint der Schiffer rein als Schiffer. Eben dasselbe gilt in den Fällen, wo ein Rhedereibeschluss nur mit Stimmeneinhelligkeit gefasst werden kann.

Was endlich das Haften des Rheders für Verschulden der Schiffsmannschaft betrifft, so bleibt dieses auf Schiff und Fracht beschränkt, auch wenn der Rheder zugleich Schiffer ist, da der Kapitän — soweit ihn nicht *culpa in eligendo* trifft — für derartiges Verschulden nicht haftet, der Rheder also lediglich für *facta aliena* einzustehen hat[4]).

---

1) Dieser Hinweis lässt auch speziell die Rechtsungleichheit verschwinden, die Ehrenberg, beschränkte Haftung S. 217, darin findet, dass nach der hier vertretenen Auffassung der Schiffer-Rheder beim Rezeptum nicht ebenso, wie der Rheder, der nicht zugleich Schiffer ist, beschränkt haftet. Vgl. auch hierüber Lewis in Endemanns Handbuch IV S. 49 N. 24.

2) *Ce personnage à double face pourra-t-il dire aux tiers, que le propriétaire sommeillait, tandis que le capitaine agissait et contractait?* fragt treffend Desjardins II S. 109 f.

3) Die Gründe, welche Courcy, *questions* II S. 116 ff. gegen die Bestimmung des *Code de comm.* Art. 216 Abs. 3 in seiner jetzigen Fassung geltend macht, sind lediglich zutreffend für die naturwidrige Ausbildung der Bodmerei im französischen Recht [s. Cresp II S. 283 ff.) und den bedenklichen Satz, dass das Abandonrecht zessirt auch bei dem, welcher Mitrheder und Kapitän ist, ohne alle Rücksicht auf die Grösse der demselben gehörenden Part.

4) Der im Text vertretene Standpunkt ist auch, wenigstens der Hauptsache

8. Da die Frage, ob der Rheder überhaupt für eine bestimmte Handlung von Personen der Besatzung haftet, nach dem Rechte des Landes desselben zu beantworten ist, so ist nach eben diesem auch die Frage zu beantworten, in welcher Weise, wie weit derselbe dafür haftet, ob unbeschränkt oder nur mit Schiff und Fracht, oder zwar persönlich, aber mit dem Recht des Abandons? Es ist irrelevant, wo die Handlung stattgefunden hat (s. o. S. 48 f. Nr. 6 und die Zit. das.) [1]).

Art. 453 [2]).

Dieser Artikel ist aufgehoben und ersetzt worden durch den § 68 der Seemannsordnung vom 27. Dezember 1872, welcher zwar die Regel des Art. 453, nicht aber die Ausnahmen desselben aufgenommen hat. Der § 68 bestimmt nämlich:

nach, von einer ganzen Reihe neuerer Seerechte eingenommen. So bestimmt der franzüs. *Code de comm.* Art. 216 Abs. 3: *Toutefois la faculté de faire abandon n'est point accordée à celui qui est en même temps capitaine et propriétaire ou copropriétaire du navire.* Ebenso belgische *Code de comm.* II (von 1879) Art. 7 Abs. 3; italien. H.G.B. Art. 482 Abs. 2; brasilian. H.G.B. Art. 494 Abs. 3. Das finnländ. Seeges. Art. 17 Abs. 3 räumt dem Mitrheder, welcher das Schiff führt, das Recht des Abandons ein, vorausgesetzt, dass die Verbindlichkeit nicht die Folge seines eigenen Verschuldens, spricht also hiermit deutlich genug dem Alleinrheder das Abandonrecht auch bei Verbindlichkeiten aus Rechtsgeschäften ab. In der *Merchant Shipping Act* von 1854 *sect. 516* heisst es: *Nothing in the ninth part of this Act contained shall be construed to lessen or take away any liability to with any master or seaman, being also owner or part owner of the ship to which he belongs, in subject in his capacity of master or seaman.*

1) Wenn, wie an dieser Stelle bemerkt ist, das englische Recht diesen Grundsatz als Regel gleichfalls anerkennt, so findet doch die spezielle Bestimmung, welche die *Merchant Shipping Act Amendment Act* von 1862 *sect. 54* über die beschränkte Haftung des Rheders aufstellt, nach eben diesem Gesetz nicht nur auf britische, sondern auch auf fremde Schiffe Anwendung *(the owners of any ship whether British or foreign).*

2) *Der Rheder haftet für die Forderungen der zur Schiffsbesatzung gehörenden Personen aus den Dienst- und Heuerverträgen nicht nur mit Schiff und Fracht, sondern zugleich persönlich.*

Wenn jedoch das Schiff dem Rheder ohne sein Verschulden vor Vollendung der Reise verloren geht, insbesondere

wenn es verunglückt,

wenn es als reparaturunfähig oder reparaturunwürdig kondemnirt (Art. 444) und in dem letzteren Falle ohne Verzug öffentlich verkauft wird,

wenn es geraubt wird,

wenn es aufgebracht oder angehalten und für gute Prise erklärt wird,

so haftet der Rheder für die Forderungen aus der nicht vollendeten Reise oder, sofern diese aus mehreren Abschnitten besteht, für die Forderungen aus dem letzten Reise-Abschnitt nicht persönlich.

Der letzte Reise-Abschnitt beginnt in dem Hafen, in welchem das Schiff zuletzt Ladung eingenommen oder gelöscht hat, und mit dem Zeitpunkt, in welchem mit dem Laden der Anfang gemacht oder die Löschung vollendet ist. Ein Nothhafen wird als Ladungs- oder Löschungshafen im Sinne dieser Vorschrift nicht angesehen.

Der Rheder ist in keinem der vorgenannten Fälle befugt, die etwa gezahlten Handgelder und Vorschüsse zurück zu fordern.

Der Rheder haftet für die Forderungen des Schiffers und der
zur Schiffsmannschaft gehörigen Personen aus den Dienst- und
Heuerverträgen nicht nur mit Schiff und Fracht, sondern persönlich.
Dieser Grundsatz bildet eine Ausnahme von der Bestimmung des
Art. 452 Ziffer 1 H. G. B.; denn die Abschliessung von Heuerverträgen mit der Schiffsmannschaft gehört unter allen Umständen
zu den gesetzlichen Befugnissen des Schiffers (Art. 495 Abs. 2).
Wenn trotzdem eine Ausnahme statuirt ist, so ist dies lediglich
aus Nützlichkeits- und Humanitätsrücksichten zu erklären. Von
diesem Standpunkt aus hatte der preussische Entwurf Art. 406
Abs. 2 und 3 die unbedingte persönliche Haftung des Rheders für
die Forderungen der Schiffsbesatzung an Heuer, Reisekosten und
Entschädigung ausgesprochen. In der hamburger Konferenz suchte
man die gedachten Rücksichten mit der dem Prinzip des älteren
Rechts (und der meisten neueren Rechte): wenn das Schiff verloren, geht auch die Heuer verloren, zu Grunde liegenden Erwägung, „dass das Schiffsvolk ein grosses eigenes Interesse an der
Erhaltung des Schiffs haben und selbst Gefahr laufen müsse, so
lange das Schiff in Gefahr sei" zu vereinigen, indem man den
Rheder für den Fall, dass ihm das Schiff ohne sein Verschulden
vor Vollendung der Reise verloren ginge, „für die Forderungen
aus der noch nicht vollendeten Reise, oder, sofern dieselbe aus
mehreren Abschnitten besteht, für die Forderungen aus dem letzten
nicht persönlich", sondern nur mit Schiff und Fracht haften liess;
demselben aber zugleich das Recht, „die etwa gezahlten Handgelder und Vorschüsse zurückzufordern", ausdrücklich absprach
(Art. 453 H.G.B.; vgl. Prot. IV S. 1617—1624, S. 1649—1652).
In den Motiven zur Seemannsordnung (S. 55—57) hat man von
den beiden hervorgehobenen Zweckmässigkeitsrücksichten wieder
den ersteren für den überwiegenden gehalten und die Bestimmung
lediglich im Interesse der Schiffsleute getroffen [1]).

---

[1]) Die fremden Seerechte treffen gleichfalls in Betreff des Haftens des Rheders für die Heueransprüche der Besatzung Bestimmungen, die zum Theil den
allgemeinen seerechtlichen Regeln nicht konform sind. Vollständig mit § 68 der
R.Seemanns-O. stimmt überein das finnländ. Seeges. Art. 17. Für England hat
die *Merchant Shipping Act* von 1854 mit Rücksicht auf das früher geltende
Prinzip *the freight is the mother of wages* (vgl. Maclachlan S. 228) den Satz
aufgestellt *(sect 183): No rigth to wages shall be dependent on the earning
of freight.* Nur in einem Falle verliert der Schiffsmann seinen Heueranspruch.
Es heisst nämlich in derselben *sect.: but in all cases of wreck or loss of the
ship, proof that he has not exerted himself to the utmost to save the ship,
cargo and stores shall bar his claim.* In der französischen Theorie und Praxis
gehen die Meinungen hinsichtlich der Haftung des Rheders für die Heuer aus
einander. Die herrschende Ansicht ist folgende. Sind die Schiffsleute am Wohnorte des Rheders geheuert, so steht diesem in Betreff der Heueransprüche kein
Abandonrecht zu, da nach dem Gesetz — *Code de comm.* Art. 223 — die Mitwirkung des Rheders zu präsumiren ist (Bédarride I N. 298; Desjardins
II S. 78, die bei Ruben de Couder I S. 413 N. 72 Zit.); wohl aber wenn
dieselben ausserhalb des Wohnorts geheuert sind. Für jeden dieser Fälle ist
jedoch auch die entgegengesetzte Meinung vertreten. Einerseits wird zuweilen

Art. 454.

*Die übrigen Fälle, in welchen der Rheder nicht persönlich, son-
dern nur mit Schiff und Fracht haftet, sind in den folgenden Titeln
bestimmt.*

Der Artikel weist darauf hin, dass die persönliche Haftung des
Rheders im Seerecht die Regel bildet. Und unter der persönlichen
Haftung versteht das V. B. des H.G.B., wie sich aus der Gegen-
überstellung der Haftung mit Schiff und Fracht in diesem und
noch einer Reihe anderer Artikel des H.G.B. ergiebt, die Haftung,
wobei das ganze Vermögen des Schuldners in Anspruch genommen
werden kann. Die Fälle, in denen diese persönliche Haftung des
Rheders nicht Platz greift, sind, abgesehen vom Art. 452, angegeben
in den Art. 501, 680 (hinsichtlich dessen aber die Haftung mit
Schiff und Fracht sich schon aus Art. 452 ergiebt), Art. 728
und 755.

––·––

dem Rheder stets das Abandonrecht abgesprochen auch bei den in der Fremde
geheuerten Schiffsleuten, so namentlich von einer — wie es scheint — konstanten
Praxis des Tribunals von Marseille. Andererseits räumen demselben einige Schriftsteller das Abandonrecht auch in Betreff der an seinem Wohnorte eingegangenen
Heuerverträge ein, wenn der Rheder dem Abschluss des Vertrags fern geblieben
ist; so Laurin (bei Cresp 1 S. 626—629, während er sich S. 635 wieder der
herrschenden Meinung anzuschliessen scheint) und Ruben de Couder (I S. 413
N. 72 bis). Für den Fall des Verlustes des Schiffs und der Ladung trifft dann
der *Code de comm.* noch eine Reihe von Bestimmungen. Geht beides verloren,
so verlieren die Schiffsleute jeden Heueranspruch (nach der Jurisprudenz jedoch
nur für den letzten Reiseabschnitt, indem die verschiedenen Reiseabschnitte
— *voyage d'aller, voyages intermédiaires, voyage de retour* — als besondere
Reisen betrachtet werden; s. Caumont S. 682). Nur die erhaltenen Vorschüsse
brauchen sie nicht zurückzugeben (Art. 258). Sind Theile des Schiffs oder Güter
gerettet, so bekommen die Schiffsleute Zahlung der bereits verdienten Heuer,
soweit dieselbe aus der Schiffsüberresten und an zweiter Stelle aus der für die
Güter gezahlten Fracht erfolgen kann (Art. 259). Ferner gelten noch die besonderen Regeln: *Les matelots engagés au fret sont payés de leurs loyers seulement sur le fret à proportion de celui que reçoit le capitaine* (Art. 260). *De
quelque manière que les matelots soient loués, ils sont payés des journées par
eux employées à sauver les débris et les effets naufragés* (Art. 261). Mit diesen
Vorschriften des *Code* stimmt das holländ. H.G.B. (Art. 419—421) überein.
Nur wird im Falle der Bergung von Schiff oder Gütern bei ausserordentlichem,
mit gutem Erfolge gekrönten Fleisse neben Heuer Bergelohn bezahlt. Ebenso
übereinstimmend mit dem *Code* das spanische H.G.B. (Art. 716 f.). Auch hier
wird indess Anspruch auf angemessenen Bergelohn den Schiffsleuten eingeräumt,
ausdrücklich jedoch nur solchen, die auf einen Antheil an der Fracht fahren,
und zwar wenn diese bei Bergung von Schiffstheilen sich betheiligt haben. Der
belgische *Code de comm.* (II v. 1879) handelt wohl von dem Einfluss des Verlustes
des Schiffs auf den Heuervertrag, nicht aber von dem besonderen auf die Heueransprüche; es gelten also hierfür die allgemeinen Regeln. Nur ordnet derselbe
eine durch den Richter zu arbitrirende Herabsetzung der Ansprüche der Schiffsleute an, wenn dargethan wird, *qu'ils n'ont pas fait tout ce qui était en leur
pouvoir, pour sauver le bâtiment.* Auch dieses Gesetzbuch bestimmt aber, dass
Vorschüsse nicht zurückzuzahlen sind (Art. 54). Ebenso reproduzirt dasselbe die
Art. 260, 261 des französischen *Code* in den Art. 55, 56.

Art. 455.

Der Rheder als solcher kann wegen eines jeden Anspruchs, ohne Unterschied, ob er persönlich oder nur mit Schiff und Fracht haftet, vor dem Gerichte des Heimathshafens (Art. 435), belangt werden.
Wie die Handelsniederlassung die Grundlage der geschäftlichen Thätigkeit des Kaufmanns bildet, so das Schiff die des Rheders. Das Schiff hat, wenn man diesen Ausdruck zulassen will, sein Domizil („Quasidomizil“: G o l d s c h m i d t, H.R. II S. 5 Note 8) in dem Heimathshafen. Es ist daher durchaus korrekt, hier auch das *forum domicilii* des Rheders, als solchen, d. h. in allen Angelegenheiten, welche sich auf den Rhedereibetrieb beziehen, anzunehmen [1].

Das Gesetz sagt, der Rheder k a n n, nicht aber er d a r f n u r vor dem Gericht des Heimathshafens belangt werden. So kann denn ein Schiffsgläubiger, welcher sein Pfandrecht am Schiff geltend macht, die Klage, auch wenn er dieselbe gegen den Rheder richtet, da anstellen, wo sich das Schiff gerade befindet (H e r m a n n und H i r s c h, Samml. Nr. 117; Hamburger Handelsger.-Zeit. von 1875 Nr. 103, 105).

Inwiefern der im Art. 455 ausgesprochene Grundsatz eine Modifikation durch den § 39 der Strand.-O. erleidet, darüber siehe die Ausführung zu diesem Paragraphen.

Art. 456.

Wird von mehreren Personen ein ihnen gemeinschaftlich zustehendes Schiff zum Erwerb durch die Seefahrt für gemeinschaftliche Rechnung verwendet, so besteht eine Rhederei.

Der Fall, wenn das Schiff einer Handelsgesellschaft gehört, wird durch die Bestimmungen über die Rhederei nicht berührt.

1. Mehrere Personen, die ein ihnen zusammen gehörendes Schiff zum Erwerb durch Seefahrt für gemeinschaftliche Rechnung verwenden, können in sehr verschiedenartigen Rechtsverhältnissen stehen. Sie können, worauf der Artikel ausdrücklich hinweist, eine Handelsgesellschaft bilden, und zwar eine Aktiengesellschaft — und die grossen Transport- (namentlich Dampfschifffahrts-) Gesellschaften sind dies durchweg —, eine Kommanditgesellschaft, eine offene Handelsgesellschaft. Eine solche steht alsdann unter dem Recht der betreffenden Gesellschaftsform. Im Seerecht aber erscheint eine derartige Gesellschaft als Einzelrheder. Die häufigste Form aber ist die Rhederei (früher auch wohl Mascopei genannt). Eine solche liegt stets vor, wenn ein Schiff mehreren Personen [2] gehört und von ihnen zum Erwerb durch Seefahrt für

---

1) Dieser Grundsatz wird auch von französischen Juristen adoptirt. So von C r e s p - L a u r i n I S. 63, 280; D e s j a r d i n s I S. 86, und — wie es scheint — auch vom Handelsgericht zu Marseille in einem Erk. vom 1. August 1866.
2) Diese brauchen übrigens nicht nothwendiger Weise physische Einzelpersonen zu sein. Es kann auch einer Aktiengesellschaft oder einer offenen Handelsgesellschaft eine Schiffspart oder eine Anzahl von Schiffsparten gehören.

gemeinschaftliche Rechnung verwendet wird, vorausgesetzt, dass
diese Personenmehrheit in ihrer Eigenschaft als Eigenthümer des
Schiffs keine Handelsgesellschaft bildet, ohne Rücksicht, ob dieses
gemeinsame Eigenthum mehrerer Personen von Hause aus an dem
Schiffe bestand oder erst später entstanden ist, in der Weise, dass
das einer einzigen Person gehörige Schiff auf die mehreren Erben
derselben überging oder von derselben zum Theil an eine oder
mehrere Personen veräussert wurde.

Hierbei wird das Schiff in eine grössere oder kleinere Anzahl
ideeller Theile (Schiffsparten) zerlegt. Die Grösse und demgemäss
die Zahl der bei einem Schiffe anzunehmenden Parten längt lediglich von dem Willen der Eigenthümer des Schiffs ab. Daher variirt
dieselbe ausserordentlich, und zwar steht sie durchaus nicht im
Verhältniss zu der Grösse des Schiffs. Gerade bei kleinen Schiffen
von 200 bis 300 Tons ist die Zahl der Parten nicht selten eine
ausserordentlich grosse; 100, 120 Parten kommen bei solchen
Schiffen sehr häufig vor und selbst 360 und noch mehr Parten
sind, namentlich bei mecklenburgischen Schiffen, gar nicht selten [1]);
während umgekehrt grosse Schiffe, die einer Rhederei gehören, oft
in 4 und noch weniger Parten getheilt sind. Die Zahl der Parten
ist übrigens durchaus nicht immer der der Mitrheder (auch nicht
der ursprünglichen) gleich, und wenn die Partenzahl sehr gross
ist, ist die Zahl der Miteigenthümer stets viel geringer, wennschon
30 bis 40 und noch mehr Miteigenthümer recht häufig vorkommen.
Es kann nämlich ein Rheder eben so wohl eine grosse Anzahl von
Parten, als auch nur eine resp. einen Theil ($\frac{1}{2}$, $\frac{1}{3}$, $\frac{2}{3}$, $\frac{1}{4}$, $\frac{3}{4}$, $\frac{1}{8}$
u. s. w.) einer Part besitzen; wie auch durch Erbgang und Ver-
äusserungsgeschäft die Zahl der Mitrheder bald wachsen, bald sich
verringern kann. Die Regel freilich sollte die sein, dass die Part
dem kleinsten ursprünglich vorkommenden Antheil eines Rheders
gleich ist [2]). Der Grund für diese Zerstückelung der Schiffe ist
darin zu suchen, dass der Rhederei-Betrieb eine beliebte Kapital-
anlage in den Seestädten bildet, wobei sich auch das kleine und
kleinste Kapital betheiligt. Um dies zu ermöglichen, sind die
Schiffsparten sehr klein angenommen, nicht selten beträgt der Werth
derselben 300 Mark, 150 Mark und noch weniger [3]).

---

[1]) In einem mir bekannt gewordenen Falle zerfiel das Schiff von etwas über
200 Tons in 5040 Theile, der mindestbetheiligte Rheder hatte 21 Parten, der
höchstbetheiligte 1134.

[2]) Regelmässig wird der Antheil jedes Rheders am Schiff durch eine Bruch-
zahl ausgedrückt, doch ist hierbei der Divisor bei demselben Schiff keineswegs
stets derselbe. Es kommen z. B. bei einem Schiff folgende Antheile der Mit-
rheder vor: $\frac{1}{120}$, $\frac{20\frac{1}{2}}{60}$, $\frac{1}{90}$, $\frac{13\frac{1}{2}}{60}$, $\frac{2}{60}$, u. s. w.; ferner $\frac{1}{480}$, $\frac{13\frac{1}{2}}{60}$,
$\frac{1}{90}$ u. s. w.

[3]) In England giebt es eine feststehende Zahl von Parten (*shares*); *the
property in a ship shall be divided into sixty-four shares*: Merchant Shipping Act von 1854 *sect 37*. Mehr als 64 Mitrheder dürfen nicht registrirt werden. Ein Parteninhaber kann jedoch mehrere Personen vertreten: *Merchant*

2. In Betreff des juristischen Charakters der Rhederei
besteht keine Uebereinstimmung unter den Juristen[1]). Die einen
fassen dieselbe als eine der Aktiengesellschaft verwandte Personen-
vereinigung auf, ohne sie jedoch unter die juristischen Personen
zu subsumiren, so Pöhls (Seerecht I S. 113), Kaltenborn
(Seerecht I S. 116), Mittermaier (Deutsches Privatrecht II
§ 542 IV), Hillebrand (Deutsches Privatrecht S. 574), Walter
(Deutsches Privatrecht S. 346 f.), Gerber (Deutsches Privatrecht
§ 195 Note 2); andere schlechtweg als Societät, so Eichhorn
(Deutsches Privatrecht § 390) und namentlich das Reichs-Ober-
Handelsgericht in einigen Erkenntnissen (IV S. 84, VIII

Shipping Act Amendment Act von 1880 (*43* u. *44 Victoria c. 18) sect. 2*. In
Frankreich theilt man seit Alters her das Schiff gewöhnlich in 24 Theile
(*portions* oder — namentlich im Süden — *quirats*). Doch kommt auch die
Theilung in 100 und 1000 Parten vor. Ein Parteninhaber (*portionnaire* oder
quiratvire) kann mehrere Parten besitzen; auf der anderen Seite können auch
die Parten wieder getheilt sein: Cresp-Laurin I S. 337.

1) Auch in der französischen Theorie und Praxis gehen die Ansichten
hinsichtlich der Natur der Rhederei sehr aus einander. Die einen betrachten
dieselbe als *société solidaire et collective;* nach anderen ist dieselbe eine
commandite und selbst *une sorte de société, anonyme;* nach einer ferneren
Meinung, welche geradezu als die herrschende in der Jurisprudenz gilt, als
société en participation (Gelegenheitsgesellschaft). S. Cresp-Laurin I
S. 386 ff. und die daselbst Zitirten. Die neuesten Seerechts-Schriftsteller,
Cresp, Laurin (I S. 394), Desjardins (II S. 17) bezeichnen die
Rhederei als eine *société sui generis, gouvernée par ses règles propres et con-
formément aux traditions spéciales du droit maritime*. In England ist die
communis opinio folgende. Die Mitrheder stehen in einem *condominium* (sie
sind *tenants in common*); das ist die regelmässige Gestalt dieser Vereinigung,
nämlich allemal dann, *if part owners holt in severalty distinct shares in a
ship, with an undivided interest in the whole*. Dieselben können aber auch in
einer Art Gesammteigenthum stehen (sie sind *joint-tenants* oder *partners*), nämlich dann, *if a ship be vested in several persons jointly with unity of title
and no distinction of interest*. S. Maclachlan S. 95. Welches Verhältniss
vorliegt, ist im einzelnen Falle nach den Umständen zu ermessen; vgl. Abbott
S. 62 N. e. Der praktische Unterschied dieser beiden Formen der Rhederei
tritt hervor in der Wirkung der durch Mitrheder mit Dritten abgeschlossenen
Verträge. *If a ship is held by its owners as partners, all are jointly liable
on the contract of one of them made as their agent in the name of and for
the purpose of the partnership. It is assumed in that case that a partner
acts as agent for his co-partners; otherwise as respects part-owners* (d. h. te-
*nants in common), each of whom is bound only by his own act or the act
of his agent, duly authorized by him. Between part-owners agency must be
proved; between partners it is implied by law*. Abbott S. 90; vgl. Maclachlan S. 107. In den Vereinigten Staaten von Amerika wird dagegen
der in Rede stehende Unterschied der beiden genannten Arten von Mitrhedern
nicht anerkannt. Hier gilt vielmehr der Satz: *part-owners on the spot have an
implied authority from the absent part-owners, to order for the common con-
cern whatever is necessary for the preservation and proper employment of
the ship. They are analogous to partners, and liable, under that implied
authority, for necessary repairs and stores ordered by one of themselves*
(Kent, *commentaries* III S. 155), ein Satz. dessen Richtigkeit früher auch in
England verfochten, der später aber aufgegeben wurde. Das brasilian. H.G.B.
Art. 485 stellt die Mitrheder (*sociedade ou parceria maritima*) ausdrücklich
unter die Regeln von den Handelsgesellschaften mit den vom Gesetz selbst be-
liebten Modifikationen.

S. 342 f.; in dem Erkenntniss vom 28. April 1875, XVI S. 382, als Gelegenheitsgesellschaft). B e s e l e r (Deutsches Privatrecht § 71 A) wendet auf dieselbe den von ihm in die Jurisprudenz eingeführten Begriff der materiellen Rechtsgemeinschaft oder gesammten Hand an, und ihm hat sich G i e r k e (Das deutsche Genossenschaftsrecht II, Berlin 1873, S. 933 ff.) angeschlossen. Hierunter wird verstanden eine Vereinigung mehrerer Personen in demselben Vermögensobjekt, „welche für bestimmte Beziehungen die Grenzen ihrer Persönlichkeit aufhebt und dieselbe gleichmässig über die ihnen gewordene Rechtssphäre erweitert, ohne dass jedoch ein neues selbständiges Rechtssubjekt in der Vereinigung begründet wird" (B e s e l e r S. 249; G i e r k e S. 924 ff.).

Die in Betracht kommenden Bestimmungen des H.G.B. rechtfertigen meines Erachtens [1]) die Auffassung der Rhederei als Societät, aber als besonders gearteter Societät („Gewerbsgesellschaft *sui generis*" sagt G o l d s c h m i d t in seiner Zeitschrift XXIII S. 352). Das Charakteristische derselben besteht darin, dass die Mitglieder der Vereinigung nicht individuell bestimmte Personen sind, sondern gewissermaassen designirt werden durch eine bestimmte Sache, welche eben die Grundlage der Rhederei bildet, nämlich das Seeschiff nebst Zubehör. Die Zugehörigkeit der Rhederei ist lediglich bedingt durch das Eigenthum an einer oder mehreren Schiffsparten. Der Erwerb von Parten hat den Eintritt in die Rhederei zur Folge, die Veräusserung aller Parten, die man hat, den Austritt [2]). Eine Einwilligung der übrigen Mitrheder ist hierzu nicht erforderlich (mit Ausnahme freilich des Falls, wo die Veräusserung einer Part an einen Fremden den Verlust des Rechts, die Reichsflagge zu führen, zur Folge haben würde, weil dadurch wohlerworbene Rechte der übrigen Mitrheder verletzt werden würden, Art. 470). Auch die Leitung der Angelegenheiten der Rhederei erfolgt regelmässig nicht im Wege vertragsmässiger Vereinbarung; vielmehr ist für den Antheil hieran der Antheil am Schiff maassgebend, indem regelmässig entscheidend ist der Wille dessen oder derer, welchen mehr als die Hälfte des Schiffs gehört (Art. 458); und wo Stimmeneinhelligkeit nothwendig ist, da ist dies wieder der Wille sämmtlicher Miteigenthümer des Schiffs. Eine Aenderung in den Personen der Mitrheder (wie auch Vergrösserung und umgekehrt Verringerung der Zahl derselben) ist ohne Einfluss auf den Fortbestand der Rhederei. Tod oder Konkurs eines Mitrheders, wie Unfähigkeit eines solchen zur Vermögensverwaltung hat nicht die Auflösung der Rhederei zur Folge. Aufkündigung Seitens eines Mitrheders ist nicht möglich; eben so wenig Ausschliessung eines solchen (Art. 472). Allerdings kann die Auflösung der Rhederei

---

1) Die in der 1. Aufl. vertretene Ansicht, dass die Rhederei als juristische Person aufzufassen, hatte ich schon in E n d e m a n n s Handb. IV S. 54 zurückgenommen.

2) Nur wird vorausgesetzt, dass die Veräusserung den Mitrhedern angezeigt ist (Art. 471 Abs. 1).

durch Stimmenmehrheit beschlossen werden. Doch muss alsdann das Schiff verkauft werden; wie auch dem Auflösungsbeschluss der Beschluss, das Schiff zu veräussern, gleich steht (Art. 473). Dass trotzdem die Rhederei nicht als juristische Person, als Korporation aufgefasst werden kann, geht daraus hervor, dass dieselbe in keiner Weise im Rechtsleben und Dritten gegenüber als selbständiges Rechtssubjekt auftritt, dass sie keinen Gewerbsnamen, keine Firma führt, unter der sie Rechte erwerben und Verbindlichkeiten eingehen, klagen und verklagt werden könnte; dass es vielmehr die einzelnen Mitrheder sind, welche unmittelbar berechtigt und verpflichtet werden, für die beim Rhedereibetrieb gemachten Schulden unmittelbar in Anspruch genommen werden können (Art. 474 Abs. 1), in den Angelegenheiten der Rhederei klagen und verklagt werden müssen.

3. Das Gesetz schreibt eine bestimmte Form für die Begründung einer Rhederei nicht vor. Es macht die Existenz einer solchen abhängig von dem Vorhandensein zweier Thatsachen, der Thatsache, dass ein Schiff im Miteigenthum mehrerer Personen steht, und der, dass diese das Schiff zum Erwerb durch die Seefahrt für gemeinschaftliche Rechnung verwenden. Der ausdrücklichen Willenserklärung steht daher die in konkludenten Handlungen enthaltene gleich [1]).

Art. 457.

Das Rechtsverhältniss der Mitrheder unter einander bestimmt sich zunächst nach dem zwischen ihnen geschlossenen Vertrage. Soweit eine Vereinbarung nicht getroffen ist, kommen die Bestimmungen der nachfolgenden Artikel zur Anwendung.

Der Artikel zeigt, dass die vom H.G.B. über die Rhederei getroffenen Bestimmungen, soweit sie die Verhältnisse der Mitrheder unter einander betreffen, dem vermittelnden Recht angehören. Es ist also die Norm für ein konkretes Verhältniss zunächst in etwaigen vertragsmässigen Beliebungen zu suchen, erst in Ermangelung von solchen in den Vorschriften des Gesetzbuchs. Ferner ist natürlich (zufolge des Art. 1 H.G.B.) auf die Gewohnheiten im Gebiete des Handelsrechts und subsidiär auf die Grundsätze des allgemeinen bürgerlichen Rechts zu rekurriren (Entsch. des R.O.H.G. XVI S. 382). Die Verhältnisse der Rheder zu einander können nicht nur bei Eingehung der Rhederei, sondern auch später vertragsmässig festgestellt werden. Der Rhederei-Vertrag bindet nicht blos diejenigen Mitrheder, welche ihn geschlossen haben, sondern auch die später hinzukommenden. Er gilt, bis er durch einen neuen Vertrag (Art. 458 Abs. 2) aufgehoben resp. abgeändert ist.

---

1) Nach einigen Rechten ist allerdings schriftlicher Vertrag nothwendig; so nach dänischem (Regl. vom 30. Juli 1756) und dem finnländischen (Seegesetz Art. 19).

Art. 458.

Für die Angelegenheiten der Rhederei sind die Beschlüsse der Mitrheder maassgebend. Bei der Beschlussfassung entscheidet die Mehrheit der Stimmen. Die Stimmen werden nach der Grösse der Schiffsparten gezählt. Die Stimmenmehrheit für einen Beschluss ist vorhanden, wenn der Person oder den Personen, welche für den Beschluss gestimmt haben, zusammen mehr als die Hälfte des ganzen Schiffs gehört.

Einstimmigkeit sämmtlicher Mitrheder ist erforderlich zu Beschlüssen, welche eine Abänderung des Rhedereivertrages bezwecken oder welche den Bestimmungen des Rhedereivertrages entgegen oder dem Zwecke der Rhederei fremd sind.

1. Der Artikel hebt es ausdrücklich hervor, dass der Rhedereibetrieb grösstentheils durch M a j o r i t ä t s b e s c h l ü s s e der Mitrheder geführt wird, wobei jedoch für die Majorität nicht maassgebend ist die Zahl der Köpfe derer, welche für eine Maassregel stimmen, sondern, in Gemässheit des ganzen Charakters der Rhederei, der Theil des Schiffs, welcher diesen gehört. Es ist daher auch möglich, dass die Willensäusserung eines einzigen Mitrheders einen Majoritätsbeschluss darstellt, und derselbe stets allein alle Dispositionen (welche nur Stimmenmehrheit verlangen) zu treffen berechtigt ist (Entsch. des R.O.H.G. XV S. 158 f.). Dagegen ist es nothwendig, dass die Eigenthümer von mehr als der Hälfte des ganzen Schiffs sich für eine Maassregel ausgesprochen haben, und es genügt nicht, wenn den für diese stimmenden Parten mehr als die Hälfte der in der Versammlung vertretenen Parten gehört. Eine gewisse Modifikation erfährt dieser Grundsatz im mecklenburgischen Recht. Die mecklenburgische Einführungs-Verordnung bestimmt nämlich (im § 52, welcher noch jetzt zu Recht besteht):

Bei Abstimmungen über Angelegenheiten des laufenden Rhedereibetriebes werden die Stimmen derjenigen Mitrheder, welche nicht an dem Sitze der Rhederei wohnhaft sind und bei dem Korrespondentrheder einen Vertreter nicht angemeldet haben, desgleichen die Stimmen derjenigen Mitglieder, welche rechtlich oder thatsächlich an der Theilnahme behindert sind, so lange sie einer Vertretung entbehren, den mehreren Stimmen hinzugezählt.

Ueber die Form, in welcher die Beschlüsse zu fassen sind, bestimmt das Gesetz nichts. Die Beschlussfassung kann daher eben so wohl in einer zu diesem Behuf zusammengerufenen Versammlung der Mitrheder, als durch Korrespondenz erfolgen [1]. Doch ist die Gültigkeit eines Beschlusses nicht davon abhängig, dass sämmtliche

---

1) Letzteres (nämlich Missive, welche vom Korrespondentrheder in Zirkulation gesetzt werden) bildet in Mecklenburg den üblichen Abstimmungs-Modus: B u c h k a und B u d d e, Sammlung von Entscheidungsgründen des O.A.G. zu Rostock III S. 149.

Mitrheder geladen resp. um ihre Meinung befragt sind. Es genügt
vielmehr die in irgend einer Weise herbeigeführte Verständigung
von so vielen Mitrhedern, als zusammen mehr als die Hälfte des
Schiffs besitzen. Es lässt sich das Gegentheil nicht etwa aus den
Worten, dass die Stimmen nach der Grösse der Schiffsparten ge-
zählt werden sollen, ableiten (Entsch. des R. O. H. G. XVI S. 382,
XXII S. 292; Seufferts Archiv XXVII Nr. 164 — Erk. des
A.G. zu Celle vom 27. Juni 1868 —).

2. Da in diesem Artikel lediglich das Rechtsverhältniss der
Mitrheder zu einander in Frage steht, so können die Bestimmungen
desselben durch den Rhederei-Vertrag abgeändert werden.
Es kann also z. B. angeordnet werden, dass die Beschlüsse mit
grösserer, als einfach absoluter Majorität, z. B. mit Zweidrittel-
majorität zu fassen sind. Es kann bestimmt werden, dass nicht
jedem Mitrheder Stimmrecht zukommt, sei es, dass sich einige
desselben ausdrücklich begeben, sei es, dass Stimmrecht überhaupt nur mit einer gewissen Zahl von Parten, resp. einem bestimmten Antheil am Schiff, z. B. 5 Parten oder $^1/_{60}$ Theil verbunden
wird. Es kann ferner vorgeschrieben sein, dass neben der Parten-
Zahl auch Rücksicht auf die Personen-Zahl genommen werden soll,
so etwa, dass jede Part bis zur Zahl von 5 oder 10 z. B. Eine
Stimme giebt, die darüber hinaus einem Mitrheder gehörenden Parten nicht mehr gezählt werden.

3. Der zweite Absatz erklärt sich daraus, dass die Rhederei
sich innerhalb ihrer eigenen Rechtssphäre zu halten hat und niemals Rechte dritter Personen verletzen darf. Den Rechten dritter
Personen stehen gleich die *iura quaesita* der eigenen Mitglieder,
der Mitrheder. Ein wohlerworbenes Recht hat nun jeder Mitrheder
darauf, dass der Rhederei-Vertrag innegehalten, resp. in Ermangelung eines solchen der Zweck der Rhederei erfüllt wird. Soll hiervon abgewichen werden, so ist dazu die Einwilligung der Betheiligten, d. h. die Einstimmigkeit sämmtlicher Mitrheder erforderlich. Unter „sämmtlichen Mitrhedern" sind m. E. nicht nur die
stimmberechtigten zu verstehen, sondern auch die, welche sich vertragsmässig ihres Stimmrechts begeben haben. Denn daraus, dass
ein Mitrheder auf sein Stimmrecht verzichtet, geht nur hervor, dass
er jeden Antheil an der Leitung der Geschäftsangelegenheiten der
Rhederei, aber natürlich innerhalb der Grenzen ihrer vertragsmässigen oder gesetzlichen Gestalt, aufgiebt. Und es kann dies
nicht so verstanden werden, als ob er in jede Verletzung seiner
wohlerworbenen Rechte durch die stimmberechtigten Mitrheder
willigte. Denn sonst könnte es ja kommen, dass ohne allen Grund
durch einen Beschluss der letzteren die nicht stimmfähigen Mitrheder ihrer Eigenthumsantheile am Schiff für verlustig erklärt
würden. Nur dann würden die nicht stimmberechtigten Mitrheder
auch in den Fällen des Abs. 2 nicht mitzustimmen haben, wenn
sie auch für diese Fälle ausdrücklich auf ihr Stimmrecht verzichtet hätten.

In der hamburger Konferenz waren die Ansichten darüber, welche Bedeutung den Worten: „Einstimmigkeit sämmtlicher Mitrheder ist erforderlich" beizulegen, getheilt. Einige Mitglieder fassten die Worte in dem hier genommenen Sinne; andere meinten, in dem vorliegenden Artikel sei lediglich der regelmässige Fall vorausgesetzt, dass alle Mitrheder Stimmberechtigung hätten, indem in dem Fall, wo einzelnen Mitrhedern das Stimmrecht auf Grund besonderer vertragsmässiger Vereinbarung fehle, auch lediglich dieser die Entscheidungsnorm zu entnehmen sei. Von den Vertretern der ersteren Auffassung wollten die einen eben um dieser von ihnen angenommenen Bedeutung der Worte willen diese gestrichen, die anderen aus demselben Grunde dieselben beibehalten wissen. Man behielt die Worte bei, indem die Mitglieder der Majorität entschieden fortfuhren, sich Verschiedenes darunter zu denken (Prot. IV S. 1563 f.)

3. Bestimmungen, welche dem Zwecke der Rhederei fremd, sind eigentlich nur solche, welche auf ein Liegenlassen des Schiffs oder auf eine Verwendung desselben zu anderen, als Erwerbszwecken (z. B. zu einer Entdeckungsreise) hinauslaufen (Prot. IV S. 1501). Zweck der Rhederei kann nämlich in diesem Zusammenhange nur bedeuten den Zweck einer jeden Rhederei, d. h. nach Art. 450 und Art. 456 Erwerb durch die Seefahrt; denn der Zweck einer einzelnen bestimmten Rhederei (welche z. B. für Fahrten zwischen England und den Hansestädten eingegangen, vgl. Prot. S. 1502) muss mit dem durch den Rhederei-Vertrag gesetzten identisch sein.

4. Ein Beschluss, welcher eine Abänderung des Rhederei-Vertrags bezweckt, hebt gewisse oder sämmtliche Bestimmungen desselben auf und ersetzt sie durch neue; der, welcher den Bestimmungen des Rhederei-Vertrags entgegen ist, suspendirt dieselben nur für einen bestimmten Fall oder für gewisse Fälle. Der Rhederei-Vertrag ist aber hierbei, wie das Ober-Handels-Gericht m. E. richtig ausführt (Entsch. XV S. 106 f.), nicht seinem ganzen Wortlaute, sondern nur seinem „wesentlichen Inhalte" nach zu verstehen. Hierzu sind natürlich diejenigen Anordnungen zu rechnen, wodurch die gesetzlichen Bestimmungen über das Verhältniss der Rheder abgeändert werden; nicht ohne Weiteres aber auch diese selbst, wenn sie im Vertrage wiederholt sind, sondern nur dann, wenn erwiesenermaassen die Aufnahme in der Absicht geschehen ist, um „ihre Abänderung durch spätere Beschlüsse der Mitrheder zu erschweren". Z. B. würde die dem Korrespondentrheder durch den Rhederei-Vertrag ausdrücklich eingeräumte (ihm aber bereits gesetzlich — Art. 460 H.G.B. — zustehende) Befugniss, ohne besondere Ermächtigung der Mitrheder die Fracht zu versichern, demselben durch einen einfachen Majoritätsbeschluss wieder entzogen werden können.

Art. 459.

Durch Beschluss der Mehrheit kann für den Rhedereibetrieb ein Korrespondentrheder (Schiffsdirektor, Schiffsdisponent) bestellt werden. Zur Bestellung eines Korrespondentrheders, welcher nicht zu den Mitrhedern gehört, ist ein einstimmiger Beschluss erforderlich.

Die Bestellung des Korrespondentrheders kann zu jeder Zeit durch Stimmenmehrheit widerrufen werden, unbeschadet der Rechte auf Entschädigung aus bestehenden Verträgen.

1. Es ist durchaus angemessen, dass die Rhederei eine ständige Vertretung hat, durch welche sie in den meisten Fällen mit der Aussenwelt in Berührung tritt. Der Geschäftsbetrieb der Rhederei ist ein kaufmännischer, und dieser würde geradezu unmöglich werden, sollte zu allen Geschäften, für welche oft ein rasches Handeln, ja ein sofortiges Zugreifen erforderlich ist, die Zustimmung von vierzig oder fünfzig, nicht selten entfernt vom Heimathshafen und von einander wohnenden, zuweilen wechselnden Mitrhedern eingeholt werden. Deshalb verkörpert sich die Majorität der Mitrheder in dem Korrespondentrheder (Schiffsdirektor, Schiffsdisponenten, dirigirenden Rheder, auch wohl Buchhalter)[1]). Derselbe ist der Geschäftsführer der Rhederei, nicht aber etwa das Haupt der Rhederei (Entsch. des O.A.G. zu Rostock vom 23. Mai 1867 — Goldschmidts Zeitschr. f. Handelsr. XIII S. 603 —; vgl. Cropp in Heises und seinen jurist. Abh. I S. 506 ff.). Er kann aus der Zahl der Mitrheder genommen, aber auch ein Fremder, er kann besoldet oder nicht besoldet sein.

2. Nach dem H.G.B. ist die Bestellung eines Korrespondentrheders nur zulässig, nicht nothwendig[2]). Die mecklen-

---

1) Das Institut des Korrespondentrheders findet sich auch ausserhalb Deutschlands. In Frankreich erscheint als solcher der *armateur* oder *armateur-gérant*, welcher selbst ein Mitrheder, aber auch ein Fremder sein kann: Caumont S. 213 N. 1 u. 2, S. 215 N. 8, S. 240 N. 121; Laurin bei Cresp I S. 313 Note 19; Desjardins II S. 9, S. 13, S. 15 f. In England und in den Vereinigten Staaten von Amerika hat diese Stellung der *ship's husband*, welcher sich regelmässig bei Rhedereien findet. Er ist meist ein Mitrheder, und zwar nicht selten der höchst betheiligte. (S. Abbott S. 62 f.; Maclachlan S. 182—186; Kent III S. 157.) Auch bei Schiffen, welche Aktiengesellschaften gehören, kann ein *ship's husband* vorkommen. Der Direktor der Gesellschaft darf nicht als solcher fungiren (Maclachlan S. 183). Ist der *ship's husband* einer der Mitrheder, so wird er auch wohl bezeichnet als *managing owner* (s. auch Maclachlan S. 186 f.). Wird dem *managing owner*, wie dies in einigen Gesetzen geschieht, der *ship's husband* gegenübergestellt, so ist der letztere eben der Korrespondentrheder, der nicht auch Mitrheder ist; so in der *Merchant Shipping Act* von 1873 (36 u. 37 *Victoria c. 85) sect. 22; Merchant Shipping Act* von 1876 (39 u. 40 *Victoria c. 80) sect. 36.* In Holland heisst der Korrespondentrheder Buchhalter: holl. H.G.B. Art. 326—328, 330—340.

2) Auch nach den meisten fremden Rechten ist die Bestellung eines Korrespondentrheders bei der Rhederei fakultativ; nur nach wenigen obligatorisch, so nach dem schwedischen Seeges. § 13; dem finnländ. Seeges. Art. 19.

burg-schwerinische Einführungs-Verordnung enthält dagegen die (noch geltende) Bestimmung (§ 51):

Jedes Schiff, welches mehreren Eigenthümern gehört, muss einen Korrespondentrheder haben.

Dass in Mecklenburg die Bestellung eines Korrespondentrheders gesetzlich vorgeschrieben ist, erklärt sich daraus, dass dort die Rhedereien regelmässig aus einer sehr grossen Anzahl von Mitrhedern bestehen. Wo nicht selten die Schiffe sich in den Händen von zwei oder drei Personen befinden, hat eine derartige gesetzliche Anordnung keinen Sinn. Darauf wurde auch auf der hamburger Konferenz aufmerksam gemacht (Prot. IV S. 1520 f.).

3. Dass der Korrespondentrheder aus der Zahl der Mitrheder durch einen Majoritätsbeschluss, sonst aber nur durch Einstimmigkeit sämmtlicher Mitrheder bestellt werden kann, erklärt sich aus der grösseren Gefahr, welche in der Bestellung eines Fremden liegt, indem dieser durch kein eigenes Interesse mit dem Schiffe verbunden ist.

4. Nach dem H.G.B. ist übrigens ein Majoritätsbeschluss nicht nur nothwendig, um eine bestimmte Person zum Korrespondentrheder zu bestellen, sondern auch um die Vorfrage zu entscheiden, ob überhaupt ein Korrespondentrheder bestellt werden soll (Prot. S. 1521). Natürlich kann dieser Beschluss auch von dem Mitrheder gefasst werden, welchem mehr als die Hälfte des Schiffs gehört. Dieser kann sich sogar selbst zum Korrespondentrheder machen.

5. Irgend eine Form für die Vollmacht, welche in der Bestellung zum Korrespondentrheder liegt, ist nicht vorgeschrieben, sie kann sowohl mündlich als schriftlich geschehen (wie bereits nach älterem Recht: Pöhls, Seerecht 1 S. 119). Auch eine Anmeldung bei der Schiffsregister-Behörde fordert das H.G.B. nicht[1]). Natürlich muss die Absicht der Mitrheder, eine bestimmte Person zum Korrespondentrheder, d. h. zum ständigen Vertreter für die laufenden Angelegenheiten zu bestellen, klar erhellen, wennschon diese Person in der ihr ertheilten Vollmacht nicht gerade nothwendiger Weise als Korrespondentrheder bezeichnet werden muss. Der Auftrag, die Mitrheder für einzelne bestimmte Geschäfte zu vertreten, oder auch dieselben an einem bestimmten auswärtigen Orte zu vertreten (Bestellung zum Korrespondenten oder Konsignatär — Ausdrücke, welche jedoch keine technische Bedeutung haben) würde

---

1) Dagegen heisst es in der englischen *Merchant Shipping Act* von 1876 *sect. 36: The name and address of the managing owner for the time being of every British ship registered at any port or place in the United Kingdom shall be registered at the custom house of the ship's port of registry. Where there is not a managing owner there shall be so registered the name of the ship's husband or other person to whom the management of the ship is entrusted by or on behalf of the owner.* Dies ist im öffentlichen Interesse vorgeschrieben; daher auch eine Geldbusse auf den Fall der Uebertretung angedroht ist.

niemals eine Bestellung zum Korrespondentrheder sein; vielmehr liegt hier ein einfaches Mandatsverhältniss vor, welches keinen gesetzlichen Inhalt hat, sondern lediglich nach dem Auftrage zu beurtheilen ist (Entsch. des R.O.H.G. XVII S. 235 f.). Wohl aber würde der Mitrheder, welcher unter Mitwissen der übrigen Mitrheder; der Mitrheder, welchem mehr als die Hälfte des Schiffs gehört, sogar eigenmächtig und ohne deren Wissen, ja selbst wider deren Willen dauernd die Korrespondenz eines Schiffs besorgt, als Korrespondentrheder anzusehen sein. (Cropp in Heises und seinen jurist. Abh. I S. 525; vgl. Entsch. des hamb. Handelsger. vom 24. August 1853 bei Ullrich, Sammlung Nr. 112.)

6. Die freie Kündbarkeit des Verhältnisses des Korrespondentrheders von Seiten der Mitrheder entspricht den gemeinrechtlichen Grundsätzen über das Mandat. Ebenso steht dem Korrespondentrheder das Recht zu, seinerseits zu jeder Zeit das ihm gewordene Mandat zurückzugeben, nur darf er dies nicht *intempestive* thun, weil er sonst den Mitrhedern für allen hierdurch erwachsenden Schaden nach den Mandatsgrundsätzen verhaftet sein würde, wie auch die Mitrheder bei einer von ihrer Seite — nicht dem Vertrage gemäss — erfolgten Kündigung nicht nur zur vollen Leistung der dem Korrespondentrheder zugesicherten Vortheile, sondern auch zum Ersatz des ihm direkt durch die Kündigung verursachten Schadens verpflichtet sind. Uebrigens ist kein Unterschied zwischen dem gleich durch den etwaigen Rhederei-Vertrag oder dem erst später bestellten Korrespondentrheder zu machen. Auch der erstere kann durch blossen Majoritätsbeschluss entlassen werden (Entsch. des R.O.H.G. XV S. 161); denn es ist, wie auf der hamburger Konferenz Seitens eines Mitgliedes richtig bemerkt wurde, die Verbindung der Bestimmung über diese Persönlichkeit mit dem Rhederei-Vertrag nur eine zufällige (Prot. IV S. 1502). Der Korrespondentrheder, welchem mehr als die Hälfte des Schiffs gehört, kann natürlich gegen seinen Willen gar nicht beseitigt werden (Prot. S. 1521 f.) Mit Auflösung der Rhederei erlöschen die dem bestellten Korrespondentrheder gesetzlich zukommenden Befugnisse von selbst, und es liegt ihm nicht etwa die Vertretung der Mitrheder bei der Liquidation ob (so auch Entsch. des A.G. zu Celle vom 28. Mai 1868 — Seufferts Archiv XXIV Nr. 70 —).

Art. 460.

Im Verhältniss zu Dritten ist der Korrespondentrheder kraft seiner Bestellung befugt, alle Geschäfte und Rechtshandlungen vorzunehmen, welche der Geschäftsbetrieb einer Rhederei gewöhnlich mit sich bringt.

Diese Befugniss erstreckt sich insbesondere auf die Ausrüstung, Erhaltung und Verfrachtung des Schiffs, auf die Versicherung der Fracht, der Ausrüstungskosten und der Havereigelder, sowie auf die mit dem gewöhnlichen Geschäftsbetrieb verbundene Empfangnahme von Geldern.

Der Korrespondentrheder ist in demselben Umfange befugt, die Rhederei vor Gericht zu vertreten.

Er ist befugt, den Schiffer anzustellen und zu entlassen; der Schiffer hat sich nur an dessen Anweisungen und nicht auch an die etwaigen Anweisungen der einzelnen Mitrheder zu halten.

Im Namen der Rhederei oder einzelner Mitrheder Wechselverbindlichkeiten einzugehen oder Darlehen aufzunehmen, das Schiff oder Schiffsparten zu verkaufen oder zu verpfänden oder für dieselben Versicherung zu nehmen, ist der Korrespondentrheder nicht befugt, es sei denn, dass ihm eine Vollmacht hierzu besonders ertheilt ist.

Im Uebrigen bedarf es zu den Geschäften und Rechtshandlungen, welche er kraft seiner Bestellung vorzunehmen befugt ist, der in den Landesgesetzen etwa vorgeschriebenen Spezialvollmacht nicht.

1. Der Korrespondentrheder ist kein einfacher Bevollmächtigter, welcher nur, soweit der Auftrag reicht, seine Auftraggeber verpflichtet; sondern seine Stellung nimmt gewissermaassen die Mitte ein zwischen der des Prokuristen und der des Handlungsbevollmächtigten, wennschon der Referent der hamburger Konferenz in erster Lesung als seine Absicht es aussprach, die Stellung des Korrespondentrheders der des Handlungsbevollmächtigten nachzubilden (Prot. IV S. 1523). Wie der Prokurist ist der Korrespondentrheder zur Vornahme aller Rechtshandlungen befugt, welche der Geschäftsbetrieb e i n e r Rhederei mit sich bringt, nicht einer derartigen Rhederei, wie es heissen müsste, wenn seine Stellung vollständig der eines Handlungsbevollmächtigten nachgebildet wäre. Andererseits darf er aber — wie der Handlungsbevollmächtigte — nur die Handlungen vornehmen, die g e w ö h n l i c h vorkommen. Ebenso zeigt sich diese Mittelstellung hinsichtlich der einzelnen Rechtshandlungen, zu deren Vornahme der Art. 460 den Korrespondentrheder ausdrücklich ermächtigt, und deren Vornahme derselbe ihm umgekehrt abspricht.

Das Prinzip über den Umfang der Vertretungsbefugnisse des Korrespondentrheders ist im Abs. 1 ausgesprochen. Die in den folgenden Absätzen aufgeführten Handlungen, deren Vornahme dem Korrespondentrheder ausdrücklich eingeräumt wird, sind nur als Beispiele aufzufassen, nicht aber als nähere Begrenzung des allgemeinen Prinzips (Prot. IV S. 1526). Nur durch den Abs. 5 erhält Abs. 1 eine genauere Präzisirung. Dem Korrespondentrheder wird nämlich nicht nur die Befugniss abgesprochen, das Schiff und Schiffsparten zu verkaufen und zu verpfänden und darauf Versicherung zu nehmen, sondern auch im Namen der Rhederei oder einzelner Mitrheder Wechselverbindlichkeiten einzugehen und Darlehen aufzunehmen. Der Korrespondentrheder erscheint stets als der Vertreter der Rhederei, nicht der einzelnen Mitrheder (Prot. IV S. 1523, 1525, 1531). Daraus möchte ich auch die Bestimmung erklären, dass derselbe keine Versicherung für das Schiff nehmen darf, während ihm doch solches für die Fracht gestattet ist. Die Versicherung des Schiffs nämlich lässt sich eigentlich nur als Sache der einzelnen Mitrheder, gewöhnlich also für die betreffenden Schiffsparten denken, nicht aber als Sache der Rhederei; denn diese hört in demselben Augenblick auf zu existiren, wo ihre materielle Grundlage, d. h. das Schiff, untergeht. Auch wenn das Schiff im Ganzen versichert wird, so würde dies doch immer nur als eine Versicherung sämmtlicher Schiffsparten im Namen aller Mitrheder, nicht der Rhederei, aufzufassen sein. [1]

2. Wenn der Korrespondentrheder im Verhältniss zu Dritten zur Vornahme der in Rede stehenden Handlungen für befugt erklärt wird, so soll damit nur gesagt werden, dass solche Handlungen zu Gunsten der Dritten, mit denen oder mit Rücksicht auf welche sie abgeschlossen, als gültig zu betrachten seien, nicht aber dass der Korrespondentrheder solche Handlungen stets erlaubter Weise vornehmen dürfe, so dass er deshalb niemals von den Mitrhedern in Anspruch genommen werden könnte. Es regelt nämlich dieser Artikel lediglich das Verhältniss des Korrespondentrheders zu dritten Personen, während auf sein Verhältniss zu den Mitrhedern der Art. 463 sich bezieht.

3. Eine Rhederei ist so viel als irgend eine Rhederei, und es lässt sich die Vertretungsbefugniss des Korrespondentrheders

---

1) In der französischen Theorie und Praxis wird der *armateur-gérant* als *véritable mandataire* der Mitrheder bezeichnet, mit allen Rechten und Pflichten eines solchen in Betreff der beim Rhedereibetrieb vorkommenden Angelegenheiten (Caumont S. 215 N. 8; Cresp-Laurin I S. 348, besonders Note 61; Ruben de Couder I S. 400 f. N. 3 ff.). Doch gerade die französische Jurisprudenz dem Korrespondentrheder die Pflicht auf, die Versicherung des Schiffs herbeizuführen (Zit. bei Laurin a. a. O. und bei Couder a. a. O. N. 8). Die englischen Seerechts-Schriftsteller charakterisiren die Stellung des *ship's husband* folgendermaassen: derselbe ist der *accredited agent of the owners, and they are bound by all contracts made on their behalf, or acts done within the scope of his authority for the purposes of the ship, in connection with her employment; provided, in respect of his contracts, that they be proper and necessary for the ship at the time. — He has no implied authority, however, to bind them by a contract for the lengthening of the ship, for instance, or a contract of insurance on the ship; for he is the agent of the part-owners, not as proprietors, in which respect the are divided and several, but as joint adventurers in her employment and partners in the traffic for profit or loss:* Maclachlan S. 185, vgl. S. 182 ff.; Abbott S. 62 f. Das holländische H.G.B. sagt: der Buchhalter vertritt die Rhederei und kann in deren Namen gerichtliche und aussergerichtliche Handlungen vornehmen, soweit nicht diese Fähigkeit durch das Gesetz selbst oder besondere Bestimmungen des Rhederei-Kontrakts beschränkt ist (Art. 327). Es wird demselben nun einerseits die vollständige Leitung eingeräumt in allen Dingen, die zur Erhaltung des Schiffs, zur Ausrüstung, Verproviantirung, Befrachtung desselben erforderlich sind (Art. 330). Andererseits wird die Zustimmung der Mitrheder zu jeder neuen Reise und neuen Befrachtung für erforderlich erklärt, wenn nicht dem Buchhalter in dieser Hinsicht ausgedehntere Befugnisse durch den Rhederei-Kontrakt eingeräumt sind (Art. 331). Versicherung des Schiffs Seitens des Buchhalters ohne ausdrückliche Ermächtigung aller Mitrheder ist unstatthaft (Art. 333).

weder auf Handlungen beschränken, wie sie gerade bei der von
ihm vertretenen Rhederei vorzukommen pflegen, noch auch auf
solche, welche bei „derartigen" Rhedereien, wie diese es ist, üblich
sind. Es ist daher ein vom Korrespondentrheder abgeschlossener
Verfrachtungs-Kontrakt, nach welchem das Schiff nach einem transatlantischen Hafen gehen soll, vollkommen gültig, auch wenn dieses
Schiff bis dahin immer nur Fahrten zwischen den Häfen der Ostsee gemacht hätte; ebenso der Kontrakt, welcher zur Beförderung
von Personen geschlossen war, auch wenn das Schiff bis dahin
lediglich dem Waaren-Transport gedient hatte (Prot. IV S. 1526 f.).
Ebenso ist es ein zu Recht bestehendes Geschäft, wenn der Korrespondentrheder Proviant von der Art angeschafft hat, wie er
wohl auf einem Passagier-Beförderungs-Dampfer vorkommt, aber
nicht auf dem in Rede stehenden Schiff, etwa einem Kohlen- oder
Häringsschiff, z. B. eingemachte Früchte und spanische Weine.
4. Unter Ausrüstung ist natürlich auch die Bemannung
des Schiffs mit zu verstehen. Der Korrespondentrheder ist daher
befugt, die Heuerforderungen der Schiffsleute anzuerkennen und zu
bezahlen (Entsch. des R.O.H.G. VIII S. 343). Ebenso hat er die
Zahl der Schiffsleute überhaupt und von den verschiedenen Gat-
tungen festzustellen Die Annahme der Schiffsleute selbst pflegt
indess nicht durch ihn zu geschehen, sondern durch den Schiffer.
Dagegen wird dieser selbst von ihm eingesetzt; wie auch der Korrespondentrheder „die Mittelsperson" ist, durch welche „der Verkehr des Schiffers mit der Rhederei gewissermaassen hindurchgeht".
Von dem Korrespondentrheder hat der Schiffer sich Instruktionen
zu erbitten, sich mit den nöthigen Geldmitteln versehen zu lassen
und umgekehrt an diesen die Ueberschüsse von den vereinnahmten
Frachtgeldern und seine Geschäftsberichte einzuschicken, demselben
auch Rechnung zu legen. Es erklärt sich dies, sowie die ausdrückliche Bestimmung, dass der Schiffer etwaigen Anweisungen der
einzelnen Mitrheder keine Folge zu leisten hat, daraus, dass der
Schiffer von der Rhederei, nicht aber von den einzelnen Mitrhedern
seine Anstellung erhält, auch nicht Geschäftsführer der letzteren,
sondern der ersteren ist (Entsch. des O.A.G. zu Rostock vom
23. Mai 1867 in Goldschmidts Zeitschr. XIII S. 603—605).
5. Zur Empfangnahme von Geldern ist der Korrespondentrheder befugt, weil er auch die Ausgaben der Rhederei zu bestreiten hat; es liegt ihm eben die Besorgung der Geldangelegen-
heiten der Rhederei und die Führung der Rhederei-Kasse ob. Die
Mitrheder haben daher nicht nur eine an denselben verabfolgte
Zahlung als ihnen geschehen anzuerkennen, sondern auch für alle
sich daran knüpfenden Folgen einzustehen. Ist daher dem Korrespondentrheder vom Befrachter ein Frachtvorschuss gezahlt worden
und dieser, weil in Folge eines Seeunfalls keine Fracht verdient
wurde, zurückzuzahlen, so haften die Mitrheder dafür, auch wenn
derselbe nicht dem Schiffe zu Gute gekommen, sondern vom Korrespondentrheder veruntreut sein sollte. Dass der Korrespondent-

rheder nur zur Empfangnahme solcher Gelder legitimirt ist, welche im gewöhnlichen Geschäftsbetriebe eingehen, erklärt sich daraus, dass sonst die Beschränkung seiner Vertretungsbefugniss auf diesen ihre Bedeutung verlieren würde.

6. Die Befugniss des Korrespondentrheders zur **Führung von Prozessen** ist in derselben Weise beschränkt, wie die zur Eingehung von Rechtsgeschäften; d. h. nur über solche Sachen kann er Namens der Rhederei prozessiren, die auch den Gegenstand eines von ihm gültig abzuschliessenden Rechtsgeschäfts hätten bilden können [1]) (Prot. IV S. 1527 f., VIII S. 3743).

Aus der dem Korrespondentrheder gewährten Befugniss lässt sich natürlich eine Verpflichtung desselben dritten Personen gegenüber, die Rhederei prozessualisch zu vertreten, ebenso wenig herleiten, wie aus der demselben in den Abs. 1 und 2 des Artikels eingeräumten Befugniss zur Vornahme gewisser aussergerichtlicher Handlungen das Recht irgend eines Dritten die Vornahme derartiger Handlungen vom Korrespondentrheder zu fordern (Entsch. des R.G. Civ.S. I S. 296 f.[2]); wie denn auch auf der hamburger Konferenz der in zweiter Lesung gegebenen Anregung, dem Korrespondentrheder die Verpflichtung zur gerichtlichen Vertretung der Rhederei in demselben Umfange aufzuerlegen, als ihm die Berechtigung dazu zugeschrieben würde, keine Folge gegeben wurde (Prot. VIII S. 3743).

7. Der Abs. 5 hat natürlich nur die Bedeutung, dass die

---

1) In der Darstellung des Seerechts in dem Endemann schen Handb. IV S. 67 f. hatte ich den Satz aufgestellt, der Korrespondentrheder habe die Befugniss zur prozessualischen Vertretung der Rhederei als Beklagten nur, wo eine Haftung mit Schiff und Fracht in Frage stünde, nicht aber, wenn eine persönliche Haftung der einzelnen Mitrheder in Frage stehe. Ich glaubte dies aus dem Umstande folgern zu müssen, dass der Korrespondentrheder Vertreter der Rhederei, als solcher, nicht der einzelnen Mitrheder ist; weshalb derselbe nur das eigentliche Rhederei-Vermögen (Schiff und Fracht) vertreten dürfte. Allein da durch die Rechtshandlungen des Korrespondentrheders die Mitrheder auch persönlich verpflichtet werden können, so muss derselbe die Rhederei als Beklagte selbst dann vertreten dürfen, wenn die persönliche Haftung der Mitrheder in Frage steht. Ich nehme daher die gedachte Ansicht zurück.

2) Das R.G. weist darauf hin, dass das H.G.B. da, wo es eine Pflicht der Vertreter zur prozessualischen Vertretung statuiren wolle, nämlich bei den firmirenden Sozien und den Liquidatoren der offenen Handelsgesellschaft, den Komplementaren der Kommanditgesellschaft und dem Vorstande der Aktiengesellschaft — den natürlichen resp. gesetzlichen Organen von Rechtssubjekten (im Gegensatz zu den fakultativen Vertretern, als welche Korrespondentrheder und Prokuristen erscheinen) —, sich stets der Ausdrücke bediene, „die Gesellschaft wird vor Gericht vertreten" (Art. 117, 167, 227), „sie haben die Gesellschaft gerichtlich zu vertreten" (Art. 137); auch ausdrücklich verordne, dass Zustellungen an die Gesellschaft mit rechtlicher Wirkung an eine der bezeichneten, zur Vertretung berechtigten Personen geschähen (Art. 117 Abs. 2, 144 Abs. 3, 167 Abs. 2, 235). — Der § 159 der R.C.Pr.O., wonach die Zustellung „an den Generalbevollmächtigten, sowie in den durch den Betrieb eines Handelsgewerbes hervorgerufenen Rechtsstreitigkeiten an den Prokuristen mit gleicher Wirkung, wie an die Partei selbst" erfolgt, kann auf den Korrespondentrheder keine Anwendung finden, da dieser weder unter die eine noch die andere Kategorie fällt.

Mitrheder die hier aufgeführten Rechtshandlungen, als vom Korrespondentrheder für sie geschlossen, nicht rechtlich anzuerkennen verpflichtet sind. Dagegen soll damit dem Korrespondentrheder nicht unbedingt verboten sein, solche Geschäfte im Interesse der Mitrheder auch ohne deren Auftrag abzuschliessen. Er wird vielmehr beim Vorhandensein der Voraussetzungen einer *negotiorum gestio* dazu befugt und alsdann auch berechtigt sein, mit der *negotiorum gestorum actio contraria* von den Mitrhedern Schadloshaltung zu verlangen (Prot. IV S. 1531, VIII S. 3716).

Art. 461.

Durch ein Rechtsgeschäft, welches der Korrespondentrheder als solcher innerhalb der Grenzen seiner Befugnisse geschlossen hat, wird die Rhederei dem Dritten gegenüber auch dann berechtigt und verpflichtet, wenn das Geschäft ohne Nennung der einzelnen Mitrheder geschlossen ist.

Ist die Rhederei durch ein von dem Korrespondentrheder abgeschlossenes Geschäft verpflichet, so haften die Mitrheder in gleichem Umfange (Art. 452), als wenn das Geschäft von ihnen selbst geschlossen wäre.

1. Wenn die Rhederei durch ein vom Korrespondentrheder geschlossenes Geschäft verpflichtet werden soll, so müssen zwei Voraussetzungen vorhanden sein: 1. der Korrespondentrheder muss innerhalb der Grenzen seiner Befugnisse, wie diese durch Art. 460 gezogen sind, das Geschäft abgeschlossen haben. 2. Der Korrespondentrheder muss als solcher das Geschäft geschlossen haben. Dazu ist es allerdings nicht erforderlich, dass derselbe ausdrücklich unter Hinweis auf seine Qualität als Korrespondentrheder eines bestimmten Schiffs gehandelt hat; vielmehr genügt es (arg. Art. 52 H.G.B.), wenn die Umstände ergeben, dass nach dem Willen der Kontrahenten das Geschäft für die Rhederei eingegangen werden sollte (vgl. Entsch. des R.O.H.G. XV S. 122). Hat derselbe dagegen ein Geschäft, das an sich auch in seinen Wirkungskreis fallen könnte, ausdrücklich als der Bevollmächtigte eines oder einiger Mitrheder abgeschlossen, z. B. gewisse Arten von Lebensmitteln gekauft (weil etwa jene Mitrheder selbst mit dem Schiffe fahren wollten); oder ist er, ohne anzudeuten, dass er als Korrespondentrheder eines bestimmten Schiffs kontrahiren wolle, einen Vertrag der gedachten Art eingegangen, hat er z. B. Proviant eingekauft, so verpflichtet er im ersteren Falle lediglich seinen Auftraggeber, im zweiten sich selbst, und zwar letzteres sogar dann, wenn das Geschäft im Interesse des Schiffs, als dessen Korrespondentrheder er fungirt, ausschliesslich oder zugleich eingegangen, z. B. der Proviant für dieses Schiff, oder unter anderen auch für dieses Schiff angeschafft war (vgl. Prot. IV S. 1579 f.)

2. Die Rhederei haftet für Rechtsgeschäfte des Korrespondentrheders, nicht für Delikte desselben (s. Prot. IV S. 1580 f.).

3. Da der Korrespondentrheder zur Vertretung der Rhederei
vor Gericht befugt ist, so haben die Mitrheder auch die hier
von ihm abgegebenen Erklärungen anzuerkennen und die gegen
die durch ihn vertretene Rhederei ergangenen Entscheidungen gelten
zu lassen.

4. Die Verpflichtung der Rhederei durch den Korrespondentrheder hat die persönliche Haftung der einzelnen Mitrheder
zur Folge [1]), und nicht, wie bei der Vertretung durch den Schiffer,
die Haftung blos mit Schiff und Fracht (Prot. IV S. 1581, VIII
S. 3733). Der Hinweis auf den Art. 452 kann lediglich die Bedeutung haben, dass eine persönliche Haftung der Mitrheder da
nicht Platz greift, wo eine Haftung mit Schiff und Fracht allein
auch bei einem vom Rheder selbst abgeschlossenen Geschäft eintreten würde, d. h. im Fall der Ziffer 2 des Art. 452.

Art. 462.

*Eine Beschränkung der im Art. 460 bezeichneten Befugnisse des
Korrespondentrheders kann die Rhederei einem Dritten nur insofern
entgegensetzen, als sie beweist, dass die Beschränkung dem Dritten
zur Zeit des Abschlusses des Geschäfts bekannt war.*

Die Beschränkung der dem Korrespondentrheder durch das
Gesetz beigelegten Befugnisse ist zwar nicht, wie beim Prokuristen,
für wirkungslos erklärt, aber sie hat nur eine begrenzte Wirkung.
Sie gilt nämlich blos dann, wenn sie zur Zeit des Vertragsab-
schlusses dem anderen Kontrahenten bekannt war. Die Beschränkung kann gleich bei der Bestellung des Korrespondentrheders
beliebt, sie kann aber auch erst später zugefügt sein. Sie kann
im letzteren Falle eine generelle oder eine spezielle sein, d. h. sich
auf alle Fälle einer bestimmten Art beziehen oder nur mit Rücksicht auf einen einzelnen Fall aufgestellt sein in Gestalt einer dem
Korrespondentrheder für die Vornahme einer bestimmten Handlung
ertheilten Instruktion (Prot. VIII S. 3795). Sie kann z. B. darin
liegen, dass der Korrespondentrheder ermächtigt wird, einen ihm
passend scheinenden Verfrachtungskontrakt einzugehen, jedoch nur
nach einem europäischen Hafen. Ist eine solche Beschränkung
dem Dritten bekannt, so kann sie ihm um deswillen entgegengesetzt werden, weil er *dolose* handelt, wenn er in der Absicht,
die Mitrheder persönlich oder doch die Rhederei mit Schiff und
Fracht in Anspruch zu nehmen, ein Geschäft mit dem Korrespondentrheder abschliesst, dessen Abschluss, wie er weiss, diesem
ausdrücklich untersagt war. Nach dem Wortlaut des H.G.B. tritt
diese Wirkung nur ein, wenn die Beschränkung dem Dritten

---

1) Das holländ. H.G.B. räumt auch in diesem Falle den Mitrhedern das
Recht des Abandons ein (Art. 335). Doch zessirt das Abandonrecht, wenn der
Korrespondentrheder im besonderen Auftrage oder mit Vorwissen der Rhederei
die betreffenden Handlungen vornimmt (Art. 336).

„bekannt war". Allein wenn irgend wo, so trifft hier der Satz: *lata culpa dolus est* zu, und es ist demgemäss dem „Bekannt sein" · das „Bekannt sein müssen" gleich zu stellen; die Beschränkung also auch dem entgegenzusetzen, dem sie zur Zeit des Abschlusses des Geschäfts zwar nicht bekannt war, aber lediglich in Folge seiner eigenen groben Nachlässigkeit (Prot. IV S. 1531 f.). Es kann z. B. schwerlich einen Unterschied begründen, ob der Befrachter aus der Vollmacht des Korrespondentrheders ersehen hat, dass diesem der Abschluss von Verfrachtungsverträgen nach transatlantischen Orten untersagt war; oder die diese Beschränkung enthaltende Vollmacht bis zu diesem Passus durchzulesen unterlassen hat, obwohl ihm dieselbe mitgetheilt war. Allerdings hat das H.G.B. im Art. 25 Abs. 3 und Art. 46 Abs. 2 es für nöthig befunden, dem „Kennen" ausdrücklich das „Kennen müssen" gleich zu stellen, aber lediglich um hinsichtlich des Wortes „Kennen" in Abs. 2 des Art. 25 und Abs. 1 des Art. 46 die aus den allgemeinen Grundsätzen sich von selbst ergebende Ausdehnung auf das „Kennen müssen" (als in diesen Stellen der Absicht des Gesetzgebers widersprechend) unmöglich zu machen. Ob sich grobe Fahrlässigkeit als Grund des Nichtkennens bezeichnen lässt, ist immer nur nach den Umständen des konkreten Falls zu ermessen. Keinenfalls wird man es schon als solche bezeichnen dürfen, wenn der Dritte, wo keine Verdachtsmomente vorlagen, es nicht für nöthig befunden hat nachzuforschen, ob nicht etwa die Vollmacht beschränkt wäre *(L. 6, L. 9 § 2 De iur. et fact. ignor. 22, 6; L. 11 § 3 De inst. act. 14, 3)*. Auch ist der Dritte nicht verpflichtet, Erkundigungen darüber einzuziehen, ob der Korrespondentrheder die zu dem Rechtsgeschäft, welches er abschliesst, nach Art. 463 etwa erforderliche Beschlussfassung der Mitrheder herbeigeführt hat; denn diese Bestimmung bezieht sich nur auf das Verhältniss des Korrespondentrheders zur Rhederei. Es würde demselben daher auch kein Nachtheil daraus erwachsen können, wenn er ein Geschäft mit dem Korrespondentrheder abgeschlossen, obwohl ihm bekannt war, dass dieser die dazu nothwendige Beschlussfassung der Mitrheder nicht herbeigeführt hatte (Prot. VIII S. 3794).

Art. 463.

Der Rhederei gegenüber ist der Korrespondentrheder verpflichtet, die Beschränkungen einzuhalten, welche von derselben für den Umfang seiner Befugnisse festgesetzt sind; er hat sich ferner nach den gefassten Beschlüssen zu richten und dieselben zur Ausführung zu bringen.

Im Uebrigen ist der Umfang seiner Befugnisse auch der Rhederei gegenüber nach den Bestimmungen des Art. 460 mit der Maassgabe zu beurtheilen, dass er zu neuen Reisen und Unternehmungen, zu aussergewöhnlichen Reparaturen, sowie zur Anstellung

oder Entlassung des Schiffers vorher die Beschlüsse der Rhederei
- einholen muss.

1. Dieser Artikel behandelt das Verhältniss des Korrespondentrheders zu den Mitrhedern. Der Korrespondentrheder ist der Geschäftsführer der Mitrheder und hat demgemäss
ihre Beschlüsse auszuführen und seine Handlungsweise nach diesen
einzurichten. Thut er dies nicht, so haftet er den Mitrhedern für
allen daraus erwachsenden Nachtheil, ohne Rücksicht darauf, ob
das durch den Beschluss der Mitrheder betroffene Geschäft in den
gesetzlichen Wirkungskreis des Korrespondentrheders fällt oder nicht,
ohne Rücksicht darauf, ob das Geschäft gemäss dem vorangegangenen Artikel von den Mitrheders angefochten werden kann oder
nicht.

2. Der Abs. 2 des Artikels zählt die (wichtigeren) Geschäfte
auf, welche der Korrespondentrheder nur nach dem Beschluss
der Mitrheder (dem natürlich Ratihabition gleichsteht) abschliessen
soll. Die Gültigkeit des Geschäfts ist dadurch freilich in keiner
Weise bedingt. Der Schiffer z. B., welchen der Korrespondentrheder anstellt, ohne deshalb vorher die Mitrheder befragt zu
haben, ist gültig angestellt, und ebenso binden alle von demselben
innerhalb seines Wirkungskreises abgeschlossenen Geschäfte die
Mitrheder. Allein der Rhederei gegenüber hat in diesen Fällen das Nichteinholen eines Rhedereibeschlusses (vorausgesetzt
natürlich, dass dies unter den obwaltenden Verhältnissen möglich war) dieselbe Wirkung, wie in allen Fällen die Miss-
achtung eines Rhedereibeschlusses; d. h. derselbe macht sich verantwortlich für allen Schaden, der dadurch den Mitrhedern erwächst.

3. Unter einer neuen Reise ist jede Reise zu verstehen,
„die nicht schon früher beschlossen worden, die sich nicht als Ausführung oder Vollendung einer schon begonnenen darstellt und die
eine neue Ausrüstung zum Beginn der Fahrt erfordert". Die
Fassung des Gesetzes giebt nämlich keine Veranlassung „neu" für
gleichbedeutend mit „andersgeartet" oder „aussergewöhnlich" zu
nehmen und neue Reise aufzufassen als eine „von den bisherigen
Reisewegen des Schiffs abweichende" oder „mit ungewöhnlichen
Gefahren verbundene", oder aussergewöhnliche Kosten verursachende
Unternehmung (Entsch. des R.O.H.G XXII S. 290 f.; vgl. Prot.
VIII S. 3722 f.).

Art. 464.

Der Korrespondentrheder ist verpflichtet, in den Angelegenheiten
der Rhederei die Sorgfalt eines ordentlichen Rheders anzuwenden.

1. Der Artikel fordert vom Korrespondentrheder die Beobachtung der Sorgfalt eines ordentlichen Rheders, wenn er die Angelegenheiten der Rhederei besorgt, ohne Unterschied, ob

derselbe Mitrheder des Schiffs ist oder nicht, ob derselbe die Angelegenheiten besorgt auf Grund seiner gesetzlichen Befugnisse, oder in Folge einer besonderen, durch Rhedereibeschluss ihm ertheilten Vollmacht, oder als *negotiorum gestor* der Rhederei. Auf den Fall, wo der Korrespondentrheder die Angelegenheiten der einzelnen Mitrheder besorgt, bezieht sich der Artikel nicht. Hier kann Mandat oder *negotiorum gestio* vorliegen, welche nach den Grundsätzen des bürgerlichen Rechts zu beurtheilen sind.

2. Wenn das H.G.B. in diesem Artikel von der Sorgfalt eines ordentlichen Rheders spricht, so versteht es darunter, wie an anderen Stellen (Art. 282, 361, 380) unter der Sorgfalt eines ordentlichen Kaufmanns, denselben Grad von Sorgfalt, wie die Römer unter der *diligentia diligentis patris familias*. Indem das Gesetz derartige Ausdrücke wählt, statt zu sagen, der Rheder, der Kaufmann u. s. w. hafte für leichtes Versehen, deutet es schon an, dass die Frage, ob in einem gegebenen Falle Verschulden vorliege oder nicht, nicht stets nach denselben Kriterien, sondern nach den konkreten Verhältnissen zu beantworten ist. Es weist dasselbe durch jene Fassung darauf hin, dass nicht dieselbe Handlungsweise bei dem Nichtgewerbtreibenden, wie bei dem Kaufmann als Verschulden angesehen wird. Allein auch innerhalb derselben gewerblichen Verhältnisse ist nicht stets ein und derselbe Maassstab an das Thun und Lassen einer Person, also eines Kaufmanns, eines Fuhrmanns, eines Rheders, eines Schiffers anzulegen, vielmehr sind hier innerhalb der einzelnen Kreise immer auch die Besonderheiten des Gewerbebetriebes der gerade in Rede stehenden Art in Betracht zu ziehen.

Wo die Sorgfalt eines ordentlichen Rheders gefordert wird, wird man von dem Verpflichteten nicht die Berücksichtigung aller Umstände verlangen können, worauf die weitgehenden Spekulationen des Grossrheders und des genialen Kaufmanns beruhen, sondern nur die Beobachtung derjenigen Regeln, welche in einem Geschäftsbetriebe der in Rede stehenden Art allgemein beobachtet zu werden pflegen; und ein Versehen wird nur da anzunehmen sein, wo eine Handlung oder Unterlassung im Kreise derer, welche dasselbe Gewerbe wie der Verpflichtete und etwa in demselben Umfange betreiben, als ein Versehen betrachtet wird. Der Korrespondentrheder würde sich eines Versehens schuldig machen, wenn er nicht dafür sorgte, dass der Schiffer in fremden Orten den erforderlichen Kredit fände; wenn er das disponibel gewordene Schiff liegen liesse, ohne sich nach einer neuen Fracht umzusehen, während solche zu haben waren; aber man wird es nicht für ein Versehen halten, wenn er in dem Hafen, wo das Schiff lag, einen Frachtkontrakt abschloss, ohne zu untersuchen, ob nicht in irgend einem fremden Hafen vortheilhaftere Frachtbedingungen zu erhalten waren. Es gehört zur Sorgfalt eines ordentlichen Rheders, soweit dem Korrespondentrheder Versicherung obliegt, zum vollen Werth des versicherten Objekts zu versichern (Entsch. des R.O.H.G. VIII

S. 65); der Korrespondentrheder wird regelmässig als *negotiorum gestor* verpflichtet sein, den Vorschuss, welchen er für die Mitrheder geleistet, zu versichern, da diesen gewöhnlich die Existenz und die Grösse der für sie geleisteten Vorschüsse noch nicht bei Beginn der Reise, sondern erst bei der späteren Rechnungslegung des Korrespondentrheders bekannt wird, und sie daher meist nicht im Stande sind, ihrerseits Versicherung dafür zu nehmen (Entsch. des R.O.H.G. XV S. 118 f.); aber man wird nicht von ihm verlangen können, dass er das Schiff bei mehreren Gesellschaften versichert, um die von Insolvenzen solcher den Rhedern drohende Gefahr zu verringern [1]).

Art. 465.

Der Korrespondentrheder hat über seine die Rhederei betreffende Geschäftsführung abgesondert Buch zu führen und die dazu gehörigen Belege aufzubewahren. Er hat auch jedem Mitrheder auf dessen Verlangen Kenntniss von allen Verhältnissen zu geben, die sich auf die Rhederei, insbesondere auf das Schiff, die Reise und die Ausrüstung beziehen; er muss ihm jederzeit die Einsicht der die Rhederei betreffenden Bücher, Schriften und Papiere gestatten.

Aus der Stellung, welche der Korrespondentrheder den Mitrhedern gegenüber einnimmt, folgt, dass diese, und zwar jeder einzelne, in der Lage sein müssen, die Geschäftsführung jenes zu kontroliren. Daraus erklären sich die Bestimmungen dieses Artikels. In Betreff der Buchführung verordnet das Gesetz: 1. Der Korrespondentrheder hat über seine Geschäftsführung für die Rhederei Buch zu führen; 2. er soll die Buchführung über den Rhedereibetrieb nicht mit der über seine eigenen oder über andere Geschäfte kombiniren (Prot. IV S. 1534).

Art. 466.

Der Korrespondentrheder ist verpflichtet, jederzeit auf Beschluss der Rhederei derselben Rechnung zu legen. Die Genehmigung der Rechnung und die Billigung der Verwaltung des Korrespondentrheders durch die Mehrheit hindert die Minderheit nicht, ihr Recht geltend zu machen.

1. Aus der Stellung des Korrespondentrheders als Geschäftsführer der Rhederei ergiebt sich seine Verpflichtung zur

---

1) Das holländ. H.G.B. (Art. 332), welches gleichfalls den Buchhalter haften lässt für allen Schaden, der durch seine „*schuld*" (*culpa*) oder „*ontrouw*" (*dolus*) den Mitrhedern verursacht ist, stattet diesen Anspruch der letzteren mit einem Vorrecht an der dem Buchhalter (etwa) gehörenden Schiffspart aus. In gleicher Weise hatte der preuss. Entwurf (Art. 405) mit derartigen Ansprüchen der Mitrheder ein Pfandrecht an dem etwaigen Antheil des Korrespondentrheders verbunden. Doch wurde diese Bestimmung bereits in erster Lesung beseitigt (Prot. IV S. 1542).

Rechnungslegung. Dagegen steht dem Korrespondentrheder keine Klage auf Anerkennung der von ihm vorgelegten Abrechnung und Ertheilung der Decharge gegen die Rheder zu. Derselbe würde nur auf Ersatz der von ihm für die Rhederei gemachten Vorschüsse, wofür ihm die Rheder unbedingt, und nicht etwa nur mit Schiff und Fracht haften (Cropp in Heises und seinen jurist. Abh. I S. 526), auf Entlastung von den in deren Interesse persönlich eingegangenen Verbindlichkeiten klagen, unter Umständen auch eine Provokationsklage anstellen können (Entsch. des O.A.G. zu Celle vom 14. Dezember 1865 in Seufferts Archiv XXIII Nr. 25).

2. Dass die Ertheilung der Decharge durch die Majorität die Minorität nicht hindert, ihre Rechte gegen den Korrespondentrheder geltend zu machen, erklärt sich daraus, dass durch einen Majoritätsbeschluss niemals *iura quaesita* der einzelnen Mitrheder verletzt werden dürfen. Der Satz ist daher, wie auf der hamburger Konferenz dargelegt wurde, nicht so zu verstehen, dass der Korrespondentrheder, wenn er einen Beschluss der Majorität — wo ein solcher überhaupt ausreicht — ausgeführt hat, von den in der Minorität gebliebenen Mitgliedern auf Ersatz des ihnen hieraus erwachsenen Schadens belangt werden könne, sondern nur so, dass wenn sich derselbe in irgend einer Weise regresspflichtig gemacht hat, jeder einzelne Mitrheder — natürlich nur für den von ihm dadurch erlittenen Schaden — deswegen seinen Regress gegen denselben nehmen und hieran auch nicht durch die Seitens der Majorität. der Mitrheder dem Korrespondentrheder ertheilte Decharge oder Billigung seiner Handlungsweise gehindert werden dürfe. Wenn z. B. der Korrespondentrheder das Schiff für eine andere Reise verfrachtet, als die Majorität beschlossen hatte, so kann ein Mitrheder denselben auf Ersatz der dadurch ihm verursachten „Erhöhung der Prämie für die Versicherung seiner Part" belangen, selbst wenn alle anderen Mitrheder die Abweichung von dem Majoritätsbeschluss nachträglich gutgeheissen haben sollten. Dieser Satz ist, wie gleichfalls in den Konferenz hervorgehoben wurde, um so nothwendiger, als dem Korrespondentrheder zuweilen mehr als die Hälfte des Schiffs gehört, indem derselbe alsdann stets in der Lage wäre, sich selbst Decharge zu ertheilen und sich durch eigene Billigung seiner Verwaltung jeder Verantwortlichkeit zu entziehen (Prot. VIII S. 3719 f.).

Art. 467.

Jeder Mitrheder hat nach Verhältniss seiner Schiffspart zu den Ausgaben der Rhederei, insbesondere zu den Kosten der Ausrüstung und der Reparatur des Schiffs, beizutragen.

Ist ein Mitrheder mit Leistung seines Beitrags in Verzug und wird das Geld von Mitrhedern für ihn vorgeschossen, so ist er denselben von Rechtswegen zur Entrichtung von Zinsen von dem Zeitpunkt der Vorschüsse an verpflichtet. Ob durch einen solchen

Vorschuss ein Pfandrecht an der Schiffspart des säumigen Mitrheders erworben wird, ist nach den Landesgesetzen zu beurtheilen. Auch wenn ein Pfandrecht nicht erworben ist, wird durch den Vorschuss ein versicherbares Interesse hinsichtlich der Schiffspart für die Mitrheder begründet. Im Falle der Versicherung dieses Interesse hat der säumige Mitrheder die Kosten derselben zu ersetzen. 1. Die einzelnen Mitrheder betheiligen sich nicht, wie die Aktionäre bei einer Aktiengesellschaft, mit einer beschränkten Vermögenseinlage, dem Werth ihrer Schiffspart, bei dem Geschäftsbetriebe einer Rhederei, sondern mit ihrem ganzen Vermögen. Andererseits haften sie für die Verbindlichkeiten der Rhederei nicht, wie die *socii* einer offenen Handelsgesellschaft, solidarisch sondern nur nach dem Verhältniss, in welchem sie sich bei den Geschäften betheiligen, d. h. nach dem Verhältniss ihres Antheils am Schiff. Da es nun bei der Rhederei von der höchsten Wichtigkeit ist, die Zeitumstände wahrzunehmen, so ist jeder Verzug bei der Ausrüstung eines Schiffs möglichst zu vermeiden. Gewöhnlich wird dies in der Weise erreicht, dass der Korrespondentrheder, wenn die Einnahmen nicht ausreichen, um die dazu erforderlichen Ausgaben zu decken, und demgemäss neue Einschüsse der Mitrheder erforderlich wären, selbst die nothwendigen Gelder für die Rhederei vorschiesst. Derselbe wird aber hierzu nur dann geneigt sein, wenn ihm daraus kein Nachtheil erwächst. Hieraus erklären sich die Rechte, welche das Gesetzbuch dem Mitrheder, der für einen Mitrheder in Vorschuss gegangen, einräumt. Dass demselben das Recht gegeben wird, die Schiffspart eines solchen mit Rücksicht auf seinen Vorschuss zu versichern, folgt daraus, dass er in Betreff dieses letzteren ein Interesse daran hat, dass das Schiff die Gefahren der Seefahrt besteht, indem dieses (resp. die betreffende Schiffspart) den Anschauungen des Verkehrs gemäss, wenn auch nicht ausschliesslich, so doch zunächst zur Deckung der Forderung zu dienen bestimmt ist. Diese Befugniss ist übrigens nicht davon abhängig, dass der Mitrheder, für welchen der Vorschuss gegeben ist, mit der Leistung seiner Beiträge im Verzuge gewesen, vielmehr ist letzterer Umstand nur die Voraussetzung für das Recht des Vorschussgebers, Zinsen und Ersatz der Kosten der Versicherung zu beanspruchen; denn in dieser Hinsicht ist von dem säumigen Mitrheder und dem Mitrheder, der in Verzug ist, die Rede; für das Recht, Versicherung zu nehmen dagegen fordert das Gesetzbuch dieses nicht, sondern sagt ganz allgemein, dass durch den Vorschuss ein versicherbares Interesse begründet werde (Entsch. des R.O.H.G. XV Nr. 40 S. 116, Nr. 48 S. 162 f.; vgl. Prot. VIII S. 4235 f.). Unter der Schiffspart ist auch der entsprechende Antheil des Rheders an der Fracht zu verstehen. Denn letzterer erscheint als Accessorium der Part, und was hinsichtlich des Interesse am Schiff gesagt ist, gilt auch von der Fracht, und zwar in noch höherem Maasse insofern, als die Kosten der Seefahrt zunächst von dem Gewinn bestritten werden,

und, wie es auch das Reichs-Ober-Handels-Gericht ausspricht
(Entsch. XV S. 116), „die Intention des für die Rhederei in Vor-
schuss tretenden Korrespondentrheders" gewöhnlich dahin geht,
„sich zunächst aus dem Betriebe der Rhederei zu decken". Das
Ober-Handels-Gericht hat übrigens den hier in Rede stehenden
Punkt selbst zwar berührt, aber unentschieden gelassen (Entsch.
XV S. 162).

2. Der Korrespondentrheder ist zum Nehmen einer
Versicherung befugt, nicht nur, wenn er zu den Mitrhedern
gehört, sondern auch, wenn er keinen Antheil am Schiffe
hat; denn es kommt hier dieselbe *ratio* in Betracht, wie bei dem
Mitrheder, und die Konferenz-Protokolle zeigen, dass man, wenn
auch das Gesetzbuch selbst immer nur vom Mitrheder spricht, doch
stets den Korrespondentrheder im Auge hatte (Prot. IV S. 1510 f.,
VIII S. 3721; Entsch. des R.O.H.G. XV S. 115—117).

3. Durch ein Pfandrecht lässt das H.G.B. die durch
den Vorschuss entstandene Forderung nicht gesichert werden,
sondern überlässt die Anordnung eines solchen der Partikulargesetzgebung. Dies ist auch geschehen durch die mecklenburg-
schwerinische Einführungs-Verordnung (§ 54), welche bestimmt:

Durch die in dem Art. 467 Abs. 2 des H.G.B. erwähnten Vor-
schüsse der Mitrheder, daher auch des Korrespondentrheders, wird ein
Pfandrecht an den Parten der säumigen Mitrheder erworben.

Dieses Gesetz fordert als Bedingung für die Entstehung des
Pfandrechts *mora* des Mitrheders, für den der Vorschuss geleistet
ist; dagegen eben so wenig wie das H.G.B. für die Entstehung des
Pfandrechts des Korrespondentrheders, dass diesem ein Antheil am
Schiffe gehört.

Art. 468.

Wenn eine neue Reise oder wenn nach Beendigung einer Reise
die Reparatur des Schiffs oder wenn die Befriedigung eines Gläu-
bigers beschlossen worden ist, welchem die Rhederei nur mit Schiff
und Fracht haftet, so kann jeder Mitrheder, welcher dem Beschlusse
nicht zugestimmt hat, sich von der Leistung der zur Ausführung des-
selben erforderlichen Einzahlungen dadurch befreien, dass er seine
Schiffspart ohne Anspruch auf Entgelt aufgiebt.

Der Mitrheder, welcher von dieser Befugniss Gebrauch machen
will, muss dies den Mitrhedern oder dem Korrespondentrheder inner-
halb dreier Tage nach dem Tage des Beschlusses oder, wenn er bei
der Beschlussfassung nicht anwesend und nicht vertreten war, inner-
halb dreier Tage nach der Mittheilung des Beschlusses gerichtlich
oder notariell kundgeben.

Die aufgegebene Schiffspart fällt den übrigen Mitrhedern nach
Verhältniss der Grösse ihrer Schiffsparten zu.

1. Da das Gesetz die freie Veräusserlichkeit der Schiffsparten
für jeden Mitrheder statuirt und diesem somit das Recht einräumt,
der Rhederei einen neuen Mitrheder — auch einen nicht zahlungs-
fähigen — aufzunöthigen und sich selbst von der Verpflichtung,
für spätere Verbindlichkeiten der Rhederei einzustehen, zu befreien,
so müsste demselben auch das Recht zur Dereliktion seines Schiffs-
antheils mit dieser letzteren Wirkung zustehen. Dies wurde auch
auf der hamburger Konferenz ausgesprochen (Prot. IV S. 1512 f.).
Das Gesetz hat zwar das Prinzip nicht allgemein aufgestellt, wohl
aber für gewisse dringende Fälle, nämlich da, wo eine Veräusserung
der Schiffspart nicht zu bewerkstelligen sein würde.

2. Die Möglichkeit, sich durch Aufgeben seiner
Schiffspart einer ferneren persönlichen Verhaftung zu
entziehen, wird nur bei solchen Verbindlichkeiten der Rhederei
anerkannt, welche erst in Zukunft aus einem so eben gefassten Beschlusse hervorgehen werden, nicht aber bei denen, welche die unmittelbare oder auch nur mittelbare Folge eines früheren Beschlusses
sind, dem gegenüber der betreffende Mitrheder nicht rechtzeitig
sein Dereliktionsrecht geltend gemacht hat. Eine neue Reise ist daher
nicht jede Reise, die nach Vollendung einer anderen jetzt begonnen
wird; es ist allein die, welche nicht auf einem bereits früher, sondern
erst jetzt gefassten Beschlusse beruht (Prot. VIII S. 3723, vgl. oben
S. 78). Ferner kann sich der Mitrheder nicht weigern, die Kosten
der Reparatur des Schiffs tragen zu helfen, wenn diese in einem
Nothhafen vorgenommen werden muss, weil dieselbe die Folge einer
von der Rhederei früher beschlossenen Reise ist, auf welcher die
Reparaturbedürftigkeit eintrat (Prot. IV S. 1514—1519, vgl. Entsch.
des R.O.H.G. XXII S. 294 f.). In Betreff des Beschlusses, einen
Gläubiger, dem nur die *fortune de mer* verhaftet ist, voll zu befriedigen, um dadurch die Exekution gegen Schiff und Fracht abzuwenden (Prot. VI S. 2932 f.), ist es irrelevant, ob der Mitrheder,
der seine Part aufgeben will, dem (früheren) Beschlusse, auf dem
die Forderung selbst beruht, zugestimmt hat oder nicht; denn der
Beschluss, einen solchen Gläubiger voll zu befriedigen, ist darum
nicht weniger neu, weil diesem das Recht zustand, für die Forderung Befriedigung mit Schiff und Fracht zu beanspruchen.

3. Die dreitägige Frist, innerhalb deren der Mitrheder,
welcher von der in Rede stehenden Befugniss Gebrauch machen
will, dies anzuzeigen hat, läuft dem Abwesenden, der nicht vertreten war, nicht schlechtweg von dem Tage, wo er zufällig Kunde
von dem Beschlusse erhielt, sondern erst von dem, wo ihm eine
förmliche Mittheilung darüber zugekommen ist (Prot. VIII S. 3722).
Als solche ist aber nicht die Anzeige des Korrespondentrheders,
dass das Schiff eine neue Reise angetreten, zu betrachten; um so
weniger, als daraus gar nicht ersichtlich, ob dies in Folge eines
verbindlichen Rhedereibeschlusses geschehen. Dagegen ist es, wie
überhaupt der einzelne Mitrheder keinerlei Recht auf die Beobachtung bestimmter Formen bei Fassung und Mittheilung von Rhederei-

beschlüssen hat, nicht wesentlich, dass die Notifikation des Beschlusses vor Antritt der Reise erfolgt. Auch auf eine erst nach Antritt der Reise erfolgende Bekanntmachung hat der betreffende Rheder innerhalb dreier Tage die Abandon-Erklärung abzugeben (Entsch. des R.O.H.G. XXII S. 292—294).

4. Auf der hamburger Konferenz wurde von Seiten des mecklenburgischen Abgeordneten der Antrag gestellt, zum Schutze der Minorität das alte Setzungsrecht in das Gesetzbuch aufzunehmen.

Dieses Rechtsinstitut, welches im Mittelalter ein sehr weites Herrschaftsgebiet , und zwar nicht nur in Deutschland, sondern auch ausserhalb Deutschlands hatte, später aber mehr und mehr ausser Gebrauch kam, war von Hause aus ein eigenthümliches Theilungsverfahren (R. Wagner, Beiträge zum Seerecht, Riga 1880, S. 2—23); diente aber in der späteren Zeit auch dazu, in Fällen, wo beim Rhedereibetriebe sich Meinungsverschiedenheiten geltend machten, die Mitglieder der Minorität den Konsequenzen eines Majoritätsbeschlusses zu entziehen (Revid. Lüb. R. VI, 4, 6; Rostocker Stadtr. VI, 4, 6), indem es der Minorität die Befugniss gewährt, das Schiff zu einer bestimmten Summe anzusetzen, für welche es die Majorität zu übernehmen oder der Minorität zu überlassen hat (vgl. Wagner S. 23 ff.).

Der Antrag fand auf der hamburger Konferenz keine ausreichende Unterstützung und wurde vom Antragsteller selbst zurückgezogen (vgl. Prot. IV S. 1566 f.). Für Mecklenburg ist das Institut jedoch ausdrücklich anerkannt und eingehend geregelt worden durch den als Landesgesetz vom Reichsgesetz vom 5. Juni 1869 § 4 in Kraft erhaltenen § 53 der mecklenburgischen Einführungsverordnung, der allerdings in einigen Beziehungen durch die Verordnung vom 22. Oktober 1869 modifizirt worden ist. Die in Betracht kommenden Bestimmungen lauten folgendermaassen:

Die Minderheit der Rhederei, welche durch einen Beschluss der Mehrheit in den Angelegenheiten der Rhederei überstimmt ist, Art. 458 Abs. 1, Art. 473 Abs. 1 des H.G.B., hat das Recht, das Schiff zu setzen, d. h. dasselbe zu einem bestimmten Geldpreise zu veranschlagen, zu welchem die Mehrheit der Rheder entweder das Schiff gegen Auszahlung der Antheile der Minderheit nach jenem Preise übernehmen, oder, wenn sie dies ablehnt, das Schiff der Minderheit der Rheder gegen Auszahlung ihrer Antheile nach jenem Preise überlassen muss [1]).

---

1) Die Bestimmung der Verordnung vom 31. Januar 1865 V: *Der Inhalt des § 53 der Verordnung zur Publikation des A.D.H.G.B. wird dahin modifizirt, dass die Minderheit der Rheder nur insoweit berechtigt ist, das Schiff zu setzen, als dasselbe durch den Uebergang auf sie nicht aufhören würde, sich zu drei Viertheilen in dem Eigenthum mecklenburgischer Unterthanen zu befinden;* hat heutzutage keine Anwendbarkeit mehr; s. o. die Ausführungen zu Art. 434.

1. Zu der Minderheit werden auch die etwa bei der Abstimmung ordnungswidrig übergangenen Mitrheder gerechnet, die sich dem Beschlusse der Mehrheit nicht fügen wollen.

Das Recht zu setzen steht allen zu der Minderheit gehörenden, welche davon Gebrauch machen wollen, zu, daher, wenn die Uebrigen dies nicht wollen, auch einem Einzelnen.

a) Zu beachten ist, dass nur die bei der Abstimmung o r d - n u n g s w i d r i g ü b e r g a n g e n e n M i t r h e d e r zur Minderheit gerechnet werden, wogegen umgekehrt diejenigen, welche nicht am Sitze der Rhederei wohnhaft und bei dem Korrespondentrheder keinen Vertreter angemeldet haben, wie die, welche rechtlich oder thatsächlich an der Theilnahme behindert sind und auch keine Vertretung haben, nach § 52 der Verordnung der Majorität zugerechnet werden, vorausgesetzt, dass der Beschluss sich auf Angelegenheiten des laufenden Rhedereibetriebes bezieht (vgl. Entsch. des R.O.H.G. V S. 194 f.); dass ferner die ordnungswidrig übergangenen Mitrheder nicht unter allen Umständen zur Minorität gezählt werden, sondern nur in dem Falle, dass sie sich dem Beschluss der Mehrheit nicht fügen wollen. Hieraus folgt, dass solche noch nachträglich dem Majoritätsbeschlusse beitreten können, und dass alsdann die Minorität auch die diesen gehörigen Parten, falls die Majorität das Schiff giebt, übernehmen muss.

b) Vom Setzungsrecht kann übrigens nicht nur die Minorität im Ganzen G e b r a u c h m a c h e n, sondern auch jeder einzelne zur Minorität gehörende Mitrheder. Dies gilt einmal hinsichtlich der Frage, ob überhaupt das Schiff gesetzt werden soll, und ferner in Betreff der weiteren Frage, für welchen Preis dasselbe veranschlagt werden soll, so dass also weder in Betreff des einen noch des anderen Punktes die Stimmenmehrheit unter den zur Minorität gehörigen Mitrhedern entscheidet, demgemäss die Majorität auch in Folge eines und desselben von ihr gefassten Beschlusses in die Lage kommen kann, mehrfachen Setzungs-Erklärungen gegenüber Stellung zu nehmen. Es geht dies mit Nothwendigkeit aus der Fassung der Verordnung hervor. Die Verordnung sagt ausdrücklich, das Recht zu setzen steht allen zur Minderheit gehörenden Mitrhedern, eventuell auch einem einzelnen zu. „Setzen" aber heisst, das Schiff zu einem bestimmten Preise mit der angegebenen Wirkung für die Rhederei veranschlagen. Anderer Meinung W a g n e r (a. a. O. S. 31, namentlich Note 1).

Nr. 2 abgeändert durch die Verordnung vom 22. Oktober 1869:

§ 1. Der Korrespondentrheder hat sofort nach beendigter Abstimmung die überstimmte Minderheit der Rheder mit dem Beschluss der Mehrheit bekannt zu machen und dabei unter Aufführung eines jeden befragten Rheders und seiner Part anzugeben, ob und wie derselbe gestimmt hat.

§ 2. Die Setzungserklärung muss bei Verlust des Setzungsrechts binnen drei Tagen, Art. 468 Abs. 2 des H.G.B., in eiligen Fällen

sofort nach erhaltener Kenntniss von dem Mehrheitsbeschlusse dem Korrespondentrheder zugestellt werden, welcher dieselbe mit Angabe der Zeit, wann sie erfolgt ist, sofort nach Ablauf der eben erwähnten Frist denjenigen Rhedern, welche für den Mehrheitsbeschluss gestimmt haben, mitzutheilen hat.

Für den Nachweis dieser Mittheilung an einen Rheder, welcher nicht am Rhedereisitze wohnt, genügt der durch ein Postattest erbrachte Beweis, dass an denselben an dem angegebenen Tage von dem Korrespondentrheder ein Brief abgesandt ist, sofern nicht dargethan wird, dass der angekommene Brief einen anderen Inhalt gehabt hat.

Der Umstand, dass der Mehrheitsbeschluss bereits zur Ausführung gebracht ist, entzieht der Minderheit nicht mehr, wie nach der älteren mecklenburgischen Praxis, das Recht, von der Setzungsbefugniss Gebrauch zu machen, wennschon aus dem § 3 der Verordnung zu folgern ist, dass bis zur Geltendmachung des Setzungsrechts der Beschluss der Majorität zur Ausführung gebracht werden kann, und dass die das Schiff ohne vorangegangene Erkundigung setzende Minorität sich der Gefahr aussetzt, mit dem Schiffe auch das Risiko der von der Majorität beschlossenen Unternehmung übernehmen zu müssen, welches sie durch die Setzung gerade von sich abwenden wollte (Entsch. des R.O.H.G. V S. 189—195).

3. Der Geldanschlag des Schiffs, welchen die Setzung enthalten muss, ergreift den Werth des Schiffs und der Schiffsgeräthschaften und behält die sonstigen Aktiva und Passiva einer besonderen Liquidation vor.

Nr. 4 abgeändert durch die Verordnung vom 22. Oktober 1869:

§ 3. Die Ausführung des Mehrheitsbeschlusses muss nach rechtzeitig erfolgter Setzung unterbleiben.

Nr. 5 abgeändert durch die Verordnung vom 22. Oktober 1869:

§ 4. Die Rheder, welchen die Setzungserklärung mitgetheilt worden ist, haben ihre Gegenerklärung binnen acht Tagen an den Korrespondentrheder abzugeben.

Diese Frist beginnt am ersten vollen Tage nach der geschehenen Mittheilung, beziehungsweise nach der Aufgabe des dieselbe enthaltenden Briefes auf die Post. Die Rheder, welche sich binnen dieser Frist überall nicht oder undeutlich oder ungenügend erklären, werden als von dem Mehrheitsbeschlusse zurücktretend angesehen.

Selbstverständlich können die Mitrheder der Majorität — einzelne wie alle — auch ausdrücklich vom Mehrheitsbeschluss zurücktreten.

§ 5. Ist die Mehrheit über Nehmen oder Geben getheilt, so gehen diejenigen vor, welche die ganze Part des oder der Setzenden für ihre alleinige Rechnung nehmen wollen, nur mit Ausnahme des Falles, wenn die Parte derjenigen, welche geben oder von dem

Mehrheitsbeschluss zurücktreten wollen, mit den Parten des oder der Setzenden zusammengerechnet mindestens die Hälfte aller Parte der Rheder betragen, welche an der Beschlussfassung Theil genommen haben. In diesem Falle müssen diejenigen, welche die Part des oder der Setzenden für ihre alleinige Rechnung nehmen wollen, entweder auch noch die Parte der geben wollenden Rheder zum Setzungspreise nehmen oder ebenfalls ihre Parte geben oder von dem Mehrheitsbeschlusse zurücktreten.

Tritt dieser Ausnahmefall ein, so hat der Korrespondentrheder sofort nach dem Eingange sämmtlicher Antworten auf die Setzungserklärung, spätestens sofort nach Ablauf der im § 4 vorgeschriebenen bezüglichen Frist jedem Rheder, der nehmen will, genaue schriftliche Mittheilung von den Antworten der einzelnen Rheder und beziehungsweise darüber zu machen, welche Rheder und aus welchen Gründen dieselben als von den Mehrheitsbeschlüssen zurückstehend anzusehen sind.

Auf diese Mittheilung hat der betreffende Rheder seine schliessliche Erklärung über die Setzung binnen einer — nach Maassgabe des § 4 zu berechnenden — Frist von acht Tagen abzugeben, widrigen Falls er als von dem Mehrheitsbeschlusse zurücktretend angesehen wird.

§ 6. Der Korrespondentrheder hat sofort nach dem Eingange oder Ausschluss der Gegenerklärungen der zur Mehrheit gehörenden Rheder die setzenden Rheder mit dem Ergebnisse des Setzungsverfahrens bekannt zu machen.

Nr. 6 abgeändert durch die Verordnung vom 22. Oktober 1869:

§ 7. Die Setzung führt nicht zur Auflösung der Rhederei, sondern nur zum Ausscheiden des bezüglichen Theils der Rheder. Der bei dem Schiffe bleibende Theil tritt rücksichtlich der zu übernehmenden Parte in die laufenden Rechte und Verbindlichkeiten der Rhederei mit dem Zeitpunkte ein, in welchem die das Nehmen oder Geben zum Abschluss bringende Erklärung an den Korrespondentrheder abgegeben worden ist. Der Setzungspreis ist binnen acht Tagen nach zugelegter Liquidation an den ausscheidenden Theil zu berichtigen, worauf das Schiff zu der freien Verfügung des Nehmers steht. Kann die Liquidation nicht unverzüglich beschafft werden, so wird dem Nehmer gegen genügsame Sicherheit die Verfügung über das Schiff freigegeben.

7. Diejenigen Rheder, welche sich an der fraglichen Abstimmung nicht betheiligt haben, bleiben mit ihrem Parte im Schiffe.

8. Hat die Mehrheit einen von der Minderheit ausgehenden Antrag abgelehnt, so ist eine Setzung aus diesem Grunde nur unter den Voraussetzungen statthaft, unter welchen nach dem Art. 473 Abs. 2 des H.G.B. der Verkauf des Schiffs durch die Mehrheit beschlossen werden darf.

Der Verkauf des Seeschiffs kann auch dann durch die Mehrheit beschlossen werden, wenn dasselbe in einem anderen Hafen seine

Reise beendigt hat und die Schiffsmannschaft entlassen ist. Vgl.
Art. 469 Abs. 2 des H.G.B.

Im Abs. 1 dieser Ziffer ist die Ausdrucksweise eine sehr un-
genaue. Der Abs. 2 des Art. 473 H.G.B. spricht nämlich nicht
von Voraussetzungen, unter denen der V e r k a u f des Schiffs be-
s c h l o s s e n werden, sondern von solchen, unter welchen der Verkauf geschehen kann. (S. unten die Ausführungen zum Art. 473
Nr. 3.) In diesem Sinne müssen daher die Worte des Abs. 1 der
Ziff. 8 verstanden werden. (So auch W a g n e r a. a. O. S. 29,
namentlich Note 1.)

Mit Rücksicht auf diese Bestimmungen ist für Mecklenburg die
verbindliche Kraft des Art. 468 H.G.B. ausgeschlossen[1]).

Das Setzungsrecht kann übrigens (auf Grund des Art. 457
H.G.B.) auch durch Vertrag für eine bestimmte Rhederei eingeführt werden. (So auch B e s e l e r , System S. 1033; W a g n e r
a. a. O. S. 27.)

Art. 469.

*Die Vertheilung des Gewinnes und Verlustes geschieht nach der
Grösse der Schiffsparten.*

*Die Berechnung des Gewinnes und Verlustes und die Auszahlung
des etwaigen Gewinnes erfolgt jedesmal, nachdem das Schiff in den
Heimathshafen zurückgekehrt ist, oder nachdem es in einem anderen
Hafen seine Reise beendigt hat und die Schiffsmannschaft entlassen ist.*

*Ausserdem müssen auch vor dem erwähnten Zeitpunkte die ein-
gehenden Gelder, insoweit sie nicht zu späteren Ausgaben oder zur
Deckung von Ansprüchen einzelner Mitrheder an die Rhederei erforderlich sind, unter die einzelnen Mitrheder nach Verhältniss der
Grösse ihrer Schiffsparten vorläufig vertheilt und ausgezahlt werden.*

1. Wer Mitglied einer Rhederei ist, hat die Absicht, dadurch
einen G e w i n n zu erzielen. Er partizipirt ebenso aber auch am
V e r l u s t , wie Abs. 1 bestimmt, nach dem Verhältniss, zu welchem
er bei dem Rhederei-Betriebe betheiligt ist, d. h. nach der Grösse
seiner Schiffspart. Der Anspruch auf jenen Antheil am Gewinn
ist ein *ius quaesitum,* das dem Einzelnen auch nicht durch einen
Majoritätsbeschluss entzogen werden kann. Von wirklichem Gewinn, von Reingewinn kann man aber immer erst reden nach vollständiger Beendigung eines Unternehmens; daher alsdann erst eine
Rechnungslegung und Vertheilung des Gewinns korrekter Weise
stattfinden darf. Und als beendet ist ein Unternehmen nur unter
den in Abs. 2 des Artikels angegebenen Voraussetzungen anzusehen, weil, wie in der hamburger Konferenz hervorgehoben wurde,

---

1) § 55 der Einführ.-Verordn.: *Der Art. 468 des H.G.B. tritt in Folge
des § 53 dieser Verordnung nicht in Wirksamkeit.*

„in allen anderen Fällen der Erfolg der einen beendigten Reise
durch den Verlauf einer späteren immer noch geändert werden"
kann (Prot. IV S. 1538 ff.).

2. Der Abs. 3 entzieht die Verfügung über den sich v o r l ä u f i g
h e r a u s s t e l l e n d e n G e w i n n den Beschlüssen der Majorität und
giebt jedem Mitrheder das Recht, auch trotz eines entgegenstehenden
Majoritätsbeschlusses gerichtlich zu erzwingen, sowohl dass solcher
Gewinn vertheilt werde, wenn und soweit er nicht durch die Unkosten des Unternehmens absorbirt wird, und dass dessen Vertheilung unterbleibe, wenn seine Verwendung hierzu erforderlich
ist; wie auch der Korrespondentrheder die Auszahlung aus diesem
letzteren Grunde verweigern darf (vgl. Entsch. des R.O.H.G. XXIV
S. 60 f.).

3. Uebrigens wird weder durch Abs. 2 noch 3 verhindert,
dass von der Majorität ein n e u e s U n t e r n e h m e n und die Z u -
r ü c k h a l t u n g d e r z u d i e s e m B e h u f e e r f o r d e r l i c h e n
G e l d e r beschlossen wird (Prot. VI S. 2765). Denn wie jeder
Mitrheder zur Fortsetzung des Rhedereibetriebes die dazu erforderlichen Zuschüsse zu leisten hat, soweit er nicht von dem ihm durch
Art. 468 gegebenen Recht Gebrauch machen kann und will, so hat
er zu diesem Behuf auch die Einbehaltung des ihm gebührenden
Gewinns oder eines Theils desselben sich gefallen zu lassen.

Art. 470.

*Jeder Mitrheder kann seine Schiffspart jederzeit und ohne Ein-
willigung der übrigen Mitrheder ganz oder theilweise veräussern.
Ein gesetzliches Vorkaufsrecht steht den Mitrhedern nicht zu.
Es kann jedoch die Veräusserung einer Schiffspart, in Folge welcher
das Schiff das Recht, die Landesflagge zu führen, verlieren würde,
rechtsgültig nur mit Zustimmung aller Mitrheder erfolgen. Die Landesgesetze, welche eine solche Veräusserung überhaupt für unzulässig erklären, werden durch diese Bestimmung nicht berührt.*

1. Die Schiffspart ist nicht nur das äussere Zeichen für die
Mitgliedschaft in der Rhederei, sondern sie ist auch ein Vermögensobjekt. Sie ist daher vererblich und veräusserlich. Und zwar ist
der Veräusserungsbefugniss keine andere Schranke gesetzt, als dass
durch deren Ausübung nicht die Rechte der übrigen Mitrheder
geschmälert werden dürfen. Hierzu gehört natürlich auch das
Recht, die Landesflagge, resp. heutzutage die Reichsflagge zu
führen. Die V e r ä u s s e r u n g e i n e r S c h i f f s p a r t a n e i n e n
A u s l ä n d e r (jemanden, der nicht Reichsangehörigkeit besitzt)
o h n e Z u s t i m m u n g a l l e r M i t r h e d e r i s t n i c h t r e c h t s -
g ü l t i g, ist nichtig. Rechtsfolgen, welche die Veräusserung zur
Voraussetzung haben, treten daher in solchem Falle nicht ein, und
zwar nicht nur soweit das Verhältniss des Erwerbers zu den Mitrhedern, sondern auch zu dem Veräusserer in Frage steht. Es

kann daher der Erwerber nicht auf Grund des Art. 440 H.G.B. vom Veräusserer die Ertheilung einer Urkunde über die Veräusserung verlangen (vgl. Entsch. des R.O.H.G. XXIV S. 46 f.). Aus der in Rede stehenden Bestimmung ist jedoch nicht zu folgern, dass zum Verkauf des ganzen Schiffs an Ausländer nicht ein Majoritätsbeschluss ausreiche, sondern Stimmeneinhelligkeit erforderlich sei; denn der Verkauf eines Schiffs durch Stimmenmehrheit ist schlechthin gestattet, und es berührt die Rechte der einzelnen Mitrheder in keiner Weise, ob diese Veräusserung an Inländer oder an Fremde geschieht, weil die Veräusserung des Schiffs in jedem Fall die Auflösung der Rhederei zur Folge hat, wogegen die Veräusserung einzelner Schiffsparten an Ausländer unter Umständen nachtheilige Folgen für die übrigen Mitrheder hat (Prot. IV S. 1546 f.).

2. Ausdrücklich, und zwar bei Strafe der Nichtigkeit, hat die Veräusserung von Schiffsparten an Ausländer überhaupt verboten[1]) das schleswig-holsteinische Provinzialrecht (Verordn. v. 4. Mai 1803, Reskript v. 6. Juni 1806; s. auch Falck, Handb. des schlesw.-holst. Privatr., Altona 1825—1848, IV S. 137).

3. Der Artikel hat nur ein gesetzliches Vorkaufsrecht der Mitrheder ausgeschlossen[2]). Durch Privatdisposition, z. B. durch den Rhedereivertrag, kann ein solches begründet werden (Prot. VIII S. 3724 f.).

Art. 471.

Der Mitrheder, welcher seine Schiffspart veräussert hat, wird, so lange die Veräusserung von ihm und dem Erwerber den Mitrhedern oder dem Korrespondentrheder nicht angezeigt worden ist, im Verhältniss zu den Mitrhedern noch als Mitrheder betrachtet und bleibt wegen aller vor dieser Anzeige begründeten Verbindlichkeiten als Mitrheder den übrigen Mitrhedern verhaftet.

Der Erwerber der Schiffspart ist jedoch im Verhältniss zu den übrigen Mitrhedern schon seit dem Zeitpunkte der Erwerbung als Mitrheder verpflichtet.

---

1) Die von mir in Endemanns Handb. IV S. 82 Note 13 bekämpfte Ansicht Stobbes (Deutsches Privatr. I S. 268), dass in Folge der in Deutschland den Fremden gewährten privatrechtlichen Gleichberechtigung die angegebene Bestimmung für beseitigt zu halten sei, hat derselbe in der — übrigens schon vor der Publikation meiner Darstellung erschienenen — neuen Auflage seines Privatr. I S. 323 zurückgenommen. — Ueber die in den älteren Rechtsquellen vorkommenden Verbote und Beschränkungen der Veräusserung von Schiffen und Schiffsparten an Ausländer vgl. Lewis in Endemanns Handb. IV S. 31. Im finnländischen Seegesetz (Art. 9) findet sich gleichfalls ein absolutes Verbot, Schiffsparten an Fremde zu veräussern.

2) In manchen fremden Rechten findet sich ein solches, so im norwegischen Seeges. § 7; finnländischen Seeges. Art. 9.

Er muss die Bestimmungen des Rhedereivertrages, die gefassten Beschlüsse und eingegangenen Geschäfte gleichwie der Veräusserer gegen sich gelten lassen; die übrigen Mitrheder können ausserdem alle gegen den Veräusserer als Mitrheder begründeten Verbindlichkeiten in Bezug auf die veräusserte Schiffspart gegen den Erwerber zur Aufrechnung bringen, unbeschadet des Rechts des letzteren auf Gewährleistung gegen den Veräusserer.

1. Während die Art. 442 und 474 das Verhältniss des Veräusserers und des Erwerbers einer Schiffspart zu den Gläubigern der Rhederei reguliren, bezieht sich dieser Artikel auf das Verhältniss der gedachten Personen zu den Mitrhedern. Da die Uebertragung von Schiffsparten weder an irgend eine Form noch an die Zustimmung der übrigen Mitrheder gebunden ist, sich also auch durchaus ihrer Kenntnissnahme entzieht, so erscheint es nur naturgemäss, wenn das Gesetzbuch nicht gleich mit dieser Uebertragung auch das Verhältniss zwischen dem Veräusserer und den übrigen Mitrhedern gelöst sein lässt, sondern hierzu eine Anzeige des austretenden und des neueintretenden Mitrheders fordert. Es genügt nicht die Anzeige eines von beiden, sondern es wird die beider Kontrahenten gefordert, weil dieselbe wichtige Rechtswirkungen und zwar verschiedene für die letzteren hat, so dass der eine in der Folgezeit ein Interesse daran haben kann, dass die Anzeige stattgefunden, der andere, dass sie nicht stattgefunden hat.

2. Ueber die F o r m der Anzeige bestimmt der Artikel nichts, und daraus erhellt schon, dass die mündliche oder schriftliche Anzeige sowohl von den Kontrahenten, als auch von deren Vertretern erstattet werden kann, und hieraus wieder geht hervor, dass der eine Kontrahent sowohl für sich allein, als auch zugleich im Namen des andern die Anzeige machen kann, vorausgesetzt, dass er von diesem dazu beauftragt und diesen Auftrag nachzuweisen im Stande ist (Prot. VIII S. 3727).

3. Bis d i e s e A n z e i g e gemacht ist, wird der V e r äusserer immer noch als M i t r h e d e r angesehen, sowohl in formeller, wie materieller Hinsicht, und zwar eben so wohl rücksichtlich der Forderungen wie der Verbindlichkeiten der Rhederei. Bis zu diesem Augenblick gilt daher der veräussernde Mitrheder als stimmberechtigt, und es ist seine Stimme bei den Beschlüssen der Rhederei in Betracht zu ziehen (Prot. IV S. 1549). Bis zu diesem Augenblick kann demselben der Gewinn der Rhederei ausgezahlt werden; denn die Bestimmung des Art. 441, wonach der Gewinn der laufenden Reise dem Erwerber gebührt, bezieht sich lediglich auf das Verhältniss von Veräusserer und Erwerber. Für die bis dahin von der Rhederei eingegangenen Verbindlichkeiten können sich die Mitrheder an den Veräusserer halten, der ihnen für alle Folgezeit (d. h. auch nach der Anzeige) dafür aufzukommen hat (Prot. S. 1549, 1552), wennschon nach Art. 441 der Ver-

äusserer, sobald er in Anspruch genommen, sich dieserhalb an den Erwerber halten kann.

4. Der Erwerber tritt nicht in alle Verbindlichkeiten seines Auktor ein, ja er kann von der Rhederei auch nicht einmal für den Verlust der zur Zeit der Veräusserung laufenden Reise in Anspruch genommen werden; wohl aber für die in der Zeit nach der Erwerbung, und nicht erst für die nach der Anzeige von dieser entstandenen Verbindlichkeiten. Dieser letztere Satz hat seinen Grund darin, dass der Eigenthümer einer Schiffspart Mitrheder und demgemäss zur Leistung der zum Rhedereibetriebe erforderlichen Beiträge verpflichtet ist. Wollte man nun den Erwerber erst von der Anzeige an der Rhederei gegenüber verpflichten, so würde damit auch der Uebergang des Eigenthums an der Part bis zu diesem Moment aufgeschoben, und damit für diesen selbst eine bestimmte Form wieder eingeführt werden (Prot. IV S. 1555). Es sind demgemäss die einzelnen Verbindlichkeiten, welche sich bei Gelegenheit eines und desselben Unternehmens ergeben haben, gesondert zu betrachten, und es hat entweder der Veräusserer oder der Erwerber dafür aufzukommen, je nachdem dieselben vor oder nach der Uebertragung der Schiffspart enstanden sind.

5. Ausserdem hat der Erwerber die vor seinem Eintritt beschlossenen Unternehmungen für sich gelten zu lassen und hat die nachher dafür nothwendig werdenden und nachher ausgeschriebenen Beiträge zu leisten, während für die vorher beschlossenen aber noch nicht eingeforderten Beiträge der Veräusserer haftet (Prot. IV S. 1556 f.). Der Erwerber muss sich auch gefallen lassen, dass ihm von den Mitrhedern „wegen der Ansprüche gegen den Austretenden" „Abzüge auf seinen Antheil", d. h. bei einem auch später ihm auszuzahlenden Gewinn gemacht werden. Durch die Veräusserung und den Austritt eines Mitrheders darf nämlich die Lage der Rhederei nicht verschlechtert werden, darf keine Aenderung in den Rechten der übrigen Mitrheder eintreten, und so ist es nothwendig, dass dieselben ihr persönliches Forderungsrecht gegen den austretenden Mitrheder behalten, und ihnen die dingliche Sicherheit, die ihnen dessen Schiffspart und die hierauf fallenden Gewinnantheile gewähren, erhalten bleibt (Prot. S. 1552 f.).

Art. 472.

Eine Aenderung in den Personen der Mitrheder ist ohne Einfluss auf den Fortbestand der Rhederei.

Wenn ein Mitrheder stirbt oder in Konkurs geräth oder zur Verwaltung seines Vermögens rechtlich unfähig wird, so hat dies die Auflösung der Rhederei nicht zur Folge.

Eine Aufkündigung von Seiten eines Mitrheders oder eine Ausschliessung eines Mitrheders findet nicht statt.

Wie schon früher darauf hingewiesen (s. die Ausführungen zu
Art. 456 S. 63), sind die P e r s o n e n der Mitrheder völlig irrelevant,
wie es auch irrelevant ist, ob dieselben vorübergehend oder dauernd
verhindert sind, sich bei der Leitung der Angelegenheiten der
Rhederei zu betheiligen. Daher geht auch die Schiffspart, d. h.
nicht etwa nur der quote Theil des Schiffskörpers, sondern auch
der entsprechende Antheil am Rhedereibetriebe auf die Erben über.
Diese werden von selbst, ohne dass es einer darauf bezüglichen
Erklärung oder einer Aufnahme von Seiten der übrigen Mitrheder
bedürfte, Mitglieder der Rhederei an Stelle ihres Erblassers. In
gleicher Weise geht die Schiffspart in die Masse des in Konkurs
gerathenen Mitrheders über und wird von dieser ganz wie von
einem persönlichen Rheder veräussert.

Art. 473.

*Die Auflössung der Rhederei kann durch Stimmenmehrheit be-
schlossen werden. Der Beschluss, das Schiff zu veräussern, steht dem
Beschlusse der Auflösung gleich.*

*Ist die Auflösung der Rhederei oder die Veräusserung des Schiffs
beschlossen, so muss das Schiff öffentlich verkauft werden. Der
Verkauf kann nur geschehen, wenn das Schiff zu einer Reise nicht
verfrachtet ist und in dem Heimathshafen oder in einem inländischen
Hafen sich befindet. Ist jedoch das Schiff als reparaturunfähig oder
reparaturunwürdig (Art. 444) kondemnirt, so kann der Verkauf desselben, auch wenn es verfrachtet ist, und selbst im Auslande erfolgen.
Soll von den vorstehenden Bestimmungen abgewichen werden, so ist
die Zustimmung aller Mitrheder erforderlich.*

1. Da die Rhederei eine Sozietät mit einem zum Erwerb durch
die Seefahrt bestimmten Schiff als Grundlage ist, so wird sie aufgehoben sowohl durch B e s e i t i g u n g d e r P e r s o n e n - V e r e i n i -
g u n g als durch V e r l u s t d e s S c h i f f s. Daher steht dem direkt
auf Aufhebung des Sozietäts-Verhältnisses gerichteten Beschluss
der das Schiff zu veräussern gleich, weil dieses durch die Veräusserung für die Sozietät verloren geht. Selbstverständlich wird
die Rhederei auch aufgelöst, wenn aus einem anderen Grunde die
Personen-Vereinigung aufhört zu existiren, indem durch Vertrag
oder Erbgang sämmtliche Schiffsparten in der Hand Eines Mitrheders vereinigt sind — in welchem Falle an die Stelle der Rhederei Ein Rheder tritt; ebenso wenn das Schiff zu Grunde gegangen,
von einer feindlichen Macht für gute Prise erklärt worden oder
durch Seeräuber genommen ist.

2. Hinsichtlich des A u f l ö s u n g s b e s c h l u s s e s ist noch zu
bemerken, dass er n i c h t m i t d e m f a k t i s c h e n V e r h a l t e n
d e r R h e d e r e i i m W i d e r s p r u c h stehen darf. Denn wenn
nach demselben die Seefahrt fortbetrieben, das Schiff z. B. für eine
neue Reise verchartert würde, so wäre darin der Beschluss zu

sehen, den Auflösungsbeschluss zurückzunehmen (Prot. IV S. 1558), oder vielmehr die durch konkludente Handlungen zu erkennen gegebene, auf Gründung einer neuen Rhederei mit sämmtlichen Voraussetzungen der früheren gerichtete Uebereinkunft.

In Mecklenburg kann auch einem Auflösungsbeschluss gegenüber die Minorität von ihrem Setzungsrechte Gebrauch machen (s. Einführungs-Verordn. § 53 Anf., oben S. 85). Thut sie dies, so erfolgt eine Auflösung nicht (s. Verordn. vom 22. Oktober 1869 § 7, oben S. 88).

3. Um die Interessen der einzelnen Mitrheder zu wahren, ist vorgeschrieben, dass abgesehen vom Falle eines einstimmigen Beschlusses sämmtlicher Mitrheder, der V e r k a u f d e s S c h i f f s ein ö f f e n t l i c h e r sein, der Regel nach n i c h t in einem a u s w ä r t i g e n H a f e n und auch dann nicht, wenn das Schiff z u e i n e r R e i s e v e r f r a c h t e t ist, erfolgen soll (Prot. IV S. 1559). Die im Gesetz zugelassenen Ausnahmen von der Regel sind gleichfalls wieder durch das wohlverstandene Interesse der Rheder bedingt. Das Gesetz verbietet jedoch nur den V e r k a u f selbst, während das Schiff verfrachtet ist oder in einem auswärtigen Hafen liegt, nicht aber die F a s s u n g d e s einen solchen anordnenden B e s c h l u s s e s. Es ist dies um so weniger zweifelhaft, als die Fassung des preussischen Entwurfs (Art. 410):

Die Rhederei kann mit Stimmenmehrheit ihre Auflösung und den Verkauf des Schiffs beschliessen, sofern dasselbe nicht zu einer Reise verfrachtet oder von der Reise bereits zurückgekehrt ist;

welche die Auffassung zuliess, als ob auch die Beschlussfassung über die Veräusserung eines Schiffs nicht zulässig wäre, so lange dasselbe verfrachtet oder abwesend, nicht adoptirt wurde, und dem auf der hamburger Konferenz gestellten Antrage, „auszusprechen, dass die Majorität vor Heimkehr des Schiffs in die Heimath, also bevor dasselbe nochmals besehen und sein Werth untersucht worden, nicht einmal den Beschluss fassen könne, dass das Schiff in der Heimath zu verauktioniren sei", keine Folge gegeben wurde (Prot. IV. S. 1559). So hat auch das Reichs-Ober-Handels-Gericht entschieden in einem Falle, in welchem die Gültigkeit des Verkaufsbeschlusses nachträglich angefochten wurde, weil das Schiff zur Zeit, als derselbe gefasst war, verfrachtet in New-York gelegen hatte (Entsch. XIV Nr. 131 S. 418 ff.).

4. Nach A u f l ö s u n g der Rhederei ist das V e r m ö g e n derselben, also der aus dem Verkauf des Schiffs gewonnene Erlös und die etwa noch vorhandenen Baarbestände unter die Mitrheder z u v e r t h e i l e n.

5. Wie die L i q u i d a t i o n zu erfolgen habe, bestimmt das Gesetz nicht. Es erklärt sich dies daraus, dass gewöhnlich die Auflösung der Rhederei nicht die Folge eines ausdrücklich diese aussprechenden, sondern eines die Veräusserung des Schiffs anordnenden Beschlusses ist. Alsdann ist aber die Rhederei erst aufgelöst

mit der Ausführung dieses Beschlusses, d. h. mit dem Verkauf des Schiffs. Dieser findet aber regelmässig erst statt nach Beendigung einer Reise. Gewöhnlich werden daher die Geschäfte der Rhederei vollständig abgewickelt sein, wenn der Verkauf vorgenommen wird, so dass nach der Auflösung der Rhederei nur noch der Verkaufserlös unter die Mitrheder zu vertheilen ist. Sind jedoch nach Auflösung der Rhederei noch Geschäfte abzuwickeln, so muss dies von den einzelnen Mitrhedern geschehen, welche auch als Kläger und Beklagte im Prozess aufzutreten haben. Natürlich können dieselben sich durch Bevollmächtigte vertreten lassen, und zwar alle Rheder durch dieselben, ja auch durch einen und denselben. Dieser eine kann eben so gut der frühere Korrespondentrheder, wie jede andere Person sein; so jedoch, dass seine Qualität als Korrespondentrheder jetzt weiter gar nicht in Betracht kommt. Dagegen ist es m. E. nicht richtig, wenn das Appellationsgericht zu Celle in einem Erkenntniss vom 28. Mai 1868 (Seufferts Archiv XXIV Nr. 70) annimmt, dass durch einen vor Auflösung der Rhederei gefassten Majoritätsbeschluss eine Liquidations-Kommission niedergesetzt werden könne, welche mit der gerichtlichen und aussergerichtlichen Vertretung der bisherigen Mitrheder betraut werde. Denn die Rhederei darf über ihre Sphäre nicht hinausgehen, und sie kann ihren Mitgliedern für die Zeit, wo diese aufgehört haben, Mitrheder zu sein, eben so wenig Mandatare ernennen, als irgend einer dritten Person.

Art. 474.

Die Mitrheder als solche haften Dritten, wenn ihre persönliche Haftung eintritt, nur nach Verhältniss der Grösse ihrer Schiffsparten.

Ist eine Schiffspart veräussert, so haften für die in der Zeit zwischen der Veräusserung und der im Art. 471 erwähnten Anzeige etwa begründeten persönlichen Verbindlichkeiten rücksichtlich dieser Schiffspart sowohl der Veräusserer als der Erwerber.

1. Die Frage nach der Haftung mehrerer *exercitores* eines Schiffs beantwortet das R.R. verschieden, je nachdem dieselben das Rhederei-Gewerbe persönlich betreiben *(si per se navem exerceant)* oder durch einen *magister navis*. Im ersteren Falle liess es proratarische Haftung eintreten *(L. 4 pr. De exercit. act. 14, 1)*, im letzteren solidarische *(L. 1 § 25, L. 2, L. 3 eod.)*. und zwar auch wenn der Schiffer aus der Zahl der Mitrheder genommen war *(L. 4 § 1 eod.)*. Diese Grundsätze wurden noch von den älteren italienischen und auch deutschen Schriftstellern vertreten. Das spätere Gewohnheitsrecht sanktionirte jedoch mit Rücksicht darauf, dass dem gemeinschaftlichen Rhedereibetriebe überhaupt die Absicht zu Grunde liegt, das von dem Betreiben der Seefahrt unzertrennliche Risiko möglichst zu beschränken, das Prinzip: die Mitrheder haften in

jedem Falle nur nach Verhältniss ihrer Antheile am Schiff. (S.
Cropp in Heises und seinen jurist. Abh. I S. 447 ff.; Martens,
Grundriss des Handelsr. 3. Aufl. § 156; Kaltenborn I S. 126 f.)
Diesem Gewohnheitsrecht hat nach dem Vorgange anderer Gesetz-
gebungen [1]) das D. H.G.B. Rechnung getragen (vgl. Motive S. 224).

2. Das Gesetzbuch macht die proratarische Haftung der Mitrheder von zwei Umständen abhängig: a. Die Mitrheder müssen
als solche haften, d. h. lediglich auf Grund ihrer Zugehörigkeit zur Rhederei in Anspruch genommen werden. Es kann sehr
wohl auch bei Mitrhedern in Folge „besonderer Thatsachen, z. B.
wegen ausdrücklicher Vertragsbestimmung oder wegen Vergehen"
eine solidarische Haftung angenommen werden müssen (Prot. IV
S. 1612 f.). b. Es muss die persönliche Haftung der Mitrheder in Frage stehen. Da wo die Haftung mit der *fortune de
mer* Platz greift, kann von proratarischer Haftung nicht die Rede
sein. Das Gesetz sagt, in bestimmten Fällen haftet der Rheder,
also auch die Rhederei nur mit Schiff und Fracht. Diese sind daher unbedingt Exekutionsobjekte für die Gläubiger, ohne Rücksicht auf den Umfang der Forderung. Die Gläubiger können
sich daher stets an dieselben halten, so lange sie noch eine Forde-

---

1) Holländ. H.G.B. Art. 321, 322, 335; portug. H.G.B. Art. 1338; finnländ. Seeges. Art. 28. Im französ. (Art. 216 Abs. 3) und im belgischen
Code de comm. (II v. 1879 Art. 7 Abs. 3), wie im italien. H.G.B. (Art. 482
Abs. 2) ist der Satz nur anerkannt in Betreff des Mitrheders, der zugleich Kapitän ist, und dem deshalb das Abandonrecht (in den Fällen, wo die Rhederei
wegen Handlungen des Schiffsführers in Anspruch genommen wird) nicht zusteht.
Dagegen ist die Frage, von welcher Beschaffenheit die Haftung der Mitrheder an
und für sich ist, in Frankreich bestritten. Die proratarische Haftung hat nam-
hafte Vertreter gefunden (so Caumont S. 225 N. 57; Bédarride I N. 299;
Alauzet III N. 1115, IV N. 1724; Bravard-Demangeat IV S. 171 und die daselbst Zitirten). Ebenso aber auch die solidarische (so in neuester Zeit Cresp-
Laurin I S. 388 ff., bes. Note 103, II S. 299 f.; Desjardins II S. 16 f., 54 ff.).
Für die letztere Ansicht ist auch der Kassationshof (in zwei Entscheidungen vom
27. Febr. 1877) eingetreten. In England nahm man früher bei der Rhederei stets
solidarische Haftung der Mitrheder an (Abbott S. 66 f.; Maclachlan S. 95 f.),
und in den Vereinigten Staaten ist noch jetzt diese Ansicht die herrschende
(Kent, *comment.* III S. 155). Dagegen wird in England heutzutage hinsichtlich
der Haftung zwischen *tenants in common* und *joint-tenants* unterschieden (s. o.
S. 62). Solidarisch haften unbedingt nur die letzteren. Bei den ersteren gilt der
Satz, *that they are severally liable, each upon his own contract, made by
himself, or by a duly authorised agent on his behalf* (Maclachlan S. 107;
Abbott S. 61 f., S. 70; Foard S. 31 f., S. 45 f.). Bei Verbindlichkeiten, die
gemeinsam von den Mitrhedern eingegangen sind, haftet jeder Mitrheder auch
über den seiner Part entsprechenden Antheil so weit, als der Gläubiger nicht von
den übrigen Mitrhedern volle Befriedigung erhält. In Betreff der Anstellung
der Klage gilt folgendes: *an action against the part-owners upon any
contract relating to the ship should be brought against all jointly; but
yet if the defendants omit to take the objection at an early part of the proceedings, the plaintiff will recover his whole demand, and the defendants must
afterwards call upon the others for contribution.* Maclachlan S. 126 f.;
vgl. Abbott S. 70 f.) Für die auf ein Verschulden der Besatzung gegründete
Forderung hat die *Merchant Shipping Act* von 1854 *sect. 507—515* ein besonderes Verfahren vorgeschrieben.

rung gegen den Rheder oder die Rhederei haben. Erst mit dem
Untergange der Forderung hört auch das Recht auf, aus diesen
Gegenständen Befriedigung zu suchen. Durch Bezahlung eines
Theils der Schuld wird nicht etwa ein Theil des Exekutionsobjekts
frei, und es kann selbstverständlich hierbei keinen Unterschied begründen, ob der Alleinrheder eine solche Zahlung geleistet hat,
oder aber ein Mitrheder bei einer Rhederei. Der Mitrheder kann
daher seine Part nicht befreien durch Zahlung der seinem Antheil
entsprechenden Quote[1]), sondern nur durch Zahlung der ganzen
Schuld (Prot. VIII S. 3731). Diesen letzteren Satz hat das H.G.B.
in der Lehre von den Schiffsgläubigern noch besonders anerkannt
(Art. 766).

3. Hinsichtlich des Verhältnisses des Veräusserers
und des Erwerbers einer Schiffspart dem Dritten gegenüber stellt das Gesetz dasselbe Prinzip auf, wie den Mitrhedern
gegenüber. Wie diesen der Veräusserer bis zur Anzeige von der

---

1) Das entgegengesetzte Prinzip stellen für das Abandonsystem das holländ. H.G.B. Art. 321 und das portug. H.G.B. Art. 1338 auf. Es wird hier
ausdrücklich gesagt, dass jeder Mitrheder von seiner Verantwortlichkeit befreit
würde durch Abandonnirung seiner Part. Diese Entscheidung ist für das in Rede
stehende System durchaus konsequent, und die Abweichung von dem für das
deutsche Recht aufgestellten Prinzip ergiebt sich aus dem Gegensatz, in welchem
das Abandonsystem zu dem System der gesetzlich beschränkten Haftung steht.
Bei dem letzteren wird dem Gläubiger ein Exekutionsobjekt zugewiesen, aus dem
derselbe seine Befriedigung suchen kann, wenn nicht der Schuldner freiwillig
leistet. Bei dem ersteren besteht eine persönliche Haftung des Schuldners, der
dieser aber durch den Abandon entgehen kann. Gehört das Schiff nicht einem
Einzelrheder, sondern einer Rhederei, so haftet nicht diese, da sie überhaupt
nicht als Rechtssubjekt im Verkehr auftritt, sondern es haften die einzelnen Mitrheder. Auch letztere entgehen aber der persönlichen Haftung durch Abandon,
da das Abandonrecht nirgends auf Einzelrheder beschränkt ist. Der Abandon
eines Mitrheders kann nun naturgemäss nur dessen Part zum Gegenstand haben,
da ein solcher nicht über anderen Personen gehörige Vermögensobjekte (das sind
eben die den anderen Mitrhedern gehörigen Schiffsparten) verfügen kann. So
auch Lamprecht in Goldschmidts Zeitschr. XXI S. 93. A. M. Ehrenberg,
beschränkte Haftung S. 242 f., der sich jedoch für seine Ansicht lediglich auf die
Härte beruft, welche die entgegengesetzte für den Gläubiger im Gefolge hätte.
Solche macht sich aber umgekehrt bei der Ehrenbergschen Meinung, wonach
lediglich durch Hingabe des ganzen Schiffsvermögens die einzelnen Mitrheder befreit werden, den letzteren gegenüber geltend (vgl. Prot. IV S. 1587 f.). Die französischen Schriftsteller stehen gleichfalls grösstentheils auf dem von mir vertretenen Standpunkt. So Bédarride I N. 293; Cresp-Laurin I S. 393, 637 f.; Desjardins II S. 87. Nach einer anderen Ansicht ist der Abandon durch die Majorität zu beschliessen; allein wenn diese sich gegen den Abandon und für volle
Befriedigung der Gläubiger ausspricht, so braucht sich die Minorität dem nicht
zu fügen (Caumont S. 26 f. N. 24 ff.; Ruben de Couder S. 412 N. 69). Die
den theilweisen Abandon zulassenden Juristen gehen freilich selbst wieder hinsichtlich der Wirkungen eines solchen Abandons aus einander. Diejenigen von
ihnen, welche proratarische Haftung annehmen, lassen den auf den abandonnirenden Rheder fallenden Theil der Schuld in Folge des Abandons untergehen, die,
welche solidarische Haftung statuiren, nehmen an, dass für die auf den abandonnirenden
Mitrheder fallenden Theile der Schuld, soweit diese nicht materiell getilgt sind,
die Mitrheder, welche vom Abandonrecht keinen Gebrauch machen, verhaftet
bleiben (s. Desjardins a. a. O.).

stattgehabten Veräusserung haftet und erst hierdurch frei wird,
der Erwerber bereits von der Veräusserung an haftet; während der
Zeit von der Veräusserung bis zur Anzeige davon also die Rhederei
zwei Schuldner hat, Veräusserer und Erwerber, so kann sich auch
der dritte Gläubiger während des gedachten Zeitraumes sowohl an
den einen wie an den anderen halten.

Art. 475.

*Die Mitrheder als solche können wegen eines jeden Anspruchs,
ohne Unterschied, ob dieser von einem Mitrheder oder von einem
Dritten erhoben ist, vor dem Gerichte des Heimathshafens (Art. 435)
belangt werden.*

*Diese Vorschrift kommt auch dann zur Anwendung, wenn die
Klage nur gegen einen Mitrheder oder gegen einige Mitrheder gerichtet ist.*

Vgl. Art. 455.

Art. 476.

*Auf die Vereinigung zweier oder mehrerer Personen, ein Schiff
für gemeinschaftliche Rechnung zu erbauen und zur Seefahrt zu verwenden, finden die Art. 457, 458, 467, der letztere mit der Maassgabe Anwendung, dass er zugleich auf die Baukosten zu beziehen
ist, desgleichen die Art. 472 und 474 und, sobald das Schiff vollendet
und von dem Erbauer abgeliefert ist, ausserdem die Art. 470, 471
und 473.*

*Der Korrespondentrheder (Art. 459) kann auch schon vor Voll-
endung des Schiffs bestellt werden; er hat in diesem Fall sogleich
nach seiner Bestellung in Bezug auf den künftigen Rhedereibetrieb
die Rechte und Pflichten eines Korrespondentrheders.*

1. Das Gesetz hat nicht im Auge eine Personen-Vereinigung, die sich lediglich zu dem Zwecke gebildet hat, ein
einzelnes Schiff oder mehrere zum Verkauf zu erbauen, sondern
eine Gesellschaft, welche den gemeinsamen Erwerb durch Seefahrt
bezweckt und zu diesem Behufe sich ein Schiff erbauen lässt
(Prot. IV S. 1499, 1638). Auf eine solche Gesellschaft lässt sich
nun nicht einfach der Begriff der Rhederei anwenden, weil diese
das Schiff als Grundlage voraussetzt; sie ist vielmehr lediglich
eine zivilrechtliche Sozietät. Das Gesetzbuch hat jedoch auf dieselbe, da „der Zeitpunkt, in welchem der Bau des Schiffs vollendet" ist und der „Schifffahrtsbetrieb" beginnt, „in sehr vielen
Fällen nicht zu ermitteln" ist, „sondern die den Bau und die den
Schifffahrtsbetrieb betreffenden Geschäfte nicht selten in einander
greifen", die für die Rhederei geltenden Grundsätze, soweit sie hier
überhaupt anwendbar sind, zur Anwendung gebracht (Prot. IV
S. 1642, 1654); die über das Recht der Mitrheder zur Veräusse-

7*

rung ihrer Parten, das Verhältniss des Veräusserers und des Erwerbers einer Schiffspart zu den übrigen Mitrhedern und über die Auflösung der Rhederei freilich nur für den Fall, dass das Schiff fertig geworden, und der Betrieb beginnen **kann** (Prot. IV S. 1647). In diesem Falle ist nämlich mit der vollendeten dinglichen Unterlage die Rhederei bereits ausgebildet; denn dass das Schiff momentan zum Erwerbe gebraucht wird, fordert das Gesetzbuch für den Begriff der Rhederei überhaupt nicht.

2. Was die Anwendung des Art. 458 betrifft, so würde unter den Begriff einer **Abänderung** des **Rhederei-Vertrags** gehören und demgemäss Stimmeneinhelligkeit erfordern der Beschluss, das Schiff grösser zu bauen, als von vorn herein veranschlagt war, und demgemäss auch höhere Beiträge als die ursprünglich festgesetzten von den einzelnen Theilnehmern einzufordern (Prot. IV S. 1645). Das *Consulado del mare* (c. 5, vgl. aber c. 6 — Pardessus II S. 53—56 —) hatte zwar den entgegengesetzten Grundsatz, doch wurde dieser später allgemein beseitigt (Pöhls, Seerecht I S. 100).

3. Der — in der gewöhnlichen Weise (Art. 459) zu wählende — Korrespondentrheder hat nicht für die lediglich durch den Bau des Schiffs veranlassten Geschäfte die Stellung eines Vertreters der Gesellschaft, sondern nur für die auf den Rhedereibetrieb bezüglichen. Die Abschliessung des Vertrags mit dem Schiffsbaumeister, der Ankauf von Baumaterialien und ähnliches ist nicht Sache des Korrespondentrheders; wohl aber der mit Rücksicht auf die nahe bevorstehende Vollendung des Schiffs erforderliche Ankauf von Proviant und sonstigen Ausrüstungsgegenständen, der Abschluss von Frachtverträgen u. s. w. (Prot. IV S. 1641). Natürlich kann der Korrespondentrheder durch eine besondere Vereinbarung der Gesellschaft, z. B. den Rhedereivertrag, zugleich als Bevollmächtigter derselben für den Schiffsbau bestellt werden; und es kann dies auch durch die Majorität der Mitglieder geschehen, wenn derselben dieses Recht durch den Rhedereivertrag eingeräumt ist. In dieser Eigenschaft hat derselbe den Bau zu überwachen, den Baumeister mit den etwa erforderlichen Anweisungen zu versehen und etwaige beim Bau nothwendige Rechtsgeschäfte abzuschliessen, auch die nöthigen Beiträge zu den Baugeldern, wenn dieselben nicht auf ein Mal, sondern ratenweise eingezahlt werden, auszuschreiben und einzukassiren und die Baurechnung zu führen (Prot. IV S. 1642). Allein diese Obliegenheiten kommen demselben nicht als Korrespondentrheder, sondern als besonders bestelltem Bevollmächtigten der Sozien zu.

Art. 477.

Wer ein ihm nicht gehöriges Schiff zum Erwerb durch die Seefahrt für seine Rechnung verwendet und es entweder selbst führt oder die Führung einem Schiffer anvertraut, wird im Verhältniss zu Dritten als Rheder angesehen.

Der Eigenthümer kann denjenigen, welcher aus der Verwendung einen Anspruch als Schiffsgläubiger herleitet, an der Durchführung des Anspruchs nicht hindern, sofern er nicht beweist, dass die Verwendung ihm gegenüber eine widerrechtliche, und der Gläubiger nicht in gutem Glauben war.

1. Das R.R. versteht, wie schon oben (S. 45) hervorgehoben, unter dem *exercitor navis* eben so wohl den Eigenthümer als den, welcher mit einem fremden Schiff dem Erwerbe durch Seefahrt nachgeht, — den, der *a domino navem per aversionem conduxit vel ad tempus vel in perpetuum* — und es sind in der That „die rechtlichen Beziehungen Dritter zu dem Schiffseigner, der mit seinem Schiffe Frachtgeschäfte" vornimmt, „in Nichts verschieden von den Beziehungen zu demjenigen, der ein fremdes Schiff miethet und mit demselben Frachtgeschäfte betreibt" (Prot. IV S. 1497). So erklärt sich die Anwendung der für den Ersteren gegebenen gesetzlichen Bestimmungen auf den Letzteren. Natürlich kann nicht jeder, der mit einem fremden Schiff in irgend einer Weise Frachtgeschäfte vornimmt, an die Stelle des Rheders gesetzt werden; so nicht der, welcher für eine einzelne Reise ein Schiff gemiethet hat, selbst wenn er dasselbe in diesem Falle nicht selbst beladen, sondern wieder an andere auf Stückgüter verfrachten will, eben so wenig aber der, welcher auf eine bestimmte Zeit ein Schiff gemiethet hat, um dasselbe, je nachdem es die Gelegenheit fordert, auf Stückgüter oder auch im Ganzen an andere Personen zu verchartern, vorausgesetzt, dass der Kapitän nicht sein Angestellter und Untergeordneter ist, sondern den Befehlen des Schiffseigenthümers untergeben bleibt. Der hier vorliegende Fall ist vielmehr der, wo jemand das Schiff eines Anderen durch einen Miethskontrakt oder einen sonstigen Vertrag unter seine Verfügung gebracht hat und es für sich fahren lässt, dabei, wenn er das Schiff nicht selbst führt, den Schiffer unter seiner Direktion hat und überhaupt die für die Expedition erforderlichen Dispositionen selbst ertheilt (Prot. IV S. 1656 f.; Entsch. des O.A.G. zu Lübeck vom 30. April 1867 in Kierulffs Sammlung III S. 356). Nicht in Betracht kommt es, ob der Schiffer von dem Miether des Schiffs selbst angestellt ist, oder ob der des Eigenthümers auf dem Schiffe bleibt, „damit der letztere noch einige Garantie für eine entsprechende Behandlung des Schiffs behält"; denn auch in diesem Falle repräsentirt der Schiffer nicht mehr den Eigenthümer und führt nicht in dessen Namen die Frachtkontrakte aus.

2. Wenn das Gesetzbuch einen solchen Ausrüster im Verhältniss zu dritten Personen als Rheder betrachtet, so ist das von den Rechten und Pflichten zu verstehen, welche als Folge des Rhedereibetriebes („der Verwendung" des Schiffs „zum Erwerb durch die Seefahrt") erscheinen, nicht aber von denen, welche lediglich als Folge des Schiffseigenthums erklärt werden können. Es wird daher dem Ausrüster das Recht zur

Veräusserung des Schiffs nur unter der Voraussetzung zustehen, unter der auch der Schiffer dazu berechtigt ist. In allen anderen Fällen würde der Eigenthümer zur Vindikation befugt sein [1]) (Prot. IV S. 1659, VIII S. 3740 f.). Da ein solcher Ausrüster aber dritten Personen gegenüber alle Rechte und Pflichten eines Rheders hat, demgemäss alle derartigen Rechte erwerben und Verbindlichkeiten eingehen darf, so kann der, welcher sich mit demselben in Rechtsgeschäfte einlässt, beim Vorhandensein der sonstigen Voraussetzungen auch die Rechte eines Schiffsgläubigers, also ein Pfandrecht am Schiffe selbst bekommen. Die Geltendmachung dieses Rechts muss sich der Eigenthümer gefallen lassen, und zwar wird hierzu nicht einmal vorausgesetzt, dass die Verwendung des Schiffs Seitens des Ausrüsters dem Willen des Eigenthümers gemäss war. Nur dann kann der Eigenthümer die Geltendmachung hindern, wenn zwei Thatsachen zusammentreffen, deren Beweis ihm obliegt: 1. die Verwendung des Schiffs muss ihm gegenüber eine widerrechtliche sein; 2. der Gläubiger muss *in mala fide* gewesen sein, d. h. er muss gewusst haben oder er hätte wissen müssen, dass die Verwendung des Schiffs durch den Ausrüster eine unbefugte war [2]).

3. Der Grund dieser Bestimmung ist ein ähnlicher, wie der, welcher für das Auflassungsprinzip im deutschen Immobiliarsachenrecht maassgebend gewesen. Wie hier die Rücksicht auf den Realkredit bewirkt, dass dem Inhalte des Grund- und Hypothekenbuchs unbedingt *publica fides* beigemessen wird und das Recht dessen aufrecht zu erhalten ist, der dasselbe von dem durch jenes als Eigenthümer oder Hypothekengläubiger nachgewiesenen erworben hat, ohne Rücksicht darauf, ob dieser in Wahrheit Eigenthümer oder Hypothekengläubiger ist, so hat das Interesse der Sicherheit der Seeschifffahrt es veranlasst, dass hinsichtlich der von dritten Personen erworbenen Rechte der stets als Eigenthümer des Schiffs, also auch zur Einräumung von Rechten an demselben befugt angesehen wird, der die Disposition über das Schiff hat. Häufig nämlich ist es für den, welcher mit einem Schiffsführer ein Rechtsgeschäft abschliesst, äusserst schwierig, unter Umständen ganz unmöglich, festzustellen, ob der Schiffer als Vertreter des Eigenthümers oder eines Miethers des Schiffs handelt (Prot. IV S. 1662).

---

1) Art 306 H.G.B. findet auf Seeschiffe keine Anwendung, da ja schon das Pfandrecht der Schiffsgläubiger (nach Art. 758) gegen den dritten Besitzer des Schiffs verfolgbar ist. S. darüber Goldschmidt, H.R. II S. 831 ff.; vgl. Lewis in Endemanns Handb. IV S. 22.

2) Ein Abandonrecht räumen die französischen Juristen dem *armateur* nur in dem Falle ein, wenn er zugleich Eigenthümer oder Miteigenthümer des Schiffs ist (Caumont S. 213 f. N. 2; Cresp I S. 616; Laurin das. S. 349 Note 61; Desjardins II S. 15); eine Entscheidung, die durch das Wesen des Abandons geboten ist; *car le bon sens indique, que c'est le propriétaire seul d'une chose, qui peut en abdiquer la propriété* (Cresp).

DRITTER TITEL.

Von dem Schiffer.

Uebersicht.

Der Führer eines Schiffs hat bei seinen Dienstverrichtungen die Sorgfalt eines ordentlichen Schiffers zu beobachten. Er ist für jeden Schaden, der aus der Verletzung dieser Sorgfalt entsteht, zivilrechtlich verantwortlich (Art. 478), und zwar nicht nur dem Rheder gegenüber, sondern auch den Ladungsinteressenten, den Reisenden, der Schiffsmannschaft und den Schiffsgläubigern gegenüber, denen Forderungen aus Kreditgeschäften zustehen (Art. 479 Abs. 1). Dieser Verantwortlichkeit entgeht der Schiffer auch dann nicht, wenn er eine Maassregel nach dem Beschlusse eines von ihm abgehaltenen Schiffsraths getroffen hat (Art. 485), und nur dem Rheder gegenüber, wenn er auf dessen Anweisung gehandelt hat (Art. 479 Abs. 2). Eine Verletzung der in Rede stehenden Sorgfalt liegt insbesondere in der Vernachlässigung der vom Gesetz dem Schiffer auferlegten Pflichten. Diese Pflichten sind folgende. Der Schiffer hat für die gehörige Instandsetzung, Einrichtung, Ausrüstung, Bemannung des Schiffs (Art. 480), für ordentliche Beladung und gehörige Stauung zu sorgen (Art. 481). Er hat im Auslande die daselbst geltenden Gesetze zu beobachten und darf den Grundsätzen des Völkerrechts nicht zuwiderhandeln (Art. 482). Der Schiffer soll die Abfahrt nicht unnöthiger Weise verzögern (Art. 483). Vom Beginn des Ladens bis zur Beendigung der Löschung darf er nicht gleichzeitig mit dem Steuermann ohne dringende Veranlassung das Schiff verlassen und auch in solchem Falle nicht, ohne einen geeigneten Vertreter aus der Mannschaft zu bestellen. Auch muss er, wenn nicht dringende Nothwendigkeit seine Abwesenheit rechtfertigt, selbst stets an Bord sein bei drohender Gefahr und wenn das Schiff in See ist (Art. 484). Der Schiffer muss ein Journal führen lassen behufs Aufzeichnung aller erheblichen Begebenheiten der Reise (Art. 486—489). Auch hat er über alle auf der Reise eingetretenen Unfälle, die irgend einen Nachtheil zur Folge gehabt haben, Verklarung abzulegen (Art. 490—493). Der Schiffer muss alles, was er vom Befrachter, Ablader oder Ladungsempfänger als Belohnung oder Entschädigung erhält, dem Rheder als Einnahme in Rechnung bringen (Art. 513) und darf ohne dessen Einwilligung keine Güter für eigene Rechnung verladen (Art. 514).

Der Schiffer hat ausserhalb des Heimathshafens Dritten gegenüber gesetzliche Vollmacht, für den Rheder alle Rechtshandlungen mit den Wirkungen der direkten Stellvertretung vorzunehmen, die die Ausrüstung, Bemannung, Verproviantirung und Erhaltung des Schiffs, wie überhaupt die Ausführung der Reise mit sich bringen, mit Einschluss der Eingehung von Frachtverträgen und der Anstellung von Klagen innerhalb seines Wirkungskreises (Art. 496, 500, 502). Doch sind Darlehnsgeschäfte, Käufe auf Borg und ähnliche Kreditgeschäfte für den Rheder nur verbindlich, wenn und soweit solche zur Erhaltung des Schiffs oder zur Ausführung der Reise stattfanden; Bodmereigeschäfte nur, wenn und soweit sie zu letzterem Zweck eingegangen wurden (Art. 497); Geschäfte, die auf den persönlichen Kredit des Rheders abgeschlossen werden, gar nicht, wenn der Schiffer nicht dazu durch eine Spezialvollmacht ermächtigt ist (Art. 498). Im Falle des Vorhandenseins und der gehörigen Konstatirung einer dringenden Nothwendigkeit hat der Schiffer auch die Befugniss zum Verkauf des Schiffs (Art 499). Im Heimathshafen ist die gesetzliche Vertretungsbefugniss des Schiffers auf die Annahme der Schiffsmannschaft beschränkt (Art. 495). Dem Rheder gegenüber erkennt das Gesetz dieselbe Vertretungsbefugniss des Schiffers an, soweit diese nicht von demselben beschränkt ist. Der Schiffer ist verpflichtet, den Rheder von dem Zustande des Schiffs, den Begebnissen der Reise und allem, was sich darauf bezieht, in fortlaufender Kenntniss zu erhalten, in allen erheblichen Fällen, soweit es möglich, sich Verhaltungsmaassregeln zu erbitten, stets aber in dessen Interesse zu handeln (Art. 503).

In gleicher Weise ist der Schiffer zum Stellvertreter der Ladungsinteressenten während der Reise vom Gesetz bestellt. Der Schiffer ist berechtigt und verpflichtet, zum Besten der Ladung alle Maassregeln zu treffen, die vernünftiger und sachentsprechender Weise der Ladungseigenthümer selbst vornehmen würde, und zwar Maassregeln rein faktischer Natur, wie Rechtshandlungen. Die Maassregeln können die Reise betreffen (Art. 505), aber auch die Güter selbst (Art. 504). Dem entsprechend ist dem Schiffer auch ein Verfügungsrecht über die Ladung eingeräumt, nicht aber auch das Recht, Geschäfte auf den persönlichen Kredit der Ladungsbetheiligten abzuschliessen. Die auf Grund dieses Verfügungsrechts vom Schiffer eingegangenen

Rechtsgeschäfte haben die Ladungseigenthümer für sich gelten zu lassen, wenn und soweit dieselben zur Abwendung oder Verringerung von ihnen drohenden Verlusten oder zur Fortsetzung der Reise nothwendig waren (Art. 504 Abs. 3, 507, 511, 512, 506). Doch wird die zum Zweck der Fortsetzung der Reise vom Schiffer vorgenommene Verbodmung der Ladung, wie Verkauf oder Verwendung von Ladungstheilen, wenn der Grund hierfür nicht in Havariegrosse liegt, als ein für Rechnung des Rheders abgeschlossenes Kreditgeschäft angesehen (Art. 510). Den Ladungsinteressenten gegenüber hat der Schiffer die Pflicht, bei Ausübung dieser Befugnisse sich nach den Anweisungen derselben zu richten, vorausgesetzt, dass er solche einholen und befolgen konnte; sonst aber sich durch deren wohlverstandenes Interesse leiten zu lassen (Art. 504 Abs. 2, 508, 509).

Der Schiffer kann ohne Rücksicht auf die dieserhalb getroffene Vereinbarung jederzeit vom Rheder entlassen werden (Art. 515). Geschieht dies jedoch wider seinen Willen, und hatte der Schiffer bei einer Rhederei in Folge einer mit den übrigen Rhedern getroffenen Uebereinkunft einen Antheil am Schiff, so kann er verlangen, dass dieser von den Mitrhedern zum Schätzungswerth übernommen wird (Art. 522). Ob · und welche Entschädigungsansprüche abgesehen hiervon der Schiffer geltend machen kann, hängt von dem Grunde der Entlassung und der Natur des Vertragsverhältnisses ab. Das Gesetz unterscheidet folgende Fälle: 1. Die Entlassung erfolgt wegen Nichterfüllung der kontraktmässigen Obliegenheiten Seitens des Schiffers (Art. 516, 519); 2. die Entlassung erfolgt, weil ein Schiff oder Ladung treffender Zufall Antretung oder Fortsetzung der Reise unmöglich macht bei einem Schiffer, der für eine bestimmte Reise angestellt war, oder auf unbestimmte Zeit, die Ausführung einer bestimmten Reise aber bereits übernommen hatte (Art. 517, 519, 526); 3. die Entlassung erfolgt willkürlich von Seiten des Rheders bei einem auf unbestimmte Zeit angestellten Schiffer, der bereits die Ausführung einer bestimmten Reise übernommen hatte (Art. 518, 519).

Abgesehen von diesen Fällen regelt das Gesetz noch die besonderen Verbindlichkeiten des Rheders dem Schiffer bezw. dessen Rechtsnachfolgern gegenüber für den Fall, 1. dass die Rückreise des Schiffs nicht in dessen Heimathshafen endet bei einem Schiffer, der für die Aus- und Rückreise oder auf unbestimmte Zeit angestellt war (Art. 520); 2. dass der Schiffer nach Antritt der Reise erkrankt oder verwundet wird (Art. 523); 3. dass der Schiffer nach Antritt des Dienstes stirbt (Art. 524).

Der Schiffer kann nach Antritt einer Reise, selbst wenn er auf unbestimmte Zeit angestellt ist, nicht jederzeit den Dienst verlassen, sondern erst nachdem das Schiff in den Heimathshafen oder einen inländischen Hafen zurückgekehrt und entlöscht ist. Doch giebt das Gesetz einem solchen Schiffer das Recht, unter bestimmten Voraussetzungen schon vorher seine Entlassung zu fordern (Art. 521)

Auch der Verlust des Schiffs befreit den Schiffer nicht von der Pflicht, die Interessen des Rheders, so lange es nothwendig, wahrzunehmen (Art. 526).

Art. 478.

Der Führer des Schiffs (Schiffskapitän, Schiffer) ist verpflichtet, bei allen Dienstverrichtungen, namentlich bei der Erfüllung der von ihm auszuführenden Verträge, die Sorgfalt eines ordentlichen Schiffers anzuwenden. Er haftet für jeden durch sein Verschulden entstandenen Schaden, insbesondere für den Schaden, welcher aus der Verletzung der in diesem und den folgenden Titeln ihm auferlegten Pflichten entsteht.

1. Der Führer eines Schiffs, in der kaufmännischen und seemännischen Sprache „Kapitän", in der amtlichen Sprache in Deutschland, wo man diese Bezeichnung für den Befehlshaber eines Kriegsschiffs reservirt, „Schiffer" genannt, kann alleiniger Eigenthümer des Schiffs, oder Eigenthümer einer Schiffspart, oder weder das Eine noch das Andere, sondern blos Angestellter des Rheders oder der Rhederei. sein. Die Regel ist die, dass der Kapitän Eigenthümer einer Part, also Mitrheder ist. Indess wird hierdurch sein Verhältniss als Schiffsführer, abgesehen etwa von der Bestimmung des Art. 522 nicht alterirt. Das H.G.B. hat lediglich den Schiffer als Angestellten des Rheders resp. der Rhederei im Sinne. Einzig und allein auf diesen anwendbar sind aber nur die Bestimmungen, welche von dem Verhältniss des Schiffers zum Rheder und der Rhederei handeln (Art. 495—503. Art. 513—526), nicht aber die, welche das Verhältniss desselben zu den Ladungsbetheiligten betreffen (Art. 504—511), und die, welche die allgemeinen Pflichten enthalten, die dem Schiffer mit Rücksicht auf die Sicherheit der Schifffahrt und im Interesse sämmtlicher bei derselben Betheiligten auferlegt sind (Art. 478—493).

2. Die von dem Schiffer zu bethätigende Sorgfalt ist dieselbe, welche überall da vorkommt, wo das H.G.B. einen besonderen Grad der zu prästirenden Diligenz fordert, nämlich *diligentia diligentis patrisfamilias* mit der Maassgabe, dass jede Verletzung der durch das Gesetz oder die Anschauungen der Berufsgenossen dem Schiffer auferlegten Pflichten unter den Begriff der von demselben zu prästirenden *culpa levis* fällt.

Das Gesetzbuch hat selbst eine Reihe von Obliegenheiten des Schiffers aufgeführt. Die Nichtbeobachtung dieser Obliegenheiten begründet ohne Weiteres den Begriff einer zu prästirenden *culpa* (Prot. IV S. 1929, VIII S. 3748). Welche sonstigen Handlungen oder Unterlassungen eine *culpa* des Kapitäns ausmachen, darüber entscheidet richterliches Ermessen, nöthigenfalls nach Anhörung von Sachverständigen. Natürlich ist hierbei eine bestimmte Handlung oder Unterlassung nicht immer ohne Weiteres *culpa*, sondern es kommt auf die besonderen Umstände des Falls an. Es wird noch nicht unter den Begriff der *culpa* fallen, wenn der Schiffer nicht ängstlich den üblichen Kurs für eine bestimmte Reise einhält, wohl aber wenn derselbe einen Umweg macht, oder Häfen anläuft, etwa um dort seine Privatangelegenheiten zu besorgen (Entsch. des O.A.G. zu Lübeck v. 13. Oktober 1870 in Kierulffs Samml. VI S. 482); ebenso wenn der Schiffer trotz der ihm bekannten Blokade des Bestimmungshafens seine Reise dorthin fortsetzt und nicht entweder nach dem Abgangshafen zurückgeht oder in einen Zwischenhafen einläuft (Entsch. des R.O.H.G. VIII S. 299) [1]. Dagegen wird man es nicht unbedingt für ein Versehen des Kapitäns halten können, wenn er, obwohl er weiss, dass seine Flagge oder das von ihm geführte Gut unfrei geworden, doch seine Fahrt fortsetzt [2]), sondern nur, wenn die Gefahr nahe liegt, vom Feinde aufgebracht zu werden, z. B. wenn er sich in Gewässer begiebt, in denen sich feindliche Kreuzer befinden. Ferner wird natürlich in den Gewässern, in denen eine gesetzliche Zwangspflicht der Zuziehung eines Lootsen besteht, die Unterlassung dieser Zuziehung als *culpa* des Kapitäns aufzufassen sein, nicht aber ohne Weiteres in einem s. g. Lootsfahrwasser, d. h. da, wo man sich gewöhnlich eines Lootsen bedient, oder wo die Vorsicht dies zu gebieten scheint [3]), sondern nur dann, wenn weder der Schiffer selbst, noch sonst jemand aus der Schiffsbesatzung von den Eigenthümlichkeiten des Gewässers genügende Kunde hat, noch auch sonst irgend eine mit dem Fahrwasser vertraute Person sich an Bord befindet, deren Unterstützung demselben sicher ist (Entsch. des R.O.H.G. XI S. 331 ff.; Entsch. der Seeämter I S. 189 f., 501, 503, 681) [4]).

3. Wenn aber nach dem Gesetz der Schiffer auch für *omnis culpa* haftet, so kann d u r c h einen V e r t r a g der Betheiligten diese Verhaftung auf *culpa lata*, ja auf *dolus* allein beschränkt werden (*L. 23 De R. I. 50, 17; L. 1 § 10 Depositi 16, 3*); denn nur die vertragsmässige Ausschliessung des Haftens für *dolus* ist als *contra bonos mores* verboten, und in dieser Hinsicht kann man nicht die *culpa lata* dem *dolus* für gleichgestellt erachten. (Entsch. des O.A.G. zu Lübeck vom 29. Mai 1856 in

---

1) Aeltere und neuere Seerechte enthalten auch eine ausdrückliche dahin zielende Vorschrift: § 1686 Preuss. A.L.R. II, 8; *Code de comm.* Art. 279. Eine solche fand sich auch im preuss. Entw. des H.G.B. Art. 427. Sie wurde in das H.G.B. nicht aufgenommen, um den Schiffer in der Wahl der zweckdienlich scheinenden Mittel nicht einzuengen: Prot. IV S. 1867 f.

2) Der preuss. Entw. Art. 425 — wie auch das Pr. A.L.R. (§ 1687 II, 8) — hatte in diesem Falle gleichfalls dem Schiffer Einlaufen in einen heimischen oder neutralen Hafen vorgeschrieben. Vgl. Prot. IV S. 1866 f.

3) Die generelle Vorschrift des preuss. Entw. Art. 418, stets einen Lootsen an Bord zu nehmen, wo „Gesetz, Gewohnheit oder Vorsicht es gebieten", wurde gestrichen: Prot. IV S. 1781 ff.

4) Ueber das Verschulden bei Schiffskollisionen s. Art. 736.

Seufferts Archiv XI Nr. 86; Erk. des hamb. Handelsger. vom
24. Mai 1878 in der hamb. Handelsger.-Zeitg. von 1878 S. 345.)

Art. 479.

*Diese Haftung des Schiffers besteht nicht nur gegenüber dem
Rheder, sondern auch gegenüber dem Befrachter, Ablader und Ladungsempfänger, dem Reisenden, der Schiffsbesatzung und denjenigen
Schiffsgläubiger, dessen Forderung aus einem Kreditgeschäft (Art.
497) entstanden ist; insbesondere dem Bodmereigläubiger.*

*Der Schiffer wird dadurch, dass er auf Anweisung des Rheders
gehandelt hat, den übrigen vorgenannten Personen gegenüber von der
Haftung nicht befreit.*

*Durch eine solche Anweisung wird auch der Rheder persönlich
verpflichtet, wenn er bei Ertheilung derselben von dem Sachverhältniss unterrichtet war.*

1. Abweichend vom R.R., welches neben dem Rheder auch
den *magister navis* aus den von ihm seiner Vollmacht gemäss
abgeschlossenen Geschäften in Anspruch nehmen lässt, bleibt
nach dem jetzt geltenden Recht in Folge des Prinzips der
direkten Stellvertretung der Schiffer aus den von ihm als Vertreter des Rheders abgeschlossenen Geschäften von jeder persönlichen Haftbarkeit frei (Art. 502). Trotzdem hat das Gesetzbuch
eine Verhaftung des Schiffers wegen Versehen nicht nur
dem Rheder, sondern auch gewissen Personen gegenüber, mit denen
er als Vertreter des ersteren in kontraktlichen Beziehungen steht,
statuirt. Diese Verhaftung darf jedoch nicht analog auf andere
Personen ausgedehnt werden, zu denen der Schiffer in einem ähnlichen Verhältniss steht. Um dies zu verhüten[1]), hat man eine
generelle Bezeichnung vermieden und die einzelnen Personen-
Kategorien besonders aufgeführt (Prot. IV S. 1928 f., VI S. 2615,
S. 2860). Wenn aber auch der Schiffer diesen genannten Personen
für allen Schaden haftet, der ihnen aus einer Pflichtverletzung von
seiner Seite erwachsen ist, so kann man ihm doch nicht zumuthen, bei seinen Handlungen die möglichen Beziehungen dieser
Personen zu anderen in Betracht zu ziehen und unter Berücksichtigung aller dieser Verhältnisse zu erwägen, ob nicht aus einer
Handlung oder Unterlassung denselben ein Nachtheil erwachsen
könne. Der Schiffer haftet daher z. B. nicht für den Nachtheil,
der den Befrachtern dadurch zugefügt ist, dass durch eine von
ihm vorgenommene Handlung denselben Kosten erwuchsen, deren
Erstattung sie nicht von ihren Versicherern verlangen können,
während er eine andere Handlung hätte vornehmen können, die
nur erstattungsfähige Kosten in ihrem Gefolge gehabt haben würde.
Man darf demselben vielmehr nur zumuthen, solche Verhältnisse

---

1) Speziell um die Frage, in wie fern „der Assecurateur den Schiffer zu
belangen befugt sei", nicht zugleich mit zu entscheiden.

in Betracht zu ziehen, über deren Vorhandensein und Beschaffenheit er ein sicheres Urtheil hat (Erk. des O.A.G. zu Lübeck vom 19. Juli 1851 in Seufferts Archiv VI Nr. 247).

2. Die Bestimmung des Abs. 2 erklärt sich daraus, dass der Schiffer Sachverständiger ist und daher wissen muss, dass er durch Verletzung der ihm obliegenden Pflichten möglicherweise Leben und Vermögen der im Artikel genannten Personen gefährdet. Die darauf hinauslaufende A n w e i s u n g d e r e i n e n derselben k a n n i h n d a h e r n u r v o n d e r I n a n s p r u c h n a h m e d i e s e r e i n e n P e r s o n, nicht aber von der der übrigen b e f r e i e n. Denn der *dolus* oder die *culpa*, deren sich jemand gegenüber einer bestimmten Person schuldig macht, wird dadurch nicht beseitigt, dass der eine oder die andere durch eine dritte Person provozirt ist. Dass der Schiffer der Angestellte des Rheders ist und dessen Anweisungen Folge zu leisten hat, bewirkt hierin keine Aenderung; denn diese Pflicht erstreckt sich nicht auf solche Anordnungen, die auf Rechtsverletzungen hinauslaufen (Prot. VIII S. 3813).

3. Dass der Rheder, wenn der Schiffer auf seine Anordnung hin sich eine Rechtsverletzung hat zu Schulden kommen lassen, persönlich, nicht blos mit Schiff und Fracht haftet, ist dadurch bedingt, dass hier mit dem Verschulden des Schiffers auch ein eigenes Verschulden des Rheders konkurrirt. Ist die Anweisung vom Korrespondentrheder ausgegangen, so haften die einzelnen Mitrheder (Art. 461 Abs. 2) in der im Art. 474 angegebenen Weise persönlich. Um eine solche V e r h a f t u n g d e s R h e d e r s zu begründen genügt es indess nicht, dass dieser dem Schiffer eine derartige Anweisung hat zukommen lassen, sondern es ist nothwendig, dass die Handlung oder die Unterlassung des Schiffers, welche die Rechtsverletzung enthält, auch wirklich die Folge der Anordnung des Rheders ist (Prot. VIII S. 3814 f.). Weiter wird vorausgesetzt, dass der Rheder bei Ertheilung der Anweisung von dem Sachverhältniss unterrichtet war. Reichte dazu seine eigene Sachkenntniss nicht aus, so ist es Sache des Schiffers, denselben zu orientiren. Verabsäumte der Schiffer dies, so würde, weil hierin gleichfalls ein Versehen läge, seine Haftung auch dem Rheder gegenüber bestehen bleiben. Selbstverständlich haftet der Rheder auch dann persönlich, wenn er die Handlung nicht angeordnet, sondern selbst vorgenommen hat[1]).

Art. 480.

Der Schiffer hat vor Antritt der Reise dafür zu sorgen, dass das Schiff in seetüchtigem Stande, gehörig eingerichtet und aus-

---

1) Dass dies stets dann der Fall, wenn der Rheder zugleich Schiffer ist, ist bereits oben hervorgehoben (s. o. S. 55 f. N. 7). Das h o l l ä n d i s c h e (Art. 393) und das p o r t u g i e s i s c h e H.G.B. (Art. 1417) haben noch besonders den Satz ausgesprochen, dass, wenn der Schiffer Alleineigenthümer des Schiffs ist, dem-

gerüstet, gehörig bemannt und verproviantirt ist, und dass die zum Ausweis für Schiff, Besatzung und Ladung erforderlichen Papiere an Bord sind.

1. Dem Schiffer wird es zur **Pflicht** gemacht, für die gehörige Ausrüstung und Einrichtung des Schiffs zu sorgen. Im Heimathshafen darf er zwar die hierzu erforderlichen Rechtsgeschäfte nur im Auftrage des Rheders vornehmen (Art. 495). Daraus folgt jedoch nicht, dass derselbe seiner Pflicht Genüge geleistet, wenn er den Rheder auf die zur Ausrüstung erforderlichen Gegenstände aufmerksam gemacht und deren Anschaffung von ihm verlangt hat. Hierdurch wird er, wenn er ohne die gehörige Ausrüstung des Schiffs in See geht, und daraus ein Schaden entsteht, nur frei von der Verhaftung gegenüber dem Rheder, nicht aber den übrigen in Art. 479 genannten Personen (Prot. IV S. 1755).

2. Was zur **gehörigen Einrichtung** des Schiffs gehört, ist mit Rücksicht auf die Grösse und die Beschaffenheit des Schiffs, die Art der Reise und die Natur der Ladung zu beurtheilen. So wird es z. B. heutzutage für nothwendig gehalten, Kohlenschiffe mit den geeigneten Ventilationsvorrichtungen (zur Verhütung von Explosionen) zu versehen (Entsch. der Seeämter II S. 500). In jedem Falle hat der Schiffer für die gehörige Reinigung des Schiffs zu sorgen, bevor er die neue Ladung einnimmt. Lässt sich aber wegen der Kürze der Zeit oder aus anderen Gründen bis dahin die Vertilgung des Ungeziefers nicht erreichen, so hat derselbe die geeigneten Mittel anzuwenden, um die verladenen Waaren vor Beschädigung durch dasselbe zu schützen. Thut er dies nicht, so macht er sich einer *culpa* schuldig. (Vgl. auch **Pöhls**, Seerecht II S. 469 f.)

3. Unter **gehöriger Bemannung** und **Verproviantirung** ist eine solche zu verstehen, wie sie auf Reisen bei Schiffen und Ladungen der gerade in Frage stehenden Art üblich ist; auf möglicher Weise während der Reise eintretende ausserordentliche Unglücksfälle und Verzögerungen kann der Schiffer dabei keine Rücksicht nehmen. Es kommt hierbei jedoch nicht nur auf die Zahl, sondern auch auf die Qualifikation und die persönliche Tüchtigkeit der Schiffsleute an (Entsch. der Seeämter II S. 324, S. 421). Selbstverständlich würde ein Verschulden des Schiffers vorliegen, wenn er auf grosser Fahrt bei einem Schiff von 100 und mehr Tonnen Tragfähigkeit keinen Steuermann an Bord gehabt (vgl. Bekanntmachung des Bundesraths, betr. die Prüfung der Seeschiffer, vom 25. Sept. 1869 § 12), aber auch wenn es an der erforderlichen Zahl von Vollmatrosen und in voller Kraft stehenden Männern gefehlt hätte.

---

selben (Abladern oder Befrachtern gegenüber) alle Verpflichtungen obliegen, welche den Schiffern, wie den Rhedern auferlegt sind.

Art. 481.

Der Schiffer hat zu sorgen für die Tüchtigkeit der Geräthschaften zum Laden und Löschen, sowie für die gehörige Stauung nach Seemannsbrauch auch wenn die Stauung durch besondere Stauer bewirkt wird.

Er hat dafür zu sorgen, dass das Schiff nicht überladen, und dass es mit dem nöthigen Ballaste und der erforderlichen Garnirung versehen wird.

1. Die in den Art. 480—490 angegebenen Vorschriften enthalten eine Illustrirung der von einem ordentlichen Schiffer zu fordernden Handlungsweise. Dies ist für die Fassung und die Auslegung der einzelnen Bestimmungen von Wichtigkeit. Der Schiffer hat daher zu sorgen für die **gehörige Stauung nach Seemannsbrauch**, nicht aber (wie der preuss. Entw. Art. 413 festsetzte) für **zweckmässige** Stauung (d. h. **absolut** gute Stauung: Entsch. des R.O.H.G. XIX S. 265) der Waaren, so dass eine schlechte Stauung ohne Weiteres ein Verschulden des Schiffers involvirte (Entsch. des R.O.H.G. XIX S. 264). Die von demselben zu prästirende Diligenz fordert daher nicht unbedingt, dass die Stauung gerade der (wenn auch ihm selbst unbekannten) Beschaffenheit der verladenen Güter, sondern nur, dass dieselbe dem bisher „allgemein von Seeleuten beobachteten Verfahren" entsprach, wobei auch noch auf den Umstand Rücksicht zu nehmen ist, ob dem Schiffer der Inhalt bestimmter Gefässe bekannt gewesen ist, bezw. hat bekannt sein müssen[1]). Unter der hieraus sich ergebenden Beschränkung hat er die verschiedenen Güter derartig im Schiffe unterzubringen, dass eins das andere nicht bechädige[2]), und ferner, dass sie nicht selbst durch die Reise (z. B. durch das Eindringen von Seewasser) leiden. Er muss daher die Güter wohl befestigen, dass sie bei stärkerer Bewegung des Schiffs nicht hin und her geworfen werden können (Pöhls, Seerecht II S. 441 f.).

2. Von der Verhaftung wird der Schiffer nicht befreit, wenn die Stauung, wie die Garnirung durch besondere Stauer, „Zwangsstauer", d. h. vereidigte Stauer, die der Schiffer nach den Gesetzen des Ladungsortes zu nehmen verpflichtet ist, besorgt wird. Denn auch in diesem Falle hat er die Stauung zu überwachen und zu leiten. Und nur dann würde er nicht haften, wenn er nachweisen könnte, dass die Stauung ungeachtet seiner rechtzeitigen

---

1)]Wenn er z. B. leckende Waaren an einer Stelle aufstaute, wo sie andere Waaren beschädigten.

2) Es würde z. B. eine mangelhafte Stauung sein, wenn zerbrechliche Waaren so gestaut waren, dass beim Einladen oder bei der Löschung nothwendiger Weise schwere Güter darüber hinweggerollt werden müssten (Erk. des hamb. Handelsger. vom 17. März 1851 bei Ullrich, Samml. Nr. 14), oder wenn auf Gebinde Güter von grösserem Gewicht gestaut waren, als gute Gebinde der in Rede stehenden Art tragen konnten (Erk. des hamb. Handelsger. vom 3. Juli 1873 in der hamb. Handelsger.-Zeit. von 1874 Nr. 10).

Einsprache und „ohne dass er eine Abhülfe finden konnte, unzweckmässig vorgenommen worden", weil er es alsdann an der Sorgfalt
eines ordentlichen Schiffers nicht hätte fehlen lassen. (Prot. IV
S. 1756, VIII S. 3750; Entsch. des hamb. Handelsger. vom
11. Februar 1852 in Ullrichs Samml. Nr. 49; vom 27. August
1859 in Seebohms Samml. Nr. 95; Entsch. des R.O.H.G. vom
4. Dezember 1875, XIX S. 265 f.) Dasselbe ist zu sagen, wenn
die Stauung durch die eigenen Stauer des Befrachters erfolgte [1]).
Allerdings würde der Schiffer aus dem eben angegebenen Grunde
in diesem Falle befreit werden, wenn er gegen die mangelhafte
Stauung resp. Garnirung remonstrirt und dieselbe eventuell zur
Kenntniss der Ablader gebracht hätte, und trotzdem von diesen
die bemängelte Art der Stauung oder Garnirung angeordnet oder
gutgeheissen wäre (Entsch. des hamb. Handelsger. vom 12. Januar
1857, vom 14. September 1857 in Ullrichs Samml. Nr. 290, 339;
vom 12. Juni 1873 u. Erk. des Oberger. zu Hamb. vom 11. Juli
1873 in Goldschmidts Zeitschr. XIX S. 229 f.; Erk. des
O.A.G. zu Berlin vom 18. Febr. 1870 in Seufferts Archiv XXIV
Nr. 71; Entsch. des R.O.H.G. vom 4. Dezember 1875, .XIX
S. 266—268). Doch würde auch dieser Umstand den Schiffer unbedingt nur dem Befrachter bez. Ablader und demjenigen Empfänger
gegenüber befreien, der lediglich im Interesse des Befrachters die
Ladung erhielt [2]), einem anderen gegenüber aber nur in dem Falle,
wenn derselbe einen hierauf bezüglichen Vorbehalt im Konnossement
(nach Art. 659) gemacht hätte. (Vgl. Entsch. des hamb. Han-
delsger. vom 9. Juli 1851 in Ullrichs Samml. Nr. 26, hamb.
Handelsger. vom 12. Juni 1873, Oberger. vom 11. Juli 1873 in
Goldschmidts Zeitschr. a. a. O. S. 230 f.) Auch würde die
Haftung den Rhedern, der Schiffsbesatzung und den übrigen im
Art. 479 genannten Personen gegenüber bestehen bleiben, wenn
durch die schlechte Stauung das Schiff, Reisende oder Mitglieder
der Besatzung Schaden erlitten hätten (Entsch. des R.O.H.G. XIX
S. 268).

3. Die Garnirung besteht zumeist aus Planken, womit die
inwendigen Seiten des Schiffs belegt werden. Es geschieht dies,
um von den Waaren das Wasser abzuhalten, welches regelmässig

---

1) Namentlich bei Petroleum-Ladungen kommt es vor, dass auf Grund
einer besonderen Bestimmung der Chartepartie die Beaufsichtigung der Stauung
durch autorisirte Inspektoren, welche die Befrachter zuzuziehen haben, erfolgt.
Es soll dadurch in höherem Maasse für zweckmässige und sorgfältige Stauung
gesorgt werden, als wenn deren Beaufsichtigung dem Schiffer überlassen wäre.
Das R.O.H.G. sieht in solcher Vereinbarung eine vertragsmässige Beschränkung
der gesetzlich dem Schiffer obliegenden Verpflichtung in dem im Text angegebenen
Sinne (Entsch. XIX S. 266 ff.).

2) Wollte ein solcher sich auf den vorbehaltlosen Inhalt des Konnossements
berufen, so würde der Schiffer ihm die *exceptio doli* aus der Person des Abladers entgegensetzen können, indem derselbe einen Anspruch geltend machte,
welchen der letztere nicht erheben dürfte.

in das Schiff eindringt; dann aber auch, wenn das Schiff schwer
beladen ist, damit der Schwerpunkt desselben nicht zu tief zu
liegen kommt und das Schiff zu steif wird. Im letzteren Falle besteht die Garnirung meist aus Reiserbündeln und ähnlichen leichten
Gegenständen. Der Schiffer lässt sich nun ein Versehen zu Schulden kommen, nicht nur wenn er es ganz unterlässt, das Schiff mit
einer Garnirung zu versehen und statt derselben auf den Boden
des Schiffs gleich gewisse Güter — ohne Genehmigung des Abladers derselben [1]) — legt, von denen er annimmt, dass sie durch
das Seewasser nicht leiden werden, sondern auch, wenn er zur
Garnirung eine Substanz verwendet, welche vom Wasser durch-
zogen wird (z. B. wie in dem zitirten Erkenntniss des O.A.G. zu
Berlin gebrannte Thonerde, die veräussert werden sollte), so dass
die Feuchtigkeit sich den Gütern mittheilt.

4. Der Artikel bestimmt, der Schiffer soll dafür sorgen, dass
das Schiff nicht überladen wird. Aus der dieser Vorschrift und überhaupt den Art. 480, 481 zu Grunde liegenden Tendenz, wonach der
Schiffer die Verpflichtung hat, für die Sicherheit von Schiff, Besatzung, Passagieren und Ladung Fürsorge zu treffen, darf derselbe
auch Güter, die in irgend einer Weise das Schiff, die an Bord befindlichen Personen oder andere Güter gefährden, nicht an Bord
nehmen und, wenn sie bereits an Bord sind, nicht behalten. Der
Art. 564 Abs. 4 ermächtigt den Schiffer, derartige Güter ans Land
zu setzen, äussersten Falls über Bord zu werfen. Nach Art. 480,
481 ist derselbe hierzu auch verpflichtet (Entsch. des R.O.H.G.
XXI S. 157).

Art. 482.

*Wenn der Schiffer im Auslande die dort geltenden gesetzlichen
Vorschriften, insbesondere die Polizei-, Steuer- und Zollgesetze nicht
beobachtet, so hat er den daraus entstehenden Schaden zu ersetzen.*

*Desgleichen hat er den Schaden zu ersetzen, welcher daraus ent-
steht, dass er Güter ladet, von welchen er wusste oder wissen musste,
dass sie Kriegscontrebande seien.*

1. Die Bestimmung des Abs. 1 wird dadurch nicht ausgeschlossen, dass die Handlung, wodurch die ausländischen
Polizei-, Steuer- oder Zollgesetze verletzt werden, durch
den Schiffer und den, welcher Ersatz des dadurch erlittenen Schadens beansprucht, z. B. den Befrachter vereinbart worden ist.
Der Schiffer haftet daher, wenn er Waaren über Orte zu transportiren übernommen hat, in denen für diese ein Einfuhr- oder
Durchfuhrverbot besteht, und nun dieselben in Folge der Ver-

[1) Mit Genehmigung desselben kann es natürlich geschehen; und es kommt
vor, dass der Befrachter gegen Erlass eines Theils der üblichen Fracht oder auch
gegen Erlass der Fracht überhaupt dem Schiffer gestattet, gewisse Güter zur
Garnirung zu verwenden.

letzung des Gesetzes konfiszirt werden, oder eine Strafe deshalb
zu entrichten ist. Es lässt sich nämlich nicht etwa behaupten, dass
ein derartiger Vertrag als *contra bonos mores* nichtig wäre; denn
die Uebertretung eines Steuergesetzes kann für Ausländer unmöglich als *turpe* bezeichnet werden, indem solche Gesetze durchaus auf positiver und willkürlicher Anordnung beruhen[1]) (K i e -
r u l f f s Sammlung II S. 410 ff.). Anders freilich läge die Sache,
wenn die fremden Bestimmungen dem Befrachter bekannt gewesen
wären, und er doch die denselben zuwiderlaufende Handlung angeordnet hätte (s. Art. 564).

2. Wenn im Abs. 2 dem Falle, wo der Schiffer wusste, dass
er Kontrebande geladen, der gleichgestellt wird, wo er dies
w i s s e n   m u s s t e, so heisst dies, dass es ihm nicht unbekannt
hätte bleiben können, wenn er die Sorgfalt eines ordentlichen
Schiffers angewendet hätte (Prot. IV S. 1763 f.).

3. Eine E r s a t z p f l i c h t des Schiffers t r i t t dem Befrachter
oder Ablader gegenüber n i c h t   e i n, der selbst die Kontrebande
verladen hatte, während ihm diese Eigenschaft bekannt war oder
hätte bekannt sein müssen (arg. Art. 564).

Art. 483.

*Sobald das Schiff zum Abgehen fertig ist, hat der Schiffer die
Reise bei der ersten günstigen Gelegenheit anzutreten.*

*Auch wenn er durch Krankheit oder andere Ursachen verhindert
ist, das Schiff zu führen, darf er den Abgang oder die Weiterfahrt
desselben nicht ungebührlich aufhalten; er muss vielmehr, wenn Zeit
und Umstände gestatten, die Anordnung des Rheders einzuholen,
diesem ungesäumt die Verhinderung anzeigen und für die Zwischenzeit die geeigneten Vorkehrungen treffen, im entgegengesetzten Fall
einen anderen Schiffer einsetzen. Für diesen Stellvertreter ist er nur
insofern verantwortlich, als ihm bei der Wahl desselben ein Verschulden zur Last fällt.*

1. Es gehört zur Sorgfalt eines ordentlichen Schiffers, das
Schiff mit der Ladung möglichst sicher und möglichst schnell nach
dem Bestimmungsort zu bringen. Derselbe hat daher jeden u n -
n ö t h i g e n   A u f e n t h a l t   z u   v e r m e i d e n. Hieraus erklärt sich
die Bestimmung des Abs. 1 des Artikels. Ebenso aber darf der
Schiffer sich auch k e i n e   u n m o t i v i r t e   U n t e r b r e c h u n g seiner
Reise zu Schulden kommen lassen. Die Umstände, welche ihn
zur Verzögerung oder Unterbrechung der Reise veranlasst haben
(z. B. widrige Winde, Eisgang, Kriegsgefahr), hat der Schiffer
nachzuweisen. Ob in ihnen aber ein ausreichender Grund für die

---

1) Dies steht auch in der Praxis der englischen und französischen Gerichte
fest; vgl. D e l o b r e, *table générale du journal de jurisprudence commerciale
et maritime* S. 91 N. 70, S. 139 N. 354, S. 181 N. 593.

Verzögerung zu suchen ist, darüber entscheidet richterliches Ermessen. (So auch Meier in Busch Archiv für Theorie und Praxis des A.D.H.R. XXX S. 61 f.)

2. Das H.G.B. legt dem Schiffer die Pflicht auf, nöthigenfalls einen anderen Schiffer einzusetzen. Für den Fall, dass derselbe dazu nicht im Stande oder verstorben ist, hat indess das Gesetz keine Bestimmung getroffen. Nun gilt aber in Gemässheit der Schiffshierarchie der Steuermann als der Stellvertreter des Kapitäns, eine Stellung, die das Gesetz stillschweigend anerkennt (vgl. Art. 484). Man wird ihn daher auch für berechtigt und verpflichtet halten müssen, das Kommando in dem angegebenen Falle selbst zu übernehmen und dasselbe so lange zu führen[1]), bis ein anderer Schiffer eingesetzt ist[2]). Dies hat auch die R.Seamanns-O. mehr vorausgesetzt als angeordnet (vgl. Entsch. des R.O.H.G. XXII S. 48 f.), indem sie einerseits in Ermangelung oder Verhinderung des Kapitäns dessen Stellvertreter als Schiffer bezeichnet (§ 2) und andererseits den Steuermann verpflichtet, wenn der Schiffer während der Reise gestorben, in der vom Gesetz vorgeschriebenen Weise den Nachweis über den Todesfall zu beschaffen und für den Nachlass zu sorgen (§ 53). Zur Einsetzung eines neuen Schiffers an Stelle eines gestorbenen, erkrankten oder sonst zur Führung des Schiffs untauglich gewordenen Kapitäns sind auch die Reichskonsuln befugt, jedoch nur auf Antrag der Betheiligten (Reichs-Konsulats-Ges. § 35), d. h. des Rheders, der Ladungsinteressenten und der Besatzung. Der Konsul handelt dabei als gesetzlicher Vertreter des Rheders. Der von ihm eingesetzte

---

1) Dass hierbei auch die auf dem Schiff bestehende Rangordnung zu beobachten ist, versteht sich von selbst. Sind also mehrere Steuerleute an Bord, so hat zunächst der Obersteuermann das Kommando zu führen.

2) Ein solcher Schiffsführer hat natürlich über die Sachlage an den Rheder zu berichten, wie sich dies aus Art. 503 Abs. 2 ergiebt. In sonstiger Weise ist er aber nicht verpflichtet, die Einsetzung eines anderen Schiffers herbeizuführen. Namentlich ist er nicht verpflichtet, ein hierauf gerichtetes Verlangen an den Konsul zu stellen, wie auch das Eintreten des Steuermanns in die Funktionen des Kapitäns nicht davon abhängt, dass kein Konsul zur Stelle ist. In gleicher Weise ordnet das spanische H.G.B. Art. 689 an, dass bei Tod, Abwesenheit und Krankheit des Schiffers der Steuermann das Schiff zu führen hat bis zu dem Zeitpunkt, wo der Rheder einen anderen Schiffsführer bestellt. Das finnländ. Seeges. Art. 53 unterscheidet: Tod oder Unfähigkeit des Kapitäns zur Führung des Schiffs tritt während der Reise ein; dann nimmt der Steuermann den Platz desselben ein. Wird die Ersetzung des Kapitäns in einem Hafen erforderlich, so soll man zunächst die Instruktionen des Rheders einholen; ist dies unthunlich, und kann man die Führung auch nicht dem Steuermann übertragen, so soll der Repräsentant des Rheders oder der Konsul in Uebereinstimmung mit den am Platze anwesenden finnländischen Kapitänen einen neuen Schiffer bestellen. Nach dem norweg. Seeges. § 27 soll der Konsul in den angegebenen Fällen ebenfalls nach Anhörung der etwa im Hafen anwesenden norwegischen Kapitäne jemanden mit der Schiffsführung betrauen. Und zwar hat er den Steuermann hierzu zu wählen, wenn dieser nicht unfähig für einen solchen Posten erscheint, und nicht etwa die Rheder etwas Anderes für diesen Fall im Voraus angeordnet haben.

Schiffer erscheint daher nicht nur nach Aussen, also z. B. der Besatzung, den Ladungsinteressenten, den Behörden gegenüber als Schiffer im Sinne des H.G.B. mit allen Rechten wie Obliegenheiten eines solchen, sondern auch in seinem Verhältniss zum Rheder, also auch mit Rücksicht auf die ihm zustehenden Heueransprüche (Entsch. des R.O.H.G. XXII S. 47 f.). Für den Steuermann, der ohne Dazwischenkunft des Konsuls als Schiffer fungirt, würde das bisherige Kontraktsverhältniss in keiner Weise alterirt werden, im Uebrigen würde derselbe alle gesetzlichen Befugnisse und Verpflichtungen eines Schiffers haben [1]). Uebernimmt ein anderes Mitglied der Besatzung dagegen das Kommando, so würde ein solches, ganz ebenso wie ein Fremder, lediglich die Stellung eines *negotiorum gestor* haben (s. Prot. VIII S. 3830 f.). Weder den einen noch den anderen darf man auch als „Schiffer im Sinne“ der Seemanns-O. (vgl. § 2 derselben) behandeln [2]).

Art. 484.

Vom Beginn des Ladens an bis zur Beendigung der Löschung darf der Schiffer das Schiff gleichzeitig mit dem Steuermann nur in dringenden Fällen verlassen; er hat in solchen Fällen zuvor aus den Schiffsoffizieren oder der übrigen Mannschaft einen geeigneten Vertreter zu bestellen.

Dasselbe gilt auch vor Beginn des Ladens und nach Beendigung der Löschung, wenn das Schiff in einem nicht sicheren Hafen oder auf einer nicht sicheren Rhede liegt.

Bei drohender Gefahr oder wenn das Schiff in See sich befindet, muss der Schiffer an Bord sein, sofern nicht eine dringende Nothwendigkeit seine Abwesenheit rechtfertigt.

1. Entsprach die A b w e s e n h e i t des Kapitäns den gesetzlichen Voraussetzungen, so haftet derselbe für Unfälle, welche sich während dieser Zeit zugetragen und Schaden verursacht haben, nicht, wohl aber für die mangelhafte Ausführung von Vorrichtungen, für welche er einzustehen hat (Art 480 f.). Ob die Abwesenheit eine gerechtfertigte war, darüber entscheidet, soweit nicht der Abwesenheit eine gesetzliche Nöthigung zu Grunde lag, richterliches Ermessen.

---

1) Dies ist auch in den fremden Rechten anerkannt; s. M a c l a c h l a n S. 167 ff. Uebrigens lässt schon das R.R. den Rheder aus den Rechtsgeschäften haften, welche ein vom *magister navis* substituirter Schiffer abgeschlossen hatte, selbst wenn jenem Substitution überhaupt oder die Bestellung gerade dieses Substituten verboten war: L. 1 § 5 De exercit. act. (14, 1).

2) Das n o r w e g. Seeges. § 27 lässt bei Abwesenheit oder Verhinderung des Schiffers und des Steuermanns den Bootsmann (wie den Untersteuermann) die nicht aufschiebbaren Maassregeln treffen. Das ist jedoch wohl lediglich von der eigentlichen Schiffsführung, den nautischen Verrichtungen zu verstehen. Das s p a n i s c h e H.G.B. Art. 694 scheint dagegen den Bootsmann, wenn das Kommando nicht durch den Steuermann übernommen werden kann, vollständig in die Stelle des Kapitäns eintreten zu lassen.

2. Der Schiffer hat für die bei einer eingetretenen Gefahr entstandenen Schäden nur in dem Falle einzustehen, wenn er deren Bevorstehen voraussah und nicht an Bord blieb resp., nachdem dieselbe eingetreten, sich nicht sobald, als die Umstände es irgend gestatteten, an Bord begeben hat (Prot. VIII S. 3892 f.; vgl. Entsch. der Seeämter I S. 653).

Art. 485.

Wenn der Schiffer in Fällen der Gefahr mit den Schiffsoffizieren einen Schiffsrath zu halten für angemessen findet, so ist er gleichwohl an die gefassten Beschlüsse nicht gebunden; er bleibt stets für die von ihm getroffenen Maassregeln verantwortlich.

Der preussische Entwurf (Art. 419) machte es dem Schiffer zur Pflicht, in Fällen der dringendsten Gefahr einen Schiffsrath zu halten, erklärte ihn jedoch an die Beschlüsse desselben nicht für gebunden. Diese Pflicht wurde beseitigt. In seiner jetzigen Fassung ist der Artikel eigentlich nur deshalb aufgenommen, um dem Schiffer „eine Andeutung über die Zweckmässigkeit" der Berufung des Schiffsraths zu geben, indem, wie auf der hamburger Konferenz hervorgehoben wurde, durch die Zustimmung des Schiffsraths wahrscheinlich wird, dass die vom Schiffer vorgenommene Handlung, z. B. der Seewurf, „nicht aus übertriebener Aengstlichkeit", sondern wegen dringender Gefahr stattgefunden, die Betheiligten, namentlich die Versicherer daher leichter von der Nothwendigkeit des vom Kapitän beobachteten Verfahrens überzeugt sein werden. Daher wird auch in Verklarungen darauf grosses Gewicht gelegt (Prot. IV S. 1787—1789).

Art. 486.

Auf jedem Schiffe muss ein Journal geführt werden, in welches für jede Reise alle erheblichen Begebenheiten, seit mit dem Einnehmen der Ladung oder des Ballastes begonnen ist, einzutragen sind.

Das Journal wird unter Aufsicht des Schiffers von dem Steuermann und im Fall der Verhinderung des letzteren von dem Schiffer selbst oder unter seiner Aufsicht von einem durch ihn zu bestimmenden geeigneten Schiffsmann geführt.

1. Das Journal soll gewissermaassen zur Kontrole des Schiffers dienen; es soll darüber Auskunft geben, ob „die eingetretenen Beschädigungen" an Schiff oder Ladung „nicht Folgen eigener Nachlässigkeit, sondern eines unabwendbaren Zufalls" sind (Prot. IV S. 1790). Man muss zu diesem Beweismittel seine Zuflucht nehmen, da, wenn der Kapitän ein Interesse daran hat, die Wahrheit zu verheimlichen, die Schiffsleute der Regel nach in derselben Lage sein werden. Man kann dies aber um so unbedenklicher thun, weil in das Journal nicht blos das den Schaden

verursachende Ereigniss einzutragen ist, sondern dasselbe eine
„vollständige Geschichte der Reise" enthalten soll, wobei man
nicht nur ausserordentliche Thatsachen, sondern alles dasjenige,
was für eine Seereise überhaupt von Einfluss [1]) ist, zu notiren hat.
Bei dieser Beschaffenheit des Journals liegt es auf der Hand, dass
eine Eintragung die andere kontrolirt. Wird daher ein bestimmtes
Ereigniss anders, als es sich in Wahrheit zugetragen hat, dar-
gestellt, so ist dies sehr leicht festzustellen, indem alsdann diese
Eintragung mit den früheren mehr oder minder in Widerspruch
stehen wird. Weiter soll durch das Journal kontrolirt werden, ob
der Schiffer in seinem Verhältniss zur Mannschaft ein gesetzmässiges
Verfahren beobachtet hat (vgl. Seemanns-O. §§ 34, 46, 47, 57, 77,
80, 85), wie dasselbe auch zu Beurkundungen (von Geburten und
Sterbefällen) benutzt wird, die in anderer Weise nicht vorgenommen
werden könnten (Seemanns-O. § 52; Reichsges., betr. die Beurkund.
des Personenstandes vom 6. Febr. 1875 §§ 61—64).

2. Das Journal wird nicht fortlaufend, so lange das Schiff
fährt, geführt, sondern immer nur für eine bestimmte Reise.
Den Anfangspunkt hat das H.G.B. im Anschluss an die bereits
früher bestandene Praxis in den Augenblick gesetzt, wo zuerst
etwas mit Bezug auf die bevorstehende Reise geschieht, d. h. mit
Einnahme der Ladung oder des Ballastes begonnen wird (Pöhls,
Seerecht I S. 165; Kaltenborn, Seerecht I S. 170). Ueber den
Endpunkt der Reise schweigt das Gesetzbuch, lässt also die Entscheidung im einzelnen Falle den konkreten Verhältnissen entnehmen. Als Regel ist anzunehmen, dass das Journal zu schliessen
ist, wenn das aus dem Heimathshafen ausgegangene Schiff in diesen
wieder zurückgekehrt und entweder die Ladung, wenn es Rück-
fracht hatte, oder den Ballast gelöscht hat. Dasselbe ist zu sagen,
wenn das Schiff in der Fremde sich Frachten sucht und Jahre lang
zwischen fremden Häfen hin und her fährt, ohne in die Heimath
zurückzukehren (wie z. B. die mecklenburgischen Schiffe im
schwarzen Meer, die schleswig-holsteinischen in den hinterasia-
tischen Gewässern). Hier gelten mit Rücksicht auf die Journalführung die Fahrten des Schiffs von der Ausreise bis zur Rückkehr
in den Heimathshafen als Eine Reise, wenn nicht besondere Umstände, wie z. B. Jahre langes Stillliegen in einem fremden Hafen
die Reise früher endigen lassen (Pöhls, Seerecht I S. 168).

3. Das Journal wird der Regel nach vom Steuermann
geführt, indem dasselbe zur Kontrole des Schiffers dienen soll.
Doch ist der Kapitän für die Richtigkeit desselben verantwortlich,
weil es zur Sorgfalt eines ordentlichen Schiffers gehört, für eine
wahrheitsgetreue Darstellung der Schicksale des Schiffs auf der
Reise zu sorgen (Prot. IV S. 1793, VIII S. 3755 f.).

---

1) Dies ist die Bedeutung des Ausdrucks „alle erhebliche Begebenheiten",
wie auch die Vergleichung mit der dadurch ersetzten Fassung des preuss. Entw.
Art. 420 „alle merkwürdigen Ereignisse" zeigt.

4. Wegen der grossen Wichtigkeit des Journals macht sich der Schiffer einer Pflichtwidrigkeit schuldig, wenn er bei einem Seeunfall nicht alles aufbietet, um dasselbe zu retten (s. Entsch. der Seeämter I S. 216, S. 381 f.); wie denn auch die Strandungs-O. ganz besonderen Nachdruck darauf legt, dass bei einem Unfall Seitens des Strandvogts das Journal in Sicherheit gebracht werde (§ 11).

Art. 487.

Von Tag zu Tag sind in das Journal einzutragen:
   die Beschaffenheit von Wind und Wetter;
   die von dem Schiffe gehaltenen Kurse und zurückgelegten
      Distanzen;
   die ermittelte Breite und Länge;
   der Wasserstand bei den Pumpen.
Ferner sind in das Journal einzutragen:
   die durch das Loth ermittelte Wassertiefe;
   jedes Annehmen eines Lootsen und die Zeit seiner An-
      kunft und seines Abganges;
   die Veränderungen im Personal der Schiffsbesatzung;
   die im Schiffsrath gefassten Beschlüsse;
   alle Unfälle, welche dem Schiff oder der Ladung zustossen,
      und die Beschreibung derselben.
Auch die auf dem Schiffe begangenen strafbaren Handlungen und die verhängten Disziplinarstrafen, sowie die vorgekommenen Geburts- und Sterbefälle sind in das Journal einzutragen.
Die Eintragungen müssen, soweit die Umstände nicht hindern, täglich geschehen.
Das Journal ist von dem Schiffer und dem Steuermann zu unterschreiben.

1. Die in diesem Artikel gegebene Aufzählung der in das Journal einzutragenden Thatsachen hat einmal den Z w e c k, dafür zu sorgen, dass das Journal ein wirklich getreues Bild von dem Verlauf der Reise giebt, und dann den, zu zeigen, inwiefern der Kapitän in der Beobachtung aller nautischen Vorschriften sich als ordentlicher Schiffer gerirt hat.
2. Die Regel ist, dass die Eintragungen t ä g l i c h e r f o l g e n. Bestimmte Gründe, die von der Beobachtung dieser Vorschrift befreien, sind nicht angegeben. Darüber, ob die geltend gemachten dazu für ausreichend zu erachten sind, entscheidet das *arbitrium iudicis*. Dass die Eintragungen datirt werden, ist nicht erforderlich (Prot. IV S. 1801 f.). Die Eintragungen, von denen das Gesetz spricht, müssen in das Journal selbst erfolgen, und es sind darunter nicht die Notizen zu verstehen, welche der die Wache habende Offizier nach den von ihm angestellten Beobachtungen in die Kladde aufzeichnet; denn das Journal hat gar manches zu enthalten, was in die Kladde nicht eingetragen wird (Prot. IV S. 1799).

3. Die Unterschrift des Steuermanns unter dem Journal erklärt sich daraus, dass derselbe dieses führt; er bestätigt damit die Wahrheit des von ihm Aufgezeichneten. Die Unterschrift des Kapitäns hat ihren Grund darin, dass das Journal unter seiner Aufsicht, also auch unter seiner Verantwortlichkeit geführt wird, welche er damit gewissermaassen übernimmt. Derselbe erklärt dadurch, dass er gegen den Inhalt des Journals nichts zu erinnern habe, dass ihm das Gegentheil von dem Aufgezeichneten nicht bekannt geworden sei. Es weist aber die Unterschrift des Kapitäns nicht etwa auf die Pflicht desselben hin, für die Richtigkeit aller einzelnen in das Journal eingetragenen Thatsachen einzustehen (Prot. IV S. 1800 f.).

4. Weitere Formvorschriften, als dass das Journal vom Schiffer und Steuermann zu unterschreiben, hat das H.G.B. nicht aufgestellt. Der jetzt aufgehobene Art. 488 macht die Beweiskraft des Journals davon abhängig, dass dasselbe in der Form unverdächtig sei, und diese Forderung ist natürlich noch heutzutage aufrecht zu erhalten, wenn auf dasselbe irgend welches Gewicht gelegt werden soll. Als unverdächtig dürfte aber das Journal nicht bezeichnet werden, wenn sich in demselben Radirungen, häufigere Durchstreichungen oder Einschaltungen vorfänden (s. Entsch. der Seeämter I S. 442 f.), wenn Blätter aus demselben ausgeschnitten oder ausgerissen, wenn Abschnitte, die einen grösseren Zeitraum umfassen, augenscheinlich in einem Zuge geschrieben wären (a. a. O. II S. 95).

Zusammenstellung der Regeln für Führung des Schiffsjournals u. A. bei Caesar, Handb. der D. Reichsgesetzg. betr. die Seeunfälle S. 161—163.

Art. 488 [1]).

Der Artikel ist durch den § 13 des Einführungsgesetzes zur R.Civ.Pr.O. aufgehoben, da letztere überhaupt die Beweistheorie aufgegeben und das Ergebniss der Beweisaufnahme — wenigstens der Regel nach — der freien Würdigung des Richters anheimstellt (R.Civ.Pr.O. § 259). Mit der Beseitigung des Art. 488 H.G.B. ist daher dem Journal nicht all und jede Beweiskraft abgesprochen; nur ist es dem Ermessen des Richters überlassen, welche Bedeutung er demselben beilegen will.

Art. 489.

Die Landesgesetze können bestimmen, dass auf kleineren Fahr-

---

1) *Das Journal, wenn es ordnungsmässig geführt und in der Form unverdächtig ist, liefert für die Begebenheiten der Reise, soweit darüber weder eine Verklarung erforderlich (Art. 490), noch die Beibringung anderer Belege gebräuchlich ist, in der Regel einen unvollständigen Beweis, welcher durch den Eid oder andere Beweismittel ergänzt werden kann. Jedoch hat der Richter nach seinem durch die Erwägung aller Umstände geleiteten Ermessen zu entscheiden, ob dem Inhalt des Journals ein grösseres oder geringeres Maass der Beweiskraft beizulegen sei.*

zeugen (Küstenfahrer u. dgl.) die Führung eines Journals nicht er-
forderlich sei.

Die Bestimmung dieses Artikels erklärt sich daraus, dass die
Reisen solcher Schiffe durchweg von kurzer Dauer, „nicht selten
in 24 Stunden zu Ende" sind, weshalb von Journalführung füglich
nicht die Rede sein kann (Prot. IV S. 1822).

Zu dem Artikel kommen folgende Vorschriften der Einführungsgesetze in Betracht.

Preussisches Einführungsgesetz Art. 55:

Es bleibt Königlicher Verordnung vorbehalten, zu bestimmen,
auf welchen kleineren Fahrzeugen (Küstenfahrern und dergleichen)
die Führung eines Journals nicht erforderlich sein soll.

Eine solche Verordnung ist jedoch nicht erlassen worden.

Hannöversches Einführungsgesetz § 34:

Bei denjenigen kleineren Fahrzeugen (Küstenfahrern, Leichter-
schiffen u. s. w.), welche zur Seefahrt zwischen Tönning bis Har-
lingen einschliesslich benutzt werden, bedarf es für Reisen auf dieser
Strecke der im Art. 487 vorgeschriebenen Journalführung nicht. In-
dess ist auch auf diesen Schiffen ein Journal zu führen, in welches
von Tag zu Tag die Beschaffenheit von Wind und Wetter und der
Wasserstand bei den Pumpen, soweit thunlich, täglich und ausserdem
ohne Verzug alle Unfälle einzutragen sind, welche dem Schiffe und
der Ladung zustossen.

Schleswig-holsteinische Einführungs-Verordn. § 68:

Auf kleineren Fahrzeugen (Küstenfahrer und dergleichen) ist
zwar die Führung des Journals gleichfalls erforderlich. Bei kurzen
Küstenfahrten dieser Fahrzeuge braucht jedoch nur von Tag zu Tag
die Beschaffenheit von Wind und Wetter und der Wasserstand bei
den Pumpen, soweit thunlich, täglich und ausserdem ohne Verzug
jeder Unfall, welcher dem Schiff oder der Ladung zustösst, eingetragen
zu werden.

Mecklenburg-schwerinische Einführungs-Verordn. § 57:

Die Küstenfahrer sind zu der Führung eines Journals nur dann
verbunden, wenn sie, mit einem Deck versehen, eine Ladung Kauf-
mannswaaren von einem Seehafen zu dem anderen führen.

Das oldenburgische Einführungsgesetz Art. 29 ist gleichlautend mit der Bestimmung des hannöverschen Gesetzes. Ebenso
die bremische Einführungs-Verordnung § 41.

Hamburgisches Einführungsgesetz § 47:

Auf kleineren Fahrzeugen ist für kurze Küstenfahrten die Füh-
rung eines Journals nicht erforderlich.

Art. 490.

Der Schiffer hat über alle Unfälle, welche sich während der
Reise ereignen, sie mögen den Verlust oder die Beschädigung des

*Schiffs oder der Ladung, das Einlaufen in einen Nothhafen oder
einen sonstigen Nachtheil zur Folge haben, mit Zuziehung aller Personen der Schiffsbesatzung oder einer genügenden Anzahl derselben
eine Verklarung abzulegen.*

> *Die Verklarung ist ohne Verzug zu bewirken und zwar:*
>> *im Bestimmungshafen oder, bei mehreren Bestimmungshäfen,
>> in demjenigen, welchen das Schiff nach dem Unfalle zuerst
>> erreicht;*
>> *im Nothhafen, sofern in diesem reparirt oder gelöscht wird;*
>> *am ersten geeigneten Orte, wenn die Reise endet, ohne dass
>> der Bestimmungshafen erreicht wird.*

*Ist der Schiffer gestorben oder ausser Stande, die Aufnahme der
Verklarung zu bewirken, so ist hierzu der im Range nächste Schiffsoffizier berechtigt und verpflichtet.*

1. Ueber Unfälle, welche sich auf offener See ereignet haben,
kann ein Beweis regelmässig nicht in anderer Weise, als durch
die auf dem Schiffe selbst befindlichen Personen, namentlich die
Besatzung desselben geführt werden. Auf diesen Umstand ist es
zurückzuführen, dass von Alters her vom Schiffer und der Mannschaft, ohne Rücksicht auf einen bereits schwebenden Prozess, zur
Sicherung des Beweises eine Aussage über die Umstände, welche
den Verlust oder die Beschädigung von Schiff oder Ladung herbeigeführt oder begleitet haben, vor einer Behörde abgegeben werden musste. Bereits im Recht der christlich-römischen Kaiserzeit
ist etwas derartiges angeordnet (*L. 2, L. 3 De naufrag. 11, 6*), und
ebenso ist dieser Grundsatz in mehreren Seegesetzen des Mittelalters ausgesprochen (Seerecht von Oleron Art. 11 — Pardessus
I S. 331 —; Wisbysches Seerecht Art. 25 — Pardessus I S. 478).
Von den heutigen Seerechten machen einige eine Berichterstattung
über den Gang der Reise und alle Ereignisse derselben in jedem Falle
dem Kapitän zur Pflicht [1]), während andere eine solche nur verlangen,
wenn sich auf der Reise Unfälle ereignet, welche einen Nachtheil
für Rheder oder Ladungsinteressenten im Gefolge gehabt haben [2]).
Auf diesem letzteren Standpunkt steht das D.H.G.B. Uebrigens
spricht man in dem einen wie in dem anderen Falle von V e r k l a -
r u n g oder S e e p r o t e s t (vgl. K a l t e n b o r n, Seerecht I S. 172 f.) [3]).

2. Bei der Natur der Verklarung ist es nothwendig, dass dieselbe zu einer Z e i t erfolgt, in der die Begebenheit, worüber sie

---

1) **Franz.** *Code de comm.* Art. 242 ff.; **belg.** *Code de comm.* II (von 1879)
Art. 32 ff.; **holländ.** H.G.B. Art. 379 ff. Nach **englischem** Recht ist eine derartige Berichterstattung wenigstens üblich (**Abbott** S. 325 f.). Eine Zuziehung
und Vernehmung der Mannschaft (und von Passagieren) findet jedoch nach **französischem** (Art. 246 f.) und **belgischem** Recht (Art. 36 f.) nur beim Schiffbruch statt; nach **holländischem** (Art. 883 f.) bei erlittenem Schaden und
beim Einlaufen in einen Nothhafen (in diesen Fällen allein auch Beeidigung der .
Aussagen).
2) So z. B. **norweg.** Seeges. § 20; **finnländ.** Seeges. Art. 44 ff.
3) Die **französische** Bezeichnung ist *rapport*.

Zeugniss ablegt, noch möglichst frisch in dem Gedächtniss der Betheiligten ist, und wo diese selbst noch alle beisammen sind, um Auskunft über den Vorfall geben zu können (Prot. IV S. 1808, S. 1812). Aus dieser Erwägung in Verbindung mit dem Bestreben, die Interessen der Schifffahrt nicht durch unzeitigen Aufenthalt des Schiffs zu schädigen (Prot. IV S. 1807) sind die Bestimmungen des Art. 490 entstanden.

3. Die Verklarung soll „spätestens in dem ersten Bestimmungshafen, also, wenn das Schiff nur nach einem einzigen Hafen bestimmt ist, in diesem, wenn dasselbe aber nach mehreren Häfen bestimmt ist, in dem ersten Hafen, in welchem gelöscht wird", erfolgen. „In solchen Häfen" nämlich wird „die Gemeinschaft, welche bis dahin zwischen dem Schiff und der ganzen Ladung bestand, bezüglich des ausgeladenen Theils der Ladung aufgehoben", daher müssen „die Rechtsverhältnisse, welche durch die stattgehabten Unfälle bedingt" sind, „(Havarien u. s. w.) spätestens bei Auflösung dieser Gemeinschaft geregelt werden"; die Verklarung aber bietet „die Grundlage für die Regelung dieser Verhältnisse" (Prot. IV S. 1811). Dieselbe muss jedoch bereits früher, nämlich im Nothhafen geschehen, wenn schon hier die Verbindung zwischen Schiff und Ladung aufgehoben wird, ferner wenn hier ein Aufenthalt des Schiffs bereits in Folge einer Reparatur desselben stattfindet; weshalb dem Schiffer die gedachte Pflicht nicht obliegt, wenn er im Nothhafen nur ein oder das andere verloren gegangene Stück der Ausrüstung anzukaufen hat (Prot. S. 1812 f.). Findet die Reise in Folge der Strandung des Schiffs oder anderer Umstände ihr Ende, ohne dass der Bestimmungshafen erreicht wird, so muss die Verklarung in dem ersten Orte erfolgen, in den der Schiffer mit der Mannschaft nach diesen Ereignissen gelangt (Prot. IV S. 1812), weil in diesem Falle auf die Interessen der Schifffahrt keine Rücksicht weiter zu nehmen ist. Vorausgesetzt wird, dass der Ort geeignet ist, um die Verklarung abzulegen, d. h. die erforderlichen Behörden, Notare u. s. w. vorhanden sind.

Die hier angegebenen Zeitpunkte sind diejenigen, in denen der Schiffer spätestens verklaren muss, dagegen darf derselbe auch in jedem früheren Zeitpunkt, also in jedem Zwischenhafen, „in den er nach dem Eintritt eines Unfalls einläuft", die Verklarung ablegen (Prot. IV S. 1812).

4. Wenn die gedachten Voraussetzungen vorhanden sind, soll der Schiffer die Verklarung ohne Verzug bewirken. Es genügt nicht, wenn derselbe unmittelbar nach seiner Ankunft in dem betreffenden Hafen die Verklarung anmeldet. Er muss vielmehr so bald als möglich alles das thun, was zur Herbeiführung der Verklarung, d. h. „zu dem feierlichen Akt der Belegung der Verklarung selbst" von seiner Seite zu geschehen hat. Wenn daher die Verzögerung der Ablegung der Verklarung lediglich von der Behörde oder den Beamten ausgeht, welche dabei mitzuwirken haben, so hat der Schiffer dafür nicht einzustehen. Ebenso wenig

wenn die Verzögerung ihren Grund in irgend welchem äusseren
Umstand hat, den der Schiffer weder herbeiführt, noch zu beseitigen im Stande ist; z. B. wenn ein Schiffsmann, dessen Anhörung
der Richter für nöthig hält, zur Zeit, wo die Verklarung abgelegt
werden soll, abwesend ist, während er zur Zeit der Anmeldung
derselben durch den Kapitän noch auf dem Schiffe sich befand.
Die mecklenburg-schwerinische Einführungs-Verordnung hat die
Verzögerung der Ablegung einer Verklarung mit Strafe bedroht.
Sie bestimmt nämlich im § 59:

— *Die Verklarung muss nach der Ankunft ohne Verzug an-*
gemeldet und beschafft werden. Verzögerungen der Anmeldung oder
der Aufmachung der Verklarung werden mit verhältnissmässigen Ord-
nungsstrafen geahndet. —

Eine s. g. Nachverklarung behufs Ausfüllung der Lücken und
Beseitigung der Dunkelheiten der Verklarung, nachträglich abgelegt
durch den Theil der Besatzung, dessen man noch habhaft werden
kann, ist daher nur dann zuzulassen, wenn sie unter den Bedingungen erfolgt, welche für die Verklarung vom Gesetz vorgeschrieben sind. Sie muss an einem der durch den Art. genannten
Orte abgelegt werden; ohne Verzug, d. h. unmittelbar oder
höchstens kurze Zeit nach der Hauptverklarung und auf keinen
Fall erst nachdem man durch einen Rechtsstreit auf die Lücken
und Unklarheiten der ersteren aufmerksam geworden; weiter muss
wenigstens die Zuziehung der Personen der Besatzung, deren Aussagen auf den Inhalt der Verklarung von Einfluss sein können,
noch möglich sein. In allen anderen Fällen ist die Nachverklarung
unstatthaft, und kann eine Vernehmung der noch zugänglichen
Schiffsleute nur als Zeugen stattfinden, und zwar sowohl wenn
ein Rechtsstreit Veranlassung zur Vervollständigung der Verklarung
giebt, als auch mit Rücksicht auf einen künftigen Rechtsstreit, in
welchem letzteren Falle die Schiffsleute in Form einer Zeugenver-
nehmung zum ewigen Gedächtniss abzuhören sind (s. R.Civ.Pr.O.
§ 447; vgl. überhaupt Cropp in Heises und seinen juristischen
Abh. I S. 96 ff., bes. S. 99 f.). Die mecklenburg-schwerinische
Einführ.-Verordn. § 59 bestimmt:

— *Ist die Verklarung mangelhaft oder dunkel, so ist die zu-*
ständige Behörde, beziehungsweise das zuständige Gericht befugt,
eine Nachverklarung zu veranstalten. Die Beweiskraft der letzteren
unterliegt der richterlichen Beurtheilung.

Der erste dieser Sätze ist heutzutage (nach Erhebung des
H.G.B. zum Reichsgesetz) nur für den Fall zu verstehen, wo die
eben angegebenen Vorbedingungen vorhanden sind. Der zweite
Satz ist nach Aufhebung des Art. 494 H.G.B. und in Gemässheit
des § 259 R.Civ.Pr.O. selbstverständlich.

5. Wenn dem Schiffer aufgegeben wird, bei Ablegung der
Verklarung wenigstens eine genügende Anzahl von Schiffs-

leuten zu stellen, so ist darunter weder zu verstehen eine Zahl, die dem Schiffer selbst genügend zu sein scheint, noch eine Zahl, welche der bei der Verklarung mitwirkende Beamte für genügend erklärt, sondern eine solche, die der über die Gültigkeit der Verklarung erkennende Richter unter Berücksichtigung der obwaltenden Umstände für ausreichend erachtet. Die Regel ist daher die, dass alle Schiffsleute zu stellen sind. Von dieser Regel kann nur aus einem genügenden Grunde abgewichen werden. Und ein solcher würde zu finden sein in der sehr grossen Anzahl der Schiffsleute, oder darin, dass einige derselben zur Zeit des in Rede stehenden Unfalls noch nicht an Bord des Schiffs sich befanden oder das Schiff vor der Verklarung verlassen hatten, ohne dass der Schiffer die Möglichkeit hatte, ihre Gestellung herbeizuführen (Prot. IV S. 1815—1817, VIII S. 3757). Die Schiffsleute sind übrigens verpflichtet, bei der Verklarung mitzuwirken, und es können dieselben daher auch vor abgelegter Verklarung nicht ihre Entlassung fordern (Seemanns-O. § 55).

6. Der letzte Absatz des Artikels legt dem an die Stelle des Kapitäns tretenden Schiffsoffizier die Berechtigung und Verpflichtung zur Ablegung einer Verklarung nicht hinsichtlich der Unglücksfälle auf, die sich ereignet haben, während er das Kommando auf dem Schiffe führte — denn das versteht sich von selbst; sondern hinsichtlich derer, welche während der Führung des Schiffers selbst eingetreten sind (Prot. IV S. 1876). Die mecklenburg-schwerinische Einführ.-Verordnung (§ 59) dehnte die Verpflichtung und die Berechtigung zur Bewirkung der Verklarung eventuell auch auf die übrigen Schiffsleute (soweit diese dazu im Stande) aus. Doch besteht diese Vorschrift als im Widerspruch mit dem H.G.B. stehend nach § 2 des Reichsgesetzes vom 5. Juni 1869 nicht mehr zu Recht.

Art. 491.

Die Verklarung muss einen Bericht über die erheblichen Begebenheiten der Reise, namentlich eine vollständige und deutliche Erzählung der erlittenen Unfälle, unter Angabe der zur Abwendung oder Verringerung der Nachtheile angewendeten Mittel enthalten.

Art. 492.

Im Gebiete dieses Gesetzbuchs muss die Verklarung, unter Vorlegung des Journals und eines Verzeichnisses aller Personen der Schiffsbesatzung, bei dem zuständigen Gericht angemeldet werden.

Das Gericht hat nach Eingang der Anmeldung so bald als thunlich die Verklarung aufzunehmen.

Der dazu anberaumte Termin wird in geeigneter Weise öffentlich bekannt gemacht, insofern die Umstände einen solchen Aufenthalt gestatten.

Die Interessenten von Schiff und Ladung, sowie die etwa sonst bei dem Unfalle Betheiligten sind berechtigt, selbst oder durch Vertreter der Ablegung der Verklarung beizuwohnen.
Die Verklarung geschieht auf Grundlage des Journals. Kann das geführte Journal nicht beigebracht werden, oder ist ein Journal nicht geführt (Art. 489), so ist der Grund hiervon anzugeben.

1. Das Gesetz trifft nur hinsichtlich der im Inlande abzulegenden Verklarungen Bestimmungen. Hinsichtlich des Auslandes ist maassgebend das Recht des Ortes, wo die Verklarung abgelegt wird. Die Anwendung des Satzes *locus regit actum* hierauf ist nämlich vollkommen zutreffend (Prot. IV S. 1819; Erk. des hamb. Oberger. vom 1. Nov. 1861 in Seebohms Samml. Nr. 202 S. 618; Erk. des hamb. Handelsger. vom 22. Dez. 1873 in der hamb. Handelsger.-Zeit. von 1874 Nr. 28 S. 218), und es ist verkehrt, dies mit Rücksicht darauf für zweifelhaft zu halten, dass die Verklarungen „wesentlich als Beweismittel in Frage" kämen und aus diesem Grunde für deren Form „die Prozessgesetze des erkennenden Gerichts maassgebend seien (vgl. Prot. S. 1820); wie denn die Beobachtung der durch diese Gesetze vorgeschriebenen Formen bei Ablegung der Verklarung in der Fremde nicht selten geradezu unmöglich sein wird (Entsch. des Ober-Seeamts I S. 437; vgl. Entsch. des R.O.H.G. XIX S. 100 f.). Dem entsprechend bestimmt auch die mecklenburg-schwerinische Einführungs-Verordnung § 59:

Im Auslande, ausserhalb des Gebietes des H.G.B., ist die Verklarung vor der zu ihrer Aufnahme zuständigen Behörde nach den daselbst bestehenden Gesetzen und Gewohnheiten zu beschaffen. —

Wenn daher nach den Gesetzen des Auslandes Verklarungen von Notaren oder anderen Personen aufzunehmen sind, so sind die von einer solchen Person aufgenommenen auch vor dem inländischen Gericht für gültig und vollbeweisend anzusehen (Entsch. des O.A.G. zu Lübeck vom 30. Dez. 1867 in Kierulffs Samml. III S. 1010). Das Reichskonsulats-Gesetz vom 8. Nov. 1867 gewährt den (auch nicht zur Abhörung von Zeugen und zur Abnahme von Eiden ermächtigten) Reichskonsuln die Befugniss, Verklarungen aufzunehmen. Daher sind derartige von einem Reichskonsul aufgenommene Verklarungen von den deutschen Gerichten gleichfalls stets als gültig anzuerkennen, vorausgesetzt, dass auf dieselben im Verhältniss von deutschen Reichsangehörigen zu deutschen Reichsangehörigen rekurrirt wird (§ 36; Dienstinstr. f. die Konsuln des Reichs v. 6. Juni 1871).

2. Zuständiges Gericht zur Aufnahme von Verklarungen ist heutzutage in Preussen das Amtsgericht (Ausführ.-Ges. zum R.G.V.G. vom 24. April 1878 § 25 Ziff. 2; vgl. Keyssner in Goldschmidts Zeitschr. XXV S. 523). Ebenso in Mecklenburg (arg. des Art. 3 D.H.G.B., des § 59 der Einführ.-Verordn. zu diesem

und des § 63 der Ausführ.-Verordn. zum R.G.V.G. vom 17. Mai 1879; vgl. Keyssner S. 537), in Oldenburg (Einführ.-Ges. zum R.G.V.G. vom 10. April 1879 Art. 5 N. 6 u. 7), in Lübeck (s. Keyssner S. 541 Note 340) und Bremen (s. Keyssner S. 542; vgl. Einführ.-Verordn. § 42). In Hamburg ist das Landgericht kompetent, welches dazu ein einzelnes Mitglied deputirt, in den Landherrschaften Ritzebüttel und Bergedorf jedoch das Amtsgericht (Ges., betr. die nichtstreitige Gerichtsb., vom 25. Juli 1879 § 5; s. Keyssner S. 543).

3. Die Verklarung muss unter Vorlegung des Journals angemeldet werden. Hinsichtlich dieser Vorlegung schreibt die mecklenb.-schwerin. Einführ.-Verordn. § 58 vor:

Der Schiffer hat das Journal sofort nach der Ankunft im Bestimmungshafen oder nach der Ankunft in einem Hafen, in welchem er zu einer Verklarung verbunden ist, Art. 490 des H.G.B., und zwar in einem inländischen Hafen der Ortsobrigkeit, in einem ausländischen Hafen dem mecklenburgischen Konsul oder dessen Stellvertreter, in deren Ermangelung der dortigen Hafenbehörde zur Visirung vorzulegen [1]) ;

und das hamb. Einführ.-Ges. § 48 bestimmt:

Die Nichtbefolgung des § 6 der Verordnung für Schiffer und Schiffsvolk vom 27. März 1786, kraft welcher der Schiffer das Journal innerhalb 24 Stunden nach der Ankunft im hamburgischen Hafen dem Schiffsregistrator einzureichen hat, wird mit einer Geldbusse bis zu 50 Reichsthalern belegt. Hat der Schiffer einen Schiffsmäkler oder einen sonstigen Agenten zur Bedienung des Schiffs angenommen, so trifft diesen die vorgedachte Strafe. Der Schiffer bleibt jedoch für die Zahlungsfähigkeit desselben verantwortlich. Die Entscheidung über die Strafe steht dem Handelsgerichte zu. In Ritzebüttel ist das Journal in gleicher Weise und unter gleicher Strafandrohung dem Amtsrichter einzureichen.

4. Ausser dem Journal ist ein Verzeichniss aller Personen der Schiffsbesatzung, namentlich die Musterrolle einzureichen, indem der Richter, welcher ausser den vom Schiffer gestellten auch noch die übrigen Personen der Schiffsbesatzung vernehmen darf, wissen muss, welche Personen zu derselben gehören (Prot. VIII S. 3762 f.).

5. Die wirkliche Ablegung der Verklarung, im Gegensatz zur Anmeldung ist von Seiten des Gerichts möglichst zu beschleunigen, ohne dass damit gesagt sein soll, dass „unbedingt und in allen Fällen sogleich nach der Anmeldung des Schiffers und der Uebergabe des Journals mit der Aufnahme der Verklarung

---

1) Heutzutage würde der Schiffer das Journal zur Visirung vorzulegen haben: in einem mecklenburgischen Hafen der Ortsobrigkeit, in einem sonstigen Hafen des Deutschen Reichs der Hafenbehörde, in einem ausserdeutschen Hafen dem deutschen Konsul, in Ermangelung eines solchen ebenfalls der Hafenbehörde.

vorgeschritten werden müsse". Vielmehr sollen „Verzögerungen, welche durch die Natur der Sache geboten" sind, dadurch nicht für unstatthaft erklärt werden (Prot. IV S. 1832).

6. Wenn es heisst, die Verklarung soll auf Grundlage des Journals geschehen, so ist das nicht so zu verstehen, als ob dieselbe stets genau mit dem Inhalte des letzteren übereinstimmen müsse. Es können vielmehr Umstände, die zur Aufklärung des Sachverhaltes dienen, in die Verklarung aufgenommen werden, auch wenn sie sich nicht im Journal finden, es kann die irrthümliche Darstellung eines Vorfalls im Journal in der Verklarung berichtigt werden, nur muss stets die Abweichung des Inhaltes der Verklarung von dem des Journals hervorgehoben und motivirt werden. Es muss also die Verklarung nur stets von der Darstellung des Journals ausgehen und auf diese Bezug nehmen. Auch dient das Journal dem die Verklarung aufnehmenden Beamten zur Kontrole der Richtigkeit der Angaben des Schiffers (Prot. IV S. 1823).

7. Der Abs. 4 gewährt sämmtlichen bei dem Unfall eines Schiffs betheiligten Personen — ausser den Interessenten an Schiff und Ladung noch den Hülfsleuten, Bergern, Lootsen, Angesegelten — das Recht, durch Fragen auf eine wahrheitsgetreue Darstellung des Sachverhaltes hinzuwirken. Es sind demgemäss die Betheiligten in der Lage, ihre eigenen Interessen zu wahren. Zugleich kann dadurch der unbegründeten Geltendmachung von Havariegrosse-Ansprüchen vorgebeugt werden (Prot. IV S. 1827, VIII S. 3762).

Art. 493.

Der Richter ist befugt, ausser den gestellten noch andere Personen der Schiffsbesatzung, deren Abhörung er angemessen findet, zu vernehmen. Er kann zum Zweck besserer Aufklärung dem Schiffer sowohl als jeder anderen Person der Schiffsbesatzung geeignete Fragen zur Beantwortung vorlegen.

Der Schiffer und die zugezogenen übrigen Personen der Schiffsbesatzung haben ihre Aussagen zu beschwören.

Die über die Verklarung aufgenommene Verhandlung ist in Urschrift aufzubewahren und jedem Betheiligten auf Verlangen beglaubigte Abschrift zu ertheilen.

1. Die Verklarung ist eine Darlegung des Unfalls durch den Schiffer. Die Schiffsleute, welche dieser zu stellen hat und welche, wie er selbst, über den Inhalt der gedachten Darstellung vereidigt werden, haben, wie in der hamburger Konferenz richtig hervorgehoben wurde, weniger die Bedeutung von Zeugen als von Eideshelfern, welche daher auch nicht die Wahrheit der in der Verklarung angegebenen Thatsachen zu beschwören haben, sondern nur, dass sie keinen Grund fänden, „den Aussagen des Schiffers zu misstrauen", und dass ihnen „nicht das Gegentheil von dem bekannt

sei, was der Schiffer erklärte" (Prot. IV S. 1834 f.). Um aber
doch nicht die Richtigkeit der Verklarung lediglich dem Gewissen
des Schiffers anheimzustellen, ist dem Richter das Recht gegeben,
sowohl die vom Schiffer gestellten, als von diesem **nicht gestellten Personen der Schiffsbesatzung als Zeugen über
die in der Verklarung angegebenen Thatsachen zu vernehmen**
(Prot. IV S. 1834, 1836, 1879). Die demselben eingeräumte Befugniss, auch die vom Kapitän nicht gestellten Personen der Schiffsbesatzung zu zitiren, ist durchaus nothwendig, da sonst zu befürchten wäre, dass der Richter nur solche Personen zu hören be-
käme, die zu Gunsten des Schiffers auszusagen bereit sind. Passagiere darf der Richter dagegen nicht vernehmen[1]). Es war zwar
ein hierauf bezüglicher Antrag auf der hamburger Konferenz gestellt, doch wurde derselbe nicht angenommen, weil man darin ein
bedenkliches Abweichen von dem allgemeinen seerechtlichen Gebrauch fand (Prot. VIII S. 3764).

2. Dass Schiffer und Schiffsleute ihre Aussagen nur unter denselben Voraussetzungen zu **beschwören** haben, unter denen dieselben im Prozesse einen Eid zu leisten verpflichtet sind, dass also
z. B. bei einem Mennoniten der Eid durch eine eidesstattliche Versicherung ersetzt wird (Prot. IV S. 1826), versteht sich von selbst.
Auf der anderen Seite wird der Richter solche Personen nicht be-
eidigen dürfen, die nach den Bestimmungen der Strafgesetze unfähig sind, als Zeugen eidlich vernommen zu werden.

Art. 494[2]).

Wie Art. 488 ist auch dieser Art. durch § 13 des Einführ.-Ges.
zur R.Civ.Pr.O. aufgehoben. Der Richter hat jetzt nach freier
Ueberzeugung zu ermessen, welche Beweiskraft der Verklarung
beizulegen ist[3]).

Art. 495.

*Rechtsgeschäfte, welche der Schiffer eingeht, während das Schiff
im Heimathshafen sich befindet, sind für den Rheder nur dann ver-*

---

1) Einige Rechte schreiben auch die Vernehmung von Passagieren, soweit
sie möglich, vor; so französ. *Code de comm.* Art. 247; belg. II Art. 37;
holländ. H.G.B. Art. 384.
2) *Die in Gemässheit Art. 492 und 493 aufgenommene Verklarung
liefert vollen Beweis der dadurch beurkundeten Begebenheiten der Reise.
Jedem Betheiligten bleibt im Prozesse der Gegenbeweis vorbehalten.*
3) Das englische Recht legt absolute Beweiskraft der Verklarung nicht
bei; Abbott S. 326 sagt: *with us credit is often given to their contents by
merchants and underwriters, when free from all circumstances of suspicion.*
Nach französ. (Art. 247) und belg. Recht (Art. 37) macht jedoch die Verklarung beim Schiffbruch vollen Beweis, vorbehaltlich des Gegenbeweises (vgl. auch
Caumont S. 384 N. 721); nach holländ. (Art. 384) und finnländ. (Art. 45)
bei Verlusten, Schäden und Unfällen überhaupt.

bindlich, wenn der Schiffer auf Grund einer Vollmacht gehandelt hat, oder wenn ein anderer besonderer Verpflichtungsgrund vorhanden ist.

Zur Annahme der Schiffsmannschaft ist der Schiffer auch im Heimathshafen befugt.

1. Der Schiffer hat den Erwerb durch die Seefahrt für die Rheder durch das von ihm geführte Schiff zu vermitteln. Er würde dies nicht in vollem Maasse und so, wie es das Interesse der Rheder selbst fordert, thun können, wenn er nicht den Kredit der letzteren benutzen dürfte, da er die den Rhedereibetrieb bildenden Geschäfte häufig an Orten zu betreiben hat, welche weit von dem Domizil der Rheder entfernt sind, und er somit von diesen nicht zu jeder Zeit mit den erforderlichen Geldmitteln versehen werden kann. Das R.R. hat nun nicht sowohl aus diesem Grunde — denn danach würde eine Verpflichtung des Rheders durch die Handlungen des Schiffers nur in demselben Umfange geboten werden, in welchem das heutige Recht eine solche zulässt —, sondern mit Rücksicht auf die Personen, welche mit einem Schiffer Rechtsgeschäfte abzuschliessen genöthigt und doch nicht immer in der Lage sind, die rechtliche Stellung desselben zu übersehen, eine Klage gegen den *exercitor* in allen Fällen zugelassen, in denen der *magister navis* ein Rechtsgeschäft innerhalb des ihm bei der Bestellung eingeräumten Wirkungskreises abgeschlossen hat. In diesem letzteren Umstand liegt eine Beschränkung des Vertretungsrechts des Schiffers, indem dasselbe nach Maassgabe der Bestellung sich nur geltend macht bei den Rechtsgeschäften, die sich ausschliesslich beziehen auf die Beförderung von Passagieren, oder auf die von Sachen, oder auf die Beförderung von leichten Waaren, oder auch von schwerem Gut, oder auf den Transport von Personen oder Sachen zwischen bestimmten Häfen *(L. 1 § 12 De exercit. act. 14, 1)*. Innerhalb des ihm eingeräumten Wirkungskreises lässt das R.R. aber stets den Rheder durch den Schiffer verpflichtet werden, mag das Geschäft in der Heimath des Schiffs resp. am Domizil des Rheders, oder aber in der Fremde abgeschlossen sein. Das spätere Recht, und zwar bereits das Recht des Mittelalters hat die Vertretungsbefugnisse des Schiffers nicht weiter ausgedehnt, als es das Interesse des Rheders selbst fordert. Es hat dieselben daher zessiren lassen da, wo die Rheder die Angelegenheiten des Schiffs selbst zu besorgen im Stande sind, so lange der Schiffer seiner Rheder „mächtig" ist. (Vgl. Cropp in Heises und seinen jur. Abh. I S. 465). Während aber dieser Grundsatz genügend für das Interesse der Rheder sorgte, nahm er nicht in gleicher Weise die Interessen derer wahr, welche mit dem Schiffer Geschäfte abschlossen, weil diesen zugemuthet wurde, stets sich zu vergewissern, ob es dem Kapitän möglich wäre, sich mit Instruktion vom Rheder versehen zu lassen. Das H.G.B. hat demgemäss diesen Punkt genauer präzisirt, indem es die in Rede

stehende Möglichkeit für die Zeit annahm, wo das Schiff sich in seinem Heimathshafen (vgl. die zum Art. 448 zitirten Einführungsgesetze) befindet, ohne Rücksicht darauf, ob die Rheder, oder einzelne derselben, hier auch ihr Domizil haben [1]).

---

[1] Eben dieselben Bestimmungen, wie im D.H.G.B., finden sich im schwedischen Seeges. (§ 41) und im finnländischen Seeges. (§ 33); wennschon letzteres (§ 35) hinsichtlich der Annahme der Mannschaft denselben Grundsatz, wie der *Code de comm.* aufstellt. Der französische *Code de comm.* und die ihm nachgebildeten Gesetze stellen der Fremde gegenüber den Aufenthaltsort des Rheders, resp. seines Bevollmächtigten, *(le lieu de la demeure des propriétaires ou de leurs fondés de pouvoir:* franz. *Code — lorsque les propriétaires u. s. w. sont sur les lieux:* belg. *Code — woonplaats van den eigenaar:* holländ. H.G.B.). Hier soll der Schiffer ohne Spezialvollmacht des Rheders oder seines Bevollmächtigten keine Rechtshandlungen behufs Ausbesserung, Ausrüstung, Verfrachtung des Schiffs vornehmen, noch Gelder zu diesem Zweck auf das Schiff aufnehmen (franz. *Code de comm.* Art. 232; belg. *Code de comm.* 11 Art 22; holländ. H.G.B. Art. 371). Auch die Annahme der Mannschaft muss von ihm daselbst im Einvernehmen mit den Rhedern erfolgen (franz. *Code de comm.* Art. 223; belg. Art. 14; holländ. H.G.B. Art. 343). In Frankreich gehen indess die Ansichten darüber, welche Bedeutung den Bestimmungen des *Code* beizulegen, aus einander. Die Einen halten die Ermächtigung resp. Zustimmung des Rheders in den angegebenen Fällen nur für wesentlich, soweit das Verhältniss des Schiffers zum Rheder in Frage steht; Andere machen auch die Gültigkeit des Geschäfts dem Dritten gegenüber davon abhängig. Erstere Ansicht ist die herrschende. Der Dritte, welcher mit dem nicht vom Rheder dazu autorisirten Schiffer ein Geschäft der in Rede stehenden Art einging, kann den Rheder daraus in Anspruch nehmen, vorausgesetzt, dass er nicht selbst *in mala fide* war, d. h. dass ihm die Anwesenheit des Rheders am Orte des Kontraktschlusses resp. der Mangel einer Ermächtigung oder des Konsenses nicht bekannt war. Vgl. Cresp-Laurin I S. 570—579, II S. 24—28; Desjardins II S. 276—279, S. 292—301. In Betreff des Bodmereigeschäfts bestimmt jedoch der Art. 321 *Code de comm.*: *Un emprunt à la grosse fait par le capitaine dans le lieu de la demeure des propriétaires du navire, sans leur autorisation authentique ou leur intervention dans l'acte, ne donne action et privilége que sur la portion que le capitaine peut avoir au navire et au fret.* Und hier ist die herrschende Meinung (abweichend von der Behandlung anderer Verträge) für die Nichtigkeit des Geschäfts überhaupt, und nur wenige Juristen, wie Pardessus (III N. 911), Cresp und Laurin (II S. 242 f.) meinen, dass dasselbe zwar der dinglichen Wirkung, nicht aber auch der persönlichen entbehre, vorausgesetzt, dass der Bodmereigeber (und nach Cresp auch der Schiffer) *in bona fide* war. Das englische Recht macht in allen Fällen, wo *the master or his agent is at the port of the ship's anchorage or so near to it as to be reasonably expected to interfere personally,* die Haftung des Rheders aus den vom Schiffer eingegangenen Rechtsgeschäften von der *special authority* jenes abhängig. Bei der Frage aber, ob ein persönliches Eingreifen des Rheders vernünftiger Weise abgewartet werden kann, kommt nicht nur die Entfernung, sondern auch die Dringlichkeit der Angelegenheit in Betracht; *and that is entirely a question for the jury.* Vgl. Abbott S. 91 ff., bes. S. 97 ff.; Maclachlan S. 141 ff., S. 150 ff. (*The opinion which very generally prevailed at one time, that the master has no authority to hypothecate the ship in a port of the same country in which the owners are resident, however it may have arisen, is not sustained by the principles of our law.*) Die Schiffsleute werden vom Schiffer angenommen (vgl. *Merchant Shipping Act* von 1854 sect. 149); nur bei Schiffen der Küstenfahrt kann, wenn deren mehrere Einem Rheder gehören, die Anheuerung der Schiffsleute auch erfolgen durch den Rheder *(by the owner instead of by the master),* wie alsdann auch die Schiffsleute kontraktlich verpflichtet werden können, auf zwei oder

2. Ob und in welcher Weise der Rheder aus Rechtsgeschäften haftet, die der Schiffer im Heimathshafen, ohne dazu bevollmächtigt zu sein, abgeschlossen hat, ist lediglich nach den allgemeinen Grundsätzen der *negotiorum gestio* und der *in rem versio* zu beurtheilen (Prot. IV S. 1883—1885). Tritt hiernach Haftung ein, so ist sie natürlich eben so wenig, wie bei der Vollmacht auf Schiff und Fracht beschränkt.

3. Dass von der Regel des Art. 495 eine Ausnahme mit Rücksicht auf die Annahme der Schiffsmannschaft gemacht wird, erklärt sich daraus, dass der Erfolg einer Seereise zum grossen Theil davon abhängt, dass der Kapitän sich auf seine Leute vollständig verlassen kann. Daher muss ihm bei der Annahme derselben auch unbedingt freie Hand gelassen werden. Auf Dampfschiffen pflegt jedoch der Rheder selbst den ersten Ingenieur anzustellen, der seinerseits wieder das bei der Maschine beschäftigte Personal, Maschinisten, Maschinist-Assistenten, Heizer, Feuerleute annimmt. Auf diese Personen ist daher das in Rede stehende Recht des Schiffers — wie dies der Ausdruck „Schiffsmannschaft" zeigt — nicht auszudehnen. Der Abs. 2 des Artikels hat übrigens nur die Bedeutung, dass die von Seiten des Schiffers allein vorgenommene Anstellung der Schiffsmannschaft unter allen Umständen eine legale ist, welche der Rheder anzuerkennen und für sich gelten zu lassen hat. Es ist damit nicht ausgedrückt, dass die Annahme der Schiffsmannschaft ausschliesslich Sache des Kapitäns sei, welcher eine Mitwirkung des Rheders dabei nicht zu dulden brauche. Der preussische Entwurf (Art. 440) enthielt eine derartige Vorschrift, welche man jedoch auf der hamburger Konferenz für bedenklich hielt und deshalb beseitigte (Prot. IV S. 1964 f.). Der Schiffer wird daher nicht nur den Protest des Rheders gegen die Anstellung eines Schiffsmannes zu beachten, sondern auch den direkten Anweisungen desselben, den einen und den anderen Seemann anzunehmen, Folge zu leisten haben. Diese Pflicht ergiebt sich aus dem Dienstverhältniss, in dem sich der Schiffer zum Rheder befindet. Ist der Schiffsmann von der Beschaffenheit, dass der Schiffer von seiner Annahme eine Gefährdung des Schiffs zu

---

noch mehreren Schiffen Dienste zu leisten (*Merchant Shipping Act* von 1854 *sect 156*). Das spanische H.G.B. autorisirt den Schiffer zur Verfrachtung des Schiffs, wenn die Rheder nicht anwesend sind (Art. 641), und lässt Verbodmung von Schiff und Zubehör am Aufenthaltsorte des Rheders oder dessen Korrespondenten nur durch dessen Genehmigung gültig werden (Art. 825). Die Mannschaft wird vom Rheder angenommen, dem der Kapitän die geeigneten Personen vorzuschlagen hat (Art. 639). Auch das norwegische Seeges. § 41 gestattet dem Schiffer, am Aufenthaltsorte des Rheders oder seines Stellvertreters nur auf Grund einer Vollmacht Frachtverträge abzuschliessen. Dass das Gesetz von einer solchen Vollmacht die Gültigkeit des Vertrages abhängig macht, geht daraus hervor, dass der vom Schiffer an einem anderen Orte eingegangene Frachtkontrakt für gültig erklärt wird, selbst wenn derselbe seine Vollmacht überschritten hatte, vorausgesetzt, dass der Befrachter nicht *in mala fide* war. Die Annahme der Mannschaft wird dem Schiffer ganz unbeschränkt gestattet (§ 10).

fürchten hat, so würde derselbe sich dieser Anordnung des Rheders eben so wenig, wie jeder anderen, die ihm eine Pflichtverletzung zumuthete, zu fügen haben (vgl. oben S. 109). Hat er sich aber einen solchen Schiffsmann vom Rheder aufdrängen lassen, so haftet er gemäss Art. 479 auch für den auf dessen ungeeignete Beschaffenheit zurückzuführenden Schaden, nur freilich, wenn er protestirt hat, nicht dem Rheder selbst gegenüber.

Art. 496.

Befindet sich das Schiff ausserhalb des Heimathshafens, so ist der Schiffer Dritten gegenüber kraft seiner Anstellung befugt, für den Rheder alle Geschäfte und Rechtshandlungen vorzunehmen, welche die Ausrüstung, Bemannung, Verproviantirung und Erhaltung des Schiffs, sowie überhaupt die Ausführung der Reise mit sich bringen.

Diese Befugniss erstreckt sich auch auf die Eingehung von Frachtverträgen; sie erstreckt sich ferner auf die Anstellung von Klagen, welche sich auf den Wirkungskreis des Schiffers beziehen.

1. Der Artikel stimmt mit dem früheren gemeinen Seerecht, wie es in Theorie und Praxis zum Ausdruck gekommen, überein[1]). Der Schiffer erscheint hiernach (ausserhalb des Heimathshafens) als der rechtmässige Vertreter des Rheders in Betreff alles desjenigen, was in den Angelegenheiten des Schiffs und für den Zweck der Frachtübernahme auszuführen ist (Cropp in Heises seinen jur. Abh. I S. 465; Seufferts Archiv XII Nr. 292).

2. Die Vertretungsbefugniss des Schiffers beginnt, sobald sich das Schiff ausserhalb des Heimathshafens befindet, ohne Rücksicht darauf, ob dasselbe in einem Hafen liegt, in welchem einer der Rheder selbst wohnt oder eine Handelsniederlassung hat, oder sogar die Rhederei durch einen Bevollmächtigten vertreten ist; ohne Rücksicht natürlich auch darauf, ob der Schiffer „in der Ausführung einer bestimmten Frachtreise begriffen" oder erst ausgefahren ist, „um Fracht zu suchen" (Prot. VIII S. 4474).

---

1) Mit den bei dem vorigen Art. (S. 131 f. Note 1) bereits angegebenen Modifikationen gelten in den fremden Rechten fast durchweg dieselben Grundsätze. Regelmässig wird in den fremden Gesetzen die Vertretungsbefugniss des Schiffers erstreckt auf alles, was sich auf das Schiff und das Unternehmen bezieht (*qui est relatif au navire et à l'expédition:* franz. *Code de comm.* Art. 216 Abs. 1; ebenso belg. *Code de comm.* II Art. 7 Abs. 1; holländ. H.G.B. Art. 321 Abs. 1; italien. H.G.B. Art. 482 Abs. 1). Aehnlich die englischen Schriftsteller *(relative to the usual employment of the ship)*; s. Abbott S. 88 f.; Maclachlan S. 114, S. 131. Das finnländ. Seeges. (Art. 33) erklärt für den Rheder für bindend die Rechtsgeschäfte, welche der Kapitän innerhalb der seiner Stellung entsprechenden Grenzen eingeht, d. h. solche, welche die Schiffer für die Rheder einzugehen pflegen; das spanische H.G.B. (Art. 621) Verbindlichkeiten, die der Schiffer kontrahirt, um das Schiff zu repariren, auszurüsten, zu verproviantiren. Auch Frachtverträge darf nach diesem Gesetz der Schiffer eingehen, wobei ihm allerdings Einhaltung seiner Instruktionen zur Pflicht gemacht (Art. 641), aber hiervon die bindende Kraft des Frachtvertrags selbst nicht abhängig gemacht wird (Art. 750).

3. Die Rechtsakte, zu denen der Schiffer für legitimirt erklärt wird, sind durchweg solche, ohne die sich ein Frachtverkehr und demgemäss Frachtverdienst nicht denken lässt. Hierbei wird aber die Gültigkeit des Geschäfts zu Gunsten des Dritten dadurch nicht bedingt, dass das konkrete Geschäft nothwendig vorgenommen werden musste; es ist vielmehr auch gültig, wenn der Schiffer dasselbe nur aus Zweckmässigkeitsrücksichten abgeschlossen hat (Prot. VIII S. 3767). Auch sind es nicht nur die „immer wiederkehrenden, alltäglichen" Geschäfte, sondern in gleicher Weise die „seltener vorkommenden", durch besondere Ereignisse hervorgerufenen (Prot. IV S. 1896); wie z. B. eine Vereinbarung über Berge- oder Hülfslohn (Entsch. des R.O.H.G. IX Nr. 106 S. 308 ff.), das Eingehen eines Bodmereivertrages. Dagegen sind es nur Geschäfte, welche das Schiff für den Frachtverkehr geschickt machen sollen, und keineswegs alle Geschäfte, welche in den Frachtverkehr hineinschlagen. So ist der Schiffer z. B. durchaus nicht ermächtigt, für Rechnung des Rheders Waaren anzukaufen, um sie nach anderen Plätzen zu verladen (Prot. IV S. 1896).

4. Aus der Befugniss zur Eingehung von Frachtkontrakten geht hervor die Befugniss zu allen Handlungen, welche die regelmässige Folge eines Frachtvertrages sind; so namentlich zur Empfangnahme von Frachtgeldern (einschliesslich der Ueberliegegelder)[1]. Wird dem Schiffer zu viel Fracht gezahlt, so haftet für die Rückgabe dieses Indebitums nicht blos er selbst persönlich, sondern auch der Rheder, vorausgesetzt, dass das Geld diesem ausbezahlt oder zu Schiffszwecken verwendet ist. Denn wenn der Rheder, nachdem ihm aus der Schiffsrechnung die Quelle des Geldes bekannt geworden, nicht die Rückzahlung desselben veranlasst, so liegt darin eine Ratihabition, woraus seine Haftung folgt (*L. 14 de cond. ca. da. 12, 4; L. 6 § 1, § 2 De cond. ind. 12, 6*). Eben so würde der Schiffer berechtigt und verpflichtet sein, aus dem ihm untergebenen Vermögen der Rhederei das Indebitum zurückzuzahlen; denn da der Rheder nicht will, dass der Schiffer mehr als die geschuldete Fracht einziehe, so liegt in dem diesem ertheilten generellen Auftrage des ersteren, ihn in allen Schiffsanlegenheiten zu vertreten, auch der „die in seiner Eigenschaft als Schiffer irrthümlich zu viel empfangene Fracht in eben dieser Eigenschaft zurückzuzahlen" (Entsch. des O.A.G. zu Lübeck vom 13. Januar 1870 in Kierulfs Samml. VI S. 10 ff.). Dagegen ist der Schiffer nicht legitimirt zur Vornahme solcher Handlungen, die nur zufälliger Weise mit dem Frachtvertrage in Verbindung stehen. So nicht zur Versicherung der Frachtgelder und Havariegelder.

---

1) Diese Befugniss geht auch daraus hervor, dass der Schiffer das Konnossement zu zeichnen hat (Art. 644), und die Güter an den Destinatär nur gegen Zurückgabe des Konnossements (wenigstens Eines quittirten Exemplars: Art 652) und gegen Zahlung der Fracht (Art. 615) auszuliefern sind.

Auf der hamburger Konferenz wurde allerdings der Vorschlag gemacht, demselben diese Befugniss ausdrücklich beizulegen. Doch fand man eine solche Bestimmung bedenklich (Prot. IV S. 1886 f.) [1]). Ferner geht aus der Befugniss des Schiffers zur Eingehung von Frachtverträgen nicht das Recht hervor, einen vom Rheder geschlossenen Frachtkontrakt zu annulliren oder zu verändern, insbesondere die zwischen dem Befrachter und dem Rheder vereinbarte Fracht herabzusetzen, eine Veränderung der von diesem festgesetzten Reise zu bewilligen, Güter frachtfrei anzunehmen [2]) (Erk. des hamburger Handelsger. vom 3. Juli 1851 in Ullrichs Samml. I Nr. 27 S. 71 und vom 23. Oktober 1851, ebendas. Nr. 36 S. 86; Entsch. des O.A.G. zu Lübeck vom 21. Februar 1857 in Seufferts Archiv XII Nr. 292). Nur wenn die Aufhebung oder Veränderung eines Frachtvertrages zur Erhaltung des Schiffs erforderlich wäre, würde der Schiffer dazu berechtigt sein, demgemäss zum Rücktritt von einem solchen Vertrage aus einem der Gründe des Art. 631 H.G.B.

   5. Klagen anstellen kann der Schiffer nicht blos aus solchen Rechtsgeschäften, welche er selbst, sondern auch aus solchen, die der Rheder eingegangen ist (z. B. in Betreff der Fracht aus einem vom Rheder geschlossenen Frachtkontrakt). Ja diese Befugniss beschränkt sich nicht auf Rechtsgeschäfte, sondern erstreckt sich auf alle möglichen anderen Fälle, z. B. auf Ansegelungssachen (Prot. VIII S. 3784 f.). Natürlich ist der Rheder in den Fällen, in welchen der Schiffer zu seiner Vertretung vor Gericht ermächtigt ist, von der Theilnahme am Prozesse nicht ausgeschlossen (Prot. IV S. 1911).

Der Artikel enthält Bestimmungen nur in Betreff der Aktivlegitimation des Schiffers zur Vertretung des Rheders im Prozess. Passivlegitimation hat derselbe nicht in gleichem Umfange. Diese ist vielmehr auf die Fälle zu beschränken, in denen sie vom Gesetz ausdrücklich anerkannt ist, wie im Art. 697 und Art. 764. Auf der hamburger Konferenz war Seitens des Referenten der Antrag gestellt, unter die von der Befugniss des Schiffers zur Vertretung des Rheders handelnden Bestimmungen auch den Satz (Prot. IV S. 1894, vgl. S. 1909 ff.) aufzunehmen:

Der Schiffsgläubiger, welcher gegen den Rheder einen Anspruch verfolgt, um aus Schiff und Fracht sich zu befriedigen, kann den Schiffer belangen, so lange dieser das Schiff führt. Ein auf diesem Wege gegen den Schiffer erwirktes Erkenntniss wird gegen den Rheder in Schiff und Fracht vollstreckt.

---

1) Die verschiedenen Richtungen, die in dieser Hinsicht auf der hamburger Konferenz hervortraten, waren auch schon früher in der Praxis vorhanden. In dem in Ullrichs Samml. I Nr. 129 S. 189 f. abgedruckten Fall erklärte das hamburger Handelsgericht den Kapitän als solchen zur Versicherung der Fracht nicht für befugt, das Obergericht dagegen legte ihm diese Befugniss bei.

2) Ebenso Abbott S. 89; Maclachlan S. 138.

Als nun aber der „von den Schiffsgläubigern" handelnde
Titel 11 des preussischen Entwurfs durch die Konferenz eine vollständige Umgestaltung erfuhr, und dabei auch der den Inhalt des
Art. 764 H.G.B. bildende Grundsatz aufgestellt ward, wurde die
eben angeführte Bestimmung, als hierdurch vollständig ersetzt, gestrichen (Prot. VI S. 2927—2929). Handelt es sich also um Ansprüche, aus denen der Rheder persönlich haftet, so ist der Kapitän
nicht passiv zur Vertretung des Rheders legitimirt[1]); und es würde
daher ein gegen den ersteren ergangenes Erkenntniss gegen die
fortune de terre des Rheders nicht vollstreckbar sein (Prot. VIII
S. 4173). Es darf also z. B. eine Klage auf Rückzahlung zu viel
empfangener Fracht nicht gegen den Schiffer angestellt werden.
Und eben so wenig werden die Schiffsleute sich auf ein den Schiffer
verurtheilendes Erkenntniss stützen dürfen, wenn sie Exekution
„in das der See nicht anvertraute Vermögen des Rheders" beantragen (Erk. des hamburger Handelsger. vom 6. Dezember 1873,
11. April 1874, 11. Mai 1874 in der hamburger Handelsger.-Zeit.
von 1874 Nr. 186).

Art. 497.

*Zur Aufnahme von Darlehen, zur Eingehung von Käufen auf
Borg, sowie zum Abschlusse ähnlicher Kreditgeschäfte ist jedoch der
Schiffer nur dann befugt, wenn es zur Erhaltung des Schiffs oder zur
Ausführung der Reise nothwendig und nur insoweit, als es zur Be-*

---

1) Wie K o c h, Kommentar Note 12 zu Art. 455, der im Uebrigen dieselbe
Ansicht vertritt, dazu kommt, eine Ausnahme zu statuiren bei Rekonventionen
in den Fällen, in denen der Schiffer nach Art. 496 Abs. 2 zur Anstellung der
Klage legitimirt ist, ist mir nicht ersichtlich. Eben so wenig ist die Ansicht
E h r e n b e r g s (beschränkte Haftung S. 194 Note 69) begründet, dass der Schiffer
auch gegenüber der Geltendmachung eines nach Landesgesetz bestellten Pfandrechts passiv zur Vertretung des Rheders legitimirt sei; denn wenn der Schiffer
in der Fremde auch alle „Rechtshandlungen" vornehmen darf, welche die Erhaltung des Schiffs und die Ausführung der Reise mit sich bringen, worauf sich
E h r e n b e r g beruft, so lässt sich darunter doch nicht die Uebernahme einer
Klage bringen. An und für sich würde unter Rechtshandlung allerdings eine
Prozesshandlung gleichfalls verstanden werden können, und es wurde dies auch
auf der hamburger Konferenz von einem Abgeordneten geltend gemacht (Prot. VIII
S. 3784 f.) Allein es widerspricht dies entschieden dem Sprachgebrauch des H.G.B.,
welches, wenn es die Vertretungsbefugniss auf Prozesshandlungen ausgedehnt
wissen will, dies stets ausdrücklich hervorhebt (Art. 42, Art. 117 in Verbindung
mit 114, Art. 196, Art. 227, Art. 460). Dem entsprechend ist denn auch im
Abs. 2 des Art. 496 die Vertretungsbefugniss des Schiffers ausdrücklich auf die
Anstellung von Klagen innerhalb des Wirkungskreises desselben erstreckt worden.
(Vgl. Prot. IV S. 1910 f., VIII S. 3784 f.; Entsch. des hamb. Handelsger. vom
18. Mai 1974 in der hamb. Handelsger.-Zeit. von 1874 S. 240, vom 10. Juli
1174 eod. S. 313 f.). Eben deshalb ist es auch nicht für richtig zu halten,
wenn E h r e n b e r g (S. 194) die Passivlegitimation des Schiffers in jedem Falle
begründet findet, wo Arrest auf das Schiff gelegt ist. Vielmehr ist hierbei die
Passivlegitimation nur in denselben Fällen wie sonst anzunehmen (s. Entsch. des
hamb. Handelsger. vom 10. Juli 1874 a. a. O.).

friedigung des Bedürfnisses erforderlich ist. Ein Bodmereigeschäft ist er einzugehen nur dann befugt, wenn es zur Ausführung der Reise nothwendig und nur insoweit, als es zur Befriedigung des Bedürfnisses erforderlich ist.

Die Gültigkeit des. Geschäfts ist weder von der wirklichen Verwendung, noch von der Zweckmässigkeit der unter mehreren Kreditgeschäften getroffenen Wahl, noch von dem Umstande abhängig, ob dem Schiffer das erforderliche Geld zur Verfügung gestanden habe, es sei denn, dass dem Dritten der böse Glaube bewiesen würde.

1. Die dem Schiffer durch Art. 496 eingeräumte Machtvollkommenheit ist eine sehr weitreichende und könnte für den Rheder häufig verhängnissvoll werden, wenn sein einziger Schutz in der Verpflichtung des Schiffers, auch bei der geschäftlichen Vertretung des Rheders die Sorgfalt eines ordentlichen Schiffers zu beobachten, und in der Regresspflicht desselben für den Fall, dass er es an dieser Sorgfalt hätte fehlen lassen, bestünde. Ein wirksamer Schutz für den Rheder liegt indess in der Begrenzung der Rechtshandlungen, zu deren Vornahme im Namen des Rheders das Gesetz den Schiffer ermächtigt. Der Rheder hat nur Geschäfte anzuerkennen, welche die Erhaltung des Schiffs und die Ausführung der Reise mit sich bringen. Noch wirksamer wird durch die Bestimmung dieses Artikels das Interesse des Rheders gewahrt. Regelmässig genügt es nämlich zur Verpflichtung des Rheders, dass das Geschäft seiner Natur nach in die Kategorie der Geschäfte fällt, welche den gedachten Zwecken dienen, ohne dass der Nachweis geführt zu werden braucht, dass das spezielle Geschäft durch den einen oder anderen Zweck bedingt wurde. Dagegen fordert der Art. 497 für die von ihm aufgezählten Geschäfte im Einklange mit dem R.R. (*L. 7 pr. De exercit. act. 14, 1*) und der bereits früher für das gemeine Recht bestehenden *communis opinio* (s. Voigt im Neuen Arch. f. H.R. I S. 450 ff., bes. S. 466 ff. und die von demselben mitgetheilten Entscheidungen der Juristen-Fakultät zu Rostock vom 27. Juli 1854 und des O.A.G. zu Lübeck vom 22. Dezember 1855, a. a. O. S. 455 ff.), dass gerade das konkrete, in Frage stehende Geschäft n o t h w e n d i g war, um das Schiff zu erhalten oder die Reise fortzusetzen (vgl. Prot. IV S. 1889). Das Vorhandensein solcher Nothwendigkeit braucht nicht vor Eingehung des Geschäfts unter Beobachtung bestimmter Formen festgestellt zu werden (Prot. IV S. 1899—1901), sondern der Dritte, welcher aus dem Geschäfte Rechte gegen den Rheder geltend machen will, kann dasselbe durch jedes geeignete Beweismittel darthun. Von diesem Nachweise ist aber die Geltendmachung des Anspruchs gegen den Rheder abhängig, und zwar genügt es nicht, dass die Nothwendigkeit zur Eingehung des in Rede stehenden Geschäfts und zwar die spezielle Art des zu befriedigenden Bedürfnisses dargethan wird (*L. 7 pr. § 1 De exercit.*

act. 14, 1), sondern es muss auch bewiesen werden[1]), dass die
Verwendung gerade des Geldbetrages, um den es sich dabei han-
delt (wenn auch selbstverständlich nicht auf Heller und Pfennig:
L. 7 pr., L. 1 § 10 De exercit. act. 14, 1), erforderlich gewesen
(Entsch. des R.O.H.G. XXV S. 49). Ein jedes der hier in Rede
stehenden Geschäfte ist daher nur bis zu dem Betrage für den
Rheder rechtsverbindlich, „dessen Verwendung nothwendig ge-
wesen"[2]) (Prot. S. 1905 f.).

2. Die vom Artikel aufgezählten Geschäfte sind Aufnahme
von Darlehen, Eingehung von Käufen auf Borg und ähnliche
Kreditgeschäfte. Es ist also hierbei nicht an jedes Geschäft
gedacht, dessen Erfüllung nach der Absicht der Kontrahenten nicht
sofort dem Versprechen folgt, sondern hinausgeschoben wird (vgl.
Thöl, H.R. I S. 986 f.), wobei speziell der Schiffer die ihm obliegende Leistung schuldig bleibt — denn es fallen keineswegs
alle Geschäfte dieser Art in den gesetzlichen Wirkungskreis des
Schiffers —; sondern nur solche derartige Geschäfte stehen in
Frage, welche eine Aehnlichkeit mit den ausdrücklich hervorgehobenen haben, wie der auf die Reparatur des Schiffs bezügliche Vertrag, wobei der Schiffsbaumeister kreditirt, der Bodmerei-
vertrag.

3. Das Gesetz fordert nur den Nachweis der Nothwendigkeit
des Geschäfts, nicht auch den der wirklichen Verwendung der

---

1) In Betreff der Bodmerei s. Art. 686 D.H.G.B.
2) Dieselben Grundsätze sind auch im englischen Recht anerkannt:
Abbott S. 92 ff.; Maclachlan S. 55. Der franz. *Code de comm.* Art. 234
Abs. 1 trifft die Bestimmung: *Si pendant le cours du voyage il y a nécessité
de radoub ou d'achat de victuailles, le capitaine après l'avoir constaté par
un procès-verbal signé des principaux de l'équipage, pourra en se faisant
autoriser en France par le tribunal de commerce ou, à défaut, par le juge
de paix, chez l'étranger par le consul français, ou, à défaut par le magistrat
des lieux, emprunter sur corps et quille du vaisseau, mettre en gage ou rendre
des marchandises, jusqu'à concurrence de la somme que les besoins constatés
exigent*; (ebenso belg. *Code* II Art. 24 Abs. 1; holländ. H.G.B. Art. 372 Abs. 1;
ähnlich span. H.G.B. Art. 644;) und nach Art. 236 macht der Kapitän, wenn er
ohne Nothwendigkeit Geld aufnimmt *sur le corps, avitaillement ou équipement
du navire*, sich regresspflichtig. (Ebenso belg. *Code* Art. 26, holländ. H.G.B.
Art. 375; span. H.G.B. Art. 684 statuirt Diebstahlsstrafe nebst Ersatzpflicht der
unterschlagenen Summe.) Trotzdem gilt nach der herrschenden Ansicht, welche
durch eine konstante Praxis des Kassationshofs gestützt wird, das Geschäft selbst,
auch wenn die gedachten Voraussetzungen nicht vorliegen, als gültig, vorausgesetzt, dass der Kreditor *in bona fide* war, indem angenommen wird, dass die
im Art. 234 aufgestellten Erfordernisse sich nur auf das Verhältniss von Kapitän
und Rheder bezögen, während ersterer sei *le représentant né de l'armateur
vis-à-vis des tiers et par conséquent il a un pouvoir général et absolu pour
tout ce qui concerne la conduite et l'administration du navire* (Entsch. des
Kass.-Hofs vom 5. Januar 1841). S. Desjardins II S. 49 ff.; Laurin bei
Cresp II S. 244 f. Note 37, die sich gleichfalls der herrschenden Ansicht an-
schliessen. Nur die Minderzahl der Schriftsteller und vereinzelte Erkenntnisse
vertreten den entgegengesetzten Standpunkt. Unter denselben Pardessus (III
N. 911) und Cresp (II S. 238—240, 243—245). Vgl. überhaupt Voigt im N.
Arch. I S. 466—471; Laurin bei Cresp I S. 123 ff.

dadurch erhaltenen Mittel in den Nutzen des Rheders. Wie also
nach R.R. der Rheder für die Rückzahlung eines Darlehns haftet,
welches der Schiffer zwar aufgenommen, um dasselbe für das
Schiff zu verwenden, darauf aber in eigenen Nutzen verwendet
hat (*L. 1 § 9 De exercit. act. 14, 1*), so hat auch nach dem
H.G.B. der Rheder für die Rückzahlung des Darlehns und Bodmerei-
geldes einzustehen, selbst wenn der Schiffer dasselbe veruntreut
haben sollte. Das H.G.B. hat die im früheren gemeinen Recht
bestrittene Frage in diesem Sinne entschieden, weil es dem Dar-
leiher nicht zuzumuthen ist, „die Verwendung des Geldes zu kontroliren", und die Aufstellung eines solchen Verlangens im Gesetzbuch gerade die Interessen der Rheder empfindlich schädigen muss,
indem unter dieser Voraussetzung „Jedermann Bedenken tragen
wird, dem Schiffer Geld zu leihen" (Prot. IV S. 1905). Aus eben
demselben Grunde ist auch davon Abstand genommen, die Gültigkeit des Geschäfts abhängig zu machen von der Zweckmässigkeit
der unter mehreren Kreditgeschäften getroffenen Wahl oder von
dem Umstande, dass das erforderliche Geld dem Schiffer nicht zur
Verfügung gestanden [1]).

Art. 498.

*Auf den persönlichen Kredit des Rheders Geschäfte abzuschliessen,
insbesondere Wechselverbindlichkeiten für denselben einzugehen, ist
der Schiffer nur auf Grund einer ihn hierzu ermächtigenden Vollmacht (Art. 452 Ziff. 1) befugt. Verhaltungsmaassregeln und dienstliche Anweisungen, welche der Schiffer vom Rheder erhält, genügen
nicht, die persönliche Haftung des Rheders dem Dritten gegenüber
zu begründen.*

1. Der Art. 452 hat bereits den Satz aufgestellt, dass der
Rheder aus den Rechtsgeschäften, die der Schiffer auf Grund seiner
gesetzlichen Befugnisse abgeschlossen hat — abgesehen vom Heuerkontrakt, — nur mit Schiff und Fracht haftet. Der Art. 498 verbietet nun geradezu dem Schiffer, ohne eine darauf bezügliche
Vollmacht auf den persönlichen Kredit des Rheders Geschäfte einzugehen. Thut derselbe dies dennoch, so überschreitet er seine
Befugniss und wird demgemäss s e l b s t (nach Art. 502 Abs. 2)
d u r c h d a s G e s c h ä f t v e r p f l i c h t e t; zugleich ist das auf B e -
g r ü n d u n g e i n e r p e r s ö n l i c h e n H a f t u n g des Rheders gerichtete Geschäft u n w i r k s a m. Damit ist aber nicht gesagt, dass
durch ein solches, auch wenn die Voraussetzungen vorliegen, unter
denen sonst der Schiffer den Rheder verpflichtet, nicht einmal die
Haftung mit Schiff und Fracht begründet würde; denn dem
Verbot des Gesetzes, auf den persönlichen Kredit des Rheders

---

1) Ebenso die englischen Schriftsteller: Abbott S. 114; Maclachlan
S. 149 f.

Geschäfte einzugehen, wird dadurch volle Wirksamkeit verschafft, dass das Geschäft soweit für kraftlos erklärt wird, als es der Schiffer nicht als Schiffer, sondern nur als Spezialbevollmächtigter des Rheders eingehen konnte. Auch der Wortlaut des Gesetzes steht hiermit nicht in Widerspruch. Die in der ersten Auflage und in Endemanns Handbuch IV S. 85 vertheidigte Ansicht, dass ein derartiges Geschäft für den Rheder überhaupt nicht verpflichtend wäre, eine Auffassung, die allerdings von einer Seite auf der hamburger Konferenz (Prot. VIII S. 3768) als dem Wortlaut der Bestimmung entsprechend bezeichnet wurde, nehme ich demgemäss zurück. (Vgl. auch Prot. IV S. 1887 f., VIII S. 3768 f.) Dass vom Schiffer ohne Vollmacht eingegangene Wechselverbindlichkeiten keine verpflichtende Kraft für den Rheder haben, ergiebt sich natürlich auch von diesem Standpunkt.

2. Die Vollmacht, welche den Schiffer zur Abschliessung von Geschäften auf den persönlichen Kredit des Rheders ermächtigt, muss aber eine ausdrückliche sein; sie darf — wie das Gesetz noch besonders hervorgehoben hat — nicht bereits dann angenommen werden, wenn der Rheder „dem Schiffer, sei es im Voraus für eventuelle Fälle, sei es auf stattgehabte Anfrage für den einzelnen Fall Instruktionen und Verhaltungsmaassregeln ertheilt hat (Prot. VIII S. 3779—3781). Der Vollmacht steht natürlich die Ratihabition gleich.

3. Ist der Schiffer ermächtigt, mittels Wechsel auf die Rheder Geld zu entnehmen, so trassirt er bei einer Rhederei auf den Korrespondentrheder (Cropp in Heises und seinen jur. Abh. I S. 511).

Art. 499.

Die Befugniss zum Verkaufe des Schiffs hat der Schiffer nur im Falle dringender Nothwendigkeit, und nachdem dieselbe durch das Ortsgericht nach Anhörung von Sachverständigen und mit Zuziehung des Landeskonsuls, wo ein solcher vorhanden, festgestellt ist.

Ist keine Gerichtsbehörde und auch keine andere Behörde, welche die Untersuchung übernimmt, am Orte vorhanden, so hat der Schiffer zur Rechtfertigung seines Verfahrens das Gutachten von Sachverständigen einzuholen und, wenn dies nicht möglich ist, mit anderen Beweisen sich zu versehen.

Der Verkauf muss öffentlich geschehen.

1. Der Verkauf des Schiffs fällt an sich nicht in den Geschäftskreis des Schiffers, weil er „kein zum Betriebe der Rhederei gehöriges Geschäft, sondern die Einstellung dieses Betriebes ist" (Cropp in Heises und seinen jur. Abh. I S. 465; Motive S. 238). Und so ist denn in den älteren Seerechts-Quellen der Verkauf des Schiffs dem Kapitän regelmässig unbedingt verboten (s. Seerecht von Oleron Art. 1 — Pardessus, *Collection* I S. 323 f. —; Seerecht von Wisby Art. 15, 17 — a. a. O. S. 470 f.,

471 f. —; vgl. Pöhls I S. 147 f.). Vereinzelt wird jedoch schon frühzeitig dem Schiffer die Befugniss dazu, wenn es die Umstände verlangen, eingeräumt *(Consulado del mare* c. 211 letzter Abs. — Pardessus II S. 262 — wegen sehr hohen Alters des Schiffs), und in den neueren Seerechten ist diese Ermächtigung die Regel geworden (vgl. Kaltenborn I S. 158 ff.) [1]).

2. Bei Beantwortung der Frage, ob eine dringende Nothwendigkeit den Verkauf des Schiffs rechtfertige, ist für den Schiffer und die von ihm zugezogenen Rathgeber entscheidend das Interesse des Rheders, als des Eigenthümers des Schiffs (Entsch. des R.O.H.G. XVIII S. 283). Das letztere darf vom Schiffer nur dann veräussert werden, wenn dies das einzige Mittel ist, um einen noch grösseren Schaden vom Rheder abzuwenden. Dies wird der Fall sein bei Seeuntüchtigkeit des Schiffs im Sinne des Art. 444 (Prot. IV S. 1912 f.; Entsch. des R.O.H.G. XII S. 398 f.); aber auch andere Umstände können den Verkauf als gebieterische Nothwendigkeit erscheinen lassen (Prot. VIII S. 3783 f.), z. B. die Unmöglichkeit, in irgend welcher absehbaren Zeit die zur Bedienung des Schiffs erforderliche Mannschaft zusammenzubringen.

3. Die dringende Nothwendigkeit reicht aber nicht aus, um den Verkauf gültig zu machen, sondern es ist hierzu noch erforderlich, dass die Formvorschriften des Art. 499 beobachtet sind; d. h. dass der Ausspruch der Sachverständigen, welcher diese Nothwendigkeit anerkennt, durch das Gericht oder eine sonstige Behörde des betreffenden Ortes konfirmirt ist.

4. Ist das eine oder das andere Requisit nicht gewahrt, so braucht der Rheder den Verkauf nicht für sich gelten zu lassen. Dies ist der Sinn, der, wennschon man sich über denselben auf der hamburger Konferenz nicht recht hat einigen

---

1) Während noch die *Ordonnance de la marine* II, 1 Art. 19 dem Kapitän ohne Vollmacht der Rheder den Verkauf des Schiffs unbedingt verboten hatte, gestattet der franz. *Code de comm.* Art. 237 denselben im Falle von *innavigabilité légalement constatée.* (Vgl. Ruben de Couder II S. 447 f. N. 99—104; *L'innavigabilité est constatée par des experts, anciens navigateurs, nommés par le juge du lieu, et prononcée par ce juge, c'est à dire en pays français par le tribunal de commerce ou le juge de paix, à l'étranger par le consul, vice-consul ou agent français; enfin à défaut par l'autorité du lieu. — Et il est de principe, que cette déclaration est souveraine, de telle sorte que celui qui achète le navire du capitaine après qu'elle est intervenue, n'a pas à craindre d'être inquiété par les propriétaires; sauf, bien entendu, le cas de dol ou de fraude de la part de l'acheteur — N. 101 —.* Oeffentlicher Verkauf ist nicht nothwendig; wennschon dies von einer Seite behauptet ist — N. 102 —.) Ebenso u. A. holländ. H.G.B. Art. 376; belg. II Art. 27; brasil. Art. 581; schwed. Seeges. § 47; finnländ. Art. 49 Abs. 2. Nach dem span. H.G.B. Art. 593 ordnet auf Antrag des Schiffers im Falle der Reparaturunfähigkeit das Gericht öffentliche Versteigerung des Schiffs an. Das englische Recht lässt Verkauf durch den Schiffer im Falle dringender Nothwendigkeit zu. Ob eine solche vorhanden, ist nach verständigem Ermessen unter Berücksichtigung aller Umstände des konkreten Falls festzustellen. Vgl. Maclachlan S. 159 ff.

können (Prot. IV S. 1914 f.), allein mit den Worten des Artikels
sich verbinden lässt (Entsch. des O.A.G. zu Lübeck vom 30. Dezember 1867 in Kierulffs Samml. III S. 1003 f.). Indem nämlich das Gesetz dem Schiffer das Recht des Verkaufs einräumt
nicht im Falle dringender Nothwendigkeit, welche von einer Behörde festzustellen ist, noch im Falle von der Ortsbehörde kon-
statirter dringender Nothwendigkeit, sondern im Falle dringender
Nothwendigkeit und nachdem dieselbe durch das Ortsgericht festgestellt ist, stellt es das Vorhandensein der Nothwendigkeit und
das Konstatiren derselben als zwei gesonderte Requisite für die
Gültigkeit des Verkaufs auf. Wie also der Verkauf nicht gültig
wäre, wenn die Nothwendigkeit nicht durch die Behörde anerkannt
worden, so ist derselbe auch nicht gültig, wenn eine Nothwendigkeit
zwar von der Behörde konstatirt wurde, eine solche in Wahrheit
aber gar nicht vorhanden oder doch als vorhanden nicht nachgewiesen war[1]). Ersteres würde möglich sein, wenn der Schiffer
doloser Weise einen falschen Thatbestand vorgespiegelt hätte, oder
die ausländischen Beamten selbst doloser oder fahrlässiger Weise
einen falschen Thatbestand konstatirt hätten; Letzteres würde vorliegen, wenn die Nothwendigkeit zwar durch Sachverständige ausgesprochen, aber nicht begründet wäre, wenn z. B. die Sachverständigen in ihrem Gutachten (wie es in Entsch. des R.O.H.G.
XVI S. 106 vorliegt) nach Aufführung der Schäden, die sie an dem
Schiffe wahrgenommen, lediglich die Worte hätten folgen lassen:
„aus diesen Gründen erklären wir, dass das Schiff reparaturunfähig
ist“, ohne diesen Ausspruch irgend wie zu begründen, und ohne
dass die Begründung sich von selbst aus der Natur der wahr-
genommenen Schäden ergäbe.

    5. Dadurch, dass das Gesetz ein Gutachten von Sachver-
ständigen fordert, wird dargelegt, dass nicht ein kategorischer Ausspruch genügt, sondern dass die Sachverständigen durch Darlegung
ihrer Gründe zu bekunden haben, dass sie diesen Ausspruch zu
thun befähigt waren. Freilich darf der erkennende Richter das
Sachverständigen-Gutachten nur insofern einer Kritik unterwerfen,
als er die Schlüssigkeit desselben zu prüfen hat; dagegen darf er
nach einer feststehenden Praxis die Richtigkeit der von den Sachverständigen angestellten Beobachtungen nicht anzweifeln, noch
Gegenbeweis dagegen zulassen, natürlich abgesehen von dem Falle
des erwiesenen *dolus* der Sachverständigen, oder auch des Schiffers
resp. der Schiffsbesatzung, wodurch die Sachverständigen irre-
geleitet sind (Entsch. des R.O.H.G. XII S. 402 und die daselbst
zitirten Erk.).

---

    1) Der Ausdruck „festgestellt“ im Art. 499 kann nichts Anderes bedeuten
als anerkannt, konstatirt, und es ist unerfindlich, wie Makower, Kommentar
Anm. zu Art. 499 (50 b) in diesem Worte einen Hinweis auf eine endgültige, also
unanfechtbare Entscheidung findet.

6. Will der Rheder wegen eines ungerechtfertigten Verkaufs des Schiffs einen Anspruch gegen den Schiffer geltend machen, so wird er sich freilich stets nur auf die nicht vorhandene Nothwendigkeit des Verkaufs berufen können, nicht auf die Nichtbeobachtung der behufs Konstatirung dieser Nothwendigkeit aufgestellten Vorschriften; denn nur im ersteren Fall kann von verletzten Interessen des Rheders die Rede sein. Ebenso aber kann der Rheder einen Ersatzanspruch gegen den Schiffer erheben, wenn nicht öffentlicher Verkauf stattgefunden hat, da dieser „als Garantie dafür, dass das Schiff zum höchstmöglichen Preise verkauft wird," vorgeschrieben ist (Motive S. 238).

7. Ausser dem Rheder können auch die im Art. 479 genannten Personen Ersatzansprüche gegen den Schiffer geltend machen, wenn ihnen aus dem durch keine Nothwendigkeit verursachten oder nicht öffentlichen Verkauf des Schiffs ein Vermögensverlust erwachsen ist; denn nach dem Gesetz haftet der Schiffer den gedachten Personen für den Schaden, der denselben aus der Verletzung der ihm im dritten und in den folgenden Titeln des V. Buches D.H.G.B. auferlegten Pflichten entsteht; zu diesen Pflichten gehört aber auch die Beobachtung der im Art. 499 in Betreff des Verkaufs des Schiffs aufgestellten Vorschriften. Anderer Meinung Ehrenberg, beschränkte Haftung S. 259, der (wie ich bereits in Endemanns Handbuch IV S. 86 f. Note 34 hervorhob) ohne Grund aus einer Verletzung der Bestimmungen dieses Artikels durch den Schiffer, als einer rein internen Angelegenheit zwischen Schiffer und Rheder, allein dem letzteren einen Entschädigungsanspruch gegen den ersteren einräumt.

Art. 500.

Der Rheder, welcher die gesetzlichen Befugnisse des Schiffers beschränkt hat, kann dem Dritten die Nichteinhaltung dieser Beschränkungen nur dann entgegensetzen, wenn er beweist, dass dieselben dem Dritten bekannt waren.

Vgl. die Ausführungen zum Art. 462. Wie hier ausdrücklich hervorgehoben, so muss auch beim Art. 500 die Beschränkung dem Dritten beim Abschluss des Geschäfts bekannt gewesen sein. Auch ist dem „Bekanntsein" das „Bekanntseinmüssen" gleichzustellen [1]).

Art. 501.

Hat der Schiffer ohne besonderen Auftrag für Rechnung des Rheders aus eigenen Mitteln Vorschüsse geleistet oder sich persönlich

---

1) Eine ganze Reihe von fremden Rechten hat den in diesem Artikel aufgestellten Grundsatz ausdrücklich ausgesprochen, so das schwed. Seeges. § 44; das norweg. § 41; das finnländ. Art 33. Aber auch wo dies nicht der Fall, besteht über seine Geltung kein Zweifel; s. Abbott S. 83; Cresp-Laurin S. 27 f.; Desjardins II S. 296.

verpflichtet, so stehen ihm gegen den Rheder wegen des Ersatzes keine grösseren Rechte als einem Dritten zu.

1. Da dem Schiffer im Art. 498 geradezu untersagt ist, auf den persönlichen Kredit des Rheders Rechtsgeschäfte einzugehen, so kann das Gesetz den Kapitän selbst, welcher Vorschüsse für den Rheder geleistet oder sich für denselben persönlich verpflichtet hat, nicht besser stellen als den Dritten, welcher Ansprüche gegen den Rheder aus den vom Schiffer für denselben abgeschlossenen Geschäften hat, indem sonst die zuerst angezogene Bestimmung illusorisch werden würde. Der Rheder haftet also nur mit Schiff und Fracht.

Der Schiffer hat gegen den Rheder nie mehr Rechte als der Dritte; daraus folgt aber nicht, dass er als Kreditor des Rheders **in jeder Beziehung** und zu seinen eigenen Gunsten stets **eben so zu behandeln ist, wie ein dritter Gläubiger.** Während nämlich der letztere „die Nothwendigkeit der Geldverwendung" nachzuweisen hat, nicht aber „die wirkliche Verwendung" selbst, so würde der Schiffer einen Anspruch gegen den Rheder nur geltend machen können, wenn er die wirkliche Verwendung des Geldes zum Nutzen des Schiffs nachzuweisen im Stande wäre (Prot. IV S. 1907—1909); denn ohne solche Verwendung lässt sich ein Forderungsrecht des Schiffers gegen den Rheder (abgesehen natürlich von Ansprüchen aus dem Dienstvertrage) überhaupt nicht denken. Dem Dritten gegenüber hat sich nämlich der Rheder, vertreten durch seinen gesetzlichen Mandatar, den Schiffer, zur Rückzahlung des von diesem für das Schiff empfangenen Darlehns, zur Bezahlung des kreditirten Kaufpreises u. s. w. verpflichtet. Davon kann dem Schiffer gegenüber keine Rede sein. Dieser kann vielmehr nur klagen auf Ersatz der von ihm bei Ausrichtung des ihm mit der Bestellung zum Schiffer ertheilten Auftrages gemachten Auslagen.

2. Der Artikel hat nur die Fälle im Auge, wo der Schiffer statt als gesetzlicher Vertreter des Rheders ein Rechtsgeschäft mit einem Dritten abzuschliessen, aus welchem dieser einen Anspruch gegen den Rheder erwerben würde, in seinem Namen mit dem Dritten kontrahirt und sich selbst dadurch zum Schuldner macht; oder die zur Befriedigung eines Bedürfnisses erforderlichen Mittel, statt dieselben durch ein in der gedachten Eigenschaft mit einem Dritten eingegangenes Rechtsgeschäft zu beschaffen, aus seinem eigenen Vermögen hergiebt. Wenn jedoch der Kapitän **lediglich als** *negotiorum gestor* handelt, ohne dass dabei seine Schiffer-Qualität irgend wie in Betracht kommt, z. B. im Heimathshafen, wo er nicht als gesetzlicher Vertreter des Rheders gilt, so wird sein Verhältniss zum letzteren nach den Grundsätzen des bürgerlichen Rechts über die *negotiorum gestio* behandelt.

Art. 502.

Durch ein Rechtsgeschäft, welches der Schiffer in seiner Eigenschaft als Führer des Schiffs, sei es mit, sei es ohne Bezeichnung des Rheders, innerhalb seiner gesetzlichen Befugnisse geschlossen hat, wird der Rheder dem Dritten gegenüber berechtigt und die Haftung des Rheders mit Schiff und Fracht begründet.

Der Schiffer selbst wird dem Dritten durch das Rechtsgeschäft nicht verpflichtet, es sei denn, dass er eine Gewährleistung für die Erfüllung übernommen oder seine Befugniss überschritten hätte. Die Haftung des Schiffers nach Maassgabe der Art. 478 und 479 wird hierdurch nicht ausgeschlossen.

1. Nach R.R. kann der Rheder aus den der *lex praepositionis* gemäss vom *magister navis* abgeschlossenen Geschäften mit der *actio exercitoria*, als einer *actio adiecticiae qualitatis* in Anspruch genommen werden, während es dem Gläubiger unbenommen ist, sich auch an den Schiffer selbst zu halten *(L. 1 § 17, § 24 De exercit. act. 14, 1)*. Ebenso entstehen die Forderungen aus solchen Geschäften nicht unmittelbar in der Person der Rheders, sondern sie gehen erst vermöge einer wirklichen oder fingirten Zession vom Schiffer auf den Rheder über. In Anwendung des Prinzips der direkten Stellvertretung, welches in dieser Hinsicht auch im früheren gemeinen deutschen Seerecht, wie in den neueren Seegesetzen, zur Geltung gelangt war, hat das H.G.B. **direkte Berechtigung und Verpflichtung des Rheders durch die Rechtsgeschäfte des Schiffers** (z. B. aus den durch letzteren gezeichneten Konossementen) statuirt, so dass ersterer hieraus ohne Weiteres klagen und verklagt werden kann, während der Schiffer durch die von ihm eingegangenen Rechtsgeschäfte dem Dritten nicht verpflichtet wird (vgl. Prot. VIII S. 3778—3780; Busch, Archiv XXX S. 64).

2. Der Schiffer berechtigt und verpflichtet die Rheder **auf Grund seiner Anstellung**, als deren gesetzlicher Vertreter. Ist der Schiffer nicht vom Eigenthümer des Schiffs angestellt, sondern von dem, welcher ein fremdes Schiff zum Erwerbe durch die Seefahrt für seine Rechnung verwendet, so berechtigt und verpflichtet er diesen, und nicht den Eigenthümer, wenn schon letzterer die Schiffsgläubiger regelmässig an der Durchführung ihrer Ansprüche nicht hindern kann (s. Art. 477 H.G.B.).

3. Auch für die **Ansprüche der Schiffsleute** aus dem Dienstverhältnisse haftet nur der Rheder, nicht auch der Schiffer; denn die Heuerkontrakte schliesst der Kapitän ebenfalls in seiner Eigenschaft als Führer des Schiffs in Vertretung des Rheders. Nur soweit der Schiffer dem Dritten überhaupt in Gemässheit des Abs. 2 dieses Artikels haftet, ist seine Haftung auch der Mannschaft gegenüber begründet; so also namentlich, wenn er die Nichtbefriedigung derselben verschuldet hat, auf Grund des Art. 478 f. (Entsch. des R.O.H.G. XIII S. 43, XXIII S. 200).

Art. 503.

*Auch dem Rheder gegenüber sind für den Umfang der Befug-
nisse des Schiffers die vorstehenden Artikel maassgebend, soweit der
Rheder diese Befugnisse nicht beschränkt hat.*

*Ausserdem ist der Schiffer verpflichtet, von dem Zustande des
Schiffs, den Begebnissen der Reisen, den von ihm geschlossenen
Verträgen und den anhängig gewordenen Prozessen den Rheder in
fortlaufender Kenntniss zu erhalten und in allen erheblichen Fällen,
namentlich in den Fällen der Art. 497 und 499, oder wenn er eine
Reise zu ändern oder einzustellen sich genöthigt findet, oder bei aussergewöhnlichen Reparaturen und Anschaffungen die Ertheilung von
Verhaltungsmaassregeln nachzusuchen, sofern die Umstände es gestatten.*

*Zu aussergewöhnlichen Reparaturen und Anschaffungen, selbst
wenn er sie mit den ihm zur Verfügung stehenden Mitteln des Rheders bestreiten kann, darf er nur im Falle der Nothwendigkeit schreiten.*

*Wenn er das zur Bestreitung eines Bedürfnisses nöthige Geld
nicht anders sich verschaffen kann, als entweder durch Bodmerei
oder durch den Verkauf von entbehrlichem Schiffszubehör, oder durch
den Verkauf von entbehrlichen Schiffsvorräthen, so hat er diejenige
Maassregel zu ergreifen, welche für den Rheder mit dem geringsten
Nachtheil verbunden ist.*

*Er muss dem Rheder nach der Rückkehr in den Heimathshafen
und ausserdem, so oft es verlangt wird, Rechnung legen.*

1. Die vorangegangenen Artikel haben den Umfang der Befugnisse des Schiffers zunächst mit Rücksicht auf dritte Personen
abgegrenzt, d. h. mit Rücksicht auf die Frage, inwiefern ein mit
dem Schiffer, als Führer des Schiffs von einer dritten Person
abgeschlossenes Geschäft von dieser gegen den Rheder geltend
gemacht werden kann. Art. 503 erklärt die in den früheren
Artikeln aufgestellten Grundsätze in gleicher Weise für maassgebend für das Verhältniss von Schiffer und Rheder,
bestimmt also, dass diese Grundsätze auch maassgebend sind für
die Beurtheilung der Frage, ob der Rheder ein vom Schiffer für
ihn abgeschlossenes Geschäft als eine Verletzung des zwischen
ihnen bestehenden Verhältnisses betrachten und demgemäss Ersatz
des ihm daraus erwachsenen Schadens verlangen oder dies nicht
thun kann. Nur besteht der Unterschied, dass eine Seitens des
Rheders vorgenommene Beschränkung der gesetzlichen Befugnisse
des Schiffers dem Dritten gegenüber blos beschränkte (Art. 500),
dem Schiffer gegenüber unbedingte Geltung hat.

2. Von der im Abs. 2 statuirten Pflicht, sich vom Rheder in
allen wichtigen Fällen Instruktionen zu erbitten, würde der
Schiffer befreit werden durch die ihm bei Uebernahme des Kommandos ertheilte Ermächtigung, in allen oder gewissen — besonders namhaft gemachten — Fällen, z. B. in Havariefällen, so zu
handeln, „wie es ihm den Umständen nach am zweckmässigsten

erschiene" (Erk. des hamb. Handelsger. vom 17. September 1863
in Hermann und Hirsch, Samml. S. 290).

3. Der Abs. 3 ist lediglich eine Konsequenz des Art.
497; denn da der Schiffer Kreditgeschäfte zum Behufe von Reparaturen und Anschaffungen nur im Nothfalle eingehen darf, so
kann er dazu auch nur in demselben Falle die in seinem Besitz
befindlichen Mittel des Rheders verwenden (Prot. IV S. 1889).

Art. 504.

*Im Interesse der Ladungsbetheiligten hat der Schiffer während
der Reise zugleich für das Beste der Ladung nach Möglichkeit Sorge
zu tragen.*

*Werden zur Abwendung oder Verringerung eines Verlustes be-
sondere Maassregeln erforderlich, so liegt ihm ob, das Interesse der
Ladungsbetheiligten als Vertreter derselben wahrzunehmen, wenn thunlich, deren Anweisungen einzuholen und, insoweit es den Verhältnissen
entspricht, zu befolgen, sonst aber nach eigenem Ermessen zu verfahren und überhaupt thunlichst dafür zu sorgen, dass die Ladungsbetheiligten von solchen Vorfällen und den dadurch veranlassten
Maassregeln schleunigst in Kenntniss gesetzt werden.*

*Er ist in solchen Fällen namentlich auch berechtigt, die Ladung
ganz oder zum Theil zu löschen, äussersten falls, wenn ein erheblicher Verlust wegen drohenden Verderbs oder aus sonstigen Gründen
anders nicht abzuwenden ist, zu verkaufen oder behufs Beschaffung
der Mittel zu ihrer Erhaltung und Weiterbeförderung zu verbodmen,
sowie im Falle der Anhaltung oder Aufbringung zu reklamiren oder,
wenn sie auf andere Weise seiner Verfügung entzogen ist, ihre Wiedererlangung aussergerichtlich und gerichtlich zu betreiben.*

1. Der Artikel legt einmal dem Schiffer die Pflicht auf,
während der Reise für das Beste der Ladung zu sorgen und alle
hierzu zweckdienlichen Maassregeln zu treffen, und zwar zunächst
nach den einzuholenden Anweisungen der Ladungsbetheiligten, in
Ermangelung von solchen nach eigenem Ermessen. Eine Vernachlässigung dieser Pflicht ist Vernachlässigung der Sorgfalt eines
ordentlichen Schiffers (Art. 478), woraus den Ladungsinteressenten
ein Anspruch auf Schadensersatz gegen den Kapitän erwächst, für
den auch die Rheder zu haften haben (vgl. Entsch. des R.O.H.G.
XXV S. 9 f.). Ferner aber bestellt der Artikel in Verbindung
mit Art. 507 den Schiffer in gleicher Weise zum gesetzlichen Stellvertreter der Ladungsbetheiligten, wie Art. 496 zum gesetzlichen
Stellvertreter der Rheder (Prot. V S. 2461 f.). Die Ladungsbetheiligten sind zunächst die Absender, dann aber — nämlich nach Ausstellung der Konossemente — die Destinatäre; und von den Ab-
sendern nicht blos die Befrachter, welche unmittelbar vom Schiffer
oder Rheder das Schiff gechartert haben, sondern wenn das Schiff
im Ganzen vermiethet ist, und der Befrachter es wieder auf Stückgüter angelegt hat, auch die einzelnen Ablader der letzteren, obschon
der Schiffer zu diesen in keinem direkten Vertragsverhältniss steht.

2. Reise ist hier im Sinne des gewöhnlichen Sprachgebrauchs zu verstehen. Dieselbe beginnt daher mit dem Verlassen des Abladehafens; sie hört auf mit der Ankunft im Bestimmungshafen. Allerdings ist nicht abzusehen, weshalb der Schiffer nicht auch im Bestimmungshafen das Beste der Ladung wahrnehmen soll, wenn ihm die Destinatäre nicht bekannt sind (und so hatte ich in Endemanns Handbuch IV S. 96 Note 1 die Fortdauer der Vertretungsbefugniss des Schiffers auch im Bestimmungshafen, gestützt auf eine Entsch. des hamb. Oberger. vom 15. Mai 1874 — hamb. Handelsger.-Ztg. von 1874 Nr. 144 S. 173 — unter Umständen für möglich erklärt). Allein wenn das Gesetz das Wort „Reise" nicht in dem angegebenen Sinne hätte verstanden wissen wollen, so würde es dasselbe ganz vermieden haben, wie bei der Vertretung des Rheders durch den Schiffer; oder es würde den Begriff erläutert haben, wie es dies im Versicherungsrecht thut (s. Art. 827). Natürlich besteht die Vertretungsbefugniss des Schiffers eben so wohl im Nothhafen als während der Fahrt (s. Entsch. des R.O.H.G. IV S. 442 f., IX S. 369).

3. Die Pflicht zur Anzeige und zur Einholung von Instruktionen, die Abs. 2 dem Schiffer auferlegt, besteht sämmtlichen bezeichneten Personen gegenüber (Prot. V S. 2464). Der Schiffer hat hinsichtlich der Anwendung besonderer Maassregeln von den Ladungsinteressenten Anweisungen sich zu erbitten und diese zu befolgen, weil er auch in Ansehung von Sicherungsmaassregeln der Vertreter der Ladungsinteressenten ist. Das Gesetz legt ihm aber diese Pflicht, sowie die Verbindlichkeit, den erhaltenen Anweisungen Folge zu leisten, nur unter der Voraussetzung auf, dass es die Umstände erlauben und es den bestehenden Verhältnissen entspricht. Es hat dies gethan, weil in manchen Fällen, namentlich bei Stückgüter-Ladungen, sowie wenn die Konnossemente an Order ausgestellt, und die Inhaber derselben dem Schiffer unbekannt sind, häufig gar keine Kommunikation zwischen diesem und den Ladungseigenthümern möglich sein wird (Prot. a. a. O.). Wie übrigens der Ladungseigenthümer den Schiffer mit Anweisungen versehen darf, so kann er denselben auch vom selbstständigen Handeln entbinden und z. B. die Sicherung der Güter nach einem eingetretenen Unfall selbst in die Hand nehmen. Für den Erfolg der vom Befrachter angeordneten Sicherungsmaassregeln ist der Schiffer dann nicht verantwortlich (Entsch. des R.O.H.G. XII S. 109). Auch ist letzterer nur in dem Falle verpflichtet, einem solchen Vorhaben des Befrachters nachzugeben, wenn dies mit der ihm obliegenden Sorge für das Schiff und die Güter anderer Befrachter sich vereinigen lässt. Als Voraussetzung für die Gültigkeit eines in den Kreis der Vertretungsbefugnisse des Schiffers fallenden Rechtsgeschäfts kann die Einholung und Beobachtung von Anweisungen der Ladungsbetheiligten, wennschon das Eine und das Andere möglich war, nicht angesehen werden (vgl. Entsch. des R.O.H.G. IX S. 369).

4. Der Abs. 3 des Artikels giebt keineswegs eine erschöpfende Aufzählung der Maassregeln, welche der Schiffer zum Besten der Ladung und im Interesse der Ladungsbetheiligten ergreifen darf. Der Schiffer kann daher jede Handlung vornehmen, die zur Abwendung oder Verringerung eines Verlustes an der Ladung geeignet ist; so z. B. einen Vertrag über Berge- und Hülfslohn zur Rettung der Ladung eingehen (s. Entsch. des R.O.H.G. IX S. 369). Ob eine Maassregel den gedachten Zwecken dient, entscheidet richterliches Ermessen.

5. Das Gesetz giebt dem Schiffer die Befugniss, die Ladung ganz oder zum Theil behufs Beschaffung der Mittel zu ihrer Erhaltung und Weiterbeförderung zu verbodmen. Hierbei entsteht die Frage, ob, wenn die Ladung mehreren Eigenthümern gehört, Güter des Ladungseigenthümers A, die von keinerlei Verlust bedroht sind (oder auch sämmtliche an Bord befindliche Güter) verbodmet werden dürfen, um die zur Erhaltung der Güter des Ladungseigenthümers B erforderlichen Mittel zu beschaffen. Der Art. 504 Abs. 3 lässt sich nun eben so wenig wie Art. 507 auf den Fall beschränken, wo die ganze Ladung Einem Eigenthümer gehört, und an sich geben auch die eben zitirten Worte keine Handhabe die Ermächtigung der Verbodmung auf die Güter zu beschränken, welche gerade von dem Verluste bedroht sind. Trotzdem ist diese Beschränkung durch die ganze Tendenz der Art. 504 ff., d. h. durch den auch im Art. 504 ausdrücklich hervorgehobenen Umstand geboten, dass eine Vertretungsbefugniss dem Schiffer nur im Interesse der Ladungsbetheiligten eingeräumt ist. Selbstverständlich kann dies nur heissen: der Schiffer darf Maassregeln ergreifen für den Ladungsbetheiligten, in dessen Interesse dieselben nothwendig sind [1]). Es kann eben so wenig heissen: derselbe darf Maassregeln ergreifen, die den einen Ladungsbetheiligten berühren (darf die Güter des einen Ladungsbetheiligten verbodmen) im Interesse eines anderen Ladungsbetheiligten des von ihm geführten Schiffs, als: derselbe darf Maassregeln hinsichtlich der von ihm geladenen Güter zu Gunsten der Ladungsbetheiligten irgend eines anderen Schiffs treffen. Im Art. 507 liegt die Sache anders. Nach diesem kann allerdings der Schiffer über die sämmtlichen Güter des einen Ladungsinteressenten zum Zweck der Fortsetzung der Reise, also lediglich behufs Transportirung der Güter der anderen Ladungsbetheiligten verfügen. Dies hat aber seinen Grund darin, dass eine solche Maassregel auch den Interessen des zuerst genannten Ladungsbetheiligten dient. Die Verfügung über Ladungstheile behufs Fortsetzung der Reise kann ihren Grund in grosser Havarie oder in besonderer Havarie des Rheders haben. Im ersteren Falle wird dem Eigenthümer der verbodmeten, verkauften oder verwendeten Güter wenigstens theilweiser Ersatz in der Havarie-

---

vertheilung zu Theil; im letzteren erhält der Eigenthümer der
verbodmeten, verkauften oder verwendeten Güter einen Ersatzanspruch gegen den Rheder, indem die Verbodmung, der Verkauf
oder die Verwendung als ein für dessen Rechnung abgeschlossenes
Kreditgeschäft angesehen wird (H.G.B. Art. 510); und, wenn er
aus Schiff und Fracht gar nicht oder nicht vollständig wegen seiner
Ersatzansprüche befriedigt wird, Anspruch auf theilweise Deckung
des Ausfalls durch die übrigen Ladungsbetheiligten in Gemässheit
der Grundsätze der Havariegrosse (Art. 734 H.G.B.). Durch
die Fortsetzung und Ausführung der Reise werden aber die Ver-
mögenswerthe, aus denen dem Eigenthümer der verbodmeten, verkauften oder verwendeten Güter seine Befriedigung allein zu Theil
wird, oder doch die Fracht und die Güter der anderen Ladungsbetheiligten zum Mindesten möglicher Weise erhalten, während sie im entgegengesetzten Falle verloren gegangen sein würden, wenigstens ihr
Werth mehr oder minder verringert sein würde. In dem Falle
des vorliegenden Art. würde es dagegen an jedem Ersatzanspruch
des Eigenthümers der verbodmeten Güter gegen den Rheder wie
gegen die Eigenthümer der salvirten Güter fehlen. Einen Anspruch als *negotiorum gestor* würde der zuerst genannte Ladungseigenthümer gegen die letzteren nur dann geltend machen können,
wenn der Schiffer bei der Verbodmung ihrer Güter in ihrem
Namen gehandelt hätte; dazu aber müsste erst bewiesen werden,
dass der Schiffer gesetzlich zu solcher Verfügung berechtigt gewesen. Nun hat man zwar auch einen Ersatzanspruch des ersteren herzuleiten gesucht aus einer angeblichen Interessengemein-
schaft der Eigenthümer aller auf einem und demselben Schiff verladenen Güter (Ehrenberg, beschränkte Haftung S. 72 ff.,
S. 85 f.). Allein es ist schwer abzusehen, wodurch eine solche
Gemeinschaft begründet werden soll. Die blosse Thatsache, dass
die Güter der verschiedenen Ladungseigenthümer in einem und
demselben Schiff sich befinden, kann eine solche eben so wenig
herbeiführen, wie die, dass sich die Güter verschiedener Eigenthümer in demselben Frachtwagen oder Eisenbahnzuge befinden.
Es sind daher auch beweislos hingestellte Sätze, dass die Ladungseigenthümer mit ihrem Gut für das Gut der Genossen einzutreten
hätten, und dass der Schiffer sich mit Rücksicht auf die Ladung
so zu geriren hätte, als ob die sämmtlichen Güter einer einzigen
Person gehörten (Ehrenberg a. a. O. S. 73 f.); denn dass nicht
einfach die für die Havariegrosse geltenden Regeln auf den Fall
angewendet werden können, wo Opfer zu bringen sind behufs Abwendung des Verlustes von einzelnen Gütern, ergiebt sich daraus,
dass die bei der grossen Havarie vorhandene Interessen-Gemein-
schaft nicht darauf beruht, dass die Güter sich auf demselben Schiffe
befinden, sondern dass die Güter mit dem Schiffe von einer und
derselben Gefahr bedroht sind.

6. Dem Schiffer steht auch prozessualische Vertretung in Betreff der Ladung zu. Die aktive Prozesslegitimation

hebt der Artikel ausdrücklich hervor, indem er den Schiffer ermächtigt, die Wiedererlangung der seiner Verfügung entzogenen (z. B. gestohlenen) Güter gerichtlich zu betreiben. Die Passivlegitimation folgt aus dem Generalprinzip des Artikels für alle Fälle, wo der Verlust der Güter oder eine Unterbrechung des Weitertransports derselben in Frage steht. Speziell hat das H.G.B. noch angeordnet, dass die Geltendmachung des Pfandrechts Seitens des Bodmereigläubigers, wie Seitens derer, die Berge- oder Hülfslohn zu fordern haben, in Ansehung der Ladung gegen den Schiffer zu erfolgen hat, so lange dieselbe noch nicht ausgeliefert ist (Art. 697 Abs. 2, Art. 753 Abs. 2). Dagegen hat umgekehrt der Schiffer (Verfrachter), wenn Ladungsinteressenten einen Ersatzanspruch aus der Havariegrosse oder auf Grund des Art. 734 gegen andere Ladungsbetheiligte haben, das denselben an den Gütern der letzteren zustehende Pfandrecht auszuüben.

Wie bei der in diesem Artikel ihm eingeräumten Vertretungsbefugniss der Schiffer überhaupt nach bestem Ermessen zu verfahren hat, so auch bei der Anstellung von Klagen und der Reklamirung der Güter. Er wird von einem Reklame-Verfahren Abstand nehmen, wenn dieses von vorn herein aussichtslos erscheint und also nur Kosten verursacht (Prot. IV S. 1867).

Den Ladungsinteressenten ist es natürlich unbenommen, trotz der Prozesslegitimation des Schiffers ihre Rechte selbst geltend zu machen.

Art. 505.

Wird die Fortsetzung der Reise in der ursprünglichen Richtung durch einen Zufall verhindert, so ist der Schiffer befugt, die Reise entweder in einer anderen Richtung fortzusetzen, oder dieselbe auf kürzere oder längere Zeit einzustellen, oder nach dem Abgangshafen zurückzukehren, je nachdem es den Verhältnissen und den möglichst zu berücksichtigenden Anweisungen entspricht.

Im Falle der Auflösung des Frachtvertrages hat er nach den Vorschriften des Art. 634 zu verfahren.

Auch hier fordert das Gesetz vom Schiffer nur möglichste Befolgung der Anweisungen der Ladungsinteressenten, weil derselbe gar nicht in allen Fällen im Stande ist, diesen nachzukommen, so namentlich dann nicht, wenn die ihm von verschiedenen Ladungsinteressenten zu Theil gewordenen Anweisungen einander widersprechen (Prot. V S. 2464 f.).

Art. 506.

Auf den persönlichen Kredit der Ladungsbetheiligten Geschäfte abzuschliessen, ist der Schiffer auch in den Fällen des Art. 504 nur auf Grund einer ihn hierzu ermächtigenden Vollmacht befugt.

1. Das Gesetzbuch hat die Stellung des Schiffers gegenüber den Ladungsinteressenten derjenigen nachgebildet, welche derselbe den Rhedern gegenüber einnimmt. Seine Befugnisse als gesetzlicher Vertreter der ersteren gehen daher nicht weiter, als die, welche ihm als gesetzlichem Vertreter der Rheder zustehen. Dies gilt hinsichtlich der Voraussetzungen für die Vertretungsbefugniss des Schiffers wie hinsichtlich der Natur der Haftung der Ladungsbetheiligten. Diese haften, ebenso wie der Rheder, aus den vom Schiffer kraft seiner gesetzlichen Befugnisse abgeschlossenen Rechtsgeschäften nur mit der *fortune de mer*, d. h. mit der vom Schiffer abgelieferten Ladung (Prot. VI S. 2629 f.). Dies hat der Art. 506 ausgesprochen; denn wenn er dem Schiffer ohne eine hierauf gerichtete Vollmacht die Befugniss abspricht, auf den persönlichen Kredit der Ladungsbetheiligten Geschäfte einzugehen, so erklärt er nicht nur die Abschliessung von solchen für eine Pflichtverletzung, sondern entzieht allen vom Schiffer als solchem eingegangenen Geschäften die Kraft, die Ladungsbetheiligten persönlich zu verbinden. Lässt also der Schiffer nach dem Untergange seines eigenen Schiffs auf Grund des Art. 634 die Ladung nach dem Bestimmungshafen mittels eines anderen Schiffs befördern, so kann der Verfrachter des letzteren für die stipulirte Fracht die Ladungsinteressenten nicht persönlich in Anspruch nehmen, sondern nur an die Ladung sich halten[1]). Handelt der Schiffer auf Grund der Vollmacht eines Ladungsinteressenten, so haftet dieser unbeschränkt, aber nur dieser, nicht etwa auch die übrigen bei den Gütern, auf die sich die Handlung bezog, betheiligten Personen. Diese können aus dem Geschäft überhaupt nicht in Anspruch genommen werden. War also die Vollmacht vom Befrachter ertheilt, so haftet dieser aus dem fraglichen Geschäft persönlich, die Destinatäre gar nicht (vgl. Ehrenberg, beschränkte Haftung S. 50). Nothwendig ist es auch in solchem Falle, dass der Schiffer das Geschäft unter Berufung auf seine Vollmacht, also als Mandatar des Ladungsinteressenten abschloss. Eine Instruktion des Ladungseigenthümers, auf Grund deren der Kapitän, aber in der Eigenschaft als Schiffsführer, das Geschäft einging, würde diese Wirkung nicht haben.

2. Von beschränkter Haftung des Ladungsinteressenten kann alsdann nicht die Rede sein, wenn derselbe zugleich Schiffer ist und in dieser Eigenschaft zum Zweck der Erhaltung oder Weiterbeförderung der Ladung einen Vertrag schloss. In diesem Falle fehlt es nämlich eben so wie beim Schiffer-Rheder an jedem Grunde für eine beschränkte Haftung, und das Gesetz kann unmöglich den, der Schiffer und Ladungseigenthümer zugleich ist, in die Lage versetzen wollen, für die Zeit des Abschlusses eines Geschäfts seine Qualität als Ladungseigenthümer abzustreifen,

---

1) Soweit die aus dem ersten Frachtvertrage hervorgegangenen Ansprüche dem Verfrachter des zweiten zedirt sind, macht sich natürlich diese Beschränkung nicht geltend (s. Ehrenberg, beschränkte Haftung S. 52 Note 23).

um eine ihm selbst vortheilhaftere Stellung seinem Gläubiger gegenüber zu erhalten. Dass das H.G.B. (Art. 700) bei Verbodmung
der Ladung auch dann diese allein für die Bodmereischuld haften
lässt, wenn der Schiffer Eigenthümer der Ladung ist, erklärt sich
daraus, dass hier die beschränkte Haftung des Schuldners in der
Natur des Geschäfts begründet ist, wie denn eben dasselbe für den
Fall vorgeschrieben ist, wo der Schiffer die Bodmerei auf Grund
besonderer Anweisung der Betheiligten genommen hat. Ganz ebenso
liegt die Sache beim Vertrage über Berge- und Hülfslohn. Nicht
zutreffend ist es, wenn Ehrenberg, welcher (beschränkte Haftung S. 51) die entgegengesetzte Meinung vertritt, darauf hinweist,
dass der Gläubiger bei unbeschränkter Haftung des Schuldners
insofern in einer nachtheiligeren Lage sich befinde, als ihm das
Pfand- und Vorzugsrecht an der Ladung verloren ginge, welches
das positive Recht bei gesetzlich beschränkter Haftung des Schuldners dem Gläubiger gewährt, und dass aus diesem Grunde der
Schiffer-Ladungseigenthümer, wenn er persönlich haften würde,
nur schwer einen Kontrahenten finden dürfte; denn — wie ich
schon in Endemanns Handbuch IV S. 103 darauf hingewiesen —
es sind keineswegs die Forderungen mit gesetzlich beschränkter
Haftung der Ladungseigenthümer, die mit einem solchen Pfand-
und Vorzugsrechte ausgestattet, sondern ganz bestimmte Forderungen, nämlich die Frachtforderung, die Bodmereiforderung,
die Forderungen wegen der Havariegrosse-Beiträge, wie wegen
der Bergungs- und Hülfskosten (Art. 624, 680, 727, 753, 781), und
zwar, wie das bei der Frachtforderung ersichtlich, ohne Rücksicht
auf die gesetzlich beschränkte Haftung des Schuldners.

3. Für Vorschüsse, welche der Schiffer im Interesse der
Ladung aus seinen eigenen Mitteln oder denen der Rheder ohne
Auftrag der Ladungseigenthümer gemacht, haften die letzteren nicht
nur mit der *fortune de mer;* denn der Art. 501, der das Entgegengesetzte zu Gunsten des Rheders statuirt, ist nicht hier für anwendbar erklärt worden. In diesem Falle handelt der Schiffer lediglich
als *negotiorum gestor* und kann daher die einem solchen zustehenden
Ersatzansprüche geltend machen [1]). (Vgl. Prot. VI S. 2630.)

Art. 507.

*Ausser den Fällen des Art. 504 ist der Schiffer zur Verbodmung
der Ladung oder zur Verfügung über Ladungstheile durch Verkauf
oder Verwendung nur dann befugt, wenn und insoweit es zum Zweck
der Fortsetzung der Reise nothwendig ist.*

Das Gesetz räumt dem Schiffer eine Verfügung nur über
Ladungstheile ein, weil eine Veräusserung resp. Verwendung der
ganzen Ladung nicht zu dem durch den Artikel allein zugelassenen

---

1) Das holländ. H.G.B. Art. 738 lässt für derartige Ersatzansprüche den
Ladungseigenthümer unbeschränkt haften.

Zwecke, d. h. zum Zwecke der Fortsetzung der Reise geschehen könnte. Denn nach Entfernung der Ladung lässt sich eine Fortsetzung der Reise (die nach dem Bestimmungsorte der ersteren geht) nicht denken. Dagegen können die Ladungstheile eben sowohl bestehen in Antheilen der Ladungen verschiedener Befrachter, als auch in der ganzen Ladung Eines Befrachters, wenn nur in dem Schiffe noch die Ladungen anderer Befrachter verbleiben, und in deren Interesse die Reise fortzusetzen ist [1]) (Prot. V S. 2462 f.).

Art. 508.

Gründet sich das Bedürfniss in einer grossen Haverei und kann der Schiffer demselben durch verschiedene Maassregeln abhelfen, so hat er diejenige Maassregel zu ergreifen, welche für die Betheiligten mit dem geringsten Nachtheil verbunden ist.

Als Mittel, wodurch dem durch grosse Havarie hervorgerufenen Bedürfniss abgeholfen werden könnte, wurden in der hamburger Konferenz aufgezählt Verbodmung des Schiffs, Verbodmung der Fracht, Verkauf von Schiffszubehör, Verkauf von Schiffsvorräthen, Verbodmung von Schiff, Fracht und Ladung, Verkauf von Ladungstheilen; eine Aufzählung, die jedoch für nicht vollständig erklärt wurde (Prot. VIII S. 3817, S. 3822). Welches von diesen und den sonst noch möglichen Mitteln mit dem geringsten Nachtheil verbunden ist, hängt von den Umständen des konkreten Falls ab. Bei Abwägung des Nachtheils hat übrigens der Schiffer die Interessen sämmtlicher Betheiligten in Betracht zu ziehen. Er darf daher ein Mittel, das einen bestimmten Interessenten besonders beschwert, wühlen, wenn dieses für die Gesammtheit der Interessenten weniger beschwerlich ist. Es liegt darin keine Unbilligkeit, weil bei der Havariegrosse eine Ausgleichung des Schadens unter sämmtlichen Interessenten stattfindet. Der Artikel enthält übrigens nur eine Verhaltungsmaassregel für den Schiffer, der sich durch ihre Nichtbeobachtung einer *culpa* schuldig macht, und es hängt von der Beobachtung derselben nicht die Gültigkeit des vom Schiffer abgeschlossenen Geschäfts ab, weil der Dritte gar nicht in der Lage ist, zu prüfen, ob das Geschäft unter den obwaltenden Verhältnissen die für die Interessenten am wenigsten nachtheilige Maassregel ist. Dies folgt auch aus der Bestimmung des Art. 497 Abs. 2, welche für den Fall des Art. 508 für anwendbar erklärt wird (Art. 511).

Art. 509.

Liegt der Fall einer grossen Haverei nicht vor, so ist der Schiffer zur Verbodmung der Ladung oder zur Verfügung über

---

1) Es ist nicht nöthig, den englischen Juristen eine andere Ansicht unterzulegen; s. Maclachlan S. 156; Crump N. 337.

Ladungstheile durch Verkauf oder Verwendung nur dann befugt, wenn er dem Bedürfniss auf anderem Wege nicht abhelfen kann, oder wenn die Wahl eines anderen Mittels einen unverhältnissmässigen Schaden für den Rheder zur Folge haben würde.

Auch in diesen Fällen kann er die Ladung nur zusammen mit dem Schiff und der Fracht verbodmen (Art. 681 Abs. 2).

Er hat die Verbodmung vor dem Verkauf zu wählen, es sei denn, dass die Verbodmung einen unverhältnissmässigen Schaden für den Rheder zur Folge haben würde.

Ist das für die Fortsetzung der Reise eintretende Bedürfniss nicht durch eine Havariegrosse hervorgerufen, ist es z. B. veranlasst durch eine nothwendige Reparatur des Schiffs, so kann der Schiffer bei der Wahl der Mittel, um demselben abzuhelfen, nicht das Interesse aller Betheiligten in Betracht ziehen, weil der Schaden, der nicht durch grosse Havarie verursacht, nicht von sämmtlichen Interessenten zu tragen ist; er muss vielmehr zunächst das Interesse der Ladungsbetheiligten wahren und das Bedürfniss durch die Mittel decken, für welche der Rheder aufzukommen hat, weil es regelmässig diesem obliegt, die für die Fortsetzung der Reise erforderlichen Gelder zu beschaffen. Er wird daher zu solchen Mitteln, durch welche die Ladungsinteressenten betroffen werden, nur aus den triftigsten Gründen seine Zuflucht nehmen dürfen (Prot. VIII S. 3821). Von den Fällen, in denen das Gesetz dies für zulässig erklärt, entspricht zwar der zweite, wie auch auf der hamburger Konferenz zugegeben wurde, nicht der Konsequenz, man glaubte ihn aber aus Billigkeitsrücksichten zulassen zu müssen, indem der Rheder den Ladungsbetheiligten „den Nachtheil, welcher ihnen durch den Verkauf der Ladung" erwachse, vollständig zu ersetzen habe, der Umstand aber, dass diese Pflicht zessire, wenn das Schiff verloren gegangen, dabei nicht in Betracht komme, da alsdann auch die Ladung in den meisten Fällen verloren gegangen sein würde (Prot. VIII S. 3823).

Art. 510.

Die Verbodmung der Ladung oder die Verfügung über Ladungstheile durch Verkauf oder Verwendung wird in den Fällen des vorstehenden Artikels als ein für Rechnung des Rheders abgeschlossenes Kreditgeschäft (Art. 497 und 757 Ziffer 7) angesehen.

Dieser Artikel bestimmt, von welchem Gesichtspunkte aus den Ladungsinteressenten für die ihnen entzogenen Waaren, über die zu Gunsten des Rheders disponirt worden, Ersatz gewährt wird. Er verordnet nämlich, dass der Akt, durch welchen dies Seitens des Schiffers geschieht, als ein von diesem im Namen des Rheders eingegangenes Kreditgeschäft zu betrachten ist. Der Rheder haftet daher den Ladungsinteressenten für die Wiederherstellung des Werthes ihrer geopferten Waaren, wie er aus den für die Erhaltung des Schiffs oder die Ausführung der Reise nothwendig gewordenen und vom Schiffer eingegangenen Kreditgeschäften haftet. Derartige Ladungsinteressenten rangiren daher unter den Schiffsgläubigern. Den Werth, zu welchem hierbei die Waaren in Betracht kommen, bestimmen die Art. 612 und 613.

Art. 511.

In Bezug auf die Gültigkeit der in den Fällen der Art. 504 und 507 bis 509 von dem Schiffer abgeschlossenen Rechtsgeschäfte kommen die Vorschriften des Art. 497 zur Anwendung.

Die Art. 504 und 507—509 geben die Voraussetzungen an, unter denen der Schiffer Rechtshandlungen überhaupt und speziell die hier aufgezählten Rechtshandlungen für die Ladungsinteressenten vornehmen kann. Das ist in zwiefacher Hinsicht von Bedeutung. Die Voraussetzungen sind wesentlich eben so wohl für die Statthaftigkeit als für die Gültigkeit der Handlung. Sind die gesetzlichen Voraussetzungen dafür vorhanden, so macht sich einerseits der Schiffer durch die Vornahme der Handlung keiner Verletzung der ihm obliegenden Diligenz schuldig; andererseits müssen die Ladungsbetheiligten die Handlung für sich gelten lassen [1]), und zwar nicht nur die Ladungsbetheiligten, in deren Interesse dieselbe zunächst vorgenommen ist, sondern auch die, welche durch Zession oder Indossirung der Konnossemente an deren Stelle getreten sind. Macht ein Dritter ein vom Schiffer als Vertreter der Ladungsbetheiligten mit ihm eingegangenes Geschäft gegen diese geltend, so muss er erforderlichen Falls auch den Nachweis führen, dass die gesetzlichen Voraussetzungen vorhanden gewesen sind. Wenn nun aber der Art. 511 die Vorschriften des Art. 497 auch in solchem Falle für anwendbar erklärt, so heisst das: es genügt der Nachweis, dass die Ladung sich in einer solchen Lage befunden hat, welche eine Maassregel gerade der in Rede stehenden Art. erforderlich erscheinen lässt (vgl. Prot. VIII S. 3816 f.). Handelt es sich also um ein auf die Beschaffung von Geldmitteln gerichtetes Rechtsgeschäft, so ist darzulegen die Thatsache, welche die Beschaffung von Geldmitteln nothwendig machte [2]), der nothwendige

---

1) Natürlich haben die Ladungsbetheiligten derartige Handlungen auch dann anzuerkennen, wenn die Rheder daraus Rechte gegen sie geltend machen. Der Umstand, dass der Schiffer zugleich Stellvertreter der Rheder ist, hindert nicht, dass er als Stellvertreter der Ladungsinteressenten für diese Verbindlichkeiten übernimmt, die die Rheder geltend machen können: Entsch. des R.O.H.G. XXV S. 10, wo der Satz ausgesprochen wird: nimmt der Schiffer als Vertreter der Ladungsinteressenten den Verkauf von Gütern wegen drohender Gefahr des Verderbs im Nothhafen vor, „so kann dies nur in dem Sinne geschehen, dass er damit zugleich Namens der Ladungsbetheiligten die Verpflichtung zur Zahlung der vollen Fracht u. s. w. stillschweigend anerkennt und übernimmt.“

2) Hierzu genügt es natürlich nicht, dass ein drohender Verlust vorhanden, sondern es darf auch die Möglichkeit, denselben abzuwenden, nicht ausgeschlossen sein.

Betrag der letzteren, und dass das Rechtsgeschäft gerade auf Beschaffung eines solchen Betrages gerichtet war. Dagegen ist die Gültigkeit des Geschäfts nicht abhängig von der wirklichen Verwendung, noch von der Zweckmässigkeit der unter mehreren Geschäften getroffenen Wahl, noch von dem Umstande, ob dem Schiffer das erforderliche Geld zur Verfügung gestanden; es müsste denn der Dritte nachweislich in bösem Glauben gewesen sein [1]).

Art. 512.

Zu den Geschäften und Rechtshandlungen, welche der Schiffer nach den Art. 495, 496, 497, 499, 504, 507 bis 509 vorzunehmen befugt ist, bedarf er der in den Landesgesetzen etwa vorgeschriebenen Spezialvollmacht nicht.

---

[1]) Im englischen und amerikanischen Recht wird der Schiffer als *agent of the cargo in special cases of necessity* bezeichnet. Er hat die Befugniss, die Ladung ganz oder zum Theil zu verkaufen oder zu verbodmen, und zwar unter denselben Voraussetzungen wie im deutschen Recht. Doch genügt es zur Gültigkeit des Geschäfts nicht, dass die Nothwendigkeit zur Eingehung desselben — wie nach deutschem Recht — dargethan wird, sondern auch die Unmöglichkeit, Anweisung der Ladungsbetheiligten einzuholen, *inability to communicate with the owner and obtain his directions.* (Abbott S. 310 ff.; Maclachlan S. 145 ff., bes. S. 147 f., 154—159, 430; Crump N. 144, 337, 339; Foard S. 220 f.; Kent, Comment. S. 212; vgl. noch insbesondere Maclachlan S. 155: *By such necessity as would justify bottomry, he is authorised, when owners credit and property have failed to yield him the requisite supplies, to have recourse to the cargo, and to hypothecate even the whole, or to sell a part, being the agent therein of the freighter for the purpose of giring a valid title; but beyond that, in thus appropriating the property of the freighter to the purposes of the ship, he is the agent of his owner, who must therefore indemnify the proprietor of the cargo to the full extent of the loss or liability so incurred. In the Court of Admiralty, if the necessity is proved, the title of the bondholder is unimpeachable; and the remedy of the proprietor of the cargo is against the owner of the ship at common law. Yet even in the Admiralty Court the ship and freight form the primary fund; and if the cargo is arrested and bail given, further proceedings in regard to it should be suspended until it is known that the primary fund is deficient.*) Ob die Möglichkeit eines Verkehrs mit den Ladungsinteressenten vorhanden gewesen, ist aus der ganzen Sachlage zu ersehen. Das Recht, auch die Ladungseigenthümer persönlich zu verpflichten, wird dem Schiffer nicht gewährt. (Vgl. Foard S. 222; s. auch Maclachlan S. 155: *By the general maritime law, he might bind the ship and cargo to the last farthing of their entire value to ransom them from the hands of an enemy, but by our statute law, for purposes of public policy, it was enacted of all such contracts that they were illegal and void;* dazu heisst es aber Note 2 *but a bill or note founded on such a transaction is not void.*) — In Frankreich gehen in Betreff der Verpflichtung der Ladungsinteressenten durch den Schiffer — worüber der *Code de comm.* schweigt — die Ansichten in Theorie und Praxis sehr aus einander. In neuester Zeit wird namentlich die Ansicht vertreten (Laurin bei Cresp II S. 194 Note *, I S. 567 f.), der Kapitän erscheine als *gérant d'affaires de l'affréteur comme de l'armateur* und als *représentant des chargeurs pour tout ce qui a trait à la conservation de la marchandise ou des droits y afférents;* und es sei demgemäss der Art. 216 Code de comm. zur Anwendung zu bringen, d. h. auch dem Ladungseigenthümer das Abandonrecht einzuräumen.

Art. 513.

Was der Schiffer vom Befrachter, Ablader oder Ladungs-empfänger ausser der Fracht als Kaplaken, Primage oder sonst als Belohnung oder Entschädigung, gleichviel unter welchem Namen, erhält, muss er dem Rheder als Einnahme in Rechnung bringen.

1. Unter **Kaplaken** (*panni cappales*) versteht man einen Zuschlag zur Fracht, der in der früheren Zeit vom Befrachter dem Schiffer auf Winterreisen zur Winterbekleidung (zu einer Kappe, Winterkappe) gezahlt wurde. Zuweilen wurden dieselben ausbedungen, zuweilen freiwillig gegeben. In der neueren Zeit nahm jedoch diesen Frachtzuschlag, welcher regelmässig in bestimmten Prozenten von der Fracht, zuweilen aber auch in einer runden Summe [1]) stipulirt wurde, durchweg die Rhederei in Anspruch, so dass im H.G.B. nur der bestehende Zustand legalisirt worden ist. (Pöhls, Seerecht II S. 417; Kaltenborn, Seerecht I S. 156; Samml. der Erk. des lüb. O.A.G. in hamb. Rechtssachen II N. 73 S. 616 ff.; Ullrichs Samml. I N. 22 S. 66; Prot. IV S. 1921 f.) Dafür ist es aber Sitte geworden, dass der Kapitän unter dem Titel von Kaplaken eine Tantieme, in gewissen Prozenten der verdienten Brutto- und auch Nettofracht bestehend [2]), oder statt derselben eine bestimmte Summe vom Rheder bekommt, und in dieser Bedeutung hat sich der Ausdruck Kaplaken besonders erhalten, während er in der zuerst hervorgehobenen meist durch andere Bezeichnungen, wie z. B. Primage, ersetzt ist.

2. **Primage** bedeutet einmal so viel wie Kaplaken (Pöhls a. a. O.; wie es geradezu die englische Bedeutung dafür ist: Abbott S. 345; Maclachlan S. 450); dann aber sind darunter und unter den sonstigen Belohnungen, deren der Artikel Erwähnung thut, Prämien zu verstehen, die der Befrachter unter gewissen Bedingungen zu zahlen verspricht, so wenn das Schiff innerhalb einer bestimmten Zeit, oder als das erste mit der betreffenden Art von Ladung in dem Bestimmungshafen eintreffen, oder wenn die Ladung einen vortheilhaften Markt gefunden haben werde, und Aehnliches. In der Regel werden auch hierbei Prozente der vereinbarten Fracht [3]), zuweilen wird eine bestimmte Summe ausbedungen. Ob die Bedingung erfüllt, entscheidet richterliches (nöthigenfalls auf ein Sachverständigen-Gutachten gestütztes) Arbitrium; ebenso entscheidet dasselbe auch über die Höhe der Prämie, wenn diese nicht in irgend einer Weise vereinbart sein sollte.

---

1) Letzteres, wenn die Zahlung von Kaplaken nur für den Fall vom Befrachter versprochen wurde, dass er mit dem Schiffer zufrieden sein würde.
2) 2 %, 2½ %, 5 %, auch 5 von 105 finden sich häufig.
3) Die Prozente sind in der Regel ziemlich hoch; 15 % Primage habe ich in vielen, namentlich hamburgischen und bremischen Charterpartien und Konnossementen gefunden.

Auch diese Prämien wurden schon früher vielfach für den Rheder stipulirt und vom Rheder in Anspruch genommen.

3. Nach dem H.G.B. sollen solche Prämien in jedem Fall, also auch wenn sie ausdrücklich dem Schiffer versprochen sind, und zwar ohne Rücksicht darauf, ob der Frachtvertrag von diesem selbst oder vom Rheder abgeschlossen ist, dem Rheder verrechnet werden. Und dasselbe gilt von den ohne besonderes vorgängiges Versprechen nach Vollendung der Reise freiwillig vom Befrachter dem Schiffer gegebenen Geschenken. Der Grund wird darin gesucht, dass Alles, was der Schiffer „mit dem Schiffe durch Ausübung seiner Pflicht zu erwerben im Stande ist, dem Rheder" gehört. Dies würde nun freilich nicht gegen das Behalten von Geschenken Seitens des Schiffers sprechen. Der wirkliche Grund ist wohl vielmehr ein Zweckmässigkeitsgrund, nämlich der, dass die Sitte, dem Schiffer Geschenke zu geben, sehr häufig zum Nachtheil des Rheders ausschlägt, sei es, dass der Schiffer das Schiffsmaterial über Gebühr anstrengt, sei es, dass er im Hinblick auf ein zu erwartendes Geschenk zum Nachtheil des Rheders sich niedrigere Frachtsätze gefallen lässt (Prot. IV S. 1922 f.). Die Ausdehnung des Anspruchs des Rheders auf die ohne vorgängiges Versprechen dem Schiffer gegebenen Geschenke widerspricht denn eben so wohl dem gemeinrechtlichen Mandatsrecht[1]), als sie (was auch das R.O.H.G. anerkennt: Entsch. IV S. 64) über die Bestimmungen des früheren Seerechts hinausgeht, welches allerdings dem Rheder die dem Schiffer vorher zugesagten Belohnungen zuspricht (Entsch. des O.A.G. zu Lübeck vom 21. Juli 1845 in Seufferts Archiv IX Nr. 153).

4. Natürlich unterliegt es keinem Zweifel, dass der Schiffer mit Genehmigung des Rheders derartige Geschenke behalten kann (Prot. a. a. O. und VIII S. 3789). Auch ist zu beachten, dass die Geschenke, um unter die Bestimmung des Artikels zu fallen, den Charakter von Belohnungen haben, d. h. dem Kapitän versprochen oder gegeben sein müssen im Hinblick auf seine als Schiffsführer geleisteten Dienste; denn da die Bestimmung entschieden dem anomalen Rechte angehört, indem sie auf Zweckmässigkeitsrücksichten beruht, so ist eine analoge Ausdehnung derselben nicht statthaft. Hat also der Schiffer lediglich für seine Person und ohne Hinblick auf seine Schiffsführung ein Geschenk vom Befrachter (der ihm vielleicht befreundet) erhalten, so braucht er dieses nicht an den Rheder abzuliefern. Wollte man das Gegentheil annehmen, so würde man damit vollständig über den Zweck des Gesetzes hinausgehen, welches nur eine Kollision der Interessen des Schiffers und des Rheders verhüten will[2]).

---

1) *L. 6 § 6, L. 10 § 8, § 13, L. 12 Mandati (17, 1).* Mit dem preuss. L.R. liesse sich dieselbe allenfalls in Einklang bringen: §§ 62—64 A.L.R. I, 13.
2) Dass dies der Zweck des Artikels, nimmt auch das R.O.H.G. Entsch. VI S. 64 an.

5. Das R.O.H.G. hat unter Berücksichtigung der auf der hamburger Konferenz für die Vorschrift des Art. geltend gemachten Gründe der Bestimmung selbst die Bedeutung beilegen zu können geglaubt, dass dadurch der Schiffer verhindert werde, „irgend etwas zu behalten, was er in seiner Eigenschaft als Schiffer, sei es für sich persönlich, sei es für die Rhederei, sei es für die Ladungsinteressenten empfangen hat" (Entsch. VI S. 65). Dieses Prinzip lässt sich jedoch entschieden nicht aus dem Art. ableiten, da derselbe nur von dem spricht, was der Schiffer vom Befrachter, Ablader oder Ladungsempfänger erhält.

6. Unter Berufung auf das unter der vorigen Nummer angegebene Prinzip erklärt das R.O.H.G. (a. a. O. S. 63—65) den Schiffer auch für verpflichtet, eine Ausfuhrprämie, auf welche die Ladungsinteressenten keinen Anspruch erheben, dem Rheder abzuliefern. Der Satz selbst ist m. E. unbedingt zuzugeben. Aus der Bestimmung des Art. 513 lässt sich indess wohl die in Rede stehende Pflicht des Schiffers nur in dem Falle herleiten, wenn die Ladungsinteressenten ein Recht auf die Prämie hatten, auf welche diese aber zu Gunsten des Schiffers verzichteten. War ein solches Recht der Ladungsinteressenten nicht begründet, so hat der Kapitän persönlich niemals einen Anspruch auf die Prämie, sondern von vorn herein der Rheder, weil alsdann als Exporteur nicht der Schiffer, sondern der Rheder erscheint, der Schiffer nur als Vertreter des letzteren in Betracht kommt und die Prämie eben für den Rheder erhält. Zur Ablieferung der Prämie an den letzteren ist also in diesem Falle der Schiffer auf Grund der Art. 496, 503 Abs. 5 verpflichtet.

Art. 514.

Der Schiffer darf ohne Einwilligung des Rheders für eigene Rechnung keine Güter verladen. Handelt er dieser Bestimmung zuwider, so muss er dem Rheder die höchste am Abladungsorte zur Abladungszeit für solche Reisen und Güter bedungene Fracht erstatten, unbeschadet des Rechts des Rheders, einen erweislich höheren Schaden geltend zu machen.

Das Gesetz hat nicht die Fälle vor Augen, in welchen der Schiffer schon nach „allgemeinen Rechtsgrundsätzen" ein Unrecht durch die Verladung eigener oder fremder Güter begehen würde, d. h. die Fälle, in welchen der Schiffer „seine eigenen Waaren oder die Waaren anderer Personen, von denen er sich die entsprechende Fracht zahlen" lässt, oder deren Waaren er „aus Gefälligkeit unentgeltlich oder gegen eine zu geringe Fracht" befördert, in der Absicht ladet, „den Rheder um die ihm gebührende Fracht zu verkürzen"; sondern den Fall, wo der Schiffer Waaren „auf eigene Rechnung" in der Absicht befördert, „dem Rheder hierfür die entsprechende Fracht zu vergüten und mit der Waare Handel zu treiben und dergleichen". Das Gesetz hat dies dem

Schiffer untersagt, weil „Spekulationsgeschäfte des Schiffers mit denen des Rheders" nicht selten kollidiren, und durch dieselben dem letzteren „eine unpassende Konkurrenz gemacht" werden würde, auch durch Spekulationsgeschäfte der Schiffer nicht selten Zollverwickelungen und dergleichen entstehen dürften, „welche dem Rheder und den übrigen Ladungsinteressenten zum grossen Nachtheil gereichten" (Prot. IV S. 1924—1928).

Ausserdem kommt in Betreff der Mitnahme von Waaren Seitens des Schiffers noch der § 297 des R.Str.G.B. in Betracht:

— *ein Schiffer, welcher ohne Vorwissen des Rheders Gegenstände an Bord nimmt, welche das Schiff oder die Ladung gefährden, indem sie die Beschlagnahme oder Einziehung des Schiffs oder der Ladung veranlassen können, wird mit Geldstrafe bis zu eintausendfünfhundert Mark oder mit Gefängniss bis zu zwei Jahren bestraft.*

Art. 515.

Der Schiffer kann, selbst wenn das Gegentheil vereinbart ist, jederzeit von dem Rheder entlassen werden, jedoch unbeschadet seiner Entschädigungsansprüche.

Das zwischen dem Schiffer und dem Rheder bestehende Rechtsverhältniss beruht auf einer Dienstmiethe, und zwar der Regel nach einer *locatio conductio operarum.* Daraus geht für den Rheder der Anspruch auf die Dienste des Schiffers, und für den Schiffer der Anspruch auf die ihm versprochene *merces* und die etwa daneben noch ausbedungenen Emolumente hervor. So sicher nun jeder der Kontrahenten verpflichtet ist, so lange das Verhältniss besteht, die aus dem Kontraktsverhältniss für ihn hervorgehenden Verbindlichkeiten zu erfüllen, so kann er seine Ansprüche aus demselben aufgeben. Der Rheder ist daher berechtigt, jeden Augenblick auf die Dienstleistungen des Schiffers zu verzichten, d. h. denselben seiner Funktionen zu entheben.

Das Vertretungsverhältniss dritten Personen gegenüber beruht auf einem dem Schiffer Seitens des Rheders ertheilten Mandat. Da das Mandat jederzeit vom Mandanten widerrufen werden kann, so kann der Rheder auch stets das gedachte Vertretungsrecht des Schiffers beseitigen.

Auf diesen Grundsätzen des bürgerlichen Rechts beruht die Bestimmung des Artikels.

Art. 516.

Erfolgt die Entlassung, weil der Schiffer untüchtig befunden ist, oder weil er seiner Pflicht nicht genügt, so erhält er nur dasjenige, was er von der Heuer einschliesslich aller sonst bedungenen Vortheile bis dahin verdient hat.

1. Der vorangehende Artikel hat als Regel das Prinzip aufgestellt: Der Rheder kann den Schiffer seiner Funktionen ent-
heben, letzterer behält aber dessenungeachtet seine vermögens-
rechtlichen Ansprüche aus dem Dienstvertrage. In den folgenden
Artikeln wird dieses Prinzip genauer bestimmt resp. modifizirt.
Der Art. 516 behandelt den Fall, in dem durch S c h u l d des
S c h i f f e r s der Dienstvertrag nicht erfüllt werden kann, weil der
Schiffer die ihm obliegenden Dienste nicht leistet. Für diesen Fall
ist die Entscheidung bereits durch das bürgerliche Recht gegeben.
*Qui operas suas locavit, totius temporis mercedem accipere debet, si
per eum non stetit, quo minus operas praestet*, heisst es in *L. 38
Locati (19, 2).* Der *locator operarum* hat also keinen Anspruch
auf Lohn, soweit er die Dienste nicht geleistet hat. Und daraus
folgt wieder, dass, wenn der Dienstvertrag wegen Nichtleistung der
bedungenen Dienste aufgelöst wird, die *merces* nur bis zur Auflösung zu zahlen ist.
Die Nichtleistung kann nun ihren Grund haben in der U n -
t ü c h t i g k e i t des Schiffers — und darunter ist der Mangel der
erforderlichen Kenntnisse und sonstigen Fähigkeiten zur Führung
des Schiffs zu verstehen (Prot. IV S. 1933 f.) — oder in P f l i c h t -
v e r l e t z u n g.
Unter dem „seiner Pflicht nicht genügen" ist nicht jede „ge-
ringfügige Pflichtversäumniss" zu verstehen, sondern nur schwerere
Pflichtversäumniss, welche sich als Nichtleistung der aus dem
Dienstverhältniss hervorgehenden Dienste charakterisirt. Wann
dies aber anzunehmen, darüber entscheidet *arbitrium iudicis* (Prot.
IV S. 1934).
2. Die Bestimmung dieses Artikels greift Platz, mag der
Schiffer auf bestimmte oder unbestimmte Z e i t oder auf L e b e n s -
d a u e r angestellt oder für eine b e s t i m m t e R e i s e geheuert sein
(Prot. IV S. 1933, 1935). Der Umstand, dass im letzteren Falle eine
locatio conductio operis vorliegt, begründet keinen Unterschied.

Art. 517.

*Wenn ein Schiffer, welcher für eine bestimmte Reise angestellt
ist, entlassen wird, weil die Reise wegen Krieg, Embargo oder Blokade, oder wegen eines Einfuhr- oder Ausfuhrverbots, oder wegen
eines anderen Schiff oder Ladung betreffenden Zufalls nicht angetreten oder fortgesetzt werden kann, so erhält er gleichfalls nur
dasjenige, was er von der Heuer einschliesslich aller sonst bedungenen
Vortheile bis dahin verdient hat. Dasselbe gilt, wenn ein auf unbestimmte Zeit angestellter Schiffer entlassen wird, nachdem er die
Ausführung einer bestimmten Reise übernommen hat.*

*Erfolgt in diesen Fällen die Entlassung während der Reise, so
hat der Schiffer ausserdem nach seiner Wahl entweder auf freie
Zurückbeförderung nach dem Hafen, wo er geheuert worden ist, oder
auf eine entsprechende Vergütung Anspruch.*

Wenn nach den Bestimmungen dieses Gesetzbuchs ein Anspruch auf freie Zurückbeförderung begründet ist, so umfasst derselbe auch den Unterhalt während der Reise.

1. Der Artikel handelt von der Entlassung des Schiffers wegen der durch Zufall verursachten Unmöglichkeit, das Reiseunternehmen auszuführen. Hierbei trifft er zunächst seine Bestimmung in Betreff des für eine bestimmte Reise geheuerten Schiffers, hat also nur eine *conductio operis*, nicht *operarum* vor Augen, indem dabei der Schiffer nicht nur Dienste zu leisten übernommen hat, sondern die Hervorbringung einer bestimmten Wirkung, nämlich das Schiff an den Bestimmungsort zu führen.

Nach gemeinem Zivilrecht trifft nun der *casus*, welcher die Ausführung des *opus* verhindert, den *conductor operis* insofern, als er den Anspruch auf die *merces* verliert, oder, wenn die Uebergabe des *opus* stückweise erfolgt, doch so weit, als die Uebergabe noch nicht erfolgt ist[1]). Diesem Prinzip ist die Bestimmung des Abs. 1 des Artikels konform. Der *locator operis*, der Rheder, wird von dem Augenblicke an von der Verbindlichkeit fernerer Zahlung der *merces* an den *conductor*, den Kapitän befreit, in dem die Herstellung des *opus*, die Ausführung der Reise durch einen diese selbst betreffenden Zufall unmöglich geworden ist. Das ist einmal der Fall bei einem das Schiff oder die Ladung oder beide betreffenden Zufall, wenn z. B. das Schiff untergeht, die Ladung verbrennt; ferner in den Fällen von *vis maior*, welche sich als Verhinderungen von hoher Hand (von Seiten souveräner Mächte) charakterisiren; nämlich wenn der Staat, dem der Rheder oder der Ladungseigenthümer angehört, in einen Krieg verwickelt ist, wodurch Schiff oder Ladung unfrei, d. h. der Gefahr des Aufbringens ausgesetzt wird; wenn Embargo, ein vorläufiger Arrest, von dem Staate, in dessen Gebiet sich das in Frage stehende Schiff befindet, auf alle in seinen Häfen oder Territorialmeeren befindlichen Schiffe oder die von der Nationalität des ersteren gelegt wird; wenn der Hafen, in welchem das betreffende Schiff liegt, oder der, nach welchem es bestimmt ist, blokirt ist; wenn für die Waaren, die das Schiff geladen, im Ausgangshafen ein Ausfuhrverbot oder im Bestimmungshafen ein Einfuhrverbot besteht. In diesen Fällen trifft die *vis maior* stets Schiff oder Ladung, wenn sie zunächst auch in der Person des Rheders oder eines Ladungseigenthümers eingetreten sein sollte. Bricht z. B. Krieg aus zwischen einer Macht und dem Staate des Ladungseigenthümers, so wird dadurch zuerst der letztere zum Angehörigen einer kriegführenden Macht, zugleich wird dadurch aber auch die Waare zum feindlichen Gut, allerdings indirekt, im Gegensatz zur Kriegskontrebande, wobei das Gut

---

1) *L. 36 Locati (19, 2): — quod vero (scil. opus) ita conductum sit, ut in pedes mensurasve praestetur, eatenus conductoris periculo est, quatenus admensum non sit.*

unmittelbar durch seine Eigenschaft und ohne Rücksicht auf den
Eigenthümer der Konfiskation unterworfen wird. Deshalb wurde
auch in zweiter Lesung statt der Worte: „oder wegen eines Schiff
oder Ladung betreffenden Zufalls" zu setzen beschlossen: „oder
wegen eines anderen — Zufalls" (Prot. VIII S. 3800).
Ganz anders liegt die Sache bei einem sonstigen, die Person
des Rheders betreffenden Zufall, z. B. wenn die im Frachtvertrage
ausbedungene Ladung nicht geliefert wird. Hierbei nämlich lässt
sich nicht sagen, dass die Reise absolut unmöglich wird, sie wird
vielmehr nur nutzlos und unzweckmässig, und der Rheder giebt
sie deshalb freiwillig auf (Prot. IV S. 1931 f., S. 1935 f.).
Man darf übrigens nicht sagen, dass bei Verfügungen von
hoher Hand die Reise auch nicht absolut unmöglich sei; denn was
gegen das Recht und demgemäss auch gegen die Grundsätze des
Völkerrechts verstösst, muss eben so als unmöglich bezeichnet werden, als was faktisch unmöglich ist. Nur hinsichtlich der Blokade dürfte noch die Frage aufzuwerfen sein, ob dieselbe, um die
im Artikel bezeichnete Wirkung hervorzubringen, eine völkerrecht-
lich wirksame sein müsse, oder ob es genüge, dass die Umstände
ein dieser Voraussetzung entsprechendes Verhalten rechtfertigen?
Ich glaube das Letztere und halte es daher für ausreichend, wenn
die Blokade gehörig notifizirt ist. Allerdings muss eine Blokade,
um für die Staaten, welche die Pariser Deklaration vom 16. April
1856 unterzeichnet haben, resp. derselben beigetreten sind, verbindlich zu sein, effektiv, d. h. durch eine hinreichende Macht ausgeübt sein, um den Zugang zum feindlichen Küstengebiet thatsächlich zu verhindern. Allein hiervon hängt doch nur die völker-
rechtliche Gültigkeit der Blokade ab, für irgend welche privatrechtliche Verhältnisse muss der gedachte Umstand als durchaus
irrelevant bezeichnet werden; denn die Gefahr des Aufbringens
durch die Kriegsschiffe der blokirenden Macht bleibt bestehen.
Erklärt nämlich ein Staat bestimmte Häfen oder Küsten eines anderen Staates für blokirt, so giebt er damit zu erkennen, dass er
jedes Schiff, welches sich der blokirenden Küste nähert, wie ein
solches behandeln werde, welches die wirkliche Blokadelinie zu
durchbrechen unternimmt. Ob freilich der betreffende Staat diese
seine Absicht ausführen kann, hängt von seiner Machtstellung und
dem Verhalten der neutralen grossen Seemächte gegenüber dieser
Maassregel ab. Aber eben so ist auch die Möglichkeit, eine wirkliche Blokade aufrecht zu erhalten, durch die Machtstellung des
blokirenden Staates bedingt. Man kann daher dem Rheder nicht
zumuthen, sein Schiff der Gefahr der Aufbringung auszusetzen auf
die Möglichkeit hin, dasselbe in Folge einer Intervention seines
Staates oder fremder Staaten nach längerer Zeit wieder zu erhalten.
Eine feste Praxis besteht indess über diesen Punkt nicht. Ein
Erkenntniss des Appellationsgerichts zu Marienwerder vom 5. Juli
1865 steht auf dem Standpunkt, welcher hier eingenommen ist
(Busch, Archiv VI S. 439 f.), zwei Erkenntnisse des Kommerz-

und Admiralitäts-Kollegiums zu Danzig vom 26. Juli und 6. September 1864 stellen für das Eintreten der an eine Blokade geknüpften privatrechtlichen Wirkungen das Erforderniss einer effektiven Blokade als selbstverständlich hin (Busch, Archiv IV S. 487 f.).

2. Dem für eine bestimmte Reise geheuerten Schiffer wird der auf unbestimmte Zeit angestellte gleichgesetzt, wenn er die Ausführung einer bestimmten Reise übernommen hat, weil man auch im letzteren Falle die Sache so anzusehen pflegt, „als sei der Schiffer nunmehr wenigstens für diese bestimmte Reise angestellt", da er sich „für dieselbe einzurichten" hat und somit darauf muss rechnen können, „dass der Rheder ihn für die Dauer derselben im Dienste belasse" (Prot. IV S. 1933).

3. Ueber den Zeitpunkt, in welchem die Ausführung der Reise als übernommen gilt, vgl. die Bemerkungen zu Art. 518 S. 167.

4. Die Bestimmung des Abs. 2 ist durch die Billigkeit geboten (Prot. a. a. O.). Da der Anspruch auf Zurückbeförderung bezw. (nach seiner Wahl) Vergütung an keine Bedingung geknüpft wird, so kann der Schiffer letztere auch dann fordern, wenn er in dem Hafen, in welchem er entlassen ist, in fremde Dienste tritt (Motive zum preuss. Entw. S. 241).

5. Während der Zurückbeförderung soll dem Schiffer auch Unterhalt Seitens des Rheders zu Theil werden. Unter Unterhalt ist aber lediglich Beköstigung, und nicht auch Bekleidung zu verstehen. Dies ergiebt sich aus der Geschichte der Bestimmung in Verbindung mit ihrer Tendenz. Im Art. 436 des preussischen Entwurfs war dem Schiffer für den Fall, dass ihm ein Anspruch auf freie Zurückbeförderung zustand, auch „Beköstigung" während der Reise gewährt. Eben so spricht der Art. 460 des Entwurfs aus erster Lesung dem Schiffer neben der freien Zurückbeförderung „Beköstigung während der Rückreise" zu. In zweiter Lesung wurde, um Wiederholungen zu vermeiden, beschlossen, den Satz aufzustellen, dass „in der Verpflichtung, freie Rückbeförderung zu gewähren, in allen Fällen zugleich die Verpflichtung enthalten sei, für freien Unterhalt während der Rückreise zu sorgen" (Prot. VIII S. 3896). Hierbei ist nun „Unterhalt" an Stelle des Wortes „Beköstigung" gesetzt, ohne dass auch nur eine Andeutung vorhanden wäre, dass damit eine weitergehende Verbindlichkeit des Rheders hätte ausgedrückt werden sollen. Was die Tendenz der Bestimmung anlangt, so soll der Schiffer, wenn ein Zufall die Vollendung der Reise unmöglich macht, in den Zustand zurückversetzt werden, in dem er sich bei Beginn der Reise befand, d. h. er soll, ohne dass ihm daraus irgend welche Kosten erwachsen, in den Hafen, in dem er geheuert ist, zurückgebracht werden. Hierzu ist es erforderlich, dass ihm während der Reise unentgeltlich Beköstigung zu Theil wird, nicht aber Bekleidung, um so weniger, als ihm solche während der eigentlichen Heuer-Reise vom Rheder gleichfalls

nicht gewährt wird, und er nicht verlangen kann, aus der in
Rede stehenden Beendigung seines Kontraktsverhältnisses einen
besonderen Vortheil zu ziehen (Erk. des Berl. O.Trib. in Striet-
horsts Archiv LXII S. 245 ff.).

Art. 518.

*Wird ein Schiffer, welcher auf unbestimmte Zeit angestellt ist,
aus anderen als den in den Art. 516 und 517 angeführten Gründen
entlassen, nachdem er die Ausführung einer bestimmten Reise übernommen hat, so erhält er ausser demjenigen, was ihm nach den Bestimmungen des vorigen Artikels gebührt, als Entschädigung noch die
Heuer für zwei oder vier Monate, je nachdem die Entlassung in
einem europäischen oder in einem nichteuropäischen Hafen erfolgt
ist. Jedoch erhält er in keinem Falle mehr, als er erhalten haben
würde, wenn er die Reise zu Ende geführt hätte.*

1. Dieser Artikel handelt von der willkürlichen (d. h. ohne gesetzmässigen Grund erfolgten) Entlassung des Schiffers von Seiten
des Rheders. Das Gesetzbuch hat nun keine Bestimmungen getroffen
über die Folgen einer solchen Entlassung bei dem auf Lebenszeit, auf
bestimmte Zeit und für eine bestimmte Reise angestellten Schiffer,
auch nicht bei dem auf unbestimmte Zeit angestellten, bevor er eine
bestimmte Reise auszuführen begonnen hat. Hierfür sind daher lediglich maassgebend die Grundsätze des bürgerlichen Rechts und die
Bestimmungen des Dienstkontrakts (Prot. IV S. 1938, S. 1942 f.).
Enthält daher der letztere keine abweichenden Bestimmungen, so
wird der Rheder in den drei ersten Fällen dadurch, dass er erklärt, keinen Gebrauch mehr von den Diensten des Schiffers machen
zu wollen, keineswegs befreit von den ihm aus dem Kontrakts-
verhältnisse dem Schiffer gegenüber obliegenden Verpflichtungen.
Er hat vielmehr diese während der kontraktmässigen Dauer des
Dienstverhältnisses nach wie vor vollständig zu erfüllen. Bei der
Anstellung auf unbestimmte Zeit dagegen würde der Rheder den
Schiffer, ohne zu einer Entschädigung verpflichtet zu sein, jederzeit
entlassen können. Der Artikel ordnet nur den Fall, wo der auf
unbestimmte Zeit angestellte Schiffer den Auftrag erhalten, eine
bestimmte Reise zu unternehmen und die Ausführung dieses Auf-
trags begonnen hat.

Dieser Fall ist nämlich durchaus nicht dem gleich, in welchem
der Schiffer für eine bestimmte Reise geheuert ist, wennschon
beide im vorigen Artikel wegen der faktischen Aehnlichkeit der
Verhältnisse aus Billigkeitsrücksichten gleich behandelt sind (Prot.
IV S. 1945). Wir haben vielmehr in diesen Fällen ganz verschiedene Kontraktsformen, im letzteren Falle eine *locatio conductio
operis*, im ersteren *operarum*. In diesem würde der Rheder von
seinem Recht, den Schiffer jederzeit zu entlassen, Gebrauch machen
können. Nur würde freilich der Schiffer nicht nur die bereits

verdiente Heuer, sondern auch Ersatz aller Auslagen und alles Schadens verlangen können, welcher ihm dadurch erweislich erwachsen ist, dass er sich dem Rheder für die in Aussicht genommene Reise zur Disposition gestellt hat, also auch Ersatz des Gewinns, der ihm aus einem anderen Heuerkontrakt nachweisbar zu Theil geworden wäre. Die Bestimmung des Artikels ist nun eben sowohl im Interesse des Schiffers, dem dadurch eine in der Mehrzahl der Fälle höchst schwierige Beweisführung erspart wird, als des Rheders, dessen Recht, den Schiffer zu entlassen, durch allzu hohe Entschädigungsforderungen illusorisch gemacht werden könnte (Prot. IV S. 1938).

Dass dem Schiffer auch dann eine Entschädigung gebührt, wenn er nach den Grundsätzen des bürgerlichen Rechts irgend einen Anspruch gegen den Rheder gar nicht begründen könnte, rechtfertigt sich dadurch, dass auch er (nach Art. 521) von einer einmal übernommenen Reise nicht willkürlich zurücktreten darf (Prot. IV S. 1943).

2. Die Ausführung der Reise, wovon die Anwendbarkeit des Artikels abhängt, beginnt mit dem Augenblick, in welchem der Schiffer, dem bei einem Vertrage auf unbestimmte Zeit vorher ein Aufkündigungsrecht ebenfalls zusteht, verpflichtet ist, die Reise auszuführen; also mit dem „Augenblick, in welchem er zur Ausführung derselben Anweisung erhalten und letztere ausdrücklich oder faktisch durch Beginn der Vorbereitungen und dergleichen akzeptirt" hat (Prot. IV S. 1945). In jedem anderen Falle ist dagegen der Rheder befugt, den Schiffer zu entlassen, ohne Rücksicht darauf, ob eine kurze oder lange Zeit seit der letzten Reise verstrichen ist, und der Schiffer glauben musste, dass eine neue Reise bald unternommen werden würde. Es würde in diesem Falle auch an einem nachweisbaren Entschädigungsanspruch fehlen, den er gegen den Rheder geltend machen könnte (Prot. VIII S. 3803).

3. Ueber den Begriff der europäischen Häfen im Sinne des H.G.B. vgl. Art. 447.

Art. 519.

War die Heuer nicht zeitweise, sondern in Bausch und Bogen für die ganze Reise bedungen, so wird in den Fällen der Art. 516 bis 518 die verdiente Heuer mit Rücksicht auf den vollen Heuerbetrag nach Verhältniss der geleisteten Dienste, sowie des etwa zurückgelegten Theils der Reise bestimmt. Zur Ermittelung der im Art. 518 erwähnten Heuer für zwei oder vier Monate wird die durchschnittliche Dauer der Reise einschliesslich der Ladungs- und Löschungszeit unter Berücksichtigung der Beschaffenheit des Schiffs in Ansatz gebracht, und danach die Heuer für die zwei oder vier Monate berechnet.

1. In den Art. 516 bis 518 wird der regelmässige Fall vorausgesetzt, dass die Heuer des Schiffers monatweise bedungen ist.

Art. 519 giebt an, in welcher Weise die Bestimmungen der gedachten Artikel aufzufassen sind, wenn die Heuer in Bausch und
Bogen für die Reise bedungen ist.

2. Für die Art. 516 und 517 ordnet Art. 519 nicht nur an,
wie bei der in Bausch und Bogen für eine Reise festgesetzten
Heuer die verdiente H e u e r zu b e r e c h n e n, sondern er entscheidet
auch die bei diesen Artikeln möglicher Weise aufzuwerfende Vorfrage, ob vor vollendeter Reise von v e r d i e n t e r H e u e r überhaupt die Rede sein könne, wenn ein Bauschquantum für die ganze
Reise, d. h. für die Vollendung der Reise festgesetzt ist; und zwar
entscheidet er dieselbe im bejahenden Sinne (Prot. IV S. 1947).
Die verdiente Heuer selbst ist durch sachverständiges Ermessen
festzustellen, indem in Betracht gezogen werden die bereits geleisteten Dienste und das Resultat derselben im Verhältniss zu den
für die Zurücklegung der ganzen Reise aufzuwendenden Diensten.

3. Zur Ermittelung des Betrages der im Art. 518 dem Schiffer
zugebilligten, i n z w e i - r e s p. v i e r m o n a t l i c h e r H e u e r be-
s t e h e n d e n E n t s c h ä d i g u n g ist durch sachverständiges Gutachten die regelmässige Dauer der in Frage stehenden Reise —
unter Berücksichtigung der Fahrgeschwindigkeit eines Schiffs der
in Rede stehenden Art — festzustellen, wofür nur die positive Vorschrift besteht, dass in die Zeitdauer der Reise auch die Lade-und
Löschzeit eingerechnet werde.

Zu beachten ist noch, dass unter der verdienten Heuer des
ersten Satzes die Heuer mit Einschluss der dem Schiffer zustehenden Kaplaken und sonstigen ausbedungenen Vortheile zu verstehen
ist (s. Art. 516 f.), unter der Heuer im zweiten Satze die reine
Heuer mit Ausschluss sonstiger Emolumente (s. Art. 518; vgl.
Prot. IV S. 1937, 1941).

Art. 520.

*Endet die Rückreise des Schiffs nicht in dem Heimathshafen,
und war der Schiffer für die Aus- und Rückreise oder auf unbestimmte Zeit angestellt, so hat der Schiffer Anspruch auf freie Zurückbeförderung nach dem Hafen, wo er geheuert worden ist, und
auf Fortbezug der Heuer während der Reise oder nach seiner Wahl
auf eine entsprechende Vergütung.*

Der preussische offizielle Text liest hier: „auf bestimmte Zeit"
statt „auf u n bestimmte Zeit", was aber offenbar ein Druckfehler
ist (vgl. Prot. VIII S. 3833).

Ueber Zurückbeförderung s. Ausführung zum Art. 517 N. 5
S. 165 f.

Art. 521.

*Der Schiffer, welcher auf unbestimmte Zeit angestellt ist, muss,
sobald er eine Reise angetreten hat, in dem Dienste verbleiben, bis*

das Schiff in den Heimathshafen oder in einen inländischen Hafen zurückgekehrt und die Entlöschung erfolgt ist.

Er kann jedoch seine Entlassung fordern, wenn seit der ersten Abreise zwei oder drei Jahre verflossen sind, je nachdem das Schiff zur Zeit der Aufkündigung in einem europäischen oder in einem nichteuropäischen Hafen sich befindet. Er hat in einem solchen Falle dem Rheder die zu seiner Ersetzung erforderliche Zeit zu gewähren und den Dienst inzwischen fortzusetzen, jedenfalls die laufende Reise zu beendigen.

Hat der Rheder sofort nach der Kündigung die Rückreise angeordnet, so muss der Schiffer das Schiff zurückführen.

1. Das zwischen dem Rheder und dem Schiffer bestehende Verhältniss ist ein Vertrauensverhältniss, bei welchem jeder Theil auf die *bona fides* des anderen rechnen muss. Eine Verletzung dieser *bona fides* wäre es, wenn der (auf unbestimmte Zeit angestellte) Schiffer durch die an sich zulässige u n z e i t i g e A u f k ü n - d i g u n g des Verhältnisses dem Rheder Verlegenheit bereiten, möglicher Weise empfindliche Verluste zufügen würde, indem dieser alsdann unter Umständen genöthigt wäre, einer Person das Kommando zu übergeben, der er sein Vertrauen nur in geringem Maasse schenkt. Darauf beruht die Bestimmung, dass der Schiffer in der Fremde den Dienst nicht verlassen darf.

Von dieser Regel statuirt aber der Abs. 2 eine Ausnahme, um die Interessen des Rheders mit denen des Schiffers in Einklang zu bringen.

2. Die dem Schiffer im Abs. 2 auferlegte Pflicht, auch nach der von seiner Seite erfolgten Kündigung d e n D i e n s t f o r t z u - s e t z e n, bis der Rheder ihn ersetzt hat, nöthigt denselben, nicht blos „das Schiff unter seiner Obhut" zu behalten, und deshalb einstweilen mit demselben still zu liegen, sondern auch „den etwa bereit liegenden Ordres zur Antretung einer neuen Reise Folge" zu leisten (Prot. IV S. 2017).

3. Unter der l a u f e n d e n R e i s e ist natürlich nicht die s. g. Heuerreise („aus und zu Haus") zu verstehen, sondern die Fracht-reise, auf der sich der Schiffer zur Zeit seiner Kündigung gerade befindet (Prot. VIII S. 3804).

4. Die R ü c k r e i s e im Abs. 3 ist nicht nothwendiger Weise die Reise nach dem Heimathshafen des Schiffs oder auch nur nach einem inländischen Hafen; sondern es kann als solche auch die Reise nach einem in der Nähe des Heimathshafens oder doch in der Richtung der Heimreise belegenen Hafen angesehen werden. Ob freilich im konkreten Falle eine Reise der letzteren Art als Rückreise betrachtet werden kann, ist durch richterliches Arbitrium zu bestimmen (Prot. IV S. 2018).

5. Der Artikel trifft keine Bestimmung für den Fall, dass der Schiffer für eine b e s t i m m t e R e i s e oder a u f b e s t i m m t e Z e i t geheuert ist. Im ersten Falle hat der Schiffer, wie sich aus der

Natur des Heuerkontraktes ergiebt, zumeist in seinen Funktionen
zu verbleiben, bis das Schiff in den Hafen, von dem es ausgegangen,
zurückgekehrt ist. Denn regelmässig gilt erst dann die Reise —
nämlich stets, wenn sie als „aus und zu Haus" beabsichtigt ist —
als vollendet. Auch die Entlöschung wird, in diesem Falle der
Schiffer abwarten müssen, wenn das Schiff mit Ladung zurückgekehrt ist, weil eine Frachtreise erst mit der Entlöschung des
Schiffs ihr Ende nimmt (Prot. IV S. 1949, 1957). Im zweiten
Falle hört allerdings mit Ablauf der vertragsmässigen Zeit die
Pflicht des Schiffers, das Kommando zu führen, auf. Es verstösst
dieser Satz auch nicht gegen die dem Kapitän obliegende *bona
fides*, da es Sache des Rheders ist, bei Ablauf der Vertragszeit für
einen anderen Schiffsführer zu sorgen (Prot. IV S. 1957 f.).

Art. 522.

*Die Schiffspart, mit welcher der Schiffer auf Grund einer mit
den übrigen Rhedern getroffenen Vereinbarung als Mitrheder an dem
Schiff betheiligt ist, muss im Fall seiner unfreiwilligen Entlassung
auf sein Verlangen von den Mitrhedern gegen Auszahlung des durch
Sachverständige zu bestimmenden Schätzungswerthes übernommen
werden. Dieses Recht des Schiffers erlischt, wenn er die Erklärung,
davon Gebrauch zu machen, ohne Grund verzögert.*

1. Der Bestimmung dieses Artikels liegt die Thatsache zu
Grunde, dass nicht selten nur Parten-Eigenthümer zu Schiffsführern
bestellt werden. Dadurch, dass das Gesetz die Mitrheder nöthigt,
die Schiffspart des gegen seinen Willen entlassenen Kapitäns demselben abzunehmen, soll dieser in den Stand gesetzt werden, auch
unter den angegebenen Verhältnissen wieder das Kommando eines
Schiffs zu erhalten.

2. Die Mitrheder sind indess nur verpflichtet, die Schiffspart
zu übernehmen, welche der Schiffer in Folge einer U e b e r e i n-
k u n f t mit den übrigen Rhedern erworben hat, d. h. welche er in
Folge seiner Anstellung als Schiffer mit dem Willen der Mitrheder
erworben hat, oder mit Rücksicht auf welche seine Anstellung als
Schiffer erfolgt ist (Prot. VIII S. 3828). Auch erlischt das Recht
desselben, wenn er nicht in b i l l i g e r F r i s t den Willen zu dessen
Ausübung kundgiebt. Man will dadurch verhindern, dass der
Schiffers sein Recht zu einem für die Rheder etwa besonders un-
günstigen Zeitpunkt geltend macht (Prot. IV S. 1948).

Art. 523.

*Falls der Schiffer nach Antritt der Reise erkrankt oder ver-
wundet wird, so trägt der Rheder die Kosten der Verpflegung und
Heilung:*

1. *wenn der Schiffer mit dem Schiffe zurückkehrt und die Rück-reise in dem Heimathshafen oder in dem Hafen endet, wo er geheuert worden ist, bis zur Beendigung der Rückreise;*
2. *wenn er mit dem Schiffe zurückkehrt und die Reise nicht in einem der genannten Häfen endet, bis zum Ablauf von sechs Monaten seit Beendigung der Rückreise;*
3. *wenn er während der Reise am Lande zurückgelassen werden musste, bis zum Ablauf von sechs Monaten seit der Weiterreise des Schiffs.*

Auch gebührt ihm in den beiden letzteren Fällen freie Zurück-beförderung (Art. 517) oder nach seiner Wahl eine entsprechende Vergütung.

Die Heuer einschliesslich aller sonst bedungenen Vortheile be-zieht der nach Antritt der Reise erkrankte oder verwundete Schiffer, wenn er mit dem Schiffe zurückkehrt, bis zur Beendigung der Rück-reise, wenn er am Lande zurückgelassen werden musste, bis zu dem Tage, an welchem er das Schiff verlässt.

Ist der Schiffer bei Vertheidigung des Schiffs beschädigt, so hat er überdies auf eine angemessene, erforderlichenfalls von dem Richter zu bestimmende Belohnung Anspruch.

Die Bestimmungen des Artikels greifen dann nicht Platz, wenn die Erkrankung oder Verwundung des Schiffers durch seine Schuld herbeigeführt ist. In diesem Falle steht nämlich bereits nach den Grundsätzen des allgemeinen bürgerlichen Rechts dem Rheder eine Einrede gegen den Anspruch des Schiffers auf Ersatz der Kosten der Heilung und Verpflegung zu (Prot. IV S. 2035).

Art. 524.

Stirbt der Schiffer nach Antritt des Dienstes, so hat der Rheder die bis zum Todestage verdiente Heuer einschliesslich aller sonst be-dungenen Vortheile zu entrichten; ist der Tod nach Antritt der Reise erfolgt, so hat der Rheder auch die Beerdigungskosten zu tragen.

Wird der Schiffer bei Vertheidigung des Schiffs getödtet, so hat der Rheder überdies eine angemessene, erforderlichenfalls von dem Richter zu bestimmende Belohnung zu zahlen.

Für den Fall, dass die Heuer nicht zeitweise, sondern in Bausch und Bogen für die Reise bedungen war, ist auch hier der Art. 519 Satz 1 zur Anwendung zu bringen.

Art. 525 [1]).

Dieser Artikel ist aufgehoben worden durch den § 68 der Seemannsordnung, welcher an Stelle der im Art. 453 H.G.B. auf

---

1) *Auf die in den Art. 523 und 524 bezeichneten Forderungen findet die Vorschrift des Art. 453 gleichfalls Anwendung.*

Schiff und Fracht beschränkten Haftbarkeit eine persönliche Verhaftung des Rheders treten lässt.

Art. 526.

*Auch nach dem Verluste des Schiffs ist der Schiffer verpflichtet,
noch für die Verklarung zu sorgen und überhaupt das Interesse des
Rheders so lange wahrzunehmen, als es erforderlich ist. Er hat
aber auch für diese Zeit Anspruch auf Fortbezug der Heuer und
auf Erstattung der Kosten des Unterhalts. Für diese Heuer und
Unterhaltskosten haftet der Rheder persönlich. Ausserdem behält der
Schiffer, jedoch nur nach Maassgabe des Art. 453, Anspruch auf
freie Zurückbeförderung (Art. 517) oder nach seiner Wahl auf eine
entsprechende Vergütung.*

1. Abgesehen von dem Fall, wo der Schiffer nicht ausschliesslich zur Führung eines bestimmten Schiffs bestellt ist, wie z. B.
bei den meisten Dampfschifffahrts-Gesellschaften, würde durch den
Untergang des Schiffs, welches derselbe führt, dessen Dienstverhältniss gelöst sein; denn ohne Schiff kann von einem Schiffsführer
nicht mehr die Rede sein (Prot. IV S. 1960 f.). Damit hört auch
die Vertretung des Rheders durch den Schiffer auf. Dennoch hat
dieser immer noch solche Angelegenheiten zu besorgen, welche aus
seinem früheren Stellvertretungsverhältnisse herrühren, bis darüber
von anderer Seite Fürsorge getroffen ist. Wenn nämlich die Grundlage des Mandatsverhältnisses fortgefallen ist, so hören doch nicht
zugleich alle Verbindlichkeiten des Stellvertreters auf, welche sich
aus dem Mandatsverhältnisse ergeben.

Das Gesetzbuch hat nun diese Pflicht des Schiffers noch ausdrücklich hervorgehoben. Und es würde derselbe z. B. in Havarie-
angelegenheiten die Interessen des Rheders zu vertreten haben
(Entsch. des R.O.H.G. XV S. 66). Ich möchte diese trotz des Unterganges des Schiffs fortdauernde Stellvertretung des Schiffers
aber nicht unter den Begriff der *negotiorum gestio*, wie dies auf
der hamburger Konferenz geschah, sondern unter den des Mandats
bringen, wie auch auf der hamburger Konferenz selbst die in Rede
stehende Verpflichtung des Schiffers als Ausfluss des fortwirkenden
Dienstvertrages betrachtet wurde (Prot. VIII S. 3808). Aus eben
diesem Grunde glaube ich auch nicht, dass man mit dem R.O.H.G.
(Erk. vom 30. Oktober 1874, Entsch. XV S. 67) den Anspruch
des Schiffers auf die ihm im Art. 526 eingeräumte Vergütung
unter den Gesichtspunkt der *actio negotiorum gestorum contraria*,
sondern den der *actio mandati contraria* zu bringen hat.

2. Für den Anspruch auf Heuer und Erstattung der Kosten
des Unterhalts haftete schon nach dem H.G.B. der Rheder persönlich, während die Haftung für freie Zurückbeförderung des
Schiffers nach dem Hafen, wo derselbe geheuert war, resp. entsprechende Vergütung, welche das H.G.B. auf Schiff und Fracht
beschränkte, erst durch die Seemannsordnung § 68 für eine persönliche erklärt worden ist.

Art. 527.

Die Bestimmungen der Landesgesetze über die von dem Schiffer nachzuweisende Qualifikation werden durch dieses Gesetzbuch nicht berührt.

An Stelle der durch das H.G.B. noch aufrecht erhaltenen Bestimmungen der Landesgesetze über die Qualifikation des Schiffers sind auf Grund des Art. 54 der Reichs-Verfassungs-Urkunde:

— *Das Reich hat — die Bedingungen festzustellen, von welchen die Erlaubniss zur Führung eines Seeschiffs abhängig ist;*

und des § 31 der Reichs-Gewerbe-Ordnung:

Seeschiffer, Seesteuerleute, Maschinisten der Seedampfschiffe und Lootsen müssen sich über den Besitz der erforderlichen Kenntnisse durch ein Befähigungszeugniss der zuständigen Verwaltungsbehörde ausweisen. Der Bundesrath erlässt die Vorschriften über den Nachweis der Befähigung. Die auf Grund dieses Nachweises ertheilten Zeugnisse gelten für das ganze Reichsgebiet, bei Lootsen für das im Zeugniss angeführte Fahrwasser. Soweit in Betreff der Schiffer und Lootsen auf Strömen in Folge von Staatsverträgen besondere Anordnungen getroffen sind, behält es dabei sein Bewenden;

getreten die Bekanntmachungen des Bundesraths, betreffend die Prüfung der Seeschiffer und Seesteuerleute auf deutschen Kauffahrteischiffen, vom 25. September 1869 und vom 30. Mai 1870 (B.G.B. für 1869 S. 660 ff., für 1870 S. 314 ff.; Stabenow, Sammlung S. 167—209), und die Bekanntmachung, betreffend die Zulassung ehemaliger Offiziere u. s. w. der kaiserlichen Marine als Schiffer und Seesteuerleute auf deutschen Kauffahrteischiffen, vom 21. Dezember 1874 (Zentralblatt für 1875 ,S. 51 f.; Stabenow S. 348 ff.). ,

VIERTER TITEL.

Von der Schiffsmannschaft;

aufgehoben und ersetzt durch

die Seemannsordnung vom 27. Dezember 1872.

Uebersicht.

Die Seemanns-O. giebt in ihrem 1. Abschnitt, den „einleitenden Bestimmungen", zunächst den Begriff des Schiffers (§ 2); hebt hervor, dass zur Schiffsmannschaft auch die Offiziere (jedoch nicht der Schiffer) gerechnet werden, die ausserdem noch auf dem Schiff angestellten Personen aber dieselben Rechte und Pflichten wie die Mannschaft haben; und charakterisirt die Seemannsämter (§ 4).

Der 2. Abschnitt handelt von den „Seefahrtsbüchern und der Musterung". Die vom Seemannsamt ausgefertigten Seefahrtsbücher dienen zur Legitimation der Schiffsleute. Daher ist der Eintritt in Schiffsdienste von dem Besitz eines solchen abhängig (§ 5); wie ein neues Seefahrtsbuch nur gegen Vorlegung des früheren ausgefertigt wird, wenn nicht dessen Verlust glaubhaft gemacht werden kann (§ 7). In das Seefahrtsbuch ist vom Seemannsamt ein Vermerk über die Anmusterung (§ 14), wie über die Abmusterung einzutragen (§ 20); vom Schiffer ein Vermerk über die bisherigen Rang- und Dienstverhältnisse des Schiffsmanns, wie über die Dauer der Dienstzeit (§§ 17 f.). Abgesehen vom Seefahrtsbuch ist bei einem Deutschen der Eintritt in Schiffsdienste noch von folgenden Voraussetzungen abhängig: Alter von mindestens vierzehn Jahren und Ausweis über die Militärverhältnisse, sowie bei in väterlicher Gewalt stehenden und minderjährigen Personen Genehmigung des Vaters oder Vormunds zur Uebernahme von Schiffsdiensten (§ 5). Diese Genehmigung gilt, wenn sie nicht nur beschränkt gegeben, als einfür allemal ertheilt und stellt den Minderjährigen hinsichtlich der Dienst- und Heuerverhältnisse einem Grossjährigen gleich (§ 6). Die Musterung der Mannschaft ist vom Schiffer zu veranlassen. Die Musterung ist Anmusterung und Abmusterung (§§ 10, 22 f.). Die Anmusterung besteht in der Verlautbarung des mit dem Schiffsmann geschlossenen Heuervertrages vor dem Seemannsamte (§ 11). Ist der Schiffsmann nach Inhalt seines Seefahrtsbuchs angemustert, so darf er so lange nicht anderweitig angemustert werden, bis die Lösung des früheren Dienstverhältnisses durch das Seefahrtsbuch, event. in anderer Weise nachgewiesen ist (§ 8). Die Abmusterung besteht in der Verlautbarung der Beendigung des Dienstverhältnisses Seitens des Schiffers und der aus dem Verhältniss scheidenden Mannschaft (§ 16). Die Anmusterungsverhandlung wird vom Seemannsamt als Musterrolle ausgefertigt (§§ 12 f.); in dieser wird auch die Abmusterung vermerkt (§ 20). Ist die Reise oder die Zeit, worauf sich die Anmusterungsverhandlung bezieht, beendet, so ist die Musterrolle dem Seemannsamte, vor welchem abgemustert wird, zu überliefern (§ 21).

Der 3. Abschnitt enthält die Bestimmungen über „das Vertragsverhältniss" des Schiffsmanns. Der Heuervertrag bedarf zu seiner Gültigkeit nicht der schriftlichen Form (§ 24). Hat ein Schiffsmann sich für denselben Zeitraum zwei Mal verheuert, so geht der frühere Heuervertrag vor. Ist jedoch zu dem einen Heuervertrage die Anmusterung hinzugekommen, so geht dieser vor, auch wenn er der spätere ist (§ 26). Der Schiffsmann ist verpflichtet, Schiffsdienste zu leisten. Diese Verpflichtung beginnt, wenn nichts Anderes bedungen ist, mit der Anmusterung (§ 28 Abs. 1), und zwar kann der Schiffer den Schiffsmann alsdann zur Erfüllung seiner Pflicht durch das Seemannsamt zwangsweise anhalten lassen (§ 29). Wird der angemusterte Schiffsmann durch ein unabwendbares Hinderniss ausser Stand gesetzt, den Dienst anzutreten, so hat er sich hierüber so bald wie möglich gegen den Schiffer und das Seemannsamt, vor dem die Anmusterung erfolgt ist, auszuweisen (§ 15). Verzögert der Schiffsmann den Dienstantritt länger als vierundzwanzig Stunden, so darf der Schiffer vom Heuervertrage zurücktreten. Natürlich ist der Schiffsmann dem letzteren auch zum Ersatz des durch die Verzögerung verursachten Schadens verpflichtet, wenn die Verzögerung verschuldet war (§ 28 Abs. 2). Der Schiffsmann hat in Ansehung des Schiffsdienstes den Anordnungen des Schiffers unweigerlich Gehorsam zu leisten und alle für Schiff und Ladung ihm übertragenen Arbeiten zu verrichten (§§ 30, 31, 32 Abs. 1). Auch beim Schiffbruch hat er für Rettung von Personen, Gütern und Schiffstheilen nach Anordnung des Schiffers zu sorgen und bei der Bergung Hülfe zu leisten (§ 32 Abs. 2). Ebenso hat er auf Verlangen bei der Verklarung stets mitzuwirken (§ 33). Der Schiffsmann ist verpflichtet, während der ganzen Reise, einschliesslich etwaiger Zwischenreisen, bis zur Beendigung der Rückreise im Dienste zu verbleiben, wenn im

Heuervertrage nicht etwas Anderes bestimmt ist (§ 54). Und nach
beendeter Reise kann der Schiffsmann seine Entlassung erst fordern, nachdem die Ladung gelöscht, das Schiff gereinigt und festgemacht, auch etwaige Verklarung abgelegt ist (§ 55). Der Schiffsmann hat Anspruch auf Beköstigung für Rechnung des Schiffs
vom Zeitpunkte des Dienstantritts an (§ 43). Für die mindestens
zu verabreichenden Speisen und Getränke ist im Zweifel maassgebend das örtliche Recht des Heimathshafens (§ 25; über das
Recht des Schiffers, Kürzung der Rationen oder eine Aenderung
hinsichtlich der Wahl der Speisen und Getränke eintreten zu
lassen: § 46). Ebenso für die Grösse und die Einrichtung des
Logisraums (§ 45), worauf die Mannschaft gleichfalls Anspruch hat
(§ 44). Der Anspruch auf Heuer Seitens des Schiffsmanns richtet
sich nach der Vereinbarung, in Ermangelung von solcher im
Zweifel nach den am Orte und zur Zeit der Anmusterung bestehenden Gebräuchen (§ 25), oder wenn der Schiffsmann erst nach Anfertigung der Musterrolle angeheuert ist, nach den für die Schiffsleute derselben Kategorie durch die Musterrolle ausgewiesenen
Festsetzungen (§ 27). Der Schiffer darf den Schiffsmann mit Ausnahme des Steuermanns im Range herabsetzen und dessen Heuer
verhältnissmässig verringern, wenn nach Antritt der Reise entdeckt
wird, dass derselbe zu dem Dienst, zu welchem er sich verheuert
hatte, untauglich ist (§ 34). In gewissen Fällen tritt während der
Reise von selbst eine Erhöhung der Heuer ein; nämlich 1. wenn die
Zahl der Mannschaft sich während der Reise vermindert und nicht
wieder ergänzt wird; dann ist — vorausgesetzt, dass nicht etwas
anderes bedungen ist — der dadurch ersparte Betrag unter die
verbleibenden Schiffsleute zu vertheilen (§ 40); 2. wenn das Schiff
länger als zwei Jahre auswärts verweilt für die seit zwei Jahren
im Dienste befindlichen Schiffsleute, wenn die Heuer nach der Zeit
bedungen war (§ 41). Wenn nicht etwas Anderes verabredet ist,
hat der Schiffsmann Anspruch auf Heuer vom Zeitpunkt der Anmusterung an (§ 35); auf Auszahlung erst nach Beendigung der
Reise, oder — wenn dies früher eintritt — des Dienstverhältnisses
(§ 36 Abs. 1; in Betreff der als verschollen anzusehenden Schiffe:
§ 42). In bestimmten, vom Gesetz angegebenen Fällen kann der
Schiffsmann indess schon vorher Abschlagszahlungen fordern; Vorschusszahlungen vor Antritt der Reise und Handgelder aber nur,
wenn ein Anspruch darauf im Vertrage oder Ortsgebrauch des An-
musterungshafens seine Begründung findet (§ 37). Ist der Schiffsmann nach Antritt des Dienstes erkrankt oder verwundet, so hat der
Rheder — abgesehen von dem Fall, wo die Krankheit oder Verwundung aus einer unerlaubten Handlung entstanden ist, oder die
Krankheit eine syphilitische ist (§ 50) — die Kosten der Heilung
und Verpflegung zu tragen, auch die Heuer zu bezahlen; aber für
einen verschiedenen Zeitraum, je nachdem der Schiffsmann nicht
die Reise angetreten hat; oder angetreten hat und mit dem Schiffe
zurückkehrt (wobei in Betreff der Verpflegungs- und Heilungskosten

noch unterschieden wird, ob die Rückreise des Schiffs in einem deutschen oder nicht in einem deutschen Hafen endete); oder während der Reise am Lande zurückgelassen werden musste (§§ 48 f.). Ist der Schiffsmann bei Vertheidigung des Schiffs verwundet, so hat der Rheder ausserdem noch eine angemessene Belohnung zu zahlen (§ 49 Abs. 2). Wenn der Schiffsmann nach Antritt des Dienstes stirbt, so hat der Rheder, abgesehen von der Heuerzahlung, die Pflicht, die Bestattungskosten zu tragen; und wenn der Schiffsmann bei Vertheidigung des Schiffs gestorben ist, auch noch eine angemessene Belohnung den Hinterbliebenen zu zahlen (§ 51).

Durch Verlust des Schiffs endet der Heuervertrag *ipso iure* (§ 56). Entlassen kann der Schiffer den Schiffsmann vor Ablauf der kontraktmässigen Zeit wegen gewisser, vom Gesetz anerkannter, in der Person des Schiffsmanns liegender Auflösungsgründe, und wenn durch einen Schiff oder Ladung treffenden Zufall Antritt oder Fortsetzung der Reise, für welche der Schiffsmann geheuert, unmöglich gemacht ist (§ 57). Der Schiffsmann hat in jedem dieser Fälle Anspruch auf die verdiente Heuer (§ 56 Abs. 2, § 58, § 67); bei Beendigung des Heuervertrags durch den Verlust des Schiffs oder die Unmöglichkeit, die Reise fortzusetzen, ausserdem noch auf freie Zurückbeförderung nach dem Hafen, von dem das Schiff seine Ausreise angetreten hat, oder nach Wahl des Schiffers auf eine entsprechende Vergütung (§ 56 Abs. 2, § 58, §§ 65 f.). Wird der für eine Reise geheuerte Schiffsmann aus einem nicht gesetzmässigen Grunde vor Ablauf der kontraktmässigen Zeit entlassen, so hat er eine Entschädigung zu beanspruchen. Diese besteht, wenn die Entlassung vor Antritt der Reise erfolgte, in den etwa empfangenen Hand- und Vorschussgeldern; sind solche nicht gezahlt, in einer Monatsheuer; wenn nach Antritt der Reise, in freier Zurückbeförderung nach dem Ausreise-Hafen oder nach Wahl des Schiffers entsprechender Vergütung, sowie ausser der verdienten Heuer noch in der Heuer für zwei oder vier Monate, je nachdem die Entlassung in einem europäischen oder nicht europäischen Hafen stattgefunden hat (§§ 59, 70); doch gilt als Maximum der Betrag, den die Heuer gehabt haben würde, wenn die Entlassung erst nach Beendigung der Reise erfolgt wäre (§ 60). Der Schiffsmann kann die Entlassung fordern 1. wegen schwerer Pflichtverletzung des Schiffers ihm gegenüber, 2. wegen Flaggenwechsels, 3. wegen Ablaufs einer bestimmten vom Gesetz normirten Zeit (§§ 61 f., 64, 70). Im letzten Falle hat der Schiffsmann nur Anspruch auf die verdiente Heuer; in den beiden ersten auf alles das, was ihm bei einer Entlassung aus einem nicht gesetzmässigen Grunde gebührt (§ 63). Für die Forderungen des Schiffers und der Mannschaft haftet der Rheder persönlich (§ 68).

Das Gesetz trifft in diesem Abschnitte noch Bestimmungen, welche die Beschaffung der Nachweise über die Todesfälle von Schiffsleuten resp. des Schiffers, wie die Sorge für den Nachlass der Gestorbenen betreffen (§§ 52 f.). Dasselbe räumt ferner der Schiffsmannschaft ein Beschwerderecht wegen Seeuntüchtigkeit des Schiffs oder mangelhafter Verproviantirung ein (§ 47); und verbietet dem Schiffer, einen Schiffsmann im Auslande ohne Genehmigung des Seemannsamtes zurückzulassen (§ 71).

Der 4. Abschnitt, welcher „Disziplinar-Bestimmungen" enthält, stellt zunächst den Satz auf, dass der Schiffsmann der Disziplinargewalt des Schiffers unterworfen ist (§ 72), und giebt Vorschriften über das vom Schiffsmann zu beobachtende Betragen (§§ 73 f.). Das Gesetz verbietet dem Schiffsmann, ohne Erlaubniss des Schiffers Güter, sowie geistige Getränke und Tabak, der nicht zu seinem persönlichen Gebrauch auf der Reise bestimmt ist, an Bord zu bringen (§§ 75 f.). Dem Schiffer wird das Recht eingeräumt, alle zur Aufrechterhaltung der Ordnung und zur Sicherung der Regelmässigkeit des Dienstes erforderlichen Maassregeln zu treffen; auch bei Widersetzlichkeit oder beharrlichem Ungehorsam alle Mittel anzuwenden, die nothwendig sind, um seinen Befehlen Gehorsam zu verschaffen (§ 79; vgl. § 78).

Im 5. Abschnitt enthält das Gesetz „Strafbestimmungen". Es werden mit Strafe bedroht gewisse Delikte der Schiffsleute. Diese Delikte sind Vergehen, die sich auf den Dienst auf dem Schiffe und die Sicherheit des Schiffs beziehen (§§ 81—84, 86—92); Uebertretung der auf die Seefahrtsbücher, die Musterung und die Anzeige der dem Dienstantritt entgegenstehenden Hindernisse bezüglichen Vorschriften des Gesetzes (§ 93); grundlose Beschwerde über Seeuntüchtigkeit und mangelhafte Verproviantirung des Schiffs (§ 94). Ebenso bedroht das Gesetz mit Strafe gewisse Vergehen des Schiffers, nämlich Missbrauch der Disziplinargewalt (§ 96); Vernachlässigung der Pflicht für gehörige Verproviantirung des Schiffs zu sorgen (§ 97); Zurücklassung des Schiffsmanns im Auslande ohne Genehmigung des Seemannsamtes (§ 98); Nichtbeobachtung der von der Seemanns-O. dem Schiffer speziell auferlegten Verpflichtungen (§ 99). Die Strafbestimmungen finden auch Anwendung auf strafbare Handlungen, die ausserhalb des Bundesgebietes begangen sind, und zwar beginnt die Verjährung der Strafverfolgung erst mit dem Tage, an dem das Schiff, dem der Thäter zur Zeit der Begehung angehört, zuerst ein Seemannsamt erreicht (§ 100). In den Fällen, auf welche eine Uebertretungs-Strafe gesetzt ist, erfolgt die Untersuchung und Entscheidung durch das Seemanns-Amt: doch darf der Beschuldigte gegen diesen Bescheid auf gerichtliche Entscheidung antragen (§ 101). Bei Delikten, die der Schiffsmann begeht, während das Schiff sich auf See oder im Auslande befindet, hat der Schiffer für die Feststellung des Thatbestandes und die Ueberlieferung des Thäters an die zuständige Behörde Sorge zu tragen (§§ 102, 103).

Von den im 6. Abschnitt enthaltenen „allgemeinen Bestimmungen" haben folgende ein juristisches Interesse: Die Seemanns-Aemter haben die Ausgleichung der zwischen Schiffer und Schiffsmann bestehenden Streitigkeiten zu versuchen (§ 104). Das See-

manns-Amt hat im Inlande den nach der Anmusterung über den
Antritt oder die Fortsetzung des Dienstes entstandenen Streit zwischen Schiffer und Schiffsmann unter Vorbehalt des Rechtsweges
zu entscheiden (§ 106). Der Schiffsmann darf — abgesehen von der
Geltendmachung der Forderungen aus dem Dienstvertrage im Fall
eines Zwangsverkaufs des Schiffs — den Schiffer vor einem fremden Gericht nicht belangen; wohl aber in dringenden Fällen die
vorläufige Entscheidung des Seemanns-Amtes nachsuchen, dessen
Spruch bis zur Entscheidung des Streits durch die zuständige Behörde für beide Theile bindend ist (§ 105).

Erster Abschnitt.

Einleitende Bestimmungen.

§ 1.

*Die Vorschriften dieses Gesetzes finden auf alle Kauffahrteischiffe
(Gesetz vom 25. Oktober 1867 § 1, Bundesgesetzblatt S. 35) Anwendung, welche das Recht, die Reichsflagge zu führen, ausüben dürfen.*

Unter den Kauffahrteischiffen sind, wie dies schon der Hinweis auf das Bundesgesetz vom 25. Oktober 1867 andeutet, dieselben Schiffe zu verstehen, welche Buch V des H.G.B. vor Augen
hat, d. h. Schiffe, welche zum Erwerb durch die Seefahrt dienen.
(Motive S. 31 f.; vgl. § 109.)

§ 2.

*Schiffer im Sinne dieses Gesetzes ist der Führer des Schiffs
(Schiffskapitän), in Ermangelung oder Verhinderung desselben dessen
Stellvertreter.*

Der Paragraph will sagen, dass in dem Gesetz der Ausdruck
„Schiffer", dessen gegenüber der Schiffsmannschaft Erwähnung geschieht, den bedeutet, welchem die Führung des Schiffs durch
eine dauernde Anstellung oder auch nur vorübergehend anvertraut ist.

§ 3.

*Zur „Schiffsmannschaft" („Mannschaft") werden auch die Schiffs-
offiziere mit Ausschluss des Schiffers gerechnet, desgleichen ist unter
„Schiffsmann" auch jeder Schiffsoffizier mit Ausnahme des Schiffers
zu verstehen.*

*Personen, welche, ohne zur Schiffsmannschaft zu gehören, auf
einem Schiffe als Maschinisten, Aufwärter oder in anderer Eigenschaft angestellt sind, haben dieselben Rechte und Pflichten, welche*

*in diesem Gesetze in Ansehung der Schiffsmannschaft festgesetzt sind.
Es macht hierbei keinen Unterschied, ob sie von dem Schiffer oder
von dem Rheder angenommen worden sind.*

1. Dieser Paragraph ist aus dem H.G.B. herübergenommen,
und zwar Abs. 1 fast wörtlich aus dem Art. 528, Abs. 2 aus Art.
554 [1]), freilich mit einer wesentlichen Modifikation, indem die in diesem
Artikel zugelassene Ausnahme beseitigt worden ist.

Die S c h i f f s m a n n s c h a f t ist der Inbegriff der zur Bedienung eines Schiffs auf diesem angestellten Personen; sie besteht
aus den Offizieren und den Matrosen im weitesten Sinne des
Wortes.

2. Das Gesetz hat die Kategorien der Schiffsleute nicht aufgezählt, welche zu den O f f i z i e r e n zu rechnen sind. Man wird
dies entschieden für einen Fehler halten müssen, wenn man be-
denkt, welches wichtige Recht § 47 den Schiffsoffizieren einräumt.
Es wird als solcher jeder zu bezeichnen sein, der ein Kommando
auf dem Schiffe führt. Nach den Anschauungen der betheiligten
Kreise gehören unzweifelhaft dahin auf Segelschiffen die Steuerleute, auf Dampfschiffen ausser diesen auch noch die Ingenieure
und die Maschinisten. Den Bootsmann wird man der Regel nach
nicht zu den Offizieren rechnen dürfen, sondern nur dann, wenn
er die Stelle eines Steuermanns versieht; was freilich stets anzunehmen ist bei kleineren Schiffen, die nur Einen Steuermann haben,
auf transatlantischen Reisen. Auf Kriegsschiffen rechnet man freilich den Bootsmann, eben so wie die Steuerleute und Maschinisten
zu den Deckoffizieren (mit Feldwebelrang) [2]).

Der Steuermann ist der Gehülfe des Kapitäns, der mit diesem
der Zeit nach sich in das Kommando des Schiffs zu theilen, natürlich aber stets den Anordnungen des Schiffers Folge zu leisten
hat. Auf grösseren Schiffen kommen zwei Steuerleute, Ober- und
Untersteuermann, vor, auf ganz grossen Dampfschiffen bis zu vier,
die dann als erster, zweiter, dritter, vierter Offizier bezeichnet
werden. Der erste Ingenieur auf Dampfschiffen hat die Disziplinargewalt über die bei der Maschine beschäftigten Personen (vgl. oben
S. 132), die freilich den Anordnungen des Kapitäns gegenüber

---

1) *Personen, welche, ohne zur Schiffsmannschaft zu gehören, auf einem
Schiff als Maschinisten, Aufwärter oder in anderer Eigenschaft angestellt
sind, haben, sofern nicht durch Vertrag ein Anderes bestimmt ist, dieselben
Rechte und Pflichten, welche in diesem Titel in Ansehung der Schiffsmannschaft festgesetzt sind.*
*Es macht hierbei keinen Unterschied, ob sie von dem Schiffer oder Rhe-
der angenommen worden sind.*

2) Nach T e c k l e n b o r g (Handlexikon für Rheder, Versicherer und Schiffs-
kapitäne, Bremen 1863, S. 405 f.) würden zu den Offizieren gerechnet der Bootsmann in jedem Fall, ferner der Zimmermann, der Koch, zuweilen auch der Segelmacher. Nach den von mir in den seemännischen Kreisen eingezogenen Erkundigungen ist dies jedoch nicht der Fall.

soweit zurücktreten muss, als dies durch die Sicherheit des Schiffs bedingt ist.

3. Bei den Matrosen im weiteren Sinne werden unterschieden der Bootsmann, Zimmermann, Koch, Segelmacher, eigentliche Matrosen oder Vollmatrosen, Leichtmatrosen [1]), Schiffsjungen und unter den letzteren wohl noch ein besonderer Kochsmaat und Kajütswächter. Von diesen hat der Bootsmann besonders die Aufsicht über die Takelage und das Segelwerk des Schiffs zu führen, sowie die Einnahme und Löschung der Ladung zu überwachen. Daneben hat er auf kleineren Schiffen, die nur Einen Steuermann haben, wenn es nöthig ist, Steuermannsdienste zu thun. Statt des Bootsmanns resp. des Steuermanns findet sich auf ganz kleinen Schiffen (die nur 3 bis 4 Mann Besatzung haben) ein Bestmann, der zugleich Matrosen-Dienste versieht. Der Zimmermann hat, wo es nöthig ist, kleine Reparaturen am Schiff vorzunehmen; der Koch ist auf Segelschiffen meist zugleich Proviantmeister; der Segelmacher hat das Segelwerk in Stand zu halten. Diese drei haben jedoch auch Matrosendienste zu thun. Der Unterschied der verschiedenen Rangklassen der Matrosen äussert sich auch in der verschiedenen Höhe der Heuer, und die oben beobachtete Reihenfolge ist hauptsächlich in dieser Hinsicht maassgebend, obwohl Schwankungen nicht fehlen, zuweilen z. B. der Koch eine höhere Heuer erhält, als der Zimmermann. Die Schiffsjungen wollen den Seedienst erlernen, sind daneben zur Bedienung des Schiffers da, werden auch dem Koch beigegeben, um demselben Handreichungen zu thun.

Natürlich finden sich diese verschiedenen Kategorien nicht auf jedem Schiff; am chesten fehlt der Bootsmann und der Segelmacher; der Zimmermann schon seltener, Koch [2]) nie.

4. Zu den sonst noch auf dem Schiffe angestellten Personen, welche sich namentlich auf grösseren Dampfschiffen finden, gehören besonders Aerzte, Zahlmeister, Proviantmeister, welche dem Range nach den Offizieren gleichstehen, das Maschinen-Personal: Ingenieur, Maschinisten, Maschinist-Assistenten [3]), Heizer, Feuerleute (zum Kohlenschaufeln), Aufwärter und Köche, welche letztere auf den grossen Passagier-Dampfschiffen nicht Matrosen sind.

---

1) In manchen Häfen werden noch Jungmänner und Halbmänner unterschieden, und zwar als Abstufungen der Leichtmatrosen. Das Verhältniss von Jungmann und Halbmann steht nicht fest. In der Regel aber hat der Jungmann einen höheren Rang als der Halbmann.

2) Dagegen kommt es auf ganz kleinen Schiffen wohl vor, dass nicht ein Vollmatrose, sondern ein Leichtmatrose oder gar ein Junge die Stelle des Kochs einnimmt.

3) Ueber die Qualifikation der Maschinisten sind jetzt gleichfalls von Reichswegen Anordnungen getroffen: Reichsges., betr. den Gewerbebetrieb der Maschinisten auf Seedampfschiffen, vom 11. Juni 1878 (R.G.Bl. für 1878 S. 109); Bekanntmachung des Bundesraths, betr. die Prüfung der Maschinisten auf Seedampfschiffen, vom 30. Juni 1879 (Zentralbl. für 1879 S. 427 ff.).

Wenn die Seemannsordnung dieselben hinsichtlich ihrer Rechte wie Pflichten der Schiffsmannschaft gleichstellt, ohne die vom H.G.B. (Art. 554) für möglich erklärte anderweitige vertragsmässige Festsetzung zuzulassen, so ist dies namentlich von Wichtigkeit in Betreff des § 30, indem nunmehr auch solche Personen unweigerlich alle Arbeiten zu verrichten haben, welche der Kapitän für Schiff und Ladung ihnen zu übertragen für gut befindet (s. Motive S. 33).

5. Es ist die Frage vielfach erörtert worden, ob der Lootse zur Schiffsmannschaft oder wenigstens zur Besatzung überhaupt zu rechnen. Die Beantwortung der Frage ist insofern von grosser Wichtigkeit, als danach die weitere Frage zu beantworten ist, ob der Rheder für den durch ein Verschulden des Lootsen verursachten Schaden haftet. Der Art. 418 des preuss. Entwurfs, welcher den Satz aufstellte, dass, sobald der Lootse an Bord gekommen, die Führung des Schiffs auf ihn übergeht, hatte den Schiffer für die Dauer der Lootsenführung von jeder aus der Führung des Schiffs entstehenden Verantwortung befreit. Dieser Artikel wurde jedoch auf der hamburger Konferenz in erster Lesung gestrichen (Prot. IV S. 1781—1786). Darauf wurde gleichfalls in erster Lesung der Antrag gestellt, für den „durch das Verschulden eines obrigkeitlich bestellten Lootsen", welchen der Schiffer „auf Grund einer bestehenden Verordnung oder aus Vorsicht anzunehmen" genöthigt wäre, entstandenen Schaden weder den Rheder noch den Schiffer haften zu lassen (Prot. IV S. 2027), jedoch Seitens der Kommission nicht angenommen (S. 2031—2033). Dagegen wurde der in der Lehre von den Schiffskollisionen vom preuss. Entwurf (Art. 593) gleichfalls aufgestellte Satz, dass, wenn sich das Schiff unter Führung eines Lootsen befände und der Schiffer die ihm obliegenden Pflichten beobachtet hätte, Schiffer und Schiff von der Verantwortung frei wären, in modifizirter Gestalt, namentlich unter Beschränkung auf den Zwangslootsen, angenommen (Prot. VI S. 2791—2793). Bei diesen Berathungen äusserten die Mitglieder der Kommission ihre Ansichten über die Stellung des Lootsen, besonders in seinem Verhältniss zum Rheder. Hierbei traten namentlich zwei Richtungen zu Tage. Die Einen behaupteten, der Lootse wäre der Vertreter des Schiffers, wenn ihm von diesem die Leitung des Schiffs übertragen, möge er auf Grund staatlicher Anordnung oder aus Vorsicht an Bord genommen sein (Prot. VI S. 2791, vgl. IV S. 2032), während die Anderen dasselbe nur in Betreff des kraft obrigkeitlicher Anordnung angenommenen Lootsen gelten lassen wollten (VI S. 2792), indem von dieser Seite behauptet wurde, dass wenn der Schiffer einen Lootsen, ohne zur Aufnahme eines solchen gezwungen zu sein, an Bord nehme, er „die Leitung des Schiffs als verantwortlicher Führer" behalte und der Lootse lediglich „ein frei gewählter Rathgeber" sei (IV S. 1784). Ob die weiter vorgekommene Aeusserung, „der Lootse sei eine hinreichend bestimmte, seerechtliche Persönlichkeit, von der nicht

zu befürchten stehe, dass man sie ohne Weiteres mit dem Schiffer
identifiziren werde", im Sinne dieser zweiten Richtung zu verstehen
ist (IV S. 2032), lässt sich mit Sicherheit nicht angeben.
    Die Beantwortung der Frage: Ist der Lootse Vertreter des
Schiffers? ist nun meines Erachtens nicht davon abhängig zu
machen, ob ein gesetzlicher Zwang für den Schiffer zur Annahme
des Lootsen besteht, sondern davon, ob der Schiffer dem Lootsen
das Kommando übergeben hat. Ein solcher ist in derselben Weise
als Schiffsführer (natürlich nur in nautischer Beziehung, nicht
auch als gesetzlicher Bevollmächtigter des Rheders) zu betrachten,
wie der Schiffer, den der Kapitän nach Art. 483 H.G.B. einzusetzen
berechtigt und verpflichtet ist (so auch K ü h n s in G o l d s c h m i d t s
Zeitschr. XII S. 425). Ja man kann sich hierfür geradezu auf
den eben zitirten Artikel berufen. Dieser verpflichtet den Kapitän
zur Einsetzung eines Schiffers, wenn derselbe durch irgend welche
Ursachen an der Führung des Schiffs verhindert und nicht in der
Lage ist, vom Rheder Anweisungen einzuholen. Eine solche Verhinderung kann auch durch die besondere Beschaffenheit des Fahr-
wassers begründet werden, und wenn auch der Artikel nur von der
Einsetzung eines „anderen" Schiffers spricht, so kann man darunter
auch unbedenklich den nur für kurze Zeit, für die Dauer der Fahrt
durch ein bestimmtes Fahrwasser engagirten Schiffsführer verstehen
(vgl. Seemanns-O. § 2). Daraus ergiebt sich denn das Recht des
Kapitäns, auch abgesehen von den Fällen, wo Lootsenzwang besteht,
dem Lootsen das Kommando zu übergeben allemal da, wo ein
ordentlicher Schiffer sich nicht getrauen würde, unter den obwaltenden Umständen das Schiff selbst zu führen, und das wird da
anzunehmen sein, wo gewöhnlich Lootsen an Bord genommen
werden, wenn schon unter Umständen Kapitäne, die mit dem
betreffenden Fahrwasser wohl vertraut sind, auch von der Annahme eines Lootsen absehen werden. Dies ist auch entschieden die Auffassung der seemännischen Kreise, welche in einer
ganzen Reihe von Entscheidungen der Seeämter zu Tage tritt
(I S. 123, 393, II S. 170 ff., III S. 452 f.). Ist aber der das
Kommando führende Lootse als Schiffsführer anzusehen, so gehört
er auch zur Besatzung [1]). Um seiner Lootsen-Qualität willen dagegen ist der Lootse nicht zur Besatzung zu rechnen. Er ist weder

---

1) Ich habe in der 1. Aufl. diese Auffassung für unmöglich gehalten, weil in
Art. 740 H.G.B. der Lootse gerade der Besatzung gegenüber gestellt wird; allein,
wie ich schon in E n d e m a n n s Handbuch IV S. 118 Note 6 ausgeführt, ist daraus eben so wenig, wie aus der Nebeneinanderstellung von Lootse und Besatzung
im Art. 487 (worauf E h r e n b e r g, beschränkte Haftung S. 222, entscheidendes
Gewicht legt) ein Schluss auf die Stellung zu ziehen, welche das H.G.B. dem
Lootsen auf dem Schiff hat einräumen wollen, da die hamburger Konferenz es
geradezu absichtlich vermieden, sich über die Stellung des Lootsen auszusprechen
(Prot. IV S. 1781 f.). Auch ist mit Rücksicht auf Art. 487 hervorzuheben, dass
nur der das Kommando führende Lootse als Schiffsführer zur Besatzung gehört,
nicht aber der Lootse schlechtweg.

als „zeitweise fungirender Offizier" der Schiffsmannschaft beizuzählen (wie Pöhls, Seer. I S. 248; Erk. des O.A.G. zu Lübeck
v. 25. April 1868 in Kierulffs Samml. IV S. 305 f.; Wagner,
Beiträge zum Seerecht S. 66 wollen) noch auch zu den sonst auf
dem Schiffe angestellten Personen zu rechnen (vgl. Lamprecht[1]) in
Goldschmidts Zeitschr. XXI S. 92 f.). Der Lootse, der lediglich für die Dauer der Fahrt durch ein bestimmtes Fahrwasser, also
nur vorübergehend an Bord genommen wird, kann nicht als auf
dem Schiffe angestellt bezeichnet werden, eben so wenig, wie ein
Sachverständiger, der beispielsweise zur Abschätzung irgend eines
Schadens, oder ein Handwerker, welcher zur Vornahme irgend
welcher Reparaturen an Bord gekommen ist. Denn der Umstand,
dass in dem einen Falle das Schiff sich auf der Fahrt, im anderen
in einem Hafen befindet, kann einen Unterschied nicht begründen.
Als Schiffsoffizier lässt sich der Lootse schon um deswillen nicht
ansehen, weil jener unter dem Kapitän das Kommando führt. Er
kann aber auch nicht zu den auf dem Schiffe angestellten, nicht
zur Mannschaft gehörigen Personen gerechnet werden, weil er
sonst den Befehlen des Schiffers Folge zu leisten verpflichtet wäre.
Demgemäss steht denn auch ein Lootse, der nicht das Kommando
hat, in keinerlei direktem Verhältniss zum Rheder, da er lediglich
als der Rathgeber des Kapitäns erscheint. Auch ist die Beobachtung eines verkehrten Raths des Lootsen, der für diesen eine *culpa*
involvirt, nicht ohne Weiteres als *culpa* des Kapitäns zu betrachten;
sondern nur dann kann von einem Verschulden des Kapitäns —
wofür selbstverständlich der Rheder einzustehen hat — gesprochen
werden, wenn in der Aneignung des fehlerhaften Raths des Lootsen
eine *culpa* des Kapitäns zu finden ist; d. h. wenn der Kapitän als
ordentlicher Schiffer, als Sachverständiger das Verkehrte des Raths
des Lootsen einsehen musste. Ebenso würde in der Engagirung
eines augenscheinlich unfähigen Lootsen durch den Kapitän ein
Verschulden des letzteren zu suchen sein.

Eigenthümlich ist das Verhältniss des Zwangslootsen gegenüber dem Rheder. Vom Zwangslootsen spricht man da, wo das
Gesetz den Schiffer verpflichtet, einen Lootsen zuzuziehen (Entsch.
des R.O.H.G. XI S. 332). Einem solchen muss der Kapitän das
Kommando überlassen. Das ordnen die Hafenordnungen und sonstigen Bestimmungen, welche Lootsenzwang statuiren, fast durchweg ausdrücklich an. (So z. B. Hafen-O. von Pillau vom 14. März
1822 — Mahnke, die Seeschifffahrt Preussens, Stettin 1855,
S. 250 ff. — § 4; Hafen-O. für Danzig und Neufahrwasser vom

---

1) Der aber, obwohl er den Lootsen zur Besatzung rechnet, Befreiung des
Rheders von der Haftung auch dann für möglich hält, „wenn zwar keine ge-
setzliche Nöthigung zur Annahme des Lootsen bestand, dieselbe aber nach den
Umständen als durch die Vorsicht geboten erschien" (a. a. O. S. 92 f.). Ehren-
berg, beschränkte Haftung S. 222 f., rechnet den freiwillig angenommenen
Lootsen in keinem Fall zur Besatzung und lässt daher den Rheder für dessen
Verschulden ebensowenig wie für das des Zwangslootsen haften.

30. Januar 1821 — M a h n k e S. 220 ff. — § 5; Polizei-O. für die Häfen und Binnengewässer von Stettin und Swinemünde vom 22. Aug. 1833 — Ges.-Samml. S. 88 — §§ 21, 3 in Verbindung mit der Polizei-Verordn. v. 28. März 1879; Hafen-O. für Stralsund vom 4. Mai 1842 — M a h n k e S. 264 ff. — Nr. 4; Rostocker Hafen-O. vom 11. März 1853; vgl. auch Entsch. des R.O.H.G. XXV S. 230; Entsch. der Seeämter I S. 39, S. 393 [1]), IV S. 378 f.) Diese Verpflichtung des Kapitäns lässt sich nur daraus erklären, dass der Zwangslootse Beamtenqualität hat, dass er gewissermaassen ein Organ der staatlichen Sicherheitspolizei zur See ist. Da es nun in solchem Falle gar nicht in der Macht des Schiffers liegt, die Annahme eines Lootsen überhaupt abzulehnen oder sich selbst nach sorgfältiger Erkundigung die geeignete Person auszuwählen oder wenigstens einem Lootsen, der ihm nicht volles Vertrauen einflösst, die Uebergabe des Kommandos zu verweigern, so hat auch der Rheder für das Verschulden eines derartigen Lootsen nicht einzustehen, weil die Annahme des bestimmten Lootsen und damit der durch ihn verschuldete Schaden durch höhere Gewalt verursacht ist (vgl. Prot. IV S. 1784, VI S. 2921). Ein Satz, der zwar vom H.G.B. (Art. 740) nur für den Fall einer Schiffskollision ausgesprochen ist, der aber in gleicher Weise für jeden anderen, durch Schuld des Lootsen verursachten Schaden gilt (so auch V o i g t in G o l d s c h m i d t s Zeitschr. f. H.R. XXVIII S. 345). Allerdings räumen mehrere das Lootsenwesen betreffende Bestimmungen dem Kapitän ausdrücklich die Befugniss ein, dem Lootsen, der betrunken, die Uebergabe des Kommandos zu verweigern, oder einem solchen, der offensichtlich unvernünftige Anordnungen trifft, die das Schiff gefährden oder seine Unfähigkeit zur Leitung der Fahrt darthun, das Kommando abzunehmen (s. die angeführten Verordnungen); allein dies steht mit der Beamtenqualität nicht in höherem Maasse im Widerspruch, als mit der gesetzlichen Pflicht des Schiffers, dem Zwangslootsen das Kommando zu überlassen [2]).

---

1) Hier heisst es — in einem Spruch des rostocker Seeamts vom 6. März 1879 —: Den Grundsatz „ist der Lootse einmal an Bord, so übernimmt er das Kommando, er bestimmt dann die Segel, welche gesetzt, die Kurse, welche gesteuert werden sollen" haben fast alle Hafen-Ordnungen adoptirt.
2) Das Reichs-Ger. beschränkt sich in Entsch. Civ. S. VII S. 25 darauf, den Satz auszusprechen: zur Schiffsbesatzung kann nach Art. 740 H.G.B. der Zwangslootse nicht gerechnet werden. — Die f r a n z ö s i s c h e Jurisprudenz räumt dem Lootsen eine andere Stellung ein, als das deutsche Recht. Der Rheder ist für jeden durch Verschulden des Lootsen herbeigeführten Schaden verantwortlich, und zwar selbst in dem Fall, wo der Lootse ein Zwangslootse ist. C o u r c y II S. 105 charakterisirt die Stellung des Lootsen folgendermaassen: *Le pilote devient-il maître de la manœuvre? Dessaisit-il le capitaine du commandement en le déchargeant de la responsabilité? La jurisprudence française pense le contraire. Le pilote n'est qu'un conseil, un indicateur. Il n'est pas une autorité. Il vient être au capitaine: Là sont les écueils cachés, les bas-fonds, les bancs de sable mobiles; ici est le chenal, la mer a telle profondeur, les courants ont telle direction et telle puissance; à vous qui connaissez le tirant d'eau de votre navire, ses facultés d'évolution, la force de votre machine, à vous de commander en conséquence*

§ 4.

Seemannsämter sind innerhalb des Bundesgebiets die Musterungs-behörden der einzelnen Bundesstaaten und im Auslande die Konsulate des Deutschen Reichs.

Die Errichtung der Musterungsbehörden innerhalb des Bundes-gebiets steht den Landesregierungen nach Maassgabe der Landes-gesetze zu. Die Geschäftsführung derselben unterliegt der Oberauf-sicht des Reichs.

Die Musterungsbehörden im Inlande sind entweder besondere Behörden unter diesem Namen, wie in den meisten preussischen Häfen, oder unter dem Namen Seemannsamt, wie in Oldenburg und in den Hansestädten, woselbst der Vorsteher desselben die Be-zeichnung Wasserschout oder Schout führt, oder es sind die Funk-tionen der Musterungsbehörde einer anderen (Verwaltungs-) Be-hörde übertragen, wie in mehreren hannöverschen und schleswig-holsteinischen Orten (dem Magistrat in Stade, dem Bürgermeisteramt z. B. in Glückstadt, Itzehoe, dem Amt z. B. in Jork, Freiburg, der Hafen- und Brücken-Kommission in Schleswig, dem Hafenmeister in Holtenau, der Hardesvoigtei z. B. in Augustenburg, in Tondern, der Kirchspielsvoigtei z. B. in Lunden, Wesselburen, dem Polizei-Kommissar in Schönberg in Holstein;, dem Gutsinspektorat z. B. in Kollmar, dem Koogs-Inspektorat in Niebüll) und in den mecklen-burgischen Häfen (dem Gewett zu Rostock, den Schiffer-Aeltesten zu Wismar, dem grossherzoglichen Amt und dem Magistrat zu Ribnitz)[1].

Wie die Musterungsbehörden im Inlande, so sind auch die diesen vorgesetzten Behörden Landesbehörden der einzelnen Staaten, wennschon die Oberaufsicht über die Geschäftsführung von Reichs-wegen geführt wird.

---

des indications précises que vous apporte ma pratique des côtes, comme vous com-mandez en consultant des cartes là ou il n'y a pas de pilotes. Je ne suis qu'une carte marine parlante, qui se rectifie au jour le jour; und dass diese Auffassung in der That von Theorie und Praxis rezipirt, zeigen Caumont S. 79 f. N. 191; Bédarride I N. 281, II N. 393; Laurin (der den Lootsen *aide et préposé* nennt) bei Cresp I S. 587 f., vgl. S. 621; Desjardins II S. 59 f.; Ruben de Couder V S. 545 f. N. 30 und die Zitate daselbst. Dieses Prinzip ist auch zum Gesetz erhoben worden im belg. *Code de comm.* II (v. 1879) Art. 228 Abs. 2 u. 3: *Si l'abordage a été causé par une faute, tous les dommages sont supportés par le navire à bord duquel la faute a été commise. La présence de pilotes ne fait pas obstacle à la responsabilité établie par le paragraphe précédent.* Dagegen stimmt das englische Recht mit dem deutschen in der im Text ge-gebenen Auffassung überein. Die *Merchant Shipping Act* von 1854 *sect. 388* verordnet nämlich: *No owner or master of any ship shall be answerable to any person whatever for any loss or damage occasioned by the fault or in-capacity of any qualified pilot acting in charge of such ship, within any di-strict where the employment of such pilot is compulsory by law.*

1) Ein Verzeichniss der inländischen Seemannsämter ist enthalten in dem Handb. für die deutsche Handels-Marine, so in dem für das J. 1882 S. 36 ff.

Dass im Auslande die Konsulate[1]) als Musterungsbehörden fungiren, war bereits durch das Bundesgesetz vom 8. November 1867, betreffend die Organisation der Bundeskonsulate, angeordnet worden, welches in § 32 bestimmt:

Sie (scil. die Bundeskonsuln) bilden für die Schiffe der Bundes-handelsmarine im Hafen ihrer Residenz die Musterungsbehörde.

Zweiter Abschnitt.

Seefahrtsbücher und Musterung.

§ 5.

Niemand darf im Bundesgebiet als Schiffsmann in Dienst treten, bevor er sich über Namen, Heimath und Alter vor einem Seemanns-amte ausgewiesen und von demselben ein Seefahrtsbuch ausgefertigt erhalten hat.

Ist der Schiffsmann ein Deutscher, so darf er vor vollendetem vierzehnten Lebensjahre zur Uebernahme von Schiffsdiensten nicht zugelassen werden; auch hat er sich über seine Militärverhältnisse, sowie, wenn er noch der väterlichen Gewalt unterworfen oder minder-jährig ist, über die Genehmigung des Vaters oder Vormundes zur Uebernahme von Schiffsdiensten auszuweisen.

Mit dem Seefahrtsbuch ist dem Schiffsmann zugleich ein Abdruck der Seemannsordnung und des Gesetzes, betreffend die Verpflichtung deutscher Kauffahrteischiffe zur Mitnahme hülfsbedürftiger Seeleute auszuhändigen.

Der Abs. 1 bezieht sich sowohl auf Inländer wie auf Aus-länder, welche im Reichsgebiet in Schiffsdienste treten. Der, welcher im Auslande auf einem deutschen Schiffe Dienste nimmt, ist nicht verpflichtet, sich ein Seefahrtsbuch ausfertigen zu lassen, auch wenn er ein Deutscher ist, wie denn die Konsulate See-fahrtsbücher überhaupt nicht ausfertigen (Zirkular des Reichs-kanzlers vom 22. Februar 1873 zu § 5 der Seemannsordnung). Der im Inlande in Schiffsdienste tretende Seemann braucht den im Abs. 1 geforderten Nachweis übrigens nicht vor dem Seemanns-amte zu führen, in dessen Bezirk er sich zuerst verheuert, sondern er kann denselben vor jedem Seemannsamte führen. (Hinsichtlich dessen, dem bereits früher ein Seefahrtsbuch ausgefertigt war, s. den § 7 Abs. 1.)

Das Seefahrtsbuch dient dem Schiffsmann als Ausweis und Legitimation über seine persönlichen Verhältnisse wie als Grund-lage für die Musterungsverhandlungen (Motive S. 34).

---

1) Von der Stellung der Konsulate als Musterungsbehörden handelt aus-führlich **König**, Handb. des deutschen Konsularwesens, 2. Ausg. Berl. 1878, S. 242—263.

§ 6.

*Die väterliche oder vormundschaftliche Genehmigung (§ 5) gilt,
sofern ihr eine Einschränkung nicht beigefügt ist, als ein- für allemal ertheilt.*

*Kraft derselben wird der Minderjährige einem Grossjährigen
gleichgeachtet, insoweit es sich um den Abschluss von Heuerverträgen,
die aus ihnen hervorgehenden Rechte und Pflichten und das gerichtliche Verfahren darüber handelt.*

Aus dem Abs. 1 ergiebt sich, dass die väterliche oder vormundschaftliche Genehmigung ohne einen darauf gerichteten Vorbehalt auch nicht wieder zurückgenommen werden darf.

§ 7.

*Wer bereits ein Seefahrtsbuch ausgefertigt erhalten hat, muss
behufs Erlangung eines neuen Seefahrtsbuches das ältere vorlegen
oder den Verlust desselben glaubhaft machen. Dass dies geschehen,
wird von dem Seemannsamt in dem neuen Seefahrtsbuch vermerkt.*

*Wird der Verlust glaubhaft gemacht, so ist diesem Vermerke
zugleich eine Bescheinigung des Seemannsamtes über die früheren
Rang- und Dienstverhältnisse, sowie über die Dauer der Dienstzeit, insoweit der Schiffsmann sich hierüber genügend ausweist, bei-
zufügen.*

§ 8.

*Wer nach Inhalt seines Seefahrtsbuches angemustert ist, darf
nicht von neuem angemustert werden, bevor er sich über die Beendigung des früheren Dienstverhältnisses durch den in das Seefahrtsbuch einzutragenden Vermerk (§§ 20, 22) ausgewiesen hat.
Kann nach dem Ermessen des Seemannsamtes ein solcher Vermerk
nicht beigebracht werden, so dient statt desselben, sobald die Beendigung des Dienstverhältnisses auf andere Art glaubhaft gemacht
ist, ein vom Seemannsamt hierüber einzutragender Vermerk im See-
fahrtsbuche.*

§ 9.

*Einrichtung und Preis des Seefahrtsbuches bestimmt der Bundes-
rath. Die Ausfertigung selbst erfolgt kosten- und stempelfrei.*

*Das Seefahrtsbuch muss über die Militärverhältnisse des In-
habers (§ 5) Auskunft geben.*

§ 10.

*Der Schiffer hat die Musterung (Anmusterung, Abmusterung) der
Schiffsmannschaft nach Maassgabe der folgenden Bestimmungen (§§ 11
bis 22) zu veranlassen.*

Der Schiffsmann hat sich, wenn nicht ein unabwendbares Hinderniss entgegensteht, zur Musterung zu stellen.

Die Verpflichtung des Schiffers, die Musterung zu bewirken, ist eine polizeiliche Verbindlichkeit, wie dies bereits aus der für den Unterlassungsfall angedrohten Strafe (§ 99 Ziff. 1) hervorgeht. Zivilrechtliche Wirkungen sind davon nicht abhängig.

Der Schiffer soll die Musterung veranlassen. Diese Fassung deutet darauf hin, „dass eine Vertretung desselben bei den Musterungsverhandlungen nicht ausgeschlossen ist" (Motive S. 35).

Auf das Nichterscheinen des Schiffsmanns ist [gleichfalls eine Strafe gesetzt (§ 93 Ziff. 2).

§ 11.

Die Anmusterung besteht in der Verlautbarung des mit dem Schiffsmann geschlossenen Heuervertrages vor einem Seemannsamt. Sie muss für die innerhalb des Bundesgebietes liegenden Schiffe unter Vorlegung der Seefahrtsbücher vor Antritt oder Fortsetzung der Reise, für andere Schiffe, sobald ein Seemannsamt angegangen werden kann, erfolgen.

1. In der vor dem Seemannsamt stattfindenden Anmusterung liegt gewissermaassen eine „staatliche Bekräftigung des Heuervertrags". Wennschon nämlich durch den Heuervertrag zunächst ein privatrechtliches Verhältniss begründet wird, so hat doch der Staat ein Interesse „an dem Verhältniss zwischen Schiffer und Schiffsmann in Bezug auf die Disziplin, auf die Verpflichtung des Schiffers zur Versorgung, auf den Schutz der Personen und ihres Dienstverhältnisses im Auslande". Indem die Anmusterung vor einer Staatsbehörde vorgenommen wird, werden gewissermaassen die Schiffsleute von Staatswegen dem Schiffer „zur Sorge und Aufsicht" auf der Reise überliefert, werden gleichsam die hierauf gehenden Obliegenheiten und Befugnisse des Staats dem Schiffer übertragen (Sten. Bericht S. 1114).

2. Der Entwurf hatte bestimmt, dass die Anmusterung für die innerhalb des Reichsgebiets liegenden Schiffe stets vor dem Seemannsamte erfolgen müsse, in dessen Bereich das Schiff läge. Diese Verweisung der Anmusterung vor ein bestimmtes Seemannsamt wurde in der Reichstags-Kommission mit Rücksicht auf die bei der Anheuerung von Schiffsleuten sich geltend machenden Gebräuche und Bedürfnisse beseitigt. Demgemäss braucht die Anmusterung durchaus nicht vor dem Seemannsamt des Distrikts zu erfolgen, in welchem sich das Schiff befindet. Dieselbe kann vielmehr gültig vor irgend einem Seemannsamte geschehen; wie es denn vorkommt, dass für ein im Auslande liegendes Schiff die Mannschaft in der Heimath geheuert, hier auch angemustert und dann erst nach dem Hafen dirigirt wird, wo sich das Schiff befindet (Sten. Ber. a. a. O.).

3. Die Perfektion des Heuervertrages ist durch die
Anmusterung nicht bedingt, sondern wird bei dieser vorausgesetzt.

§ 12.

*Die Anmusterungsverhandlung wird vom Seemannsamt als Muster-
rolle ausgefertigt. Wenn die zur Schiffsmannschaft eines Schiffs gehörigen Personen nicht gleichzeitig mittelst Einer Verhandlung angemustert werden, so erfolgt die Ausfertigung auf Grund der ersten
Verhandlung.*

*Die Musterrolle muss enthalten: Namen und Nationalität des
Schiffs, Namen und Wohnort des Schiffers, Namen, Wohnort und
dienstliche Stellung jedes Schiffsmannes und die Bestimmungen des
Heuervertrages, einschliesslich etwaiger besonderer Verabredungen.
Insbesondere muss aus der Musterrolle erhellen, was dem Schiffsmann
für den Tag an Speise und Trank gebührt. Im Uebrigen wird die
Einrichtung der Musterrolle vom Bundesrath bestimmt.*

Die Musterrolle gehört zu den Schiffspapieren. Da dieselbe
über die Nationalität der Equipage Auskunft giebt, so hat sie eine
gleiche Bedeutung, wie das Schiffszertifikat. Wie dieses hat sie
publica fides, die auch von fremden Mächten anerkannt wird.
Aber nicht nur in völkerrechtlicher Hinsicht erscheint die Musterrolle als *documentum publicum*, sondern auch in privatrechtlicher,
soweit es sich um das zwischen Schiffer und Mannschaft bestehende
Rechtsverhältniss handelt; und zwar ist die Musterrolle ein *instrumentum commune*, was eben so wohl gegen den Schiffer, wie
gegen die Mannschaft beweist (Prot. der hamb. Konf. IV S. 1965 f.).
Doch ist gegen den Inhalt der Musterrolle Gegenbeweis zulässig;
denn da die Gültigkeit des Heuervertrages nicht von der Aufnahme
desselben in die Musterrolle abhängt, so ist auch die Gültigkeit der
einzelnen Bestimmungen des Heuervertrages nicht durch die Aufnahme in die Musterrolle bedingt.

§ 13.

*Wird ein Schiffsmann erst nach Ausfertigung der Musterrolle
angemustert, so hat das Seemannsamt eine solche Musterung in die
Musterrolle einzutragen.*

§ 14.

*Bei jeder innerhalb des Bundesgebiets erfolgenden Anmusterung
wird vom Seemannsamt hierüber und über die Zeit des Dienstantritts
ein Vermerk in das Seefahrtsbuch jedes Schiffsmannes eingetragen,
welcher zugleich als Ausgangs- oder Seepass dient. Ausserhalb des
Bundesgebiets erfolgt eine solche Eintragung nur, wenn das Seefahrtsbuch zu diesem Zweck vorgelegt wird.*

Das Seefahrtsbuch ist hiernächst vom Schiffer für die Dauer des Dienstverhältnisses in Verwahrung zu nehmen.

§ 15.

Wenn ein angemusterter Schiffsmann durch ein unabwendbares Hinderniss ausser Stand gesetzt wird, den Dienst anzutreten, so hat er sich hierüber sobald wie möglich gegen den Schiffer und das Seemannsamt, vor welchem die Musterung erfolgt ist, auszuweisen.

Der Schiffsmann muss die Unmöglichkeit, den Dienst anzutreten, so bald wie möglich dem Schiffer darthun, damit dieser seine Dispositionen treffen kann, um anderweitig Ersatz zu finden; dem Seemannsamt mit Rücksicht auf die von diesem zu übende Kontrole (Motive S. 38). In letzterer Hinsicht ist die Uebertretung der Anzeigepflicht unter Strafe gestellt; s. § 93 Ziff. 3.

§ 16.

Die Abmusterung besteht in der Verlautbarung der Beendigung des Dienstverhältnisses seitens des Schiffers und der aus diesem Verhältniss ausscheidenden Mannschaft. Sie muss, sobald das Dienstverhältniss beendigt ist, erfolgen, und zwar, wenn nicht ein Anderes vereinbart wird, vor dem Seemannsamt desjenigen Hafens, wo das Schiff liegt, und nach Verlust des Schiffs vor demjenigen Seemannsamt, welches zuerst angegangen werden kann.

Die Abmusterung bewirkt nicht die Aufhebung des Dienstverhältnisses, sondern setzt diese voraus, und zwar vertragsmässige Aufhebung, da der Paragraph von der Verlautbarung der Beendigung des Dienstverhältnisses Seitens des Schiffers u n d der Mannschaft spricht. Die Abmusterung ist sowohl im öffentlichen Interesse, wie aus Fürsorge für die Betheiligten vorgeschrieben. In ersterer Hinsicht giebt dieselbe dem Seemannsamte Gelegenheit, die vom Schiffer den Schiffsleuten ausgestellten Zeugnisse zu kontroliren, einen Einblick in die Handhabung der Disziplin zu thun und hierbei über etwaige Beschwerden der Schiffsleute zu befinden, Anzeigen über vorgekommene Todesfälle und begangene strafbare Handlungen entgegen zu nehmen, zu verhüten, dass noch in einem Dienstverhältnisse befindliche Schiffsleute sich auf einem anderen Schiffe anheuern lassen. In letzterer Hinsicht erhält das Seemannsamt Kenntniss von den gegenseitigen Ansprüchen der Schiffsleute und des Schiffers, und kann so Streitigkeiten derselben beilegen oder entscheiden (Motive S. 38 f.). Da die Abmusterung vereinbarte Beendigung des Dienstverhältnisses voraussetzt, so kann sie nicht ersetzt werden durch eine Erklärung des Schiffers, der Beendigung des Dienstverhältnisses „im Voraus zustimmen zu wollen, wenn sie der Schiffsmann künftig fordern oder wünschen" würde, auch wenn diese letztere Vor-

aussetzung später wirklich zutrifft (Entsch. des R.O.H.G. XVIII
S. 416 f.).

§ 17.

*Vor der Abmusterung hat der Schiffer dem abzumusternden
Schiffsmann im Seefahrtsbuch die bisherigen Rang- und Dienstverhältnisse und die Dauer der Dienstzeit zu bescheinigen, auf Verlangen auch ein Führungszeugniss zu ertheilen. Das letztere darf
in das Seefahrtsbuch nicht eingetragen werden.*

Das Seefahrtsbuch soll den Schiffsleuten auch (vgl. Ausführung
zu § 5 S. 187) in ihrem eigenen, wie im Interesse der anheuern-
den Schiffer einen „vollständigen und beglaubigten Ausweis über
die gesammten bisherigen Rang- und Dienstverhältnisse und über
die bereits zurückgelegte Dienstzeit" bieten; daher die Pflicht des
Schiffers, diese Thatsache zu bescheinigen (Motive S. 39).

§ 18.

*Die Unterschriften des Schiffers unter der Bescheinigung und
dem Zeugniss (§ 17) werden von dem Seemannsamt, vor welchem die
Abmusterung stattfindet, kosten- und stempelfrei beglaubigt.*

§ 19.

*Verweigert der Schiffer die Ausstellung des Zeugnisses (§ 17),
oder enthält dasselbe Beschuldigungen, deren Richtigkeit der Schiffsmann bestreitet, so hat auf Antrag des letzteren das Seemannsamt
den Sachverhalt zu untersuchen und das Ergebniss der Untersuchung
dem Schiffsmann zu bescheinigen.*

§ 20.

*Die erfolgte Abmusterung wird vom Seemannsamt in dem See-
fahrtsbuche des abgemusterten Schiffsmannes und in der Musterrolle
vermerkt.*

In das Seefahrtsbuch wird die Abmusterung eingetragen, weil
eine spätere anderweitige Anmusterung des Schiffsmanns davon abhängig ist, dass nicht etwa eine frühere Anmusterung noch Wirksamkeit hat (§ 8); in die Musterrolle, weil diese stets authen-
tische Nachricht über den Bestand der Schiffsbesatzung geben soll.
(Vgl. §§ 12, 13; s. überhaupt Motive S. 40.)

§ 21.

*Die Musterrolle ist nach Beendigung derjenigen Reise oder der-
jenigen Zeit, auf welche die als Musterrolle ausgefertigte Anmuste-*

rungsverhandlung (§ 12) sich bezieht, dem Seemannsamt, vor welchem abgemustert wird, zu überliefern.

Letzteres übersendet dieselbe dem Seemannsamt des Heimaths-hafens.

Die Vorschrift des Abs. 1 ist getroffen mit Rücksicht auf die Bedeutung der Musterrolle, dann aber auch „zur Verhütung etwaiger Missbräuche, insbesondere unübersehbarer Prolongationen" (Motive S. 40).

§ 22.

Wenn der Bestand der Mannschaft Aenderungen erfährt, bei welchen eine Musterung (§ 10) nach Maassgabe vorstehender Bestimmungen unausführbar ist, so hat der Schiffer, sobald ein Seemannsamt angegangen werden kann, bei demselben unter Darlegung der Hinderungsgründe die Musterung nachzuholen, oder, sofern auch diese nachträgliche Musterung nicht mehr möglich ist, den Sachverhalt anzuzeigen. Ein Vermerk über die Anzeige ist vom Seemannsamt in die Musterrolle und in die Seefahrtsbücher der betheiligten Schiffsleute einzutragen.

Die Vorschriften dieses Paragraphen erklären sich daraus, dass 1. der für die Musterung festgesetzte Zeitpunkt nicht immer eingehalten werden kann, 2. auch eine nachträgliche Musterung nicht immer möglich ist (z. B. im Fall einer Desertion).

§ 23.

Die für die Musterungsverhandlungen, einschliesslich der Ausfertigung der Musterrolle, zu erhebenden Kosten fallen dem Rheder zur Last.

Die Bestimmung über die in gleicher Höhe für alle Seemanns-ämter innerhalb des Bundesgebiets festzustellenden Kosten bleibt dem Bundesrath vorbehalten.

Bis zur Erledigung dieses Vorbehalts steht die Bestimmung über die Höhe der Kosten den Landesregierungen im Verordnungswege zu.

Für die als Seemannsämter fungirenden Konsulate ist maassgebend der Tarif über die Gebühren und Kosten bei den Konsulaten vom 1. Juli 1872 Nr. 23 (R.G.Bl. S. 250).

Dritter Abschnitt.

Vertragsverhältniss.

§ 24.

Die Gültigkeit des Heuervertrages ist durch schriftliche Abfassung nicht bedingt.

§ 25.

Wenn bei dem Abschluss des Heuervertrages die Vereinbarung über den Betrag der Heuer nicht durch ausdrückliche Erklärung getroffen ist, so wird im Zweifel diejenige Heuer als vereinbart angesehen, welche das Seemannsamt des Hafens, in welchem der Schiffsmann angemustert wird, für die daselbst zur Zeit der Anmusterung übliche erklärt.

Das Gesetz hat verordnet, dass als angemessene Heuer — welche als stillschweigend von den Kontrahenten vereinbart anzusehen ist, wenn diese einen anderweitigen Heuerbetrag nicht ausdrücklich festgesetzt haben — die übliche Heuer am Orte und zur Zeit der Anmusterung angesehen werden soll. Behufs Bekundung dieser üblichen Heuer gilt das Seemannsamt des betreffenden Orts naturgemäss als Sachverständiger.

§ 26.

Wenn ein Schiffsmann sich auf eine Zeit verheuert, für die er durch einen früher geschlossenen Heuervertrag gebunden ist, so hat der Anspruch auf Erfüllung des zuerst geschlossenen Vertrages den Vorzug.

Hat jedoch eine Anmusterung auf Grund des späteren Vertrages stattgefunden, ohne dass auch auf Grund des ersten Vertrages angemustert ist, so geht jener vor.

Die Bestimmung des ersten Abs. beruht auf Zweckmässigkeitsrücksichten, wie aus eben solchen neuere Gesinde-Ordnungen die gleiche Vorschrift aufstellen. Natürlich wird durch diese Anordnung der Anspruch auf Schadensersatz für den durch den späteren Vertrag Berechtigten nicht berührt (Motive S. 42). Der Vorzug des, wenn auch späteren Heuervertrages, zu dem eine Anmusterung hinzugekommen, erklärt sich aus dem Charakter der letzteren, als einer staatlichen Bekräftigung des Vertrages (s. oben S. 189 die Ausführungen zu § 11).

§ 27.

Wird ein Schiffsmann erst nach Anfertigung der Musterrolle geheuert, so gelten für ihn in Ermangelung anderer Vertragsbestimmungen die nach Inhalt der Musterrolle mit der übrigen Schiffsmannschaft getroffenen Abreden; insbesondere kann er nur dieselbe Heuer fordern, welche nach der Musterrolle den übrigen Schiffsleuten seines Ranges gebührt.

Wird ein Schiffsmann erst nach angefertigter Musterrolle angeheuert, ohne dass über sein Rechtsverhältniss eine besondere vertragsmässige Festsetzung stattgefunden hat, so ist zu präsumiren,

dass nach der Absicht beider Theile diesem Schiffsmann dieselbe
Behandlung zu Theil werden soll, wie sie nach Ausweis der Musterrolle den übrigen im gleichen Range stehenden Schiffsleuten zukommt. Darauf beruhte die Bestimmung des Art. 530 H.G.B. (vgl.
Prot. IV S. 1968), dem dieser Paragraph wörtlich entnommen ist.

§ 28.

*Die Verpflichtung des Schiffsmannes, mit seinen Effekten sich
an Bord einzufinden und Schiffsdienste zu leisten, beginnt, wenn
nicht ein Anderes bedungen ist, mit der Anmusterung.*

*Wenn der Schiffsmann den Dienstantritt länger als vierund-
zwanzig Stunden verzögert, ist der Schiffer zum Rücktritt von dem
Heuervertrage befugt. Die Ansprüche wegen etwaiger Mehrausgaben
für einen Ersatzmann und wegen sonstiger aus der Verzögerung er-
wachsener Schäden werden hierdurch nicht berührt.*

Im Abs. 1 ist, nur unter Einschiebung der Worte „mit seinen
Effekten", der erste Absatz des Art. 531 H.G.B. wiedergegeben.

Das im Abs. 2 dem Schiffer eingeräumte singuläre Recht, wegen
Verzögerung des Dienstantritts Seitens des Schiffsmannes vom Heuervertrage zurückzutreten, ist aus der Rücksicht auf das Interesse der
Schifffahrt zu erklären. Der Schiffer darf nämlich nicht der Gefahr
ausgesetzt werden, bei Verzögerung des Dienstantritts „die Reise
mit unvollständiger Mannschaft antreten zu müssen". Es muss ihm
daher die Möglichkeit gewährt werden, einen Ersatzmann anzu-
heuern, ohne dem ausgebliebenen Schiffsmann „aus dem Heuervertrage verhaftet zu bleiben" (Motive S. 43). Für die Ausübung dieses
Rechts wird nicht vorausgesetzt, dass die Verzögerung des Schiffsmannes eine verschuldete ist. Wohl aber wird *culpa* vorausgesetzt,
wenn der Schiffsmann zum Ersatz des durch seine Zögerung verursachten Schadens verpflichtet sein soll.

§ 29.

*Den Schiffsmann, welcher nach der Anmusterung dem Antritt
oder der Fortsetzung des Dienstes sich entzieht, kann der Schiffer
zur Erfüllung seiner Pflicht durch das Seemannsamt zwangsweise
anhalten lassen.*

*Die daraus erwachsenden Kosten hat der Schiffsmann zu er-
setzen.*

In diesem Paragraphen ist der Art. 532 H.G.B. wiederholt,
nur ist die Behörde bezeichnet, durch welche der Schiffsmann zu
seiner Pflicht anzuhalten ist. Unter dem „sich der Fortsetzung des
Dienstes entziehen" ist übrigens nicht blos Desertion zu verstehen,
sondern auch Arbeitsverweigerung, durch welche die Schiffsleute
etwa ihre Entlassung oder höhere Löhne vom Schiffer zu ertrotzen
suchen (Entsch. des R.O.H.G. IV S. 292); denn zur Fortsetzung

des Dienstes genügt es nicht, dass der Schiffsmann an Bord bleibt,
sondern es muss derselbe auch die mit seiner Stellung verbundenen
Arbeiten ausführen. „Der Zwang findet nur statt, wenn der Schiffsmann ‚sich der ihm obliegenden Pflicht entzieht.“ Er hat daher
zu unterbleiben, wenn die Weigerung, den Dienst anzutreten oder
fortzusetzen, aus einem als gerechtfertigt anzusehenden Grunde erfolgt (Motive S. 43). Macht der Schiffsmann einen solchen Grund
geltend, so finden die §§ 105 und 106 Anwendung. Natürlich kann
alsdann der Zwang zur Vollstreckung der erlassenen vorläufigen
Entscheidung des Seeamts· erfolgen.

§ 30.

*Der Schiffsmann ist verpflichtet, in Ansehung des Schiffsdienstes
den Anordnungen des Schiffers unweigerlich Gehorsam zu leisten und
zu jeder Zeit alle für Schiff und Ladung ihm übertragene Arbeiten
zu verrichten.*

*Er hat diese Verpflichtung zu erfüllen, sowohl an Bord des
Schiffs und in dessen Booten, als auch in den Leichterfahrzeugen
und auf dem Lande, sowohl unter gewöhnlichen Umständen, als auch
unter Havarie.*

*Ohne Erlaubniss des Schiffers darf er das Schiff bis zur Ab-
musterung nicht verlassen. Ist ihm eine solche Erlaubniss ertheilt,
so muss er zur festgesetzten Zeit, wenn aber keine Zeit festgesetzt
ist, noch vor 8 Uhr Abends zurückkehren.*

Die beiden ersten Absätze, deren erster dem Art. 533 H.G.B.
entnommen ist, erklären sich daraus, dass die auf einem Schiff zu
verrichtenden Arbeiten nicht so einfach sind und so ein für alle
Mal feststehen, dass sie sich im Heuervertrage für jede Kategorie
der Mannschaft fixiren liessen. An Stelle bestimmter kontrakt-
mässiger Dienste ist daher der unbedingte Gehorsam gegen die
Befehle des Kapitäns in Schiffsangelegenheiten gesetzt worden.

§ 31.

*Wenn das Schiff in einem Hafen liegt, so ist der Schiffsmann
nur in dringenden Fällen schuldig, länger als zehn Stunden täglich
zu arbeiten.*

§ 32.

*Bei Seegefahr, besonders bei drohendem Schiffbruch, sowie bei
Gewalt oder Angriff gegen Schiff oder Ladung hat der Schiffsmann
alle befohlene Hülfe zur Erhaltung von Schiff und Ladung unweigerlich zu leisten und darf ohne Einwilligung des Schiffers, so lange
dieser selbst an Bord bleibt, das Schiff nicht verlassen.*

*Er bleibt verbunden, bei Schiffbruch für Rettung der Personen
und ihrer Effekten, sowie für Sicherstellung der Schiffstheile, der*

Geräthschaften und der Ladung, den Anordnungen des Schiffers ge-
mäss, nach besten Kräften zu sorgen und bei der Bergung gegen
Fortbezug der Heuer und der Verpflegung Hülfe zu leisten.

Wenn das Schiff verunglückt, so endet der Heuervertrag (§ 56).
Demgemäss wäre der Schiffsmann auf Grund des Heuervertrages
nach dem Untergange des Schiffs zu irgend welchen Diensten im
Interesse der Rheder, der Passagiere und der Ladungsinteressenten
nicht mehr verpflichtet. Da nun aber in den meisten Fällen nur
durch die Fortsetzung dieser Dienste der diese Personen treffende
Schaden sich verringern lässt, so ist dieselbe durch das Gesetz
den Schiffsleuten noch ausdrücklich zur Pflicht gemacht (Prot. zum
H.G.B. — welches im Art. 542 Abs. 3 eine ähnliche Bestimmung
enthielt — IV S. 1986 ff.).

§ 33.

Der Schiffsmann ist verpflichtet, auf Verlangen bei der Ver-
klarung mitzuwirken und seine Aussage eidlich zu bestärken.
Dieser Verpflichtung hat er gegen Zahlung der etwa erwachsen-
den Reise- und Versäumnisskosten nachzukommen, auch wenn der
Heuervertrag in Folge eines Verlustes des Schiffs beendigt ist (§ 56).

Dieser Paragraph ist den Art. 535 und 542 Abs. 3 H.G.B.
entnommen.

Hinsichtlich der Verklarung steht die Mannschaft anders da,
als der Schiffer. Der Schiffer — und wenn dieser gestorben oder
ausser Stande ist, für die Verklarung zu sorgen, der im Range
nächste Schiffsoffizier — ist verpflichtet, ohne irgend eine an ihn
ergangene Aufforderung die Aufnahme der Verklarung zu b e w i r -
k e n, der Schiffsmann hat nur die Pflicht, bei der Verklarung m i t -
z u w i r k e n, und auch dieses nur, wenn er dazu besonders aufgefor-
dert ist.

§ 34.

Wird nach Antritt der Reise entdeckt, dass der Schiffsmann zu
dem Dienste, zu welchem er sich verheuert hat, untauglich ist, so ist
der Schiffer befugt, den Schiffsmann, mit Ausschluss des Steuer-
manns, im Range herabzusetzen und seine Heuer verhältnissmässig
zu verringern.

Macht der Schiffer von dieser Befugniss Gebrauch, so hat er
die getroffene Anordnung, sobald thunlich, dem Betheiligten zu er-
öffnen, auch in das Schiffsjournal einzutragen, dass und wann dies
geschehen. Vor der Eröffnung und Eintragung tritt die Verringerung
der Heuer nicht in Wirksamkeit.

So lange die Reise noch nicht angetreten ist, kann der Schiffer
den Schiffsmann, der zu den Diensten, zu welchen er sich verheuert hat, unfähig ist, entlassen (§ 57). Nach Antritt der Reise

kann der Schiffer die ihm aus der Untauglichkeit des Schiffsmannes,
den er nun nicht mehr entlassen darf, erwachsenden Nachtheile
dadurch verringern, dass er denselben degradirt, z. B. den Zimmermann zum Matrosen macht und ihn dann auch auf die diesem
Range entsprechende geringere Heuer setzt. Den Steuermann kann
der Schiffer nach Antritt der Reise nicht nur nicht entlassen, sondern auch nicht im Range herabsetzen. Als Grund hierfür wird
geltend gemacht, dass die Steuerleute sich vor einer Staatsbehörde
einer Prüfung zu unterziehen hätten und Dienste als Steuerleute
erst nehmen dürften, wenn sie von der Behörde hierzu für qualifizirt
erklärt worden wären, und dass nicht zugegeben werden dürfe, „dass
der von einer solchen Prüfungskommission als entsprechend qualifizirt erachtete Steuermann hinterher vom Schiffer als nicht qualifizirt bezeichnet werde" (Prot. der hamb. Konf. IV S. 1991 f.), —
eine Argumentation, deren Richtigkeit freilich dahingestellt bleiben
kann. Natürlich ist der Schiffer berechtigt, den Steuermann ausser
Funktion zu setzen; allein er hat ihm, wenn nicht dieserhalb ein
Vorbehalt im Heuervertrage gemacht ist, während der Reise die
volle Heuer und sonstigen Emolumente zu belassen. Uebrigens ist
Abs. 1 dem H.G.B. Art. 543 Ziff. 1 entnommen.

§ 35.

*Die Heuer ist in Ermangelung einer anderweitigen Abrede vom
Zeitpunkte der Anmusterung an zu zahlen.*

Der Paragraph stimmt überein mit H.G.B. Art. 531 Abs. 2.

§ 36.

*Die Heuer ist dem Schiffsmann, sofern keine andere Verein-
barung getroffen ist, erst nach Beendigung der Reise oder bei der
sonstigen Beendigung des Dienstverhältnisses zu zahlen, wenn diese
früher erfolgt.*

*Der Schiffsmann kann jedoch bei Zwischenreisen in dem ersten
Hafen, in welchem das Schiff ganz oder zum grösseren Theil entlöscht wird, die Auszahlung der Hälfte der bis dahin verdienten Heuer
(§ 67) verlangen, sofern bereits sechs Monate seit der Anmusterung
verflossen sind. In gleicher Weise ist der Schiffsmann bei Ablauf
je weiterer sechs Monate nach der früheren Auszahlung wiederum
die Auszahlung der Hälfte der seit der letzten Auszahlung verdienten
Heuer zu fordern berechtigt.*

Der Abs. 1 ist, wie schon in den Protokollen zum H.G.B.,
dessen Art. 536 Abs. 1 derselbe nachgebildet ist, hervorgehoben
wurde (IV S. 1974), „wegen Erhaltung der Disziplin an Bord unentbehrlich".

In dem Abs. 2 ist zu beachten, dass nicht blos die erste, sondern auch jede spätere Zahlung vom Schiffsmanne nur dann ver-

langt werden kann, wenn das Schiff in dem Hafen, den es angelaufen, ganz oder zum grösseren Theil entlöscht wird; denn der
Anspruch auf die späteren Abschlagszahlungen steht dem Schiffsmann „in gleicher Weise" zu, wie auf die erste, also auch unter
denselben Voraussetzungen. Auch wäre nicht abzusehen, weshalb
der Schiffer hinsichtlich der späteren Zahlungen ungünstiger gestellt
sein sollte, als in Betreff der ersten.

Das H.G.B. (Art. 526 Abs. 2) liess über den Anspruch der
Mannschaft auf Abschlagszahlungen während der Reise die Landesgesetze, in deren Ermangelung den Ortsgebrauch des Heimathshafens des Schiffs entscheiden.

§ 37.

*Ob und inwieweit vor dem Antritt der Reise Vorschusszahlungen
auf die Heuer zu leisten oder Handgelder zu zahlen sind, bestimmt
in Ermangelung einer Vereinbarung der Ortsgebrauch des Hafens,
in welchem der Schiffsmann angemustert wird.*

§ 38.

*Alle Zahlungen an Schiffsleute müssen, wenn nicht ein Anderes
vereinbart ist, nach Wahl derselben entweder baar oder mittelst einer
auf den Rheder ausgestellten, auf Sicht zahlbaren Anweisung geleistet
werden.*

Der Schiffsmann ist berechtigt, die Heuer in Anweisungen auf
den Rheder zu fordern, um in bequemer Weise seinen Angehörigen
in der Heimath Geld zukommen zu lassen; wie denn eine derartige
Regel schon früher in Deutschland partikularrechtlich galt. Doch ist
im Interesse der Schiffsleute vorgeschrieben, dass die Anweisung
in Ermangelung einer anderweitigen Vereinbarung auf Sicht lauten
muss, während die früheren Landesrechte die Zahlbarkeit dieser Anweisungen auf einen Tag oder ein paar Tage nach Sicht bestimmten (vgl. preuss. Einführ.-Ges. zum H.G.B. Art. 56 § 1).

§ 39.

*Vor Antritt der Reise hat der Schiffer ein Abrechnungsbuch an-
zulegen, in welches alle auf die Heuer geleisteten Vorschuss- und
Abschlagszahlungen, sowie die etwa gegebenen Handgelder einzutragen
sind. In dem Abrechnungsbuche ist von dem Schiffsmann über den
Empfang jeder Zahlung zu quittiren. Auch hat der Schiffer jedem
Schiffsmann, der es verlangt, noch ein besonderes Heuerbuch zu über-
geben und darin ebenfalls jede auf die Heuer des Inhabers geleistete
Zahlung einzutragen.*

§ 40.

*Wenn die Zahl der Mannschaft sich während der Reise ver-
mindert und nicht wieder ergänzt wird, so sind, falls nicht ein
Anderes bedungen ist, die dadurch ersparten Heuerbeträge unter die
verbleibenden Schiffsleute nach Verhältniss ihrer Heuer zu vertheilen.
Ein Anspruch auf die Vertheilung findet jedoch nicht statt, wenn
die Verminderung der Mannschaft durch Entweichung herbeigeführt
ist und die Effekten des entwichenen Schiffsmannes nicht an Bord
zurückgeblieben sind.*

*Wenn die Zahl der Mannschaft sich während der Reise um
mehr als ein Sechstel verringert, so muss der Schiffer dieselbe auf
Verlangen der verbleibenden Schiffsleute ergänzen, sofern die Umstände eine Ergänzung gestatten.*

Die durch Verminderung der Mannschaft ersparten Heuerbeträge sind deshalb unter die übrigbleibenden Schiffsleute zu vertheilen, weil alsdann auch deren Arbeitslast wächst. Die von diesem
Anspruch der Mannschaft statuirte Ausnahme erklärt sich daraus,
dass Desertionen von Schiffsleuten unter Mitnahme der Effekten sich
nur unter Mitwissen der zurückbleibenden denken lassen. (S. Motive S. 46 f.)

§ 41.

*In allen Fällen, in welchen ein Schiff länger als zwei Jahre
auswärts verweilt, tritt in Ermangelung einer anderweitigen Abrede
für den seit zwei Jahren im Dienst befindlichen Schiffsmann eine
Erhöhung der Heuer ein, wenn diese nach Zeit bedungen ist.*

Diese Erhöhung wird wie folgt bestimmt:

1. *der Schiffsjunge tritt mit Beginn des dritten Jahres in die in
   der Musterrolle bestimmte oder aus derselben als Durchschnittsbetrag sich ergebende Heuer der Leichtmatrosen, und mit Beginn des vierten Jahres in die in der Musterrolle bestimmte
   Heuer der Vollmatrosen ein;*
2. *der Leichtmatrose erhält mit Beginn des dritten Jahres die
   in der Musterrolle bestimmte Heuer der Vollmatrosen und mit
   Beginn des vierten Jahres ein Fünftel derselben mehr an Heuer;*
3. *für die übrige Mannschaft steigt die in der Musterrolle angegebene Heuer mit Beginn des dritten Jahres um ein Fünftel
   und mit Beginn des vierten Jahres um ein ferneres Fünftel
   ihres ursprünglichen Betrages.*

*In dem Fall der Ziffer 2 tritt der Leichtmatrose mit Beginn
des dritten Jahres in den Rang eines Vollmatrosen ein.*

Der Durchschnittsbetrag der aus der Musterrolle sich
ergebenden Heuer der Leichtmatrosen wird nach Ziff. 1 des Paragraphen dem Schiffsjungen zu gewähren sein, wenn auf dem betreffenden Schiffe die Leichtmatrosen in Jungmänner und Halb-

männer zerfallen, oder wenn den einzelnen Leichtmatrosen eine
verschiedene Heuer ausgesetzt ist.

Das Gesetz bestimmt, dass der Leichtmatrose mit Beginn des
dritten Jahres in den Rang eines Vollmatrosen eintritt. Hieraus
ergiebt sich, dass beim Schiffsjungen, über den in dieser Beziehung
nichts vom Gesetz angeordnet ist, die entsprechende Rangerhöhung
nicht auch von selbst stattfindet.

Das H.G.B. (Art. 541), welches auch für den Fall, dass das
Schiff länger als zwei Jahre auswärts weilte, eine Erhöhung der
nach Zeit bedungenen Heuer für die Schiffsleute anordnete, die
sich seit der Ausreise im Dienste befanden, hat das Maass dieser
Erhöhung zu bestimmen den Landesgesetzen überlassen.

§ 42.

Die aus den Dienst- und Heuerverträgen herrührenden Forde-
rungen des Schiffers und der zur Schiffsmannschaft gehörigen Per-
sonen, welche auf einem, nach den Art. 866 und 867 des Allgemeinen
deutschen Handelsgesetzbuches als verschollen anzusehenden Schiffe
sich befunden haben, werden fällig mit Ablauf der Verschollenheits-
frist. Das Dienstverhältniss gilt sodann einen halben Monat nach
dem Tage für beendet, bis zu welchem die letzte Nachricht über das
Schiff reicht.

Der Betrag der Forderungen ist dem Seemannsamt des Heimaths-
hafens zu übergeben, welches die Aushändigung an die Empfangs-
berechtigten zu vermitteln hat.

Der erste Abs. des Paragraphen beruht lediglich auf Billigkeitsrücksichten (vgl. Motive S. 48).

§ 43.

Dem Schiffsmann gebührt Beköstigung für Rechnung des Schiffs
von dem Zeitpunkt des Dienstantritts an. Er darf die verabreichten
Speisen und Getränke nur zu seinem eigenen Bedarf verwenden und
nichts davon veräussern, vergeuden oder sonst bei Seite bringen.

Die Art der Beköstigung muss nach § 12 der Seemanns-O.
aus der Musterrolle hervorgehen. Der Schiffsmann hat Anspruch
auf Beköstigung (die allerdings qualitativ und quantitativ festgestellt
wird), aber nicht auf eine bestimmte Quantität von Lebensmitteln.
Dadurch rechtfertigt sich die Bestimmung des zweiten Satzes.

§ 44.

Die Schiffsmannschaft hat an Bord des Schiffs Anspruch auf
einen, ihrer Zahl und der Grösse des Schiffs entsprechenden, nur für
sie und ihre Effekten bestimmten wohlverwahrten und genügend zu
lüftenden Logisraum.

Kann dem Schiffsmann in Folge eines Unfalls oder aus anderen Gründen zeitweilig ein Unterkommen auf dem Schiffe nicht gewährt werden, so ist ihm ein anderweitiges angemessenes Unterkommen zu verschaffen.

§ 45.

Die dem Schiffsmann für den Tag mindestens zu verabreichenden Speisen und Getränke (§ 43), die Grösse und die Einrichtung des Logisraumes (§ 44) und die mindestens mitzunehmenden Heilmittel bestimmen sich im Zweifel nach dem örtlichen Rechte des Heimathshafens.

Der Erlass näherer Bestimmungen steht den Landesregierungen im Verordnungswege zu.

§ 46.

Der Schiffer ist berechtigt, bei ungewöhnlich langer Dauer der Reise oder wegen eingetretener Unfälle eine Kürzung der Rationen oder eine Aenderung hinsichtlich der Wahl der Speisen und Getränke eintreten zu lassen.

Er hat im Schiffsjournal zu bemerken, wann, aus welchem Grunde und in welcher Weise eine Kürzung oder Aenderung eingetreten ist.

Wenn dies versäumt ist, oder wenn die vom Schiffer getroffenen Anordnungen sich als ungerechtfertigt oder durch sein Verschulden herbeigeführt erweisen, so gebührt dem Schiffsmann eine den erlittenen Entbehrungen entsprechende Vergütung. Ueber diesen Anspruch entscheidet unter Vorbehalt des Rechtsweges das Seemannsamt, vor welchem abgemustert wird.

Nach Abs. 3 gebührt dem Schiffsmann eine Vergütung, 1. wenn die Journalisirung versäumt ist, 2. wenn die Anordnungen des Schiffers sich als ungerechtfertigt erweisen, 3. wenn diese Anordnungen die Folge eines Verschuldens des Schiffers (z. B. mangelhafter Verproviantirung des Schiffs) sind. Eine dieser Voraussetzungen genügt, und es würde daher der Schiffsmann Anspruch auf Vergütung haben, wenn nur der vorgeschriebene Vermerk im Journal unterlassen, die Anordnung selbst aber vollkommen gerechtfertigt und durch keinerlei Verschulden des Schiffers herbeigeführt wäre.

§ 47.

Wenn ein Schiffsoffizier oder nicht weniger als drei Schiffsleute bei einem Seemannsamte Beschwerde darüber erheben, dass das Schiff, für welches sie angemustert sind, nicht seetüchtig ist, oder dass die Vorräthe, welche das Schiff für den Bedarf der Mannschaft an Speisen und Getränken mit sich führt, ungenügend oder verdorben sind, so hat das Seemannsamt eine Untersuchung des

*Schiffs, beziehungsweise der Vorräthe zu veranlassen und deren Er-
gebniss in das Schiffsjournal einzutragen. Auch hat dasselbe, falls
die Beschwerde sich als begründet erweist, für die geeignete Abhülfe
Sorge zu tragen.*

Die Bestimmung dieses Paragraphen, welche durch den Reichs-
tag dem Gesetze eingefügt, ist nicht unbedenklich, da sie Chikanen
der Schiffsmannschaft Thür und Thor öffnet, durch welche dem
Rheder und den Ladungsinteressenten unersetzlicher Verlust zugefügt werden kann[1]).

Hinsichtlich der Qualität eines Schiffsoffiziers verweise ich auf
die Ausführungen zu § 3 (oben S. 180) und füge nur hinzu, dass
der Bootsmann, wenn er die Beschwerde in der Eigenschaft eines
Schiffsoffiziers vorbringt, den Nachweis zu führen hat, dass ihm
diese auch wirklich zusteht, d. h. dass er Steuermannsdienste
versieht[2]).

§ 94 setzt Strafen auf ungegründete Beschwerden, welche
doloser oder leichtfertiger Weise erhoben werden.

§ 48.

*Falls der Schiffsmann nach Antritt des Dienstes erkrankt oder
verwundet wird, so trägt der Rheder die Kosten der Verpflegung
und Heilung:*

1. *wenn der Schiffsmann wegen der Krankheit oder Verwundung
   die Reise nicht antritt, bis zum Ablauf von drei Monaten seit
   der Erkrankung oder Verwundung;*

2. *wenn er die Reise antritt und mit dem Schiffe nach einem*

---

1) Ich will nur darauf hinweisen, dass es beispielsweise einem Konkur-
renten des Ladungseigenthümers, dem es darum zu thun ist, den Abgang des
Schiffs zwei bis drei Tage aufzuhalten, nicht immer zu schwer fallen wird, aus
der Besatzung eines grossen Dampfschiffs von 40 bis 50 Mann drei gewissenlose
Burschen herauszufinden, welche Beschwerde wegen Seeuntüchtigkeit des Schiffs
erheben. Die Strafandrohung des § 94 wird dagegen wohl schwerlich ein wirk-
sames Schutzmittel sein. Einen geradezu seltsamen Eindruck aber macht es,
wenn die amendirte Dienstinstruktion für die deutschen Konsuln vom 22. Febr.
1873, welche Bestimmungen über die Handhabung dieses Paragraphen Seitens
der Konsuln enthält, den letzteren zur Pflicht macht, die Schiffsleute auf die
Entschädigungsansprüche hinzuweisen, welche sie, falls die Beschwerde unbegründet
befunden werden würde, zu gewärtigen hätten. Als ob solche Entschädigungsansprüche in der Mehrzahl der Fälle zu realisiren wären! Freilich ist nicht un-
erwähnt zu lassen, dass nach dem, was darüber in die Oeffentlichkeit gedrungen
ist, nennenswerthe Uebelstände in Folge der Bestimmung nicht hervorgetreten
sind, indem die Mannschaften nur in äusserst seltenen Fällen von ihrem Beschwerderecht Gebrauch gemacht haben.

2) So ordnet auch die in der vorigen Note zitirte Dienstinstruktion an:
der Konsul hat „zunächst die Legitimation der Beschwerdeführer festzustellen.
Insbesondere ist, wenn die Beschwerde von einem Schiffsmann unter Berufung
auf seine Eigenschaft als Schiffsoffizier erhoben wird, von ihm der Nachweis zu
führen, dass ihm dieselbe wirklich zusteht. Nur der Steuermann des Schiffs ist
von diesem Nachweise befreit".

*deutschen Hafen zurückkehrt, bis zum Ablauf von drei Monaten
seit der Rückkehr des Schiffs:*

3. *wenn er die Reise antritt und mit dem Schiffe zurückkehrt, die
   Rückreise des Schiffs jedoch nicht in einem deutschen Hafen
   endet, bis zum Ablauf von sechs Monaten seit der Rückkehr
   des Schiffs;*

4. *wenn er während der Reise am Lande zurückgelassen werden
   musste, bis zum Ablauf von sechs Monaten seit der Weiterreise
   des Schiffs.*

*Auch gebührt dem Schiffsmann, falls er nicht mit dem Schiffe
nach dem Hafen zurückkehrt, von welchem das Schiff seine Ausreise angetreten hat, freie Zurückbeförderung nach diesem Hafen
(§§ 65, 66), oder nach Wahl des Schiffers eine entsprechende Vergütung.*

Der Paragraph, welcher der Hauptsache nach dem Art. 548
H.G.B. nachgebildet ist, verpflichtet den Rheder — freilich in ver-
schiedenem Umfange —, die Kosten der Verpflegung und Heilung
des erkrankten oder verwundeten Schiffsmannes zu tragen. Diese
Verbindlichkeit erstreckt sich auf alle Erkrankungen und Ver-
wundungen, „welche sich ein Seemann während der Dienstzeit,
d. i. nach dem wirklichen Antritt seines Dienstes zuzieht, gleichviel
ob bei Ausübung des Dienstes selbst oder ausserdem, gleichviel ob
eigenes Verschulden des Erkrankten", z. B. Unvorsichtigkeit bei
der Vornahme von Dienstverrichtungen, mit untergelaufen ist oder
nicht (Prot. zum H.G.B. IV S 2012). Dass Letzteres, abweichend
vom bürgerlichen Recht und den in Betreff des Kapitäns vom
H.G.B. (Art. 523) aufgestellten Grundsätzen, wirklich hat bestimmt
werden sollen, geht daraus hervor, dass das Gesetz eine Ausnahme
von der in Rede stehenden Verbindlichkeit des Rheders nur dann
statuirt, wenn das Verschulden in einer unerlaubten oder unsitt-
lichen Handlung besteht (§ 50).

Hinsichtlich des Anspruchs des Schiffsmanns auf freie Zurückbeförderung kommen noch die §§ 65 und 66 in Betracht. Vgl. darüber auch die Ausführung zu § 59 N. 3.

§ 49.

Die Heuer bezieht der erkrankte oder verwundete Schiffsmann:

   *wenn er die Reise nicht antritt, bis zur Einstellung des
     Dienstes;*

   *wenn er die Reise antritt und mit dem Schiffe zurückkehrt;
     bis zur Beendigung der Rückreise;*

   *wenn er während der Reise am Lande zurückgelassen werden
     musste, bis zu dem Tage, an welchem er das Schiff
     verlässt.*

Ist der Schiffsmann bei der Vertheidigung des Schiffs beschädigt, so hat er überdies auf eine angemessene, erforderlichenfalls von dem Richter zu bestimmende Belohnung Anspruch.

Die Belohnung, welche dieser Paragraph, der mit dem Art. 549 H.G.B. vollständig übereinstimmt, dem bei einer Vertheidigung des Schiffs beschädigten Schiffsmanne zuspricht, soll nicht volle Schadloshaltung für alle aus der Verwundung dem Schiffsmanne resp. seinen Angehörigen erwachsenden Nachtheile sein, sondern nur „eine angemessene, ein für alle Mal zu leistende Belohnung, die der ersten Noth zu steuern geeignet" ist (Prot. zum H.G.B. IV S. 2014).

§ 50.

Auf den Schiffsmann, welcher die Krankheit oder Verwundung durch eine unerlaubte Handlung sich zugezogen hat oder mit einer syphilitischen Krankheit behaftet ist, finden die §§ 48 und 49 keine Anwendung.

§ 51.

Stirbt der Schiffsmann nach Antritt des Dienstes, so hat der Rheder die bis zum Todestage verdiente Heuer (§ 67) zu zahlen und die Bestattungskosten zu tragen.

Wird der Schiffsmann bei Vertheidigung des Schiffs getödtet, so hat der Rheder überdies eine angemessene, erforderlichenfalls von dem Richter zu bestimmende Belohnung zu entrichten.

Der in diesem Paragraphen (der mit Abs. 1 des Art. 551 H.G.B. übereinstimmt) befindliche Hinweis auf § 67 deutet darauf hin, dass, wenn die Heuer nicht nach der Zeit, sondern in Bausch und Bogen für die ganze Reise festgesetzt ist, die bis zum Todestage des Schiffsmannes verdiente Heuer durch das in letzterem Paragraphen angegebene Verfahren zu ermitteln ist.

§ 52.

Ueber jeden nach Antritt des Dienstes eintretenden Todesfall eines Schiffsmannes muss vom Schiffer unter Zuziehung von zwei Schiffsoffizieren oder anderen glaubhaften Personen ein urkundlicher Nachweis beschafft werden. Die Urkunde muss Tag und Stunde des Todes, Vor- und Familiennamen, Geburts- oder Wohnort und Alter des Verstorbenen, sowie die muthmaassliche Ursache des Todes enthalten. Sie ist von dem Schiffer und den zugezogenen Zeugen zu vollziehen.

Soweit der Nachlass des verstorbenen Schiffsmannes sich an Bord befindet, hat der Schiffer für die Aufzeichnung und Aufbewahrung, sowie erforderlichenfalls für den Verkauf des Nachlasses Sorge zu tragen. Die Aufzeichnung ist unter Zuziehung von zwei Schiffsoffizieren oder anderen glaubhaften Personen vorzunehmen.

Die Nachlassgegenstände selbst, der etwaige Erlös aus denselben, sowie der etwaige Heuerrückstand sind nebst der erwähnten Aufzeichnung und dem Nachweis über den Todesfall demjenigen Seemannsamt, bei dem es zuerst geschehen kann, zu übergeben. Wenn im Auslande das Seemannsamt aus besonderen Gründen die Uebernahme der Nachlassgegenstände ablehnt, so hat der Schiffer die Uebergabe bei demjenigen Seemannsamt zu bewirken, bei welchem es anderweit zuerst geschehen kann.

Durch die Vorschriften des ersten und dritten Absatzes werden die auf die Führung der Zivilstandsregister bezüglichen Bestimmungen der Landesgesetze nicht berührt.

Nach dem Schlusssatz dieses Paragraphen fanden Abs. 1 und 3 ihre Ergänzung durch die etwaigen Bestimmungen der Landesgesetze über die Zivilstandsregister. An Stelle dieser Vorschrift ist jetzt das Reichsgesetz vom 6. Februar 1875 über die Beurkundung des Personenstandes getreten, durch dessen §§ 61—64 die angegebenen Abschnitte des § 52 der Seemanns-O. modifizirt worden sind.

Diese Paragraphen lauten folgendermaassen:

§ 61. Geburten und Sterbefälle, welche sich auf Seeschiffen während der Reise ereignen, sind nach den Vorschriften dieses Gesetzes [1]) *spätestens am nächstfolgenden Tage nach der Geburt oder dem Todesfall von dem Schiffer, unter Zuziehung von zwei Schiffsoffizieren oder anderen glaubhaften Personen, in dem Tagebuch zu beurkunden. Bei Sterbefällen ist zugleich die muthmaassliche Ursache des Todes zu vermerken.*

---

1) In dieser Hinsicht kommen in Betracht:

§ 22. Die Eintragung des Geburtsfalles soll enthalten: 1. Vor- und Familiennamen, Stand oder Gewerbe und Wohnort des Anzeigenden; 2. Ort, Tag und Stunde der Geburt; 3. Geschlecht des Kindes; 4. Vornamen des Kindes; 5. Vor- und Familiennamen, Religion, Stand oder Gewerbe und Wohnort der Eltern. Bei Zwillings- oder Mehrgeburten ist die Eintragung für jedes Kind besonders und so genau zu bewirken, dass die Zeitfolge der verschiedenen Geburten ersichtlich ist. Standen die Vornamen des Kindes zur Zeit der Anzeige noch nicht fest, so sind dieselben nachträglich und längstens binnen zwei Monaten nach der Geburt anzuzeigen. Ihre Eintragung erfolgt am Rande der ersten Eintragung.

§ 23. Wenn ein Kind todtgeboren oder in der Geburt verstorben ist, so muss die Anzeige spätestens am nächstfolgenden Tage geschehen. Die Eintragung ist alsdann mit dem im § 22 unter Nr. 1 bis 3 und 5 angegebenen Inhalte nur im Sterberegister zu machen.

§ 59. Die Eintragung des Sterbefalles soll enthalten: 1. Vor- und Familiennamen, Stand oder Gewerbe und Wohnort des Anzeigenden; 2. Ort, Tag und Stunde des erfolgten Todes; 3. Vor- und Familiennamen, Religion, Alter, Stand oder Gewerbe, Wohnort und Geburtsort des Verstorbenen; 4. Vor- und Familiennamen seines Ehegatten, oder Vermerk, dass der Verstorbene ledig gewesen sei; 5. Vor- und Familiennamen, Stand oder Gewerbe und Wohnort der Eltern des Verstorbenen. Soweit diese Verhältnisse unbekannt sind, ist dies bei der Eintragung zu vermerken.

§ 62. Der Schiffer hat zwei von ihm beglaubigte Abschriften der Urkunden demjenigen Seemannsamte, bei dem es zuerst geschehen kann, zu übergeben. Eine dieser Abschriften ist bei dem Seemannsamte aufzubewahren, die andere ist demjenigen Standesbeamten, in dessen Bezirk die Eltern des Kindes, beziehungsweise des Verstorbenen, ihren Wohnsitz haben oder zuletzt gehabt haben, behufs der Eintragung in das Register zuzufertigen.

§ 63. Ist der Schiffer verstorben oder verhindert, so hat der Steuermann die in den §§ 61 und 62 dem Schiffer auferlegten Verpflichtungen zu erfüllen.

§ 64. Sobald das Schiff in den inländischen Hafen eingelaufen ist, in welchem es seine Fahrt beendet, ist das Tagebuch der für den Standesbeamten des Hafenorts zuständigen Aufsichtsbehörde vorzulegen. Diese hat beglaubigte Abschrift der in das Tagebuch eingetragenen Standesurkunde dem Standesbeamten, in dessen Register der Fall gehört (§ 62), behufs Kontrolirung der Eintragungen zuzustellen.

Der § 61 ordnet an, dass die Geburten und Sterbefälle im Tagebuch (Journal) beurkundet werden. Doch ist es nicht nothwendig, dass die Eintragungen ihrem vollen gesetzlichen Umfange nach im Kontext des Journals stattfinden. Vielmehr ist es zulässig, dass dem Journal ein besonderes Geburts- und Sterberegister angeheftet wird, und in dieses die Geburten und Sterbefälle eingetragen werden, in dem Journal selbst aber unter dem betreffenden Tage der Geburt resp. des Sterbefalls unter Bezugnahme auf die Beurkundung des Registers nur kurz Erwähnung geschieht. (Vgl. die in dem Handb. für die deutsche Handelsmarine enthaltenen Anweisungen in Betreff der Beurkundungen von Geburten und Sterbefällen — im Jahrg. 1882 S. 12 ff. —, wo dieses Verfahren für den Fall vorgeschlagen wird, dass durch die zu erwartenden zahlreichen Eintragungen die Uebersichtlichkeit des Journals selbst leiden könnte, auch darüber genauere Vorschriften nebst Formularen gegeben werden.)

Uebertretung des § 52 der Seemanns-O. ist durch § 99 Ziff. 3 eben derselben, Uebertretung der §§ 61 ff. des Reichsges. vom 6. Febr. 1875 durch § 68 des letzteren Gesetzes mit Strafe bedroht.

§ 53.

Wenn der Schiffer während der Reise stirbt, ist der Steuermann verpflichtet, für die Beschaffung eines Nachweises über den Todesfall und für den Nachlass nach Maassgabe der vorstehenden Bestimmungen (§ 52) zu sorgen.

§ 54.

Der Schiffsmann ist verpflichtet, während der ganzen Reise, einschliesslich etwaiger Zwischenreisen, bis zur Beendigung der Rück-

reise im Dienste zu verbleiben, wenn in dem Heuervertrage nicht ein Anderes bestimmt ist.

Unter Rückreise im Sinne der vorstehenden Bestimmung ist die Reise nach dem Hafen zu verstehen, von welchem das Schiff seine Ausreise angetreten hat. Wenn jedoch das Schiff von einem nicht europäischen Hafen oder von einem Hafen des Schwarzen oder des Azowschen Meeres kommt und dasselbe seine Ausreise von einem deutschen Hafen angetreten hat, so gilt auch jede der nachstehend bezeichneten Reisen als Rückreise, falls der Schiffer spätestens alsbald nach der Ankunft die Reise der Schiffsmannschaft gegenüber für beendigt erklärt:

1. die Reise nach jedem anderen deutschen Hafen,

2. die Reise nach einem ausserdeutschen Hafen der Nordsee oder nach einem Hafen des Kanals oder Grossbritanniens,

3. sofern das Schiff seine Ausreise von einem Hafen der Ostsee angetreten hat, auch die Reise nach einem ausserdeutschen Hafen der Ostsee oder nach einem Hafen des Sundes oder des Kattegats.

Endet die Rückreise nicht in dem Hafen, von welchem das Schiff seine Ausreise angetreten hat, so hat der Schiffsmann Anspruch auf freie Zurückbeförderung (§§ 65, 66) nach diesem Hafen und auf Fortbezug der Heuer während der Reise, oder nach seiner Wahl auf eine entsprechende Vergütung.

In diesem Paragraphen steht die Wahl zwischen Zurückbeförderung und entsprechender Vergütung dem Schiffsmann zu, im § 48 dem Schiffer.

§ 55.

Nach beendigter Reise kann der Schiffsmann seine Entlassung nicht früher verlangen, als bis die Ladung gelöscht, das Schiff gereinigt und im Hafen oder an einem anderen Orte festgemacht, auch die etwa erforderliche Verklarung abgelegt ist.

§ 56.

Der Heuervertrag endet, wenn das Schiff durch einen Zufall dem Rheder verloren geht, insbesondere:

wenn es verunglückt;

wenn es als reparaturunfähig oder reparaturunwürdig kondemnirt (Art. 444 des allg. deutschen Handelsgesetzbuchs) und in dem letzteren Falle ohne Verzug öffentlich verkauft wird;

wenn es geraubt wird;

wenn es aufgebracht oder angehalten und für gute Prise erklärt wird.

Dem Schiffsmann gebührt alsdann nicht allein die verdiente Heuer (§ 67), sondern auch freie Zurückbeförderung (§§ 65, 66) nach dem Hafen, von welchem das Schiff seine Ausreise angetreten hat, oder nach Wahl des Schiffers eine entsprechende Vergütung.

1. Der Verlust des Schiffs für den Rheder bildet nach diesem Paragraphen, wie bereits nach Art. 542 H.G.B., nicht „einen Grund zur Entlassung der Schiffsmannschaft", sondern ist selbst eine „Erlöschungsart des Heuervertrags". Man gelangte hierzu auf der hamburger Konferenz durch folgende Erwägung. Die Mannschaft sei lediglich dazu angenommen, um auf dem bestimmten Schiffe Dienste zu leisten. Daher müsse ihr Verhältniss zum Schiffer und Rheder in „dem Augenblick, in welchem ihre Dienstleistung durch den Untergang des Schiffs unmöglich geworden sei, von selbst und ohne eine weitere Willenserklärung des Schiffers gelöst werden" (Prot. IV S. 1987 f.). Diese Deduktion ist meines Erachtens durchaus zutreffend. Es wird nur äusserst selten vorkommen, dass die Mannschaft für einen bestimmten Zeitraum angeheuert wird, vielmehr wird dieselbe regelmässig für eine Reise oder mehrere Reisen angenommen, so dass also der Heuerkontrakt mit Beendigung der Reise ohne besondere vorgängige Aufkündigung zu Ende geht. Geht das Schiff zu Grunde oder geht es auch nur dem Schiffer verloren, so nimmt damit unzweifelhaft die jetzige Reise und überhaupt jede Reise, für welche der Schiffsmann geheuert ist, ihr Ende, und damit erlischt der Heuerkontrakt. Die verdiente Heuer ist natürlich nur bis zu dem Tage des Verlustes des Schiffs zu berechnen.

2. Der Anspruch des Schiffsmanns auf freie Zurückbeförderung ist nicht lediglich aus Billigkeitsrücksichten zu erklären (Prot. der hamb. Konf. IV S. 1988), sondern ist eine Folge des im H.G.B. und in der Seemanns-O. ganz allgemein aufgestellten Prinzips, dass der Schiffsmann, wenn die Rückreise nicht in dem Hafen endet, von welchem das Schiff seine Ausreise angetreten hat (H.G.B.: wo er selbst geheuert ist), freie Zurückbeförderung nach diesem Hafen verlangen kann.

§ 57.

Der Schiffer kann den Schiffsmann, abgesehen von den in dem Heuervertrage bestimmten Fällen, vor Ablauf der Dienstzeit entlassen:

1. so lange die Reise noch nicht angetreten ist, wenn der Schiffsmann zu dem Dienste, zu welchem er sich verheuert hat, untauglich ist;

2. wenn der Schiffsmann eines groben Dienstvergehens, insbesondere des wiederholten Ungehorsams oder der fortgesetzten Widerspenstigkeit, der Schmuggelei sich schuldig macht;

3. wenn der Schiffsmann des Vergehens des Diebstahls, Betrugs, der Untreue, Unterschlagung, Hehlerei oder Fälschung, oder einer nach dem Strafgesetzbuche mit Zuchthaus bedrohten Handlung sich schuldig macht;

*4. wenn der Schiffsmann mit einer syphilitischen Krankheit behaftet ist, oder wenn er durch eine unerlaubte Handlung eine
Krankheit oder Verwundung sich zuzieht, welche ihn arbeitsunfähig macht;*

*5. wenn die Reise, für welche der Schiffsmann geheuert war,
wegen Krieg, Embargo oder Blockade oder wegen eines Ausfuhr- oder Einfuhrverbots oder wegen eines anderen, Schiff oder
Ladung betreffenden Zufalls nicht angetreten oder fortgesetzt
werden kann.*

*Die Entlassung, sowie der Grund derselben, muss, sobald es geschehen kann, dem Schiffsmann angezeigt und in den Fällen der
Ziffern 2, 3, 4 in das Schiffsjournal eingetragen werden.*

1. Die Dauer der Dienstzeit der Schiffsleute beruht lediglich
auf dem Uebereinkommen dieser und des Schiffers, d. h. auf dem
Heuervertrag. Demgemäss können in diesem auch die Gründe
aufgestellt werden, welche den Schiffer berechtigen, vor Ablauf
der Kontraktszeit den Schiffsmann zu entlassen (z. B. Verkauf des
Schiffs im Auslande — Prot. der hamb. Konf. IV S. 2006, VIII
S. 3842 —). Gewisse Entlassungsgründe aber hat im Interesse
der Rheder und der Schifffahrt das Gesetz[1]) aufstellen müssen,
weil die Aufführung im Heuerkontrakt die Einwilligung des Schiffsmannes voraussetzt, welche nicht immer zu erlangen sein dürfte.

2. In Ziff. 1 gewährt einen Entlassungsgrund der Umstand,
dass der Schiffsmann die Dienste, zu denen er angeheuert ist, der
Schiffszimmermann also z. B. die besonderen Dienste eines solchen,
nicht etwa Seemannsdienste überhaupt zu leisten nicht im Stande ist;
ein Grundsatz, der den Prinzipien des bürgerlichen Rechts durchaus
konform ist, indem bei einer *locatio conductio operarum* der *conductor*, bevor er dem *locator*, „der zu den versprochenen Diensten
sich unfähig zeigt", die bedungene *merces* vorenthält, nicht erst zu
untersuchen hat, ob derselbe „nicht etwa zu anderen Diensten verwendet werden könnte" (Prot. der hamb. Konf. IV S. 1990). Es
ist dies jedoch ein Entlassungsgrund nur so lange die Reise noch
nicht angetreten ist. Ueber die Folge des in Rede stehenden Umstandes nach Antritt der Reise trifft der § 34 die Bestimmung.

3. Unter den groben D i e n s t v e r g e h e n der Ziff. 2 sind,
wie die hervorgehobenen Arten zeigen, „auf dem Willen" des
Schiffsmannes beruhende „Verstösse gegen die Disziplin" und die
Sicherheit des Schiffs gefährdende „Verletzungen gesetzlicher Vorschriften" zu verstehen. Daher wird durch „Untauglichkeit zu
dem übernommenen Dienste" und „Mangel an Diligenz" bei Vornahme der Dienstverrichtungen ein Dienstvergehen im Sinne der
Ziff. 2 nicht begründet (Hanseat. Gerichtszeit. v. 1882 S. 152, 155).

4. Unter der „u n e r l a u b t e n H a n d l u n g" der Ziff. 4 ist
besonders an Schlägereien gedacht (Prot. IV S. 1994).

---

1) Sie finden sich bereits alle im H.G.B. Art. 543.

5. Ueber den Begriff der Blockade in Ziff. 5 vgl. die Ausführungen zu Art. 517 H.G.B. (oben S. 164 f.).

6. Zu beachten ist noch, dass Ziff. 5 nur auf den Fall anwendbar ist, wo der Schiffsmann gerade zu dieser bestimmten Reise geheuert, oder zwar auf unbestimmte Zeit angenommen, aber zu dieser Reise „beordert" ist, wogegen die vorangegangenen Ziffern sich „auf alle Fälle der Anstellung" beziehen, „also auch auf den allerdings seltenen Fall einer Anstellung auf bestimmte Zeit oder für Lebensdauer" (Prot. IV S. 1995).

§ 58.

Dem Schiffsmann gebührt in den Fällen der Ziffern 1 bis 4 des § 57 nicht mehr als die verdiente Heuer (§ 67), in den Fällen der Ziffer 5 hat er, wenn er nach Antritt der Reise entlassen wird, nicht allein auf die verdiente Heuer, sondern auch auf freie Zurückbeförderung (§§ 65, 66) nach dem Hafen, von welchem das Schiff seine Ausreise angetreten hat, oder nach Wahl des Schiffers auf eine entsprechende Vergütung Anspruch.

§ 59.

Der für eine Reise geheuerte Schiffsmann, welcher aus anderen als aus den in dem § 57 erwähnten Gründen vor Ablauf des Heuervertrages entlassen wird, behält, wenn die Entlassung vor Antritt der Reise erfolgt, als Entschädigung die etwa empfangenen Hand- und Vorschussgelder, soweit dieselben den üblichen Betrag nicht übersteigen.

Sind Hand- und Vorschussgelder nicht gezahlt, so hat er als Entschädigung die Heuer für einen Monat zu fordern.

Ist die Entlassung erst nach Antritt der Reise erfolgt, so hat er Anspruch auf freie Zurückbeförderung (§§ 65, 66) nach dem Hafen, von welchem das Schiff seine Ausreise angetreten, oder nach Wahl des Schiffers auf eine entsprechende Vergütung. Auch erhält er ausser der verdienten Heuer (§ 67) noch die Heuer für zwei oder vier Monate, je nachdem er in einem europäischen (§ 70) oder in einem nichteuropäischen Hafen entlassen ist, jedoch nicht mehr als er erhalten haben würde, wenn er erst nach Beendigung der Reise entlassen worden wäre.

1. Wenn der Schiffer, abgesehen von den im Gesetz nachgelassenen Fällen, den Schiffsmann vor Ablauf der Kontraktszeit entlässt, so würde dieser an sich Anspruch auf die Heuer und die sonst nach dem Heuervertrage ihm zustehenden Vortheile für die kontraktmässige Dienstzeit haben, vorausgesetzt natürlich, dass er nicht in ein anderweitiges (mit denselben Bezügen ausgestattetes) Dienstverhältniss getreten ist *(L. 19 §§ 9, 10, L. 38 pr. Locati 19, 2)*. Diesen Anspruch kann der Schiffsmann auch nach dem

14*

heutigen Recht geltend machen in den Fällen, wo er auf eine bestimmte Zeit angestellt ist (Prot. IV S. 1996 f., VIII S. 3843). Für den ungleich häufiger vorkommenden, ja durchaus die Regel bildenden Fall, dass der Schiffsmann für eine bestimmte Reise geheuert ist, hat der vorliegende Paragraph der Seemanns-O. (wie bereits das H.G.B. im Art. 545), um den sonst zu besorgenden häufigen Streitigkeiten vorzubeugen und „einerseits die Rheder vor unbilligen Ansprüchen, andererseits die Mannschaft vor ungerechtfertigten Ausflüchten" zu schützen (Prot. IV S. 1996), selbst die Ansprüche normirt, welche der Schiffsmann geltend zu machen berechtigt ist. Sie gehen auf Ersatz des muthmaasslich entgangenen Gewinns und Beseitigung des Schadens, der ihm daraus erwachsen würde, dass er sich bei der Entlassung an einem anderen Orte als in dem Abgangshafen des Schiffs befindet. Dem ausdrücklich für eine bestimmte Reise geheuerten Schiffsmann ist der gleichzusetzen, der, auf unbestimmte Zeit angestellt, „die Einberufung zu einer bestimmten Reise bereits angenommen hat" (Prot. VIII S. 3843).

2. Wenn der Abs. 1 dem vor Antritt der Reise entlassenen Schiffsmann als Entschädigung „die empfangenen H a n d - und V o r s c h u s s g e l d e r zuspricht, aber nur soweit dieselben den üblichen Betrag nicht übersteigen", so soll damit jenem ein Recht auf solchen Vorschuss abgesprochen werden, den er nur auf seine Bitte mit Rücksicht auf die besonderen Verhältnisse, z. B. mit Rücksicht auf seine und seiner Familie augenblicklichen Bedürfnisse erhalten hat (Prot. VIII S. 3844).

3. Im Abs. 3 wird dem S c h i f f e r die W a h l gegeben, ob er den Schiffsmann nach dem Ausreise-Hafen frei zurückbefördern oder statt dessen demselben eine angemessene Entschädigung gewähren will. Dem Schiffsmann steht ein solches Wahlrecht nicht zu; nimmt er die ihm vom Schiffer angebotene Zurückbeförderung nicht an, so kann er eine Vergütung deshalb nicht verlangen. Das Gesetz will nämlich durch die Entschädigung, welche es dem Schiffsmanne zuspricht, nur Schaden von demselben abwenden, aber ihm nicht die Möglichkeit gewähren, auf Kosten des Rheders einen Gewinn zu machen, was unbedingt der Fall sein würde, wenn der Schiffsmann statt der Zurückbeförderung eine Geldentschädigung verlangen könnte, obwohl er sich sofort nach der Entlassung wieder verheuert hatte (vgl. Prot. IV S. 1997). Ob die Entschädigung angemessen, entscheidet *arbitrium iudicis.*

4. Die E n t s c h ä d i g u n g f ü r d e n e n t g a n g e n e n Ge- w i n n ist bemessen nach dem Betrage der Heuer für die Dauer der noch zurückzulegenden Reise. Doch soll dieser Betrag die Höhe einer zweimonatlichen resp. viermonatlichen Heuer nicht übersteigen, je nachdem der Schiffsmann in einem europäischen oder in einem nichteuropäischen Hafen entlassen ist. Der Grund dieser Vorschrift ist derselbe, welcher für den Ausschluss der Wahl des Schiffsmannes zwischen Zurückbeförderung und Vergütung maass-

gebend war.   Die Dauer der Reise ist durch sachverständige Abschätzung festzustellen.   Doch ist für den Fall, dass nach dem Heuerkontrakt die Entlassung des Schiffsmannes in einem deutschen Hafen hätte erfolgen sollen, für Segelschiffe [1]) die Feststellung vom Gesetze selbst im § 60 getroffen.

§ 60.

Wenn die Vorschrift am Schlusse des vorstehenden Paragraphen Anwendung findet, und der Schiffsmann nach Beendigung der Reise in einem deutschen Hafen entlassen worden wäre, so wird, um die ihm ausser der verdienten Heuer gebührende Heuer zu bestimmen, die Dauer der Reise eines Segelschiffs gerechnet:

	nach Häfen der Nord-see.	nach Häfen der Ostsee
von Häfen:	*Monaten*	
1. der Nordsee bis zum 61. Grade nördlicher Breite und des Englischen Kanals zu	1	$1^1/_2$
2. der Ostsee und der angrenzenden Gewässer zu .	$1^1/_2$	1
3. in Europa ausserhalb des Englischen Kanals und bis zur Strasse von Gibraltar mit Einschluss der Azoren, sowie der Nordsee über den 61. Grad nördlicher Breite hinaus und ausserhalb der Nordsee bis zum Nordkap einschliesslich zu	$1^1/_2$	2
4. des Mittelmeeres, des Schwarzen und Azowschen Meeres zu	2	2
5. in Europa, östlich des Nordkaps zu	2	2
6. der Ostküste Amerikas von Quebeck bis Rio de Janeiro einschliesslich zu	2	$2^1/_2$
7. südlich von Rio de Janeiro bis Kap Horn einschliesslich zu	$2^1/_2$	3
8. der Westküste Amerikas von Kap Horn bis Panama einschliesslich zu	$3^1/_2$	4
9. der Westküste von Afrika nördlich vom Aequator einschliesslich der Kanarischen und Kapverdischen Inseln zu	2	$2^1/_2$
10. südlich vom Aequator bis zum Kap der guten Hoffnung einschliesslich zu	$2^1/_4$	$2^3/_4$
11. jenseits des Kap der guten Hoffnung, diesseits des Kap Komorin mit Einschluss des Rothen Meeres und des Persischen Golfs zu	$3^1/_2$	4
12. von den sonstigen, vorstehend nicht mit einbegriffenen Häfen zu	4	4

[1) Für Dampfschiffe würde daher auch in diesem Falle die Festatellung der Dauer der noch zurückzulegenden Reise durch Sachverständige zu erfolgen haben.

§ 61.

Der Schiffsmann kann seine Entlassung fordern:

*1. wenn sich der Schiffer einer schweren Verletzung seiner ihm
gegen denselben obliegenden Pflichten, insbesondere durch Miss-
handlung oder durch grundlose Vorenthaltung von Speise und
Trank schuldig macht;*

2. wenn das Schiff die Flagge wechselt;

*3. wenn nach Beendigung der Ausreise eine Zwischenreise be-
schlossen, oder wenn eine Zwischenreise beendigt ist, sofern
seit dem Dienstantritt zwei oder drei Jahre, je nachdem das
Schiff in einem europäischen (§ 70) oder in einem nichteuropäischen Hafen sich befindet, verflossen sind.*

*Der Wechsel des Rheders oder Schiffers giebt dem Schiffsmann
kein Recht, die Entlassung zu fordern.*

1. Wegen grober Verletzung des Kontraktsverhältnisses von
Seiten des Schiffers konnte bereits nach Art. 547 Abs. 1 H.G.B.
der Schiffsmann seine Entlassung fordern; ebenso war schon nach
Art. 539 Abs. 1 H.G.B. (in Verbindung mit Art. 540) der Schiffsmann, der sich nicht ausdrücklich für eine längere Zeit verheuert
hatte, nach Ablauf von 2 resp. 3 Jahren nach dem Dienstantritt
berechtigt, dies zu thun, unter der Voraussetzung, dass entweder
nach Vollendung der Ausreise oder nach Vollendung einer Zwischenreise nicht die Rückreise angeordnet ward, sondern andere Dispositionen über das Schiff getroffen wurden. Und es werden diese
Bestimmungen in diesem und dem folgenden Paragraphen lediglich
wiederholt. Neu hinzugekommen ist der Wechsel der Nationalität,
der übrigens im preuss. Entwurf des H.G.B. (Art. 459) unter den
Gründen aufgeführt wurde, aus denen der Schiffsmann seine Entlassung verlangen durfte.

2. Die Bestimmung des § 61 ist nicht, wie die des § 59, auf
den Schiffsmann zu beschränken, welcher für eine bestimmte Reise
geheuert ist. Vielmehr greifen die Sätze der Ziff. 1 und Ziff. 2
Platz bei a l l e n m ö g l i c h e n A r t e n d e r A n h e u e r u n g (Prot.
zum H.G.B. VIII S. 3844), mag der Schiffsmann für eine bestimmte
Reise, auf bestimmte Zeit, auf unbestimmte oder auf Lebenszeit angestellt sein. Der Satz der Ziff. 3 erhält seine Beschränkung durch den § 62 Ziff. 1. Danach findet die Bestimmung Anwendung auf den Schiffsmann, der sich verheuert hat für eine bestimmte Reise (aus und zu Haus), für eine unbestimmte Zahl von
Reisen und auf unbestimmte Zeit; und als Verheuerung auf solche
Zeit ist unzweifelhaft auch die Verheuerung auf Lebenszeit, wenn
solche überhaupt vorkommen sollte, anzusehen.

Selbstverständlich ist der Schiffsmann, der sich zu einer bestimmten Reise verheuert hat, berechtigt, seine Entlassung zu fordern, wenn vom Schiffer eine ganz andere unternommen wird (Prot.

zum H.G.B. IV S. 2007); denn diese ist nicht Gegenstand des Kontraktsverhältnisses, welches er eingegangen ist.
3. Der dem Art. 547 H.G.B. zu Grunde liegende preuss. Entwurf des H.G.B. Art. 459 räumte nach dem Vorbilde des holländischen H.G.B. Art. 440 dem Schiffsmann das Recht, seine Entlassung zu fordern, auch ein in dem Falle:

wenn vor dem Beginn der Reise der Staat in einen Seekrieg verwickelt wird und nach der Richtung der Reise Kriegsgefahr für das Schiff wahrscheinlich wird.

Die hamburger Konferenz hat jedoch die Streichung dieses Satzes beschlossen, weil derselbe „in der Bezeichnung der Nähe der Kriegsgefahr eine Unbestimmtheit behalten würde, welche Streitigkeiten eher zu erzeugen als abzuhalten geeignet wäre" (Prot. IV S. 2004, S. 1959 f.); und so ist derselbe auch in die Seemanns-O. nicht aufgenommen worden. Es wurde jedoch bereits auf der hamburger Konferenz angenommen, dass, wenn „wirklich ernstliche Gefahr für die Person oder für Hab und Gut" vorhanden wäre, der Schiffsmann gegen die Zumuthung, die Reise fortzusetzen „auch ohne eine ausdrückliche gesetzliche Bestimmung bei jedem Richter Schutz finden" würde. Nun ist zwar unter den Gründen, aus denen der Schiffer den Schiffsmann vor Ablauf der Kontraktszeit entlassen darf, auch der angeführt, dass die Reise wegen Krieg, Embargo oder Blockade nicht angetreten oder fortgesetzt werden kann (§ 57), während sich ein solcher unter den Gründen, aus denen der Schiffsmann seine vorzeitige Entlassung zu fordern berechtigt ist, nicht findet. Allein daraus ist noch nicht zu folgern, dass die Seemanns-O. dem Schiffsmann das Recht hierzu in diesem Falle hat absprechen wollen. Denn besonders aufgeführt sind überhaupt nur solche Gründe, wegen deren der Schiffsmann nicht bereits nach den Grundsätzen des bürgerlichen Rechts seine Entlassung zu fordern befugt ist, indem diese selbstverständlich auch für das Verhältniss von Schiffsmann und Schiffer als maassgebend angenommen wurden (Prot. zum H.G.B. IV S. 2007). Es heisst aber in *L. 27 § 1 Locati (19, 2): Iterum interrogatus est, si quis timoris causa emigrasset, deberet mercedem necne. Respondit, si causa fuisset, cur periculum timeret, quamvis periculum vere non fuisset, tamen non debere mercedem: sed si causa timoris iusta non fuisset, nihilo minus debere.* Diese Stelle handelt allerdings nur von der Sachmiethe; dass aber der darin ausgesprochene Grundsatz: ein Miethskontrakt wird durch gegründete Furcht vor einer mit der Erfüllung desselben verbundenen Gefahr aufgehoben, auch Anwendung findet auf die Dienstmiethe, ergiebt sich aus *L. 22 C. De locato (4, 65),* wonach der Richter auf Ausführung einer *locatio conductio operarum* zu erkennen hat, *quatenus bona fides patitur.* Zu entscheiden, ob wirklich durch den Krieg Leib und Gut der Schiffsleute gefährdet wurde, gebührt dem Richter, der die Sachlage des konkreten Falls in Betracht zu ziehen hat. Doch wird dieser die aus

einer gegründeten Furcht sich ergebenden Folgen stets zu statuiren
haben, wenn das Seemannsamt (vgl. § 64) die Weigerung des
Schiffsmannes, die Reise fortzusetzen, als gerechtfertigt anerkannt
hat; da dem Schiffsmann kein unbefangenerer Sinn, als dem
Beamten zuzutrauen ist. Der Punkt ist übrigens kontrovers. Das
R.O.H.G. steht (in einem noch unter der Herrschaft des H.G.B.
erlassenen Erkenntniss vom 4. Januar 1873, Entsch. VIII S. 345
bis 348) auf dem hier vertretenen Standpunkt. Allein das hamburger Obergericht scheint eine Argumentation, wie sie hier gegeben, nicht für richtig zu halten (vgl. Erk. vom 19. Januar 1871
in Goldschmidts Zeitschrift XVIII S. 572—575) und der Kri-
minal-Senat des berliner Ober-Tribunals, welcher in einem Erkenntniss vom 5. Mai 1871 die Weigerung der Schiffsleute, die
Reise fortzusetzen, nach §§ 4, 7, 8 des preuss. Gesetzes vom
31. März 1841 für strafbar erklärt, spricht es geradezu aus, dass
der Ausbruch eines Krieges den Schiffsmann keineswegs von der
Verpflichtung befreie, den Anordnungen des Schiffers unweiger-
lichen Gehorsam zu leisten (Entsch. des O.-Trib. LXVI Nr. 48
— Krim.-Sen. Nr. 2 — S. 9* ff., bes. S. 13*).

§ 62.

*In dem Falle des § 61 Ziffer 3 kann die Entlassung nicht ge-
fordert werden:*
1. *wenn der Schiffsmann für eine längere als die daselbst angegebene Zeit sich verheuert hat. Die Verheuerung auf unbestimmte Zeit oder mit der allgemeinen Bestimmung, dass
   nach Beendigung der Ausreise der Dienst für alle Reisen,
   welche noch beschlossen werden möchten, fortzusetzen sei, wird
   als Verheuerung auf solche Zeit nicht angesehen;*
2. *sobald die Rückreise angeordnet ist.*

§ 63.

*Der Schiffsmann hat in den Fällen der Ziffern 1 und 2 des
§ 61 dieselben Ansprüche, welche für den Fall des § 59 bestimmt
sind; in dem Falle der Ziffer 3 gebührt ihm nicht mehr, als die verdiente Heuer (§ 67).*

Dass der Schiffsmann in den Ziff. 1 und 2 des § 61 dieselben
Ansprüche hat, welche für den Fall des § 59 festgestellt sind, erklärt sich daraus, dass im Falle der Ziff. 1 der Schiffer sich eines
Kontraktsbruchs schuldig macht; ebenso im Falle der Ziff. 2 der
Rheder, weil der Schiffsmann für den Dienst auf dem Schiff einer
bestimmten Nationalität angeheuert ist. Der Schiffsmann würde
daher Anspruch auf Ersatz des Interesse haben. Dieses ist aber
aus Utilitätsrücksichten in derselben Weise vom Gesetz normirt
worden, wie im § 59.

§ 64.

Im Auslande darf der Schiffsmann, welcher seine Entlassung fordert, ausser in dem Falle eines Flaggenwechsels, nicht ohne Genehmigung eines Seemannsamtes (§ 105) den Dienst verlassen.

Für die Uebertretung dieser Vorschrift ist im § 83 eine Geldstrafe statuirt.

§ 65.

Wenn nach den Bestimmungen dieses Gesetzes ein Anspruch auf freie Zurückbeförderung begründet ist, so umfasst derselbe auch den Unterhalt während der Reise.

Darüber, dass der Schiffsmann nicht auch Kleidung zu fordern berechtigt ist, s. oben die Ausführungen (S. 165 f.) zum Art. 517 Abs. 3 H.G.B., dem der § 65 der Seemanns-O. fast wörtlich entnommen ist.

§ 66.

Dem Anspruche auf freie Zurückbeförderung wird genügt, wenn dem Schiffsmann, welcher arbeitsfähig ist, mit Genehmigung des Seemannsamtes ein seiner früheren Stellung entsprechender und durch angemessene Heuer zu vergütender Dienst auf einem deutschen Kauffahrteischiffe nachgewiesen wird, welches nach dem Hafen, von welchem das Schiff seine Ausreise angetreten hat, oder einem demselben nahe belegenen Hafen geht; letzterenfalls unter Gewährung der entsprechenden Vergütung für die weitere freie Zurückbeförderung (§ 65) bis zum Hafen, von welchem das Schiff seine Ausreise angetreten hat. Ist der Schiffsmann kein Deutscher, so wird ein Schiff seiner Nationalität einem deutschen Schiffe gleichgeachtet.

§ 67.

In den Fällen der §§ 36, 51, 56, 58, 59 und 63 wird die verdiente Heuer, sofern die Heuer nicht zeitweise, sondern in Bausch und Bogen für die ganze Reise bedungen ist, mit Rücksicht auf den vollen Heuerbetrag nach Verhältniss der geleisteten Dienste, sowie des etwa zurückgelegten Theils der Reise bestimmt. Zur Ermittelung der in den §§ 59 und 60 erwähnten Heuer für einzelne Monate wird die durchschnittliche Dauer der Reise einschliesslich der Ladungs- und Löschungszeit unter Berücksichtigung der Beschaffenheit des Schiffs in Ansatz gebracht und danach die Heuer für die einzelnen Monate berechnet.

In diesem Paragraphen sind die im Art. 519 H.G.B. aufgestellten Grundsätze wiederholt.

§ 68.

Der Rheder haftet für die Forderungen des Schiffers und der zur Schiffsmannschaft gehörigen Personen aus den Dienst- und Heuerverträgen nicht nur mit Schiff und Fracht, sondern persönlich.

*Diese Bestimmung tritt an die Stelle des Art. 453 des allge-
meinen Deutschen Handelsgesetzbuchs.*

S. oben S. 57 f.

§ 69.

*Der dem Schiffsmann als Lohn zugestandene Theil an der Fracht
oder am Gewinn wird als Heuer im Sinne dieses Gesetzes nicht angesehen.*

In Gemässheit dieses Paragraphen, der dem Art. 555 H.G.B.
entnommen ist, finden die die Heuer der Mannschaft betreffenden
Bestimmungen des Gesetzes nicht ohne Weiteres Anwendung auf
den Lohn, der in einem Antheil am Gewinn (z. B. des Fischfanges)
oder an der Fracht besteht. In dieser Hinsicht sind in Ermangelung vertragsmässiger Bestimmungen maassgebend Ortsgesetze oder
Ortsgebräuche event. das bürgerliche Recht (vgl. Prot. zum H.G.B.
IV S. 2037).

§ 70.

*In den Fällen der §§ 59 und 61 sind den europäischen Häfen
die nichteuropäischen Häfen des Mittelländischen, Schwarzen und
Azowschen Meeres gleichzustellen.*

Die Bestimmung dieses Paragraphen ist aus dem Art. 447
H.G.B. herübergenommen.

§ 71.

*Der Schiffer darf einen Schiffsmann im Auslande nicht ohne
Genehmigung des Seemannsamtes zurücklassen. Wenn für den Fall
der Zurücklassung eine Hülfsbedürftigkeit des Schiffsmannes zu besorgen ist, so kann die Ertheilung der Genehmigung davon abhängig
gemacht werden, dass der Schiffer gegen den Eintritt der Hülfsbedürftigkeit für einen Zeitraum bis zu drei Monaten Sicherstellung
leistet.*

Die Bestimmungen des § 103 werden hierdurch nicht berührt.

Der Paragraph unterscheidet nicht, wie dies z. B. das preussische
Gesetz vom 26. März 1864, betr. die Rechtsverhältnisse der Schiffsmannschaft § 35 gethan, zwischen deutschen und ausländischen
Schiffsleuten, auch nicht zwischen den Fällen, in welchen der Schiffsmann mit seiner Zurücklassung einverstanden ist, und denen, in
welchen er derselben widerspricht, sondern findet auf jeden dieser
Fälle Anwendung (vgl. Motive S. 57 f.).

Auf die Uebertretung dieser Bestimmung ist im § 98 Geld-
resp. Gefängnissstrafe gesetzt.

Vierter Abschnitt.

Disziplinar-Bestimmungen.

§ 72.

Der Schiffsmann ist der Disziplinargewalt des Schiffers unterworfen.

Dieselbe beginnt mit dem Antritt des Dienstes und erlischt mit dessen Beendigung.

Die verantwortliche Stellung des Schiffers, verbunden mit der regelmässig vorhandenen Unmöglichkeit, obrigkeitliche Hülfe in Anspruch zu nehmen, bringt es mit sich, dass sich das Verhältniss desselben zu den Schiffsleuten nicht als reine *locatio conductio operarum* auffassen lässt (vgl. Motive S. 58). Die Seemanns-O. räumt daher dem Schiffer obrigkeitliche Gewalt ein, wie dies bereits das H.G.B. (im Art. 533) gethan (s. auch Prot. IV S. 1974), die nähere Begrenzung derselben aber der Landesgesetzgebung vorbehalten hatte.

§ 73.

Der Schiffsmann ist verpflichtet, sich stets nüchtern zu halten und gegen Jedermann ein angemessenes und friedfertiges Betragen zu beobachten.

Dem Schiffer und seinen sonstigen Vorgesetzten hat er mit Achtung zu begegnen und ihren dienstlichen Befehlen unweigerlich Folge zu leisten.

§ 74.

Der Schiffsmann hat dem Schiffer auf Verlangen wahrheitsgemäss und vollständig mitzutheilen, was ihm über die den Schiffsdienst betreffenden Angelegenheiten bekannt ist.

§ 75.

Der Schiffsmann darf ohne Erlaubniss des Schiffers keine Güter an Bord bringen oder bringen lassen. Für die gegen dieses Verbot beförderten eigenen oder fremden Güter muss er die höchste am Abladungsorte zur Abladungszeit für solche Reisen und Güter bedungene Fracht erstatten, unbeschadet der Verpflichtung zum Ersatz eines erweislich höheren Schadens.

Der Schiffer ist auch befugt, die Güter über Bord zu werfen, wenn dieselben Schiff oder Ladung gefährden.

1. In der älteren Zeit stand den Schiffsleuten das Recht der
Führung zu, d. h. die Befugniss, eine gewisse Quantität von
Gütern auf dem Schiffe unentgeltlich zu verladen. Später ist dieses
Recht verschwunden. Doch gestatten noch einige der neueren Gesetze den Schiffsleuten ausdrücklich, so viel „unverbotene" Waaren
mitzunehmen, „als sie in ihrer Schlafstelle und Kiste bergen
können", (so preuss. L.R. § 1596 II, 8) und auch die französische
Praxis räumt denselben trotz des sehr bestimmt lautenden entgegenstehenden Verbotes des *Code de comm.* Art. 251 das gleiche
Recht ein [1]) (Pöhls, Seerecht I S. 274 f.; Kaltenborn, Seerecht I S. 205 f.). Auch diese letzten Ueberreste des alten Rechts
der Führung hat bereits das H.G.B. (Art. 534, vgl. Art. 514) beseitigt „wegen der grossen Nachtheile, die nicht selten aus demselben entständen, indem die Mannschaft häufig die Zollgesetze und
dergleichen ausser Acht lasse" (Prot. IV S. 1973); und in die Seemanns-O. ist diese Bestimmung fast wörtlich herübergenommen.

2. Der Schiffsmann, welcher ohne Vorwissen des Schiffers
„Gegenstände an Bord nimmt, welche das Schiff oder die Ladung
gefährden, indem sie die Beschlagnahme oder Einziehung des
Schiffs oder der Ladung veranlassen können", verfällt, abgesehen
von dem ihm im Abs. 2 des Paragraphen angedrohten Nachtheil,
noch der Strafe des § 297 des R.Str.G.B. (Geldstrafe bis zu Eintausendfünfhundert Mark oder Gefängniss bis zu zwei Jahren).

§ 76.

*Die Bestimmungen des § 75 finden ebenfalls Anwendung, wenn
der Schiffsmann ohne Erlaubniss des Schiffers Branntwein oder
andere geistige Getränke oder mehr an Tabak, als er zu seinem
Gebrauche auf der beabsichtigten Reise bedarf, an Bord bringt oder
bringen lässt.*

*Die gegen dieses Verbot mitgenommenen geistigen Getränke und
Tabak verfallen dem Schiffe.*

§ 77.

*Die auf Grund der Bestimmungen der §§ 75 und 76 getroffenen
Anordnungen des Schiffers sind, sobald es geschehen kann, in das
Schiffsjournal einzutragen.*

Die Vorschrift erklärt sich aus Art. 487 H.G.B., da die Anordnungen, welche der Schiffer auf Grund der §§ 75, 76 trifft, über-

---

1) Pardessus III N. 671. Das französische Recht hat einen eigen-
thümlichen hierauf bezüglichen Vertrag ausgebildet, den *contrat de pacotille*,
dessen Wesen darin besteht, dass die Schiffsleute auch den Verkauf der von
ihnen mitgenommenen Waaren dritter Personen übernehmen, ein Vertrag, der
je nach den Umständen unter den Regeln des Kommissionsgeschäfts (Verkaufs-
kommission) oder auch unter denen der Sozietät steht. Vgl. Pardessus
N. 702; Ruben de Couder V S. 655 f.

wiegend als Ausfluss der Disziplinargewalt desselben erscheinen (vgl. Motive S. 59).

Den Schiffer, welcher die Vorschrift nicht beobachtet, trifft die Strafe des § 99 (s. Ziff. 4).

§ 78.

Wenn das Schiff in einem Hafen liegt, so ist der Schiffer befugt, die Effekten der Schiffsleute zur Verhütung einer Entweichung bis zur Abreise des Schiffs in Verwahrung zu nehmen.

§ 79.

Der Schiffer ist befugt, alle zur Aufrechterhaltung der Ordnung und zur Sicherung der Regelmässigkeit des Dienstes erforderlichen Maassregeln zu ergreifen. Zu diesem Zwecke darf er namentlich auch herkömmliche Erschwerungen des Dienstes oder mässige Schmälerung der Kost, letztere jedoch auf höchstens drei Tage, als Strafe eintreten lassen. Geldbusse, körperliche Züchtigung oder Einsperrung darf er als Strafe nicht verhängen.

Bei einer Widersetzlichkeit oder bei beharrlichem Ungehorsam ist der Schiffer zur Anwendung aller Mittel befugt, welche erforderlich sind, um seinen Befehlen Gehorsam zu verschaffen. Er darf gegen die Betheiligten die geeigneten Sicherungsmaassregeln ergreifen und sie nöthigenfalls während der Reise fesseln.

Jeder Schiffsmann muss dem Schiffer auf Erfordern Beistand zur Aufrechthaltung der Ordnung, sowie zur Abwendung oder Unterdrückung einer Widersetzlichkeit leisten.

Im Auslande hat der Schiffer in dringenden Fällen die Kommandanten der ihm zugänglichen Fahrzeuge der Kriegsmarine des Reichs um Beistand zur Aufrechthaltung der Disziplin anzugehen.

§ 80.

Jede vom Schiffer in Gemässheit der Bestimmungen des § 79 getroffene Verfügung ist mit Angabe der Veranlassung, sobald es geschehen kann, in das Schiffsjournal einzutragen.

Im Unterlassungsfalle tritt die Strafe des § 99 (Ziff. 4) ein. Vgl. auch die Bemerkung zu § 77.

Fünfter Abschnitt.

Straf-Bestimmungen.

§ 81.

Ein Schiffsmann, welcher nach Abschluss des Heuervertrages sich verborgen hält, um sich dem Antritte des Dienstes zu entziehen, wird mit Geldstrafe bis zu zwanzig Thalern gestraft. Die Verfolgung tritt nur auf Antrag ein.

Wenn ein Schiffsmann, um sich der Fortsetzung des Dienstes zu entziehen, entläuft oder sich verborgen hält, so tritt Geldstrafe bis zu Einhundert Thalern oder Gefängnissstrafe bis zu drei Monaten ein. Die Verfolgung tritt nur auf Antrag ein.

Ein Schiffsmann, welcher mit der Heuer entläuft oder sich verborgen hält, um sich dem übernommenen Dienste zu entziehen, wird mit der im § 298 des Strafgesetzbuchs angedrohten Gefängnissstrafe bis zu Einem Jahre belegt.

1. Im Abs. 1 des Paragraphen handelt es sich um einfachen Bruch des Heuervertrages, im Abs. 2 und Abs. 3 um Desertion, und zwar im Abs. 2 um einfache Desertion, im Abs. 3 um Desertion, erschwert durch strafbaren Eigennutz.

2. Der Begriff der Desertion setzt, wie das aus den Worten „entlaufen" und „sich verborgen halten" des Abs. 2 sich ergiebt, voraus, dass der Schiffsmann dem Schiffer „wider dessen Wissen und Willen die Fortsetzung des Kontraktsverhältnisses unmöglich macht", „so dass der blos passive Widerstand, die Arbeitsverweigerung", durch welche ein Schiffsmann seine Entlassung zu ertrotzen sucht, niemals als Desertion aufgefasst werden kann (Entsch. des R.O.H.G. IV S. 291 f.).

Der im Abs. 3 angezogene Paragraph des R.Str.G.B. bestimmt:

Ein Schiffsmann, welcher mit der Heuer entläuft oder sich verborgen hält, um sich dem übernommenen Dienste zu entziehen, wird, ohne Unterschied ob das Vergehen im Inlande oder im Auslande begangen worden ist, mit Gefängniss bis zu Einem Jahre bestraft.

3. Natürlich ist der Schiffsmann auch zivilrechtlich verantwortlich für allen Schaden, welcher aus seinem Delikt, wie aus jeder Verletzung seiner Dienstpflichten der Rhederei erwächst.

§ 82.

In den Fällen der beiden letzten Absätze des § 81 verliert der Schiffsmann, wenn er vor Abgang des Schiffs wieder zur Fortsetzung des Dienstes freiwillig zurückkehrt, noch zwangsweise zurückgebracht wird, den Anspruch auf die bis dahin verdiente Heuer. Die Heuer und, sofern diese nicht ausreicht, auch die Effekten können zur Deckung der Schadensansprüche des Rheders aus dem Heuer- oder Dienstvertrage in Anspruch genommen werden; soweit die Heuer hierzu nicht erforderlich ist, wird mit ihr nach Maasgabe des § 107 verfahren.

Die besondere Strafe des Verlustes der verdienten Heuer tritt nicht bei jeder Desertion ein, sondern nur dann, wenn der Schiffsmann vor Abgang des Schiffs auf dasselbe weder freiwillig zurückgekehrt, noch zwangsweise zurückgebracht ist, d. h. wenn seine Dienste auf der anzutretenden Reise dem Schiffe fehlen.

§ 83.

Hat der Schiffsmann sich dem Dienste in einem der Fälle des § 61, 1 und 3 ohne Genehmigung des Seemannsamtes (§ 64) entzogen, so tritt Geldstrafe bis zum Betrage einer Monatsheuer ein.

§ 84.

Mit Geldstrafe bis zum Betrage einer Monatsheuer wird ein Schiffsmann bestraft, welcher sich einer gröblichen Verletzung seiner Dienstpflichten schuldig macht.

Als Verletzung der Dienstpflicht in diesem Sinne wird insbesondere angesehen:

Nachlässigkeit im Wachdienste;

Ungehorsam gegen den Dienstbefehl eines Vorgesetzten;

ungebührliches Betragen gegen Vorgesetzte, gegen andere Mitglieder der Schiffsmannschaft oder gegen Reisende;

Verlassen des Schiffs ohne Erlaubniss oder Ausbleiben über die festgesetzte Zeit;

Wegbringen eigener oder fremder Sachen von Bord des Schiffs und an Bord bringen oder an Bord bringen lassen von Gütern oder sonstigen Gegenständen ohne Erlaubniss;

eigenmächtige Zulassung fremder Personen an Bord und Gestattung des Anlegens von Fahrzeugen an das Schiff;

Trunkenheit im Schiffsdienste;

Vergeudung, unbefugte Veräusserung oder bei Seite bringen von Proviant.

Gegen Schiffsoffiziere kann die Strafe bis auf den Betrag einer zweimonatlichen Heuer erhöht werden.

Wenn die Heuer nicht zeitweise bedungen ist, so wird die Strafe auf einen nach dem Ermessen des Seemannsamtes der Monatsheuer entsprechenden Geldbetrag bestimmt.

Die Verfolgung tritt nur auf Antrag ein. Der Antrag ist bis zur Abmusterung zulässig.

§ 85.

Der Schiffer hat jede Verletzung der Dienstpflicht (§ 84), sobald es geschehen kann, mit genauer Angabe des Sachverhaltes in das Schiffsjournal einzutragen und, wenn thunlich, dem Schiffsmann von dem Inhalt der Eintragung unter ausdrücklicher Hinweisung auf die Strafandrohung des § 84 Mittheilung zu machen.

Unterbleibt die Mittheilung, so sind die Gründe der Unterlassung im Journal anzugeben. Ist die Eintragung versäumt, so tritt keine Verfolgung ein.

Zu Abs. 1 vgl. H.G.B. Art. 487 Abs. 3.

§ 86.

Ein Schiffsmann, welcher den wiederholten Befehlen des Schiffers oder eines anderen Vorgesetzten den schuldigen Gehorsam verweigert, wird mit Gefängniss bis zu drei Monaten oder mit Geldstrafe bis zu Einhundert Thalern bestraft.

§ 87.

Wenn zwei oder mehrere zur Schiffsmannschaft gehörige Personen dem Schiffer oder einem anderen Vorgesetzten den schuldigen Gehorsam auf Verabredung gemeinschaftlich verweigern, so tritt gegen jeden Betheiligten Gefängnissstrafe bis zu Einem Jahre ein. Der Rädelsführer wird mit Gefängniss bis zu drei Jahren bestraft.

Sind mildernde Umstände vorhanden, so kann auf Geldstrafe bis zu zweihundert Thalern erkannt werden.

Der Rädelsführer wird mit Gefängniss bis zu zwei Jahren bestraft.

Die in diesem Paragraphen statuirte härtere Strafe erklärt sich aus den Komplott-Grundsätzen.

§ 88.

Ein Schiffsmann, welcher zwei oder mehrere zur Schiffsmannschaft gehörige Personen zur Begehung einer nach den §§ 87 und 91 strafbaren Handlung auffordert, ist gleich dem Anstifter zu bestrafen, wenn die Aufforderung die strafbare Handlung oder einen strafbaren Versuch derselben zur Folge gehabt hat.

Ist die Aufforderung ohne Erfolg geblieben, so tritt im Falle des § 87 Geldstrafe bis zu Einhundert Thalern, im Falle des § 91 Geldstrafe bis zu zweihundert Thalern oder Gefängnissstrafe bis zu Einem Jahre ein.

§ 89.

Ein Schiffsmann, welcher es unternimmt, den Schiffer oder einen anderen Vorgesetzten durch Gewalt oder durch Bedrohung mit Gewalt oder durch Verweigerung der Dienste zur Vornahme oder zur Unterlassung einer dienstlichen Verrichtung zu nöthigen, wird mit Gefängniss bis zu zwei Jahren bestraft. Sind mildernde Umstände vorhanden, so kann auf Geldstrafe bis zu zweihundert Thalern erkannt werden.

§ 90.

Dieselben Strafbestimmungen (§ 89) finden auf den Schiffsmann Anwendung, welcher es unternimmt, dem Schiffer oder einem anderen Vorgesetzten durch Gewalt oder durch Bedrohung mit Gewalt Widerstand zu leisten oder den Schiffer oder einen anderen Vorgesetzten thätlich anzugreifen.

§ 91.

Wenn eine der in den §§ 89, 90 bezeichneten Handlungen von mehreren Schiffsleuten auf Verabredung gemeinschaftlich begangen wird, so kann die Strafe bis auf das Doppelte des angedrohten Höchstbetrages erhöht werden.

Der Rädelsführer, sowie diejenigen, welche gegen den Schiffer oder gegen einen anderen Vorgesetzten Gewaltthätigkeiten verüben, werden mit Zuchthaus bis zu fünf Jahren oder mit Gefängniss von gleicher Dauer bestraft; auch kann auf Zulässigkeit von Polizeiaufsicht erkannt werden. Sind mildernde Umstände vorhanden, so tritt Gefängnissstrafe nicht unter drei Monaten ein.

§ 92.

Ein Schiffsmann, welcher solchen Befehlen des Schiffers oder eines anderen Vorgesetzten den Gehorsam verweigert, welche sich auf die Abwehr oder auf die Unterdrückung der in den §§ 89, 90 bezeichneten Handlungen beziehen, ist als Gehülfe zu bestrafen.

§ 93.

Mit Geldstrafe bis zu zwanzig Thalern oder mit Haft bis zu vierzehn Tagen wird bestraft ein Schiffsmann, welcher

1. bei Verhandlungen, die sich auf die Ertheilung eines Seefahrtsbuches, auf eine Eintragung in dasselbe oder auf eine Musterung beziehen, wahre Thatsachen entstellt oder unterdrückt oder falsche vorspiegelt, um ein Seemannsamt zu täuschen;

2. es unterlässt, sich gemäss § 10 zur Musterung zu stellen;

3. *im Falle eines dem Dienstantritt entgegenstehenden Hindernisses unterlässt, sich hierüber gemäss § 15 gegen das Seemannsamt auszuweisen.*

Durch die Bestimmung der Ziffer 1 wird die Vorschrift des § 271 des Strafgesetzbuchs [1]) *nicht berührt.*

§ 94.

Wer wider besseres Wissen eine auf unwahre Behauptungen gestützte Beschwerde über Seeuntüchtigkeit des Schiffs oder Mangelhaftigkeit des Proviants bei einem Seemannsamte vorbringt und auf Grund dieser Behauptungen eine Untersuchung veranlasst, wird mit Gefängniss bis zu drei Monaten bestraft.

Wer leichtfertig eine auf unwahre Behauptungen gestützte Beschwerde über Seeuntüchtigkeit des Schiffs oder Mangelhaftigkeit des Proviants bei einem Seemannsamte vorbringt und auf Grund dieser Behauptungen eine Untersuchung veranlasst, wird mit Geldstrafe bis zu Einhundert Thalern bestraft.

§ 95.

Die Verhängung einer in diesem Abschnitte oder durch sonstige strafgesetzliche Bestimmungen angedrohten Strafe wird dadurch nicht ausgeschlossen, dass der Schuldige aus Anlass der ihm zur Last gelegten That bereits disziplinarisch bestraft worden ist. Jedoch kann eine erlittene Disziplinarstrafe, sowohl in dem Strafbescheide des Seemannsamtes (§ 101), wie in dem gerichtlichen Strafurtheil bei Abmessung der Strafe berücksichtigt werden.

§ 96.

Der Schiffer oder sonstige Vorgesetzte, welcher einem Schiffsmann gegenüber seine Disziplinargewalt missbraucht, wird mit Geldstrafe bis zu dreihundert Thalern oder mit Gefängniss bis zu Einem Jahre bestraft.

§ 97.

Der Schiffer, welcher seine Verpflichtung, für die gehörige Verproviantirung des Schiffs zu sorgen, vorsätzlich nicht erfüllt, wird mit Gefängniss bestraft, neben welchem auf Geldstrafe bis zu fünf-

---

1) *Wer vorsätzlich bewirkt, dass Erklärungen, Verhandlungen oder Thatsachen, welche für Rechte oder Rechtsverhältnisse von Erheblichkeit sind, in öffentlichen Urkunden, Büchern oder Registern als abgegeben oder geschehen beurkundet werden, während sie überhaupt nicht oder in anderer Weise oder von einer Person in einer ihr nicht zustehenden Eigenschaft oder von einer anderen Person abgegeben oder geschehen sind, wird mit Gefängniss bis zu sechs Monaten oder mit Geldstrafe bis zu dreihundert Mark bestraft.*

hundert Thalern, sowie auf Verlust der bürgerlichen Ehrenrechte erkannt werden kann.

Hat der Schiffer die Erfüllung der Verpflichtung fahrlässigerweise unterlassen, so ist, wenn in Folge dessen der Schiffsmannschaft die gebührende Kost nicht gewährt werden kann, auf Geldstrafe bis zu zweihundert Thalern oder Gefängniss bis zu Einem Jahre zu erkennen.

§ 98.

Mit Geldstrafe bis zu Einhundert Thalern, mit Haft oder mit Gefängniss bis zu drei Monaten wird ein Schiffer bestraft, welcher einen Schiffsmann im Auslande ohne Genehmigung des Seemannsamtes zurücklässt (§ 71).

§ 99.

Mit Geldstrafe bis zu fünfzig Thalern oder mit Haft wird bestraft ein Schiffer, welcher

1. *den ihm in Ansehung der Musterung obliegenden Verpflichtungen nicht genügt (§ 10);*
2. *bei Verhandlungen, welche sich auf eine Musterung oder eine Eintragung in ein Seefahrtsbuch beziehen, wahre Thatsachen entstellt oder unterdrückt oder falsche vorspiegelt, um ein Seemannsamt zu täuschen;*
3. *bei Todesfällen die Beschaffung und Uebergabe des vorgeschriebenen Nachweises unterlässt oder die ihm obliegende Fürsorge für den Nachlass verabsäumt (§§ 52, 53);*
4. *eine der in den §§ 77 und 80 vorgeschriebenen Eintragungen in das Schiffsjournal unterlässt;*
5. *den ihm bei Vergehen und Verbrechen nach §§ 102 und 103 obliegenden Verpflichtungen nicht genügt;*
6. *dem Schiffsmann ohne dringenden Grund die Gelegenheit versagt, die Entscheidung des Seemannsamtes nachzusuchen (§§ 105, 106);*
7. *einem Schiffsmann grundlos Speise oder Trank vorenthält;*
8. *es unterlässt, dafür Sorge zu tragen, dass ein Exemplar dieses Gesetzes, sowie der maassgebenden Vorschriften über Kost und Logis im Volkslogis zugänglich ist (§ 108).*

Durch die Bestimmung der Ziffer 2 wird die Vorschrift des § 271 des Strafgesetzbuchs nicht berührt[1]).

§ 100.

Die Bestimmungen der §§ 81—99 finden auch dann Anwendung, wenn die strafbaren Handlungen ausserhalb des Bundesgebietes begangen sind.

---

1) S. S. 226 Note 1.

15 *

Die Verjährung der Strafverfolgung beginnt in diesem Falle erst mit dem Tage, an welchem das Schiff, dem der Thäter zur Zeit der Begehung angehörte, zuerst ein Seemannsamt erreicht.

Der Abs. 1 des Paragraphen bildet eine Ausnahme von der Bestimmung des § 4 R.Str.G.B.:

Wegen der im Auslande begangenen Verbrechen und Vergehen findet in der Regel keine Verfolgung statt;

der Abs. 2 vom letzten Absatz des § 67 Str.G.B.:

Die Verjährung beginnt mit dem Tage, an welchem die Handlung begangen ist, ohne Rücksicht auf den Zeitpunkt des eingetretenen Erfolges.

§ 101.

In den Fällen der §§ 81 Abs. 1, 84, 93, 99 erfolgt die Untersuchung und Entscheidung durch das Seemannsamt. Dasselbe hat den Angeschuldigten verantwortlich zu vernehmen und den That-bestand summarisch festzustellen. Eine Vereidigung von Zeugen findet nicht statt. Nach Abschluss der Untersuchung ist ein mit Gründen versehener Bescheid zu ertheilen, welcher dem Angeschuldigten im Falle seiner Anwesenheit zu verkünden, im Falle seiner Abwesenheit in Ausfertigung zuzustellen ist. Wird eine Strafe fest-gesetzt, so ist die Dauer der für den Fall des Unvermögens an Stelle der Geldstrafe tretenden Haft zu bestimmen.

Gegen den Bescheid kann der Beschuldigte innerhalb einer zehn-tägigen Frist von der Verkündigung oder der Zustellung ab auf ge-richtliche Entscheidung antragen. Der Antrag ist bei dem Seemanns-amt zu Protokoll oder schriftlich anzubringen.

Hat das Seemannsamt seinen Sitz im Auslande, so ist für das weitere Verfahren dasjenige Gericht örtlich zuständig, in dessen Be-zirk der Heimatshafen und in Ermangelung eines solchen derjenige deutsche Hafen belegen ist, welchen das Schiff nach der Straffest-setzung zuerst erreicht.

Der Bescheid des Seemannsamtes ist in Betreff der Beitreibung der Geldstrafe vorläufig vollstreckbar.

Die Schlussworte des Abs. 3 beziehen sich auf Schiffe, welche, früher Ausländern gehörig, in das Eigenthum von Reichsangehöri-gen übergegangen sind, und denen auf Grund des Reichsgesetzes, betr. die Nationalität der Kauffahrteischiffe vom 25. Oktober 1867 § 16 von Seiten eines Reichskonsuls ein Attest über den Erwerb des Rechts, die Reichsflagge zu führen, ertheilt worden ist (vgl. Motive S. 66).

§ 102.

Begeht ein Schiffsmann, während das Schiff sich auf der See oder im Auslande befindet, ein Vergehen oder Verbrechen, so hat

*der Schiffer unter Zuziehung von Schiffsoffizieren und anderen glaub-
haften Personen alles dasjenige genau aufzuzeichnen, was auf den
Beweis der That und auf deren Bestrafung Einfluss haben kann.
Insbesondere ist in den Fällen der Tödtung oder schweren Körper-
verletzung die Beschaffenheit der Wunden genau zu beschreiben, auch
zu vermerken, wie lange der Verletzte etwa noch gelebt hat, ob und
welche Heilmittel angewendet sind und welche Nahrung der Verletzte
zu sich genommen hat.*

§ 103.

*Der Schiffer ist ermächtigt, jederzeit die Effekten der Schiffs-
leute, welche der Betheiligung an einer strafbaren Handlung ver-
dächtig sind, zu durchsuchen.*

*Der Schiffer ist ferner ermächtigt, denjenigen Schiffsmann, der
sich einer mit schwerer Strafe bedrohten Handlung (§ 57 Ziffer 3)
schuldig macht, festzunehmen. Er ist hierzu verpflichtet, wenn das
Entweichen des Thäters zu besorgen steht.*

*Der Thäter ist unter Mittheilung der aufgenommenen Verhand-
lungen an dasjenige Seemannsamt, bei welchem es zuerst geschehen
kann, abzuliefern. Wenn im Auslande das Seemannsamt aus besonderen Gründen die Uebernahme ablehnt, so hat der Schiffer die Ablieferung bei demjenigen Seemannsamt zu bewirken, bei welchem es
anderweit zuerst geschehen kann.*

*In dringenden Fällen ist der Schiffer, wenn im Auslande ein
Seemannsamt nicht rechtzeitig angegangen werden kann, ermächtigt,
den Thäter der fremden Behörde behufs dessen Uebermittelung an
die zuständige Behörde des Heimathshafens zu übergeben. Hiervon
hat er bei demjenigen Seemannsamt, bei welchem es zuerst geschehen
kann, Anzeige zu machen.*

In Betreff des letzten Absatzes ist zu beachten, dass die Uebergabe des Thäters an die fremde Behörde niemals zur Bestrafung
(vgl. § 9 R.Str.G.B.), sondern stets nur zur Uebermittelung an die
zuständige Behörde des Heimathshafens geschehen darf. Natürlich
besteht für die fremde Behörde keine Verpflichtung, sich dieser
Uebermittelung zu unterziehen.

Sechster Abschnitt.

Allgemeine Bestimmungen.

§ 104.

*Jedes Seemannsamt ist verpflichtet, die gütliche Ausgleichung der
zu seiner Kenntniss gebrachten, zwischen dem Schiffer und dem
Schiffsmanne bestehenden Streitigkeiten zu versuchen. Insbesondere*

*hat das Seemannsamt, vor welchem die Abmusterung des Schiffs-
mannes erfolgt, hinsichtlich solcher Streitigkeiten einen Güteversuch
zu veranstalten.*

§ 105.

*Der Schiffsmann darf den Schiffer vor einem fremden Gericht
nicht belangen. Handelt er dieser Bestimmung zuwider, so ist er
nicht allein für den daraus entstehenden Schaden verantwortlich, sondern er wird ausserdem der bis dahin verdienten Heuer verlustig.*

*Er kann in Fällen, die keinen Aufschub leiden, die vorläufige
Entscheidung des Seemannsamtes nachsuchen. Die Gelegenheit hierzu
darf der Schiffer ohne dringenden Grund nicht versagen.*

*Jeder Theil hat die Entscheidung des Seemannsamtes einstweilen
zu befolgen, vorbehaltlich der Befugniss, nach Beendigung der Reise
seine Rechte vor der zuständigen Behörde geltend zu machen.*

*Im Falle eines Zwangsverkaufs des Schiffs finden die Bestim-
mungen des ersten Absatzes auf die Geltendmachung der Forderungen
des Schiffsmannes aus dem Dienst- oder Heuervertrage keine Anwendung.*

1. Die ersten drei Absätze dieses Paragraphen sind, wie der
Art. 537 H.G.B., dem dieselben entnommen, im Interesse der Seeschifffahrt gegeben, indem ohne eine solche Bestimmung „die Disziplin schwer aufrecht zu erhalten" ist, und jeder Matrose es in
der Hand hat, „in die Dispositionen des Rheders durch Anstellung
einer Klage und durch Verhinderung der Weiterreise störend ein-
zugreifen" (Prot. der hamb. Konferenz IV S. 1977).

2. Das Verbot für den Schiffsmann, den Rechtsweg im Aus-
lande zu beschreiten, ist n i c h t a u f g e w i s s e F ä l l e b e s c h r ä n k t,
so nicht — wie im preussischen Entwurf des H.G.B. Art. 452 —
auf die Fälle, welche Geldforderungen betreffen, sondern es bezieht
sich auf alle Streitigkeiten, auch auf die, welche wegen Ausübung
der Disziplinargewalt des Schiffers (angeblicher Exzesse desselben)
entstanden sind (Prot. IV S. 1978 f.); und es ist dem Schiffsmann
eben sowohl ein Anrufen des Zivilrichters wie des Strafrichters
resp. Staatsanwaltes im Auslande untersagt. Dass Letzteres die
Meinung der Verfasser des der Seemanns-O. § 105 zu Grunde
liegenden Art. 537 H.G.B. gewesen, wird nicht etwa dadurch widerlegt, dass auf der hamburger Konferenz bemerkt wurde, wo „ein
kriminalrechtliches Einschreiten indizirt sei", würden „die auswärtigen Behörden durch die Vorschrift des deutschen Seerechts
sich doch nicht beirren lassen", „von Amtswegen einzuschreiten"
(Prot. IV S. 1979).

3. Das gesetzliche Verbot, den Schiffer vor einem fremden
Gericht zu belangen, besteht, s o l a n g e s i c h d a s S c h i f f a u f
d e r R e i s e b e f i n d e t; so lange gilt es also auch für den aus dem
Schiffsdienste entlassenen Schiffsmann, weil im entgegengesetzten
Falle alle Nachtheile eintreten würden, wegen deren die Bestim-

mung für nothwendig erachtet wurde, „zumal es ein Seemann durch sein Betragen leicht dahin bringen" kann, dass ihn der Schiffer entlässt (Prot. IV S. 1978).

4. Die im Abs. 1 angedrohte Strafe ist nothwendig, um die Wirksamkeit der Bestimmung zu sichern, indem in dem deutschen Gesetz noch keine Nöthigung für die ausländische Behörde liegt, eine dem Gesetz zuwider bei ihr angebrachte Klage zurückzuweisen (Prot. IV S. 1980).

5. Die vom Seemannsamte nach Abs. 2 und Abs. 3 getroffene Entscheidung ist eine provisorische; sie ist nur so lange für beide Theile verpflichtend, als nicht der Streit später von der zuständigen Behörde abändernd entschieden ist. Es ist daher auch weder die thatsächliche Feststellung noch die rechtliche Beurtheilung des Rechtsfalles durch das Seemannsamt für den erkennenden Richter bindend[1]) (Entsch. des R.O.H.G. IV S. 293, XII S. 420).

6. Das Recht, eine vorläufige Entscheidung des Seemannsamtes im Auslande zu impetriren, ist ausdrücklich nur dem Schiffsmann durch das Gesetz eingeräumt. Das gleiche Recht steht aber naturgemäss auch dem Schiffer zu (Entsch. des R.O.H.G. XII S. 419 f.), indem nur unter dieser Voraussetzung beiden „gleicher Rechtsschutz" gewährt und der Schiffer vor der „Unzuträglichkeit" bewahrt wird, seinerseits den Schiffsmann vor einem fremden Gericht belangen zu müssen.

§ 106.

Im Inlande wird der Streit zwischen dem Schiffer und dem Schiffsmann, welcher nach der Anmusterung über den Antritt oder die Fortsetzung des Dienstes entsteht, von dem Seemannsamt unter Vorbehalt des Rechtsweges entschieden. Die Entscheidung des Seemannsamtes ist vorläufig vollstreckbar.

§ 107.

Die nach den Bestimmungen des V. Abschnittes festgesetzten oder erkannten Geldstrafen fliessen der Seemannskasse und in Ermangelung einer solchen der Orts-Armenkasse des Heimathshafens des Schiffs, welchem der Thäter zur Zeit der Begehung der strafbaren Handlung angehörte, zu, insofern sie nicht im Wege der Landesgesetzgebung zu anderen ähnlichen Zwecken bestimmt werden.

§ 108.

Ein Exemplar dieses Gesetzes, sowie der für das Schiff über Kost und Logis geltenden Vorschriften (§ 45), muss im Volkslogis zur jederzeitigen Einsicht der Schiffsleute vorhanden sein.

---

1) In den Fällen, wo das Seemannsamt nicht provisorisch, sondern definitiv als Polizei-Behörde entscheidet (Seem.-O. § 101), ist nur in bestimmten Formen eine Provokation auf richterliches Gehör zugelassen.

Die Nichtbeobachtung dieser Vorschrift ist im § 99 mit Strafe bedroht.

§ 109.

Die Anwendung der §§ 5—23 und der §§ 48—52 auf kleinere Fahrzeuge (Küstenfahrer u. s. w.) kann durch Bestimmung der Landesregierungen im Verordnungswege ausgeschlossen werden.

§ 110.

Dieses Gesetz tritt mit dem 1. März 1873 in Kraft. Mit demselben Tage tritt der vierte Titel des fünften Buches des Allgemeinen deutschen Handelsgesetzbuchs ausser Kraft.

§ 111.

Wenn in anderen Gesetzen auf Bestimmungen verwiesen wird, welche durch dieses Gesetz ausser Kraft gesetzt sind, so treten die entsprechenden Bestimmungen des letzteren an die Stelle der ersteren.

In einem gewissen Zusammenhang mit der Seemanns-O. steht das Reichsgesetz, betreffend die Verpflichtung deutscher Kauffahrteischiffe zur Mitnahme hülfsbedürftiger Seeleute, vom 27. Dezember 1872:

§. 1. Jedes deutsche Kauffahrteischiff, welches von einem ausserdeutschen Hafen nach einem deutschen Hafen oder nach einem Hafen des Kanals, Grossbritanniens, des Sundes oder des Kattegats oder nach einem ausserdeutschen Hafen der Nordsee oder der Ostsee bestimmt ist, ist verpflichtet, deutsche Seeleute, welche im Auslande sich in hülfsbedürftigem Zustande befinden, behufs ihrer Zurückbeförderung nach Deutschland auf schriftliche Anweisung des Seemannsamtes gegen eine Entschädigung (§ 5) nach seinem Bestimmungshafen mitzunehmen.

In Ansehung ausländischer Seeleute, welche unmittelbar nach einem Dienste auf einem deutschen Kauffahrteischiffe ausserhalb Deutschlands sich in einem hülfsbedürftigen Zustande befinden, liegt den nach deren Heimathslande bestimmten deutschen Kauffahrteischiffen eine gleiche Verpflichtung ob.

Zur Erfüllung dieser Verpflichtungen kann der Schiffer vom Seemannsamt zwangsweise angehalten werden.

§ 2. Bieten mehrere Schiffe Gelegenheit zur Mitnahme, so sind die zu befördernden Seeleute durch das Seemannsamt nach Verhältniss der Grösse der Schiffe und der Zahl ihrer Mannschaften auf die einzelnen Schiffe zu vertheilen.

§ 3. Die Mitnahme kann verweigert werden:

1. wenn und soweit an Bord kein angemessener Platz für die Mitzunehmenden vorhanden ist;

2. *wenn der Mitzunehmende bettlägerig krank oder mit einer syphilitischen oder einer sonstigen, die Gesundheit oder Sicherheit der Mannschaft gefährdenden Krankheit behaftet ist, oder wegen eines Vergehens oder Verbrechens zurückbefördert werden soll;*

3. *wenn und soweit die Zahl der Mitzunehmenden ein Viertheil der Schiffsmannschaft übersteigt;*

4. *wenn die Mitnahme nicht mindestens zwei Tage vor dem Zeitpunkt verlangt wird, an welchem das Schiff zum Abgehen fertig ist.*

Die Entscheidung über den Grund der Weigerung steht dem Seemannsamt zu.

§ 4. Während der Reise erhält der Mitgenommene Kost und Logis von Seiten des Schiffs. Er ist der Disziplinargewalt des Schiffers unterworfen.

§ 5. Die Entschädigung (§ 1) beträgt, in Ermangelung der Vereinbarung über einen geringeren Satz, für jeden Tag des Aufenthalts an Bord:

1. *für einen Schiffer, einen Steuermann, einen Arzt, einen Maschinisten oder den Assistenten eines solchen, einen Proviant- oder Zahlmeister einen Thaler auf Segelschiffen und einen und einen halben Thaler auf Dampfschiffen.*

2. *für jeden anderen Seemann einen halben Thaler auf Segelschiffen und zwei Drittel Thaler auf Dampfschiffen.*

§ 6. Die Auszahlung der Entschädigung erfolgt im Bestimmungshafen durch das Seemannsamt gegen Auslieferung der wegen der Mitnahme ertheilten Anweisung (§ 1).

§ 7. Der Mitgenommene haftet für die durch die Zurückbeförderung verursachten Aufwendungen.

Die Vorschriften, welche den Rheder oder andere Personen zur Erstattung solcher Aufwendungen verpflichten, werden durch dieses Gesetz nicht berührt.

§ 8. Wer sich der Erfüllung einer ihm nach § 1 obliegenden Verpflichtung entzieht, wird mit Geldstrafe bis zu fünfzig Thalern oder mit Haft bestraft. Für die Festsetzung der Strafe und für das weitere Verfahren kommen die im § 101 der Seemannsordnung enthaltenen Vorschriften zur Anwendung.

§ 9. Dieses Gesetz tritt mit dem 1. März 1873 in Kraft.

FÜNFTER TITEL.

Von dem Frachtgeschäft zur Beförderung von Gütern.

———

Uebersicht.

Der Frachtvertrag zur Beförderung von Gütern zur See kann sein (Art. 557): 1. Chartervertrag; dieser bezieht sich a) auf das ganze Schiff, wobei jedoch die Kajüte nicht einbegriffen ist (Art. 559), b) einen quoten Theil, c) einen bestimmt bezeichneten Raum desselben; 2. Stückgütervertrag, der sich auf einzelne Güter bezieht. Beim Chartervertrag kann jeder Kontrahent die Errichtung einer schriftlichen Urkunde (Chartepartie) verlangen (Art. 558). Der Verfrachter hat die Güter in dem gecharterten Schiffe zu transportiren (Art. 566), das er in seetüchtigem Zustand zu liefern hat (Art. 560).

Verboten ist, ohne Genehmigung des Abladers die Güter auf das Verdeck zu verladen oder an die Seiten des Schiffs zu hängen (Art. 567). Der Platz, wo die Ladung vom Schiff einzunehmen ist, wird an erster Stelle vom Befrachter, an zweiter durch den Ortsgebrauch bestimmt (Art. 561). Hinsichtlich des Tragens der Kosten bestimmt das Gesetzbuch: die Kosten der Lieferung der Güter an das Schiff trägt der Befrachter, die Kosten der Einladung der Verfrachter (Art. 562). Doch sind abweichende vertragsmässige Beliebungen und Bestimmungen des Ortsrechts zugelassen. Statt der vertragsmässigen Güter können, wenn sie nur generell bezeichnet sind, auch andere vom Befrachter geliefert werden, wenn dadurch die Lage des Verfrachters nicht verschlechtert wird (Art. 563). Doch hat der Befrachter resp. Ablader die Güter richtig zu bezeichnen, auch darf er bei der Versendung der Güter die Grundsätze des Völkerrechts, die Gesetze des Abladehafens und etwaige Einfuhrverbote des Bestimmungshafens nicht ausser Acht lassen (Art. 564). Ohne Wissen des Schiffers dürfen Güter nicht an Bord gebracht werden (Art. 565).

Die Abladung muss innerhalb einer bestimmten Zeit vollendet sein. Diese Zeit heisst die Wartezeit (Art. 571 f., 580, 586; Art. 578 handelt von dem besonderen Fall, wo die Ladung von einem Dritten geliefert werden soll). Die Wartezeit besteht aus Ladezeit (Art. 568 Abs. 1 und 2, Art. 569 Abs. 1, Art. 574—577) und Ueberliegezeit, welche letztere jedoch eine besondere Vereinbarung voraussetzt (Art. 568 Abs. 3, Art. 569 Abs. 2 u. 3, Art. 570, 572, 574 f., 577). Für die Ladezeit ist eine Vergütung nicht zu entrichten, wenn nicht etwas Anderes bedungen ist (Art. 568 Abs. 4), wohl aber für die Ueberliegezeit Liegegeld (Art. 568 Abs. 4, Art. 573). So beim Chartervertrag. Bei Stückgüterfracht hat der Befrachter auf die Aufforderung des Schiffers die Abladung ohne Verzug zu bewirken (Art. 589); für den Antritt der Reise hat event. der Richter auf Antrag des Befrachters einen Termin zu bestimmen (Art. 591). Der Befrachter kann beim Chartervertrag verlangen, dass der Verfrachter die Reise ohne die volle bedungene Ladung antritt, aber nur gegen die volle Fracht (einschliesslich des Liegegeldes) und Ersatz der verursachten Mehrkosten (Art. 579). Das Gesetz räumt dem Befrachter ein Rücktrittsrecht ein. Doch werden in dieser Hinsicht folgende Unterscheidungen gemacht: 1. Verfrachtung des ganzen Schiffs; a) Rücktritt vor Antritt der Reise (Art. 581, 587; Art. 582: Rücktritt nach Einladung der Güter); b) Rücktritt nach Antritt der Reise (Art. 583, 587); Besonderheiten bei zusammengesetzten Reisen: a) Reise aus und zu Haus, oder Reise mit Zureise behufs Einnahme der Ladung (Art. 584); b) in anderer Weise zusammengesetzte Reise (Art. 585). 2. Verfrachtung eines quoten Theils oder bestimmten Raumes des Schiffs; a) alle Befrachter treten zurück oder liefern keine Ladung (Art. 589); b) es treten nur einzelne oder ein einziger Befrachter zurück (Art. 589). 3. Stückgüterfracht (Art. 590).

Ueber die Löschung gelten mit den aus der Natur der Sache sich ergebenden Modifikationen dieselben Grundsätze, wie über die Abladung. Auch hier findet sich eine Löschzeit und eine Ueberliegezeit mit demselben Charakter, wie Ladezeit und Ueberliegezeit. Dabei Depositionsrecht des Schiffers bei *mora* des Empfängers unter Benachrichtigung des Empfängers; Depositionspflicht unter Benachrichtigung des Befrachters, wenn der Empfänger die Annahme der Güter verweigert oder auf die Anzeige von der Lösch-Bereitschaft sich nicht erklärt oder nicht zu ermitteln ist (Art. 593—606).

Der Verfrachter haftet für die ihm übergebenen Frachtgüter bis zur Ablieferung *ex recepto*, d. h. er hat für jeden Schaden, der dieselben betroffen hat, einzustehen, wenn er nicht beweist, dass derselbe verursacht ist durch höhere Gewalt, durch die natürliche Beschaffenheit der Güter und äusserlich nicht erkennbare Mängel der Verpackung (Art. 607). Für Kostbarkeiten, Gelder und Werthpapiere haftet derselbe nur dann, wenn deren Werth oder Beschaffenheit deklarirt war (Art. 608). Empfänger wie Schiffer

dürfen vor der Uebernahme der Güter durch den ersteren die Besichtigung derselben veranlassen (Art. 609); nachdem dieselbe stattgefunden, muss dies der Empfänger binnen achtundvierzig Stunden
nach dem Tage der Uebernahme thun, widrigenfalls er seine Ansprüche wegen Beschädigung und theilweisen Verlustes verliert,
soweit diese nicht durch *dolus* einer Person der Besatzung verursacht sind (Art. 610). Wo Haftung aus dem Rezeptum in Frage
steht, ist nur der Werth der verlorenen, resp. die Werthsminde-
rung der beschädigten Güter zu vergüten (Art. 612, 614).

Die Annahme der Güter verpflichtet den Empfänger, nach
Maassgabe des Frachtvertrags oder Konnossements die Fracht nebst
Nebengebühren zu bezahlen, Auslagen zu erstatten und sonstige
Verpflichtungen zu erfüllen; wie gegen diese Leistungen der Ver-
frachter die Güter auszuliefern hat (Art. 615). Doch braucht der
Verfrachter dies nicht zu thun, bevor die auf den Gütern haften-
den Beiträge zur Havariegrosse, Bergungs- und Hülfskosten, wie
Bodmereigelder bezahlt oder sichergestellt sind (Art. 616).

Der Verfrachter braucht nicht die Güter, mögen sie verdorben
resp. beschädigt sein oder nicht, für die Fracht an Zahlungsstatt
anzunehmen. Eine Ausnahme gilt hinsichtlich der mit Flüssigkeiten
gefüllten Behältnisse, die ganz oder zum grösseren Theil während
der Reise ausgelaufen sind (Art. 617). Für Güter, die durch einen
Unfall verloren gegangen sind, ist, wenn nicht das Gegentheil bedungen, keine Fracht zu entrichten (Art. 618). Eine Ausnahme
machen Güter, die in Folge ihrer natürlichen Beschaffenheit verloren gegangen, und Thiere, die unterwegs gestorben sind (Art. 619).
Das Gesetzbuch trifft dann noch Bestimmungen in Betreff der Normirung der Fracht für den Fall, dass Güter ohne Vereinbarung
darüber zur Beförderung übernommen sind (Art. 620); dass die
Fracht nach Maass, Gewicht oder Menge der Güter bedungen ist
(Art. 621); dass die Fracht nach der Zeit bedungen ist (Art. 623);
bestimmt, in wiefern ausser dem Frachtanspruch noch sonstige Forderungen vom Verfrachter geltend gemacht werden können (Art.
622). Im Falle eines Streits über die Forderungen des Verfrachters hat dieser gegen Deponirung der streitigen Summe die Güter
auszuliefern (Art. 625).

Dem Verfrachter steht wegen seiner Forderungen ein Pfandrecht an den Gütern zu, nicht nur so lange die Güter zurückbehalten oder deponirt sind, sondern auch noch nach der Ablieferung, vorausgesetzt, dass es innerhalb 30 Tagen nach der Beendigung derselben gerichtlich geltend gemacht wird, und die Güter
nicht vor dieser Geltendmachung in den Gewahrsam eines Dritten
gelangen, der sie nicht für den Empfänger besitzt (Art. 624, 626).
Wenn der Verfrachter die Güter ausliefert, so verliert er seinen
Regress gegen den Empfänger, soweit sich dieser nicht mit seinem
Schaden bereichern würde (Art. 627). Sind jedoch die Güter nicht
ausgeliefert, so behält der Verfrachter den Regress mit dem gleichen

Retentions- und Pfandrecht, wie es ihm gegen den Empfänger zustand (Art. 628 f.).

Nach dem Gesetz kann der Frachtvertrag aufgelöst werden 1. *ipso iure* durch die faktische Unmöglichkeit, den Vertrag auszuführen in Folge des Verlustes des Schiffs oder der zum Transport bestimmten Güter; 2. durch den Rücktritt, zu dem jeder Theil berechtigt ist infolge des Umstandes, dass die Ausführung des Vertrages juristisch nach den Grundsätzen des Völkerrechts (durch Embargo, Ausbruch eines Krieges u. s. w.) unmöglich geworden ist. Und zwar kann dies a) vor Antritt der Reise stattfinden; alsdann ist kein Theil zur Entschädigung des anderen verpflichtet (Art. 630, 631, 643 Ziff. 1, Art. 638, 643 Ziff. 2); b) nach Antritt der Reise; alsdann ist Seitens des Befrachters, soweit Güter gerettet sind oder für verloren gegangene Güter überhaupt Fracht entrichtet werden muss, Distanzfracht zu zahlen (Art. 632 f., 635 f., 642, 643 Abs. 1). Auch hat beim Verlust des Schiffs der Schiffer bei Abwesenheit der Betheiligten für das Beste der Ladung zu sorgen (Art. 634).

Der durch sonstige Zufälle vor oder nach Antritt der Reise verursachte Aufenthalt hat auf die Rechte und Pflichten der Parteien keinen Einfluss, es müsste denn dadurch der erkennbare Zweck des Vertrages vereitelt werden. Hiervon abgesehen normirt das Gesetz die Befugnisse des Befrachters für den Fall eines durch Zufall verursachten Aufenthalts von längerer Dauer (Art. 639, 643 Ziff. 3); für den Fall der während der Reise erforderlichen Ausbesserung des Schiffs (Art. 640, 643 Ziff. 4). Weiter bestimmt das Gesetz, wer im Falle der *ipso iure* oder in Folge des Rücktrittsrechts der Parteien stattfindenden Auflösung des Frachtvertrags die Löschungskosten zu tragen hat (Art. 641), und verordnet, dass wenn das Schiff nach Einnahme der Ladung im Abladungshafen oder in einem Zwischen- oder Nothhafen in Folge eines die Kontrahenten zum Rücktritt berechtigenden Ereignisses liegen bleiben muss, die Kosten des Aufenthalts in jedem Falle über Schiff, Fracht und Ladung nach den Grundsätzen der Havariegrosse zu vertheilen sind (Art. 637).

Der Schiffer hat über die geschehene Abladung unverzüglich ein Konnossement auszustellen in so vielen gleichlautenden Exemplaren, als es der Ablader verlangt (Art. 644; Art. 645: Inhalt). Das Konnossement ist, wenn nicht das Gegentheil vereinbart ist, auf Verlangen des Abladers an die Order des Empfängers oder blos an Order, was Order des Abladers bedeutet, zu stellen (Art. 646). Der Schiffer hat im Löschungshafen die Güter dem legitimirten Inhaber auch nur Eines Konnossements-Exemplars auszuliefern (Art. 647). Melden sich dagegen mehrere, so hat derselbe sie alle zurückzuweisen und die Güter zu deponiren (Art. 648). Die Uebergabe des Konnossements hat, wenn die Güter wirklich abgeladen sind, dieselben dinglichen Wirkungen zur Folge, wie die Uebergabe der Güter selbst; ein Satz, den das H.G.B. freilich nur

hinsichtlich des Order-Konnossements aussspricht (Art. 649). Kollidiren aber die Ansprüche mehrerer Konnossements-Inhaber, so ist,
wenn der Schiffer nicht bereits die Güter an einen ausgeliefert hat,
bevor die Ansprüche der anderen erhoben wurden, zu Gunsten
dessen zu entscheiden, dessen Legitimation auf dem zuerst von dem
gemeinschaftlichen Vormann ihm übergebenen Exemplar beruht
(Art. 650, 651). Der Schiffer braucht die Güter nur gegen Rückgabe eines Konnossements-Exemplars, auf dem die Ablieferung der
Güter zu bescheinigen, auszuhändigen (Art. 652). Das Konnossement ist entscheidend für die Rechtsverhältnisse zwischen Verfrachter und Empfänger (Art. 653). Daraus folgt: 1. der Verfrachter haftet für die Ablieferung der im Konnossement bezeichneten Gattung von Gütern (Art. 654), selbst wenn die Güter dem
Schiffer in Verpackung oder in geschlossenen Gefässen übergeben
sind (Art. 655 Abs. 1). Doch ist der Verfrachter, wenn Letzteres
aus dem Konnossement ersichtlich, von der gedachten Haftung frei,
wenn er beweist, dass trotz der Sorgfalt eines ordentlichen Schiffers
die Unrichtigkeit nicht wahrgenommen werden konnte (Art. 655
Abs. 2); und sogar ohne dass es dieses Nachweises bedarf, wenn
— was zulässig ist — das Konnossement mit dem Zusatz „Inhalt
unbekannt" oder einem gleichbedeutenden versehen ist; es müsste
ihm denn bewiesen werden, dass er andere Güter als die abgelieferten empfangen hat (Art. 656). 2. Der Verfrachter haftet für Ablieferung des im Konnossement angegebenen Quantums; jedoch mit
Ausnahme des Falls, wo die Güter nicht dem Schiffer zugezählt,
zugemessen, zugewogen sind und das Konnossement mit dem Zusatz: „Zahl, Maass, Gewicht unbekannt" oder einem gleichbedeutenden versehen ist (Art. 657). 3. Der Verfrachter haftet für die
durch das Konnossement bezeichnete oder angedeutete Beschaffenheit der Güter. Waren dieselben mit irgend welchen Mängeln behaftet, so kann der Schiffer von der Verantwortung dafür sich nur
dadurch befreien dass er einen Vermerk darüber in das Konnossement aufnimmt (Art. 660). Durch eine in das Konnossement aufgenommene Klausel kann auch die Verantwortlichkeit des Verfrachters aus dem Rezeptum gemildert werden. Als solche Klauseln führt das H.G.B. auf: „frei von Leckage", „frei von Bruch",
„frei von Beschädigung" (Art. 659). 4. Das Konnossement ist
maassgebend für die Bedingungen, unter denen die Ablieferung der
Güter erfolgt. Ist die Fracht nach Zahl, Maass oder Gewicht der
Güter bedungen, so ist für die Berechnung derselben das im Konnossement angegebene Quantum bestimmend, wenn nicht etwas Abweichendes im Konnossement festgesetzt ist (Art. 658). Hat der
Schiffer ein Order-Konnossement ausgestellt, so darf er den Anweisungen des Abladers wegen Zurückgabe oder Auslieferung der
Güter nur dann Folge leisten, wenn ihm sämmtliche Konnossements-
Exemplare zurückgegeben werden; ebenso der Aufforderung eines
Konnossements-Inhabers auf Auslieferung der Güter vor Erreichung
des Bestimmungshafens. Lautet das Konnossement nicht an Order,

so hat der Schiffer die Güter schon zurückzugeben oder auszuliefern, wenn der Ablader und der im Konnossement bezeichnete Empfänger einverstanden sind (Art. 661). Diese Sätze gelten auch dann, wenn der Frachtvertrag vor Erreichung des Bestimmungshafens durch einen Zufall aufgelöst wird (Art. 662).

Bei Unterverfrachtung haftet für Erfüllung des Unterfrachtvertrages, soweit dessen Ausführung zu den Dienstobliegenheiten des Schiffers gehört und von diesem übernommen ist, nicht der Unterverfrachter, sondern der Rheder mit Schiff und Fracht (Art. 664).

Art. 557.

Der Frachtvertrag zur Beförderung von Gütern bezieht sich entweder:

1. auf das Schiff im Ganzen oder einen verhältnissmässigen Theil oder einen bestimmt bezeichneten Raum des Schiffs, oder

2. auf einzelne Güter (Stückgüter).

1. Das Gesetz spricht vom Frachtvertrage zur Beförderung von Gütern. Hieraus ergiebt sich der Charakter des Vertrages. Der Befrachter bedingt sich aus den Transport der Güter nach einem bestimmten Ort, der Verfrachter übernimmt diesen Transport. Dies bildet den Inhalt einer *locatio conductio operis*. Die besondere Art des Frachtvertrags kann in dieser Hinsicht keinen Unterschied begründen (so auch R.O.H.G. XXI S. 376). Mag es sich um Stückgüter handeln, mag die Verfrachtung des ganzen Schiffs, eines quoten Theils oder eines bestimmt bezeichneten Raumes in Frage stehen; in jedem Fall ist Gegenstand des Vertrages, dass die Güter befördert, nach einem bestimmten Platze geschafft werden, d. h. eine durch Dienste (allerdings unter Benutzung einer Sache — des Schiffs) hervorzubringende Wirkung (Ullrich in Voigts Neuem Archiv f. H.R. II S. 320 ff.; Prot. V S. 2041; „der Transport selbst als Produkt der Transporthandlungen“ sagt das R.O.H.G. XX S. 342). Dass dies beim Stückgüter-Vertrage zutrifft, wird allgemein zugegeben (Cropp in Heises und seinen jur. Abh. II S. 635 f.). Den Chartervertrag aber unter eine andere Form der *locatio conductio* zu bringen, liegt kein Grund vor. Es wird zwar gesagt, in der Ueberlassung des Schiffs oder gewisser Räume desselben liege eine Miethe des Schiffs (Cropp a. a. O. S. 635); oder auch, beim Chartervertrage bilde die Zusage der Dienstleistung mittels des kontraktlich vereinbarten Transportmittels einen Haupttheil des Geschäfts, und dieses nehme dadurch vorwiegend die Natur einer *locatio conductio rei* an, neben welcher die Bemühung des Schiffers als Akzessorium behandelt werde (Voigt im Neuen Archiv II S. 225). Was nun zunächst die letztere Behauptung betrifft, so bildet die Ausführung des Transports mittels eines bestimmten Schiffs beim Stückgütervertrage nicht weniger einen Hauptbestandtheil des Geschäfts, als beim Chartervertrage (s. Art. 566 H.G.B.). Daraus aber, dass die Güter des

Befrachters in dem gecharterten Schiff oder in den vereinbarten
Räumen desselben allein untergebracht und transportirt werden,
und dass für diese Güter die sämmtlichen Laderäume oder die vereinbarten Räume des Schiffs beansprucht werden, kann unmöglich
auf das Vorhandensein einer *locatio rei* geschlossen werden, wenn
sonst die Voraussetzungen einer *locatio conductio operis* vorhanden
sind; um so weniger, als der Regel nach die Unterbringung der
Güter in den gecharterten Räumen nicht Sache des Befrachters
oder Abladers, sondern des Schiffers ist. Wenn der Frachtvertrag
sich auf einen quoten Theil des Schiffs bezieht, ist vollends nicht
abzusehen, wie der Umstand, dass hierbei der vom Befrachter für
die abgeladenen Güter beanspruchte Raum durch eine *quota pars*
des Schiffsinhalts ausgedrückt wird und nicht durch den Umfang
der Güter, wie beim Stückgütervertrage, eine Verschiedenheit in
der Natur des Vertrages begründen soll. Es darf auch nicht un-
berücksichtigt gelassen werden, dass zur Ausführung des Transportvertrags das Schiff auf keinen Fall genügt, sondern dass dazu
auch die Dienstleistungen der Personen der Besatzung erforderlich
sind. Wollte man also diesen Vertrag nicht unter den Begriff der
locatio conductio operis bringen, so müsste man neben der *locatio conductio rei* noch eine *locatio conductio operarum* annehmen.
Eine Ueberlassung des Schiffs an eine Person behufs Transportirung
von Gütern auf Grund einer Sachmiethe ist allerdings denkbar.
Allein dann kann man nicht von Frachtvertrag zur Beförderung
von Gütern reden, sondern das ist eben Miethe eines Schiffs, ein
Verhältniss, wie es dem Art. 477 H.G.B. zu Grunde liegt, wenigstens
zu Grunde liegen kann. Hierbei wird aber vorausgesetzt, dass der
Miether das Schiff selbst führt oder dasselbe durch den von ihm
selbst angestellten oder doch von ihm ausschliesslich dirigirten
Schiffer führen lässt. (Hierauf machte schon vor Publikation des
H.G.B. aufmerksam Ullrich [1]) in Voigts Neuem Archiv f. H.R. II
S. 323, 331.)

_____

1) **Ullrich** weist darauf hin, dass in keiner der für die Streitfrage in
Betracht kommenden (von ihm S. 333 f. aufgeführten) Bestimmungen des R.R. der
rechtliche Charakter des Frachtvertrags klargelegt würde, dass dies auch namentlich nicht durch Ausdrücke wie *conducere, locare navem* beabsichtigt würde,
welche vielmehr ebenso wie unsere Bezeichnungen: ein Schiff befrachten, verfrachten, chartern, verchartern, nichts Anderes bedeuten sollten als die Abschliessung eines Frachtvertrags (S. 335 f.). **Ullrich** meint auch (S. 334 f.), dass in
mehreren Stellen unter dem Schiffe, von dessen Vermiethung die Rede, nur der
Ladungsraum zu verstehen sei, über welchen den Kaufleuten, die in jenen Zeiten
nicht selten die zu verkaufenden Waaren nach dem Bestimmungsorte begleiteten,
die Herrschaft zu dem Zweck eingeräumt worden wäre, um die Güter darin zu
verladen. Zu diesem Vertrage wäre aber hinzugekommen die Verpflichtung des
Schiffers, den bedungenen Transport zu bewerkstelligen, also eine *locatio conductio operis*. Hierbei — meint **Ullrich** — konnten die Römer es mit Rücksicht auf die Formulirung der Klage (wie in *L. 1 § 1 De praescr. verb. 19*, 5)
für zweifelhaft erklären, welches von den beiden Rechtsverhältnissen überwiege.
In letzterer Hinsicht möchte ich **Ullrich**, dessen Ansicht auch **Laurin** bei
Cresp II S. 15 Note 11 zu haben scheint, nicht beistimmen, weil in dem von

Für die Auffassung des Transportvertrags des H.G.B. als *locatio conductio operis* spricht auch die Geschichte des Art. 557. Der Art. 466 des preuss. Entwurfs lautete:

Die Befrachtung geschieht:
1. *für ein ganzes Schiff oder einen verhältnissmässigen oder einen räumlich bestimmten Theil desselben;*
2. *für den Transport von einzelnen Gütern —.*

Obwohl gegen diese ıFassung monirt worden war, dass sie die nicht zu rechtfertigende Croppsche Theorie zur Geltung brächte (Prot. V S. 2040 f.), so wurde doch noch in erster Lesung folgende Fassung in Vorschlag gebracht:

Der Frachtvertrag hat zum Gegenstande:
1. *entweder das Schiff im Ganzen oder zu einem verhältnissmässigen Theile oder einen bestimmt bezeichneten Raum des Schiffs,*
2. *oder den Transport einzelner Güter (Stückgüter).*

Dieselbe wurde jedoch beanstandet, weil der Ausdruck „der Frachtvertrag hat das Schiff u. s. w. zum Gegenstande" leicht so ausgelegt werden könnte, „als ob der Frachtvertrag über ein ganzes Schiff als *locatio rei* aufzufassen sei", und darauf die jetzige Fassung des Art. 557 angenommen (s. Prot. V S. 2466 f.).

2. Obwohl der See-Frachtvertrag stets als *locatio conductio operis* zu betrachten ist, so besteht doch unzweifelhaft ein juristischer Unterschied, ob (wie bei dem Stückgüter-Vertrage) der Befrachter' nur verlangen kann, dass die von ihm verladenen Güter in diesem Schiff nach dem von ihm angegebenen Bestimmungsort gebracht werden, oder ob (wie bei der Befrachtung des Schiffs im Ganzen) demselben dabei auch die ausschliessliche Verfügung über sämmtliche Räume des Schiffs zusteht. Zweifelhaft kann es

---

ihm gesetzten Falle doch stets *locatio conductio operis* anzunehmen sein würde, glaube vielmehr, dass die Römer Transportvertrag und Schiffsmiethe, ganz wie wir, gekannt haben, nur dass letztere, eben weil die Kaufleute oftmals ihre Waaren begleiteten, viel häufiger war, als jetzt. Und da konnte es wohl unter Umständen zweifelhaft sein, *utrum navem conduxerit an merces vehendas locaverit.*

Der mehrfachen möglichen Kontraktsformen, und zwar gerade in dem im Text angegebenen Sinne thut auch Abbott Erwähnung. Er sagt (S. 28): *The contract between the shipowner and the merchant may be locatio navis, a demise of the ship itself with its furniture and apparel; it may be locatio navis et operarum magistri, a demise of the ship in a state fit for the purposes of mercantile adventure; or it may be locatio operis vehendarum mercium, a contract for the carriage of the merchant's goods in the owner's ship, and by his servants.* — Der französische Code de comm. Art. 273 spricht allerdings von *convention pour louage d'un vaisseau,* doch bemerkt Cresp II S. 17 dazu, dass man sich lediglich *brevitatis causa* dieser Ausdrucksweise bediene. Dagegen fassen mehrere französische Schriftsteller den Transportvertrag auf als zusammengesetzt aus *location de chose* und *location d'ouvrage* (so Pothier, Oeuvres, ed. Dupin III N. 3, 6, 103; Pardessus III N. 704; Cresp II S. 11 ff.; Desjardins III S. 405), wobei sie jedoch nicht stets *locatio conductio operarum* und *operis* auseinanderhalten.

sein, welcher dieser beiden Arten von Verfrachtungsverträgen die Verfrachtung eines bestimmten Raumes des Schiffs und die eines quoten Theils desselben beizuzählen ist; und es waren hierüber auch die Ansichten auf der hamburger Konferenz getheilt (Prot. V S. 2042—2044). Wenn man dieselben trotzdem, dem preussischen Entwurfe (Art. 466) folgend, der Befrachtung des ganzen Schiffs gleichstellte, so scheint die Erwägung hauptsächlich maassgebend gewesen zu sein, dass nach dem damaligen Seerecht über alle derartigen Befrachtungen — im Gegensatz zur Stückgüterladung — eine Chartepartie ausgestellt zu werden pflegte. Abgesehen aber von der den Kontrahenten eingeräumten Befugniss, die Ausstellung einer solchen Urkunde zu verlangen (Art. 558), ist die Gleichstellung nur noch durchgeführt hinsichtlich der Lade- (resp. Lösch-) und Ueberliegezeit [1]) (Art. 568—578, 588, 595—603, 604; vgl. Art. 589, 605); denn wenn auch von Fautfracht nur bei Verfrachtung des ganzen Schiffs, eines quoten Theils und bestimmten Raumes desselben die Rede ist, so sind doch die Entschädigungsansprüche des Verfrachters in den Fällen, wo hier Fautfracht gefordert werden kann, bei Stückgüterladung der Fautfrachtforderung bei Verfrachtung eines quoten Theils oder bestimmten Raumes des Schiffs gleich. Und in dem Art. 643 sind in Betreff des durch *casus* verursachten Ausserkrafttretens des Frachtvertrages und Zurücktretens eines Kontrahenten vom Frachtvertrage dieselben Vorschriften für den auf Stückgüter, wie für den auf einen quoten Theil oder einen bestimmten Raum des Schiffs bezüglichen Frachtvertrag gegeben.

3. Der Frachtvertrag hat es zu thun mit dem Transport von Gütern. Auf Grund des Vertrages hat der Verfrachter die Güter zum Zweck des Transports zu übernehmen, dieselben nach dem Bestimmungsort zu bringen, während des Transports zu bewahren und nach vollendetem Transport abzuliefern (Entsch. des R.O.H.G. XXIII S. 320 f.). Nicht als Frachtvertrag ist der Bugsirvertrag aufzufassen. Der Schleppschiffer erhält nicht Güter übergeben, er hat dieselben „nicht zu bewahren noch nach vollendetem Transport abzuliefern". Er übernimmt lediglich „die Fortbewegung" eines Schiffs (Entsch. des R.O.H.G. a. a. O.). Das selbst als Transportmittel dienende Schiff als Frachtgut im Sinne des H.G.B. (wie Thöl, H.R. III S. 7 N. 7 will) aufzufassen, verbietet auch entschieden die Auffassung des Verkehrs, die doch hierfür allein maassgebend sein kann (s. Goldschmidt, H.R. I S. 615). Freilich ist es, damit von Frachtvertrag die Rede sein kann, nicht nothwendig, dass die Güter an Bord des Schiffs übernommen

---

1) Ein Anspruch des Verfrachters auf Liegegeld wird allerdings unter Umständen auch bei Stückgütern anerkannt (Art. 605). — Speziell auf Stückgüter-Ladungen bezieht sich noch der Art. 591 (Fixirung eines Endtermins für den Antritt der Reise durch den Richter).

sind; wie denn das Schleppen von Flossholz durch ein Schiff sehr wohl Gegenstand eines Frachtvertrages sein kann, nämlich dann, wenn die eben angegebenen Voraussetzungen dafür da sind, d. h. die Hölzer dem Schiffer übergeben werden, um nach einem bestimmten Orte gebracht und daselbst abgeliefert zu werden, auch während der Fahrt im Gewahrsam des Schiffers sind. (S. Entsch. des R.G. Civ.S. VI S. 100.) Und ebenso kann natürlich — wennschon etwas Derartiges schwerlich vorkommen wird — der Transport eines (nicht beladenen und nicht vercharterten) Schiffs durch ein anderes mittels Schleppens nach einem bestimmten Orte unter den angegebenen Voraussetzungen den Inhalt eines wirklichen Frachtvertrages ausmachen. (Vgl. überhaupt Hahn, Kommentar zu Art. 390 II S. 573—576.)

4. Das H.G.B. bezeichnet die Subjekte des See-Frachtvertrages als Verfrachter und Befrachter. Ersterer ist nach der hier vertretenen Ansicht stets *conductor operis;* es ist der Rheder oder Schiffer, welcher den Transport der Waaren übernommen hat; letzterer ist *locator operis,* der sich den Transport der Waaren ausbedingt. Von dem Befrachter, als der Person, welche den Frachtvertrag abgeschlossen hat, wird der Ablader unterschieden; das ist der, welcher die Ladung liefert. Natürlich können Befrachter und Ablader eine und dieselbe Person sein; ist dies nicht der Fall, so kommt mit Rücksicht auf den Frachtvertrag der Ablader nur als Vertreter des Befrachters in Betracht (Prot. V S. 2074 f., S. 2088; vgl. Erk. des O.A.G. zu Rostock vom 24. Februar 1851 in Seufferts Archiv VII Nr. 87).

Art. 558.

Wird das Schiff im Ganzen oder zu einem verhältnissmässigen Theil, oder wird ein bestimmt bezeichneter Raum des Schiffs verfrachtet, so kann jede Partei verlangen, dass über den Vertrag eine schriftliche Urkunde (Chartepartie) errichtet werde.

1. Die älteren Seegesetze verlangen meist für die Befrachtung des ganzen Schiffs, eines bestimmten Raumes oder quoten Theils eines solchen einen schriftlichen Vertrag, nicht dagegen für Stückgüter[1]) (s. Pöhls, Seerecht II S. 403 f.; Kaltenborn, Seerecht I S. 248 ff.). Ebenso eine Anzahl neuerer auswärtiger Rechte[2]). Dem entsprechend hatte auch der preussische Entwurf des H.G.B. (Art. 467) die Bestimmung getroffen:

---

1) Das preussische L.R. fordert allerdings nicht nur bei Charterung des ganzen Schiffs, sondern auch bei Stückgütern einen schriftlichen Kontrakt (§§ 1620, 1622 II, 8). Doch wird bei letzterem Vertrage. wenn er durch einen Mäkler geschlossen ist, die durch diesen erfolgte Eintragung in sein Journal und die Ertheilung eines Manifestes für ausreichend erklärt (§§ 1623 f.).

2) So das holländische H.G.B. Art. 454. Ebenso ist in England bei der Verfrachtung des ganzen Schiffs oder des Haupttheils eines solchen *(the*

16*

*Wird das Schiff ganz oder zu einem bestimmten Theile (Art. 466
Nr. 1) verfrachtet, so muss der Vertrag bei Strafe der Nichtigkeit
schriftlich geschlossen werden.*

*Ist der Frachtvertrag jedoch durch Vermittelung eines Handels-
mäklers geschlossen, so vertritt der Schlusszettel desselben die Stelle
des schriftlichen Vertrages.*

Mit Rücksicht jedoch auf das in den anderen Theilen des
H.G.B. durchgeführte Prinzip der Formlosigkeit der Verträge beschloss man von der Nothwendigkeit der Schriftlichkeit abzusehen;
räumte aber theils wegen der Wichtigkeit des Vertrages selbst,
theils wegen der Unentbehrlichkeit einer schriftlichen Vertrags-
urkunde für beide Theile, welche derselben in vielen Fällen zur
Versendung oder zur Legitimation bedürfen, im Anschluss an den
österreichischen Entwurf (§ 76) jedem der Kontrahenten das Recht
ein, eine solche Urkunde[1]) zu verlangen (Prot. V S. 2045 f.).

2. Irgend eine f e s t s t e h e n d e F o r m hat sich für die Chartepartie nicht ausgebildet, wennschon man sich bei der Abfassung
gedruckter Formulare zu bedienen pflegt, die aber, und zwar an
einem und demselben Platze, in sehr verschiedenen Gestalten vorkommen, namentlich mehr oder minder ausführlich sind. Eigen-

---

principal part thereof) die Ausstellung einer schriftlichen Urkunde *(charter-party)*
üblich, doch nicht für die Gültigkeit des Vertrages wesentlich (A b b o t t S. 83,
174 ff.). Die meisten neueren Rechte fordern indess die Schriftlichkeit für jede
Art des Frachtvertrages. So das s p a n i s c h e H.G.B. Art. 738 (ist jedoch eine
Chartepartie nicht ausgefertigt, so tritt das Konnossement an deren Stelle: Art.
739); das b r a s i l i a n i s c h e H.G.B. Art. 566 (die Urkunde heisst bei Verfrachtung des ganzen Schiffs oder eines Theils desselben Chartepartie, bei Stückgütern Konnossement). — Der f r a n z ö s i s c h e *Code de comm.* Art. 273 bestimmt
im Anschluss an die *Ordonnance de la marine* III, 1 Art. 1: *Toute convention pour louage de navire... doit être rédigée par écrit.* Schon bei Berathung
des *Code de commerce* wurde im Staatsrath die Frage ventilirt, ob dies bei
Strafe der Nichtigkeit vorgeschrieben wäre; aber nicht entschieden (L o c r é ,
Esprit du code de comm. zu Art. 273). Die herrschende Meinung in Frankreich
verneint dieselbe. Nach ihr ist das Requisit der Schriftlichkeit nur mit Rücksicht auf den Beweis aufgestellt. Dieser kann allein durch die Urkunde (nach
manchen Entscheidungen und nach manchen Juristen auch durch Korrespondenz
und durch Handelsbücher) geführt werden, nicht durch Zeugen; ausserdem aber
auch, da der Beweis durch Geständniss unnöthig wird, durch Eidesdelation
(C r e s p II S. 30 ff.; D e s j a r d i n s III S. 423 ff.; R u b e n d e C o u d e r II S. 553 f.
N. 14 und die daselbst Zitirten). Ebenso verlangt das c h i l e n i s c h e H.G.B.
Art. 979 Schriftlichkeit für den Frachtvertrag (ohne zwischen Chartervertrag und
Stückgüterfracht zu unterscheiden) wohl nur mit Rücksicht auf den Beweis, der,
wenn die Fracht 200 Pesos übersteigt, nicht durch Zeugen geführt werden kann.
Das f i n n l ä n d i s c h e Seegesetz Art. 80 giebt bei jeder Art des Frachtvertrags
beiden Parteien das Recht, die Ausstellung einer schriftlichen Urkunde zu verlangen. Dagegen bestimmt der b e l g i s c h e *Code de comm.* II (v. 1879) Art. 67:
*Le contrat de louage maritime se constate par les modes de preuve admis
en matière de commerce;* sieht also von jeder bestimmten Form ab.
    1) Die Bezeichnung Chartepartie wird hergeleitet von *charta partita*, in-
dem in der älteren Zeit das Pergamentblatt, welches den Kontrakt *in duplo* enthielt, in eigenthümlicher Weise durchschnitten und jedem der Kontrahenten
eine Hälfte gegeben wurde: A b b o t t S. 174 f.; P ö h l s , Seerecht II S. 404.

thümlich ist es, dass in deutschen Häfen die Chartepartien sehr häufig in englischer Sprache abgefasst werden. Es hat dies seinen Grund darin, dass oftmals irgend eine der durch eine solche betroffenen Personen nichtdeutscher Nationalität angehört, und dass man sich des Englischen gewissermaassen als der internationalen Seesprache bedient. Man hat daher hieraus auch nicht zu schliessen, dass der Frachtvertrag nach englischem Recht zu beurtheilen ist; dies darf man vielmehr nur dann thun, wenn die Absicht der Kontrahenten nachweislich darauf gerichtet war, sich dem englischen Recht zu unterwerfen; was, abgesehen von einer ausdrücklichen Erklärung und von dem Falle, wo beide Kontrahenten Engländer wären, nur dann anzunehmen sein würde, wenn in der Chartepartie unzweifelhaft englische Rechtsanschauungen zur Anwendung gebracht worden wären [1]).

3. Die Rechte aus dem Frachtvertrage können durch Z e s s i o n auf andere Personen übertragen werden, von Seiten des Befrachters das Recht auf Ausführung des vereinbarten Transports mittels des genannten Schiffs, von Seiten des Verfrachters der Anspruch auf die Fracht nebst deren Akzessionen. Selbstverständlich befreit sich dadurch der Zedent nicht von den ihm durch den Vertrag auferlegten Verbindlichkeiten [2]). Durch Indossament kann dagegen die Chartepartie nicht übertragen werden (Art. 302 H.G.B.). Allerdings könnte das auf den Namen einer bestimmten Person lautende Indossament als Beweis der stattgehabten Zession dienen. Allein ein auf einer Chartepartie befindliches Blankoindossament würde nicht ausreichen, um den Uebergang der betreffenden Rechte auf den Inhaber der Chartepartie zu erweisen (Entsch. des O.A.G. zu Lübeck vom 13. Oktober 1870 in K i e r u l f f s Samml. VI S. 474 ff., auch in S e u f f e r t s Archiv XXVI Nr. 235).

Art. 559.

In der Verfrachtung eines ganzen Schiffs ist die Kajüte nicht einbegriffen; es dürfen jedoch in dieselbe ohne Einwilligung des Befrachters keine Güter verladen werden.

Dieser aus dem österreichischen Entwurf herübergenommene, aber auch dem früheren gemeinen Seerecht konforme [3]) Artikel enthält eine Interpretationsregel für den das ganze Schiff betreffenden

---

1) Vgl. die in S i e b e n h a a r s Archiv für deutsches Wechselrecht und Handelsrecht N. F. Bd. III S. 337—350 zusammengestellten Erkenntnisse der hansestädtischen Gerichte; ferner Hanseat. Gerichtszeitung v. 1881 S. 127, 138.

2) Das bestimmt hinsichtlich des Befrachters ausdrücklich das norwegische Seegesetz § 45.

3) P ö h l s, Seerecht II S. 408 f.; Erk. des O.A.G. zu Lübeck vom 19. Dezember 1840, in S e u f f e r t s Archiv IX Nr. 204. Der Satz gilt auch in manchen fremden Rechten, so im englischen (M a c l a c h l a n S. 445), im holländischen (H.G.B. Art. 456).

Frachtvertrag. Dass bei einer Verfrachtung des ganzen Schiffs der Raum für die Aufbewahrung der Schiffsutensilien und des Proviants, sowie das Volkslogis ausgeschlossen, versteht sich von selbst[1]). Dagegen wäre an und für sich nicht dasselbe zu sagen hinsichtlich der Kajüte, weil „sie nicht immer ganz für den Kapitän nöthig" ist „und nicht selten noch Raum für die Unterbringung von Gütern darbietet". Deshalb ist der frühere allgemeine Gebrauch besonders durch das Gesetzbuch sanktionirt worden. Das für den Kapitän aufgestellte Verbot, für eigene oder fremde Rechnung Waaren in der Kajüte ohne Erlaubniss des Befrachters zu verladen, soll verhüten, dass diesem vermittelst des von ihm selbst gecharterten Schiffs im Bestimmungsorte Konkurrenz gemacht werde (Prot. V S. 2059).

Art. 560.

Bei jeder Art von Frachtvertrag (Art. 557) hat der Verfrachter das Schiff in seetüchtigem Stande zu liefern.

Er haftet dem Befrachter für jeden Schaden, welcher aus dem mangelhaften Zustande des Schiffs entsteht, es sei denn, dass die Mängel aller Sorgfalt ungeachtet nicht zu entdecken waren.

1. Der Frachtvertrag, von welcher Beschaffenheit er auch immer sein mag, läuft stets darauf hinaus, dass der Verfrachter die Waaren auf diesem Schiffe nach dem Bestimmungsorte schafft. Soll dies aber möglich sein, so muss das Schiff seetüchtig, d. h. von der Beschaffenheit sein, nicht blos überhaupt irgend eine Reise machen („See halten"), sondern gerade die in Rede stehende Seereise machen zu können (Prot. VIII S. 3847 f.). Die Seetüchtigkeit bedingt auch, dass die Schiffsinstrumente und alle sonstigen Pertinenzen in gehörigem Stande sind (Prot. V S. 2066). Dagegen würde die Seetüchtigkeit als solche im Sinne des H.G.B. nicht auch in sich schliessen genügende Verproviantirung, ausreichenden Kohlenvorrath und genügende Bemannung; denn wenn auch dies Alles für das Schiff nothwendig ist, um eine bestimmte Reise antreten und mit Sicherheit ausführen zu können, so unterscheidet doch das H.G.B. die Seetüchtigkeit des Schiffs von der gehörigen Verproviantirung resp. Ausrüstung und Bemannung (Art. 480, Art. 825 Ziff. 1). Wegen eines durch mangelhafte Ausrüstung und Bemannung ihm verursachten Nachtheils würde der Befrachter daher nicht aus diesem Artikel Entschädigung verlangen können.

2. Die Seetüchtigkeit muss zu der Zeit vorhanden sein, „zu welcher die Leistung des Schiffs beginnen soll, also gegen die

---

1) Vgl. Maclachlan S. 416. Die mecklenburg-schwerin. Einführ.-Verordn. hat dies noch besonders aussprechen zu müssen geglaubt. Sie bestimmt im § 68: *Bei der Befrachtung eines ganzen Schiffs, Art. 559 des H.G.B., ist auch der nöthige Raum für das Schiffsvolk und die Schiffsbedürfnisse der Kajüte gleich zu achten.*

Zeit der Abreise". Wenn sich daher das Schiff in dem Zeitpunkte, wo mit der Ladung begonnen werden soll, in einem reparaturbedürftigen Zustande befindet, so kann sich der Befrachter nicht wegen kontraktwidriger Leistung beschweren, vorausgesetzt, dass die nothwendigen Reparaturen der Art sind, dass sie die Beladung nicht hindern und bis zu der vertragsmässigen Abgangszeit des Schiffs zu bewerkstelligen sind (Entsch. des O.A.G. zu Lübeck vom 27. Mai 1867 in Kierulffs Samml. III S. 463).

3. Unter dem dem Befrachter aus der mangelhaften Beschaffenheit des Schiffs erwachsenen Schaden ist nicht nur der durch Verlust oder Beschädigung der Güter entstandene zu verstehen — wofür die Haftung des Verfrachters aus dem Rezeptum mit der aus Art. 560 konkurrirt [1]) —, sondern auch der Nachtheil, welcher aus der noch vor der Verladung oder vor Antritt der Reise sich herausstellenden Seeuntüchtigkeit des Schiffs erwächst; z. B. wenn wegen der Seeuntüchtigkeit eine Beladung des Schiffs' überhaupt nicht möglich ist, oder durch die Reparatur ein grosser Zeitaufwand verursacht wird (Prot. V S. 2061, 2064).

4. Wenn das Gesetzbuch den Befrachter von der Verhaftung nur dadurch befreien lässt, dass die Mängel aller Sorgfalt ungeachtet nicht zu entdecken waren, so fordert es von demselben mehr, als dass er die gehörige Sorgfalt *(diligentia diligentis patris familias)* zur Leistung eines seetüchtigen Schiffs anwende. Derselbe hat die Seetüchtigkeit selbst unbedingt zu gewähren. Er wird nicht dadurch befreit, dass er das Schiff durch Zimmerleute nachsehen, dichten, kalfatern, repariren lässt, sondern er hat auch für die Versehen dieser Leute einzustehen und haftet nicht nur für *culpa in eligendo*. „Nur wenn es unter gewöhnlichen Umständen ausserhalb der Möglichkeit gelegen" hat, „den Mangel zu entdecken", wird derselbe von der eben gedachten Verpflichtung befreit (Prot. VIII S. 3848). Man folgte in dieser Hinsicht der Auffassung des Verkehrs, die vielleicht unter dem Einflusse der Grundsätze des Rezeptums sich gebildet hatte, indem man bei einem gecharterten Schiff die Zeit vor Empfang der Waaren und die nach Empfang derselben nicht auseinander hielt.

5. Ueber die Beweislast bestimmt das Gesetzbuch nichts. Es ist daher in dieser Hinsicht auf die Grundsätze des bürgerlichen Rechts zu rekurriren. Hiernach würde an sich die Beweislast denjenigen Kontrahenten treffen, der Ansprüche aus dem Frachtvertrage geltend macht. Hat aber der Befrachter oder der Ablader (der dann als des ersteren Stellvertreter erscheint) das ihm zur Verfügung gestellte Schiff angenommen, beladen und die Reise antreten lassen, ohne irgend welchen Einspruch gegen dessen

---

1) Man wird bei Beschädigung oder Verlust der Güter unter Umständen die Seeuntüchtigkeit des Schiffs geltend machen, weil man dann volle Schadloshaltung verlangen kann, während dies nicht der Fall ist, wenn man sich auf Art. 607 H.G.B. stützt (s. Art. 612, 614).

Seetüchtigkeit zu erheben, so ist nach den Regeln eines ordentlichen und ehrlichen Verkehrs darin eine stillschweigende Anerkennung der Seetüchtigkeit des Schiffs zu sehen. Behauptet daher der Befrachter trotzdem nachträglich, dass das Schiff zur Zeit der Abladung nicht seetüchtig gewesen, dass er sich demgemäss bei der Annahme desselben in einem Irrthum über dessen Beschaffenheit befunden, so hat er unbedingt zu beweisen, „dass die thatsächliche Voraussetzung, welche seiner Erklärung zu Grunde lag", nicht vorhanden gewesen (Entsch. des R.O.H.G. XXIII S. 21 f.; s. auch Windscheid, Pandekten II § 321 Note 6). In der Regel wird der Beweis der Seeuntüchtigkeit wie der Seetüchtigkeit durch Sachverständige geführt werden, welche aus dem gegenwärtigen Zustand in Verbindung mit den Schicksalen, die das Schiff während der Reise betroffen, einen Schluss auf die Beschaffenheit desselben bei Beginn der Reise zu ziehen haben. Der Beweis der Seetüchtigkeit kann aber auch gefunden werden in der Klassifizirung des Schiffs bei einem der bestehenden Klassifikations-Institute (Londoner Lloyd, Bureau Veritas, Germanischen Lloyd u. s. w.), vorausgesetzt, dass diese Klassifizirung nicht vor zu langer Zeit vor dem Antritt der in Frage stehenden Reise stattgefunden hat [1]) (vgl. Entsch. des Ober-Seeamts I S. 420). Umgekehrt kann in dem Umstande, dass die Zeit, für welche dem Schiff eine bestimmte Klasse von einem solchen Institut ertheilt, bereits abgelaufen war, noch nicht ein Beweis für dessen Seeuntüchtigkeit gesehen werden (Entsch. des R.O.H.G. XXI S. 161 ff.); wohl aber in dem Umstande, dass das Schiff nachweislich überhaupt keine Klasse hat erhalten können [2]).

Art. 561.

Der Schiffer hat zur Einnahme der Ladung das Schiff an den vom Befrachter oder, wenn das Schiff an Mehrere verfrachtet ist, von sämmtlichen Befrachtern ihm angewiesenen Platz hinzulegen.

---

1) Auch ist gegen den durch die Klassifizirung geführten Beweis Gegenbeweis statthaft. In ähnlicher Weise bestimmt der französische *Code de comm.* Art. 297 Abs. 2: *La preuve est admissible non obstant et contre les certificats de visite au départ* (angeordnet durch Art. 225; Weiteres darüber Desjardins II S. 312—325). Ebenso andere Gesetzbücher, wie das holländische H.G.B. Art. 479 Abs. 2; portugiesische H.G.B. Art. 1526 Abs. 2; spanische H.G.B. Art. 779; belgische *Code de comm.* II (v. 1879) Art. 95 Abs. 2.

2) Nach französischem Recht gilt hinsichtlich der Seetüchtigkeit dasselbe Prinzip, wie im deutschen. Doch hat nach demselben der Befrachter den Beweis mangelnder Seetüchtigkeit zu führen (franz. *Code de comm.* Art. 297; s. auch Caumont S. 180 N. 136; Desjardins III S. 514 ff.). Das Prinzip des *Code* hat eine ganze Reihe von Gesetzbüchern adoptirt, so das holländische H.G.B. Art. 479; portugiesische Art. 1526; spanische Art. 779; der belgische *Code de comm.* II Art. 95. In England wird die Seetüchtigkeit des Schiffs als eine sich von selbst verstehende Bedingung des Frachtvertrags angesehen: Abbott S. 282 ff.

Wenn die Anweisung nicht rechtzeitig erfolgt, oder wenn von sämmtlichen Befrachtern nicht derselbe Platz angewiesen wird, oder wenn die Wassertiefe, die Sicherheit des Schiffs oder die örtlichen Verordnungen oder Einrichtungen die Befolgung der Anweisung nicht gestatten, so muss der Schiffer an dem ortsüblichen Ladungsplatz anlegen.

Vgl. die Ausführungen zu Art. 593, welche entsprechende Anwendung auch auf den Art. 561 finden.

Art. 562.

Sofern nicht durch Vertrag oder durch die örtlichen Verordnungen des Abladungshafens und in deren Ermangelung durch einen daselbst bestehenden Ortsgebrauch ein Anderes bestimmt ist, müssen die Güter von dem Befrachter kostenfrei bis an das Schiff geliefert, dagegen die Kosten- der Einladung derselben in das Schiff von dem Verfrachter getragen werden.

Für die Frage, wer die durch die Abladung der Güter entstehenden Kosten zu tragen habe, ist maassgebend 1. ein etwaiger besonderer Vertrag zwischen Befrachter und Verfrachter, 2. eine örtliche Verordnung des Abladungshafens, 3. ein im Abladungshafen bestehender Ortsgebrauch, 4. die Bestimmung dieses Artikels. Nach einer auf der hamburger Konferenz geltend gemachten Ansicht soll unter Ortsgebrauch nicht nur das eigentliche örtliche Gewohnheitsrecht zu verstehen sein, sondern auch die an dem Orte bestehende blosse Uebung, der man gewöhnlich folgt, ohne das Bewusstsein rechtlicher Nöthigung zu haben (Prot. VIII S. 3849). Allein der Ortsgebrauch wird hier und noch in einer Reihe von Artikeln (569, 576, 594, 596, 600) entschieden als eine zwingende Norm gedacht und muss daher als Rechtsquelle, als lokales Gewohnheitsrecht aufgefasst werden (s. Entsch. des R.G. Civ.S. III S.150).

Art. 563.

Der Verfrachter muss statt der vertragsmässigen Güter andere, von dem Befrachter zur Verschiffung nach demselben Bestimmungshafen ihm angebotene Güter annehmen, wenn dadurch seine Lage nicht erschwert wird.

Diese Bestimmung findet keine Anwendung, wenn die Güter im Vertrage nicht blos nach Art oder Gattung, sondern speziell bezeichnet sind.

Die Gegenstände des Frachtvertrages können der Spezies oder dem Genus nach bestimmt sein, oder es ist auch nicht einmal die Gattung festgesetzt worden. Im letzteren Falle, wo z. B. nur eine bestimmte Zahl von Kolli den Gegenstand des Vertrages bilden, oder lediglich „eine volle und bequeme Ladung" Seitens des Befrachters zugesagt ist, ist letzterem die Wahl der Waaren ganz freigestellt. Doch kann der Verfrachter selbstverständlich solche Waaren zurückweisen, welche auf dem in Rede stehenden Schiff

überhaupt nicht oder doch nur unter Gefährdung des Schiffs, der
Besatzung und der Ladung anderer Befrachter verladen werden
können, wie explodirbare Substanzen, Gegenstände von ganz
ungewöhnlicher Grösse oder ausserordentlicher Schwere (Voigt im
Neuen Archiv für H.R. II S. 258, S. 290 f.; Desjardins III
S. 592 f.). Sind die Gegenstände speziell bezeichnet, z. B. bestimmte Maschinen genannt, so hat es dabei sein Bewenden. Für
den Fall aber, dass die Frachtgüter nur dem Genus[1]) nach bestimmt sind, stellt der Abs. 1 des Art. eine Vorschrift auf, welche
zwar einen Eingriff in die allgemeinen Grundsätze des Vertragsrechts enthält, aber den im Seeverkehr herrschenden Anschauungen
und Bedürfnissen[2]) entspricht (Entsch. des R.O.H.G. XXIV S. 419),
übrigens auch dem früheren gemeinen Seerecht konform ist (Voigt
a. a. O. S. 259). Danach hat die Seitens der Kontrahenten beliebte Bezeichnung eigentlich nur die Bedeutung, durch ein Beispiel den Kreis von Waaren anzudeuten, aus welchem die Befrachtung des Schiffs zu erfolgen habe. Innerhalb dieses Kreises, welcher durch die Anschauungen des bei Frachtverträgen betheiligten
Publikums gebildet wird, und alle die Waaren umfasst, über die
Frachtverträge zu gleichen Bedingungen abgeschlossen werden,
kann der Befrachter an Stelle der ausdrücklich bezeichneten Waaren andere dem Verfrachter zum Transport übergeben. Hieraus
erklärt sich, dass der Verfrachter nur unter der Voraussetzung
zur Annahme solcher anderweitiger Waaren verpflichtet ist, dass
dadurch nicht seine Lage erschwert wird, wie dies z. B. der Fall
wäre, wenn an Stelle des ursprünglich in der Chartepartie genannten Getreides Kohlen verladen würden, indem diese zu den
beschwerlichsten Abladungen gehören; oder statt des bedungenen
Schwerguts Leichtgut, was die Einnahme von Ballast oder einer
grösseren Quantität von Ballast, als vorausgesehen, und damit
Kosten zur Folge haben würde (vgl. Lewis in Endemanns
Handb. IV S. 134); oder „statt einer Waare, die weniger Fracht"
zahlt, „eine andere, für die mehr zu zahlen" ist (Prot. V S. 2151 ff.,
VIII S. 3854 f.). Umgekehrt braucht der Verfrachter eine Ladung,
für welche geringere Fracht, als die für die ursprünglich verein-

---

1) Uebrigens gilt für diesen Fall gleichfalls die Beschränkung, dass die zum
Transport übergebenen Gegenstände nicht das Schiff, die Besatzung und die
übrige Ladung gefährden dürfen.

2) Die in Rede stehende Anschauung tritt uns in den in Chartepartien
häufig vorkommenden Formeln entgegen: „*in case other produces should be
loadet, freight for the same to be paid in a fair and right proportion*"; —
(6 Mark für Roggen per Ton;) „andere Güter in demselben Verhältnisse"; welche
zeigen, dass die Befugniss des Befrachters, der Art von Gütern, welche in der
Chartepartie als zu verschiffende bezeichnet ist, eine andere zu substituiren, als
selbstverständlich vorausgesetzt wird. Vgl. Lewis in Endemanns Handb. IV
S. 133. — Die gleiche Auffassung findet sich auch in den fremden Rechten; vgl.
für das englische Recht Maclachlan S. 445 ff.; Foard S. 325; Newson,
Digest S. 118 (letzterer sagt, der Befrachter darf das Schiff nur nicht beladen
with goods of another character); für das französische Desjardins III
S. 592 f.

barte Ladung, zu zahlen ist, nur dann anzunehmen, wenn ihm die verabredete höhere Fracht gezahlt wird (Prot. VIII S. 3854 f.). Die Vorschrift findet Anwendung auf jede Art des Frachtvertrages, die Verfrachtung eines ganzen Schiffs, einzelner Theile oder Räume des Schiffs, wie auch auf den Stückgütervertrag (vgl. Prot. V S. 2231). Sie gilt, so lange die Kontrahenten ihre Anwendung nicht deutlich ausgeschlossen haben (Prot. VIII S. 3981).

Art. 564.

Der Befrachter oder Ablader, welcher die verladenen Güter unrichtig bezeichnet oder Kriegskontrebande oder Güter verladet, deren Ausfuhr oder deren Einfuhr in den Bestimmungshafen verboten ist, oder welcher bei der Abladung die gesetzlichen Vorschriften, insbesondere die Polizei-, Steuer- und Zollgesetze übertritt, wird, insofern ihm dabei ein Verschulden zur Last fällt, nicht blos dem Verfrachter, sondern auch allen übrigen im ersten Absatz des Art. 479 bezeichneten Personen für den durch sein Verfahren veranlassten Aufenthalt und jeden anderen Schaden verantwortlich.

Dadurch, dass er mit Genehmigung des Schiffers gehandelt hat, wird seine Verantwortlichkeit den übrigen Personen gegenüber nicht ausgeschlossen.

Er kann aus der Konfiskation der Güter keinen Grund herleiten, die Zahlung der Fracht zu verweigern.

Gefährden die Güter das Schiff oder die übrige Ladung, so ist der Schiffer befugt, dieselben ans Land zu setzen oder in dringenden Fällen über Bord zu werfen.

1. Der Schaden, von welchem im Abs. 1 des Artikels die Rede ist, wird vom Gesetz unter den Begriff des *damnum iniuria datum* gebracht (Prot. V S. 2067, VIII S. 3850). Die *iniuria* besteht in der aus Absicht oder Fahrlässigkeit erfolgten unrichtigen Bezeichnung von Waaren, deren richtige Bezeichnung zur Verhütung von Unglück und Beschädigung nothwendig ist (wie von Pulver und anderen explodirbaren Stoffen, von leckenden Gegenständen), in der Uebertretung anerkannter Grundsätze des Völkerrechts, der Gesetze des Abladehafens und gewisser Gesetze, nämlich der Einfuhrverbote des Bestimmungshafens [1]).

2. Wenn das Gesetz die Verantwortlichkeit des Befrachters von einem Verschulden desselben ausdrücklich abhängig macht, so soll damit doch der Beweisfrage in keiner Weise präjudizirt werden. Es ist daher nicht in jedem Falle nothwendig, dass dem Befrachter das Verschulden nachgewiesen wird. Vielmehr hängt es von den Umständen des konkreten Falls ab, ob der Beschädigte ausser dem Schaden auch noch das Verschulden des Befrachters zu beweisen hat, oder nur den Schaden, und es dann Sache des Befrachters ist, den Nachweis zu führen, dass derselbe durch *casus* entstanden (Prot. S. 2082).

---

1) S. auch Maclachlan S. 445.

3. Dass die Genehmigung des Schiffers den Befrachter von der Verantwortlichkeit gegenüber den übrigen im Art. 479 genannten Personen nicht befreit, ist selbstverständlich, da, wie auf der hamburger Konferenz bemerkt wurde, der Schiffer „nicht die Macht haben" kann, „die Gerechtsame dritter Interessenten zu vergeben". Dies gilt freilich dem Rheder gegenüber nur soweit, als der Schiffer nicht als dessen rechtlicher Vertreter, also in Kollusion mit dem Befrachter gehandelt hat (Prot. V S. 2067, 2070, VIII S. 3850).

4. Der Abs. 3 will sagen, wenn und soweit im Uebrigen der Anspruch des Verfrachters auf die Fracht begründet ist, kann der Befrachter aus der Konfiskation der von ihm verladenen Güter keine Einrede gegen denselben herleiten (Prot. V S. 2082, VIII S. 3850).

Art. 565.

Auch derjenige, welcher ohne Wissen des Schiffers Güter an Bord bringt, ist nach Maassgabe des vorigen Artikels zum Ersatze des daraus entstehenden Schadens verpflichtet. Der Schiffer ist befugt, solche Güter wieder ans Land zu setzen, oder, wenn sie das Schiff oder die übrige Ladung gefährden, nöthigenfalls über Bord zu werfen. Hat der Schiffer die Güter an Bord behalten, so muss dafür die höchste am Abladungsort zur Abladungszeit für solche Reisen und Güter bedungene Fracht bezahlt werden.

Weil es bei der Beladung von Schiffen, namentlich in den Fällen, wo diese — wie bei den grossen Dampfern[1]) — mit grosser Eile geschieht, wohl vorkommen kann, dass Waaren „ohne Wissen und Willen des Schiffers an Bord gebracht und erst nach der Abreise entdeckt" werden, so hat das Gesetzbuch diese Bestimmungen mit Rücksicht auf die Verantwortlichkeit des Schiffers treffen müssen. Da aber der letztere vor jedem durch eine solche ohne sein Wissen erfolgte Verladung von Gütern verursachten Nachtheil geschützt werden sollte, so musste er für berechtigt erklärt werden, die höchste Fracht zu fordern, welche durch vorherige Vereinbarung dafür hätte festgesetzt werden können.

Art. 566.

Der Verfrachter ist nicht befugt, ohne Erlaubniss des Befrachters die Güter in ein anderes Schiff zu verladen. Handelt er dieser Bestimmung zuwider, so ist er für jeden Schaden verantwortlich, in Ansehung dessen er nicht beweist, dass derselbe auch dann entstanden

---

1) Bei den Schiffen der Hamburg-Amerikanischen Packetfahrt-Gesellschaft sind die Einrichtungen der Art, dass die Einnahme der Ladung dieser Schiffe von ca. 3000 Tons in 3 Tagen beendigt ist.

und dem Befrachter zur Last gefallen sein würde, wenn die Güter nicht in ein anderes Schiff verladen worden wären.

Auf Umladungen in ein anderes Schiff, welche in Fällen der Noth nach Antritt der Reise erfolgen, findet dieser Artikel keine Anwendung.

1. Der Verfrachter übernimmt den Transport mittels eines bestimmten Schiffs. Da die Beschaffenheit des Schiffs (Schnelligkeit, Festigkeit u. s. w.) von wesentlichem Einfluss auf die Ausführung des Vertrages ist, so verbietet bereits das R.R. dem Schiffer, gegen den Willen des Befrachters die Waaren in ein anderes Schiff zu verladen, und lässt denselben für den Untergang der Waaren haften, wenn sie auf diesem Schiffe zu Grunde gegangen sind, es müsste denn das vom Befrachter gecharterte Schiff selbst gleichfalls untergegangen sein [1]). Dieser Satz des R.R. ist in das H.G.B. aufgenommen worden [2]); nur ist in diesem die im R.R. von der Verhaftung des Schiffers statuirte Ausnahme generalisirt worden [3]).

---

1) *L. 13 § 1 Locati (19, 2): Si navicularius onus Minturnas vehendum conduxerit et, cum flumen Minturnense navis ea subire non posset, in aliam navem merces transtulerit eaque navis in ostio fluminis perierit, tenetur primus navicularius? Labeo, si culpa caret, non teneri ait: ceterum si vel invito domino fecit vel quo non debuit tempore aut si minus idoneae navi, tunc ex locato agendum. L. 10 § 1 De lege Rhodia (14, 2): Si ea condicione navem conduxisti, ut ea merces tuae portarentur, easque merces nulla nauta necessitate coactus in navem deteriorem, cum id sciret te fieri nolle, transtulit et merces tuae cum ea nave perierunt in qua novissime vectae sunt, habes ex conducto locato cum priore nauta actionem. Paulus: immo contra, si modo ea navigatione utraque navis periit, cum id sine dolo et culpa nautarum factum esset. idem iuris erit, si prior nauta publice retentus navigare cum tuis mercibus prohibitus fuerit. idem iuris erit, cum ea condicione a te conduxisset, ut certam poenam tibi praestaret, nisi ante constitutum diem merces tuas eo loci exposuisset, in quem devehendas eas merces locasset, nec per eum staret, quo minus remissa sibi ea poena spectaret. item iuris in eodem genere cogitationis observabimus, si probatum fuerit nautam morbo impeditum navigare non potuisse. idem dicemus, si navis eius vitium fecerit sine dolo malo et culpa eius.* Auf der hamburger Konferenz hat man augenscheinlich nur die zweite dieser Stellen in Betracht gezogen, indem man die in Rede stehende Verhaftung des Schiffers im R.R. auf den Fall beschränkt glaubte, dass die Verladung in ein schlechteres Schiff erfolgte (Prot. V S. 2072). Das Wort *deteriorem* scheint mir aber auch in der *L. 10 De lege Rhodia* nicht als Voraussetzung für die in der Stelle an die Umladung geknüpften Folgen, sondern lediglich zur Erklärung des nachträglich erfolgten Unterganges der Waaren gesetzt zu sein. Wenigstens würden sich die Sätze des Paulus mit den Worten: *si in navem deteriorem transtulit* nicht recht vereinigen lassen, wenn auf *deterior* irgend welches Gewicht zu legen wäre.

2) Freilich unbewusst, da man auf der hamburger Konferenz — wie in der vorigen Note bemerkt — der römischrechtlichen Bestimmung über die durch die Umladung der Waaren herbeigeführte Verhaftung des Schiffers eine beschränktere Bedeutung beilegte (vgl. Prot. VIII S. 3851).

3) Im Preuss. L.R. (§§ 1657 II, 8) war der Satz des R.R. einfach reproduzirt. — Auch in manchen fremden Rechten ist die Substitution eines anderen Schiffs verboten, so im spanischen H.G.B. (Art. 757), welches den Verfrachter für allen Schaden verantwortlich macht, der den (in ein anderes Schiff geladenen)

2. Die Umladung in ein anderes Schiff ist nicht schlechtweg in Fällen der Noth dem Schiffer gestattet, sondern nur wenn ein solcher Nothfall sich nach Antritt der Reise ereignet (vgl. Art. 634). Vor Antritt der Reise würde hierzu immer die Genehmigung des Befrachters vorausgesetzt werden. Ohne diese wäre der Schiffer als *negotiorum gestor* zur Umladung unter denselben Voraussetzungen befugt, unter denen ihm ein Dritter als *negotiorum gestor* an Stelle des Befrachters die Genehmigung ertheilen könnte (Prot. V S. 2074).

Art. 567.

Ohne Genehmigung des Abladers dürfen dessen Güter weder auf das Verdeck verladen, noch an die Seiten des Schiffs gehängt werden.

Den Landesgesetzen bleibt vorbehalten, zu bestimmen, dass in Ansehung der Küstenschifffahrt die vorstehende Vorschrift, so weit sie auf die Beladung des Verdecks sich bezieht, keine Anwendung finde.

1. Schon das *Consulado del mare* (c. 141 — Pardessus, *Collection* II S. 155 f. —) verbietet dem Schiffer, Waaren ohne Erlaubniss des Befrachters auf das Verdeck zu laden. Thut derselbe dies doch, so haftet er für Verlust und Beschädigung der Güter. Haben aber die Befrachter in eine derartige Verladung der Güter gewilligt, so haben sie weder einen Anspruch auf Entschädigung gegen den Schiffer, noch auf theilweisen Ersatz in Havariegrosse. Das Revid. Lübische Recht (VI Tit. 2 Art. 7) und das Hanseatische Seerecht von 1614 (III Art. 2) stellen das Verbot der Deckladungen unbedingt auf und machen den Schiffer nicht nur für den Schaden, den die auf Deck geladenen Güter erlitten, verantwortlich (allerdings nicht dem Ladungseigenthümer gegenüber, der in diese Verladung gewilligt hat), sondern bedrohen auch die Zuwiderhandlung wider das Verbot mit öffentlicher Strafe. Die *ratio*, welche diesen Bestimmungen zu Grunde liegt, ist in der Vermuthung zu suchen, „dass durch die Deckladung 1. das Schiff überladen, und 2. die Arbeit der Mannschaft behindert werde" (vgl. Duhn in Voigts Neuem Archiv I S. 204; Desjardins II

Gütern während der Reise zustösst, ohne eine Ausnahme von dieser Verantwortlichkeit zu statuiren; eine Bestimmung, die jedoch nur für den Fall getroffen ist, dass das ganze Schiff befrachtet oder die zum Transport gegebenen Güter wenigstens ³/₄ seines Inhalts ausmachen; im finnländischen Seeges. (Art. 82), das jedoch das Verbot im Fall der Noth zessiren lässt. Auch die französische Jurisprudenz (s. Desjardins III S. 501 f.) und die englischen Juristen (s. Maclachlan S. 366) erkennen das Verbot als aus der Natur des Frachtvertrags sich ergebend an. Von den Bestimmungen hinsichtlich der Umladungen während der Reise in Nothfällen wird später (beim Art. 634) die Rede sein.

S. 348); eine Auffassung, auf welche in Wahrheit bereits das Konsulat der See selbst die eben angegebene Bestimmung zurückführt [1]). Im preussischen Entwurf (Art. 413) und in dem Entwurf aus erster Lesung (Art. 436) befand sich das Verbot, Waaren ohne Genehmigung des Abladers auf das Verdeck zu verladen oder an die Seiten des Schiffs zu hängen, in dem „vom Schiffer" handelnden 3. Titel. Danach machte eine Uebertretung dieses Verbotes (als Verletzung einer demselben durch das Gesetz auferlegten Pflicht) den Schiffer sämmtlichen Personen gegenüber verantwortlich, denen er für einen durch sein Verschulden entstandenen Schaden haftet. Nach der jetzigen Stellung der Bestimmung wird durch ihre Uebertretung nur eine Verhaftung des Verfrachters gegenüber dem Befrachter begründet [2]). Damit ist aber nicht gesagt, dass, wenn die Verladung von Gütern auf Deck eine derartige ist, dass dadurch eine Gefahr für das Schiff und die übrige Ladung entsteht, der Schiffer durch die Genehmigung der Ablader der gedachten Güter von einer Verantwortlichkeit gegenüber den Schiffs- und übrigen Ladungsinteressenten befreit würde; vielmehr haftet derselbe trotzdem für den aus der gedachten Verladung entstandenen Schaden, wenn diese selbst eine Verletzung der dem Schiffer obliegenden Sorgfalt enthält (Prot. VIII S. 3751).

2. Sehr auseinander gingen auf der hamburger Konferenz die Ansichten in Betreff der Frage, ob die hinsichtlich des Verdecks gegebene Vorschrift auf „die auf dem Verdeck eingedeckten Räume", die in neuerer Zeit auf den Schiffen angebrachten Hütten oder Dünetten auszudehnen wäre. Die Einen stellten die Dünetten mit Rücksicht darauf, dass dieselben „in der Regel eben so fest gebaut" wären, „wie der übrige Schiffskörper", dem s. g. Schiffsraum, d. h. den unter den Luken befindlichen Räumen; die Anderen, indem sie jenes in Abrede stellten, gerade umgekehrt dem Verdeck gleich. Eine dritte Meinung ging dahin, dass der Bau der „Hütten sehr verschieden, bald fester, bald weniger sicher sei", und dass sich daher „keine allgemeine Bestimmung rechtfertigen liesse", vielmehr „in jedem einzelnen Falle nach den vorliegenden Umständen zu entscheiden sei, ob eine solche Verladung als Decksladung zu gelten habe oder nicht". Für diese letztere Ansicht entschied sich nach wiederholten langen Debatten die Majorität. Eine

---

1) Am Schluss des zitirten Kapitels heisst es: Dieses Kapitel ist deshalb aufgestellt, weil der Kapitän auf dem Verdeck einzig und allein die Pertinenzen und Schiffsgeräthschaften haben soll, welche er für den Dienst des Schiffs selbst gebraucht.

2) Die meisten fremden Rechte stellen in Betreff der Deckladungen dieselbe Regel auf, wie das D.H.G.B. So der französische *Code de comm.* Art. 229 (wie sich die gleiche Bestimmung bereits in der *Ordonnance de la marine* II Tit. 1 Art. 12 fand); das holländische H.G.B. Art. 348; das portugiesische H.G.B. Art. 1391; der belgische *Code de comm.* II Art. 20; das finnländische Sgeges. Art. 82 (hier findet sich auch das Verbot, Güter an die äusseren Seiten des Schiffs zu hängen); ebenso die englische Praxis (Abbott S. 520 ff.).

ausdrückliche Bestimmung in diesem Sinne in das Gesetzbuch aufzunehmen, unterliess man, um nicht „auf die vorliegende Streitfrage aufmerksam zu machen" (Prot. IV S. 1759 f., S. 1868—1875).
Es ist daher in jedem Falle durch Sachverständige festzustellen,
ob die Dünetten so „fest gebaut und wohl kalfatert", auch „so fest
mit dem ganzen Gefüge des Schiffs verbunden" sind, dass sie denselben Schutz gegen die See gewähren, wie der unter den Luken
befindliche Raum[1]), oder aber ob dies nicht der Fall ist. Im
ersteren Falle hat der Richter dieselben mit Rücksicht auf die
darin verladenen Güter dem s. g. Schiffsraum, im zweiten dem
Verdeck gleichzustellen[2]).

3. Von dem im Abs. 2 den Landesgesetzgebungen
eingeräumten Recht hat keine derselben Gebrauch gemacht[3]).

Art. 568.

*Bei der Verfrachtung eines Schiffs im Ganzen hat der Schiffer,
sobald er zur Einnahme der Ladung fertig und bereit ist, dies dem
Befrachter anzuzeigen.*

Mit dem auf die Anzeige folgenden Tage beginnt die Ladezeit.

*Ueber die Ladezeit hinaus hat der Verfrachter auf die Abladung
noch länger zu warten, wenn es vereinbart ist (Ueberliegezeit).*

*Für die Ladezeit kann, sofern nicht das Gegentheil bedungen
ist, keine besondere Vergütung verlangt werden. Dagegen muss der
Befrachter dem Verfrachter für die Ueberliegezeit eine Vergütung
(Liegegeld) gewähren.*

1. Unter Ladezeit, auch Liegezeit, Liegetage (in
Frankreich *jours de planche* oder *staries*, in England *days for
loading, lay-days* oder *lie-days* genannt) ist diejenige Zeit zu verstehen, während welcher der Schiffer nach dem Gesetz ohne be-

---

1) Es ist dies fast durchweg der Fall bei den grossen Passagierdampfern,
wo sich gerade in der Hütte (über dem Hauptverdeck) die Kajüte erster Klasse
regelmässig befindet.

2) Die englische *Merchant Shipping Act* vom 15. August 1876 (39 und
40 *Victoria c. 80*) hat mit Rücksicht hierauf eine genauere Beschreibung von
Deck gegeben. Es heisst hier (*sect. 23, 24*): Deck-Ladung ist solche Ladung,
welche geführt wird *in any uncovered space upon deck, or in any covered
space not included in the cubical contents forming the ship's registered tonnage*. Ebenso bestimmt der belgische *Code de comm.* II Art. 20 Abs. 2:
*Est assimilié au tillac toute construction ne faisant pas corps avec la mem-
brure du vaisseau*. Und in den *York and Antwerp Rules* wird erklärt
(1 Abs. 2): *Every structure not built in with the frame of the vessel shall
be considered to be a part of the vessel*.

3) Manche fremde Rechte lassen das Verbot der Decksladungen zessiren bei
der Küstenfahrt (so der franz. *Code de comm.* Art. 229 bei *petit cabotage*) oder
bei solchen Ladungen, für welche durch allgemeinen Gebrauch oder Ortsgebrauch
die Verladung auf Deck zulässig ist (so finnländisches Seeges. Art 82). Auf
der anderen Seite hat die neueste englische Gesetzgebung gewisse Holz-Deck-
ladungen für die Winterzeit (vom letzten Oktober bis 16. April) bei (Geld-) Strafe
verboten: *Merchant Shipping Act* vom 15. August 1876 *sect. 24.*

sondere Vergütung auf die Ladung zu warten verpflichtet ist (vgl.
Prot. V S. 2087, S. 2471). Eine solche Ladezeit, deren Dauer in
verschiedener Weise festgesetzt werden kann (Art. 569), kommt
in Folge einer Rechtsvorschrift (also als gesetzliche Ladezeit:
Entsch. des R.O.H.G. XII S. 130) bei der Befrachtung eines ganzen
Schiffs, eines quoten Theils und eines bestimmten Raumes eines
solchen (Art. 588) vor, wogegen dies bei der Stückgüterfracht
nicht der Fall ist (Art. 589).

    2. Der Beginn der Ladezeit setzt voraus, dass das Schiff
im Stande ist, die Ladung aufzunehmen. Das H.G.B. bestimmt
nun im Anschluss an das frühere gemeine Seerecht (Voigt im
Neuen Archiv f. H.R.. II S. 219), dass es nicht Sache des Befrachters ist, sich nach der Ladebereitschaft des Schiffers zu er-
kundigen, sondern Sache des Schiffers, diese Ladebereitschaft
dem Befrachter anzuzeigen [1]) (Prot. S. 2079). Es muss daher beides
zusammen kommen: Ladebereitschaft und Anzeige von derselben
an den Befrachter [2]). Fehlt das eine oder das andere, so kann
die Ladezeit nicht beginnen. Selbstverständlich kann auch ein
anderer Beginn der Ladezeit, als der gesetzliche vereinbart werden.
(S. Hanseat. Gerichts-Zeit. von 1880 S. 97: *The vessel to be loadet
as fast as possible after arrival of the stuff on the quay.*)

    3. Ueber die Ladezeit, welche beim Frachtvertrage
stets in Betracht.kommt, auf die Ladung zu warten, würde der
Schiffer an und für sich nicht verpflichtet sein, wie dies auch
Art. 571 ausdrücklich anerkennt. Nun ist aber im Handelsverkehr der Befrachter oft ohne seine Schuld verhindert, diese Frist
einzuhalten, weil z. B. die Ladung erst aus dem Innern des Landes
auf dem Wasserwege herbeigeschafft werden soll und der Transport durch niedrigen Wasserstand oder durch Eis aufgehalten wird.
Auch fordert es oft sein Interesse, die Beladung eine Zeit lang
hinauszuschieben, um etwa ein bevorstehendes Fallen der Preise
der zu verladenden Waaren abzuwarten. Daher pflegen sich die
Befrachter ausser der eigentlichen Ladezeit noch eine fernere Zeit [3])

---

    1) Ueber die Beschaffenheit dieser Anzeige s. die Ausführungen zu Art. 595.
    2) Nach englischem Recht genügt in Ermangelung anderweitiger Verein-
barung, dass das Schiff an dem üblichen oder angewiesenen Ladeplatz im Hafen
angelangt ist: Abbott S. 243 f.; Maclachlan S. 526 f.
    3) Entsch. des O.A.G. zu Rostock vom 24. Februar 1851 (in Seufferts
Archiv VII Nr. 87). In der früheren Zeit bestand eine allgemeine Praxis, wonach die Ueberschreitung der Ladezeit den Schiffer (auch ohne besondere Verabredung) nur berechtigte, vom Befrachter eine angemessene Vergütung für den
längeren Aufenthalt zu fordern, nicht aber ohne Weiteres den Kontrakt als nicht
mehr zu Recht bestehend zu betrachten. S. Voigt im Neuen Archiv f. H.R. II
S. 214; Desjardins III S. 461 ff. Auch das Seerecht von Oleron Art. 22
(Pardessus, *Collection* I S. 338 f.) und das Wisbysche Seerecht Art. 37
(Pardessus I S. 487) legen dem Befrachter nur die Pflicht zum Schadensersatz
auf, wenn er das Schiff über die vereinbarte Ladezeit aufhält. Im *Consulado
del mare* c. 35 (Pardessus II S. 80 f.) heisst es sogar: Der Schiffer soll auf
die Kaufleute im Falle einer Verhinderung (nämlich die Güter rechtzeitig zu
liefern; *si empediment hi será*) warten.

zur Ausführung der Beladung auszubedingen. Das H.G.B. hat
die vertragsmässige Festsetzung einer solchen ferneren Frist durch
Befrachter und Verfrachter ausdrücklich zugelassen. Diese s. g.
Ueberliegezeit (französisch *surestaries*, englisch *demurrage*) ist
lediglich eine Verlängerung der Ladezeit, von der sie nur deshalb
unterschieden wird, weil Seitens des Befrachters, von dem ihre Inanspruchnahme abhängt, dafür eine Vergütung zu entrichten ist.
Die Vergütung für die Ladezeit ist nämlich in der stipulirten
Fracht mitbegriffen. Dabei wird für die Ladezeit eine bei Be-
ladungen der in Rede stehenden Art durchschnittlich ausreichende
Frist berechnet. Werden nun für den Fall, dass diese sich nicht
als genügend herausstellt, noch Ueberliegetage zwischen den Kontrahenten vereinbart, so muss dafür auch eine besondere Vergütung gewährt werden, weil diese noch nicht in der Fracht enthalten ist[1].

4. Diese Vergütung, das s. g. Liegegeld, hat denselben
Charakter, wie die für die Ladezeit zu entrichtende, in der Fracht
mit enthaltene Vergütung, d. h. den der *merces*, der Miethe (Entsch.
des R.O.H.G. XIX Nr. 29 S. 93 f.). Dieselbe kann jetzt — d. h.
nach der ihr vom H.G.B. angewiesenen Stellung — nicht als
Konventionalstrafe aufgefasst werden, wie dies früher die herrschende Meinung unter den Juristen war[2]. Eine Konventionalstrafe setzt nämlich die Verletzung eines Vertrages voraus. Der
Befrachter aber, welcher in die Lage kommt, Liegegeld zu entrichten, hat sich nicht eines Kontraktbruchs schuldig gemacht, indem er die Ueberliegezeit für sich in Anspruch nahm, sondern hat
ein vertragsmässiges Recht ausgeübt[3]. Auf der hamburger Kon-

1) Von den fremden Rechten erkennen manche neben der vertragsmässigen
Ueberliegezeit noch eine auf Ortsgebrauch beruhende an, so das französische
Recht (s. Caumont S. 188 f. N. 225, S. 813 N. 1; Laurin bei Cresp II S. 88 f.,
S. 152—163; Desjardins III S. 465—477, S. 633 f.; Ruben de Couder II
S. 557—562 N. 37—44; vgl. *Code de comm.* Art. 274, 294); das spanische
H.G.B. (Art. 745 in Verbindung mit 744); das brasilianische H.G.B. (Art. 592).
Ausser den *surestaries* kennt das französische Recht noch *contre-surestaries*
oder *contrestaries*, eine zweite Ueberliegezeit nach Ablauf der *surestaries*, für
welche ein erhöhtes Liegegeld zu zahlen ist. Einige Seegesetze fixiren selbst
eine Ueberliegezeit, die in Ermangelung einer vertragsmässigen eintritt; so das
norwegische Seeges. (§§ 44, 48); das finnländische Seeges. (Art. 91 f., 96).
Das englische Recht kennt dagegen, wie das deutsche, Ueberliegezeit nur auf
Grund eines Vertrages; s. Maclachlan S. 419, S. 521 ff.; Abbott S. 241 ff.
Das holländische H.G.B. (Art. 457) versteht unter Liegetagen die Zeit, welche
der Befrachter über die vertragsmässige oder gesetzliche Ladezeit hinaus das
Schiff bei der Abladung aufhält, und wofür er die vereinbarte oder durch Sachverständige zu arbitrirende Entschädigung dem Schiffer zu zahlen hat; giebt jedoch dem Befrachter auf solche kein Recht, abgesehen von dem Fall, wo dies
vereinbart ist (vgl. Art. 464 f.).
2) Pöhls, Seerecht II S. 482; Kaltenborn, Seerecht I S. 350; Voigt
im Neuen Archiv f. H.R. II S. 227 ff.; Entsch. des O.A.G. zu Kiel vom 13. Juni
1857 in Seufferts Archiv XII Nr. 15. Es fand zwar auch die entgegengesetzte
Ansicht ihre Vertreter, so in einem Erk. des hamb. Handelsger. vom 2. November 1854, abgedruckt in Voigts Neuem Archiv a. a. O. 242; vgl. Hermann
u. Hirsch, Samml. S. 75.
3) In der französischen Jurisprudenz und Doktrin findet sich eine zwiefache

ferenz wurde von keiner Seite den Ueberliegegeldern die Bedeutung einer Konventionalstrafe beigelegt, wennschon der Antrag, zu
Protokoll auszusprechen, dass das Liegegeld als Miethe aufzufassen
sei, abgelehnt wurde (Prot. VIII S. 3885). Der Anspruch auf Liegegeld setzt daher irgend ein Verschulden auf Seiten des Befrachters
nicht voraus [1]).

5. Liegt aber in der Inanspruchnahme von Ueberliegezeit keine
Vertrags-Verletzung, so hat auch der Befrachter nicht für den
Schaden einzustehen, welcher lediglich aus dieser Thatsache (z. B.
in Folge inzwischen eingetretenen Frostes, wodurch das Schiff am
Auslaufen verhindert wird) hervorgeht (Erk. des hamb. Handelsger.
vom 2. November 1854 bei V o i g t a. a. O. S. 242), wogegen nach
der entgegengesetzten Theorie der Befrachter hierfür aufzukommen
hat (V o i g t a. a. O. S. 229 f.; vgl. überhaupt Prot. V S. 2092).

6. Hat das Schiff auf der Ballastreise einen Hafen anlaufen
müssen, um daselbst Order zu erhalten, nach welchem Hafen es
sich behufs Einnahme der Ladung begeben soll, so ist die Zeit,
welche das Schiff über die im Frachtkontrakt stipulirte Zeit hinaus
auf die Order hat warten müssen, auf die Ladezeit in An-
rechnung zu bringen, so dass diese um eben so viele Tage ver-
kürzt wird (V o i g t a. a. O. S. 220; Entsch. des hamb. Handelsger.
vom 19. Dezember 1862 bei H e r m a n n und H i r s c h, Samml.
Nr. 36 S. 152).

Art. 569.

*Ist die Dauer der Ladezeit durch Vertrag nicht festgesetzt, so
wird sie durch die örtlichen Verordnungen des Abladungshafens und
in deren Ermangelung durch den daselbst bestehenden Ortsgebrauch
bestimmt. Besteht auch ein solcher Ortsgebrauch nicht, so gilt als
Ladezeit eine den Umständen des Falles angemessene Frist.*

*Ist eine Ueberliegezeit, nicht aber deren Dauer, durch Vertrag
bestimmt, so beträgt die Ueberliegezeit vierzehn Tage.*

*Enthält der Vertrag nur die Festsetzung eines Liegegeldes, so
ist anzunehmen, dass eine Ueberliegezeit ohne Bestimmung der Dauer
vereinbart sei.*

1. Der Artikel unterscheidet 3 A r t e n d e r N o r m i r u n g
d e r L a d e z e i t: a) Festsetzung durch Vertrag, b) Bestimmung

---

Auffassung des Ueberliegegeldes. Nach der einen erscheint dasselbe als *la
réparation d'un temps perdu par le fait de l'affréteur et l'indemnité d'un dom-
mage; nach der anderen, welche sich neuerdings der Kassationshof angeeignet
hat, als l'accessoire et le complément du fret (déterminé par la convention
ou par l'usage des lieux d'après la durée des retards).* S. D e s j a r d i n s III
S. 622—625, vgl. S. 472.

1) Es ist mir nicht recht verständlich, wenn das R.O.H.G. und das A.G.
zu Stettin (Entsch. des R.O.H.G. XV Nr. 63 S. 224) den Satz aufstellen, dass
der Anspruch auf Liegegeld ein Verschulden auf Seiten des Befrachters nicht
n o t h w e n d i g voraussetze.

nach den örtlichen Verordnungen resp. dem Ortsgebrauch, c) Arbitrirung nach den Umständen des Falls [1]); auf welche der Richter auch in dieser Reihenfolge zu rekurriren hat (Entsch. des R.O.H.G. XVIII S. 363). In letzterem Falle ist eine Zeit anzunehmen, „während welcher die betreffenden Güter nach den bestehenden örtlichen Einrichtungen unter gewöhnlichen Verhältnissen (ohne zufällige Behinderungen und Erschwerungen) mit Bequemlichkeit" hätten abgeladen werden können (vgl. Entsch. des R.O.H.G. V S. 140). Es ist also Rücksicht zu nehmen auf die Quantität und die Beschaffenheit der Waaren, sowie auf die Ladevorrichtungen, aber nicht auf die lediglich die Person des Abladers betreffenden Umstände. Die Majorität der hamburger Konferenz hat es freilich abgelehnt, eine derartige allgemeine Regel aufzustellen, obwohl aus ihrer Mitte ein dahin zielender Antrag gestellt worden war (Prot. V S. 2080).

2. Auch die Festsetzung der Ueberliegezeit erfolgt entweder durch Vertrag oder durch Gesetz, d. h. das H.G.B. selbst [2]). Haben nämlich die Kontrahenten eine Ueberliegezeit vereinbart, ohne deren Dauer festzusetzen, so wird dieselbe vom Gesetz auf 14 Tage normirt, und als Verabredung einer solchen unbestimmten und demgemäss durch das Gesetz auf 14 Tage normirten Ueberliegezeit soll es auch angesehen werden, wenn der Kontrakt, ohne der Ueberliegezeit Erwähnung zu thun, ein Ueberliegegeld festgesetzt hat. Diese Frist von 14 Tagen wurde dem preussischen Entwurf (Art. 479) gemäss in das Gesetz aufgenommen, weil sie der Konferenz in der Mehrzahl der Fälle als die angemessenste erschien (Prot. V S. 2091). Von welchem Zeitpunkt die Ueberliegetage beginnen, ist im Art. 570 bestimmt.

3. Die Wirkung des Ablaufs der Ladezeit bei nicht ver-

---

1) Der französische Code de comm. Art. 274 verordnet: Si le temps de la charge et de la décharge du navire n'est point fixé par les conventions des parties, il est réglé suivant l'usage des lieux. (Vgl. Desjardins III S. 462 ff.) Auch nach dem brasilianischen H.G.B. (Art. 592) richtet sich die Dauer der Ladezeit an erster Stelle nach der Verabredung, an zweiter nach dem Gebrauch des Ladungshafens. Das norwegische Seegesetz (§ 44) hat die Ladezeit verschieden nach der Grösse des Schiffs bestimmt; ebenso das finnländische Seegesetz (Art. 91); beide unter der Voraussetzung, dass dieselbe nicht vertragsmässig festgesetzt ist. Nach englischem Recht wird, wenn im Frachtvertrage die Ladezeit nicht normirt ist, als vereinbart angenommen eine reasonable time considered with reference to the trade and the port the vessel is in; s. Maclachlan S. 522.

2) Das norwegische Seegesetz (§ 48) hat die Dauer der Ueberliegezeit auf 7 Tage normirt. Nach dem finnländischen Seegesetz (Art. 91) beträgt die Ueberliegezeit die Hälfte der Ladezeit. In Frankreich wird die Dauer der surestaries durch den Richter fixirt, wenn sie nicht vertragsmässig festgesetzt ist, la période une fois ouverte, le délai n'en est pas fixé par l'usage. Auch setzen contrestaries stets vertragsmässige Begrenzung der surestaries voraus: Desjardins III S. 466—468; Laurin bei Cresp II S. 161 f. Dagegen sprechen die englischen Juristen stets von einer durch Vertrag festgesetzten Ueberliegezeit (fixed days on demurrage); vgl. Maclachlan S. 522.

abredeter Ueberliegezeit, sowie die des Ablaufs der Ueberliegezeit hat Art. 571 festgesetzt.

4. Bei Berechnung der Ladezeit und Ueberliegezeit ist, wie schon die Bestimmung über den Anfang der Ladezeit zeigt, das Prinzip der Zivilkomputation maassgebend, welche das H.G.B. überhaupt in seinen Bestimmungen (vgl. auch Art. 328, 571, 610, 623, 834) zur Anwendung gebracht hat (Entsch. des R.O.H.G. XII S. 130). Dies gilt auch für den Fall, dass Lade- und Ueberliegezeit durch Vertrag resp. Ortsrecht festgesetzt sind, wenn nicht hierdurch zugleich eine andere Berechnungsweise angeordnet ist (vgl. Prot. V S. 2080). Doch würde aus dem Umstande, dass im Frachtvertrage die Ladezeit oder Ueberliegezeit in Stunden ausgedrückt wäre, dann nicht auf die Absicht der Kontrahenten, die Naturalkomputation Platz greifen zu lassen, zu schliessen sein, wenn die in Rede stehende Stundenzahl (24, 48 Stunden; vgl. Art. 610 H.G.B.) sowohl im gewöhnlichen Leben, wie auch in der Gesetzessprache gerade zur Bezeichnung eines oder mehrerer Tage gebraucht würde (Entsch. des R.O.H.G. a. a. O. S. 128 f.).

5. Soll das Schiff seine Ladung in verschiedenen Häfen einnehmen und ist für jeden derselben eine besondere Ladezeit ausbedungen, so machen an und für sich die für die verschiedenen Häfen konzedirten Liegetage nicht eine gemeinsame Ladezeit aus, so dass die in einem Hafen ersparten Liegetage von den in einem anderen zu viel gebrauchten abzurechnen und nur die über die sämmtlichen Ladezeiten hinaus gebrauchten Tage als Ueberliegezeit zu betrachten wären; sondern dies ist nur dann anzunehmen, wenn in Folge einer besonderen Vereinbarung die Liegetage nach der Wahl des Befrachters transportabel sein sollen. Hat aber eine solche · Vereinbarung stattgefunden, so bedarf es nicht noch einer ausdrücklichen Erklärung des Befrachters, dass er sein Wahlrecht ausüben wolle (Entsch. des hamb. Handelsger. vom 7. Januar 1864 bei Hermann und Hirsch, Samml. Nr. 87 S. 359 f.).

6. Die Abladung ist erst dann geschehen, wenn die Waaren an Bord des Schiffs gebracht sind. Das ergiebt sich aus dem natürlichen Sprachgebrauch. Und es ist verkehrt, wenn das Ostpreussische Tribunal in einem durch Entscheidung des R.O.H.G. vom 19. Juni 1875 vernichteten Erkenntniss aus der Bestimmung des Art. 562 H.G.B., dass die Güter vom Befrachter kostenfrei an das Schiff geliefert, die Kosten der Einladung derselben in das Schiff dagegen vom Verfrachter getragen werden müssen, folgert, die Abladung sei vollendet, wenn der Schiffer „die Waare behufs Einladung an der Ladungsstelle übernommen" habe. Wie nämlich das R.O.H.G. ausführt, lässt sich aus der vom Gesetz getroffenen Entscheidung über das Tragen der durch die „Anlieferung" und das „Einladen der Güter" verursachten Kosten „über den Begriff der Abladung und den Zeitpunkt, mit welchem diese für vollendet zu erachten", nichts entnehmen (Entsch. des R.O.H.G. XVIII S. 131 f.)

Art. 570.

*Ist die Dauer der Ladezeit oder der Tag, mit welchem dieselbe
enden soll, durch Vertrag bestimmt, so beginnt die Ueberliegezeit
ohne Weiteres mit dem Ablauf der Ladezeit.*

*In Ermangelung einer solchen vertragsmässigen Bestimmung
beginnt die Ueberliegezeit erst nachdem der Verfrachter dem Befrachter erklärt hat, dass die Ladezeit abgelaufen sei. Der Verfrachter kann schon innerhalb der Ladezeit dem Befrachter erklären,
an welchem Tage er die Ladezeit für abgelaufen halte. In diesem
Falle ist zum Ablauf der Ladezeit und zum Beginn der Ueberliegezeit eine neue Erklärung des Verfrachters nicht erforderlich.*

1. Der preussische Entwurf des H.G.B. (Art. 479) bestimmt:

*Wenn das Schiff im Ganzen oder zu einem bestimmten Theile
verfrachtet ist, so muss der Schiffer nach Ablauf der bedungenen oder
gesetzlichen Ladungszeit bei mangelnder oder unvollständiger Ladung
Protest wegen Nichterfüllung erheben lassen und, vom Tage der Pro-
testaufnahme an gerechnet, noch vierzehn laufende Tage warten.
Der Protest muss durch einen Notar oder Gerichtsbeamten aufgenommen werden.*

Es war somit als Voraussetzung für den Beginn der Ueberliegezeit die Erhebung des Protestes gesetzt. Eine solche wurde
auf der hamburger Konferenz in dem Falle für unentbehrlich erklärt, wenn die Ladezeit weder durch Vertrag noch durch Ortsgebrauch bestimmt und „somit ihre Dauer nach den Umständen
des einzelnen Falles“ zu normiren wäre. Da nämlich die Dauer
dieser angemessenen Zeit nicht von vorn herein durch den Richter
festgesetzt sei, sondern vorläufig der Beurtheilung jedes der Betheiligten selbst überlassen werde, so fehle es an jedem festen und
erkennbaren Endpunkt für die Ladezeit; denn wenn der Verfrachter der Ansicht sei, bereits eine angemessene Zeit gewartet zu haben,
würde der Befrachter sich noch innerhalb dieser Zeit zu befinden
glauben. Aber auch bei den beiden anderen Arten der Normirung
der Ladezeit hielt man den Protest für zweckdienlich, weil, wennschon das Ende der Ladezeit hinreichend bestimmt wäre, und
wennschon es feststünde, „dass der Schiffer nach Ablauf der Ladezeit nicht länger ohne Vergütung auf die Ladung zu warten“,
brauchte, „im Geschäftsverkehr die beiderseitigen Gerechtsame der
Kontrahenten nur selten sogleich zur Anwendung gebracht würden“,
und der Schiffer häufig mit Rücksicht darauf, dass er auch später
wieder mit dem Befrachter „Geschäfte zu machen“ gedächte, bereit wäre, eine Zeit lang noch unentgeltlich auf die Ladung zu
warten. Der Befrachter müsste daher darauf hingewiesen werden,
dass er eine derartige Nachsicht beim Schiffer nicht ferner vorauszusetzen hätte (Prot. V S. 2089 f., S. 2105 f.). Da nun aber diese
Erwägung naturgemässer Weise nur da Platz greifen kann, wo die

Dauer der Ladezeit durch Ortsgebrauch und örtliche Verordnung ganz im Allgemeinen, nicht aber, wo sie durch den Vertrag für den konkreten Fall festgesetzt ist, so liess man für den Fall dieser Festsetzung im Frachtvertrage das Erforderniss der Protesterhebung fallen (Prot. S. 2107—2109, S. 2197 f.). Hierbei kann es natürlich auch keinen Unterschied begründen, ob nach dem Vertrage das Ende der Ladezeit mit einem bestimmten (d. h. „kalendermässig bestimmten") Tage oder nach Ablauf einer bestimmten Zahl von Tagen eintreten soll (vgl. Entsch. des R.O.H.G. XXV S. 156 f.). Für die anderen Arten der Festsetzung der Ladezeit verlangte man eine Erklärung des Verfrachters, dass die Ladezeit abgelaufen sei und er nunmehr für die folgende Wartezeit Liegegeld beanspruche. Hierbei verwandelte man jedoch den Protest in eine formlose Erklärung und gab nur ausnahmsweise dem Verfrachter in seinem Interesse das Recht, auf Kosten des Befrachters eine öffentliche Urkunde aufnehmen zu lassen, wenn er nicht in anderer Weise sich die Möglichkeit sichern konnte, den Beweis zu führen, dass er jene Erklärung abgegeben (Prot. S. 2111 f.; H.G.B. Art. 572).

2. Aus der oben angegebenen Bedeutung dieser Erklärung ergiebt sich, dass dieselbe auch vor Ablauf der Ladezeit abgegeben werden darf, nur muss sie einen bestimmten Tag bezeichnen, von welchem ab das Liegegeld laufen soll (Prot. VIII S. 3871—3874). Natürlich kann diese Erklärung niemals in der Anzeige der Ladebereitschaft gefunden werden, weil diese lediglich die Voraussetzung für den Anfang der Ladezeit ist (Entsch. des R.O.H.G. XVIII S. 365 f.)[1]).

3. Wenn das Gesetz die Ueberliegezeit beginnen lässt, nach dem der Verfrachter dem Befrachter erklärt hat, dass die Ladezeit abgelaufen sei, so ist dies dahin zu verstehen: Ist die Erklärung bereits innerhalb der Ladezeit abgegeben, so beginnt die Ueberliegezeit an dem auf den bezeichneten Endtermin der Ladezeit folgenden Tage; ist sie erst nachträglich abgegeben, an dem auf den Tag der Abgabe dieser Erklärung folgenden Tage. Dass dies der Sinn der Bestimmung, ergiebt sich aus der über den Anfang der Ladezeit (resp. Löschzeit) getroffenen Bestimmung des Art. 568 Abs. 2 (Art. 595 Abs. 3), wie überhaupt aus der vom H.G.B. adoptirten Zivilkomputation (Entsch. des R.G. Ziv.S. III S. 151 f.)[2]).

---

1) In dieser Entscheidung weist das R.O.H.G. noch darauf hin, dass vertragsmässige Festsetzung der Ladezeit stets eine ausdrückliche Bestimmung im Frachtvertrage voraussetze. Dieses werde im Art. 570 gerade der stillschweigenden Unterwerfung unter den Ortsgebrauch und natürlich auch unter die örtliche Verordnung gegenüber gesetzt (a. a. O. S. 364).

2) Dass Art. 570, wie Art. 597, sich des unbestimmten Ausdrucks „nachdem" bedient, findet nach dem R.G. seine genügende Erklärung darin, „dass der Ausdruck gleichmässig passen sollte auf den Fall, wo die Erklärung schon im voraus innerhalb der Löschzeit bezw. Ladezeit erfolgt ist, und denjenigen, wo sie erst nachträglich geschieht; auf den ersteren Fall würde die Nennung des folgenden Tages als Anfangspunktes nicht gepasst haben" (Entsch. a. a. O.).

Art. 571.

Nach Ablauf der Ladezeit oder, wenn eine Ueberliegezeit ver-
einbart ist, nach Ablauf der Ueberliegezeit ist der Verfrachter nicht
verpflichtet, auf die Abladung noch länger zu warten. Er muss
jedoch seinen Willen, nicht länger zu warten, spätestens drei Tage
vor Ablauf der Ladezeit oder der Ueberliegezeit dem Befrachter
erklären.

Ist dies nicht geschehen, so läuft die Ladezeit oder Ueberliege-
zeit nicht eher ab, als bis die Erklärung nachgeholt ist und seit dem
Tage der Abgabe derselben drei Tage verstrichen sind.

Die in diesem Artikel erwähnten drei Tage werden in allen
Fällen als ununterbrochen fortlaufende Tage nach dem Kalender
gezählt.

1. Der preussische Entwurf (Art. 479 f.) kannte eine gesetzliche Ueberliegezeit von 14 Tagen. Diese Frist erachtete man auf
der hamburger Konferenz als den Interessen der Verfrachter gefährlich. Auf der anderen Seite wollte man dem Schiffer nicht
das Recht einräumen, „unversehens" davon zu gehen, ohne zuvor
den Befrachter von seiner Absicht, nicht länger warten zu wollen,
in Kenntniss zu setzen. So schlug man einen Mittelweg ein und
stellte den Satz auf: Der Schiffer ist nicht schuldig, länger als
8 Tage nach Ablauf der Ladezeit liegen zu bleiben, wenn er seine
dahin gehende Absicht vorher dem Befrachter angezeigt hat (Prot. V
S. 2091—2093). Diese Frist hatte aber auch noch den Charakter
der Ueberliegezeit. Bei einer abermaligen Durchberathung dieser
Materie kam man jedoch zu dem Resultat, dass „wenn im Frachtvertrage weder eine Ueberliegezeit noch ein Ueberliegegeld bedungen
worden", der Schiffer „nach Ablauf der Ladezeit zur Einhaltung
einer Ueberliegezeit nicht verpflichtet sei". Trotzdem aber erklärte
man den Verfrachter, unzweifelhaft mit Rücksicht auf die Gebräuche der beim Seehandel betheiligten Kreise, nicht für berechtigt, sich „ohne Weiteres nach Ablauf der Ladezeit" vom Vertrage
loszusagen, sondern erst dann die weitere Einnahme der Ladung
zu verweigern, wenn er drei Tage vorher, und zwar entweder
nach Ablauf oder innerhalb der Ladezeit, „seinen Willen, dieses
Recht auszuüben, dem Befrachter kundgegeben" hätte. Und dies
wurde auch auf den Fall ausgedehnt, dass eine Ueberliegezeit vertragsmässig festgesetzt worden (Prot. V S. 2471—2473.)

2. Die hier in Rede stehende Kündigungsfrist von drei
Tagen hat, auch wenn sie nicht in die Ladezeit fällt, nicht die
Bedeutung einer Ueberliegezeit. Demgemäss hat auch
der Verfrachter dafür kein Liegegeld zu beanspruchen. Hat der
Verfrachter bis zum Ende der Ladezeit oder noch länger mit der
Abgabe seiner Erklärung gewartet, so ist dies als eine von seiner
Seite freiwillig erfolgte Verlängerung der Ladezeit anzusehen
(Prot. V S. 2489). Anders liegt die Sache, wenn eine Ueberliege-

zeit überhaupt verabredet war. Würde in diesem Falle die Kündigung erst später als drei Tage vor Ablauf der Ueberliegezeit erfolgen, so würde der Verfrachter für alle Tage, welche hiernach das Schiff noch über die ursprüngliche Ueberliegezeit hinaus zu warten hätte, Ueberliegegeld beanspruchen können. Denn in diesem Falle wird durch die Kündigungsfrist und die der Kündigung vorangehenden (nicht in die Ueberliegezeit fallenden) Tage die Ueberliegezeit in derselben Weise verlängert, wie im ersten Falle die Ladezeit (Prot. S. 2489 f.).

3. Bleibt das Schiff nach Ablauf der Kündigungsfrist noch liegen, so kann der Verfrachter für diese fernere Zeit Ueberliegegeld (auch im zuletzt gesetzten Falle) nicht fordern. Die Ueberliegezeit endet nämlich jedenfalls mit dem Ablauf der Kündigungsfrist, eine neue Ueberliegezeit kann aber nicht, da die ursprüngliche auf einem Vertrage zwischen Verfrachter und Befrachter beruhte, einseitig durch den ersteren begründet werden, sondern setzt gleichfalls eine Uebereinkunft beider Theile voraus. Diese würde aber dann anzunehmen sein, wenn nach Ablauf der Kündigungsfrist der Befrachter mit der Abladung fortführe; denn hierdurch würde derselbe mittels einer konkludenten Handlung sein Einverständniss mit der Verlängerung der Ueberliegezeit zu erkennen geben (Prot. V S. 2492).

4. Durch den letzten Absatz des Artikels wird ausgedrückt, dass auch die Tage nicht ausser Ansatz bleiben, welche bei der Berechnung der Lade- und Ueberliegezeit nicht mitgerechnet werden, jeder Tag also gezählt wird, wenn auch an demselben durch Wind, Wetter und andere Zufälle jede Abladung oder die Annahme der Ladung unmöglich gemacht ist. Als Grund hierfür wurde auf der hamburger Konferenz geltend gemacht, „dass in der Statuirung der dreitägigen Frist an sich schon eine gegen die allgemeine Natur des Vertragsrechts dem Befrachter zugestandene Begünstigung läge, die nicht ohne Nachtheil zu weit ausgedehnt werden könnte", dass es demgemäss gerechtfertigt wäre, die Tragung des während der Frist eingetretenen Zufalls dem durch Gewährung derselben „begünstigten Befrachter" zur Last zu legen (Prot. V S. 2487 f.).

5. Selbstverständlich kann der Schiffer vor Ablauf der in diesem Artikel gesetzten Frist absegeln, wenn ihm die Befrachter in unzweideutiger Weise erklären, die Ladung nicht liefern zu wollen oder zu können (Erk. des O.A.G. zu Lübeck vom 21. Februar 1857 in Seufferts Archiv XII Nr. 293).

6. Macht ein Zufall den Abgang des Schiffs vor Ablauf der in diesem Artikel statuirten Frist nothwendig, so wird allerdings für den Befrachter kein Anspruch auf Entschädigung begründet, dagegen verliert aber auch der Verfrachter seinen Frachtanspruch (L. 36 Locati 19, 2). Dies würde bei eintretendem Frostwetter anzunehmen sein, wenn dadurch die Gefahr einzufrieren für das Schiff entstünde; denn wenn hierdurch auch die Sicherheit des

Schiffs selbst nicht gefährdet wird, so kann man doch dem Schiffer, wenn die Beladung noch im Spätherbst geschieht, nicht zumuthen, während des Winters bis zum Aufgehen des Eises im Hafen liegen zu bleiben und die Ladung erst im Frühjahr nach ihrem Bestimmungsorte zu bringen, da in solchem Falle die Intention der Kontrahenten unzweifelhaft dahin geht, dass das Schiff vor Eintritt des Frostes abgehen soll. (Vgl. Art. 639.) War übrigens zwischen den Kontrahenten ausdrücklich die Vereinbarung getroffen, dass das Schiff vor Eintritt des Frostes expedirt werden sollte, so würde darin eine Uebernahme der Gefahr von Seiten des Befrachters liegen, und derselbe verpflichtet sein, dem Verfrachter die Fracht zu zahlen (Entsch. des O.A.G. zu Lübeck vom 25. November 1865, in Kierulffs Samml. I Nr. 87 S. 1053) und die sonst noch durch Art. 579 statuirte Entschädigung zu leisten.

Art. 572.

Die in den Artikeln 570 und 571 erwähnten Erklärungen des Verfrachters sind an keine besondere Form gebunden. Weigert sich der Befrachter, den Empfang einer solchen Erklärung in genügender Weise zu bescheinigen, so ist der Verfrachter befugt, eine öffentliche Urkunde darüber auf Kosten des Befrachters errichten zu lassen.

Schon oben (S. 263) wurde gezeigt, dass zur Erhebung eines förmlichen Protestes der Verfrachter nicht verpflichtet, sondern nur berechtigt ist. Es ist dies jedoch nicht lediglich der Willkür desselben überlassen; derselbe darf vielmehr nur dann einen eigentlichen Protest erheben, wenn er sich nicht in anderer Weise den Beweis sichern kann, dass er die für den Beginn der Ueberliegezeit oder für die Beendigung der Ladezeit resp. Ueberliegezeit vom Gesetzbuch vorgeschriebenen Erklärungen abgegeben hat. Als eine Sicherung des Beweises wurde aber auf der hamburger Konferenz nur die schriftliche Bestätigung der Erklärung Seitens des Befrachters, z. B. auf der Chartepartie oder auf dem Konnossement angesehen (Prot. VIII S. 3857). Die Protest-Urkunde kann eine gerichtliche oder notarielle, eine Konsulats-Urkunde [1]) oder auch (nach dem Grundsatz: *locus regit actum*) eine solche Urkunde sein, welche von einer nach den Gesetzen des betreffenden ausländischen Ortes zur Aufnahme derartiger Akte berufenen Behörde errichtet ist (vgl. Prot. V S. 2110).

Dass in solchem Falle der Befrachter die Kosten zu tragen hat, ist den Grundsätzen des bürgerlichen Rechts konform, weil dieselben durch seine Versäumniss entstanden sind (Prot. S. 2111).

---

1) Die Konsuln sind zur Aufnahme solcher Urkunden nach § 15 des Bundes-Konsulats-Gesetzes vom 8. November 1867 befugt.

Art. 573.

Das Liegegeld wird, wenn es nicht durch Vertrag bestimmt ist, von dem Richter nach billigem Ermessen, nöthigenfalls nach Anhörung von Sachverständigen, festgesetzt.

Der Richter hat hierbei auf die näheren Umstände des Falles, insbesondere auf die Heuerbeträge und Unterhaltskosten der Schiffsbesatzung, sowie auf den dem Verfrachter entgehenden Frachtverdienst Rücksicht zu nehmen.

1. Das für die Ueberliegezeit vom Befrachter zu zahlende L i e g e g e l d ist entweder ein v e r t r a g s m ä s s i g e s oder ein angemessenes. Die Höhe des letzteren wird der Natur der Sache gemäss festgesetzt *boni viri arbitratu*, d. h. durch den Richter, der überall, wo diese Festsetzung eine ihm selbst abgehende Sachkenntniss voraussetzt, Sachverständige zuziehen wird. Ob solche zuzuziehen, hat er selbst zu beurtheilen. Dies wird durch das Wort n ö t h i g e n f a l l s ausgedrückt, welches dem Richter gestattet, Sachverständige anzuhören, den Parteien aber keinen Rechtsanspruch auf deren Zuziehung gewährt (Entsch. des R.O.H.G. V S. 141, XI S. 338). Eben so ist auch der Ausspruch der Sachverständigen für den Richter nicht bindend; dieselben sind nur seine Gehülfen, deren Ausspruch seiner freien Würdigung unterliegt (vgl. Entsch. des R.O.H.G. V S. 151).

2. Wenn im Abs. 2 bestimmt ist, dass der Richter besonders auf H e u e r und U n t e r h a l t u n g s k o s t e n der Besatzung und den dem Verfrachter entgehenden F r a c h t v e r d i e n s t bei der Normirung des Liegegeldes Rücksicht zu nehmen hat, so soll demselben damit nicht die Pflicht auferlegt sein, unter allen Umständen das Liegegeld so hoch anzusetzen, dass dem Verfrachter vollständige Entschädigung für seine baaren Auslagen und den nachweisbar entgangenen Gewinn zu Theil wird; vielmehr ist der Betrag des Liegegeldes stets mehr oder weniger arbiträr, und die in Abs. 2 aufgezählten, sowie diesen gleichartigen Momente sind nur Faktoren, welche für die Festsetzung m i t bestimmend, aber nicht unbedingt maassgebend sein werden, indem der Richter beispielsweise auch die in dem betreffenden Hafen ü b l i c h e n (im Gegensatz zu den vom Verfrachter wirklich gezahlten) Heuersätze, die regelmässigen Unterhaltungskosten, die unter gewöhnlichen Verhältnissen während eines der Dauer der Ueberliegetage entsprechenden Zeitraumes zu verdienende Fracht, dann aber auch ganz besonders die in dem Hafen übliche Höhe der Liegegelder wird berücksichtigen müssen [1] (Prot. V S. 2113—2115; Erk. des R.O.H.G. V S. 141 f.).

---

1) Wo eine usanzmässige Ueberliegezeit anerkannt wird, da giebt es auch eine usanzmässige Höhe des Liegegeldes, die natürlich nur Platz greift in Ermangelung vertragsmässiger Festsetzung. So in F r a n k r e i c h (s. C a u m o n t

Art. 574.

*Bei Berechnung der Lade- und Ueberliegezeit werden die Tage
in ununterbrochen fortlaufender Reihenfolge gezählt; insbesondere
kommen in Ansatz die Sonn- und Feiertage, sowie diejenigen Tage,
an welchen der Befrachter durch Zufall die Ladung zu liefern verhindert ist.*

*Nicht in Ansatz kommen jedoch die Tage, an welchen durch
Wind und Wetter oder durch irgend einen anderen Zufall entweder*

*1. die Lieferung nicht nur der bedungenen, sondern jeder Art von
Ladung an das Schiff, oder*

2. die Uebernahme der Ladung

verhindert ist.

1. Eine Regel über die Berechnung der Ladezeit und Ueberliegezeit ist in zwiefacher Hinsicht von Bedeutung, nämlich mit
Rücksicht auf die Frage, ob die in der einen oder anderen Weise
festzustellende (Art. 569) Wartezeit (Art. 580) abgelaufen ist, während welcher der Verfrachter auf die Abladung zu warten hat,
und ferner ob resp. wie viel Liegegeld vom Verfrachter beansprucht
werden darf? Ueber den Einfluss des Zufalls auf diese Berechnung
stellte man nun auf der hamburger Konferenz zunächst folgenden
Grundsatz auf:

*In die Ladungsfrist werden auch diejenigen Tage eingerechnet,
an welchen der Befrachter wegen Wind und Wetter oder wegen eines
anderen zufälligen Ereignisses die Ladung zu liefern verhindert ist.
Nicht eingerechnet werden dagegen die Tage, an welchen ein solches
Ereigniss die Uebernahme der Ladung in das Schiff verhindert, wohin insbesondere gehört, wenn der Schiffer wegen Wind und Wetter
den Ladungsplatz verlassen und auslaufen muss;*

indem man von dem Prinzip ausging, dass jeder der Betheiligten
den Zufall zu tragen habe, welcher sich in seiner Person ereignet
(Prot. V S. 2084) [1]). Später wurde wiederholt der Antrag gestellt, auch den Zufall nicht zu Lasten des Befrachters sein zu
lassen, welcher jeden Befrachter und nicht nur diesen bestimmten

---

S. 813 N. 1; Laurin bei Cresp II S. 161; Desjardins III S. 466 ff.); in
Brasilien (H.G.B. Art. 591). Ebenso fixiren das norwegische Seegesetz (§ 44)
und das finnländische Seegesetz (Art. 92) neben der Dauer der Ueberliegezeit auch die Höhe des Liegegeldes.

1) Der Punkt war vor Erlass des H.G.B. kontrovers; vgl. Voigt (Neues
Archiv II S. 225 f.), welcher das im Text angegebene Prinzip für das richtige
hält, und Ullrich (ebendas. S. 339 ff.), der den Befrachter von seiner Verbindlichkeit, das Laden (und Löschen) rechtzeitig zu beschaffen und bei Verzögerung eine Entschädigung zu gewähren, durch *casus* befreien lässt, vorausgesetzt,
dass dieser die Erfüllung der Verbindlichkeiten absolut, also für Jedermann, unmöglich machte.

allein an der Beladung des Schiffs hindern würde. Als Grund
hierfür machte man namentlich geltend, beim Abschluss des Frachtvertrages gingen die Kontrahenten von der Voraussetzung aus, es
werde nicht nur die Benutzung des Schiffs überhaupt, sondern auch
dessen rechtzeitige Benutzung möglich sein (Prot. V S. 2093 ff.).
Dieser Antrag wurde zunächst abgelehnt (Prot. V S. 2100 f.), dann
aber zum Beschluss erhoben, doch nur mit Rücksicht auf den ersten
der oben hervorgehobenen Punkte, indem hinsichtlich des zweiten
der jetzige Artikel 575 eingeschoben wurde (Prot. V S. 2476 ff.,
2491; VIII S. 3945 f.).

Danach gelten folgende Regeln:

a) Bei Berechnung der Ladezeit und Ueberliegezeit, soweit sie überhaupt juristisch von Bedeutung,
sind mitzuzählen 1. die Sonn- und Feiertage; 2. die Tage, an
denen durch Zufall die Lieferung gerade der Ladung des Befrachters, z. B. wegen der besonderen Beschaffenheit der Waaren,
in Folge widerrechtlichen Aufhaltens derselben durch die Zoll-
beamten u. s. w., verhindert ist; dagegen sind nicht mitzuzählen
die Tage, an denen durch einen Zufall die Uebernahme der Ladung Seitens des Schiffs unmöglich gemacht ist[1]), z. B. weil das
letztere wegen des Wetters den Ladungsplatz verlassen musste,
oder wegen Unfalls eine Reparatur erforderlich wurde (Prot. V
S. 2084).

b) Bei Berechnung der Ladezeit und Ueberliegezeit, aber lediglich in ihrer Bedeutung als Wartezeit, sind
nicht mitzuzählen die Tage, an denen durch Zufall die Lieferung
nicht nur der speziellen Ladung des Befrachters, sondern jeder
Ladung verhindert ist, z. B. weil die Abfahrt der Leichterschiffe
wegen Wind und Wetter nicht möglich ist (Prot. V S. 2099).

2. Wenn das Gesetz die Sonn- und Feiertage bei Berechnung
der Lade- und Ueberliegetage mit in Ansatz bringen lässt[2]), so
folgt daraus nicht, dass der Schiffer verpflichtet ist, die
Ladearbeiten auch an Sonn- und Feiertagen durch
die Mannschaft verrichten zu lassen[3]). Bei Normirung der

---

1) In Frankreich ist es bestritten, inwiefern durch das Dazwischenfallen
von Sonn- und Festtagen — in Ermangelung einer darauf bezüglichen Vereinbarung —, sowie durch *force majeure*, welche die Abladung unmöglich macht,
eine Unterbrechung der Lade- und Ueberliegezeit stattfindet: Laurin bei Cresp
II S. 156 ff.; Desjardins III S. 474 ff., 628 ff.

2) In England werden die Sonn- und Feiertage gleichfalls mitgerechnet,
und zwar selbst wenn bei der Dauer der Ladezeit nur von *days* die Rede wäre,
indem dies als gleichbedeutend mit *running days* genommen wird. Anders wenn
in Lokalgebräuchen eine Ausnahme begründet wäre; wie denn im Londoner
Hafen der Ausdruck *days* gleichbedeutend ist mit *working days*. Vgl. Maclachlan S. 526; Abbott S. 243.

3) Desjardins III S. 474 f. nimmt an, dass, selbst wenn die Lösch- also
auch Ladezeit nicht nach *jours ouvrables*, sondern nach *jours courants* (ohne
Ausschluss der Sonn- und Feiertage) vereinbart, der Kapitän nicht verpflichtet
ist, an Sonn- und Feiertagen die Löschungs- und demgemäss Ladungsarbeiten
vornehmen zu lassen.

Ladezeit (wie der Löschzeit) wird nämlich regelmässig ein erheblich grösserer Zeitraum dem Befrachter (Destinatär) zur Disposition gestellt, als für die Beladung (und Löschung) wirklich erforderlich ist. Daraus geht hervor, dass die Kontrahenten hierbei unmöglich von der Auffassung ausgehen konnten, es würden dem Befrachter (Destinatär) behufs Vornahme der Ladearbeiten (resp. Löscharbeiten) in der That so viele Tage zur Verfügung stehen, als die vereinbarte Zeit beträgt, sondern dass dieselben gerade umgekehrt in Betracht ziehen, dass unberechenbare Zufälle an gewissen Tagen das Laden (Löschen) hindern können, wie auch, dass an den — oft im voraus nicht zu berechnenden — Sonn- und Feiertagen die Arbeit der Regel nach ruhen muss. (S. V o i g t im Neuen Archiv f. H.R. II S. 21 f.; Prot. V S. 2096—2098; Entsch. des R.O.H.G. XX S. 417.)

3. Natürlich gelten diese Grundsätze nur für den Fall, dass nicht eine anderweitige vertragsmässige Festsetzung durch die Kontrahenten getroffen ist (Prot. V S. 2080). So findet sich namentlich in englischen Chartepartien Ausschluss der S o n n - und F e s t - t a g e. Sollte in diesem Falle nur ausdrücklich der Sonntage Erwähnung geschehen sein, so würden darunter auch, auf Grund des Art. 278 H.G.B.[1]), die Festtage zu verstehen sein. Allerdings ist der Sonntag begrifflich vom Festtage unterschieden. Trotzdem ist der letztere dem ersteren gleich zu stellen, nicht wegen des allgemeinen Polizeigebotes der Arbeitsruhe, sondern wegen der Volkssitte der Arbeitsruhe; denn es ist nicht anzunehmen, dass der, welcher an Sonntagen dieser Volkssitte folgt, sich an Festtagen ihr nicht unterwerfen wollte (dies gegen die Ausführungen in Entsch. des R.O.H.G. VI S. 93 f., wo die Klausel *per running days, sundays excepted* wörtlich aufgefasst wird).

Als ein kontraktmässiges Verzichten des Befrachters auf die Begünstigung des Abs. 2 Ziff. 1 wird es auch angesehen, wenn die Vereinbarung getroffen ist, dass die Abladung bis zu einem bestimmten Tage beendet sein muss (Art. 577).

Art. 575.

Für die Tage, während welcher der Verfrachter wegen Verhinderung der Lieferung jeder Art von Ladung hat länger warten müssen, gebührt ihm Liegegeld, selbst wenn die Verhinderung während der Ladezeit eingetreten ist. Dagegen ist für die Tage, während welcher er wegen Verhinderung der Uebernahme der Ladung hat länger warten müssen, Liegegeld nicht zu entrichten, selbst wenn die Verhinderung während der Ueberliegezeit eingetreten ist.

---

1) *Bei Beurtheilung und Auslegung der Handelsgeschäfte hat der Richter den Willen der Kontrahenten zu erforschen und nicht an dem buchstäblichen Sinne des Ausdrucks zu haften.*

1. Dass der Verfrachter, wenn die Wartezeit wegen Verhinderung der Uebernahme der Ladung ausgedehnt wurde, keinen Anspruch auf Liegegeld hat, ergiebt sich aus den allgemeinen Grundsätzen des bürgerlichen Rechts über die Miethe. Die Verpflichtung zur Zahlung der *merces* zessirt, wenn der Zufall den Gegenstand der Miethe trifft, hier also den Verfrachter verhindert, dasjenige zu leisten, was von seiner Seite zunächst zu geschehen hat, um die Ausführung des Transportes in Angriff zu nehmen. Auf der hamburger Konferenz wurde zunächst allerdings der entgegengesetzte Grundsatz aufgestellt und angenommen, d. h. dem Verfrachter das Recht eingeräumt, auch für diejenigen Tage Liegegeld zu fordern, welche „wegen Verhinderung der Uebernahme der Ladung in das Schiff durch Wind und Wetter oder ähnliche Zufälle nicht in die Ueberliegezeit einzurechnen" sind; während die Verhinderung, welche während der Ladezeit stattfand, den Verfrachter nöthigen sollte, um so viele Tage, als die Verhinderung dauerte, länger unentgeltlich auf die Ladung zu warten (Prot. V S. 2168—2170). Die Vertheidiger dieser Ansicht machten dabei geltend, dass die Ueberliegezeit ein dem Befrachter im Interesse des Handels zugestandenes *beneficium* wäre, welches man nur unter der Voraussetzung eingeführt hätte, „dass auch die Lasten der Ueberliegezeit billig ausgeglichen würden", und „welches auf das Strengste zu interpretiren wäre". Die Gegner dagegen führten aus, dass der Befrachter, der von der Ueberliegezeit Gebrauch machte, nur „eines ihm zustehenden Rechts" sich bediente, somit „von jedem Vorwurfe schuldhafter Verzögerung und allen Folgen des Verzuges frei sein" müsste (Prot. S. 2247—2250). Später aber wurde der oben bereits angegebene Grundsatz des Art. 575 in seiner jetzigen Fassung angenommen.

Dass auf der anderen Seite der Verfrachter Anspruch auf Liegegeld hat wegen jeder Ausdehnung der Wartezeit, die durch irgend einen die Person des Befrachters treffenden Zufall verursacht ist, entspricht auch den Grundsätzen des bürgerlichen Rechts über die Miethe.

2. Der Umstand, welcher die Uebernahme der Ladung verhindert, muss natürlich, wenn die vom Artikel damit verknüpfte Folge eintreten soll, durchaus unabhängig von einem Thun oder Unterlassen des Befrachters sein. Dies ist besonders wichtig für die Frage, inwiefern die durch die Existenz eines s. g. *regular turn* (wonach der Schiffer bei Konkurrenz mit früher eingetroffenen Schiffen erst nach deren Abfertigung an einer bestimmten Ladestelle anlegen kann) verursachte Verzögerung der Abladung vom Verfrachter zu tragen ist. Eine solche Verzögerung ist dann nicht zu Lasten des Verfrachters, 1. wenn ausser der Stelle, für welche *regular turn* besteht, eine andere freie Ladestelle an dem Platze vorhanden ist, sollte auch deren Benutzung mit grösseren Unkosten und Unbequemlichkeiten verbunden sein; 2. wenn der Befrachter selbst die im Zusammenhang

mit dem *regular turn* stehende Verzögerung verschuldet hat, indem
er nicht dafür sorgte, dass stets die einzunehmende Ladung bereit
war, in Folge welches Umstandes das Schiff ablegen, dem folgenden Schiff Platz machen und bis zu dessen vollständiger Beladung
warten musste [1]). (S. Entsch. des R.O.H.G. XXI S. 227—230.)

Art. 576.

*Sind für die Dauer der Ladezeit nach Art. 569 die örtlichen
Verordnungen oder der Ortsgebrauch maassgebend, so kommen bei
Berechnung der Ladezeit die beiden vorstehenden Artikel nur insoweit zur Anwendung, als die örtlichen Verordnungen oder der Ortsgebrauch nichts Abweichendes bestimmen.*

Der Artikel erklärt für die Berechnung der Ladezeit nicht
schlechtweg an Stelle der Art. 574, 575 das besondere Ortsrecht,
wo ein solches existirt und von den eben genannten Artikeln abweichende Bestimmungen enthält, für maassgebend, sondern nur
dasjenige Ortsrecht, welches zugleich Bestimmungen über die
Dauer der Ladezeit enthält und nach Art. 569 in dem konkreten
Falle für diese maassgebend ist. Bestünde an einem Orte lediglich
eine Vorschrift über die Berechnung der Ladezeit, z. B. die, dass
Sonn- und Feiertage in die Ladezeit nicht einzurechnen seien, so
würde dadurch die Anwendung des Art. 574 nicht ausgeschlossen
werden. Da nämlich der Art. 576 ausdrücklich zwischen Dauer
und Berechnung der Ladezeit unterscheidet, so kann man unter

---

1) Die englischen Gerichte unterscheiden hinsichtlich der Pflicht des Befrachters zur Zahlung von Liegegeld nicht, ob der Aufenthalt durch Verhinderung der Lieferung der Ladung, oder der Uebernahme der Ladung verursacht
ist, sondern stellen als Regel das Prinzip auf: den Befrachter trifft es, wenn das
Schiff bei der Beladung über die Ladezeit hinaus aufgehalten wird, sollte selbst
der Aufenthalt durch die Beschaffenheit des Wetters oder die Ueberfüllung des
Docks verursacht sein; der Verfrachter kann nur für den Aufenthalt kein Liegegeld verlangen, der durch ihn selbst oder einen das (beladene) Schiff am Auslaufen hindernden Zufall (z. B. widrige Winde) verursacht ist (Maclachlan
S. 522 f.). Demgemäss beginnt, auch wenn das Schiff die Ladung in einem Dock
einnehmen soll, die Ladezeit, sobald das Schiff im Dock angelangt ist, auch ohne
den eigentlichen Abladeplatz erreicht zu haben, sollte selbst dieser Platz als
solcher in der Chartepartie bezeichnet sein. Wo also *regular turn* besteht, da
ist hiernach der dadurch verursachte Aufenthalt in jedem Falle zu Lasten des
Befrachters. (S. Maclachlan S. 527; die hier in Note 4 zitirte Entscheidung
in Davies v. Mc. Veagh ist auch ausführlich mitgetheilt von Voigt in Goldschmidts Zeitschr. XXVIII S. 349 f.) Es sind jedoch auch früher Entscheidungen gefällt worden, welche die Zeit, während welcher ein Zufall die Uebernahme der Ladung Seitens des Verfrachters verhinderte, als nicht in die Ladezeit einzurechnen bezeichnen; so die Zeit, während welcher auf Befehl der Ortsobrigkeit mit Rücksicht auf ein bevorstehendes Bombardement die Abladung
unterbrochen werden musste (Ford v. Cothesworth, s. Maclachlan S. 523 f.;
Newson S. 56); ebenso die Zeit, während welcher das Schiff, das in Gemässheit der Chartepartie an einem bestimmten Quai anlegen sollte, an dem Einnehmen des Ladeplatzes durch das Vorhandensein früher angekommener Schiffe
verhindert wurde (Strahan v. Gabriel, s. Maclachlan S. 527).

einem für die Dauer der letzteren maassgebenden Ortsrecht nicht
ein solches verstehen, welches für die Arbitrirung einer angemessenen Ladefrist die leitenden Prinzipien darbietet, sondern
nur das, welches die Ladezeit selbst in Tagen, Wochen u. s. w.
ausdrückt. (Vgl. Entsch. des R.O.H.G. V S. 135 f.; des R.G.
Ziv.S. III S. 149 f.)

Art. 577.

*Hat der Verfrachter sich ausbedungen, dass die Abladung bis
zu einem bestimmten Tage beendigt sein müsse, so wird er durch die
Verhinderung der Lieferung jeder Art von Ladung (Art. 574 Ziff. 1)
zum längeren Warten nicht verpflichtet.*

Art. 578.

*Soll der Verfrachter die Ladung von einem Dritten erhalten,
und ist dieser Dritte ungeachtet der von dem Verfrachter in ortsüblicher Weise kundgemachten Bereitschaft zum Laden nicht zu ermitteln, oder verweigert er die Lieferung der Ladung, so hat der
Verfrachter den Befrachter schleunigst hiervon zu benachrichtigen
und nur bis zum Ablauf der Ladezeit, nicht auch während der etwa
vereinbarten Ueberliegezeit auf die Abladung zu warten, es sei denn,
dass er von dem Befrachter oder einem Bevollmächtigten desselben
noch innerhalb der Ladezeit eine entgegengesetzte Anweisung erhält.*

*Ist für die Ladezeit und die Löschzeit zusammen eine ungetheilte
Frist bestimmt, so wird für den oben erwähnten Fall die Hälfte
dieser Frist als Ladezeit angesehen.*

1. Wenn der Verfrachter die Ladung von einem Dritten in
Empfang nehmen soll, so hat er sich bei diesem zu melden und
ihm die Ladebereitschaft des Schiffs anzuzeigen. Ist ihm die
Wohnung oder vielleicht gar der Name dieses Dritten nicht bekannt, so hat er seine Ankunft und Ladebereitschaft durch öffentliche Bekanntmachung in der in den kaufmännischen Kreisen an
dem betreffenden Orte üblichen Weise zur Kenntniss des Abladers
zu bringen, z. B. durch Anzeige in den öffentlichen Blättern, Anschlag an der Börse. Wenn dies ohne Erfolg geblieben, d. h. der
Ablader nicht zu ermitteln ist, und ebenso wenn der Ablader sich
gemeldet, oder auch dem Verfrachter von vorn herein zugänglich
war, auch die Meldung desselben entgegengenommen hat, aber die
Abladung verweigert, so schreibt das Gesetzbuch dem Verfrachter
vor, den Befrachter hiervon schleunigst in Kenntniss zu setzen und
während der Ladezeit auf die Abladung zu warten, „damit der
Befrachter während derselben die Sache möglichst redressiren, oder
einen anderen Ablader gewinnen, oder selbst laden kann" (Entsch.
des R.O.H.G. VII S. 152 f.). Das Gesetzbuch hat diese Vorschrift
getroffen, um dem Schiffer für den in Rede stehenden Fall, in dem

er nie wissen kann, welche Handlungsweise dem Interesse des Befrachters entspricht, eine Direktive zu geben (Prot. V S. 2493). Die Ladezeit beginnt natürlich, wenn zur öffentlichen Bekanntmachung geschritten ist, an dem Tage, nachdem die Bekanntmachung stattgefunden, der Anschlag erfolgt, das Blatt ausgegeben ist.

2. Der Dritte, um den es sich handelt, kann ein Korrespondent, ein Geschäftsfreund oder ein Agent, ein Bevollmächtigter des Befrachters sein. Die Anzeigepflicht des Verfrachters würde nun in dem einen wie in dem anderen Falle bestehen, wenn der Dritte selbst oder seine Wohnung nicht zu ermitteln gewesen wäre. Verweigert jedoch der Bevollmächtigte die Ladung, so würde von einer Anzeigepflicht des Verfrachters nicht mehr die Rede sein können, weil der Befrachter die von seinem Stellvertreter abgegebenen Erklärungen für sich gelten lassen muss (so auch Entsch. des R.O.H.G. VII S. 153). Dies folgt einmal aus allgemeinen Rechtsgrundsätzen, dann aber auch daraus, dass der Artikel den Verfrachter noch ausdrücklich verpflichtet, den Anweisungen des Stellvertreters des Befrachters Folge zu leisten. Ist für den Verfrachter eine Instruktion des Bevollmächtigten hinsichtlich der Abladung bindend, so muss für denselben auch maassgebend sein die Erklärung des letzteren, er könne oder wolle keine Ladung liefern. Natürlich wird hierbei vorausgesetzt, dass der Bevollmächtigte als solcher Seitens des Befrachters dem Verfrachter bezeichnet war.

3. Die Benachrichtigung hat nöthigenfalls auf telegraphischem Wege zu geschehen, weil sie sonst in vielen Fällen gar nicht zu bewerkstelligen sein würde. Entscheidend ist hierfür der Geschäftsgebrauch.

4. Während der Ueberliegezeit hat der Verfrachter nicht weiter auf die Abladung zu warten, wenn er nicht eine darauf gerichtete Anweisung des Befrachters oder seines Bevollmächtigten erhalten hat; doch muss ihm diese, sowie überhaupt jede Instruktion, innerhalb der Ladezeit zugegangen sein. Mit Ablauf der Ladezeit ist der Frachtvertrag als gebrochen anzusehen; der Verfrachter ist „keine weiteren Instruktionen anzunehmen verpflichtet" und ist berechtigt, „die Annahme der Ladung zu verweigern". Hierzu ist auch die Erhebung eines Protestes nicht erforderlich (Prot. VIII S. 3858).

Art. 579.

Der Verfrachter muss auf Verlangen des Befrachters die Reise auch ohne die volle bedungene Ladung antreten. Es gebührt ihm aber alsdann nicht allein die volle Fracht und das etwaige Liegegeld, sondern er ist auch berechtigt, insoweit ihm durch die Unvollständigkeit der Ladung die Sicherheit für die volle Fracht entgeht, die Bestellung einer anderweitigen Sicherheit zu fordern. Ausserdem sind ihm die Mehrkosten, welche in Folge der Unvollständigkeit der Ladung ihm etwa erwachsen, durch den Befrachter zu erstatten.

1. Wie bei jedem Vertrage darf auch beim Frachtkontrakte jeder der Kontrahenten auf die Leistung des anderen verzichten. Dieser Verzicht kann ein theilweiser sein. Als ein solcher theilweiser Verzicht ist es auch aufzufassen, wenn der Befrachter an den Verfrachter das Ansinnen stellt, die Reise, statt mit der ganzen bedungenen Ladung, nur mit einem Theile derselben anzutreten, vorausgesetzt, dass derselbe bereit ist, die volle Fracht zu entrichten. Es kann jedoch der Befrachter nur soweit von seinem Recht der Verzichtleistung Gebrauch machen, als dadurch nicht die Interessen des anderen Kontrahenten verletzt werden. Derartige Interessen des Verfrachters sind aber vorhanden; und zwar wurde in dieser Beziehung auf der hamburger Konferenz Folgendes angeführt: „Wenn der Schiffer nicht die volle bedungene Ladung an Bord habe, so habe er auch nicht mehr vertragsmässige Deckung für die volle Fracht. Ferner sei der Verfrachter, der die Reise mit einer geringeren als der vertragsmässigen Ladung machen solle, im Falle der Havariegrosse wesentlich gefährdet. Denn alsdann habe nur die wirklich auf dem Schiffe befindliche Ladung an den Havariekosten mitzutragen, und werde das Schiff mehr in Anspruch genommen, als wenn die volle Ladung konkurriren müsste; auch darüber könne Streit entstehen, ob nur die für die verladenen Waaren zu berechnende Fracht oder die ganze Fracht an den Havariekosten theilzunehmen habe. Endlich könne die Ladung auch so beschaffen sein, dass das Schiff nicht ohne Ballast in See zu gehen im Stande sei. Der Ballast aber könne dem Schiffer unter Umständen grosse Kosten verursachen, zumal wenn er denselben nicht ohne eine Umladung der bereits an Bord befindlichen Waaren einzunehmen im Stande sei" (Prot. V S. 2135). Wegen der Verletzung dieser Interessen darf der Verfrachter Ersatz verlangen. Auf dieser Erwägung beruht die Bestimmung dieses Artikels[1]).

2. Unter den dem Verfrachter erwachsenden M e h r k o s t e n sind namentlich zu verstehen die Kosten, welche entstehen aus dem Einnehmen von Ballast und daraus, dass der Schiffer bei der Vertheilung der Havariegrosse mit einem grösseren Beitrag angesetzt wird, als es bei voller Ladung der Fall sein würde.

---

1) Das finnländische Seegesetz Art. 96 verpflichtet einerseits den Charterer des ganzen Schiffs, der innerhalb der Wartezeit nicht die volle Ladung geliefert hat, vom Frachtvertrage jedoch nicht zurücktritt, sondern das Schiff mit den eingenommenen Gütern abfertigt, zur Zahlung der vollen Fracht; berechtigt aber den Schiffer, wenn die geladenen Güter nicht die Forderungen des Verfrachters decken, und der Befrachter anderweitige Sicherheit nicht stellt, den Frachtvertrag zu lösen unter Geltendmachung derselben Ansprüche, welche sie bei Lösung des Frachtvertrags durch den Befrachter dem Verfrachter zustehen.

Art. 580.

Hat der Befrachter bis zum Ablauf der Zeit, während welcher der Verfrachter auf die Abladung zu warten verpflichtet ist (Wartezeit), die Abladung nicht vollständig bewirkt, so ist der Verfrachter befugt, sofern der Befrachter nicht von dem Vertrage zurücktritt, die Reise anzutreten und die im vorstehenden Artikel bezeichneten Forderungen geltend zu machen.

Der in diesem Artikel aufgestellte Satz ist die Folge des Prinzips, dass der Befrachter die Ausführung des vereinbarten Transports auch der unvollständigen Ladung vom Verfrachter fordern kann, zugleich aber zur vollen Schadloshaltung des letzteren wegen der dadurch verletzten Interessen verpflichtet ist[1]).

Art. 581.

Der Befrachter kann vor Antritt der Reise, sei diese eine einfache oder zusammengesetzte, von dem Vertrage unter der Verpflichtung zurücktreten, die Hälfte der bedungenen Fracht als Fautfracht zu zahlen.

Bei Anwendung dieser Bestimmung wird die Reise schon dann als angetreten erachtet:

1. wenn der Befrachter den Schiffer bereits abgefertigt hat;

---

1) Der französische *Code de comm.* (Art. 288 Abs. 1) trifft die Bestimmung: *L'affréteur, qui n'a pas chargé la quantité des marchandises portée par la charte-partie, est tenu de payer le fret en entier, et pour le chargement complet auquel il s'est engagé.* (Ebenso der belgische *Code de comm.* II v. 1879 Art. 75 Abs. 2.) Zugleich halten aber die französischen Juristen unter analoger Anwendung des auf die Hausmiethe bezüglichen Art. 1752 *Code civil* den Verfrachter für berechtigt, wenn er in dem Werth der geladenen Güter keine vollständige Sicherheit wegen seiner Frachtforderung hat, Kaution wegen des nicht gedeckten Betrages, event. Auflösung des Frachtvertrags zu verlangen. S. Desjardins III S. 541 und die daselbst Zitirten. Nach dem holländischen H.G.B. kann der Verfrachter, wenn der Befrachter während der Ladezeit nur einen Theil der Ladung geliefert hat, entweder für die Zeit, die er länger liegen bleibt, die durch die Chartepartie bestimmte event. durch Sachverständige zu arbitrirende Entschädigung fordern; oder die Reise mit dem geladenen Theil der Ladung machen, dafür aber die volle stipulirte Fracht nebst etwaigem Ueberliegegeld fordern (Art. 465). Ausserdem ist derselbe berechtigt, bei einer während der Reise stattgehabten grossen Havarie von dem Befrachter *pro rata* der nicht geladenen Güter einen Beitrag von zwei Dritteln des Werths der Schäden resp. der Unkosten zu fordern (Art. 466). Auch hat er die Befugniss, zur Sicherung der Fracht und der Havariegrosse-Beiträge andere Waaren durch den Schiffer ohne Einwilligung des Befrachters einnehmen zu lassen. Doch kommt die Fracht von diesen Waaren dem Befrachter zu; auch braucht dieser von denselben nicht zur Havariegrosse zu kontribuiren (Art. 468). In gleicher Weise räumen die nordamerikanischen Juristen dem Kapitän, wenn der Werth der eingenommenen Ladung keine hinreichende Sicherheit für die Fracht gewährt und ein begründeter Verdacht, dass der Befrachter insolvent, obwaltet, das Recht ein, andere Güter zu laden, um sich wegen seines Frachtanspruchs zu sichern (Kent III S. 204).

2. wenn er die Ladung bereits ganz oder zum Theil geliefert hat
und die Wartezeit verstrichen ist.

1. Nach den allgemeinen Grundsätzen des Vertragsrechts
würde der Befrachter bei unterlassener Abladung, d. h. bei ein-
seitigem Rücktritt vom Vertrage dem Verfrachter die bedungene
Fracht zu zahlen haben unter Abzug der vom Verfrachter während
derselben Zeit etwa anderweitig verdienten Fracht (arg. *L. 19 § 9,*
§ 10 Locati 19, 2; Entsch. des O.A.G. zu Rostock vom 24. Febr.
1851 in Seufferts Archiv VII Nr. 87). Schon früher war es
indess fast allgemein Rechtens, dass der Befrachter, wenn er vor
Antritt der Reise den Frachtkontrakt aufkündigte, nur einen Theil
der Fracht zu entrichten hatte. (Cropp in Heises und seinen jur.
Abh. II S. 619.) Es beruht dieser Grundsatz auf Zweckmässigkeitsrücksichten, weil anderenfalls der Kaufmann „zu sehr in seinen Spekulationen beengt" und „die Verpflichtung des Befrachters im
Falle einseitigen Rücktrittes vom Frachtvertrage die ganze Fracht
zahlen zu müssen, mit allzugrossen Nachtheilen für den gesammten
Handel verbunden sein würde" (Prot. V S. 2118).

Das D.H.G.B. hat diesen Grundsatz, der sich auch in der Mehrzahl der neueren Gesetzgebungen findet [1]), einfach aufgenommen.
Der Art. 581 enthält folgende Regeln:

—

1) Der französische *Code de comm.* (Art. 288 Abs. 3) bestimmt hinsichtlich der Verfrachtung des ganzen Schiffs: *Si cependant l'affréteur, sans*
avoir rien chargé, rompt le voyage avant le départ, il payera en indemnité
au capitaine la moitié du fret convenu par la charte-partie pour la totalité
du chargement, qu'il devait faire. (Ebenso belg. *Code de comm.* II v. 1879
Art. 75 Abs. 4.) Ein Rücktrittsrecht, nachdem das Schiff schon theilweise beladen ist, steht dem Befrachter hier (anders als in dem Fall, wo das Schiff
est chargé à cueillette: Art. 291; belg. Art. 87) nicht zu (franz. *Code* Art. 288
Abs. 4, deutlicher belg. Art. 75 Abs. 5; vgl. Laurin bei Cresp II S. 197 f.;
Desjardins III S. 600). Der Befrachter muss in diesem Falle die volle Fracht
entrichten, soweit nicht der Verfrachter durch anderweitigen Frachtverdienst
schadlos gehalten wird. Auch das holländ. H.G.B. (Art. 467) räumt dem Verfrachter einen Anspruch auf die Hälfte der Fracht ein, wenn der Befrachter vor
Anfang der Ueberliegezeit, ohne etwas verladen zu haben, die Reise aufkündigt,
kennt also ein Rücktrittsrecht des Verfrachters nur, so lange derselbe nichts geladen hat. Ebenso das spanische H.G.B. (Art. 764). Nach finnländ. Seegesetz (Art. 94) ist der Befrachter zum Rücktritt berechtigt nicht nur vor Lieferung der Ladung, diesen auch nachdem diese ganz oder zum Theil stattgefunden hat, aber vor Ablauf der Lade- und Ueberliegezeit. Er hat die Hälfte
der Fracht und der Kaplaken und das etwaige Liegegeld zu zahlen. Das
englische Recht erkennt ein Rücktrittsrecht des Befrachters gegen Zahlung
einer gesetzlich festgesetzten Entschädigung nicht an; sondern in allen Fällen,
wo der Befrachter keine Ladung liefert oder vor Antritt der Reise oder während
derselben die geladenen Güter zurücknimmt, wird die Höhe der Entschädigung
im konkreten Falle, wenn sich die Parteien darüber nicht einigen können, unter
Berücksichtigung aller dabei in Betracht kommenden Umstände durch eine Jury
arbitrirt (Maclachlan S. 450). Stellt der Verfrachter eine Klage für *non-per-*
formance an, so wird prinzipiell der dem Verfrachter zugefügte Schaden gleichgesetzt dem Betrage der stipulirten Fracht unter Abzug der Unkosten der Reise
und einer etwa während derselben Reise-Periode verdienten anderweitigen Fracht.

a) Der Befrachter kann ohne jeden Grund vom Vertrage zurücktreten.
b) Er hat in diesem Falle die Hälfte der bedungenen Fracht
dem Verfrachter zu entrichten.
c) Der Befrachter muss, wenn er nur zu dieser Entschädigung
verpflichtet sein will, von seinem Rücktrittsrecht Gebrauch
machen vor dem Antritt der Reise.

2. Die Entschädigung, welche der Befrachter dem Verfrachter
zu entrichten hat, bezeichnet das Seerecht als Fautfracht[1]),
welches Wort man von *faute de fret* („Mangel-Fracht": Beseler,
D. Privatr., 1. Aufl. III S. 480 Note 12) ableitet. Auf diese Entschädigung braucht sich der Verfrachter nicht dasjenige anrechnen zu
lassen, was er anderweitig verdient. Es ist jedoch nicht etwa die
vorgängige Zahlung die Bedingung für die Geltendmachung des
Rücktrittsrechts[2]). Vielmehr richtet sich die Verbindlichkeit zur
Zahlung der Fautfracht ganz nach dem im Frachtvertrage vereinbarten Zahlungsmodus. Demgemäss hat regelmässig, nämlich stets
wenn der Destinatär nach Empfang der Waaren die Fracht zu
bezahlen haben würde, der Befrachter sofort nach der Rücktrittserklärung die Fautfracht zu entrichten. Waren bereits Güter geliefert, sofort nach der Wiederausladung derselben; und dem Verfrachter würde alsdann wegen seiner Forderung auch ein Pfandrecht an den Gütern nach Art. 624 zustehen, weil in diesem Falle
der Befrachter an die Stelle des Empfängers getreten wäre. Sollte
jedoch nach dem Frachtkontrakte die Fracht dem Verfrachter nicht
vom Destinatär, sondern vom Befrachter gezahlt werden, und war dem
letzteren ein Kredit auf bestimmte Zeit gewährt worden, so kann
der Verfrachter weder sofortige Zahlung der Fautfracht fordern,
noch ein Pfandrecht an den wieder ausgeladenen Gütern beanspruchen, weil die Auflösung des Frachtvertrages ihm keine grösseren Rechte gewähren kann, als ihm von Hause aus zustanden
(Prot. V S. 2121).

3. Als angetreten gilt die Reise mit Rücksicht auf diese
Bestimmung, a) wenn der Befrachter den Schiffer abgefertigt hat,
b) wenn die Lieferung der Ladung oder eines Theils derselben
stattgefunden und zugleich die Wartezeit (Art. 571) verstrichen ist.

---

ohne dass jedoch ein Zwang für die Jury bestünde, unter allen Umständen den
Schadens-Ersatz gleich hoch zu normiren. Bestritten ist es, ob der Kapitän verpflichtet ist, in solchen Fällen eine andere Fracht zu suchen. Ist in der Chartepartie an Stelle der vereinbarten Fracht *in case of non-performance* eine bestimmte Summe gesetzt, so kann der Verfrachter diese Summe ohne Abzug der
während der betreffenden Periode verdienten Fracht fordern. Doch ist auch im
entgegengesetzten Sinne entschieden worden. (S. Maclachlan S. 583 f., vgl.
S. 388 f.; Abbott S. 344, vgl. S. 197 f.)
1) Und zwar gebraucht man diesen Ausdruck nicht nur für die in der
Hälfte der Fracht bestehende Entschädigung, sondern für Alles, was „an Fracht
bezahlt werden" muss, „wenn der Verfrachter die bedungene Ladung gar nicht
oder unvollständig geliefert" hat (Prot. VIII S. 3875).
2) Vgl. über das finnländische Recht S. 279 Note 1.

Unter Abfertigung versteht man „das ausdrückliche oder still-schweigende Anerkenntniss des Befrachters", „dass die Ablieferung beendigt sei". Diese Erklärung wird regelmässig mit dem Augen-blicke der vollständigen Lieferung der Ladung zusammentreffen oder doch unmittelbar darauf folgen (Prot. V S. 2122). Die in diesem Artikel derselben beigelegte Bedeutung hängt aber von diesem Umstande nicht ab, vielmehr würde sie auch dann ein-treten, wenn die Abfertigung „bei zweifellos unvollständiger La-dung" stattgefunden haben sollte. Und zwar kommt hierbei der Umstand nicht in Betracht, ob die Wartezeit oder auch die Lade-zeit noch läuft (Prot. V S. 2200). In dem Falle sub 2 müssen beide Momente zusammentreffen, so dass der Rücktritt vom Ver-trage unter der in diesem Artikel angegebenen Voraussetzung möglich ist, sowohl wenn nur ein Theil der Ladung, als wenn die ganze Ladung geliefert ist, vorausgesetzt, dass die Wartezeit noch läuft.

Art. 582.

Macht der Befrachter von dem im vorstehenden Artikel bezeich-neten Rechte Gebrauch, nachdem Ladung geliefert ist, so muss er auch die Kosten der Einladung und Wiederausladung tragen und für die Zeit der mit möglichster Beschleunigung zu bewirkenden Wiederausladung, soweit sie nicht in die Ladezeit fällt, Liegegeld (Art. 573) zahlen.

Der Verfrachter ist verpflichtet, den Aufenthalt, welchen die Wiederausladung verursacht, selbst dann sich gefallen zu lassen, wenn dadurch die Wartezeit überschritten wird, wogegen ihm für die Zeit nach Ablauf der Wartezeit Liegegeld und der Ersatz des durch Ueberschreitung der Wartezeit entstandenen Schadens ge-bührt, soweit der letztere den Betrag dieses Liegegeldes erweislich übersteigt.

1. Aus der Bestimmung des vorigen Artikels geht bereits hervor, dass der Befrachter von seinem Rücktrittsrecht auch dann Gebrauch machen darf, wenn durch die daraus hervorgehende Ausladung der Waaren die Wartezeit überschritten werden sollte, ja sogar wenn der Anfang mit der Ausladung erst nach dem Ab-lauf der Wartezeit gemacht werden könnte. Da aber die Faut-fracht nur als Entschädigung für den Bruch des Frachtvertrages anzusehen ist, so muss dem Verfrachter noch fernerer Ersatz für den durch das Wiederausladen der Waaren entstehenden Zeitver-lust zu Theil werden. Auf dieser Erwägung beruhen die Bestim-mungen dieses Artikels [1]).

---

1) Auch nach dem finnländischen Seegesetz (Art. 94) hat der Befrachter, wenn er von seinem Rücktrittsrecht erst nach vollständiger oder theilweiser Ab-ladung der Güter Gebrauch macht, noch die Kosten der Ein- und Ausladung zu tragen und ausserdem vor Aushändigung der Güter Zahlung zu leisten oder aus-reichende Sicherheit zu bestellen.

2. Wenn die Wiederausladung innerhalb der Ladezeit
bewerkstelligt werden kann, so hat der Befrachter ausser der
Fautfracht die Kosten der Einladung und Ausladung zu
tragen. Dies steht allerdings im Gegensatz zur Regel der Art. 562
und 594. Allein einmal ist hierfür maassgebend gewesen die Erwägung, dass wenigstens die Kosten der Ausladung im Bestimmungshafen nach dem daselbst bestehenden Gebrauch gar nicht
dem Verfrachter zur Last fallen können, oder in Folge gewisser Umstände [1]) sich erheblich geringer stellen können als im Abladehafen
(vgl. Prot. V S. 2452); ferner aber sind die Kosten der Ein- und Ausladung vom Gesetzbuch in Ermangelung einer dafür in Betracht
kommenden spezielleren Norm nur deshalb dem Verfrachter zur
Last gelegt, weil derselbe Ersatz dafür in der vereinbarten Fracht
erhält; diese vereinbarte Fracht (die doch nur die ganze Fracht
sein kann) bekommt eben der Verfrachter in diesem Falle nicht.

3. Wird die Ladezeit überschritten, aber die Wartezeit innegehalten, so hat der Befrachter noch das gewöhnliche,
d. h. für diesen Frachtkontrakt Platz greifende Liegegeld zu
zahlen; wird die Wartezeit gleichfalls überschritten, ausser
dem Liegegeld auch Ersatz für den nachweisbar hierdurch noch
nicht gedeckten Schaden zu leisten. Ein solcher Schaden kann z. B.
daraus entstehen, dass in Folge der Verzögerung der Abreise ein
Hinderniss der Abfahrt eintritt, z. B. Frost, welcher den Schiffer
zwingt, Monate lang liegen zu bleiben. Und hierdurch wieder
kann derselbe möglicherweise verhindert werden, einen bereits
anderweitig unter einer namhaften Konventionalstrafe eingegangenen
Frachtkontrakt zu erfüllen (Prot. V S. 2124 f.).

Art. 583.

*Nachdem die Reise im Sinne des Art. 581 angetreten ist, kann
der Befrachter nur gegen Berichtigung der vollen Fracht, sowie aller
sonstigen Forderungen des Verfrachters (Art. 615) und gegen Berichtigung oder Sicherstellung der im Art. 616 bezeichneten Forderungen von dem Vertrage zurücktreten und die Wiederausladung der
Güter fordern.*

*Im Fall der Wiederausladung hat der Befrachter nicht nur die
hierdurch entstandenen Mehrkosten, sondern auch den Schaden zu
ersetzen, welcher aus dem durch die Wiederausladung verursachten
Aufenthalt dem Verfrachter entsteht.*

*Zum Zweck der Wiederausladung der Güter die Reise zu
ändern oder einen Hafen anzulaufen, ist der Verfrachter nicht verpflichtet.*

---

1) Es kann im Bestimmungshafen z. B. der Schiffer zum Herausnehmen der
Ladung aus dem Schiffe seiner eigenen Leute sich bedienen, während er im Ab-
ladehafen dazu besondere Arbeiter verwenden muss. Vielleicht sind auch die
Arbeitslöhne im ersteren Hafen geringer als im letzteren.

1. Wie schon oben bemerkt (s. die Ausführungen zum Art. 579 S. 275), kann der Befrachter auf die Leistung des Verfrachters d. h. den Transport der Waaren verzichten; aber er kann dies nie unter Bedingungen thun, wodurch Interessen des Verfrachters beschädigt, und diesem Verbindlichkeiten auferlegt werden, welche nicht aus dem ursprünglichen Frachtvertrage hervorgehen. Dies folgt bereits aus allgemeinen Rechtsprinzipien, (wie auch das O.A.G. zu Lübeck, in einem Erk. vom 30. Juni 1870 in Seufferts Archiv XXIV Nr. 267, darauf hinweist) ist aber vom H.G.B. gleich anderen Gesetzgebungen[1]) noch ausdrücklich anerkannt worden (wie in diesem Artikel, so noch in Art. 639 f., Art. 643 Ziff. 4).

2. Nach dem Gesetz muss daher dem Verfrachter alles das zu Theil werden, was er auf Grund des Frachtvertrages zu fordern haben würde, wenn er den Transport ausgeführt hätte. Er hat daher Anspruch auf die volle Fracht und alle im Art. 615 genannten Akzessionen derselben, sowie auf Ersatz derjenigen, bei Gelegenheit des Transportes entstandenen (vom Art. 616 aufgezählten) ausserordentlichen Unkosten, welche dem Befrachter zur Last fallen. Weshalb freilich der Art. 583 den Befrachter ohne Rücksicht auf die besondere Beschaffenheit des Frachtvertrages nöthigt, die Fracht Zug um Zug gegen die Auslieferung der Ladung dem Verfrachter zu zahlen, ist nicht abzusehen, indem dadurch der letztere unter Umständen besser gestellt wird, als wenn er den Transport ausgeführt hätte. Die Protokolle der hamburger Konferenz geben darüber keine Auskunft. Der Wortlaut des Artikels („gegen Berichtigung") lässt aber, besonders wenn man ihn mit der in dieser Hinsicht abweichenden Bestimmung des Art. 581 („unter der Verpflichtung — die Hälfte — der Fracht — zu zahlen") vergleicht, keine andere Auffassung zu. Man kann auch eine andere Auslegung nicht darauf stützen wollen, dass Art. 583 auf den Art. 615 verweist, welcher den Empfänger nur „nach Maassgabe des Frachtvertrages oder des Konnossements" zur Zahlung der Fracht verpflichtet; denn der Hinweis auf Art. 615 geschieht nur zur Präzisirung der Fracht-Akzidenzen.

3. Den Befrachter treffen alle Kosten, welche durch die Ausführung seines Verlangens entstehen. Er hat zwar nicht, wie im vorigen Artikel, die gesammten Kosten der Einladung und Wiederausladung zu tragen, vielmehr sind die einen wie die anderen zu Lasten des Verfrachters, soweit nicht eine engere Norm darüber etwas Anderes bestimmt. Sollten aber in

---

1) So vom französischen *Code de comm.* Art. 293; belg. *Code de comm.* II Art. 89. Der Bestimmung: *Le chargeur qui retire ses marchandises pendant le voyage, est tenu de payer le fret en entier et tous les frais de déplacement occasionés par le déchargement;* fügen beide Gesetzbücher den auch für das deutsche Recht sich von selbst verstehenden Satz hinzu: *si les marchandises sont retirées pour cause des faits ou des fautes du capitaine, celui-ci est responsable de tous les frais.*

Folge einer solchen den Destinatär die Kosten der Ausladung treffen, so hat der Befrachter in diesem Falle dieselben zu tragen, ebenso aber auch die Kosten, welche der Verfrachter nicht gehabt hätte, „wenn er die Ladung erst im Bestimmungshafen gelöscht haben würde" (Prot. V S. 2451 f.).

4. Der Befrachter hat ferner dem Verfrachter den **durch den Aufenthalt verursachten Schaden** zu ersetzen. Darunter sind nicht nur die für den Aufenthalt in dem Löschungshafen vom Schiffer zu machenden Ausgaben zu verstehen, als Hafengelder, Heuer und Unterhaltungskosten für die Besatzung, sondern auch jeder anderweitige positive Schaden, welcher dem Verfrachter dadurch erwachsen ist, dass er das Schiff nicht mit der Ladung nach dem Bestimmungshafen gebracht hat. Dahin gehören die für die Einnahme von Ballast aufzuwendenden Kosten, wenn der Verfrachter durch einen bereits abgeschlossenen Frachtvertrag genöthigt war, nach jenem Hafen behufs Einnahme einer neuen Ladung zu versegeln, ebenso eine Konventionalstrafe, welche dadurch verwirkt ist, dass der Verfrachter lediglich in Folge der Weisung des Befrachters einen anderweitigen Frachtvertrag nicht rechtzeitig (z. B. wegen inzwischen eingetretenen Frostes) hat ausführen können. Dagegen erstreckt sich die Verbindlichkeit des Befrachters „nicht auf den Ersatz eines entgehenden Gewinns", welcher etwa darin gefunden werden könnte, dass der Schiffer durch die in Folge der Entlöschung und Einnahme von Ballast „entstehende Verzögerung seiner Ankunft im Bestimmungshafen eine günstige Konjunktur für Eingehung neuer Frachtverträge" nicht mehr hat benutzen können (Prot. V S. 2451).

Art. 584.

Der Befrachter ist statt der vollen Fracht nur zwei Drittel derselben als Fauffracht zu zahlen verpflichtet, wenn das Schiff zugleich auf Rückladung verfrachtet ist oder in Ausführung des Vertrags zur Einnahme der Ladung eine Fahrt aus einem anderen Hafen zu machen hat, und wenn in diesen beiden Fällen der Rücktritt früher erklärt wird, als die Rückreise oder die Reise aus dem Abladungshafen im Sinne des Art. 581 angetreten ist.

Für das in diesem Artikel normirte Rechtsverhältniss sollten, so weit die Frachtforderung in Frage steht, keine anderen Grundsätze zur Anwendung kommen, als für das im vorigen Artikel geregelte, weil die Rechtsverhältnisse in Wahrheit dieselben sind. Ist ein Schiff auf Rückladung zugleich verfrachtet, so beginnt die Reise mit dem Abgange aus dem Ausreisehafen, und sie endet mit der Ankunft resp. Löschung in diesem, da für die Ausreise und Rückreise nur eine Fracht stipulirt worden ist. Hat das Schiff nach dem Frachtkontrakt sich erst von dem Hafen, in dem es sich befindet, in Ballast nach einem anderen Hafen zu begeben, um die

Ladung einzunehmen, so beginnt die Reise mit dem Anfange der Ballastreise und endet mit der Entlöschung der Ladung im Bestimmungshafen.

Der preussische Entwurf (Art. 482) hatte nun die Bestimmung getroffen:

— *Hatte das Schiff zur Einnahme der Ladung schon eine Fahrt aus einem anderen Hafen gemacht, oder war das Schiff auf Rückladung verfrachtet, so ist der Befrachter zur Bezahlung der vollen bedungenen Fracht verpflichtet; es sind ihm jedoch darauf die für die anderweit erhaltenen Ladungsgüter eingehenden Frachtgelder zu Gute zu rechnen.*

Der Schiffer darf eine Ladung derselben Art, wie die bedungene, nicht zurückweisen, wenn sie ihm anderweit geboten wird.

Dass der Verfrachter hier verpflichtet wurde, sich die anderweit erhaltene Fracht auf seine Frachtforderung anrechnen zu lassen, ist nur daraus zu erklären, dass man die Reise in Ladung — im Gegensatz zur Ballastreise —. resp. die Rückreise, als selbständige Reise betrachtete.

Auf der hamburger Konferenz wurde jedoch gegen den dem Verfrachter prinzipiell zuerkannten Anspruch auf die volle Fracht Widerspruch erhoben, indem man geltend machte, dass bei der *locatio conductio operis* — im Gegensatz zur *locatio conductio operarum* — die Forderung des *conductor operis*, wenn der *locator* „von der Ausführung des Werkes keinen Gebrauch" mache, nicht „auf Bezahlung des vollen bedungenen Lohnes" gehe, sondern sich lediglich in eine Interessenforderung auflöse, bei deren Berechnung die Kosten, welche die Ausführung mit sich gebracht haben würde, in Abzug kommen müssten. Ausserdem wurde darauf hingewiesen, dass die Liquidation mit Rücksicht auf die Frage, „welcher anderweitige Verdienst des Schiffers von der vollen Fracht in Abzug kommen müsse", besondere Schwierigkeiten darbieten würde (Prot. V S. 2139, S. 2149). Um diese zu vermeiden, wurde der Antrag gestellt, „dem Verfrachter eine zwischen der halben und der ganzen Fracht liegende, durch freies richterliches Ermessen zu bestimmende Quote der Fracht" zuzusprechen, ein Vorschlag, der von 6 Stimmen angenommen, von 6 Stimmen verworfen wurde. Noch ehe indess mit Rücksicht auf diesen Antrag eine Entscheidung durch den dem Präsidenten der Konferenz zustehenden Stichentscheid getroffen war, wurde ein anderer Antrag gestellt, wonach der Befrachter verpflichtet sein sollte, die volle Fracht zu entrichten, aber die Befugniss erhielt, eine angemessene — im Streitfalle durch den Richter festzustellende, aber nie die Hälfte der vollen Fracht übersteigende — Quote in Abzug zu bringen, „wenn nach den Umständen anzunehmen" wäre, dass sich dem Verfrachter „ohne Beschwerde Gelegenheit zu anderweitem Frachtverdienst" darböte, oder dass ihm wenigstens „ein sonst nothwendiger Kostenaufwand gespart würde" (Prot. V S. 2143). Dieser Antrag wurde mit einer

Majorität von nur 7 gegen 5 Stimmen und unter einem förmlichen
Protest des stimmführenden Abgeordneten für Hamburg angenommen
(Prot. V S. 2150 f.). Noch in erster Lesung kam man abermals
auf diesen Punkt zurück, und es wurde unter Hinweis darauf,
dass zu befürchten, es werde „in jedem einzelnen Falle über die
Summe, welche von der ganzen Fracht in Abzug zu bringen sei“,
ein Prozess entstehen, der Antrag gestellt, dem Verfrachter zwei
Drittel der Fracht zuzusprechen, und dieser Antrag wurde fast
einstimmig angenommen (Prot. V S. 2498 f.).

Um den Sinn des Artikels richtig zu erfassen, muss man denselben mit Art. 581 ff. kombiniren. Danach ist der Befrachter, auch
wenn eine Reise der in Art. 584 behandelten Art vorliegt, berechtigt, gegen Zahlung der Hälfte der vollen (für Hin- und Rückreise bedungenen) Fracht vom Vertrage zurückzutreten, so lange
ihm dies gestattet sein würde, wenn nur die erste Reise den Gegenstand des Frachtvertrages gebildet hätte, d. h. vor Antritt der Reise
aus dem Abgangshafen. Vom Antritt dieser Reise bis zum Antritt
der Rückreise resp. der Reise in Ladung kann der Befrachter
gegen zwei Drittel der Fracht zurücktreten. Von dem Augenblick
aber, wo auch die letztgenannte Reise als angetreten gilt, nur gegen
Zahlung der ganzen Fracht (Prot. V S. 2140, VIII S. 3889).

Unter der vollen Fracht ist selbstverständlich zu verstehen die
für die Ausreise und die Rückreise resp. die Ballastreise und die
Reise in Ladung zusammen stipulirte Fracht.

Art. 585.

*Bei anderen zusammengesetzten Reisen erhält der Verfrachter,
wenn der Befrachter den Rücktritt erklärt, bevor in Bezug auf den
letzten Reiseabschnitt die Reise im Sinne des Art. 581 angetreten
ist, als Fautfracht zwar die volle Fracht, es kommt von dieser jedoch eine angemessene Quote in Abzug, sofern die Umstände die
Annahme begründen, dass der Verfrachter in Folge der Aufhebung
des Vertrages Kosten erspart und Gelegenheit zu anderweitigem
Frachtverdienst gehabt habe.*

*Können sich die Parteien über die Zulässigkeit des Abzuges oder
die Höhe desselben nicht einigen, so entscheidet darüber der Richter
nach billigem Ermessen.*

*Der Abzug darf in keinem Falle die Hälfte der Fracht über-
steigen.*

1. Für andere Fälle kombinirter Reisen, als die im Art. 584
behandelten, enthielt der preussische Entwurf keine Bestimmung,
und es herrschte zuerst auch auf der hamburger Konferenz die
Ansicht vor, „dass bei der grossen Verschiedenheit der maassgebenden Verhältnisse hierüber keine allgemeinen Bestimmungen erlassen
werden könnten, die Entscheidung hierüber vielmehr dem Richter
anheimzugeben sei“ (Prot. V S. 2174); später machte sich jedoch

die Auffassung geltend, dass die „aus zwei Gliedern" zusammengesetzten Reisen (d. h. die Reisen, deren der Art. 584 Erwähnung thut) gleichfalls zu den „kombinirten Reisen" gehörten, und dass, was für jene beschlossen sei, „in der Regel auch für die aus mehreren Gliedern bestehenden Kombinationen Geltung haben müsse, soweit sie überhaupt als eine einzige Reise angesehen werden könnten". Es wurde daher die für die Reisen des Art. 584 von der Versammlung zuerst beliebte Bestimmung, dass der Befrachter im Falle des Rücktritts zur Zahlung der ganzen Fracht unter eventuellem Abzug einer angemessenen Quote verpflichtet sei (s. o. S. 283), auch auf die anderweitigen kombinirten Reisen ausgedehnt (Prot. V S. 2200 f., S. 2478). Diese Bestimmung liess man für die letzteren Reisen stehen, als man für die Reisen des Art. 584 dem Verfrachter das Recht auf zwei Drittel der Fracht zusprach (Prot. V S. 2499).

Für konsequent kann man es freilich nicht halten, dass die hamburger Konferenz für ein wesentlich gleichartiges Rechtsverhältniss (Art. 583, 584, 585) drei verschiedene Prinzipien aufgestellt hat, und es ist mir namentlich die *ratio* nicht erfindlich, nach welcher der Verfrachter bei der kombinirten Reise des Art. 584 immer zwei Drittel, bei der des Art. 585 möglicher Weise einmal nur drei Fünftel oder gar die Hälfte der stipulirten Fracht erhält.

2. Unter der v o l l e n F r a c h t ist die für die sämmtlichen Reisen etwa stipulirte Gesammtfracht zu verstehen; ist eine solche nicht vereinbart, die Summe aller einzelnen Frachtbeträge.

3. O b übrigens ein F r a c h t k o n t r a k t, vermöge dessen der Verfrachter sich verpflichtet, eine Reihe von Reisen für einen bestimmten Befrachter zu unternehmen, als Vertrag über e i n e kombinirte Reise, oder als Kontrakt über m e h r e r e u n a b h ä n g i g e Reisen aufzufassen, ist *quaestio facti*. Ist für jede der verschiedenen Reisen die Fracht in der einen oder der anderen Weise besonders normirt, so ist das ein starkes Argument für die Annahme verschiedener Reisen (vgl. Prot. VIII S. 3890 f.).

Art. 586.

Hat der Befrachter bis zum Ablauf der Wartezeit keine Ladung geliefert, so ist der Verfrachter an seine Verpflichtungen aus dem Vertrage nicht länger gebunden, und befugt, gegen den Befrachter dieselben Ansprüche geltend zu machen, welche ihm zugestanden haben würden, wenn der Befrachter von dem Vertrage zurückgetreten wäre (Art. 581, 584, 585).

1. Die Bestimmung dieses Artikels bezieht sich ebensowohl auf die einfache Reise, wie auf die aus zwei Gliedern und auf die aus mehr als zwei Gliedern zusammengesetzte Reise [1]).

---

1) Das f r a n z ö s i s c h e Recht trifft für den Fall einer Reise „aus und zu Haus" die Bestimmung (*Code de comm.* Art. 294 Abs. 2): *Si ayant été frété*

2. Zweifelhaft ist nur, ob bei einer kombinirten Reise der
Schiffer schon dann befugt ist, „von dem Vertrage abzugehen",
wenn er in einem Hafen die bedungene Ladung nicht
erhält, „obschon er nach dem Vertrage in anderen Häfen wieder
andere Ladungen in Empfang zu nehmen und weiter zu transportiren" hat. Die Frage ist weder unbedingt zu bejahen, noch zu
verneinen, vielmehr sind bei ihrer Beantwortung immer die konkreten Umstände in Betracht zu ziehen (Prot. V S. 2499 f.). Es
werden sich in dieser Hinsicht folgende allgemeine Regeln aufstellen lassen:

a) Werden in einem bestimmten Hafen keine Güter vom Befrachter resp. dessen Bevollmächtigtem geliefert, verlangt dieser
aber (natürlich unter Erfüllung der im Art. 579 angegebenen Bedingungen), dass sich das Schiff in Ballast nach dem nächsten
Hafen begebe, um dort Ladung in Empfang zu nehmen, so hat
der Schiffer dieser Anweisung Folge zu leisten. Der Befrachter
kann nämlich verlangen, dass der Verfrachter auch ohne die volle
bedungene Ladung die Reise antritt (Art. 579). Daraus ist wieder
zu folgern, dass der erstere auch fordern darf, dass der letztere
die Reise in Ballast macht, wo er ein Interesse daran hat; denn da
das Gesetz über das Minimum der Ladung nichts bestimmt, mit
welcher der Schiffer die Reise anzutreten hat, so kann der Befrachter
auch beanspruchen, dass derselbe ohne alle Ladung, d. h. in Ballast
sich nach dem Bestimmungshafen begiebt, um so mehr, als hierdurch
die Lage des Verfrachters in keiner Weise verschlechtert wird.
Gegen diese Auffassung lässt sich auch ´der Umstand nicht geltend
machen, dass der Art. 579 den Schiffer verpflichtet, „ohne die
volle bedungene Ladung" und nicht ohne Ladung überhaupt
die Reise anzutreten; denn da der zitirte Artikel nur die einfache
Reise vor Augen hat, so wäre es sinnlos gewesen, wenn derselbe
den Schiffer ausdrücklich verpflichtet hätte, eine Reise ohne Ladung
zu machen, woran der Befrachter gar kein Interesse gehabt hätte.
Eben so wenig kann man der gedachten Ansicht den Art. 587
Abs. 3 entgegen setzen; denn auch hier wird der Verfrachter lediglich deshalb von der Verpflichtung entbunden, die im Vertrage

_pour l'aller et le retour, le navire fait son retour sans chargement ou avec
un chargement incomplet, le fret entier est dû au capitaine, ainsi que l'in-
térêt du retardement._ (Im Abs. 1 heisst es: _Si le navire est arrêté au départ.
pendant la route, ou au lieu de sa décharge, par le fait de l'affréteur, les
frais du rétardement sont dus par l'affréteur.)_ Ebenso nach diesem der
belgische _Code de comm._ II Art. 82. Man versteht jedoch die Bestimmung des _Code_ unter Berufung auf Valin, bei dem sich dieselbe Auffassung der entsprechenden Vorschrift der _Ordonnance de la marine_ (III, 3 Art. 9)
findet, dahin, dass die Fracht nur soweit zu zahlen ist, als nicht der Kapitän
in einer anderweitig gefundenen Fracht schadlos gehalten wird. Auf der anderen
Seite hat der Verfrachter Anspruch auf Ersatz nicht nur des durch den etwaigen
Aufenthalt, sondern überhaupt durch die Nichtlieferung der Ladung verursachten
Schadens (wenn der Kapitän z. B. Ballast hat einnehmen müssen). S. Desjardins III S. 665 f.

bezeichnete Reise — das wären aber im vorliegenden Falle sämmtliche Reisen, nicht eine einzelne — auszuführen, weil dies ohne jedes Interesse für den Befrachter wäre.

b) Soll der Schiffer die Ladung nicht vom Befrachter selbst, sondern von einem Dritten in Empfang nehmen, so ist er verpflichtet, dem ersteren von der nicht erfolgten Lieferung nach Art. 578 Anzeige zu machen und das weiter in diesem Artikel vorgeschriebene Verfahren zu beobachten. Wäre aber eine solche Anzeige nicht zu bewerkstelligen, so würde der Schiffer nach Art. 504, welcher ihm aufgiebt, das Interesse der Ladungsbetheiligten wahrzunehmen [1]), verpflichtet sein, nach dem nächsten Hafen zu versegeln, um daselbst andere Ladung in Empfang zu nehmen, vorausgesetzt, dass nicht die Unmöglichkeit, solche zu erhalten, klar vorlag.

c) In allen anderen Fällen wird man dem Schiffer wohl das Recht einräumen müssen, vom Vertrage zurückzutreten, wenn er auch nur in einem der namhaft gemachten Häfen keine Ladung erhält.

3. Wenn das Gesetz den Befrachter nicht länger für gebunden erklärt, so soll damit gesagt werden, dass der Vertrag nicht *ipso jure* aufgelöst ist, wenn die Ladung nicht bis Ende der Wartezeit geliefert worden, sondern dass der Verfrachter das Recht hat, vom Vertrage zurückzutreten. Dazu bedarf es allerdings keiner ausdrücklichen Erklärung, sondern es kann dies eben so gut durch konkludente Handlungen geschehen, z. B. durch Absegeln, durch Abschliessen einer neuen Charter. Würde aber der Verfrachter liegen bleiben und nach Ablauf der Wartezeit die ursprünglich bedungene Ladung ohne irgend eine besondere Vereinbarung einnehmen, so könnte dies nicht als ein neuer Frachtvertrag betrachtet und der Verfrachter nicht für berechtigt gehalten werden, neben der Fautfracht noch die ursprünglich für die Ladung vereinbarte Fracht zu fordern. Durch bedingungslose Annahme der Ladung nach der Wartezeit würde der Schiffer vielmehr zu erkennen geben, dass er den alten Frachtkontrakt als noch zu Recht bestehend anerkennt (Prot. VIII S. 3878 f.).

Art. 587.

Auf die Fautfracht wird die Fracht, welche der Verfrachter für andere Ladungsgüter erhält, nicht angerechnet.

Durch diese Bestimmung wird jedoch die Vorschrift im ersten Absatz des Art. 585 nicht berührt.

Der Anspruch des Verfrachters auf Fautfracht ist nicht davon abhängig, dass er die im Vertrage bezeichnete Reise ausführt.

——

[1]) Darauf wurde auch auf der hamburger Konferenz aufmerksam gemacht: Prot. V S. 2499 f.

Durch die Fautfracht werden die Ansprüche des Verfrachters auf Liegegeld und die übrigen ihm etwa zustehenden Forderungen (Art. 615) nicht ausgeschlossen.

1. Der Abs. 1 des Artikels bezieht sich, wie aus Abs. 2 ersichtlich, auf die Fautfracht des Art. 581 und die des Art. 584. Die Bestimmung erklärt sich daraus, dass dem Verfrachter gerade ein Anspruch auf Fautfracht im Betrage von $1/_2$ resp. $2/_3$ der stipulirten Fracht an Stelle des Anspruchs auf die ganze Fracht unter Abzug der anderweit verdienten eingeräumt ist.

2. Durch den Empfang der Fautfracht wird der Verfrachter wegen seines Anspruchs auf Liegegeld und die ihm sonst noch zustehenden Forderungen nicht abgefunden, weil die Fautfracht nur eine Entschädigung für die verloren gehende Fracht[1]) ist. Das Liegegeld speziell muss bezahlt werden nach den allgemeinen Grundsätzen über die Miethe ohne Rücksicht darauf, ob während der Ueberliegezeit die Abladung bewerkstelligt worden ist oder nicht; denn das Schiff hat zur Disposition des Befrachters gestanden, und wenn derselbe auch durch einen in seiner Person sich ereignenden Zufall verhindert worden wäre, davon Gebrauch zu machen, so befreit ihn dies nicht von der Verbindlichkeit, die *merces* zu zahlen.

Art. 588.

Ist ein verhältnissmässiger Theil oder ein bestimmt bezeichneter Raum des Schiffs verfrachtet, so gelten die Art. 568 bis 587 mit folgenden Abweichungen:

1. Der Verfrachter erhält in den Fällen, in welchen er nach diesen Artikeln mit einem Theil der Fracht sich begnügen müsste, als Fautfracht die volle Fracht, es sei denn, dass sämmtliche Befrachter zurücktreten oder keine Ladung liefern.

    Von der vollen Fracht kommt jedoch die Fracht für diejenigen Güter in Abzug, welche der Verfrachter an Stelle der nicht gelieferten angenommen hat.

2. In den Fällen der Art. 582 und 583 kann der Befrachter die Wiederausladung nicht verlangen, wenn dieselbe eine Verzögerung der Reise zur Folge haben oder eine Umladung nöthig machen würde, es sei denn, dass alle übrigen Befrachter ihre Genehmigung ertheilten. Ausserdem ist der Befrachter verfrachter verpflichtet, sowohl die Kosten als auch den Schaden zu ersetzen, welche durch die Wiederausladung entstehen.

---

1) Die französischen Schriftsteller bezeichnen die Fautfracht gleichfalls als *une sorte de prime ou d'indemnité de rachat de la convention*: Laurin bei Cresp II S. 197; vgl. Ruben de Couder IV S. 466 N. 246; Desjardins III S. 597.

Machen sämmtliche Befrachter von dem Rechte des Rücktritts Gebrauch, so hat es bei den Vorschriften der Art. 582 und 583 sein Bewenden.

1. Das Gesetzbuch stellt hinsichtlich der Lade- und Ueberliegezeit und hinsichtlich des Rücktritts vom Vertrage die Vercharterung einer Quote, sowie eines räumlich bestimmten Theils des Schiffs der eines ganzen Schiffs gleich. Trotzdem wurden auf der hamburger Konferenz — freilich erst in zweiter Lesung — in zwei Punkten wesentliche Abweichungen hiervon statuirt und die Grundsätze der Stückgüterfracht zur Anwendung gebracht (Prot. VIII S. 3882—3885).

Die erste in Ziff. 1 enthaltene Abweichung wurde dadurch gerechtfertigt, dass „das Recht gegen Entrichtung einer Quote der Fracht vom Vertrage zurückzutreten, nicht füglich jedem einzelnen Befrachter für sich zugestanden werden könne, weil diese Quoten nur unter der Voraussetzung als eine entsprechende Entschädigung des Verfrachters betrachtet worden seien, dass der letztere die Reise nicht zu machen brauche", während hier „die Reise des Rücktrittes unerachtet ausgeführt werden müsse". Die Konferenz hielt sich, obwohl sie die juristische Natur der hier in Frage stehenden Frachtverträge der des Totalfrachtvertrages gleichstellte, zu dieser Abweichung für berechtigt, weil die von ihr getroffenen „Bestimmungen über den Rücktritt vom Vertrage gegen eine im Gesetz ein für allemal bestimmte Quote der Fracht nicht auf dem inneren Wesen der Totalbefrachtungen, sondern lediglich auf Zweckmässigkeitsrücksichten beruhten" (Prot. VIII S. 3882 f.). Auch lässt sich noch geltend machen — auf welchen Umstand in der Konferenz freilich nur mit Rücksicht auf Stückgüterladungen hingewiesen wurde — dass bei „Vercharterung des ganzen Schiffs" die volle Fracht zu bezahlen ist, „wenn der Schiffer die Reise mit einem Theile der Ladung ausführen" muss (Prot. V S. 2178)[1].

Die Bestimmung der Ziff. 2 erklärt sich daraus, dass, wenn die Güter mehrerer Befrachter auf dasselbe Schiff abgeladen werden, eine gewisse Gemeinschaft zwischen diesen Personen entsteht, welche die Folge hat, dass Jeder bei der Geltendmachung seiner Rechte auf die seiner Mitbefrachter Rücksicht nehmen muss. Tritt nun eine Kollision zwischen den Ansprüchen verschiedener Befrachter ein, so kann diese nicht in der Weise gelöst werden, dass man die Majorität entscheiden lässt, noch auch, dass der Geldwerth der von jedem geladenen Güter für maassgebend gehalten wird, vielmehr muss naturgemässer Weise der, welcher eine Abweichung von dem ursprünglichen Kontraktsverhältniss beansprucht, denjenigen gegenüber zurückstehen, welche die Ausführung desselben verlangen.

---

1) Ueber das französische Recht s. S. 291 Note 1.

2. Nur den Befrachtern wird das Recht abgesprochen,
die Wiederausladung ihrer Güter ohne Zustimmung der Mitbefrachter
zu verlangen. Dieselbe wird aber nicht unbedingt verboten, so
dass der Schiffer einem darauf gerichteten Verlangen auch ohne
eingeholte Genehmigung der letzteren stattgeben darf, vorausgesetzt,
dass nur keine rechtlichen Interessen dieser dadurch verletzt werden (Prot. V S. 2454).

3. Unter Umständen kann es zweifelhaft sein, ob die
Kontrahenten die Verfrachtung eines räumlich bestimmten Theils oder eine Stückgüterfracht mit der Neben-
bedingung beabsichtigt haben, dass „die Ladung in einem bestimmten Raume untergebracht werden" soll. Die Entscheidung
dieser Frage ist aber immer nur dem konkreten Vertrage zu entnehmen, welcher stets einen Anhaltspunkt dafür abgeben wird, worin der Hauptgegenstand des Vertrages besteht (Prot. V S. 2185).

Art. 589.

*Hat der Frachtvertrag Stückgüter zum Gegenstand, so muss der
Befrachter auf die Aufforderung des Schiffers ohne Verzug die Abladung bewirken.*

*Ist der Befrachter säumig, so ist der Verfrachter nicht ver-
pflichtet, auf die Lieferung der Güter zu warten; der Befrachter
muss, wenn ohne dieselben die Reise angetreten wird, gleichwohl die
volle Fracht entrichten. Es kommt von der letzteren jedoch die
Fracht für diejenigen Güter in Abzug, welche der Verfrachter an
Stelle der nicht gelieferten angenommen hat.*

*Der Verfrachter, welcher .den Anspruch auf die Fracht gegen
den säumigen Befrachter geltend machen will, ist bei Verlust des
Anspruchs verpflichtet, dies dem Befrachter vor der Abreise kund zu
geben. Auf diese Erklärung finden die Vorschriften des Art. 572
Anwendung.*

1. Der Artikel bezieht sich auf alle Fälle, in denen ein
Frachtvertrag über den Transport von Stückgütern abgeschlossen ist, ohne Rücksicht darauf, ob der Schiffer das Schiff von
vorn herein auf Stückgüter angelegt, d. h. dem Publikum gegenüber sich zur Annahme von Stückgütern bereit erklärt hat, oder
nicht.

2. Abweichend von den übrigen Kategorien der Frachtverträge beginnt bei der Stückgüterfracht die Verpflichtung
zum Laden nicht erst mit dem auf die Anzeige des Schiffers von
der Ladebereitschaft folgenden Tage, sondern sofort mit der darauf
gerichteten Aufforderung des Schiffers, vorausgesetzt natürlich,
dass diese Aufforderung zu einer Zeit erfolgte, wo noch ein Anfang mit dem Laden gemacht werden konnte. Mit der Abladung
ist dann ohne Unterbrechung fortzufahren. Ob der Verfrachter
dieser seiner Verpflichtung nachgekommen, darüber entscheidet

das Ermessen des Richters, der natürlich darauf Rücksicht zu nehmen hat, ob an dem Tage der Aufforderung selbst etwa wegen der vorgerückten Tageszeit ein Anfang mit der Abladung nicht mehr gemacht werden konnte, und ob die Abladung an gewissen Tagen wegen widriger Witterung und überhaupt in Folge irgend eines Zufalls ausgesetzt werden musste (vgl. Prot. VIII S. 3885; Entsch. des hamb. Oberger. vom 1. April 1864 bei Hermann und Hirsch, Samml. S. 380 f.). Ohne die gedachte Aufforderung des Schiffers würde der Befrachter nicht *in mora* gesetzt werden.

3. Wenn das Gesetz bei Stückgüterfracht auch keine gesetzliche Ladezeit kennt, so ist damit nicht die Festsetzung einer Ladezeit durch Vertrag oder Ortsgebrauch (wie einer Ueberliegezeit durch Vertrag) ausgeschlossen. Bei Berechnung derselben sind die Regeln des Gesetzbuchs über die beim Chartervertrag vorkommende Ladezeit analog zur Anwendung zu bringen (Entsch. des R.O.H.G. XII S. 130). Der Beginn der Ladezeit fällt in den Tag, der auf die Aufforderung des Schiffers, die Abladung vorzunehmen, folgt.

4. Die Gründe für die mit der Mehrheit der neueren Seerechte[1] im Widerspruch stehende Bestimmung des

---

1) Die meisten fremden Rechte unterscheiden in Betreff des dem Befrachter eingeräumten Rücktrittsrechts entweder nicht zwischen Charterung eines ganzen Schiffs und Stückgüterfracht, wie das holländ. H.G.B. Art. 467, oder räumen jedem einzelnen Stückgüter-Befrachter ausdrücklich ein gleiches Rücktrittsrecht, wie dem Befrachter eines ganzen Schiffs ein; so der französische *Code de comm.* Art. 291: *Si le navire est chargé à cueillette, soit au quintal, au tonneau ou à forfait, le chargeur peut retirer ses marchandises avant le départ du navire, en payant le demi-fret. Il supportera les frais de charge, ainsi que ceux de décharge et de rechargement des autres marchandises qu'il faudrait déplacer, et ceux du retardement.* Damit wörtlich übereinstimmend der belgische *Code de comm.* II Art. 87. Die gleiche Bestimmung findet sich im spanischen H.G.B. Art. 765, welches jedoch den übrigen Abladern das Recht einräumt, sich der Wiederausladung der Güter zu widersetzen, wenn sie diese übernehmen und den Werth derselben nach der Faktura vergüten. Die neueren französischen Juristen heben ausdrücklich hervor, dass der Stückgüter-Befrachter nur vollständig vom Frachtvertrage abgehen kann, nicht aber einen Theil der kontraktlich zu verschiffenden Güter abladen und hinsichtlich des Restes vom Vertrage unter Zahlung von Fautfracht zurücktreten darf (Bédarride II N. 752; Desjardins III S. 599 f.). Für das Rücktrittsrecht des Befrachters bei Charterung eines bestimmten Raumes oder quoten Theils des Schiffs ist nicht maassgebend das für die Stückgüterfracht geltende Recht, sondern das für die Befrachtung eines ganzen Schiffs maassgebende Recht (Laurin bei Cresp II S. 198 f.). Es findet hier Anwendung der Art. 288 Abs. 4 *Code de comm.* Die Gesammtheit der Befrachter kann also vor Abladung von Gütern in Gemässheit des Art. 288 Abs. 3 vom Vertrage gegen Zahlung der halben Fracht zurücktreten, nicht aber ein einzelner oder einzelne. Nach dem finnländischen Seegesetz Art. 97 hat jedoch der Befrachter eines Theils des Schiffs oder einer gewissen Zahl von Lasten, wenn er die Güter während der Lade- und Ueberliegezeit nicht geliefert hat, dem Verfrachter die volle Fracht, wie den ihn treffenden Theil des Liegegeldes zu bezahlen, auch denselben wegen alles ihm dadurch verursachten Schadens zu entschädigen, wobei jedoch die Fracht für die an Stelle der nicht gelieferten vom Verfrachter angenommenen Güter in Abzug kommt. Die Wiederausladung der Güter ist dann nicht gestattet, wenn einem

19*

Abs. 2 sind natürlich die für die derselben nachgebildeten Grundsätze der Ziff. 1 des vorigen Artikels bereits (o. S. 289) angegebenen (vgl. Prot. V S. 2177—2180).

5. Die in Abs. 3 angeordnete Erklärung des Verfrachters, welche dem früheren Rechte konform ist (Pöhls, Seerecht II S. 572), ist nothwendig, „weil sonst der Befrachter nicht ohne Grund annehmen könnte, der Schiffer habe hinreichende anderweitige Ladung erhalten und deshalb auf Bezahlung der Fracht für die ausgefallenen Güter verzichtet" (Prot. V S. 2180). Ausserdem soll dadurch dem Befrachter Gelegenheit gegeben werden, sich darüber zu vergewissern, ob der für seine Waaren erforderliche Raum in Wahrheit ungenutzt geblieben [1]) (Entsch. des hamburger Handelsger. vom 12. Mai 1863 bei Hermann und Hirsch, Samml. Nr. 54).

6. Nicht als Stückgüterfracht ist der Fall zu behandeln, wenn ein Mäkler, von dem Schiffer beauftragt, ihm eine Ladung zu besorgen, mit einer Anzahl von Befrachtern „Frachtverträge vorbereitet und sodann im Namen aller dieser Befrachter mit dem Schiffer eine gemeinschaftliche Chartepartie schliesst". Hierauf sind vielmehr die Grundsätze über die Totalcharterung des Schiffs zur Anwendung zu bringen, freilich mit der Modifikation, „dass die Disposition über das Schiff, das Rücktrittsrecht vom Vertrage und dergleichen nicht jedem einzelnen Befrachter, sondern nur dem Konsortium derselben" zusteht, welches letztere als Kontrahent anzusehen (Prot. V S. 2186) und als Gelegenheitsgesellschaft (H.G.B. B. III Tit. 2) aufzufassen sein würde.

Art. 590.

Nach der Abladung kann der Befrachter auch gegen Berichtigung der vollen Fracht, sowie aller sonstigen Forderungen des Ver-

---

anderen Befrachter daraus Aufenthalt oder ein anderer Nachtheil erwächst. Die Gesammtheit aller Befrachter steht hinsichtlich des Rücktrittsrechts eben so da, wie der einzige Befrachter des ganzen Schiffs. Die gleichen Bestimmungen hatte schon das schwedische Seegesetz getroffen. Nur dass bei Stückgütern die Abladung ganz wie nach dem D.H.G.B. zu bewirken ist, und die Zurücknahme der eingeladenen Güter durch den Befrachter abhängig ist von der Einwilligung des Schiffers, der sich jedoch durch diese für allen dadurch den übrigen Befrachtern verursachten Schaden verantwortlich macht (§§ 89, 91). Nach dem norwegischen Seegesetz hat in jedem Fall, wo von mehreren Befrachtern einige bereits die Güter abgeladen haben, der Kapitän für die zur Zeit der Abfahrt nicht gelieferten Güter die volle Fracht zu beanspruchen, sich jedoch davon denselben Abzug wie nach dem D.H.G.B. gefallen zu lassen (§ 47). Der Befrachter darf auch die abgeladenen Güter wieder zurücknehmen gegen die gleiche Verpflichtung zur Frachtzahlung, für welche vor Auslieferung der Güter Kaution zu leisten ist (§ 49).

1) Nach dem norwegischen Seegesetz (§ 47) hat zu diesem Behuf der Schiffer eine Besichtigung der betreffenden Schiffsräume durch zwei Delegirte der kompetenten Behörde vornehmen zu lassen.

frachters (Art. 615) und gegen Berichtigung oder Sicherstellung der im Art. 616 bezeichneten Forderungen nur nach Maassgabe des ersten Absatzes der Vorschrift unter Ziff. 2 des Art. 588 von dem Vertrage zurücktreten und die Wiederausladung der Güter fordern.

Ausserdem findet auch für diese Fälle die Vorschrift im letzten Absatz des Art. 583 Anwendung.

Art. 591.

Ist ein Schiff auf Stückgüter angelegt und die Zeit der Abreise nicht festgesetzt, so hat auf Antrag des Befrachters der Richter nach den Umständen des Falles den Zeitpunkt zu bestimmen, über welchen hinaus der Antritt der Reise nicht verschoben werden kann.

1. Die Bestimmung dieses Artikels wurde auf der hamburger Konferenz in folgender Weise motivirt: Wenn das Schiff auf Stückgüter angelegt sei, gehe die Meinung der Kontrahenten bei Abschluss eines Frachtvertrages dahin, „dass der Schiffer nicht eher fahren wolle, als bis er eine genügende Ladung habe, dass er aber doch jedenfalls fahren wolle, selbst wenn er nur wenig Ladung erhalten sollte; dass aber auf der anderen Seite der Befrachter keine unverhältnissmässig lange Zeit zu warten beabsichtige"[1]) (Prot. V S. 2192).

2. Die Bestimmung gilt nur für den Fall, dass die Zeit der Abreise „entweder gar nicht oder nur mit unbestimmten Ausdrücken, wie z. B. mit den Worten: so bald als möglich und dergleichen, erwähnt" ist. Dieselbe zessirt, wenn der Schiffer den Frachtvertrag „ausdrücklich oder stillschweigend unter der Bedingung" eingegangen, „dass er nicht anders als mit genügender Ladung zu fahren verpflichtet sein wolle". Und dieselbe

---

1) Das holländische H.G.B. (Art. 473) räumt, wenn ein Schiff auf Stückgüter angelegt und die Zeit der Abreise nicht festgesetzt ist, jedem Ablader das Recht ein, ohne Zahlung der Fracht, doch gegen Rückgabe der Konnossemente, und gegen Erstattung der Kosten der Einladung und Ausladung die von ihm geladenen Güter wieder aus dem Schiff zu nehmen. Ist das Schiff schon über die Hälfte beladen, so hat der Schiffer, falls die Mehrheit der Ablader es verlangt, acht Tage nach der ihm gewordenen Aufforderung mit der ersten günstigen Gelegenheit die Reise anzutreten; ohne dass in diesem Falle irgend ein Ablader seine Güter zurücknehmen darf. Das brasilianische H.G.B. verpflichtet in dem gleichen Falle den Schiffer, wenn er das Schiff zu mehr als zwei Dritteln beladen hat, auf Verlangen der (nach dem Werthe der Fracht zu berechnenden) Mehrheit der Befrachter beim ersten günstigen Winde abzufahren, und spricht für diesen Fall zugleich den Befrachtern die Befugniss ab, ihre Güter zurückzunehmen (Art. 603). Hat jedoch der Kapitän innerhalb eines Monats, nachdem das Schiff angelegt ist, nicht mehr als zwei Drittel der Ladung erhalten, so kann er ein anderes Fahrzeug zum Transport der geladenen Güter stellen; auf der anderen Seite dürfen die Ablader ihre Güter zurücknehmen. Dieselben haben alsdann keine Fracht zu entrichten, müssen jedoch die Kosten des Umladens und Löschens tragen. Findet der Kapitän kein Schiff, und wollen die Ablader ihre Güter nicht zurücknehmen, so muss ersterer mit der an Bord befindlichen Ladung sechzig Tage nachdem das Schiff angelegt ist abfahren (Art. 604).

Bedeutung hat ein eben dahin zielender feststehender Ortsgebrauch des betreffenden Hafens (Prot. V S. 2190—2193).

Art. 592.

Bei jeder Art von Frachtvertrag hat der Befrachter innerhalb der Zeit, binnen welcher die Güter zu liefern sind, dem Schiffer zugleich alle zur Verschiffung derselben erforderlichen Papiere zuzustellen.

Die Zustellung der nöthigen Papiere an den Schiffer gehört mit zur vollständigen Abladung der Waaren; daher hat der Befrachter, wenn er die Waaren noch während der Ladezeit geliefert, die fraglichen Papiere aber erst während der Ueberliegezeit, Liegegeld zu entrichten (Prot. VIII S. 3853 f.). Dem Schiffer hat das Gesetz nicht die Verpflichtung auferlegt, die von seiner Seite zu liefernden, für die Expedition des Schiffs erforderlichen Papiere, z. B. das Manifest (Verzeichniss der vom Schiff geladenen Güter) innerhalb derselben Zeit, oder einer sonst bestimmten Zeit zu beschaffen (Prot. V S. 2085 f.).

Art. 593.

Der Schiffer hat zur Löschung der Ladung das Schiff an den Platz hinzulegen, welcher ihm von demjenigen, an den die Ladung abzuliefern ist (Empfänger), oder, wenn die Ladung an mehrere Empfänger abzuliefern ist, von sämmtlichen Empfängern angewiesen wird.

Wenn die Anweisung nicht rechtzeitig erfolgt, oder wenn von sämmtlichen Empfängern nicht derselbe Platz angewiesen wird, oder wenn die Wassertiefe, die Sicherheit des Schiffs oder die örtlichen Verordnungen oder Einrichtungen die Befolgung der Anweisung nicht gestatten, so muss der Schiffer an dem ortsüblichen Löschungsplatz anlegen.

1. Das H.G.B. räumt zunächst dem Empfänger der Ladung das Recht ein, den Platz zu bestimmen, an welchem die Löschung stattfinden soll. Dieses Wahlrecht erlischt jedoch, wenn die Wahl „nicht rechtzeitig oder nicht in geeigneter Weise" erfolgt, und der Empfänger kann alsdann nur verlangen, dass „die Löschung an dem ortsüblichen Platze" geschieht (Entsch. des R.O.H.G. XIX S. 285 f.).

2. Der Schiffer hat, wenn es aus den im Artikel angegebenen Gründen nicht statthaft ist, an dem vom Empfänger gewählten Löschplatz anzulegen, nicht abzuwarten, bis ihm die Weisung zugegangen, sich nach dem ortsüblichen Löschplatz zu begeben, sondern er hat dies von selbst zu thun; widrigenfalls würden ihn dieselben Nachtheile treffen, welche eintreten, wenn er ohne Grund die Anlegung an dem vom Empfänger

bestimmten Platz weigert. So würde z. B. die Löschzeit, deren Anfang für das Recht des Verfrachters, Liegegeld zu fordern, maassgebend ist, nicht beginnen. Diese Pflicht des Schiffers besteht aber nur in den vom Gesetz genannten Fällen. Derselbe würde daher hierzu nicht verpflichtet sein, wenn das Anlegen an dem ihm angewiesenen Löschplatz zwar statthaft, dieser aber nicht frei, d. h. zeitweise durch andere Schiffe besetzt wäre. Auch würde der Schiffer nicht in einem solchen Falle, um seine Rechte zu wahren, gegen den ihm angewiesenen Löschplatz zu protestiren haben (Entsch. des R.O.H.G. XV S. 234); und nur dann würde die *bona fides* es fordern, dass derselbe den Empfänger von dem angegebenen Hinderniss der Löschung in Kenntniss setzte, wenn er Grund hätte, anzunehmen, dass dieses dem letzteren nicht bekannt war.

3. Wenn das Gesetz den Schiffer ve rpflichtet, an dem ortsüblichen Löschungsplatz anzulegen, so ist damit nicht gesagt, dass derselbe der Weisung des Empfängers unbedingt Folge zu leisten hat, wenn ihm dieser einen der ortsüblichen Löschungsplätze anweist. Sind vielmehr Hindernisse vorhanden, welche es dem Schiffer unmöglich machen, an diesem Platze anzulegen, wie z. B. der Tiefgang des Schiffs, so braucht derselbe einer derartigen Anweisung des Empfängers eben so wenig Folge zu leisten, als wenn derselbe ihm einen anderen — nicht ortsüblichen — Löschungsplatz angegeben hätte. Bei der Frage aber, ob die Sicherheit des Schiffs es gestattet, an einem bestimmten Platze anzulegen, kommt es selbstverständlich nicht nur darauf an, dass demselben keine Gefahr auf der Hinfahrt nach diesem Platze droht, sondern auch dass dies bei der Rückfahrt gleichfalls nicht zu befürchten ist (Entsch. des R.O.H.G. V S. 372).

Für B r e m e n sind einige Punkte dieses Artikels noch genauer geregelt durch das Gesetz, die Löschung der Seeschiffe betreffend, vom 12. Februar 1866[1]) (in seiner durch Gesetz vom 6. Mai 1877 und 2. November 1879 modifizirten Gestalt neu verkündet durch die Bekanntmachung vom 20. November 1879) § 1:

Hinsichtlich der Bestimmung des Weserplatzes unterhalb Bremen, an welchem der Schiffer das Schiff zur Löschung der Ladung hinzulegen hat, bleibt es bei dem bisherigen Recht, insbesondere bei der Verpflichtung des Schiffers, jeder rechtzeitigen Anweisung des Löschplatzes von Seiten der Ladungsempfänger Folge zu leisten. Unter allen Umständen gilt eine Anweisung noch als rechtzeitig, wenn sie innerhalb der nächsten 24 Stunden nach Ankunft des Schiffs auf der Rhede von Bremerhaven erfolgt.

In den Monaten November, Dezember, Januar und Februar, und sobald ausserdem die Weser nicht frei vom Eise ist, darf jedoch weder ein Ladungsempfänger einen Platz zum Löschen der

---

1) Als Landesgesetz ausdrücklich anerkannt durch das Bundesgesetz vom 5. Juni 1869 § 4.

Ladung anweisen, noch ein Schiffer in Ermangelung einer Anweisung einen Löschplatz wählen, der nicht mit der Stadt Bremen durch eine Eisenbahn verbunden ist.

Art. 594.

Sofern nicht durch Vertrag oder durch die örtlichen Verordnungen des Löschungshafens und in deren Ermangelung durch einen daselbst bestehenden Ortsgebrauch ein Anderes bestimmt ist, werden die Kosten der Ausladung aus dem Schiffe von dem Verfrachter, alle übrigen Kosten der Löschung von dem Ladungsempfänger getragen.

Vgl. die Ausführungen zum Art. 562 (s. S. 249).

Zu den Kosten der Löschung, welche der Ladungsempfänger zu tragen hat, gehören auch die des Abwägens, Messens u. s. w. der Ladung, wenn die Fracht nach Maass, Gewicht oder Menge der Güter bedungen ist.

Art. 595.

Bei der Verfrachtung eines Schiffs im Ganzen hat der Schiffer, sobald er zum Löschen fertig und bereit ist, dies dem Empfänger anzuzeigen.

Die Anzeige muss durch öffentliche Bekanntmachung in ortsüblicher Weise geschehen, wenn der Empfänger dem Schiffer unbekannt ist.

Mit dem auf die Anzeige folgenden Tage beginnt die Löschzeit.

Ueber die Löschzeit hinaus hat der Verfrachter nur dann auf .die Abnahme der Ladung noch länger zu warten, wenn es vereinbart ist (Ueberliegezeit).

Für die Löschzeit kann, sofern nicht das Gegentheil bedungen ist, keine besondere Vergütung verlangt werden. Dagegen muss dem Verfrachter für die Ueberliegezeit eine Vergütung (Liegegeld) gewährt werden.

Das Liegegeld wird von dem Richter nach Anleitung des Art. 573 festgesetzt, wenn es nicht durch Vertrag bestimmt ist.

1. Wie die Ladebereitschaft dem Befrachter (s. o. S. 257), so ist die Löschbereitschaft dem Empfänger anzuzeigen. Der Empfänger ist, wie Art. 593 erläutert, derjenige, „an den die Ladung abzuliefern ist", daher, wenn über die Ladung ein Konnossement ausgestellt, nur der Inhaber dieses Konnossements. Unterliegt es daher auch in einem konkreten Falle keinem Zweifel, dass der Befrachter zugleich Empfänger der Ladung ist, ist aber über diese vom Schiffer ein (an Order lautendes) Konnossement ausgestellt, so kann die an den Befrachter zu der Zeit, wo derselbe sich noch „nicht im Besitze eines ihn legitimirenden Konnossements befand", geschehene Meldung von der Löschbereitschaft für sich

allein „als eine den Beginn der Löschzeit bedingende Anzeige im
Sinne des Art. 595" nicht angesehen werden (Entsch. des R.O.H.G.
XV S. 229).

2. Die Löschbereitschaft und demgemäss auch die Anzeige
derselben setzt selbstverständlich voraus, dass die Reise vollendet,
das Schiff in den Bestimmungshafen eingelaufen ist (Entsch. des
R.O.H.G. XXIII S. 416). Sie setzt aber nicht voraus das vor-
hergehende Einnehmen des Löschplatzes durch den
Schiffer oder auch nur die Anweisung eines solchen Seitens des
Empfängers. Vielmehr genügt es, dass „von Seiten des Schiffers
nichts entgegensteht, den ihm anzuweisenden oder den ortsüblichen
Löschplatz ohne Verzug einzunehmen" (Entsch. des R.O.H.G. XV
S. 234, XIX S. 286 f.). Das Gesetz verpflichtet nämlich den
Schiffer in Betreff des Löschplatzes, zunächst den Anweisungen
des Empfängers Folge zu leisten. Wäre nun die Löschbereitschaft
bedingt durch das Anlegen am Löschplatz, so hätte das Gesetz
dem Schiffer aufgeben müssen, vor der Erklärung der Löschbereitschaft sich behufs Anweisung eines Löschplatzes bei dem Empfänger zu melden. Dies schreibt aber das Gesetz nicht vor, lässt
vielmehr eine Anzeige von der Löschbereitschaft selbst unbekannten
Empfängern gegenüber durch öffentliche Bekanntmachung zu. Es
kann auch, wie das R.O.H.G. (a. a. O.) richtig ausführt, dem
Schiffer nicht zugemuthet werden, „sein Schiff schon im voraus
unter Aufwendung von Zeit und Kosten an irgend einen bestimmten ortsüblichen Löschplatz zu legen auf die Gefahr hin, dass dieser
dem Interesse des Empfängers nicht entspricht und deshalb alsbald wieder mit einem ihm von diesem angewiesenen anderen
Löschplatz vertauscht werden muss".

3. Die Anzeige ist nicht „ein formeller Akt, sondern
es dient als solche jede Erklärung des Schiffers, welche überhaupt
geeignet ist, den Empfänger von der Löschbereitschaft des Schiffs
in Kenntniss zu setzen". Diesen Satz hat das R.O.H.G. (a. a. O.
S. 229) m. E. mit Recht auf einen Fall angewendet, wo der Schiffer
seine Löschbereitschaft in Gegenwart des Empfangsberechtigten,
aber nicht — wenigstens nicht erwiesenermaassen oder eingestan-
denermaassen — diesem, sondern einer anderen Person gegenüber erklärt hatte. Natürlich ist hierbei vorauszusetzen, dass die
Mittheilung in der Weise geschah, dass der Empfänger von derselben Notiz nehmen musste, und dass es nicht genügt, wenn die
an einem dritten Orte abgegebene Erklärung zufälligerweise zu den
Ohren des Empfängers gelangt. Die vom Schiffer an den Destinatär gerichtete Aufforderung, mit der Löschung zu beginnen, ist
ausreichend; denn sie enthält implicite die Erklärung, dass der
Schiffer löschbereit sei (Entsch. des R.O.H.G. XXIII S. 417).

4. Wenn das Gesetzbuch die Löschzeit mit dem Tage beginnen lässt, welcher der Anzeige des Schiffers, „dass er zum
Löschen fertig und bereit ist", folgt, so versteht sich von selbst,
dass die wirkliche Bereitschaft des Schiffers zum Löschen

hierbei vorausgesetzt wird (Entsch. des R.O.H.G. XV S. 233). Doch bezieht sich dieses Erforderniss (wie aus der Wortfassung des H.G.B. — sobald der Schiffer zum Löschen fertig und bereit ist — hervorgeht) nur auf die dem Schiffer „beim Löschen obliegende Mitwirkung, also auf die Ausladung der Güter aus dem Schiffe zum Zwecke der Ablieferung an die Empfänger und der von diesen zu bewerkstelligenden Abnahme" (Entsch. des R.O.H.G. XIX S. 286). Daher kommt der Mangel der Löschbereitschaft hierbei nicht in Betracht, ist vielmehr zu Lasten des Empfängers, den dieser selbst verschuldet, etwa durch Unterlassung einer ihm obliegenden Handlung, z. B. durch nicht rechtzeitige Uebergabe der von ihm einzureichenden Deklaration (Prot. V S. 2240; Entsch. des berliner O.Trib. vom 11. Septbr. 1856 in Seufferts Archiv XI Nr. 295). Dagegen wird die Löschbereitschaft dadurch ausgeschlossen, dass der Schiffer durch seine Schuld oder durch Zufall verhindert ist, sich sofort nach der Anzeige nach dem ihm angewiesenen oder ortsüblichen Löschplatz zu begeben; z. B. in Folge einer Anordnung der Obrigkeit [1]). Dass dieser Nachtheil den Verfrachter trifft, geht daraus hervor, dass im H.G.B. für die Ladung und Löschung im Grossen und Ganzen das Prinzip durchgeführt ist, dass Jeder den Zufall zu tragen hat, welcher sich in seiner Person ereignet, bei der Löschung also der Verfrachter den, welcher die Löschung, der Empfänger den, welcher den Empfang der Ladung verzögert (Art. 574, 598, 599 H.G.B.; vgl. o. S. 268 f.; Entsch. des R.O.H.G. XVII S. 93 f.). Es steht hiermit nicht in Widerspruch die oben (S. 297) vertheidigte Ansicht, dass die Löschbereitschaft nicht bedingt ist durch das Einnehmen des Löschplatzes Seitens des Schiffs. Denn es ist auch jetzt nicht gesagt worden, die Löschbereitschaft tritt nicht ein, so lange das Schiff sich nicht nach dem Löschplatz begeben hat, sondern nur, so lange das Schiff nicht in der Lage ist, sich sofort nach dem Löschplatz zu begeben.

5. Ueber den Charakter der Ueberliegezeit und des Liegegeldes vgl. die Ausführungen zu Art. 568 (o. S. 258 f.).

6. Ueber die Bedeutung der Zeit, welche das Schiff im Orderhafen hat warten müssen, s. S. 259.

7. Ueber die Verpflichtung des Verfrachters, binnen einer gewissen Zeit die Löschung vorzunehmen, trifft das Gesetzbuch keine Bestimmung. Natürlich haftet derselbe dem Empfänger auf Grund des Frachtvertrages für jeden Schaden, der diesem aus einer verschuldeten Verzögerung der Löschung erwachsen ist. Für die Entscheidung der Frage, ob *culpa* in dieser

---

1) Derartige Anordnungen kommen bei Petroleum-Ladungen vor. Es besteht häufig die Vorschrift, dass Schiffe mit solcher Ladung nicht nur ausschliesslich an bestimmten Plätzen löschen, sondern auch, dass sie vorläufig an einer gewissen Stelle vor Anker gehen und dort warten müssen, bis die Polizeibehörde sie benachrichtigt, dass an dem Löschplatz ohne sicherheitsgefährliche Konkurrenz mit anderen Schiffen Raum vorhanden.

Hinsicht vorhanden, sind maassgebend die über die *culpa* des Schiffers überhaupt aufgestellten Grundsätze (s. o. S. 106 f., vgl. **Meier** in **Busch**, Archiv XXX S. 54—57).

Art. 596.

Ist die Dauer der Löschzeit durch Vertrag nicht festgesetzt, so wird sie durch die örtlichen Verordnungen des Löschungshafens und in deren Ermangelung durch den daselbst bestehenden Ortsgebrauch bestimmt. Besteht auch ein solcher Ortsgebrauch nicht, so gilt als Löschzeit eine den Umständen des Falles angemessene Frist.

Ist eine Ueberliegezeit, nicht aber deren Dauer durch Vertrag bestimmt, so beträgt die Ueberliegezeit vierzehn Tage.

Enthält der Vertrag nur die Festsetzung eines Liegegeldes, so ist anzunehmen, dass eine Ueberliegezeit ohne Bestimmung der Dauer vereinbart sei.

Vgl. die Ausführungen zum Art. 569 (o. S. 259 ff.).

1. Auch bei der Löschzeit und der in Verbindung mit ihr vorkommenden Ueberliegezeit ist die Zivilkomputation maassgebend (Entsch. des R.O.H.G. XII S. 130).

2. Ist für die Ladezeit und Löschzeit zusammen ein bestimmter Zeitraum, z. B. 14 Tage, 4 Wochen u. s. w. festgesetzt, so ist das nicht so aufzufassen, als ob die Hälfte dieser Zeit zum Laden, die andere zum Löschen bestimmt wäre. Die ungezwungene Auslegung einer derartigen Willenserklärung kann vielmehr nur die sein, dass dem Befrachter und dem Empfänger „zur Verwendung der Frist im Einzelnen ein gewisser Spielraum gewährt werden soll, so dass der nicht zum Laden benutzte Theil der gemeinschaftlichen Frist eben die Löschzeit bildet". Es wäre nämlich gar nicht abzusehen, weshalb die Kontrahenten eine Gesammtfrist festgesetzt haben sollten, wenn sie doch für das Laden und Löschen die Statuirung je einer besonderen Frist beabsichtigt hätten. Zur Begründung der hier verworfenen Ansicht darf man sich auch nicht auf die Bestimmung des Art. 578 Abs. 2 berufen, weil die in dieser Stelle gegebene Auslegungsregel durchaus singulärer Natur ist, welche eine Ausdehnung über das hier behandelte Rechtsverhältniss hinaus nicht zulässt (Entsch. des R.O.H.G. XV S. 219 ff.; vgl. Prot. VIII S. 3858 f.). Auf der anderen Seite dürfen, wenn für Lade- und Löschzeit gesondert bestimmte Fristen angegeben sind (z. B. 12 Tage zum Laden, 9 Tage zum Löschen), die nicht gebrauchten Tage der einen nicht der anderen zugezählt werden; es müsste denn die erkennbare Absicht der Kontrahenten auf eine Ergänzung der einen Frist durch die andere gerichtet sein (siehe **Voigt** im Neuen Archiv f. H.R. II S. 220 f.).

3. Gesetzlich ist die Löschzeit normirt durch das **bremische** Gesetz vom 12. Februar 1866 § 4 (in der Fassung des Gesetzes vom 20. November 1879):

Im Falle der Befrachtung eines Schiffs im Ganzen dauert die Löschzeit, falls unter den Parteien nicht Anderes vereinbart ist:

	vom 1. März bis zum 31. Oktbr.	vom 1. November bis zum letzten Febr.
	Tage	Tage
bei Schiffen bis zur Grösse von 100 gemessenen Register-Tons Netto-Raumgehalt . . .	6	8
von 101 bis 200 Reg.-Tons	7	9
- 201 - 300 - -	8	10
- 301 - 400 - -	10	12
- 401 - 500 - -	12	14
- 501 - 600 - -	14	16
- 601 - 700 - -	15	17
- 701 - 800 - -	16	18
- 801 - 900 - -	17	19
- 901 - 1000 - -	18	20
- 1001 - 1100 - -	19	22
- 1101 - 1200 - -	20	23
- 1201 - 1300 - -	21	25
- 1301 - 1400 - -	22	26
- 1401 - 1500 - -	23	28
- 1501 - 1600 - -	24	29
- 1601 - 1700 - -	25	31

Für jede weitere 100 Tons werden in der Zeit vom 1. März bis 31. Oktober 1 Tag, und in der Zeit vom 1. November bis zum letzten Februar 2 Tage Löschzeit mehr gerechnet.

Der Beginn der Löschzeit richtet sich nach Art. 595 des Handelsgesetzbuchs.

Im Hafen zu Bremerhaven darf die Löschung eines Schiffs nur an dem vom Hafenmeister angewiesenen Löschplatze geschehen (vgl. §§ 12 und 13 der Hafenordnung vom 25. Januar 1873).

Bei nur theilweise beladenen Schiffen wird die Löschzeit verhältnissmässig kürzer berechnet.

Sonn- und Feiertage kommen bei Berechnung dieser Fristen nicht in Anschlag.

Art. 597.

Ist die Dauer der Löschzeit oder der Tag, mit welchem dieselbe enden soll, durch Vertrag bestimmt, so beginnt die Ueberliegezeit ohne Weiteres mit dem Ablauf der Löschzeit.

In Ermangelung einer solchen vertragsmässigen Bestimmung beginnt die Ueberliegezeit erst, nachdem der Verfrachter dem Empfänger erklärt hat, dass die Löschzeit abgelaufen sei. Der Verfrachter kann schon innerhalb der Löschzeit dem Empfänger erklären, an welchem Tage er die Löschzeit für abgelaufen halte. In diesem Falle ist zum Ablauf der Löschzeit und zum Beginn der Ueberliegezeit eine neue Erklärung des Verfrachters nicht erforderlich.

Auf die in diesem Artikel erwähnten Erklärungen des Verfrachters finden die Vorschriften des Art. 572 Anwendung.

Vgl. die Ausführungen zu Art. 570 S. 262 f. und zu Art. 572 S. 266.

Art. 598.

Bei Berechnung der Lösch- und Ueberliegezeit werden die Tage in ununterbrochen fortlaufender Reihenfolge gezählt; insbesondere kommen in Ansatz die Sonn- und Feiertage, sowie diejenigen Tage, an welchen der Empfänger durch Zufall die Ladung abzunehmen verhindert ist.

Nicht in Ansatz kommen jedoch die Tage, an welchen durch Wind und Wetter oder durch irgend einen anderen Zufall entweder

1. der Transport nicht nur der im Schiffe befindlichen, sondern jeder Art von Ladung von dem Schiff an das Land, oder

2. die Ausladung aus dem Schiffe

verhindert ist.

Vgl. die Ausführungen zu Art. 574 (S. 268 f.), in welchem über die Bedeutung der Verhinderung der Lieferung der bedungenen Ladung an das Schiff, der Lieferung jeder Art von Ladung an das Schiff und der Uebernahme der Ladung dieselben Grundsätze aufgestellt sind, wie im Art. 598 über die Bedeutung der Verhinderung des Transports der im Schiffe befindlichen Ladung an das Land, des Transportes jeder Art von Ladung an das Land und der Ausladung aus dem Schiffe.

Ueber die Gleichstellung der Festtage und der Sonntage, wenn vertragsmässig nur die letzteren von der Löschzeit resp. Ueberliegezeit ausgenommen sind, insbesondere s. S. 269 f.

Art. 599.

Für die Tage, während welcher der Verfrachter wegen der Verhinderung des Transports jeder Art von Ladung von dem Schiff an das Land hat länger warten müssen, gebührt ihm Liegegeld, selbst wenn die Verhinderung während der Löschzeit eingetreten ist. Dagegen ist für die Tage, während welcher er wegen Verhinderung der Ausladung aus dem Schiffe hat länger warten müssen, Liegegeld nicht zu entrichten, selbst wenn die Verhinderung während der Ueberliegezeit eingetreten ist.

Auch in diesem Artikel sind über die Wirkungen der Verhinderung des Transportes jeder Art von Ladung von dem Schiffe an das Land und die der Verhinderung der Ausladung aus dem Schiffe dieselben Regeln aufgestellt, wie im Art. 575 über die Wirkungen der Verhinderung der Lieferung jeder Art von Ladung und die der Verhinderung der Uebernahme der Ladung. Vgl. daher die Ausführungen zu diesem letzteren Artikel S. 271 f.

Art. 600.

Sind für die Dauer der Löschzeit nach Art. 596 die örtlichen Verordnungen oder der Ortsgebrauch maassgebend, so kommen bei Berechnung der Löschzeit die beiden vorstehenden Artikel nur insoweit zur Anwendung, als die örtlichen Verordnungen oder der Ortsgebrauch nichts Abweichendes bestimmen.

Vgl. die Ausführung zu Art. 576[1]) S. 272 f.

Art. 601.

Hat der Verfrachter sich ausbedungen, dass die Löschung bis zu einem bestimmten Tage beendigt sein müsse, so wird er durch die Verhinderung des Transports jeder Art von Ladung von dem Schiff an das Land (Art. 598 Ziff. 1) zum längeren Warten nicht verpflichtet.

Art. 602.

Wenn der Empfänger zur Abnahme der Güter sich bereit erklärt, dieselbe aber über die von ihm einzuhaltenden Fristen verzögert, so ist der Schiffer befugt, die Güter, unter Benachrichtigung des Empfängers, gerichtlich oder in anderer sicherer Weise niederzulegen.

Der Schiffer ist verpflichtet, in dieser Weise zu verfahren und zugleich den Befrachter davon in Kenntniss zu setzen, wenn der Empfänger die Annahme der Güter verweigert oder über dieselbe auf die im Art. 595 vorgeschriebene Anzeige sich nicht erklärt, oder wenn der Empfänger nicht zu ermitteln ist.

In dem Artikel werden 4 Fälle unterschieden: 1. der Empfänger ist gar nicht zu ermitteln; 2. der Empfänger verweigert die Annahme der Güter; 3. der Empfänger giebt auf die Anzeige des Schiffers von der Löschbereitschaft eine Erklärung darüber, ob er die Ladung annehmen wolle oder nicht, überhaupt nicht ab; 4. der Empfänger erklärt sich zur Annahme der Ladung bereit,

---

1) Die an dieser Stelle zitirte Entsch. des R.O.H.G. (V S. 135 f.) bezieht sich gerade auf die Berechnung der Löschzeit.

verzögert aber dieselbe. In den drei ersten Fällen verpflichtet das Gesetzbuch den Schiffer, die Güter unter gleichzeitiger Benachrichtigung des Befrachters zu deponiren, im letzteren Falle berechtigt es ihn nur hierzu. Unterlässt in den drei zuerst genannten Fällen der Schiffer die Niederlegung der Güter und die Benachrichtigung des Befrachters, so macht er sich für allen daraus entstehenden Schaden verantwortlich. Es kann daher auch ein hierauf basirter Einwand Seitens des Befrachters den Ansprüchen entgegengesetzt werden, welche gegen diesen nach Art. 629 der Verfrachter geltend zu machen berechtigt ist. Dagegen lässt sich nicht sagen, dass die Beobachtung der in Rede stehenden Vorschrift die „formelle Voraussetzung" für jene Forderungen ist (Entsch. des R.O.H.G. XV S. 231 f.).

Selbstverständlich kann dem Schiffer die Pflicht zur Deposition der Ladung und Benachrichtigung des Befrachters im Frachtkontrakt erlassen werden.

Art. 603.

Insoweit durch die Säumniss des Empfängers oder durch das Niederlegungsverfahren die Löschzeit ohne Verschulden des Schiffers überschritten wird, hat der Verfrachter Anspruch auf Liegegeld (Art. 595), unbeschadet des Rechts, für diese Zeit, soweit sie keine vertragsmässige Ueberliegezeit ist, einen erweislich höheren Schaden geltend zu machen.

1. Das Gesetzbuch hat den Verfrachter in dem hier in Rede stehenden Fall nicht auf die Forderung des nachgewiesenen Interesses beschränkt, sondern ihm das Recht gegeben, auch ohne diesen Nachweis L i e g e g e l d zu verlangen, weil, wie auf der hamburger Konferenz ausgeführt wurde, das Führen des Nachweises „meist so schwer und mit solchen Weitläufigkeiten verbunden" ist, dass anderenfalls die Rhederei im höchsten Grade gefährdet werden würde. Man nahm dabei an, dass das Interesse des Schiffers nicht gut „weniger als das Liegegeld" betragen könne (Prot. V S. 2252 f.).

2. Dass der E r s a t z n a c h w e i s b a r h ö h e r e n S c h a d e n s nur für die Zeit ausserhalb der vertragsmässigen Ueberliegezeit gefordert werden darf, erklärt sich daraus, dass die Benutzung dieser Zeit dem Empfänger vertragsmässig gegen das Liegegeld gestattet ist.

3. Die V e r p f l i c h t u n g zum Leisten einer den Betrag des Liegegeldes übersteigenden Entschädigung, sowie auch zum Leisten des Liegegeldes, soweit es nicht für eine vertragsmässige Ueberliegezeit gezahlt wird, setzt voraus, dass der Empfänger die Vornahme der Löschung verschob oder unterliess, „obschon es bei ihm gestanden, dieselbe alsbald vorzunehmen" (Prot. V S. 2254).

Art. 604.

Die Art. 595 bis 603 kommen auch dann zur Anwendung, wenn ein verhältnissmässiger Theil oder ein bestimmt bezeichneter Raum des Schiffs verfrachtet ist.

Art. 605.

Der Empfänger von Stückgütern hat dieselben auf die Aufforderung des Schiffers ohne Verzug abzunehmen. Ist der Empfänger dem Schiffer nicht bekannt, so muss die Aufforderung durch öffentliche Bekanntmachung in ortsüblicher Weise geschehen.

In Ansehung des Rechts und der Verpflichtung des Schiffers, die Güter niederzulegen, gelten die Vorschriften des Art. 602. Die im Art. 602 vorgeschriebene Benachrichtigung des Befrachters kann durch öffentliche, in ortsübliche Weise zu bewirkende Bekanntmachung erfolgen.

Für die Tage, um welche durch die Säumniss des Empfängers oder durch das Niederlegungsverfahren die Frist, binnen welcher das Schiff würde entlöscht worden sein, überschritten ist, hat der Verfrachter Anspruch auf Liegegeld (Art. 595), unbeschadet des Rechts, einen erweislich höheren Schaden geltend zu machen.

1. Die Verpflichtung des Empfängers, die Güter auf die Aufforderung des Schiffers o h n e V e r z u g (s. S. 290 f.) abzunehmen, gilt bei der Stückgüterfracht selbst dann, wenn „zwischen Befrachter und Verfrachter nicht auf Stückgüter kontrahirt ist", der erste Befrachter des ganzen Schiffs oder eines Theils desselben vielmehr erst mit anderen Personen verschiedene Unterfrachtverträge über Stückgüter geschlossen hat (Entsch. des R.O.H.G. XII S. 130; vgl. Prot. VIII S. 3991). Natürlich kann bei Verträgen dieser Art eben so gut eine vertragsmässige Löschzeit festgesetzt werden, wie eine Ladezeit vereinbart werden kann (s. S. 291).

2. Bei Uebertragung der Bestimmungen des Art. 602 auf Stückgüterfrachten hielt man es für zu hart, den Schiffer zu verpflichten, wegen einzelner, vielleicht unbedeutender Ladungstheile sich mit den, wenn auch in den entferntesten Weltgegenden wohnenden Befrachtern in Verbindung zu setzen, andererseits wollte man demselben nicht die Befugniss einräumen, die Güter, bei denen die Voraussetzung des Art. 602 zuträfe, bei irgend Jemandem zu deponiren und sodann abzureisen, um vielleicht nie wieder an den Löschungsort zurückzukehren und ohne dem Ablader die Möglichkeit zu gewähren, zu erfahren, bei wem das Gut deponirt worden. So schlug man einen Mittelweg ein, d. h. schrieb dem Schiffer B e n a c h r i c h t i g u n g d e s B e f r a c h t e r s vor, liess aber zu, dass diese auch d u r c h ö f f e n t l i c h e B e k a n n t m a c h u n g (durch die öffentlichen Blätter, Börsenanschlag u. s. w.) am Löschungsorte erfolge (Prot. V. S. 2242 f.).

3. Im Abs. 3 ist an die Stelle der Löschzeit des Art. 603 gesetzt „die Frist, binnen welcher das Schiff würde entlöscht worden sein", und diese Frist ist durch den Richter nach Anhörung von Sachverständigen den konkreten Verhältnissen gemäss zu bemessen. Der von dem säumigen Empfänger für den durch seine Zögerung entstandenen Schaden zu leistende Ersatz ist, wie im Art. 603 und aus den bereits bei diesem Artikel angegebenen Gründen, auf den Betrag des Liegegeldes normirt. Das Liegegeld wird aber in diesem Falle, weil die vertragsmässige Bestimmung eines solchen wohl nur selten vorkommt, regelmässig durch den Richter festzusetzen sein. Dass das Recht des Verfrachters, einen den Betrag des Liegegeldes übersteigenden Entschädigungsanspruch geltend zu machen, nicht, wie im Art. 603, auf die Zeit ausserhalb der vertragsmässigen Ueberliegezeit beschränkt ist, erklärt sich gleichfalls daraus, dass eine solche bei den Stückgüterfrachten nur in den allerseltensten Fällen vorkommen wird. Ist aber eine Ueberliegezeit in einem konkreten Falle vereinbart, so kann natürlich der Verfrachter für dieselbe stets nur Liegegeld fordern. Dies folgt daraus, dass der Verfrachter nur den erweislich das Liegegeld übersteigenden Schaden geltend machen kann. Wird nämlich der Schiffer während der kontraktmässigen Ueberliegezeit aufgehalten, so kann von einem Schaden des Verfrachters nicht die Rede sein, da die Empfänger ein ihnen kontraktlich zustehendes Recht ausüben, wofür dem Verfrachter das gleichfalls kontraktlich normirte Aequivalent in dem Liegegelde zu Theil wird. Bei der Normirung des Schadensersatzes ist auch in Betracht zu ziehen der Nachtheil, welchen andere Ladungsempfänger dadurch erleiden, dass durch die Säumniss des einen die Herausnahme ihrer Waaren aus dem Schiffe verzögert wurde [1]), deren Preis z. B. „in Folge einer Veränderung der Konjunktur in der Zwischenzeit" bedeutend gefallen ist, und für welchen diese Ersatz vom Schiffer verlangen (Prot. V S. 2253 f.).

4. Der Schiffer macht sich, wenn er die Deposition von Gütern verzögert und dadurch die Herausnahme anderer Güter aufhält, den Empfängern dieser letzteren für allen ihnen daraus erwachsenden Schaden persönlich verantwortlich und zwar nicht blos in dem Falle, wenn er zu jener Deposition durch das Gesetz verpflichtet, sondern auch in dem, wo er dazu nur berechtigt ist. Es ist dies lediglich eine Folge der von demselben zu prästirenden Sorgfalt (Prot. S. 2254).

Das bremische Gesetz vom 12. Februar 1866 hat noch ausdrücklich in § 3 die Bestimmung getroffen:

Der Schiffer ist verpflichtet, auf Verlangen eines oder mehrerer der betheiligten Ladungsempfänger von der ihm in den Art. 602 und

---

1) Es kann dies eintreten, wenn man zu diesen Waaren nicht gelangen konnte, weil die des säumigen Empfängers zu oberst gepackt waren.

*605 des Handelsgesetzbuchs eingeräumten Befugniss, die Empfänger
von Stückgütern zur unverzüglichen Empfangnahme derselben anzuhalten und im Falle der Verzögerung die Güter niederzulegen, nach
Maassgabe der vorgedachten Artikel gegen jeden einzelnen Empfänger
Gebrauch zu machen.*

Art. 606.

*Wenn bei der Verfrachtung des Schiffs im Ganzen oder eines
verhältnissmässigen Theils oder eines bestimmt bezeichneten Raums
des Schiffs der Befrachter Unterfrachtverträge über Stückgüter geschlossen hat, so bleiben für die Rechte und Pflichten des ursprünglichen Verfrachters die Art. 595 bis 603 maassgebend.*

Dieser Artikel, welcher auf der hamburger Konferenz erst in
zweiter Lesung hinzugefügt ward, wurde in folgender Weise motivirt: Wenn der Befrachter des ganzen Schiffs oder eines Theils
desselben mehrere Unterfrachtverträge über Stückgüter geschlossen,
so bestehe zwischen ihm und dem Verfrachter kein anderes Rechtsverhältniss, als wenn er unmittelbar mehrere Destinatäre bestimmt
hätte; d. h. es kämen hinsichtlich der Löschung die für den Fall der
Verfrachtung des ganzen Schiffs geltenden Vorschriften zur Anwendung. Die Empfänger aber, deren Rechte und Pflichten von den Unter-
befrachtern bestimmt seien, erschienen als Empfänger von Stückgütern. „Diese Eigenthümlichkeit des Verhältnisses könnte nun leicht
zu der Ansicht verleiten, als wenn auch die Rechte und Pflichten des
ursprünglichen Verfrachters durch die Unterfrachtverträge modifizirt würden." Dieser Ansicht soll durch die Bestimmung ent-
gegengetreten werden. Der Verfrachter behält daher trotz der vom
Befrachter abgeschlossenen, auf Stückgüter lautenden Unterfrachtverträge seine Ansprüche aus der Chartepartie resp. dem ursprünglichen Frachtvertrage gegen den letzteren, während die Unterfrachtverträge lediglich maassgebend sind für das Verhältniss der Stück-
güterempfänger und der Unterbefrachter (Entsch. des hamb. Handelsgerichts vom 1. Februar 1864 und des hamb. Obergerichts vom
1. April 1864 bei Hermann und Hirsch, Samml. S. 377 f.,
S. 380 f.).

Art. 607.

*Der Verfrachter haftet für den Schaden, welcher durch Verlust
oder Beschädigung der Güter seit der Empfangnahme bis zur Ablieferung entstanden ist, sofern er nicht beweist, dass der Verlust oder
die Beschädigung durch höhere Gewalt (vis maior) oder durch die
natürliche Beschaffenheit der Güter, namentlich durch inneren Verderb, Schwinden, gewöhnliche Leckage u. dgl., oder durch äusserlich
nicht erkennbare Mängel der Verpackung entstanden ist.*

*Verlust und Beschädigung, welche aus einem mangelhaften Zu-
stande des Schiffs entstehen, der aller Sorgfalt ungeachtet nicht zu*

entdecken war (Art. 560 Abs. 2), werdem dem Verluste oder der Beschädigung durch höhere Gewalt gleichgeachtet.

1. Nach R.R. hatte der *nauta* für die Restitution der Sachen, welche von ihm oder seinen Leuten in das Schiff aufgenommen waren, ohne Rücksicht darauf, ob dies in Folge eines Miethskontraktes, eines Depositums oder eines sonstigen Rechtsgeschäfts geschah, lediglich auf Grund dieser Uebernahme unbedingt einzustehen [1]). Dieses römischrechtliche *receptum*, dessen Grundsätze schon lange im Seerecht anerkannt und auch in den meisten neueren Gesetzgebungen zur Geltung gelangt waren [2]), ist in das D.H.G.B. gleichfalls aufgenommen, dessen Art. 607 lediglich die Prinzipien desselben sanktionirt hat. Demgemäss handelt es sich in dem Artikel nur um die Verbindlichkeiten, welche eintreten, wenn der Schiffer die Güter „auf Grund des Frachtvertrages" übernimmt, nicht um die, welche demselben in Folge der „Ausstellung des Konnossements" erwachsen (Prot. V S. 2255). Das Gesetz lässt nun in dem in Rede stehenden Falle den Verfrachter für jeden Schaden haften, welcher nicht durch höhere Gewalt herbeigeführt ist. Der Grund dieser Bestimmung ist darin zu suchen, dass der Befrachter regelmässig ausser Stande ist, die Thätigkeit, Sorgfalt und Wachsamkeit des Verfrachters zu kontroliren und den Beweis der Nachlässigkeit oder Sorglosigkeit desselben zu erbringen (Prot. IX S. 4695; Entsch. des R.O.H.G. XII S. 108), *quia necesse est plerumque eorum fidem sequi et res custodiae eorum committere (L. 1 pr. Nautae, caupones).*

2. Damit von einem Rezeptum die Rede sein könne, ist es nicht erforderlich, dass die Aufnahme der Güter stattfindet auf Grund eines v o r a n g e g a n g e n e n F r a c h t v e r t r a g e s. Es genügt vielmehr, dass „für den Zweck eines die Transportirung des Gegenstandes betreffenden Geschäfts" die Uebergabe und Entgegennahme „als die ersten und Vorbereitungs-Akte eines solchen Geschäfts" geschehen. „Kommt dieses zu Stande, so ruht auf dem Schiffe die Verbindlichkeit *ex recepto* seit dem Zeitpunkte der Entgegennahme" (Entsch. des R.O.H.G. XX S. 120 f.; „seit der Empfangnahme" sagt das Gesetz ausdrücklich). Ja es ist nicht einmal wesentlich, dass der Gegenstand auch wirklich schon an Bord des Schiffs gebracht ist *(L. 3 pr. Nautae, caupones).* Dagegen wird allerdings vorausgesetzt, dass die Entgegennahme der Güter von Seiten des Verfrachters selbst oder eines „legitimirten Vertreters" desselben erfolgte, d. h. von einem ausdrücklich *ad hoc* bestellten Vertreter oder vom Schiffer oder Steuermann, resp. dem,

---

1) *L. 1 pr. Nautae, caup. (4, 9): Ait praetor: Nautae — quod cuiusque salvum fore receperint nisi restituent, in eos iudicium dabo.*
2) S. f r a n z. *Code de comm.* Art. 222, 230; b e l g. *Code de comm.* II Art. 13, 21; i t a l. H.G.B. Art. 489, 497; h o l l ä n d. H.G.B. Art. 345 Abs. 2.

welcher Steuermannsdienste versah[1]). Auch begründet die Annahme durch den Schiffer (arg. Art. 500) oder Steuermann dann keine Verbindlichkeit des Verfrachters, wenn jenem untersagt war, Güter oder doch Güter der in Rede stehenden Art „mit Verbindlichkeit für das Schiff" an Bord zu nehmen, und diese Beschränkung der Vollmacht desselben dem andren Kontrahenten bekannt war (*L. 11 § 2, L. 17 § 4 De inst. act. 14, 3;* Entsch. des R.O.H.G. XX S. 122 f.).

3. Das H.G.B. hat den Begriff der höheren Gewalt nicht weiter präzisirt[2]). Die Erklärung ist daher aus dem bürgerlichen Recht zu nehmen, für welches jedoch der in Rede stehende Begriff sehr bestritten ist. Dass nun nach R.R. *vis maior* nicht lediglich eine Bezeichnung für *casus* in gewissen Anwendungen ist, geht gerade aus der für das Rezeptum maassgebenden *L. 3 § 1 Nautae, caupones* hervor, welche den Verpflichteten für den Schaden einstehen lässt, *etiamsi sine culpa eius res periit*, und ihn nur dann von der Verhaftung befreit, *si quid damno fatali contingit*. Auf der anderen Seite wird man unter *vis maior* nicht einzig und allein zu verstehen haben ein unabwendbares Natur- oder anderes Ereigniss, dem menschliche Kräfte nicht widerstehen können. Denn wollte man den Schiffer, wie den Frachtführer nur für den Schaden nicht haften lassen, der überhaupt nicht durch menschliche Vorsicht und irgend welche Maassregeln verhütet oder abgewendet werden könnte, so müsste man dieselben für verpflichtet halten, Vorkehrungen zu treffen, deren Kostspieligkeit in keinem Verhältniss zu dem Gewinn stehen würde, welchen ihr Gewerbe abwirft[3]). Es wird demgemäss für richtig zu halten sein, die — heutzutage herrschende — Meinung, wonach das Haften für *casus* mit Ausnahme der *vis maior* und das Haften für *omnis culpa* sich

---

1) Der Steuermann ist der Vertreter des Schiffers und daher auf Grund analoger Anwendung der Art. 47 und 50 H.G.B. zu derartigen Empfangnahmen ermächtigt (Entsch. des R.O.H.G. XX S. 122 f.).

2) Ebenso spricht der *Code de comm.* schlechtweg von *obstacles de force majeure;* und in ähnlicher Weise drücken sich die anderen zitirten Gesetze aus. Die englischen Juristen (wie auch Charterpartien und Konnossemente) zählen zwar im Einzelnen auf: *acts of God and the King's* oder *Queen's enemies, perils of the sea* u. s. w.; doch soll damit nicht gesagt sein, dass diese Ereignisse einerseits allein, andererseits immer und unter allen Umständen als *vis maior* den Verfrachter von der Verhaftung befreien. Vielmehr erscheinen dieselben nur unter den gleichen Voraussetzungen als *vis maior*, unter denen sie nach deutschem Handelsrecht diesen Charakter haben würden; und auf der anderen Seite würden unter denselben Voraussetzungen auch nach englischem Recht noch andere Fälle höherer Gewalt zugelassen werden. Vgl. überhaupt Abbott S. 327—337; Maclachlan S. 534—538.

3) Hahn, Kommentar, Ausführ. zu Art. 395 § 11 (II S. 597 f.) weist darauf hin, dass man alsdann von dem Frachtführer verlangen müsste, dass er absolut wasser-, feuer-, bombenfeste Güterschuppen errichte, immer Aushülfspersonen bereit hielte, welche, wenn die mit dem Transport zunächst beauftragten Personen von einem Unfall betroffen würden, an deren Stelle träten, jedem Transport bewaffnete Bedeckung mitgäbe.

nur dadurch unterscheiden, dass in dem letzteren Falle der Ver-
pflichtete alle die Vorkehrungen zu treffen hat, welche nach den
Anschauungen der Berufsgenossen behufs der Verhütung eines
Schadens vernünftigerweise getroffen werden, wogegen im ersteren
Falle der Verpflichtete auch noch dafür einzustehen hat, dass seine
Vorkehrungen auch wirklich den beabsichtigten Erfolg haben [1]). Es
ist demgemäss unter höherer Gewalt ein schadenbringendes Ereigniss zu verstehen, welches durch solche Maassregeln, die nach den
Anschauungen des Verkehrs vernünftigerweise — weil mit dem
zu erreichenden Erfolg in einem richtigen Verhältniss stehend —
von dem Verpflichteten gefordert werden können, nicht zu beseitigen ist. (Goldschmidt, Zeitschr. f. H.R. III S. 79 ff., 113 ff.,
vgl. XVI S. 326 ff.; Hahn, Kommentar zu Art. 395 §§ 9—15, II
S. 596—602; Anschütz, Kommentar zu Art. 395 III S. 434;
Brinz, Pandekten, 2. Aufl. II S. 269 ff.; Entsch. des R.O.H.G. II
S. 295 f., VIII S. 30 f., S. 160 f., XII S. 107 f.) Ob ein solches
Ereigniss vorliegt, ist immer nur für den konkreten Fall zu entscheiden; denn dasselbe Ereigniss kann in dem einen Falle als *vis
maior*, in dem anderen nicht als solche betrachtet werden. Wogen-
drang, Sturm, Eis werden nur dann als höhere Gewalt erscheinen,
wenn der Schiffer alles das gethan hat, was in seemännischen
Kreisen zur Abwendung oder Verringerung der von diesen Natur-
kräften drohenden Gefahren gefordert wird. Dasselbe gilt vom
Aufbringen durch die Kreuzer einer feindlichen Macht; auch hier
könnte von *vis maior* nicht die Rede sein, wenn dem Schiffer die
Nähe von feindlichen Kriegsschiffen bekannt war und er es trotzdem unterliess, in einen neutralen Hafen einzulaufen. Ein obrigkeitlicher Befehl, durch welchen die Ladung mit Beschlag belegt
wird, fällt unter den Begriff der höheren Gewalt, vorausgesetzt,
dass die Veranlassung zur Beschlagnahme nicht in irgend einem
Verschulden des Schiffers liegt, und aus diesem Grunde würde eine
Konfiskation von Waaren wegen Uebertretung der Zollgesetze (nach
Art. 482 H.G.B.) nie als *vis maior* zu betrachten sein. Auch Raub
(*vis piratarum*) erscheint als höhere Gewalt, aber nur wenn er ausgeführt ist mit offener Gewalt (im Gegensatz von blossen Drohungen)
und Ueberwältigung eines entgegengesetzten Widerstandes; aber
(bei Schiffen) wohl schwerlich der Diebstahl, weil, wenn ordentlich
Wache gehalten wird — wofür der Schiffer Sorge zu tragen hat —

---

1) Thöls (II.R. III S. 40 f.) Auffassung von der Verantwortlichkeit des
Frachtführers und des Verfrachters kommt auf die *exactissima diligentia* heraus.
Der Frachtführer resp. Verfrachter haftet hiernach auch für den dem absolut
unabwendbaren nahe kommenden Unfall (welcher ebenfalls zur höheren Gewalt
zu rechnen ist) nicht, weil „ihn auch bei Anlegung des strengsten Maassstabes, auch
wenn man von ihm die alleräusserste Anstrengung, Sorgfalt, Peinlichkeit, wie sie
nur irgend möglich ist, verlangt, kein Vorwurf trifft". Der Grund, weshalb der
Frachtführer resp. Verfrachter für einen Unfall, der sich als höhere Gewalt qualifizirt nicht einsteht, kann — so sagt Thöl — „kein anderer sein, als der,
dass ihn hier kein Vorwurf treffen kann". Da hätten wir also als Grund der
Haftung der genannten Personen neben der *culpa* wieder die *negligentia*.

ein' Diebstahl durch Einsteigen oder Einbrechen, der bei einem
Gebäude noch unter *vis maior* zu bringen sein dürfte, sich nicht
recht denken lassen wird, ohne dass damit eine wirkliche Gewalt
konkurrirt. Der nur mit besonderer Schlauheit ausgeführte Diebstahl qualifizirt sich niemals als solche [1]), und selbstverständlich auch
niemals der, welcher von einer Person der Schiffsbesatzung oder
einer sonst auf dem Schiffe beschäftigten Person verübt ist [2]); denn
für diese hat der Schiffer unbedingt einzustehen (Goldschmidt
in seiner Zeitschr. III S. 93 f., XVI S. 326 ff.; Hahn a. a. O.
§§ 9, 15, S. 593, 602). Dass die Beschädigung als Folge einer
von aussen kommenden Macht eintritt, ist nicht nothwendig, wie
denn Feuer, welches im Innern eines Fahrzeuges ausbricht, den
Charakter der höheren Gewalt tragen kann [3]) (Entsch. des R.O.H.G.
VIII S. 31). Ebenso braucht das Ereigniss kein unberechenbares,
vorher nicht gekanntes zu sein, wie denn der Umstand, dass der
Schiffer die Reise bei einem Gewitter angetreten oder fortgesetzt
hat, nicht verhindert, dass der Blitzstrahl, welcher gezündet und
die Ladung zerstört hat, unter *vis maior* gebracht wird (Entsch.
des R.O.H.G. VIII S. 163). Nicht das Bewusstsein einer möglichen,
sondern nur das einer nothwendigen Gefahr schliesst das *damnum
fatale* aus, *quod imprudentibus accidit*.

4. Dem Verlust, resp. der Beschädigung durch höhere Gewalt
hat das Gesetzbuch den durch die natürliche Beschaffenheit der Güter verursachten gleichgestellt, und zwar mit vollem
Recht. Die in Rede stehenden Beschädigungen sind nämlich solche,
welche die Waare in jedem Falle, d. h. auch ohne den Transport
oder in Folge eines Transportes überhaupt, oder wenigstens eines
Transportes der in Rede stehenden Art, z. B. durch Erschütterung,

---

1) So hat auch das R.O.H.G. durch Erkenntniss vom 11. April 1876
(Entsch. XX Nr. 37) in einem Falle entschieden, in welchem zwei Silberkisten,
die in der von innen verschlossenen Kajüte des Steuermanns standen, geraubt
wurden, nachdem die Diebe in das von oben geöffnete Skylight eingestiegen
waren und den schlafenden Steuermann selbst geknebelt hatten. Mit Recht führt
das O.H.G. aus (S. 124 f.), dass das Beschreiten des Verdecks des Schiffs durch
die Diebe, die Lösung des Skylightdeckels, das Hineinsteigen der Diebe in die
Kajüte, das Wiederhinaussteigen derselben mit den Kisten, die Wiedereinschiffung
und das Wegrudern hätten bemerkt werden müssen, wenn auf dem Schiffe pflicht-
mässig Wache gehalten worden wäre.

2) Nur bei ganz besonderen Umständen, z. B. plötzlich ausgebrochener
Geisteskrankheit, dürfte eine Ausnahme statthaft sein (Entsch. des R.G. Ziv.S. I
S. 254). Nach R. R. hat der *nauta* auch für die Handlungen der Passagiere
einzustehen (*L. 1 § vlt., L. 3 pr. Nautae, caupones*). Ebendasselbe behauptet
für das französische Recht Laurin (bei Cresp l S. 621), dem jedoch andere
widersprechen (s. Desjardins II S. 60). Das D.H.G.B. hat den Satz nicht aufgenommen (s. Goldschmidt a. a. O. III S. 93, 95 f., vgl. auch Art. 610
Abs. 2 H.G.B.). Wo also Verlust oder Beschädigung von Gütern durch eine als
höhere Gewalt sich qualifizirende Handlung der Passagiere herbeigeführt ist, da
würde die Haftung des Verfrachters zessiren.

3) Die *Merchant Shipping Act* von 1854 *(sect. 503)* verordnet ausdrücklich, dass der Rheder (eines britischen Schiffs) für den durch ein an Bord aus-
gebrochenes Feuer angerichteten Schaden nicht haftet, wenn ihn dabei keine
Schuld trifft.

Reibung, durch Feuchtigkeit erlitten haben würde (Hahn, Kommentar zu Art. 395 § 6, S. 395). Ein solcher Fall steht aber der höheren Gewalt vollständig gleich; denn entweder lässt sich eine derartige Beschädigung überhaupt nicht abwenden, oder doch nur durch solche Maassregeln, deren Kostspieligkeit in keinem richtigen Verhältniss zu dem zu erreichenden Erfolge stehen würde. Das Gesetzbuch hat nun die wichtigsten Arten einer solchen durch die natürliche Beschaffenheit der Güter verursachten Beschädigung aufgeführt: den inneren Verderb z. B. durch Gährung, Rost, Verstocken, Selbstentzündung; das Schwinden, d. h. Verringerung des Gewichts oder des Maasses; die Leckage, d. h. das Dringen der Flüssigkeiten durch die Fugen des Gebindes ohne äusserliche Beschädigung.

5. Dass Mängel der Verpackung den Verfrachter gleichfalls von der Verhaftung befreien, wenn der Verlust oder die Beschädigung dadurch herbeigeführt ist, erklärt sich daraus, dass in solchem Falle der Schaden in einem Versehen des Absenders seinen Grund hat, in welchem Falle auch beim Rezeptum die Verbindlichkeit des Schiffers u. s. w. zessirt (*L. 203 De R. I. 50, 17*). Die Mängel dürfen aber nicht erkennbare sein; denn der Schiffer würde sich eine *culpa* zu Schulden kommen lassen, wenn er Waaren annähme in einer Verpackung, von der er sich als Sachverständiger sagen musste, dass daraus eine Beschädigung der ersteren zu erwarten wäre. Natürlich geht in diesem Falle die Verpflichtung desselben nicht weiter, als dass er den Befrachter auf diese Mangelhaftigkeit aufmerksam macht. Besteht dieser auf dem Transport der Waaren in der mangelhaften Verpackung, so haftet der Verfrachter nicht für den daraus entstehenden Schaden, weil darin ein stillschweigender Verzicht des Befrachters auf die Verantwortlichkeit desselben wegen einer derartigen Beschädigung liegen würde. Auch die Pflicht des Schiffers, den Befrachter auf die Mangelhaftigkeit der Verpackung aufmerksam zu machen, zessirt in dem Falle, wo der Befrachter deutlich zu erkennen gegeben (z. B. durch die Bemerkung: „auf Gefahr des Absenders"), dass ihm letztere bekannt war (Hahn a. a. O. §§ 7, 20, S. 595, 607).

6. Weil der Schiffer bei dem Transport der Waaren, abgesehen von den im Gesetz ausgenommenen Fällen, die Garantie übernimmt für die Ablieferung der Waaren im unbeschädigten Zustande (*salvum fore recipit*), so hat er den Beweis zu erbringen, dass die Beschädigung auf eine jener Ursachen zurückzuführen ist; denn die Befreiung von der Verpflichtung bildet den Gegenstand einer Exzeptio[1]), das Fundament der Exzeptio hat aber der zu beweisen, der sie vorschützt (Entsch. des O.A.G. zu Lübeck vom 29. November 1826 in Seufferts Archiv IV Nr. 113). Doch genügt es, wenn der Schiffer den Nachweis führt, dass der Schaden durch ein Ereigniss herbeigeführt ist, welches an sich geeignet ist,

---

1) *L. 3 § 1 Nautae, caup.* : — *Labeo scribit, si quid naufragio aut per vim piratarum perierit, non esse iniquum exceptionem ei dari.*

unter den Begriff der höheren Gewalt zu fallen, z. B. ein Unwetter;
er hat nicht weiter darzuthun, dass er alle Maassregeln getroffen
hat, die zur Abwendung des drohenden Nachtheils von Seemännern
angewendet zu werden pflegen, vielmehr ist es Sache des Empfängers, zu beweisen, dass der Schiffer es an der Anwendung
dieser Maassregeln hat fehlen lassen, und dass gerade hierauf der
Verlust oder die Beschädigung zurückzuführen ist (Goldschmidt,
Zeitschrift III S. 116).   Dagegen müsste beim Raube die Ueberwältigung des Seitens der Besatzung geleisteten Widerstandes mit
in das Beweisthema aufgenommen werden (vgl. Entsch. des R.O.H.G.
XX S. 122), weil nur ein derartig qualifizirter Raub als *ris maior*
betrachtet werden kann.

7.   Die Haftungspflicht des Verfrachters kann vertragsmässig beschränkt werden auf eigenes Versehen, ja
sogar auf eigenen *dolus*.   Denn die Bestimmung des Art. 607
gehört nicht dem absoluten Recht an, wie auch das R.R. die
vertragsmässige Ausschliessung der besonderen Haftung aus
dem Rezeptum zulässt[1]).   Auch kann festgesetzt werden, dass ein
Verschulden des Schiffers oder der Schiffsmannschaft vom Befrachter nachzuweisen ist.   Und eine solche vertragsmässige Herabsetzung der Haftpflicht ist in einer darauf abzielenden Bestimmung der ein für alle Mal aufgestellten Frachtbedingungen einer
Rhederei (Dampfschiff-Gesellschaft) zu finden, auf Grund deren
dieselbe Befrachtungsverträge abschliesst (Entsch. des O.A.G.
zu Lübeck vom 29. Mai 1856 in Seufferts Archiv XI Nr. 86;
Erk. des hamb. Handelsger. vom 24. Mai, 19. Juni 1878 in der
Hamb. Handelsger.-Zeit. von 1878 S. 345, S. 256).   Denn jeder,
der mit einer solchen Gesellschaft kontrahirt, unterwirft sich stillschweigend den Bestimmungen der Frachtbedingungen.

Findet sich aber in solchen Frachtbedingungen lediglich die
Klausel, dass ein bestimmter Schaden, z. B. „jeder Wasser- und
Feuerschaden als von unwiderstehlicher Gewalt herrührend angesehen werden soll", so würden dadurch nur die Beweisregeln
abgeändert.   Ist nämlich eine durch Wasser oder Feuer herbeigeführte Beschädigung durch die Schuld des Verfrachters oder
der Schiffsleute herbeigeführt, so wird in Folge jener Klausel der
Verfrachter nicht etwa von der Verhaftung befreit, sondern es trifft
nur die Beweislast hinsichtlich des Verschuldens den Befrachter,
während nach dem bestehenden Recht der Verfrachter die höhere
Gewalt nachzuweisen hat (Entsch. des berl. Revisionshofs vom
10. März 1845 in Seufferts Archiv II Nr. 180).

8.   Der Abs. 2 des Artikels ist lediglich eine Konsequenz des
Art. 560 Abs. 2.   Erklärt das Gesetzbuch den Verfrachter ausdrücklich nicht für verantwortlich für die Mängel des Schiffs,

---

1) *L. 27 pr. Nautae, caup.*: — *item si praedixerit, ut unusquisque vec-
torum res suas servet neque damnum se praestaturum, et consenserint vectores
praedictioni, non convenitur.*

welche aller Sorgfalt ungeachtet nicht zu entdecken waren,
so kann es denselben auch nicht *ex recepto* wegen einer Beschädigung haften lassen, welche die Folge eines unentdeckbaren Mangels
des Schiffs ist. Auch wurde auf der hamburger Konferenz darauf
hingewiesen, dass eine derartige Verhaftung des Verfrachters mit
der Auffassung des Verkehrs in Widerspruch stände (Prot. VIII
S. 3907 f.).

Art. 608.

*Für Kostbarkeiten, Gelder und Werthpapiere haftet der Ver-
frachter nur in dem Falle, wenn diese Beschaffenheit oder der Werth
der Güter bei der Abladung dem Schiffer angegeben ist.*

1. Als Grund für diese Bestimmung, welche sich in dem
preussischen Entwurfe noch nicht fand, sondern erst auf der hamburger Konferenz nach dem Vorgange des englischen Rechts [1])
hinzugefügt ward, wurde angegeben, „es sei höchst billig und angemessen, dass wenn einem Manne, der in der Regel nur mit
Kaufmannsgütern von gewöhnlichem Werthe zu thun habe, Güter
von ganz besonderem und ausserordentlich hohem Werthe übergeben würden, dies demselben zuvor mitgetheilt werde, damit er
eine um so grössere Sorgfalt auf dieselben verwenden" könne
(Prot. V S. 2261 f.); man dürfe daher dem Schiffer billiger Weise
nicht zumuthen, „für ganz ausserordentlich grosse Summen selbst
dann zu haften, wenn ihm über die Grösse seiner Haftbarkeit gar
keine Andeutung gegeben worden sei" (Prot. V S. 2298).

2. Die Verhaftung aus dem Rezeptum tritt bei den in diesem
Artikel genannten Gegenständen nur dann ein, wenn die Beschaffen-
heit oder der Werth derselben angegeben, nicht etwa zufällig
zur Kenntniss des Schiffers gelangt ist (Prot. V S. 2299 f., VIII
S. 3982). Fehlt diese Angabe, so haftet der Schiffer aus dem
Frachtvertrage und dem Rezeptum gar nicht für dieselben.
Er haftet für Beschädigung und Verlust solcher Gegenstände nur
da, wo auch ein Dritter (in keinerlei Vertragsverhältniss zu dem
Gute stehender) durch rechtswidriges Handeln sich verantwortlich
macht (Prot. V S. 2300; Entsch. des R.O.H.G. VIII S. 271—273).
Der Rheder wird jedoch nur äusserst selten in Anspruch genommen
werden können, da seine Haftung durch ein Verschulden einer

---

1) Die *Merchant Shipping Act* von 1854 *sect.* 503 bestimmt: *No owner
of any sea-going ship or share therein shall be liable to make good any loss
or damage that may happen without his actual fault or privity — of or to any
gold, silver, diamonds, watches, jewels, or precious stones taken in or put on
board any such ship, by reason of any robbery, embezzlement, making away
with or secreting thereof, unless the owner or shipper thereof has, at the
time of shipping the same, inserted in his bills of lading or otherwise declared
in writing to the master or owner of such ship the true nature and value of
such articles;* ein Satz, der jedoch nur bei britischen Schiffen zur Anwendung
gebracht wird (s. Maclachlan S. 121). Nach dem finnländ. Seeges. (Art. 115)
genügt bei derartigen Gegenständen nicht die Deklaration, sondern es müssen
dieselben auch dem Kapitän persönlich übergeben werden.

Person der Besatzung nur begründet werden kann, wenn solches in
der verkehrten und schadenbringenden Ausführung von Dienstverrichtungen zu Tage trat (H.G.B. Art. 451); dies aber hier nicht
leicht denkbar ist. Auch in Fällen der grossen Havarie haben die
Eigenthümer keinen Entschädigungs-Anspruch (H.G.B. Art. 710
Ziff. 3, Art. 725).

3. Unter Kostbarkeiten sind schlechtweg Sachen zu verstehen, deren Werth im Verhältniss zu ihrem Umfang oder Gewicht als besonders hoch erscheint (Hahn, Komment. zu Art. 395
§ 22, II S. 608 f.).

Art. 609.

*Bevor der Empfänger die Güter übernommen hat, kann sowohl
der Empfänger als der Schiffer, um den Zustand oder die Menge
der Güter festzustellen, die Besichtigung derselben durch die zuständige Behörde oder durch die zu dem Zweck amtlich bestellten Sachverständigen bewirken lassen.*

*Bei diesem Verfahren ist die am Orte anwesende Gegenpartei
zuzuziehen, sofern die Umstände es gestatten.*

1. Durch die Bestimmungen der Art. 609 und 610 sollen die
für das Vorhandensein und die Höhe des Schadens, für den der
Verfrachter aus dem Frachtvertrage resp. Rezeptum eventuell aufzukommen hat, dienlichen Grundlagen gewonnen und so verhindert
werden, dass derselbe für eine erst später entstandene (oder äusserlich sichtbar gewordene) Beschädigung in Anspruch genommen
wird. Es wurde dies namentlich mit Rücksicht auf die schwere
Verantwortlichkeit, die der Schiffer aus dem Frachtvertrage und
dem Rezeptum für das Frachtgut habe, und die ihn treffende schwere
Beweislast für gerechtfertigt gehalten (Entsch. des R.O.H.G. III
S. 21, XIV S. 297; vgl. Motive zum preussischen Entwurf des
H.G.B. S. 272 f.; Prot. V S. 2301, 2304 f., 2502 f.). Gleichzeitig sollte der Schiffer auf die ihm Seitens des Empfängers drohenden Entschädigungsansprüche aufmerksam gemacht und so veranlasst werden, auf Sicherung des Beweises Bedacht zu nehmen [1]).

2. Unter der Uebernahme, welcher Ausdruck in zweiter
Lesung an Stelle der im preussischen Entwurf und im Entwurf aus
erster Lesung befindlichen Worte „vor oder bei der Löschung" ge-

---

1) Auch andere Seerechte haben ausdrücklich Fürsorge dafür getroffen, dass
der Verfrachter bei Ablieferung der Güter oder gleich darauf erfährt, ob der
Empfänger die Güter beanstanden will resp. kann. So der franz. (Art. 435 f.)
und belg. *Code de comm.* (II Art. 232 f.), welche eine Entschädigungsklage der
Destinatärs davon abhängig machen, dass vor der Empfangnahme der Güter oder
spätestens 24 Stunden nach derselben Protest erhoben ist; das holländ. H.G.B.
(Art. 493—495), welches einen Antrag auf gerichtliche Besichtigung des Guts und
Abschätzung des Schadens Seitens des Schiffers wie des Empfängers vor oder
bei der Entlöschung; unter bestimmten Voraussetzungen Seitens des Empfängers
noch innerhalb 48 Stunden nach der Ablieferung zulässt; das finnländ. Seegesetz, dessen Art. 116 mit der Vorschrift des Art. 610 D.H.G.B. übereinkommt.

setzt wurde, ist nicht jede faktische Entgegennahme der Güter durch einen Beauftragten resp. Boten des Empfängers zu verstehen, sondern nur der juristische Empfang, die Entgegennahme durch einen wirklichen Mandatar, welcher befugt ist, „über den Zustand der Güter sich zu vergewissern und darüber eine entsprechende Erklärung abzugeben". Ob eine solche Uebernahme vorliegt, lässt sich nur für den einzelnen Fall entscheiden, indem dabei die faktischen Verhältnisse in Betracht zu ziehen sind (Prot. VIII S. 3915 f.). Auch die Lokalgesetzgebung kann darüber Bestimmungen treffen. Eine solche enthält das bremische Gesetz vom 12. Februar 1866, welches im § 2 (in der Fassung vom 20. November 1879) Folgendes verordnet:

> *Der Transport des Frachtguts vom Löschplatz* (Weserplatz unterhalb Bremen) *nach Bremen geschieht auf Gefahr und Kosten des Ladungsempfängers, welcher daher das Frachtgut am Löschplatz in Empfang zu nehmen hat. —*
> *Die Uebernahme des Frachtguts gilt erst nach Ankunft der Waare in Bremen als vollendet. —*
> *Werden indess Güter am Löschplatz zum Zweck der Lagerung belassen, oder werden sie von da nicht nach dem Bestimmungsort, sondern nach einem anderen Platz verladen, so gilt damit die Uebernahme als geschehen und tritt die Zahlungspflicht des Empfängers nach Maassgabe der Art. 615 ff. des Handelsgesetzbuches ein.*

3. Durch die Besichtigung soll der Zustand, resp. die Menge der Waaren festgestellt, d. h. es sollen die Beschädigungen und Verluste (Manko) an den Gütern ermittelt und dadurch die Grundlagen für die Berechnung des Schadens, den der Empfänger erlitten, gewonnen werden (Prot. V S. 2301 f.); oder es soll umgekehrt festgestellt werden, dass solche Beschädigungen und Verluste an den Waaren nicht vorhanden. Die Besichtigung ist daher nicht als eine blosse Formalität gedacht, sondern sie muss für den angegebenen Zweck geeignet, d. h. gründlich und genau sein und die Mängel und Schäden klar legen.

4. Die zuständige Behörde, welcher zunächst die Untersuchung zugewiesen wird, ist keine vom H.G.B. neu angeordnete; vielmehr hatte man dabei im Auge eine technische Behörde, wie solche schon in der früheren Zeit an manchen Seeplätzen bestanden und zur Vornahme derartiger Besichtigungen berufen waren (Prot. V S. 2302; Duhn in Voigts Neuem Archiv für H.R. IV S. 473 ff.). Eine solche bilden die Luken- und Ladungsbesichtiger in Bremerhaven (vgl. brem. Verordn. vom 2. Juni 1856 und vom 11. November 1870 §§ 1 und 2). In Ermangelung einer solchen Behörde lässt das Gesetzbuch die Besichtigung bewirken durch amtlich bestellte Sachverständige. Diese sind entweder ein für alle Mal zu dem gedachten Zweck bestellt; oder werden, wo dies nicht der Fall, durch den Richter auf Antrag der

Interessenten für den einzelnen Fall ernannt (arg. des Art. 848 Abs. 3, Art. 407 Abs. 2 H.G.B.)[1]). Die Behörden resp. Sachverständigen haben die Besichtigung und Prüfung selbst vorzunehmen. Dies spricht das Gesetzbuch mit dürren Worten aus; ergiebt sich auch aus dem vom Gesetz hervorgehobenen Zweck der Besichtigung. Dadurch ist freilich nicht ausgeschlossen, dass dieselben für gewisse hierbei vorkommende Verrichtungen (wie Zählen, Wägen, Messen) sich der Hülfe Anderer bedienen. „Voraussetzung ist aber auch dabei immer, dass diese Verrichtungen unter ihrer Aufsicht und auf ihre Anweisung erfolgen." Und auf keinen Fall dürfen dieselben sich darauf beschränken, ohne eigene Prüfung lediglich die Wahrnehmungen anderer Personen zu konstatiren (Entsch. des R.O.H.G. XII S. 249—251; ebenso auch das A.G. zu Stettin in den in Entsch. des R.O.H.G. XI S. 244 f. mitgetheilten Entscheidungsgründen eines Erkenntnisses). Ueber das Resultat ihrer Besichtigung haben die Sachverständigen dem Requirenten eine Bescheinigung auszustellen; denn wenn auch das H.G.B. eine solche nicht ausdrücklich verlangt[2]), so wird doch „die Bedeutung und der Werth solcher Besichtigungen durch die äusserliche Fixirung des Befundes und dessen Kundgebung an die Betheiligten bedingt, so dass eine desfallsige Dokumentirung als ein nothwendiges Annexum der Besichtigung selbst erscheint" (Entsch. des R.O.H.G. III S. 21). Einem Attest, aus dem hervorgeht, dass die Besichtigung nicht den angegebenen Grundsätzen entspricht, ist irgend eine Beweiskraft nicht beizulegen. Ueber die Grenzen entscheidet natürlich richterliches Ermessen.

---

1) Die mecklenb.-schwerinische Einführ.-Verordn. § 69 bestimmt dies ausdrücklich:
Die für die in dem Art. 609 des H.G.B. erwähnte Besichtigung zuständige Behörde ist im Inlande das Handelsgericht des Ortes. Dasselbe hat die Sachverständigen in jedem einzelnen Falle zu ernennen.
Man hat sich nach dieser Bestimmung indess wohl nicht das Gericht als die Besichtigung vornehmende Behörde zu denken, welche sich zu ihrer Orientirung Sachverständige beigesellt, sondern als die Amtsstelle, welche die Sachverständigen Behufs Vornahme der Besichtigung zu ernennen hat. Das die Sachverständigen ernennende Gericht ist heutzutage das Amtsgericht (vgl. K e y s s n e r in der Zeitschr. f. H.R. XXV S. 537).
Die brem. Verordn. vom 11. November 1870 lässt, obwohl es ausser den erwähnten Luken- und Ladungsbesichtigern in Bremen noch besonders bestellte und beeidigte Sachverständige für die Besichtigung von Ladungen giebt, auch den Antrag beim Gericht auf die Bestellung von Sachverständigen für den konkreten Fall zu. Sie verordnet im § 9:
Demjenigen, welcher in Gemässheit der Art. 609 und 610 des H.G.B. den Zustand oder die Menge von mit See- oder Leichterschiffen angekommenen Gütern feststellen lassen will, bleibt es unbenommen, anstatt damit die im § 1 erwähnten Sachverständigen zu beauftragen, bei dem kompetenten Gerichte die Ernennung von Sachverständigen zu beantragen.
2) Die bremische Instruktion für die Luken- und Ladungs-Besichtiger (§§ 8, 9, 12) macht diesen die Ertheilung solcher Bescheinigungen ausdrücklich zur Pflicht.

5. Der Ausspruch der Sachverständigen hat nicht etwa unbedingte und unumstössliche Beweiskraft. Das geht aus dem Wortlaut des Art. 609 hervor, welcher dem Schiffer wie dem Empfänger anheimgiebt, um den Zustand oder die Menge der Güter festzustellen, die Besichtigung derselben bewirken zu lassen, nicht aber den Zustand durch die Besichtigung feststellen zu lassen (vgl. Art. 407 H.G.B.). Die entgegengesetzte Ansicht würde auch eine ausserordentliche Härte für die Betheiligten enthalten, da nur in den allerseltensten Fällen eine Remedur gegen das fehlerhafte Resultat einer mangelhaften Besichtigung zu erzielen sein dürfte. Denn der Regel nach wird dies den Betheiligten erst „aus dem von den Sachverständigen nach der Besichtigung auszustellenden Attest" ersichtlich werden, und bei der Zustellung desselben an den Requirenten wird es zur rechtzeitigen Wiederholung der Besichtigung oft schon zu spät sein (vgl. Entsch. des R.O.H.G. III S. 22 f.). Es steht daher nicht nur derjenigen Partei, gegen welche das Attest vorgebracht wird, das Recht zu, gegen den Inhalt desselben den Gegenbeweis zu führen, sondern auch der Requirent ist befugt, die durch das Attest dokumentirte Feststellung der Sachverständigen „durch anderweitige Beweismittel" sowohl „zu ersetzen und zu verstärken, als auch zu widerlegen"; wie denn der durch den Ausspruch der Behörde resp. der Sachverständigen geführte Beweis der freien Würdigung des Richters unterliegt (Entsch. des R.O.H.G. a. a. O.; ebenso ein Erk. des O.A.G. zu Lübeck bei Duhn in Voigts Neuem Archiv für H.R. IV S. 478 f.). Dies gilt nicht nur von der freiwillig nach Art. 609 beantragten Besichtigung und dem darüber ausgestellten Attest, sondern auch von der, deren Erwirkung unter einem bestimmten Präjudiz dem Ladungsempfänger im Art. 610 zur Pflicht gemacht wird. Der Verlust der Ansprüche ist dem Ladungsempfänger nicht etwa für den Fall angedroht, dass die Beschädigungen, für die er Ersatz beansprucht, nicht durch die Besichtigung dargethan sind, sondern für den, dass er die Besichtigung überhaupt nicht innerhalb der vorgeschriebenen Zeit erwirkt. Dass der Besichtigung und dem darüber ausgestellten Attest im Falle des Art. 610 keine andere Beweiskraft beigelegt werden kann, als der des Art. 609, folgt daraus, dass die Besichtigung des ersteren Artikels mit der des letzteren (nach dessen „Maassgabe" sie zu erfolgen hat) gleichartig ist, und man im Art. 609 unmöglich dem Besichtigungsattest, welches der Empfänger impetrirt hat, eine andere Beweiskraft beilegen kann, als dem, welches der Schiffer sich hat geben lassen[1]).

---

[1]) Nicht recht verständlich ist es mir, wenn das R.O.H.G. im Erk. vom 22. Juni 1872 (Entsch. VI S. 345 f.) die Ansicht: aus der Befugniss des Schiffers und Ladungsempfängers, die in Rede stehende Besichtigung zu verlangen (das O.H.G. sagt allerdings: den Zustand der Güter feststellen zu lassen), folge nicht, dass jede andere Beweisführung des Schiffers über die Quantität

6. Der Abs. 2 will dafür sorgen, dass die Sachverständigen
bei ihrer Besichtigung und Prüfung sich nicht lediglich an das
ihnen von dem Requirenten gebotene Material halten, sondern dass
auch der Gegenpartei nach Möglichkeit Gelegenheit gegeben wird
für Vervollständigung des Materials in ihrem Interesse zu sorgen,
sowie überhaupt das Verfahren zu kontroliren und „auf Beseitigung etwa vorkommender Mängel und Unregelmässigkeiten bei
Zeiten hinzuwirken". Aus diesem Grunde ist denn auch die Zuziehung der Gegenpartei als „ein wesentliches Erforderniss"
der Besichtigung anzusehen. Wenn das Gesetz dieselbe nur fordert, sofern die Umstände es gestatten, so soll damit eigentlich nur
gesagt werden, dass die Vornahme der Untersuchung nicht von
der Möglichkeit, die Gegenpartei zuzuziehen, abhängig ist, dass daher diese Zuziehung unterbleiben kann, wenn sie aus besonderen
Gründen, namentlich in der vorgeschriebenen kurzen Zeit nicht
zu bewerkstelligen sein sollte. Von diesem Falle abgesehen würde
ohne die gedachte Zuziehung eine Untersuchung im Sinne des
Art. 609 als nicht geschehen zu betrachten sein. (So auch Entsch.
des R.O.H.G. XI S. 245 f., XXI S. 199.)

7. Das Gesetz fordert nur die Zuziehung der am Orte anwesenden Gegenpartei. Daraus ist aber nicht zu folgern,
dass dasselbe auch umgekehrt die Zuziehung dieser allein zulässt.
Vielmehr ist es lediglich in das Ermessen des Gerichts gestellt, ob
es die nicht am Orte anwesende Gegenpartei zuziehen will oder
nicht (vgl. Entsch. des R.O.H.G. XVII S. 181 f.).

Art. 610.

*Ist die Besichtigung vor der Uebernahme nicht geschehen, so
muss der Empfänger binnen acht und vierzig Stunden nach dem
Tage der Uebernahme die nachträgliche Besichtigung der Güter nach
Maassgabe des Art. 609 erwirken, widrigenfalls alle Ansprüche wegen
Beschädigung oder theilweisen Verlustes erlöschen. Es macht keinen
Unterschied, ob Verlust und Beschädigung äusserlich erkennbar waren
oder nicht.*

---

der Ladung ausgeschlossen sei; bestätigt findet durch den Gegensatz
der Art. 609 und 610, indem der Art. 610 für den darin vorgesehenen
Fall die Besichtigung nach Maassgabe des Art. 609 dem Empfänger bei Verlust seiner betreffenden Ansprüche zur Pflicht mache. Jedenfalls aber kann
das R.O.H.G. hiermit eben so wenig, wie durch die in dem Erk. vom 25. Oktober 1873 (Entsch. XI S. 245 f.) sich findende Bemerkung, dass die im Art. 609
vorgeschriebene Untersuchung für die Gegenpartei des Requirenten „präjudizirlich"
sei, die im Text verworfene Ansicht für richtig haben erklären wollen, weil es
sonst von der im Erkenntniss vom 30. Juni 1871 (Entsch. III S. 23) vertheidigten
Ansicht abgewichen sein würde, dies aber in keiner Weise ausgedrückt wird.
Die Argumentation des Erk. vom 22. Juni 1872 hat augenscheinlich Makower,
Kommentar zu Art. 609 Note 82b zu dem Satz veranlasst: „Der Art. 609 schliesst
überhaupt nicht jede andere Beweisführung des Schiffers über Quantität und
Qualität der Ladung aus, wohl aber für den Art. 610 für den Empfänger".

Diese Bestimmung findet keine Anwendung auf solche Verluste und Beschädigungen, welche durch eine bösliche Handlungsweise einer Person der Schiffsbesatzung entstanden sind.

1. Der preussische Entwurf des H.G.B. enthielt (im Art. 499) die Bestimmung:

Uebernimmt der Ladungsempfänger Güter, ohne dass dieselben gerichtlich oder obrigkeitlich besichtigt sind, so ist er aller Ansprüche auf Ersatz etwaiger Beschädigung oder Verminderung verlustig.

Da man jedoch eine derartige Bestimmung als zu weit gehend und für den Empfänger zu nachtheilig und hart bezeichnete, indem es geradezu als unmöglich erschiene, „immer vor oder bei der Empfangnahme zu sehen, ob eine Beschädigung u. s. w. der Waare vorhanden sei", so wurde u. A. unter Hinweis auf die im Handelsverkehr herrschende Ansicht, dass die vorbehaltlose Annahme von Waaren als Genehmigung derselben oder als Verzicht auf Entschädigungsansprüche gelte, der Antrag gestellt, den Untergang der Entschädigungsansprüche noch weiter abhängig zu machen von der vorbehaltslosen Empfangnahme der Güter, und dieser Antrag, wonach sich also — wie auch im französischen Recht (s. S. 314 Note 1) — der Empfänger sein Recht durch eine Vorbehaltserklärung sichern sollte, wurde mit einer einzigen Stimme Majorität zum Beschluss erhoben (Prot. V S. 2304—2311); später genauer dahin präzisirt, „dass der Empfänger speziell die Beschädigung oder Verringerung der Güter bezeichnen müsse, wegen deren ein Vorbehalt gemacht werden solle" (Prot. V S. 2502 f.). Bei der zweiten Lesung wurde aber geltend gemacht, die gedachte Bestimmung werde dahin führen, dass die „Abnahme der Güter nur unter Vorbehalt geschehe", und so die Absicht des Gesetzes vollständig vereitelt würde. In Folge davon wurde die Bestimmung des Art. 610 in der jetzigen Fassung, welche übrigens — freilich nur hinsichtlich der äusserlich nicht erkennbaren Beschädigungen — nach dem Vorbilde des holländischen Rechts ursprünglich auch der preussische Entwurf enthielt, zum Beschluss erhoben; somit also für die Geltendmachung von Entschädigungsansprüchen des Empfängers gegen den Verfrachter, indem der erste Schritt hierzu in dem Auswirken der Besichtigung gefunden wurde, eine ganz kurze „Verjährungsfrist" festgesetzt (Prot. VIII S. 3916—3919, vgl. V S. 2305).

2. Die Vorschrift des Artikels mit dem auf die Unterlassung gesetzten Präjudiz greift nur dann Platz, wenn nicht bereits vor der Uebernahme der Güter die Untersuchung durch Sachverständige stattgefunden hat. Dass der bei dieser Untersuchung beabsichtigte Zweck (s. die Ausführungen zum Art. 609 Nr. 3 S. 315) auch vollständig erreicht wird, ist nicht wesentlich. Bei Aufstellung des Grundsatzes, dass die Besichtigung gemäss Art. 610 nicht zu erfolgen braucht, wenn eine solche

gemäss Art. 609 stattgefunden hat, ging man allerdings von der
Voraussetzung aus, dass bei der letzteren „die amtlich angestellten
Sachverständigen mit der gehörigen Sorgfalt verfahren" sind; trotzdem darf es den Ladungsempfängern (aus den oben S.
317 an-
gegebenen Gründen) „nicht präjudiziren", und demgemäss nicht
eine abermalige Besichtigung innerhalb 48 Stunden verlangt werden, „wenn die Besichtigung nicht in ausreichender Weise geschehen
ist" (Entsch. des R.O.H.G. III S. 22 f.). Wesentlich aber ist es,
dass dieselbe den in den Ausführungen zu Art. 609 N. 4 (S. 316)
aufgestellten Erfordernissen entspricht.

3. Die dem Empfänger noch nach der Uebernahme der Güter
nachgelassene Untersuchung muss innerhalb 48 Stunden erwirkt
werden. Das Gesetzbuch fordert daher „eine solche Thätigkeit,
welche innerhalb der Frist zur Vornahme des für erforderlich er-
achteten Besichtigungsakts" führt, und es genügt eben so wenig,
wenn der Empfänger innerhalb der gedachten Zeit „einen Gerichtsbeschluss" über die „alsbald vorzunehmende" Besichtigung erlangt,
als wenn er nur einen dahin zielenden Antrag stellt (Entsch. des
R.O.H.G. XIV S. 149 f.). Es geht dies aus dem Wortlaut des
Artikels hervor. Derselbe sagt nicht etwa, der Empfänger soll die
Besichtigung beantragen, sondern er soll sie erwirken, d. h.
ihre (wirkliche) Vornahme herbeiführen. Diese Auffassung wird
aber auch durch die oben (unter Nr. 1) gegebene Entstehungs-
geschichte des Artikels bestätigt. Sollte die Salvirung der Geltendmachung von Entschädigungsansprüchen nicht eintreten können
in Folge eines bei der Entgegennahme der Güter gemachten Vorbehaltes des Empfängers, so konnte man dieselbe nicht bewirken
lassen wollen durch einen noch später impetrirten Gerichtsbeschluss
auf Besichtigung der Güter. Nothwendig ist es aber nur, dass ein
Anfang mit der Besichtigung gemacht wird; denn es soll nur bewirkt werden, dass in 48 Stunden besichtigt wird, nicht dass diese
Besichtigung innerhalb dieser Frist auch vollendet wird. Natürlich darf aber keine unnöthige Unterbrechung derselben stattfinden,
und nur wenn in Folge der Sachlage des konkreten Falls, namentlich wegen besonderer Hindernisse die Vollendung in 48 Stunden
nicht möglich sein sollte, würde das Präjudiz des Art. 610 nicht
eintreten.

4. Durch die Beobachtung der Vorschrift des Abs. 1 werden
die Ansprüche des Befrachters gegen den Verfrachter aus dem
Art. 607 gewahrt. Nur ist selbstverständlich, dass wenn bei dieser,
nach der Entgegennahme der Güter stattfindenden Besichtigung
Manko oder Beschädigungen ermittelt werden, der Empfänger
gegen den Schiffer den Beweis zu erbringen hat, dass diese
bereits bei der Löschung vorhanden gewesen (Prot. VIII
S. 3919). Davon abgesehen würde der Empfänger aber nur die
Quantität und die Qualität der abgeladenen Waaren darzuthun
haben, und Sache des Schiffers wäre es, den Verlust durch *vis
maior* zu beweisen (Entsch. des R.O.H.G. XV S. 380).

5. Die Besichtigung erscheint als Voraussetzung für die Geltendmachung von Schadensersatz-Ansprüchen. Sie kann daher nicht dadurch ersetzt werden, dass in dem Prozess über die Entschädigungspflicht des Verfrachters die zur Zeit der Ablieferung des Guts vorhandene Beschädigung, deren Umfang und vom Verfrachter zu vertretende Ursache bewiesen werden. Eben so wenig durch ein nachträgliches darauf gerichtetes Geständniss des Schiffers. In dem Falle freilich würde die Unterlassung der Besichtigung ohne Nachtheil für den Empfänger sein, wenn bei der Ablieferung des Guts über die gedachten Thatsachen nicht nur Einverständniss zwischen Empfänger und Schiffer bestand (was Duhn in Voigts Neuem Archiv für H.R. IV S. 480 bereits für ausreichend hält), sondern auch der Schiffer seine Entschädigungspflicht in dem vom Empfänger behaupteten Umfange anerkannt hatte; denn nur in diesem Fall kann der Schiffer von den bevorstehenden Entschädigungsansprüchen als unterrichtet gelten, und kann in der Uebernahme des Guts nicht die Genehmigung seines Zustandes und ein Verzicht auf Schadensersatz Seitens des Destinatärs gefunden werden (Entsch. des R.O.H.G. XXI S. 199 f.).

6. Der Abs. 2 lässt, indem er eine Ausnahme von der Regel des Abs. 1 statuirt, die Haftung des Verfrachters bestehen für die Verluste und Beschädigungen, welche durch eine bösliche Handlungsweise einer Person der Besatzung entstanden sind. Unter böslicher Handlungsweise ist (hier, wie in den Art. 396, 427) nicht nur die Handlungsweise zu verstehen, welche die Beschädigung des Empfängers bezweckt, sondern auch die, bei welcher der Handelnde wusste, dass sie Verlust oder Beschädigung nothwendiger oder doch möglicher Weise zur Folge haben würde, und doch davon nicht abstand, ohne dass diese Handlungsweise durch die Umstände des konkreten Falls gerechtfertigt wurde [1] (Thöl, H.R. III S. 48 f.; Hahn, Kommentar zu Art. 396 § 12, II S. 616). Die Beweislast trifft den Empfänger, und zwar hat dieser ausser der Thatsache der Beschädigung oder des Verlustes nicht nur nachzuweisen, dass eine Person der Besatzung sich eine Handlungsweise hat zu Schulden kommen lassen, die als bösliche zu qualifiziren ist, sondern auch, dass diese Handlungsweise die Ursache der in Rede stehenden Verluste oder Beschädigungen gewesen ist (Entsch. des R.O.H.G. XIV S. 297 f., XV S. 380).

7. Die Nichtbeachtung der Vorschriften des Art. 610 hat zur Folge den Untergang aller Ansprüche wegen Beschädigung und theilweisen Verlustes. Der Artikel berührt also nicht die Ansprüche wegen eines Totalverlustes; wie denn im Falle

---

[1] Ist der Verfrachter zu der betreffenden Handlungsweise dem Befrachter gegenüber in Folge eines mit diesem getroffenen Uebereinkommens berechtigt, so benimmt dieser Umstand allein derselben ihren böslichen Charakter noch nicht dem dadurch benachtheiligten Empfänger gegenüber, an den die Güter auf Grund eines Konnossements abzuliefern sind, in welchem die fr. Berechtigung des Verfrachters nicht anerkannt ist. S. Entsch. des R.G. Ziv. S. I S. 38 f.

eines solchen von der Uebernahme des Gutes nicht die Rede sein,
demgemäss die Erwägung, dass vorbehaltlose Uebernahme der
Waare als Genehmigung anzusehen, nicht Platz greifen könnte,
auch die Anordnung einer Besichtigung durch eine Behörde oder
durch Sachverständige keinen Sinn haben würde. Aus eben diesem
Grunde findet Art. 610 keine Anwendung auf den Fall, wo
mehrere für denselben Empfänger bestimmte Kolli zwar in einem
Konnossement, aber nach Inhalt und Marke gesondert aufgeführt
sind, und nach der Löschung das Fehlen von einem derselben ermittelt wird. Hier liegt nämlich eine Stückgüterladung vor, wobei
jedes Kollo als ein selbständiges Ganze anzusehen ist[1]). Das
Fehlen eines solchen Kollo begründet daher keinen „Manko“, sondern einen „Totalverlust“ (Entsch. des R.O.H.G. XI S. 35 f., XV
S. 142 f.).

8. Für Bremen ist der Art. 610 modifizirt durch die Bestimmung der Verordn. vom 12. Febr. 1866 § 6:

*Verlust und Beschädigung der Güter, welche bei der Empfang-
nahme aus einem Seeschiffe äusserlich erkennbar waren, können
später nur geltend gemacht werden, wenn von deren Vorhandensein
dem Schiffer oder seinem Stellvertreter bei der Empfangnahme schriftlich oder sonst in genügender Weise Anzeige gemacht worden ist.*

9. Für Hamburg kommt zu Art. 609 und 610 noch in Betracht der durch § 4 des Bundesges. vom 5. Juni 1869 als Landesgesetz ausdrücklich anerkannte § 50 des hamburgischen Einführungsgesetzes:

*Der § 9 der Verordnung für Schiffer und Schiffsvolk vom
27. März 1786 ist aufgehoben. Dagegen kommen die §§ 8, 11, 12
und 13 dieser Verordnung für die rechtliche Beurtheilung des Verhältnisses zwischen dem Schiffer, dem Leichterschiffer, dem Everführer und dem Empfänger auch ferner zur Anwendung, falls die
Güter in Schuten oder sonst in Wasser gelöscht werden.*

Nach den §§ 11 und 12 dieser Verordnung wird nun bei
Ueberladung der Güter in Leichterschiffe und Ever der Schiffer
durch die vorbehaltlose Quittung des Leichterschiffers und des
Everführers gegen alle künftigen Ansprüche gesichert; und in die
Verbindlichkeiten desselben treten der Leichterschiffer resp. Everführer ein. Der Leichterschiffer soll beschädigte Waaren nicht annehmen; thut er dies im Nothfall, so ertheilt er keine Quittung,
sondern der Schiffer, welcher alsdann bis zur Entlöschung der
Güter aus dem Leichterschiffe verantwortlich bleibt, soll demselben
einen oder zwei Matrosen mitgeben; der Everführer hat die Beschädigung der Waaren auf der Quittung „specifice“ zu vermerken.

---

1) In Wahrheit sind hier auch verschiedene Konnossemente anzunehmen,
die in einer Urkunde zusammengefasst sind.

Art. 611.

Die Kosten der Besichtigung hat derjenige zu tragen, welcher dieselbe beantragt hat.

Ist jedoch die Besichtigung von dem Empfänger beantragt, und wird ein Verlust oder eine Beschädigung ermittelt, wofür der Verfrachter Ersatz leisten muss, so fallen die Kosten dem letzteren zur Last.

Der preussische Entwurf Art. 498 Abs. 2 hatte die Bestimmung getroffen:

Die Kosten fallen demjenigen zur Last, welcher den Schaden zu tragen oder zu erstatten hat, oder wenn keine Beschädigung gefunden wird, dem, welcher die Besichtigung veranlasst hat.

Bei dieser Bestimmung fand man es nun in erster Lesung unbillig, dass der Befrachter die Kosten zu tragen hätte, wenn der Schiffer die Besichtigung beantragt hatte und nachzuweisen im Stande war, dass die eingetretene Beschädigung von *vis maior* herrührte. Es erfolgte daher die Streichung des Satzes, allerdings bei Stimmengleichheit lediglich in Folge des dem Präsidenten zustehenden Stichentscheides (Prot. V S. 2303, vgl. VIII S. 3988).

Nachdem aber beschlossen war, dass der Verfrachter, welcher aus dem Rezeptum Ersatz leisten müsste, nur den Werth der verloren gegangenen resp. den Minderwerth der beschädigten Waaren zu vergüten hätte (Art. 612, 614), hielt man es für nöthig, bestimmte Normen über die Verpflichtung zum Tragen der Kosten des Besichtigungsverfahrens aufzustellen, und man schrieb vor: die Kosten der Besichtigung trägt der, welcher dieselbe beantragt hat, mag sich keine Beschädigung oder mag sich eine solche herausgestellt haben, mit Ausnahme des Falls, wo eine Beschädigung ermittelt ist, für welche der Empfänger Entschädigung beanspruchen kann. Alsdann darf dieser auch Ersatz der Kosten der von ihm beantragten Besichtigung verlangen. Hierbei wurde als selbstverständlich vorausgesetzt, dass durch diese Bestimmung „Einwendungen aus dem allgemeinen Gesichtspunkte des *dolus* nicht ausgeschlossen würden, dass z. B. dem Verfrachter die Kosten des Besichtigungsverfahrens, ungeachtet des Vorhandenseins einer von ihm zu vertretenden Beschädigung nicht aufgebürdet werden dürften, wenn er sich sofort zum Ersatze des Schadens bereit erklärt, der Empfänger aber dennoch die Besichtigung veranlasst hätte" (Prot. VIII S. 3987—3989).

Art. 612.

Wenn auf Grund des Art. 607 für den Verlust von Gütern Ersatz geleistet werden muss, so ist nur der Werth der verlorenen Güter zu vergüten. Dieser Werth wird durch den Marktpreis

bestimmt, welchen Güter derselben Art und Beschaffenheit am Be-
stimmungsorte der verlorenen Güter bei Beginn der Löschung des
Schiffs oder, wenn eine Entlöschung des Schiffs an diesem Orte nicht
erfolgt, bei seiner Ankunft daselbst haben.

In Ermangelung eines Marktpreises, oder falls über denselben
oder über dessen Anwendung, insbesondere mit Rücksicht auf die
Qualität der Güter, Zweifel bestehen, wird der Preis durch Sachver-
ständige ermittelt.

Von dem Preise kommt in Abzug, was an Fracht, Zöllen und
Unkosten in Folge des Verlustes der Güter erspart wird.

Wird der Bestimmungsort der Güter nicht erreicht, so tritt an
Stelle des Bestimmungsortes der Ort, wo die Reise endet, oder, wenn
die Reise durch Verlust des Schiffs endet, der Ort, wohin die Ladung
in Sicherheit gebracht ist.

1. Die Grundsätze des Rezeptums sind nicht aus dem Wesen
der dabei in Betracht kommenden Rechtsverhältnisse geflossen,
sondern gehören dem anomalen Rechte an, sie beruhen auf Nütz-
lichkeitsrücksichten, indem ohne dieselben die Sicherheit des Verkehrs sehr beeinträchtigt werden würde[1]). Mit Rücksicht hierauf
fand man es nicht billig, den Verfrachter in den Fällen für das
volle Interesse des Befrachters haften zu lassen, wo seine Verhaftung überhaupt nur eine Folge der strengen Grundsätze des Rezeptums ist; und so wurde bestimmt, dass derselbe n u r den Werth
der Waaren zu ersetzen schuldig sei (Prot. V S. 2313 f.).

2. Die Bestimmung des Artikels findet allein Anwendung,
wenn lediglich auf G r u n d d e s A r t. 607 für den Verlust von
Gütern Ersatz geleistet werden soll, der Anspruch auf Ersatz sich
lediglich auf das Rezeptum stützt. (Vgl. Entsch. des R.O.H.G. XX
S. 52 f.; Entsch. des R.G. Ziv.S. I S. 40.) In allen Fällen, wo
ein Ersatzanspruch geltend gemacht wird wegen eines dolosen oder
culposen Verhaltens einer Person der Schiffsbesatzung in Ausführung ihrer Dienstverrichtungen, wegen Seeuntüchtigkeit des Schiffs,
wegen Verletzung der dem Rheder bei Ausführung von Fracht-
geschäften obliegenden Sorgfalt oder wegen *dolus* ebendesselben
kann die Klage auf das volle Interesse gerichtet werden. Aber
in diesen Fällen wird sie nicht auf den Art. 607 gegründet, sondern je nach Verschiedenheit der Veranlassung der Klage auf
Art. 451, 478, 560, 282 oder die Bestimmungen des bürgerlichen
Rechts.

3. Hinsichtlich der Ermittelung des W e r t h e s d e r W a a r e n
bestand früher eine Meinungsverschiedenheit darüber, ob der Preis
der Faktura oder der am Bestimmungsorte geltende maassgebend
wäre. Die hamburger Konferenz entschied sich, indem sie dem

---

1) Diesen Standpunkt nehmen bereits die Römer ein, wie denn U l p i a n in
L. 1 pr. Nautae, caup. (4, 9) sagt: — *maxima utilitas est huius edicti, quia*
necesse est plerumque eorum fidem sequi et res custodiae eorum committere.

preussischen Entwurf folgte, für die letztere Ansicht mit Rücksicht darauf, dass dieselbe die grösste Verbreitung hätte, sowie darauf, „dass der Empfänger in der Regel durch Bezahlung des am Löschungsorte bestehenden Marktpreises vollständig entschädigt sei, indem er die fehlende Waare dort meistens sofort um diesen Preis wieder anschaffen könne". Als Preis gilt nun zunächst der Marktpreis, vorausgesetzt, dass ein solcher sich mit Sicherheit feststellen lässt. Dazu ist es nicht erforderlich, dass derselbe durch „öffentliche autorisirte Preisnotirungen" dokumentirt wird; auch sind, wo solche existiren, diese nicht allein für die Höhe maassgebend, sondern es sind sowohl hinsichtlich der Existenz, als der Höhe des Marktpreises „auch anderweitige Nachweise" (wie z. B. eine Reihe von Kaufgeschäften) in Betracht zu ziehen. Ueberall, wo ein Marktpreis entweder gar nicht existirt oder sich nicht mit Sicherheit ermitteln lässt, wird der Preis der Waaren durch Sachverständige festgesetzt, aber stets — wie aus dem Abs. 1 in die Bestimmung des Abs. 2 herüberzunehmen ist — der Preis, welcher durchschnittlich für Waaren der in Rede stehenden Art an dem Bestimmungsorte der Güter zur Zeit des Beginns der Löschung resp. der Ankunft des Schiffs daselbst gezahlt wird, d. h. der durchschnittliche Kaufpreis, der gemeine Werth (Prot. V S. 2314 bis 2318).

4. Von dem Marktpreise oder dem durch Sachverständige zu ermittelnden gemeinen Werth lässt der Artikel F r a c h t, Z ö l l e u n d U n k o s t e n, welche in Folge des Verlustes der Güter erspart werden, in A b z u g b r i n g e n, weil in dem Marktpreise und dem Verkaufspreise auch diese Unkosten enthalten sind, und um den Betrag eben dieser der Markt- oder Verkaufspreis der Güter den Sachwerth derselben übersteigt. Der preussische Entwurf liess zwar Zölle und Verkaufsunkosten, nicht aber die Fracht in Abzug bringen, gab jedoch dafür dem Verfrachter (im Art. 505) einen Anspruch auf die Fracht „für verlorene Güter, für welche der Schiffer Entschädigung leisten muss". Es wurde indess dieser Satz gestrichen und dafür bestimmt, dass die Fracht gleichfalls von dem Marktpreise und dem gemeinen Werthe der Güter bei der Entschädigungsleistung in Abzug zu bringen, weil man annahm, dass dem Verfrachter „kein selbständiges Forderungsrecht, sondern nur ein Recht des Abzugs zugestanden werden" dürfe, indem derselbe sonst „bei wörtlicher Auslegung der Vorschrift" (scil. im zit. Art. 505) das Recht erlangen würde, „die Bezahlung der Differenz zu begehren, wenn der Werth verlorener Frachtgüter in Folge einer Aenderung der Konjunktur und dgl. am Löschungsorte geringer gewesen sein würde, als die Fracht" (Prot. V S. 2321).

Art. 613.

Die Bestimmungen des Art. 612 finden auch auf diejenigen Güter Anwendung, für welche der Rheder nach Art. 510 Ersatz leisten muss.

Uebersteigt im Falle der Verfügung über die Güter durch Verkauf der Reinerlös derselben den im Art. 612 bezeichneten Preis, so tritt an Stelle des letzteren der Reinerlös.

Art. 614.

Muss für Beschädigung der Güter auf Grund des Art. 607 Ersatz geleistet werden, so ist nur die durch die Beschädigung verursachte Werthsverminderung der Güter zu vergüten. Diese Werthsverminderung wird bestimmt durch den Unterschied zwischen dem durch Sachverständige zu ermittelnden Verkaufswerth, welchen die Güter im beschädigten Zustande haben, und dem im Art. 612 bezeichneten Preise nach Abzug der Zölle und Unkosten, soweit sie in Folge der Beschädigung erspart sind.

Art. 615.

Durch Annahme der Güter wird der Empfänger verpflichtet, nach Maassgabe des Frachtvertrages oder des Konnossements, auf deren Grund die Empfangnahme geschieht, die Fracht nebst allen Nebengebühren, sowie das etwaige Liegegeld zu bezahlen, die ausgelegten Zölle und übrigen Auslagen zu erstatten und die ihm sonst obliegenden Verpflichtungen zu erfüllen.

Der Verfrachter hat die Güter gegen Zahlung der Fracht und gegen Erfüllung der übrigen Verpflichtungen des Empfängers auszuliefern.

1. An sich ist der Destinatär zur Zahlung der Fracht u. s. w. nicht verpflichtet; durch Annahme der Ladung wird ohne Weiteres gegen ihn die auf dem Frachtvertrage oder dem Konnossement beruhende Frachtforderung des Verfrachters begründet. Nimmt nämlich der Empfänger die Güter auf Grund des Frachtvertrages oder des Konnossements an, so erkennt er den einen resp. das andere für sich als maassgebend an, auch soweit daraus Verbindlichkeiten für ihn hervorgehen [1]) (Prot. V S. 2325 f., VIII S. 4459 f.). Die Frage, ob, wenn der Empfänger die Annahme der Ladung verweigert, eine auf die Annahme und Zahlung der Fracht gerichtete Klage zulässig sei, ist nicht allgemein zu beantworten. Es ist vielmehr zu unterscheiden, ob der Empfänger bereits zu

---

1) Die französischen Juristen finden in der Ueberlieferung der Güter an den Destinatär und Annahme derselben von Seiten des letzteren die stillschweigende Begründung einer *convention nouvelle do ut des, par suite de laquelle le consignataire se trouve directement tenu:* Laurin bei Cresp II, S. 164; Desjardins III S. 648.

dem Verfrachter durch eine ausdrückliche Erklärung oder durch konkludente Handlungen (z. B. Auslieferung der Konnossemente) in ein direktes Kontraktsverhältniss getreten ist oder nicht. Im ersteren Falle steht dem Schiffer ein Klagerecht zu, im letzteren nicht, wenn derselbe nicht etwa als Mandatar oder *negotiorum gestor* des Befrachters ein diesem gegen den Destinatür zustehendes Klagerecht geltend machen kann. (Prot. V S. 2323 f.; Entsch. des O.A.G. zu Lübeck vom 29. April 1867 in Kierulffs Samml. III S. 318, 322 f.)

2. Die Fracht ist zunächst auf Grund des Konnossements zu zahlen, auf Grund des Frachtvertrages nur, soweit die Bestimmungen desselben in das Konnossement aufgenommen sind (Art. 653), und wenn überhaupt ein Konnossement nicht gezeichnet ist.

3. Der Fracht, zu deren Zahlung sich der Empfänger durch Annahme der Güter verpflichtet, stellt das Gesetzbuch gleich — ausser den Nebengebühren (wie Primage, Kaplaken) — das Liegegeld. Diese Verbindlichkeit des Destinatärs besteht nun ohne Weiteres hinsichtlich des bei der Löschung entstandenen Liegegeldes. Und zwar haften mehrere Destinatäre solidarisch für dasselbe, soweit jeder von ihnen Ueberliegezeit in Anspruch genommen hat, also für das gesammte Liegegeld, wenn sie gleichzeitig mit der Löschung fertig geworden sind. Das Liegegeld ist nämlich zu zahlen für den Gebrauch der Ueberliegezeit, kann daher von jedem gefordert werden, der davon Gebrauch gemacht hat; selbstverständlich kann es aber nur ein Mal gefordert werden. (Entsch. des R.O.H.G. XV S. 224 f.) Da aber dasselbe nur für den Gebrauch der Ueberliegezeit zu zahlen ist, so haftet Niemand dafür hinsichtlich der Ueberliegezeit, welche der andere Destinatür gebraucht hat [1]). In Betreff des bei der Einnahme der Ladung entstandenen muss man unterscheiden, ob der Schiffer ein Konnossement gezeichnet hat oder nicht, und im ersteren Falle, ob er ein „reines Konnossement" gezeichnet hat oder in diesem ausdrücklich den Vorbehalt wegen Zahlung des von der Abladung rückständigen Liegegeldes (z. B. durch Hinweis auf eine darauf bezügliche Bestimmung der Chartepartie) gemacht hat. Im letzteren Falle ist der Verfrachter berechtigt, dieses vom Empfänger zu fordern (Entsch. des R.O.H.G. XV S. 222 f.), im ersteren dagegen ist derselbe verpflichtet, die Ladung gegen Zahlung der Fracht allein, wie diese ihm das Konnossement zuspricht, auszuliefern. (Vgl. Entsch. des R.O.H.G. V S. 132 f.) In dem Falle, wo gar kein Konnossement ausgestellt ist, wo von Hause aus eine Verbindlichkeit des Schiffers dem Destinatär gegenüber, an diesen die Ladung abzuliefern, überhaupt nicht besteht, der Schiffer also die Ablieferung an bestimmte Be-

---

1) In England hat nach der herrschenden Ansicht von mehreren Destinatären jeder auch für die Ueberliegezeit einzustehen, deren Inanspruchnahme durch einen anderen verursacht war. Doch war Lord Tenterden (Abbott) entgegengesetzter Ansicht. S. Maclachlan S. 531 f.

dingungen knüpfen kann, kommt es ganz auf die in dieser Hinsicht zwischen dem Schiffer und dem Empfänger geschlossene Uebereinkunft an. Daraus folgt aber noch nicht etwa, dass es eines besonderen Vorbehaltes in Betreff des rückständigen Liegegeldes bedürfte. Vielmehr würde der Anspruch auf dieses stets begründet sein, wenn nur aus der Uebereinkunft erhellte, dass der Anspruch auf das Liegegeld mit zu den Forderungen gerechnet wurde, gegen deren Berichtigung allein die Auslieferung der Ladung erfolgen sollte. Der Schiffer selbst würde sich persönlich verantwortlich machen, wenn er sich zur Auslieferung der Waaren verpflichtete, ohne sich Befriedigung wegen aller seiner Forderungen aus dem Frachtvertrage auszubedingen. Dasselbe ist hinsichtlich des Anspruchs auf F a u t f r a c h t zu sagen (Prot. V S. 2357—2359).

4. Unter den A u s l a g e n des Verfrachters, zu deren Ersatz der Destinatär verpflichtet ist, sind besonders Vorschüsse und Nachnahmen zu verstehen (Prot. VIII S. 3925).

5. Was der Artikel unter den dem Empfänger, abgesehen von der Verbindlichkeit zur Zahlung der Fracht und deren Akzidenzien, des Liegegeldes, der ausgelegten Zölle und sonstigen Auslagen, noch obliegenden V e r p f l i c h t u n g e n versteht, ist im Art. 616 angegeben.

6. Abs. 2 bestimmt, ebenso wie das ältere Recht (Consulado del mare c. 38 i. f. — P a r d e s s u s, Collection II S. 83 —; Wisbysches Seerecht Art. 58 — P a r d e s s u s I S. 499 —), dass die beiderseitigen Verpflichtungen des Verfrachters und des Destinatärs Z u g u m Z u g zu geschehen haben [1]), also weder der Verfrachter mit der Ablieferung der Ladung, noch der Empfänger mit der Zahlung der Fracht voranzugehen schuldig ist (Prot. V S. 2323, VIII S. 4460). Dies ist aber nicht so aufzufassen, als ob der Schiffer vor der Zahlung sich zu keiner Handlung zu verstehen brauchte, welche sich auf die Ablieferung der Ladung bezieht. Vielmehr ist es selbstverständlich, dass er „die Lage zu brechen“, d. h. die Güter aus der Lage zu nehmen und „den Empfänger in den Stand zu setzen“ hat, die Waare zu untersuchen und zu prüfen, ob er dieselbe ohne Vorbehalt und ohne vorherige Besichtigung durch die dazu berufenen Personen empfangen könne oder nicht (Prot. V S. 2324, VIII S. 3925). Ist

---

1) In E n g l a n d ist es allgemein anerkannt, that the master may detain any part of the merchandise for the freight of all that is received on board under one contract, and consigned to the same person (M a c l a c h l a n S. 434). Ebenso giebt das n o r w e g i s c h e Seegesetz (§ 68) dem Kapitän das Recht, eine genügende Quantität Waaren bis zur Zahlung oder Sicherstellung der Frachtforderung und der sonstigen Ansprüche zurückzuhalten. Dagegen bestimmt der Code de comm. Art. 306: Le capitaine ne peut retenir les marchandises dans son navire faute de payement de son fret. Il peut, dans le temps de la décharge, demander le dépôt en mains tierces jusqu'au payement de son fret. Ebenso das h o l l ä n d. H.G.B. (Art. 487); das p o r t u g. H.G.B. (Art. 1532); das s p a n i s c h e H.G.B. (Art. 794); der b e l g i s c h e Code de comm. II Art. 79; das f i n n l ä n d i s c h e Seegesetz Art. 113 Abs. 2.

ein fernßres Verbleiben der Ladung im Schiffe derselben gefährlich, so muss der Schiffer die Löschung vornehmen (Prot. V S. 2356).
Glaubt er die Waaren nicht mit Sicherheit an den Destinatär abliefern zu können, so hat er dieselben zu deponiren. Das Nähere
hierüber bestimmt das bürgerliche Recht.

7. Für den Fall, dass über die Art und Weise, wie Zug um
Zug erfüllt werden soll, Streit unter den Parteien entsteht,
haben einige Landesgesetze besondere Bestimmungen getroffen.
Das hannöversche Einführungsgesetz § 37:

*Die Bestimmungen des § 29 Abs. 1 und 3 dieses Gesetzes kom-
men zur Anwendung, wenn Verfrachter und Empfänger sich über
die Art und Weise, wie Zug um Zug zu erfüllen sei, nicht einigen
können.*

Und dieser § 29 lautet in dem allein hierher gehörigen [1])
Abs. 1:

*Können der Frachtführer und der Empfänger über die Art und
Weise, wie Zug um Zug zu erfüllen sei, sich nicht einigen, so ist
der Frachtführer zur Auslieferung verpflichtet, sobald der Empfänger
den von ihm nach dem Frachtbriefe zu entrichtenden Betrag bei Gericht oder einer andern zur Annahme von Depositen ermächtigten
Behörde oder Anstalt deponirt hat.*

Das hamburgische Einführungsgesetz § 51:

*Können Frachtführer und Empfänger oder Verfrachter und
Empfänger über die Art und Weise, wie Zug um Zug zu erfüllen
sei, sich nicht einigen, so ist der Frachtführer sowie der Verfrachter
zur Auslieferung der Frachtgüter verpflichtet, sobald der Empfänger
die Fracht und was dem anhängig bei Gericht deponirt hat.*

*Nach Ablieferung der Güter ist der Frachtführer oder der Ver-
frachter zur Erhebung der deponirten Summe eventuell gegen angemessene Sicherheitsleistung berechtigt.*

Die mecklenburg-schwerinische Einführungsverordn.
§ 70:

*Können Verfrachter und Empfänger sich über die Art und
Weise, wie Zug um Zug zu erfüllen sei, nicht einigen — vgl. Art.
615, Abs. 2 des Handelsgesetzbuchs —, so treten die Bestimmungen
des § 40, Abs. 1 und 3 dieser Verordnung ein.*

Und dieser § 40 ist gleichlautend mit § 29 des hannöverschen
Einführungsgesetzes.

Das oldenburgische Einführungsgesetz § 31 und § 25
(auf welchen der erstere verweist) stimmt mit § 37 und § 29 des
hannöverschen Einführungsgesetzes überein.

Das bremische Gesetz über die Löschung der Seeschiffe
vom 12. Februar 1866 in der Fassung vom 20. November 1879
§ 2:

---

1) Abs. 3 bezieht sich auf den Fall des Art. 625 H.G.B. und stimmt mit
dem Abs. 2 dieses Artikels überein.

— *Der Schiffer ist verpflichtet, das Frachtgut am Löschplatze auszuliefern, ohne vorab die Zahlung der Fracht oder die Erfüllung der übrigen Obliegenheiten des Empfängers beanspruchen zu können. Er ist jedoch berechtigt, die Auslieferung des Frachtgutes so lange zurückzuhalten, bis ihm durch eine ihm auszuhändigende Bescheinigung einer hiesigen Bankanstalt nachgewiesen ist, dass die Fracht sowie das ihm oder dem Verfrachter nach dem Frachtvertrage oder dem Konnossemente ausserdem Gebührende u. s. w. für ihn hinterlegt sei.*

Welche Bankanstalten zur Annahme dieser Hinterlegungen ermächtigt sind, bestimmt die Handelskammer. Sie bringt dieselben am Anfange eines jeden Kalenderjahres zur öffentlichen Kunde.

Dazu das bremische Einführungsgesetz zum H.G.B. § 36 Abs. 2, im Wesentlichen gleichlautend mit § 51 Abs. 2 des hamburgischen Einführungsgesetzes.

Art. 616.

Der Verfrachter ist nicht verpflichtet, die Güter früher auszuliefern, als bis die auf denselben haftenden Beiträge zur grossen Havarei, Bergungs- und Hülfskosten und Bodmereigelder bezahlt oder sichergestellt sind.

Ist die Verbodmung für Rechnung des Rheders geschehen, so gilt die vorstehende Bestimmung unbeschadet der Verpflichtung des Verfrachters, für die Befreiung der Güter von der Bodmereischuld noch vor der Auslieferung zu sorgen.

1. Zu Abs. 1 sind zu vergleichen die Art. 695, 733, 754, welche zeigen, dass der Schiffer vor erfolgter Zahlung oder Sicherstellung auch nicht berechtigt ist, die Güter auszuliefern. Für diese Beträge kommt das Konnossement nicht weiter in Betracht. Wenn sich in demselben der Passus: „die Havarie wird nach Seegebrauch festgesetzt" oder Aehnliches findet, so ist dies irrelevant.

2. Wenn die Verbodmung für Rechnung des Rheders geschehen, so ist dieser verpflichtet, für sofortige Befreiung der Güter von der Bodmereischuld zu sorgen, weil eine derartige Verbodmung als ein für Rechnung des Rheders eingegangenes Kreditgeschäft angesehen wird (Art. 510), der Destinatär daher eine Verzögerung der Abladung von Seiten des Verfrachters sich nicht gefallen zu lassen braucht. So lange jedoch der Verfrachter dieser seiner Verbindlichkeit nicht nachgekommen ist, darf der Schiffer unter dem im Art. 695 aufgestellten Präjudiz die Güter nicht ausantworten.

Art. 617.

Der Verfrachter ist nicht verpflichtet, die Güter, mögen sie verdorben oder beschädigt sein oder nicht, für die Fracht an Zahlungsstatt anzunehmen.

Sind jedoch Behältnisse, welche mit flüssigen Waaren angefüllt waren, während der Reise ganz oder zum grösseren Theil ausgelaufen, so können dieselben dem Verfrachter für die Fracht und seine übrigen Forderungen (Art. 615) an Zahlungsstatt überlassen werden.

Durch die Vereinbarung, dass der Verfrachter nicht für Leckage hafte, oder durch die Klausel: „frei von Leckage", wird dieses Recht nicht ausgeschlossen. Dieses Recht erlischt, sobald die Behältnisse in den Gewahrsam des Abnehmers gelangt sind.

Ist die Fracht in Bausch und Bogen bedungen, und sind nur einige Behältnisse ganz oder zum grösseren Theile ausgelaufen, so können dieselben für einen verhältnissmässigen Theil der Fracht und der übrigen Forderungen des Verfrachters an Zahlungsstatt überlassen werden.

1. Im Gegensatz zu einer in der früheren Zeit vielfach zum Durchbruch gekommenen entgegengesetzten Auffassung hat das H.G.B. die ausdrückliche Bestimmung getroffen, dass dem Verfrachter wider seinen Willen für seine Forderungen nicht Frachtgüter an Zahlungsstatt gegeben werden dürfen [1]. Und zwar gilt dies auch hinsichtlich der unbeschädigten Güter. Man glaubte dies besonders hervorheben zu müssen, weil die Annahme von solchen dem Schiffer „bei bedeutenden Aenderungen der Konjunktur" möglicher Weise zugemuthet werden könnte (Prot. V S. 2326 ff.).

2. Eine Ausnahme von dieser Regel statuirt das Gesetzbuch mit Rücksicht auf eine allgemein geltende, auch in den meisten anderen Rechten [2] zum Ausdruck gelangte Rechtssitte hinsichtlich der mit Flüssigkeiten gefüllten Behältnisse, bei denen ein Verlust durch Leckage stattgefunden hat. Der Grund hierfür ist in dem Bestreben zu suchen, den Schiffer gegenüber dem Umstand, dass solche Güter in höherem Maasse als andere Veruntreuungen durch die Mannschaft ausgesetzt sind, und dass als die Ursache selbst einer bedeutenderen Leckage *vis maior* vermittelst der Verklarung (z. B. durch die Angabe, das Schiff habe auf der Reise schwer gearbeitet) dargethan werden kann, zu einer besonderen Umsicht und Achtsamkeit zu veranlassen [3]. Daher trifft das Gesetzbuch seine Bestimmung nicht hinsichtlich jeder Leckage, sondern nur hinsichtlich einer erheblichen. Wann eine solche anzunehmen, wollte der preussische Entwurf (Art. 503) im konkreten

---

1) Ebenso auch manche fremde Rechte; so der franz. *Code de comm.* Art. 310 Abs. 1; belg. *Code de comm.* II Art. 77 Abs. 1; holländ. H.G.B. Art. 497 Abs. 1; span. H.G.B. Art. 790.

2) Manche der fremden Rechte stimmen hinsichtlich des Rechts des Abandons vollständig mit dem D.H.G.B. überein, so das norweg. Seegesetz § 67; finnländ. Seegesetz Art. 107; das spanische H.G.B. Art. 790. Andere dagegen lassen den Abandon nur dann zu, wenn die Behältnisse gänzlich oder beinah ausgelaufen sind, so der franz. *Code de comm.* Art. 310 Abs. 2; der belg. *Code de comm.* II Art. 77 Abs. 2; das holländ. H.G.B. Art. 497 Abs. 2. Im englischen Recht ist ein solches Abandonrecht überhaupt nicht anerkannt: Abbott S. 363—368; Maclachlan S. 470—474.

3) Hierdurch widerlegt sich der Vorwurf der Inkongruenz, den Courcy, questions I S. 166 f. dagegen erhebt, dass die Gesetzgebung bei Flüssigkeiten ein Recht des Abandons wegen Leckage anerkennt, bei anderen Gütern wegen Verschlechterung nicht.

Falle dem richterlichen Ermessen anheimstellen und hatte demgemäss gefordert, dass die Fässer „ganz oder zum grossen Theile"
ausgelaufen wären. Auf der hamburger Konferenz fand man aber
diese Bestimmung zu schwankend und unsicher und setzte statt
„zum grossen Theil" die Worte „zum grösseren Theil", wonach
also mehr als die Hälfte des Inhaltes des Gefässes geleert sein
muss (Prot. V S. 2327 ff.).

3. Liegt eine solche Leckage vor, so können die Güter dem
Verfrachter für die Fracht und seine übrigen Forderungen über-
lassen werden. Dieses Recht des Abandons steht einmal dem
Destinatär zu; und wenn derselbe davon Gebrauch macht, so hat
der Verfrachter nicht die Befugniss, sich wegen der Frachtzahlung
an den Befrachter zu halten, weil die Sache so aufgefasst wird,
als ob der Destinatär die Waare erhalten hätte. Das gleiche
Recht des Abandons steht aber auch dem Befrachter zu, wenn der
Empfänger aus einem anderen Grunde als dem der Leckage die
Annahme verweigert, und nun der Befrachter auf Zahlung der
Fracht in Anspruch genommen wird. Das Gesetz sagt nämlich
ganz allgemein, dass der Verfrachter sich die Hingabe der Waaren
an Zahlungsstatt gefallen lassen muss, ohne zu präzisiren, welche
Person demselben gegenüber hierzu befugt sei (Prot. V S. 2327 f.).
Die Abandonerklärung muss eine ausdrückliche sein. Der Abandon
ist nicht schon in der Zurückweisung der Annahme der Güter zu
finden, sondern es muss die Erklärung des Destinatärs resp. des
Befrachters hinzukommen, dass er die Güter dem Verfrachter für
die Fracht überlasse (Entsch. des O.A.G. zu Lübeck vom 29. April
1867 in Kierulffs Samml. III S. 322).

4. Eine Leckage wird nicht nur bei Fässern, wie der preussische Entwurf wollte, angenommen, sondern überhaupt bei allen
Behältnissen, die zum Versenden von Flüssigkeiten gebraucht
werden, nicht aber bei Flaschen und anderen Gefässen, die wieder
in Kisten oder anderen Behältnissen verpackt sind. Gegenstände
der letzteren Art fallen nicht unter die Bestimmung des Artikels,
weil man die Kiste, welche gefüllte Flaschen enthält, nicht als ein
mit Flüssigkeiten oder flüssigen Waaren gefülltes Behältniss bezeichnen kann, und die einzelnen Flaschen nicht den Gegenstand
des Transportes bilden (Prot. V S. 2329, VIII S. 3927).

5. Das Recht des Abandons kann nicht nur hinsichtlich der
ganzen Ladung, sondern auch hinsichtlich einzelner Gefässe
ausgeübt werden [1]). Und zwar gilt dies nicht blos dann, wenn die
Fracht nach den einzelnen Stücken, sondern auch, wenn sie in
Bausch und Bogen für das ganze Schiff berechnet ist, und selbst
in dem Falle, wo die Ladung aus verschiedenen Gegenständen,
der Leckage unterworfenen und nicht unterworfenen, zusammengesetzt ist. Es muss in diesem Falle eine Repartition der Fracht

---

[1]) Dies wurde schon von Pothier als ein allgemeiner Gebrauch bezeichnet;
vgl. Desjardins III S. 673 f.

auf die einzelnen Frachtstücke durch ein sachverständiges Verfahren, ähnlich dem bei Havariefällen, stattfinden (Prot. V S. 2331).

6. Das Recht des Abandons hört auf nicht erst, wenn eine juristische Empfangnahme der Güter stattgefunden hat, sondern sobald dieselben in den faktischen Besitz, die Detention des Empfängers gekommen sind [1]).

7. Natürlich kann das Recht des Abandons dem Empfänger und dem Befrachter vertragsmässig entzogen werden, so durch die Klausel der Chartepartie, dass die Fracht „auch für nur theilweise voll abgelieferte und für leergeleckte Fässer zu bezahlen" ist (Entsch. des R.O.H.G. XIX S. 267). Eine solche Bedeutung hat man jedoch der Klausel „frei von Leckage" nicht beilegen wollen, weil man mit Recht fürchtete, dass dadurch bei dem regelmässigen Vorkommen die Klausel in den Konnossementen die Bestimmung des Artikels überhaupt illusorisch werden würde. Dieselbe hat lediglich die Bedeutung, die Verhaftung des Verfrachters für den durch Leckage — aber ohne seine Schuld — entstandenen Schaden auszuschliessen (Prot. V S. 2329 f.).

8. Trägt der Ablader selbst an dem Auslaufen der Gefässe die Schuld, indem er nachweisbar undichte Behältnisse zum Transport verwandte, so kann das Abandonrecht nicht Platz greifen [2]), allerdings nur unter denselben Voraussetzungen, unter denen der Verfrachter nicht für den durch Mängel der Verpackung entstandenen Schaden zu haften hat [3]).

Art. 618.

Für Güter, welche durch irgend einen Unfall verloren gegangen sind, ist keine Fracht zu bezahlen und die etwa vorausbezahlte zu erstatten, sofern nicht das Gegentheil bedungen ist.

Diese Bestimmung kommt auch dann zur Anwendung, wenn das Schiff im Ganzen oder ein verhältnissmässiger oder ein bestimmt bezeichneter Raum des Schiffs verfrachtet ist. Sofern in einem solchen Falle das Frachtgeld in Bausch und Bogen bedungen ist, berechtigt der Verlust eines Theils der Güter zu einem verhältnissmässigen Abzuge von der Fracht.

1. Der auch von den fremden Gesetzgebungen [4]) anerkannte Grundsatz, dass für die durch einen Unfall verloren gegangenen

---

1) So auch nach dem finnländ. Seegesetz Art. 107.

2) So auch Desjardins III S. 673, welcher die Bemerkung Courcys I S. 166: *les futailles qui auront coulé parce qu'elles étaient defectueuses pourront être abandonnées comme celles qu'aurait brisée une fortune de mer*; mit den Worten zurückweist: *il ne faut pas exagérer les défauts d'une loi pour la critiquer plus aisément.*

3) Auch das norweg. (§ 67) und das finnländ. Seegesetz (Art. 107) machen das Abandonrecht davon abhängig, dass der Schiffer nicht die Schadhaftigkeit der Behältnisse auf dem Konnossement konstatirt.

4) So bestimmt der franz. *Code de comm.* Art. 302 Abs. 1: *Il n'est dû*

Güter eine Fracht — vom Empfänger wie vom Befrachter — nicht zu bezahlen ist, hat seinen Grund in der Auffassung, „dass der Schiffer nicht eher einen Anspruch auf Bezahlung der Fracht habe, als bis der bedungene Transport der Waare ausgeführt und letztere an den Bestimmungsort geliefert sei" (Prot. V S. 2333; Motive zum preuss. Entw. S. 275).

2. Dass in dem gleichen Falle die pränumerirte Fracht zu restituiren — ein Prinzip, das allerdings erst von der hamburger Konferenz aufgenommen wurde, indem der preussische Entwurf (Art. 504) nach dem Vorgange des englischen Rechts [1]) den entgegengesetzten Grundsatz adoptirt hatte —, ist lediglich eine Konsequenz des ersten Satzes und ist gleichfalls in fast allen neueren Gesetzgebungen anerkannt [2]). Die Fracht muss zurückgezahlt werden, mag sie dem Rheder persönlich als Fracht (als Abschlagszahlung), mag sie dem Kapitän als Vorschuss vom Befrachter gezahlt sein (Entsch. des R.O.H.G. XV S. 60). Diese Regel kann jedoch durch Vereinbarung der Kontrahenten ausgeschlossen werden. Und zwar kann eine solche Vereinbarung eine ausdrückliche sein oder in einer konkludenten Handlung bestehen. Eine Vereinbarung der letzteren Art ist auch zu finden in der Klausel: „Der Befrachter hat die Vorschussgelder auf Kosten des Verfrachters versichern zu lassen; der Vorschuss soll sein „subject to insurance"; „l'affréteur fera assurer les avances" mit oder ohne den Zusatz „la prime demeurant à la charge du fréteur". Hierdurch übernimmt der Befrachter, welcher das Recht erhält, „Ersatz der Versicherungskosten ausser dem Vorschussbelauf" von dem Verfrachter zu verlangen, das Risiko des Frachtvorschusses, und der Verfrachter bleibt auch im Falle des Verlustes der Waaren „von der Rückzahlungspflicht selbst dann frei, wenn der Befrachter die ihm dargebotene Möglichkeit, auf Kosten desselben Versicherung zu nehmen, unbenutzt gelassen haben sollte" (Entsch. des R.O.H.G. XV S. 60 ff. und die Zitate daselbst).

3. Unfall ist in diesem Artikel statt vis maior gesetzt. Der preussische Entwurf (Art. 504) hatte nämlich seine Bestimmung getroffen für Güter, welche durch Schiffbruch oder andere Unfälle verloren, oder durch Feinde oder Seeräuber genommen sind. Statt dieser Worte beschloss die hamburger Konferenz die Worte zu

---

aucun fret pour les marchandises perdues par naufrage ou échouement, pillées par des pirates ou prises par les ennemis (vgl. Desjardins III S. 670). Ebenso der belg. Code de comm. II Art. 97; das holländ. H.G.B. Art. 482; span. H.G.B. Art. 787; norweg. Seegesetz § 66; finnländ. Art. 108. Für England ergiebt sich das Gleiche aus dem allgemeinen Satz: If the shipowner fails to carry the goods for the merchant to the destined port, the freight is not earned (Maclachlan S. 477).

1) Dieses lässt wenigstens das Rückforderungsrecht zessiren, wenn die Fracht nach dem Vertrage vor der Ablieferung der Waaren zu zahlen war, und nicht unter dem Frachtvorschuss in Wahrheit ein Darlehn gemeint ist; s. Abbott S. 348 f.; Maclachlan S. 519.

2) So in den S. 333 f. Note 4 zitirten Gesetzbüchern.

setzen: *welche durch irgend einen Unfall verloren gegangen sind*, lediglich aus dem Grunde, weil der preussische Entwurf „eine nicht völlig erschöpfende Aufzählung enthält", während die in Rede stehende Bestimmung überhaupt einen vom Schiffer „nicht zu vertretenden Zufall" im Auge hat (Prot. V S. 2334).

4. Das Gesetzbuch setzt voraus, dass die Güter durch den Unfall v e r l o r e n g e g a n g e n sind. Für solche, die nur beschädigt sind, ist daher die volle Fracht zu entrichten; und selbst in den Fällen, wo ein Abandonrecht vom Gesetz statuirt ist, würde ein Anspruch des Destinatärs oder Befrachters auf Erlass oder Herabminderung der Fracht nicht begründet sein. Ist die Beschädigung vom Verfrachter zu vertreten, so hat er natürlich Schadensersatz zu leisten, und dann kann selbstverständlich Kompensation zwischen der Frachtforderung und der Ersatzforderung stattfinden, soweit sich beide decken[1]).

5. Es ist weiter zu beachten, dass die Waaren d u r c h d e n U n f a l l s e l b s t verloren gegangen sein müssen, d. h. sie müssen durch die Einwirkung des Unfalls selbst aufgehört haben zu existiren oder der Gewalt des Schiffers entzogen sein. Es greift daher die Vorschrift des Artikels in dem Falle nicht Platz, wo die durch einen Seeunfall beschädigten Waaren „wegen schlechter Beschaffenheit, Gefahr des Verderbs u. s. w. verkauft werden." Man kann nämlich nicht sagen, dass Sachen, welche durch einen Unfall „in einen solchen Zustand gerathen sind, dass ihr Weitertransport nach vernünftigem Ermessen unterbleiben musste", zu den verloren gegangenen Sachen zu rechnen seien; da das H.G.B. stets zwischen verlorenen und beschädigten Sachen unterscheidet (Art. 607, 610, 612, 614, 879—881), ohne an irgend einer Stelle anzudeuten, dass die Beschädigung, wenn sie einen gewissen Grad erreicht hat, als Verlust betrachtet werden soll. Wenn nun aber Güter, die in sehr beschädigtem Zustande im Nothhafen ankommen, gerade als gerettet bezeichnet werden müssen, so bildet der daselbst angeordnete Verkauf derselben einen Fall, in welchem die Waare in Folge einer Disposition des Befrachters nicht an den Empfänger gelangt; und zwar ebensowohl, wenn der Schiffer zu dem Verkauf der Waaren aus eigener Initiative geschritten ist,

---

1) Dies heben die e n g l i s c h e n Juristen ausdrücklich hervor, so A b b o t t S. 363;· M a c l a c h l a n S. 469. Und in derselben Weise sind auch entschieden die fremden Gesetze zu verstehen, welche ein Recht auf Herabsetzung der Fracht scheinbar von gewissen Bedingungen abhängig machen. Während nämlich der f r a n z. *Code de comm.* (Art. 309) vorschreibt, dass in keinem Falle der Befrachter Herabsetzung der Fracht verlangen kann, fügt der b e l g. *Code de comm.* (II Art. 76) hinzu: wenn die Waaren rechtzeitig im Bestimmungsorte angelangt sind; das h o l l ä n d. H.G.B. (Art. 496): wenn Verfrachter und Schiffer ihrerseits dem Frachtkontrakt Genüge geleistet haben; und das s p a n i s c h e H.G.B. (Art. 789) statuirt die Pflicht zur Zahlung der vollen Fracht überhaupt nur in Betreff der Güter, die durch eine zufällige Begebenheit, durch inneren Verderb oder mangelhafte Beschaffenheit der Emballage oder Fustage verschlechtert oder vermindert sind.

als wenn dieser Verkauf durch den Befrachter selbst oder einen
besonderen Bevollmächtigten desselben angeordnet ist; denn der
Schiffer würde in diesem Fall auf Grund des Art. 504 als Vertreter der Ladungsinteressenten gehandelt haben. Hier wäre also
der Befrachter ohne Rücksicht auf den Betrag des Verkaufserlöses
zur Bezahlung der vollen Fracht (Art. 583) verpflichtet (Entsch.
des O.A.G. zu Lübeck vom 30. Juni 1870, in Kierulffs Samml.
VI S. 352—357; Entsch. des R.O.H.G. XXV S. 11—16). Und zwar
würde dies auch in dem Falle gelten, wo ein Provenü aus dem Verkauf überhaupt nicht erzielt sein sollte, weil der Erlös beispielsweise
durch die entstandenen Auktionskosten vollständig absorbirt worden wäre, ganz eben so, als wenn die Waaren im Bestimmungshafen
auf die Anordnung oder Veranlassung des Befrachters verkauft
sein sollten.

Dasselbe ist zu sagen, wenn die Waaren im Bestimmungsorte
wegen erlittener Beschädigung auf die Seitens des Destinatärs (der
aber die Güter nicht abgenommen hat) oder des Befrachters veranlasste Verfügung einer Behörde verkauft sind. So entschied
m. E. mit Recht das O.A.G. zu Lübeck in einem Falle, wo eine
Kohlenladung, welche in Brand gerathen, auf Befehl des Gerichts,
dessen Einschreiten die Destinatäre beantragt hatten, gelöscht und
öffentlich verkauft worden war (Erk. vom 29. April 1867, in Kierulffs Samml. III S. 314 f., S. 318 f.).

Anders läge freilich die Sache, wenn die Behörde im Nothhafen oder auch im Bestimmungshafen, bevor der Destinatär die
Waaren angenommen, aus eigener Initiative, etwa mit Rücksicht
auf die Sicherheit der Besatzung, deren Leben der Weitertransport
der Ladung gefährden würde, oder mit Rücksicht auf die öffentliche Sicherheit, den Verkauf der Waaren anordnete. In diesem
Falle würde ein Verlust der Waaren zu finden sein nicht in der
Beschädigung, die sie erlitten, sondern in dem Verkauf. Und
ein solcher Verkauf, welcher auf Grund eines vom Schiffer nicht
abzuwendenden obrigkeitlichen Befehls erfolgt, ist mit demselben
Recht als Unfall zu bezeichnen, wie die von einer Staatsgewalt aus-
gehende Konfiskation von Gütern.

Ebenso kann von einem Frachtanspruch des Verfrachters keine
Rede sein, wenn Güter durch einen Seeunfall in der Weise beschädigt wurden, dass sie nicht mehr verschiffbar waren und daher
über Bord geworfen oder im Nothhafen, weil sich ein Verkauf nicht
bewerkstelligen liess, zurückgelassen wurden; denn der Unfall,
welcher die Ladung unverschiffbar und — wenn auch unter Umständen nur in Folge des Orts, wo er stattfand — unverkäuflich
machte, hat die Dereliktion zu einer unabwendbaren gemacht und
damit den Verlust der Güter — weil der Schiffer keine freie Wahl
hatte, ob er derelinquiren wollte oder nicht — eben so ausschliesslich herbeigeführt, wie der Unfall, der unmittelbar die Güter der
Gewalt des Schiffers entzieht. Doch würde hiervon wieder eine
Ausnahme zu statuiren sein und die Pflicht zur Frachtzahlung

Platz greifen, wenn der Schiffer in der Absicht die beschädigten Güter zurückliess oder über Bord warf, um von deren Eigenthümer einen noch grösseren Verlust, der demselben durch Gefährdung seiner übrigen nicht beschädigten Güter drohte, abzuwenden; denn in diesem Falle handelte der Schiffer wieder in Gemässheit des Art. 504 als Stellvertreter des Ladungseigenthümers.

6. Die Bestimmungen des Abs. 1 müssen nicht nur zur Anwendung gebracht werden, wenn das Schiff auf Stückgüter verfrachtet, sondern auch, wenn dasselbe im Ganzen oder zu einem verhältnissmässigen Theil, oder wenn ein bestimmter Raum desselben verfrachtet ist; denn in jedem dieser Fälle liegt eine *locatio conductio operis* vor (Prot. V S. 2333).

Art. 619.

Ungeachtet der Nichtablieferung ist die Fracht zu zahlen für Güter, deren Verlust in Folge ihrer natürlichen Beschaffenheit (Art. 607) eingetreten ist, sowie für Thiere, welche unterwegs gestorben sind.

Inwiefern die Fracht für Güter zu ersetzen ist, welche in Fällen der grossen Haverei aufgeopfert worden sind, wird durch die Vorschriften über die grosse Haverei bestimmt.

Die Anfangsworte „ungeachtet der Nichtablieferung" sollen nur den Gegensatz ausdrücken, in welchem sich dieser Artikel zum vorigen befindet. Es ist aber daraus nicht etwa der Schluss zu ziehen, „dass in allen, in diesem Artikel nicht erwähnten Fällen der Nichtablieferung keine Fracht zu zahlen sei". Dies dürfte nur dann angenommen werden, wenn im Gesetzbuch als Regel das Prinzip aufgestellt wäre: ist die Nichtablieferung durch einen Zufall herbeigeführt, so ist keine Fracht zu zahlen; und von dieser Regel nur bestimmte Ausnahmen zugelassen wären. Dies ist aber nicht geschehen, vielmehr sind die verschiedenen Fälle, in denen die Nichtablieferung durch einen Zufall herbeigeführt ist, „in Kategorien gebracht, und für die einzelnen Kategorien selbständige Regeln aufgestellt", wonach bald gar keine Fracht (Art. 618), bald blosse Distanzfracht (Art. 632), bald volle Fracht zu bezahlen ist[1]) (Entsch. O.A.G. zu Lübeck vom 30. Juni 1870, in Kierulffs Samml. VI S. 351 f., 357).

---

1) Der in dem Abs. 1 ausgesprochene Grundsatz, namentlich in Betreff der Thiere, war schon im älteren Recht anerkannt (s. Pöhls, Seerecht II S. 575; Kaltenborn, Seerecht I S. 371) und gilt auch für die fremden Rechte; so das finnländ. Seegesetz Art. 106; vgl. Desjardins III S. 670 f.; Maclachlan S. 468. Doch lassen die englischen Juristen den Frachtanspruch zessiren, wenn die Vereinbarung dahin ging, *to pay freight for transporting them* (im Gegensatz zu *to pay for the lading and undertaking to carry them*).

Art. 620.

Für Güter, welche ohne Abrede über die Höhe der Fracht zur Beförderung übernommen sind, ist die am Abladungsorte zur Abladungszeit übliche Fracht zu zahlen. ⁻

Für Güter, welche über das mit dem Befrachter vereinbarte Maass hinaus zur Beförderung übernommen sind, ist die Fracht nach Verhältniss der bedungenen Fracht zu zahlen.

1. Die Bestimmung des Abs. 1 ist lediglich eine Anwendung des allgemeinen, schon früher durch die Praxis adoptirten Grundsatzes, dass für die Frachtberechnung die Usanzen des A b l a d e - p l a t z e s maassgebend sind. Und der Grund für dieses Prinzip ist hauptsächlich darin zu suchen, dass „es sich bei der Fracht- bestimmung gerade um diejenigen Eigenschaften und die Ver- packungsweise der betreffenden Waaren handelt, welche in dem Verschiffungshafen die gewöhnlichen sind", und dass im Ablade- hafen immer „eine Verschiffungs-Konkurrenz gerade derjenigen Waaren stattfindet, auf deren Verhältniss zu einander es an- kommt", während dies nur selten am Bestimmungsorte und gar nicht da, wo zufällig der Kontrakt geschlossen (den beiden Orten, die bei der Frachtberechnung noch in Betracht kommen könnten), der Fall sein wird. (So mit Recht V o i g t im Neuen Archiv für H.R. II S. 283, der als ferneren Grund noch anführt, dass der Abladeplatz der Ort ist, „an welchem der Fracht-Kontrakt zu- nächst zur Ausführung kommen soll".)

2. Ist die Fracht für bestimmte Arten von Waaren festgesetzt und zugleich vereinbart, dass, w e n n an deren Stelle a n d e r e G ü t e r v e r l a d e n würden, die Fracht im richtigen Verhältniss hiernach ver- gütet und im Abladungshafen regulirt werden solle, so ist in Folge des ausgesprochenen Parteiwillens das Gericht des Bestimmungs- ortes nicht kompetent, die Richtigkeit der an jenem Platze stattge- habten Regulirung, mag sie durch die daselbst amtlich bestellten Sachverständigen resp. von den Parteien gewählten Schieds- männer, mag sie gerichtlich erfolgt sein, von Neuem einer Prüfung zu unterziehen (Entsch. des O.A.G. zu Lübeck vom 27. Septbr. 1870 in K i e r u l f f s Samml. VI S. 452—454). Ist der gedachte Vertrag durch den Schiffer abgeschlossen, so ist gemäss Art. 496 und 502 der Rheder daran gebunden. (So auch M e i e r im Zentral- organ f. d. D. H. u. W. R. N. F. VII S. 303 f.).

Art. 621.

Wenn die Fracht nach Maass, Gewicht oder Menge der Güter bedungen ist, so ist im Zweifel anzunehmen, dass Maass, Gewicht oder Menge der abgelieferten und nicht der eingelieferten Güter für die Höhe der Fracht entscheiden soll.

Der Artikel stellt (im Gegensatz zum Art. 658) eine Interpretationsregel auf; denn die Worte „es ist im Zweifel anzunehmen" weisen darauf hin, dass die Bestimmung nicht zur Anwendung kommt, wenn ein entgegengesetzter Wille der Kontrahenten nicht blos ausdrücklich ausgesprochen ist, sondern nur nachgewiesen werden kann (vgl. das durch Entsch. des O.A.G. zu Lübeck vom 27. Januar 1870 bestätigte Erk. des O.G. zu Bremen vom 16. September 1869 in Kierulffs Samml. VI S. 54 f., auch in Seufferts Archiv XXVII Nr. 251, S. 403 f.).

Die Regel selbst wird dadurch motivirt, dass der Verfrachter nur soweit Ansprüche aus dem Frachtvertrage geltend machen kann, als er denselben erfüllt hat. Demgemäss kann er nur für das abgelieferte Quantum die Fracht fordern, da er in Wahrheit nur dieses nach dem Bestimmungsort transportirt hat. Er muss daher eine Einbusse an seinen Frachtansprüchen erleiden, wenn sich dieses Quantum während des Transports verringert, wie auf der andern Seite die Fracht erhöht wird, wenn das Quantum zugenommen hat[1]).

Art. 622.

Ausser der Fracht können Kaplaken, Prämien und dergleichen nicht gefordert werden, sofern sie nicht ausbedungen sind.

Die gewöhnlichen und ungewöhnlichen Unkosten der Schifffahrt, als Lootsengeld, Hafengeld, Leuchtfeuergeld, Schlepplohn, Quarantainegelder, Auseisungskosten und dergleichen, fallen in Ermangelung einer entgegenstehenden Abrede dem Verfrachter allein zur Last, selbst wenn derselbe zu den Maassregeln, welche die Auslagen verursacht haben, auf Grund des Frachtvertrages nicht verpflichtet war.

Die Fälle der grossen Haverei, sowie die Fälle der Aufwendung von Kosten zur Erhaltung, Bergung und Rettung der Ladung werden durch diesen Artikel nicht berührt.

1. Die Unkosten, welche der Abs. 2 aufführt, fasste man früher unter den Begriff der kleinen oder ordinären Havarie zusammen, indem man darunter alle Ausgaben verstand, die ein beladenes Schiff gewöhnlich während der Reise, bis es im Hafen

---

1) Der Satz ist auch in manchen fremden Rechten anerkannt; so im englischen (s. Abbott S. 352 f.; Maclachlan S. 461 f., vgl. aber 463); im finnländ. Seegesetz (Art. 106). Die französischen Juristen lassen den Satz auch gelten, wenn das Quantum während der Reise zugenommen hat; nicht dagegen, wenn es abgenommen, indem sie sich dabei auf den Art. 309 des *Code de comm.* stützen: *en aucun cas, le chargeur ne peut demander de diminution sur le prix du fret:* Laurin bei Cresp II S. 172—174; Desjardins III S. 660 bis 664. Auf letzterem Standpunkt steht das spanische H.G.B. (Art. 791); ebenso das chilenische (Art. 1027); ob auch das holländ. (Art. 491) und das portug. H.G.B. (Art. 1586), welche, wenn die Fracht nach Zahl, Maass, Gewicht bedungen ist, dem Verfrachter das Recht geben, das Zählen, Messen, Wiegen sofort beim Löschen zu fordern, ist zweifelhaft.

22 *

festgemacht ist, zu machen hat (Pöhls, Seerecht II S. 627; Kaltenborn, Seerecht II S. 57; § 1774 Preuss. A.L.R. II, 8.) Dieselben wurden in Ermangelung einer vertragsmässigen Festsetzung in der Regel in der Weise auf Schiff und Ladung vertheilt, dass das Schiff ein Drittel, die Ladung zwei Drittel zu tragen hatte (§ 1782 Preuss. A.L.R. II, 8). Die neueren Gesetzgebungen haben regelmässig den Begriff der kleinen Havarie überhaupt aufgegeben, die gedachten Ausgaben als Unkosten des Schifffahrts-Betriebes aufgefasst und sie so durch das Schiff allein tragen lassen, indem von der Ansicht ausgegangen wurde, dass diese Kosten nach der Meinung der Kontrahenten durch die Frachtgelder gedeckt werden sollten[1]). Auf diesem Standpunkt steht auch das D.H.G.B.

2. Unter den durch Maassregeln, zu denen der Verfrachter auf Grund des Frachtvertrages nicht verpflichtet ist, verursachten Auslagen sind Auseisungskosten und ähnliche ausserordentliche Reisekosten zu verstehen. Für Kosten dieser Art hatte der preussische Entwurf (Art. 507) das alte Recht beibehalten und dieselben demgemäss dem Ladungsempfänger auferlegt, und zwar wohl deshalb, weil es zweifelhaft sein dürfte, ob derartige Ausgaben noch unter den Begriff der kleinen Havarie fallen. Diese Ausnahme wurde aber auf der hamburger Konferenz beseitigt, indem man geltend machte, dass solche ausserordentliche Auslagen in der Regel nicht unbedingt erforderlich wären, sondern dem Schiffer meistens die Wahl „zwischen der Aufwendung derselben und dem Abwarten der natürlichen Beseitigung des betreffenden Hindernisses" bliebe, und ferner, dass derselbe, wenn nicht „sein eigenes Interesse" ihn „zu solchem Aufwande" veranlasste, sich in der Regel zuvor „mit den Ladungsinteressenten in Benehmen setzen" und dieselben „vertragsmässig" dazu bewegen könnte, einen Theil jener Kosten zu tragen[2]) (Prot. V S. 2341 f.). Natürlich wird der Schiffer diese

---

1) So der franz. Code de comm. Art. 406; holländ. H.G.B. Art. 708. 702; finnländ. Seegesetz Art. 112 Abs. 3; vgl. belg. Code de comm. II Art. 99. In England werden die several petty charges der Schifffahrt noch als average bezeichnet. Was darunter gehört, und wer sie zu tragen hat, hängt von den Gebräuchen ab. Früher namentlich wurde als Aequivalent für diese Unkosten mitunter ein kleiner Betrag, zuweilen durch einen geringfügigen Prozentsatz der Fracht ausgedrückt, in die Chartepartie oder das Konnossement gesetzt. Vgl. Abbott S. 345; Maclachlan S. 450 f., 533.

2) In Lübeck bestand früher eine gesetzliche Vorschrift über das Tragen der Kosten des Ein- und Auseisens. Nach der durch das Einführungsgesetz Art. 18 aufrechterhaltenen Verordn. vom 1. Dezember 1841 konnte das Eineisen eines Schiffs von Travemünde nach Lübeck oder das Auseisen eines im lübecker Hafen eingefrorenen Schiffs nach der travemünder Rhede durch einen Majoritätsbeschluss der Ladungsinteressenten angeordnet werden, zu dem die Zustimmung der Eigenthümer von $^3/_4$ der nach dem Gewicht in Betracht zu ziehenden Güter erforderlich war. Die dadurch entstehenden Kosten waren zu $^1/_3$ zu Lasten des Schiffs, $^2/_3$ zu Lasten der Ladung. Da jedoch diese Bestimmung in Widerspruch

letztere Möglichkeit nicht haben, wenn er „in Folge einer ausdrücklichen oder selbstverstandenen Bestimmung des Frachtvertrages" (weil dieser sich nicht in anderer Weise ausführen lässt) zur Ergreifung der in Rede stehenden Maassregel verpflichtet ist (Prot. VIII S. 3931).

3. Ueber die grosse Havarie, die Bergung und Rettung der Ladung kommen die besonderen Bestimmungen des Gesetzbuchs zur Anwendung (Tit. 8 Abschn. 1, Tit. 9). Ob aber die Kosten, welche durch die zur Erhaltung der Ladung getroffenen Maassregeln, soweit diese nicht unter einen der genannten Begriffe fallen, verursacht werden, den Verfrachter oder den Ladungsinteressenten treffen, ist im konkreten Falle durch richterliches Ermessen zu bestimmen (vgl. Prot. VIII S. 4224—4226). Der Richter, welcher natürlich Sachverständige zuziehen wird, hat bei seiner Entscheidung sich von dem Brauch der betreffenden Kreise leiten zu lassen, wonach solche Kosten, welche auf jeder Reise vorkommen können und deren Ersatz in der Fracht bereits enthalten ist, vom Verfrachter (wie z. B. für das Umstechen einer Getreideladung), andere dagegen (wie z. B. für die Fütterung von Thieren) von den Ladungsinteressenten getragen werden.

Art. 623.

Wenn die Fracht nach Zeit bedungen ist, so beginnt sie in Ermangelung einer anderen Abrede mit dem Tage zu laufen, der auf denjenigen folgt, an welchem der Schiffer angezeigt hat, dass er zur Einnahme der Ladung, oder bei einer Reise in Ballast, dass er zum Antritt der Reise fertig und bereit sei, sofern aber bei einer Reise in Ballast diese Anzeige am Tage vor dem Antritt der Reise noch nicht erfolgt ist, mit dem Tage, an welchem die Reise angetreten wird.

Ist Liegegeld oder Ueberliegezeit bedungen, so beginnt in allen Fällen die Zeitfracht erst mit dem Tage zu laufen, an welchem der Artritt der Reise erfolgt.

Die Zeitfracht endet mit dem Tage, an welchem die Löschung vollendet ist.

Wird die Reise ohne Verschulden des Verfrachters verzögert oder unterbrochen, so muss für die Zwischenzeit die Zeitfracht fortentrichtet werden, jedoch unbeschadet der Bestimmungen der Art. 639 und 640.

1. Hinsichtlich des Beginns der Zeitfracht sind in den verschiedenen Gesetzgebungen besonders zwei Grundsätze zur Geltung gelangt. Nach dem einen beginnt die Fracht mit dem Tage, an welchem das Schiff ausläuft[1]), nach dem anderen, der früher in

_____

steht mit dem D.H.G.B., welches nur eine vertragsmässige Uebernahme derartiger Unkosten Seitens der Ladungsinteressenten kennt, so hat sie heutzutage (nach der Erhebung des H.G.B. zum Reichsgesetz) keine verbindliche Kraft mehr.

1) Derselbe ist anerkannt im englischen Recht (Abbott S. 353); im

den meisten deutschen Häfen als der herrschende bezeichnet werden konnte [1]), läuft die Fracht von dem Tage an, an welchem der Verfrachter das Schiff dem Befrachter zur Verfügung gestellt hat. Das H.G.B. hat den letzteren Grundsatz adoptirt. Nach den Bestimmungen des Gesetzbuchs über den Anfang der Ladezeit (Art. 595) konnte nämlich die Fracht nicht mit dem Tage der Anzeige von der Ladebereitschaft, sondern erst mit dem darauf folgenden beginnen. Bei einer Reise in Ballast aber kann die Fracht erst zu laufen beginnen mit dem Tage nach der Anzeige des Schiffers, dass er zum Antritt der Reise bereit sei, und nicht schon, wie der preussische Entwurf (Art. 508) wollte, mit dem Tage, an dem das Einnehmen des Ballastes beginnen hat; denn dieses gehört zu den Vorbereitungen für die Fertigstellung des Schiffs. Dass das Gesetzbuch im letzteren Falle die Fracht auch beginnen lässt mit dem Antritt der Reise selbst, wenn nicht am Tage vor demselben eine Anzeige von der Reisebereitschaft erfolgt ist, erklärt sich daraus, dass die Erklärung des Schiffers nur die Reisebereitschaft bekunden soll, diese aber durch die wirklich erfolgte Abreise vollständig dargethan wird (vgl. Prot. V S. 2343—2346, VIII S. 3932).

2. Kann der Schiffer die Anzeige nicht erstatten, weil der Befrachter sich nicht an dem Orte aufhält, wo das Schiff liegt, auch daselbst keinen Bevollmächtigten hat, dem die Anzeige wirksam gemacht werden kann, so wird diese ersetzt durch „Erhebung eines Protestes über die Unausführbarkeit der Anzeigeerstattung", ja nach dem Wortlaute des Artikels würde man bereits die Absendung der Anzeige an den Befrachter für genügend zu halten haben (Prot. V S. 2346).

3. Dass bei der Vereinbarung von Liegegeld oder von Ueberliegezeit (ohne Erwähnung des Liegegeldes) die Zeitfracht erst mit dem Antritt der Reise beginnt, erklärt sich daraus, dass „die Verpflichtung, Liegegeld zu bezahlen, mit der Verpflichtung, zugleich Zeitfracht zu entrichten, prinzipiell nicht vereinbar" ist, und dass die Kontrahenten durch die „Vereinbarung von Liegegeld" deutlich zu erkennen gegeben haben, dass „die Zeitfracht nur für die Reise" bezahlt werden soll, nicht auch für „die Zeit der Vorbereitung zu derselben", dass vielmehr „in dieser Beziehung die für die gewöhnlichen Fälle der Frachtbestimmung geltenden Vorschriften zur Anwendung kommen" sollen (Prot. VIII S. 3932 f.).

4. Der letzte Absatz lässt in dem Falle, wo die Reise verzögert oder unterbrochen wird, ohne dass einer der Kontra-

---

französischen (Code de comm. Art. 275); im belgischen (Code de comm. II Art. 69; das *si le navire est frété au mois* des französischen Gesetzes will nichts Anderes besagen als — wie es in dem belgischen heisst — *si le navire est frété pour un prix fixé par période de temps*: Desjardins III S. 494 f.); im holländischen (H.G.B. Art. 462); im portug. (H.G.B. Art. 1508).

1) Derselbe gilt auch im spanischen H.G.B. (Art. 782).

henten dies verschuldet hat, den Befrachter den Nachtheil treffen, da — wie auf der hamburger Konferenz hervorgehoben wurde — „das Bedürfniss des Verkehrs die möglichste Bewahrung des schon in sich gerechtfertigten Prinzips erfordert, dass die Fracht, nachdem sie zu laufen begonnen, bis zur Beendigung der Löschung fortläuft"[1]) (Prot. V S. 2347). Das Gesetzbuch macht Ausnahmen von diesem Prinzip einmal in dem Falle, wo der Aufenthalt in einer Verfügung von hoher Hand seinen Grund hat (Art. 639), und ferner dann, wenn der Aufenthalt durch die Nothwendigkeit verursacht ist, das Schiff auszubessern (Art. 640).

Art. 624.

Der Verfrachter hat wegen der im Art. 615 erwähnten Forderungen ein Pfandrecht an den Gütern.

Das Pfandrecht besteht, so lange die Güter zurückbehalten oder deponirt sind; es dauert auch nach der Ablieferung noch fort, sofern es binnen dreissig Tagen nach Beendigung derselben gerichtlich geltend gemacht wird; es erlischt jedoch, sobald vor der gerichtlichen Geltendmachung die Güter in den Gewahrsam eines Dritten gelangen, welcher sie nicht für den Empfänger besitzt.

1. Schon seit früher Zeit wurde allgemein dem Verfrachter wegen seiner Forderungen aus dem Frachtvertrage ein Retentionsrecht an den transportirten Waaren eingeräumt (B e s e l e r, deutsch. Privatrecht, 1. Aufl. III S. 482). Auch das H.G.B. spricht demselben ein solches zu, indem es ihn nur verpflichtet, Zug um Zug gegen Empfang des ihm Geschuldeten die Ladung an den Destinatär abzuliefern (Art. 615). Nur um den Verfrachter zu veranlassen, von diesem Retentionsrecht, dessen „strikte und öfter sich wiederholende Ausübung" störend in den Geschäftsverkehr eingreift, möglichst wenig Gebrauch zu machen und sich auch „ohne Entrichtung der Fracht zur Auslieferung der Güter" herbeizulassen, räumt das Gesetzbuch demselben nach dem Vorgange anderer Gesetzgebungen[2]) ein beschränktes P f a n d r e c h t ein. Das Pfandrecht ist beschränkt worden, weil es „nach Ablieferung der Güter" wirken soll, dies aber mit denjenigen Gesetzgebungen

---

1) Auch nach den fremden Rechten endet die Zeitfracht erst mit der Entlöschung des Schiffs: D e s j a r d i n s III S. 495; M a c l a c h l a n S. 466. Ebenso muss für die Dauer der ohne Schuld des Verfrachters entstandenen Verzögerungen und Unterbrechungen der Reise die Fracht weiter entrichtet werden: A b b o t t S. 353 f.

2) So f r a n z. *Code de comm.* Art. 307, 308; b e l g. *Code de comm.* II Art 80, 81; s p a n. H.G.B. Art. 797, 798; h o l l ä n d. H.G.B. Art. 490; e n g l i s c h e s Recht: A b b o t t S. 217 ff.; M a c l a c h l a n S. 509 ff. Nach englischem Recht gilt das gesetzliche Pfandrecht nur für die eigentliche Frachtforderung; dagegen nicht für Liegegelder, ebenso wenig für Hafengelder, Lootsengelder und ähnliche Unkosten der Schifffahrt, selbst wenn sich der Befrachter zu deren Bezahlung anheischig gemacht hätte.

schwer zu vereinigen ist, welche an beweglichen Sachen nur ein Faustpfand zulassen (Prot. V S. 2348 f.). Das Pfandrecht ist insofern beschränkt, als es nur so lange existirt, als die Waaren sich in den Händen des Empfängers oder eines Stellvertreters desselben befinden [1]), und ferner, als es nur während einer bestimmten Zeit nach der Ablieferung geltend gemacht werden kann [2]). Diese Frist hatte der preussische Entwurf (Art. 509) auf drei Tage festgesetzt. Die hamburger Konferenz erweiterte dieselbe in zweiter Lesung auf dreissig Tage (Prot. VIII S. 3936).

2. Das Pfandrecht des Verfrachters erlischt, sobald ein Dritter den Besitz an den Waaren erwirbt [3]), während es durch ein über diese vom Empfänger abgeschlossenes Veräusserungsgeschäft noch nicht untergehen würde. Dagegen ist es irrelevant, ob dem Dritten bei dem Besitzerwerb das Pfandrecht des Verfrachters bekannt war oder nicht, obwohl dies bestritten ist (Laband in Goldschmidts Zeitschr. IX S. 47 ff.); ebenso auf welchen Titel hin (Eigenthum, Pfandrecht) der Dritte besitzt. Nur muss er juristischen Besitz haben, er darf nicht Stellvertreter des Destinatärs sein, nicht „für den Empfänger“ besitzen (vgl. Goldschmidt, H.R. II S. 1025).

Art. 625.

Im Falle des Streits über die Forderungen des Verfrachters ist dieser die Güter auszuliefern verpflichtet, sobald die streitige Summe bei Gericht oder bei einer anderen zur Annahme von Depositen ermächtigten Behörde oder Anstalt deponirt ist.

Nach Ablieferung der Güter ist der Verfrachter zur Erhebung der deponirten Summe gegen angemessene Sicherheitsleistung berechtigt.

---

1) Nach der englischen *Merchant Shipping Act* von 1862 (25 u. 26 Victoria c. 63) kann der Verfrachter sein Pfandrecht nach der Ausladung der Güter dadurch aufrecht erhalten, dass er den *warf owner* oder *warehouse owner* schriftlich davon in Kenntniss setzt, *that the goods are to remain subject to a lien for freight or other charges payable to the shipowner.* Ist dies geschehen, so darf der *warf owner* oder *warehouse owner* die Güter erst aus der Hand geben, wenn das Pfandrecht getilgt ist durch Zahlung der schuldigen Summe, worüber ihm Quittung vorzuweisen, oder Deponirung des Betrags. Wird dasselbe nicht getilgt, so kann, resp. (auf Verlangen des Verfrachters) muss der *warf owner* oder *warehouse owner*, neunzig Tage nach Empfang der Güter oder auch früher — wenn diese dem Verderben ausgesetzt sind — dieselben zur Befriedigung des Gläubigers öffentlich versteigern lassen (*sect.* 68—71, 73).

2) Die Frist ist in den verschiedenen Gesetzen verschieden normirt. Nach dem französischen (Art. 307) und belgischen *Code de comm.* (II Art. 80) beträgt sie 15 Tage; nach dem holländischen H.G.B. (Art. 490) 20 Tage; nach dem spanischen (Art. 798) einen Monat.

3) Ebenso nach französischem, belgischem, holländischem Recht; während nach spanischem noch weiter dazu vorausgesetzt wird, dass die Güter frühestens acht Tage nach der Empfangnahme auf den dritten Besitzer übergegangen sind.

Das Gesetz verpflichtet den Verfrachter nicht in jedem Falle, gegen Deponirung der ihm geschuldeten Summe die Waaren an den Empfänger abzuliefern, sondern nur alsdann, wenn der letztere die Höhe der Forderung des ersteren bestreitet oder Gegenansprüche gegen dieselbe geltend macht.

Art. 626.

So lange das Pfandrecht des Verfrachters besteht, kann das Gericht auf dessen Ansuchen verordnen, dass die Güter ganz oder zu einem entsprechenden Theil behufs Befriedigung des Verfrachters öffentlich verkauft werden.

Dieses Recht gebührt dem Verfrachter auch gegenüber den übrigen Gläubigern und der Konkursmasse des Eigenthümers.

Das Gericht hat die Betheiligten, wenn sie am Orte anwesend sind, über das Gesuch, bevor der Verkauf verfügt wird, zu hören.

Das Gesetz macht Verzug des Empfängers nicht zur Bedingung dafür, dass sich der Verfrachter aus dem Pfandobjekte bezahlt mache. Es ist vielmehr in das Ermessen des Gerichts des Löschungshafens gestellt, bereits vorher zur Befriedigung desselben den Verkauf der Güter (aller oder eines Theils derselben) im Wege der öffentlichen Versteigerung zu gestatten. Wenn das Gesetz vor Gestattung des Verkaufs die am Orte anwesenden Betheiligten über das Gesuch hören soll, so ist hierbei nicht an ein „kontradiktorisches Verfahren mit richterlichem Urtheil" zu denken. Die im Art. 310 D.H.G.B. dem Pfandgläubiger zur Pflicht gemachte Benachrichtigung des Schuldners von der Bewilligung und Vollziehung des Verkaufs liegt dem Verfrachter nicht ob (vgl. Goldschmidt H.R. II S. 1026 f.).

Die R.Konk.O. § 41 Ziff. 8 stellt das Pfandrecht des Verfrachters dem Faustpfande gleich.

Art. 627.

Hat der Verfrachter die Güter ausgeliefert, so kann er wegen der gegen den Empfänger ihm zustehenden Forderungen (Art. 615) an dem Befrachter sich nicht erholen. Nur insoweit der Befrachter mit dem Schaden des Verfrachters sich etwa bereichern würde, findet ein Rückgriff statt.

1. Der Frachtvertrag wird abgeschlossen zwischen dem Befrachter und dem Verfrachter, und es ist demgemäss an sich auch der erstere zur Befriedigung des letzteren wegen der Forderungen aus dem Frachtvertrage verpflichtet. Allein wenn nicht der Befrachter im Frachtkontrakt diese Verbindlichkeit selbst übernimmt, so bekommt der Verfrachter von demselben „wegen der Fracht eine Assignation an den Empfänger" (arg. des Art. 615). Er erhält den „Auftrag, gegen Auslieferung der Güter die Fracht vom Empfänger"

zu erheben. Thut er dies nicht und übt er das ihm zustehende
Retentions- und Pfandrecht nicht aus, so macht er sich, da ihm
das eine, wie das andere nicht lediglich in seinem eigenen Interesse, sondern zugleich im Interesse des Befrachters eingeräumt
ist, einer *culpa* schuldig und wird in Folge des zwischen ihm und
dem Befrachter bestehenden Mandatsverhältnisses dem letzteren
zum Ersatz des diesem entstehenden Schadens verpflichtet. Dieser
Schaden besteht in der Frachtforderung, deren Zahlung nun dem
Befrachter obliegen würde. Und so kompensirt gewissermaassen
das Recht zwischen dem Anspruch des Verfrachters gegen den
Befrachter auf die Fracht und der Verpflichtung desselben zur
gleichen Leistung an den Befrachter, wenn es Verlust der Frachtforderung für den Verfrachter statuirt (Prot. V S. 2362 f., VIII
S. 3941).
    Diese Grundsätze fanden schon nach dem früheren Recht viel-
fach in Deutschland ihre Vertheidiger (Prot. V S. 2361; vgl. Erk.
des hamb. Handelsger. vom 19. Dezember 1862 in der Samml.
von Hermann und Hirsch Nr. 36 S. 152) und sind auch in andere Gesetzgebungen übergegangen [1]).
    2. Das Gesetzbuch statuirt eine Ausnahme, wenn der Be-
frachter sich sonst mit dem Schaden des Verfrachters bereichern würde. Dieser Fall liegt z. B. dann vor, wenn „Befrachter
und Empfänger juristisch eine und dieselbe Person" sind, d. h. Absender und Empfänger „ein und dasselbe Handlungshaus" bilden;
oder wenn der Empfänger die vom Befrachter zu entrichtende Fracht
für dessen Rechnung zahlen soll; ebenso wenn Ansprüche in Frage
stehen, welche der Verfrachter am Löschungsplatz nach dem daselbst herrschenden Recht gegen den Empfänger nicht (also auch
nicht vermittelst seines Retentions- und Pfandrechts) geltend machen
kann, etwa auf Ersatz von Zöllen, die der inländische Empfänger
nicht zu vergüten braucht, damit sie gerade von den ausländischen
Schiffen getragen werden. Im letzten Fall würde die Bereicherung
des Befrachters darin liegen, dass die betreffenden Beträge bei der
Normirung des Preises der Güter in Betracht gezogen werden und
so dem Befrachter zu Gute kommen (Prot. V S. 2363, VIII
S. 3938; Entsch. des R.O.H.G. XXI S. 420).
    3. Da der Verlust der Frachtforderung als die Folge der

---

1) Nach dem holländischen H.G.B. (Art. 488) verliert der Schiffer, der
das Gut gelöscht hat, ohne von den am Löschplatz erlaubten Sicherheitsmaass-
regeln Gebrauch zu machen, seine Ansprüche an Befrachter resp. Ablader, wenn
dieser nachweist, dass er den Betrag der Fracht und des sonst dem Schiffer
Gebührenden mit dem Destinatär verrechnet hat oder dass er in Folge des Kon-
kurses des letzteren den betreffenden Betrag nicht würde zurückerhalten können.
Nach englischem Recht erscheint das Retentionsrecht dem Verfrachter ausschliesslich in dessen eigenem Interesse gegeben, und es kann demgemäss dieser
den Befrachter in Anspruch nehmen, selbst wenn er dem Destinatär, ohne Fracht
empfangen zu haben, die Ladung ausgehändigt (Abbott S. 355f.; Maclachlan
S. 498 f.; auch ausdrücklich anerkannt von der *Bills of Lading Act* von 1855 —
18 u. 19 Victoria c. 111 — sect 2).

durch seine *culpa* begründeten Verpflichtung des Verfrachters zum Schadensersatz erscheint, so kann der erste Satz des Artikels da keine Anwendung finden, wo die Realisirung der Forderungen aus dem Frachtvertrage gegen Ablieferung der Ladung unmöglich war, wo also einerseits die Waaren unbedingt ausgeladen werden mussten, und andererseits eine Deponirung derselben resp. eine gerichtliche Beschlagnahme oder Geltendmachung des Pfandrechts in Folge des Rechts und der Einrichtungen des (ausländischen) Löschungshafens nicht bewerkstelligt werden konnte (vgl. Entsch. des H.A.G. zu Nürnberg vom 13. Mai 1870 in Goldschmidts Zeitschr. XIX S. 559).

4. Selbstverständlich zessirt die Regel des Artikels, wenn nach dem Frachtvertrage der Befrachter die Fracht zu zahlen hatte (Prot. VIII S. 3941).

5. In gleicher Weise berührt der Artikel nicht den Fall, wo es sich um Schadensersatz-Ansprüche des Verfrachters handelt, welche ihren Grund in einem (etwa auf Art. 564 H.G.B. beruhenden) Verschulden des Befrachters oder Abladers haben; denn nur auf Einziehung von Ansprüchen des Verfrachters, welche auf dem Frachtvertrag oder Konnossement beruhen, ist die oben (S. 345 f.) besprochene Anweisung des Befrachters an den Verfrachter gerichtet (Entsch. des hamburger H.G. vom 5. Dezember 1873 in der Hamb. Handelsger.-Ztg. von 1874 S. 323).

Art. 628.

Hat der Verfrachter die Güter nicht ausgeliefert, und von dem im ersten Absatz des Art. 626 bezeichneten Rechte Gebrauch gemacht, jedoch durch den Verkauf der Güter seine vollständige Befriedigung nicht erhalten, so kann er an dem Befrachter sich erholen, soweit er wegen seiner Forderungen aus dem zwischen ihm und dem Befrachter abgeschlossenen Frachtvertrage nicht befriedigt ist.

Diese Bestimmung ist eine nothwendige Folge des dem Art. 627 zu Grunde liegenden Prinzips [1]).

---

1) Der französische (Art. 305) und der belgische *Code de comm.* (II Art. 78) gewähren dem Verfrachter ausdrücklich ein Regressrecht gegen den Befrachter nur, wenn der Destinatär die Annahme der Güter verweigert. Dagegen ist es kontrovers, ob ein solches Regressrecht auch für den Fall besteht, wo der Destinatär nach Empfang der Ladung seiner Zahlungsverbindlichkeit nicht nachkommt? Die eine Ansicht räumt dem Kapitän ein solches ein, vorausgesetzt dass derselbe von den ihm gegen den Empfänger zustehenden Rechten Gebrauch gemacht hat (so Laurin bei Cresp II S. 164 und die daselbst zitirten Erk.); die andere spricht dasselbe dem Kapitän ab, wenn nur der Empfänger solvent war *au moment de l'accord conclu entre le capitaine et l'affréteur*, d. h. bei Eingehung des Frachtvertrages (so Ruben de Couder IV S. 455 N. 159 ff. und die Erk. daselbst). Eine dritte Meinung geht dahin, *il faut, sans poser une règle absolue, résoudre la question d'après les circonstances* (Desjardins III S. 649 f., der es so auch erklärlich findet, dass ein und dasselbe Gericht das eine Mal dem Kapitän den Regress einräumt, das andere Mal versagt).

Art. 629.

Werden die Güter von dem Empfänger nicht abgenommen, so ist der Befrachter verpflichtet, den Verfrachter wegen der Fracht und der übrigen Forderungen dem Frachtvertrage gemäss zu befriedigen[1]).

Bei der Abnahme der Güter durch den Befrachter kommen die Art. 593 bis 626 in der Weise zur Anwendung, dass an Stelle des in diesen Artikeln bezeichneten Empfängers der Befrachter tritt. Insbesondere steht in einem solchen Falle dem Verfrachter wegen seiner Forderungen das Zurückbehaltungs- und Pfandrecht an den Gütern nach Maassgabe der Art. 624, 625, 626, sowie das im Art. 616 bezeichnete Recht zu.

Art. 630.

Der Frachtvertrag tritt ausser Kraft, ohne dass ein Theil zur Entschädigung des anderen verpflichtet ist, wenn vor Antritt der Reise durch einen Zufall

1. das Schiff verloren geht, insbesondere
   wenn es verunglückt,   —
   wenn es als reparaturunfähig oder reparaturunwürdig kondemnirt (Art. 444) und in dem letzteren Falle ohne Verzug öffentlich verkauft wird,
   wenn es geraubt wird,
   wenn es aufgebracht oder angehalten und für gute Prise erklärt wird;
      oder

2. die im Frachtvertrage nicht blos nach Art oder Gattung, sondern speziell bezeichneten Güter verloren gehen;
      oder

3. die, wenn auch nicht im Frachtvertrage speziell bezeichneten Güter verloren gehen, nachdem dieselben bereits an Bord gebracht oder behufs Einladung in das Schiff an der Ladungsstelle von dem Schiffer übernommen worden sind.

Hat aber in dem unter Ziffer 3 bezeichneten Falle der Verlust der Güter noch innerhalb der Wartezeit (Art. 580) sich zugetragen, so tritt der Vertrag nicht ausser Kraft, sofern der Befrachter ohne Verzug sich bereit erklärt, statt der verloren gegangenen andere Güter (Art. 563) zu liefern, und mit der Lieferung noch innerhalb der Wartezeit beginnt. Er hat die Abladung der anderen Güter binnen

---

1) Vgl. französischen *Code de comm.* Art. 305: *Si le consignataire refuse de recevoir les marchandises, le capitaine peut, par autorité de justice, en faire vendre pour le payement de son fret, et faire ordonner le dépôt du surplus. S'il y a insuffisance, il conserve son recours contre le chargeur.* Ebenso der belgische *Code de comm.* II Art. 78; das holländische H.G.B. Art. 489.

kürzester Frist zu vollenden, die etwaigen Mehrkosten dieser Ab-
ladung zu tragen, und insoweit durch dieselbe die Wartezeit über-
schritten wird, den dem Verfrachter daraus entstehenden Schaden zu
ersetzen.

1. Die Art. 630—640 beziehen sich zunächst auf die Verfrachtung eines Schiffs im Ganzen.

2. Das Gesetzbuch lässt den Frachtvertrag a u s s e r K r a f t
t r e t e n bei der durch Zufall verursachten Unmöglichkeit, das verfrachtete Schiff oder die bedungene Ladung zu liefern.   Von Einfluss war hierbei das Prinzip des Preuss. A.L.R. (§ 364 I, 5), dass,
wenn „die Unmöglichkeit, den geschlossenen Vertrag zu erfüllen,
durch einen Zufall" entsteht, der Vertrag für aufgehoben anzusehen ist, welches in dem preussischen Entwurf (Art. 512) zur
Anwendung gelangt war, und das man auf der hamburger Konferenz deshalb adoptirte, weil bei der *locatio conductio* auch nach
R. R. „die durch Zufall eingetretene Unmöglichkeit der Leistung
des einen Theils den anderen Theil von der Gegenleistung befreie,
und dies dem Resultate nach zu völliger Auflösung des Vertrages
führe" (Prot. V S. 2367).

3. U n m ö g l i c h wird die Leistung durch den Untergang des
Schiffs, weil der Frachtvertrag nicht schlechtweg auf Transportirung einer Quantität Waaren nach dem Bestimmungsorte gerichtet
ist, sondern auf Transportirung mit diesem bestimmten Schiffe.
Eben dasselbe ist aber auch beim Untergange der Waaren anzunehmen.   Die Ausführung des Frachtvertrages, die Erfüllung der
locatio conductio operis ist unmöglich, „wenn der bedungene Transport durch Zufall unausführbar geworden", also auch wenn „die
im Frachtvertrage bedungene Waare" untergeht.   Der Verfrachter
miethet sich nämlich (wie auch auf der hamburger Konferenz ausgeführt
wurde) „die Gelegenheit, durch den Transport Erwerb zu machen,
von dem Befrachter, als dem *locator*", dessen Verpflichtung dem-
nach nicht blos darin besteht, „Geld für den ausgeführten Transport zu bezahlen", sondern auch „die Waaren zum Transporte zu
liefern".   Von dieser letzteren Verbindlichkeit wird der Befrachter
„mit dem Untergange der von ihm versprochenen Waaren, weil
dadurch seine vertragsmässige Leistung unmöglich geworden", befreit. (S. Prot. V S. 2368, VIII S. 3948.   Ebenso U l l r i c h in
V o i g t s Neuem Archiv f. H.R. II S. 318 ff., 339—345; M o m m s e n,
Beiträge zum Obligationen-R. I, Braunschweig 1853, S. 58 ff. A. M.
für den Chartervertrag in Folge der Auffassung dieses Kontrakts
als *locatio conductio rei* C r o p p in H e i s e s und seinen jur. Abh. II
S. 631 f., 637 f.; V o i g t im Neuen Archiv f. H.R. II S. 225.)

4. Der preussische Entwurf hatte die Auflösung des Vertrages
eintreten lassen in allen Fällen einer faktischen und juristischen,
dauernden und nur zeitweiligen Unmöglichkeit der Erfüllung (vgl.
Prot. V S. 2369, 2381 f.).   Die hamburger Konferenz gelangte
nach langen Berathungen schliesslich zu dem Resultate, *i p s o i u r e*

eintretende Auflösung des Vertrages nur in den Fällen faktischer Unmöglichkeit der Erfüllung überhaupt zu statuiren (Prot. V
S. 2388, 2390).

5. Die Auflösungsgründe des preussischen Entwurfs fanden insofern eine Erweiterung, als „dem Untergange der im Frachtvertrage
speziell bezeichneten Ladungsgüter" gleichgestellt wurde der Untergang der im Frachtvertrage nur generell benannten, die bereits an Bord des Schiffs gekommen oder „behufs der Einladung in das Schiff an der Ladungsstelle von dem Schiffer übernommen sind" (Prot. VIII S. 3964 f., vgl. V S. 2380 f.). Diese
Gleichstellung ist durchaus korrekt, da auch in diesen Fällen die
für den Transport bestimmten Waaren untergegangen sind. Daher
setzt das Gesetzbuch voraus, dass die nur generell bezeichneten
Waaren von dem Schiffer wenigstens übernommen sind, und es genügt nicht, dass dieselben vom Befrachter zum Zweck des Transports von dessen übrigen Waaren ausgesondert, noch dass sie an
den Abladeplatz gebracht und hier dem Schiffer vorgezeigt sind,
noch auch, dass sie zum Zwecke des Transports an das Schiff vom
Lande geschieden und in Ever oder Leichterschiffe geladen sind
(vgl. Prot. V S. 2371 f., VIII S. 3950 f., 3964 f.). Die Uebernahme
des Schiffers ist nach den Grundsätzen der zivilrechtlichen Appre-
hension zu beurtheilen.

6. Die Auflösung des Frachtvertrages hat natürlich
keine rückwirkende Kraft und kann nicht bereits entstandene Ansprüche vernichten, so dass also z. B. die „Verpflichtung
zur Bezahlung des bereits erwachsenen Liegegeldes" trotz der Auflösung bestehen bleibt (Prot. VIII S. 3965).

7. Die Aufzählung der Fälle des Verlustes in der Ziff. 1 ist
exemplikativ zu nehmen. Das im Artikel aufgestellte Prinzip
findet Anwendung auf alle Fälle eines zufälligen Verlustes des
Schiffs. So z. B. auf den Fall, wo ein Schiff durch einen Zwangs-
kauf der Staatsgewalt dem Rheder entzogen und zu öffentlichen,
etwa Kriegszwecken bestimmt wird (vgl. Prot. V S. 2388).

8. Der Abs. 2 des Artikels beruht lediglich auf Zweckmässigkeitsrücksichten.

Art. 631.

*Jeder Theil ist befugt, von dem Vertrage zurückzutreten, ohne
zur Entschädigung verpflichtet zu sein:*

1. wenn vor Antritt der Reise
> *das Schiff mit Embargo belegt oder zum landesherrlichen
> Dienst oder zum Dienst einer fremden Macht in Beschlag
> genommen,*
> *der Handel mit dem Bestimmungsort untersagt,*
> *der Abladungs- oder Bestimmungshafen blokirt,*

die Ausfuhr der nach dem Frachtvertrage zu verschiffenden Güter aus dem Abladungshafen oder die Einfuhr derselben in den Bestimmungshafen verboten, durch eine andere Verfügung von hoher Hand das Schiff am Auslaufen oder die Reise oder die Versendung der nach dem Frachtvertrage zu liefernden Güter verhindert wird. In allen vorstehenden Fällen berechtigt jedoch die Verfügung von hoher Hand nur dann zum Rücktritt, wenn das eingetretene Hinderniss nicht voraussichtlich von nur unerheblicher Dauer ist; 2. wenn vor Antritt der Reise ein Krieg ausbricht, in Folge dessen das Schiff oder die nach dem Frachtvertrage zu verschiffenden Güter oder beide nicht mehr als frei betrachtet werden können und der Gefahr der Aufbringung ausgesetzt würden.

Die Ausübung der im Art. 563 dem Befrachter beigelegten Befugniss ist in den Fällen der vorstehenden Bestimmungen nicht ausgeschlossen.

1. Es wurde bereits zum vorigen Artikel bemerkt (S. 349 f.), dass nur in den Fällen des Art. 512 des preussischen Entwurfs, wo eine faktische Unmöglichkeit, das Schiff oder die Ladung überhaupt zu liefern, vorliegt, die hamburger Konferenz die Auflösung des Frachtvertrages *ipso iure* eintreten liess. In allen anderen Fällen wurde nur jedem der Kontrahenten das Recht gegeben, von dem Vertrage zurückzutreten (Prot. V S. 2388). Als Grund für diese abweichende Behandlungsweise lässt sich angeben, dass in allen diesen Fällen die Unmöglichkeit nur zur Zeit besteht, aber in längerer oder kürzerer Zeit wieder beseitigt werden kann. Man wollte daher den Kontrahenten die Möglichkeit geben, zu wählen zwischen dem Hinausschieben der Ausführung des Vertrages und der Auflösung desselben [1]).

---

1) Auf der hamburger Konferenz wurde auch die Ansicht ausgesprochen, dass die Ereignisse, welche unter den Gesichtspunkt der Verfügungen von hoher Hand fielen, ferner die Unfreiheit von Schiff resp. Ladung in Folge eines ausgebrochenen Krieges die Ausführung des Frachtvertrages nicht unmöglich, sondern nur gefährlicher, und zwar so gefährlich machten, dass dieselbe billiger Weise nicht verlangt werden könnte (Prot. V S. 2381, 2389). Ich halte diese Auffassung nicht für richtig, glaube vielmehr, dass eine Handlung, die sich als eine Verletzung der anerkannten Grundsätze des Völkerrechts qualifizirt, eben so für juristisch unmöglich zu halten ist, wie die, welche nur unter Verletzung des Landesrechts geschehen kann. Das Brechen der von einem fremden Staate verhängten Blokade ist unerlaubt und demgemäss juristisch unmöglich, nicht direkt weil der fremde Staat sie verhängt hat, sondern weil nach völkerrechtlichen Grundsätzen eine Blokade zu respektiren ist. Die Unfreiheit von Schiff und Ladung verursacht die Unmöglichkeit, den Frachtkontrakt zu erfüllen; denn wenn die Fortsetzung der Seefahrt und des überseeischen Handels Seitens der Angehörigen der kriegführenden Mächte mit der durch das Völkerrecht sanktionirten Gefahr des Verlustes von Schiff resp. Ladung bedroht ist, so hat dies dieselbe Bedeutung, als wenn das Völkerrecht die Fortsetzung von Seefahrt und überseeischem Handel Seitens der Genannten unter Androhung eben derselben Strafe verboten hätte. Vgl. oben S. 164 f.

2. Ob die Wirkung des Ereignisses d a u e r n d genug ist, um die Auflösung des Frachtvertrages zu veranlassen, hat der Richter nach den Umständen des konkreten Falles *ex aequo et bono* zu ermessen. Es ist aber nicht ausser Acht zu lassen, dass ein und dasselbe Ereigniss für einen Frachtkontrakt von erheblicher, für einen anderen von unerheblicher Dauer sein kann. Ersteres dann, wenn die „von der Verfügung betroffene Zeit" gerade „für den Frachtvertrag entscheidend, und der gewollte Transport dadurch unmöglich geworden" ist (Prot. V S. 2388).

3. Ueber die Frage, ob die B l o k a d e eine e f f e k t i v e sein muss, s. oben S. 164 f.

4. Hinsichtlich Ziff. 2 kommt es nicht darauf an, ob das Schiff resp. die Ladung „nach richtiger Rechtsauslegung f r e i i s t"; vielmehr liegt dem einen wie dem anderen Theile nur eine „verständige Erwägung" ob, „ob in Folge des Kriegsausbruches Schiff oder Ladung von den Befehlshabern feindlicher Kriegsschiffe nach summarischer Prüfung als unfrei betrachtet werden k a n n" (Entsch. des R.O.H.G. VII S. 174; Entsch. des hamb. Handelsger. vom 2. Juli 1864, vom 17. Oktober 1864 in H e r m a n n und H i r s c h, Samml. Nr. 116, 130) [1]).

---

[1] Der f r a n z ö s i s c h e *Code de comm.* (Art. 276) bestimmt: *Si, avant le départ du navire, il y a interdiction de commerce avec le pays pour lequel il est destiné, les conventions sont résolues sans dommages-intérêts de part ni d'autre. Le chargeur est tenu des frais de la charge et de la décharge de ses marchandises.* (Ebenso der b e l g i s c h e *Code de comm.* II Art 90.) Hinsichtlich anderer Fälle einer höheren Gewalt verordnet der Art. 277 Abs. 1: *S'il existe une force majeure, qui n'empêche que pour un temps la sortie du navire, les conventions subsistent, et il n'y a pas lieu à dommages-intérêts à raison du retard.* (Ebenso b e l g i s c h e r *Code* II Art. 84.) Hieraus folgt, dass wenn eine andere *force majeure* als *interdiction de commerce* die Ausführung des Frachtvertrages auf unabsehbare Zeit verhindert, die Bestimmung des Art. 276 (resp. 90 des belg. *Code*) Platz greift. Vgl. P a r d e s s u s III N. 711; D e s - j a r d i n s III S. 503 ff., 554. Die Frage, ob die Ausführung des Vertrages hinausgeschoben ist *indéfiniment* oder *temporairement*, hat der Richter zu entscheiden *d'après les données du sens commun et les circonstances spéciales de chaque affaire*. Mit dem f r a n z ö s i s c h e n Recht stimmt auch überein das s p a n i s c h e H.G.B. Art. 768, 769. Nach h o l l ä n d i s c h e m und p o r t u g i e s i s c h e m Recht ist der Frachtvertrag von Rechtswegen aufgehoben, wenn 1. das Auslaufen des Schiffs durch höhere Gewalt verhindert ist; 2. die Ausfuhr der Waaren (aller oder eines Theils derselben) aus dem Abgangshafen oder die Einfuhr derselben in den Bestimmungshafen verboten ist; 3. der Handel mit dem Lande, wohin das Schiff bestimmt, verboten ist; die Kosten des Ladens und Löschens hat der Befrachter zu tragen (h o l l ä n d. H.G.B. Art. 499; p o r t u g. H.G.B. Art. 1544). Jeder der Kontrahenten kann vom Vertrage zurücktreten, wenn vor Antritt der Reise ein Krieg ausbricht, wodurch Schiff oder Ladung oder beide unfrei werden. Je nachdem der eine oder der andere dieser Fälle vorliegt, ist die Verpflichtung zum Tragen der schon entstandenen Kosten verschieden normirt (h o l l ä n d. H.G.B. Art. 500; p o r t u g. H.G.B. Art. 1545). Die e n g l i s c h e n Juristen, die als selbstverständlich voraussetzen, dass die *obligation of the contract is destroyed by the event which renders performance of it impossible*, heben ausdrücklich hervor, dass wenn in Folge einer *declaration of war, or a legislative enactment, performance is not only impossible but illegal, the contract being dissolved ipso facto* (s. M a c l a c h l a n S. 545). Im Einzelnen werden aufgeführt:

Art. 632.

Wenn nach Antritt der Reise das Schiff durch einen Zufall verloren geht (Art. 630 Ziff. 1), so endet der Frachtvertrag. Jedoch hat der Befrachter, soweit Güter geborgen oder gerettet sind, die Fracht im Verhältniss der zurückgelegten zur ganzen Reise zu zahlen (Distanzfracht).

Die Distanzfracht ist nur soweit zu zahlen, als der gerettete Werth der Güter reicht.

Die auswärtigen Rechte erkennen zum Theil das schon der älteren Zeit (so dem *Guidon de la mer* VI, 7 — Pardessus, *Collection* II S. 399 —) bekannte Institut der Distanzfracht als einer Theilfracht, zu deren Zahlung der Befrachter gesetzlich verpflichtet ist, entweder gar nicht an, wie das amerikanische und englische Recht[1]), oder nur unter ganz bestimmten Voraussetzungen; so wenn der Weitertransport der Waaren auf einem anderen Schiffe unmöglich ist, wie z. B. das französische Recht[2]), oder wenn 30 Stunden in der Runde kein anderes Schiff aufzutreiben ist, wie das spanische Recht[3]). Dagegen spricht das II.G.B. dem Ver-

---

Ausbruch eines Krieges zwischen dem Staate, welchem Schiff oder Ladung angehört, und dem, wohin das Schiff bestimmt ist (nicht aber wenn Krieg mit einem anderen Staate ausgebrochen ist); Verbot des Handels zwischen den genannten Ländern; Verbot der Ausfuhr der Waaren, welche die Ladung bilden oder nach dem Frachtvertrage bilden sollen, Seitens des Staats, dem Schiff und Ladung angehören; Blokade des Bestimmungshafens (während man gestützt auf Entscheidungen amerikanischer Gerichte, durch eine Blokade des Abgangshafens nur die Ausführung des Vertrags suspendiren lassen will). Uebrigens wird *an actual blockade* verlangt. Wird Embargo Seitens des Staats, dem der Befrachter angehört, verhängt in *the nature of reprisals and partial hostility* gegen den Staat, dem das Schiff angehört, so kann der Befrachter vom Vertrage zurücktreten, wenn durch den Aufenthalt der Zweck der Reise wahrscheinlich vereitelt wird. Vgl. Abbott S. 436—450; Maclachlan S. 534—583.

1) Abbott S. 368—391; Maclachlan S. 478—498. Doch ist vom *Admiralty Coort* ein Anspruch auf Distanzfracht anerkannt worden in Fällen wo die Billigkeit dies zu fordern schien. Der belgische *Code de comm.* II von 1879 hat gleichfalls die Distanzfracht beseitigt (Art. 97 Abs. 3: *Il n'est dû aucun fret pour les marchandises qui après naufrage ou déclaration d'innavigabilité du navire, ne seront pas parvenues à destination*).

2) Der franz. *Code de comm.* Art. 296: — *Dans le cas, où le navire ne pourrait être radoubé, le capitaine est tenu d'en louer un autre. Si le capitaine n'a pu louer un autre navire, le fret n'est dû qu'à proportion de ce que le voyage est avancé.* Vgl. Pardessus III N. 644. Aus Art. 296 ist auch zu ergänzen Art. 303: *Si le navire et les marchandises sont rachetés, ou si les marchandises sont sauvées du naufrage, le capitaine est payé du fret jusqu'au lieu de la prise ou du naufrage. — Il est payé du fret entier en contribuant au rachat, s'il conduit les marchandises au lieu de leur destination.* Demgemäss würde der Kapitän verpflichtet sein, auch im Falle des Schiffbruchs u. s. w. den Versuch zu machen, den Transport der Waaren nach dem Bestimmungsorte zu bewerkstelligen (Desjardins III S. 522 f.), und erst wenn dies nicht möglich wäre, würde er Anspruch auf Distanzfracht haben. (Vgl. hierzu unten S. 356 Note 1.) Mit dem *Code de comm.* stimmt überein das holländische H.G.B. (Art. 478 und 483) und das portugiesische H.G.B. (Art. 1525 und 1530).

3) Spanisches H.G.B. Art. 777.

frachter ohne Weiteres einen Anspruch auf Distanzfracht zu [1]), freilich nur für die Waaren, welche gerettet sind, und höchstens bis auf Höhe des Werthes derselben.

Art. 633.

Bei Berechnung der Distanzfracht kommt in Anschlag nicht allein das Verhältniss der bereits zurückgelegten zu der noch zurückzulegenden Entfernung, sondern auch das Verhältniss des Aufwandes an Kosten und Zeit, der Gefahren und Mühen, welche durchschnittlich mit dem vollendeten Theile der Reise verbunden sind, zu denen des nicht vollendeten Theiles.

Können sich die Parteien über den Betrag der Distanzfracht nicht einigen, so entscheidet darüber der Richter nach billigem Ermessen.

Um das Verhältniss der bereits zurückgelegten zu der noch zurückzulegenden Entfernung zu ermitteln, muss stets aufgesucht werden der entfernteste Punkt, den der Schiffer erreicht hat „unter ordnungsmässiger Ausführung der Reise", d. h. so lange er den Weg nach dem Reiseziel auf dem üblichen Kurse verfolgte, selbst wenn dieser Ort „nach Längen- und Breitengraden" berechnet werden müsste, weil das aufgebrachte Schiff in einen abseits vom Kurse belegenen Hafen [2]) gebracht oder der Schiffer in einen eben so belegenen Nothhafen eingelaufen ist (vgl. Art. 636 Abs. 6). Denn das Gesetzbuch hat für die Berechnung der Distanzfracht nicht blos die Erwägung maassgebend sein lassen, „wie viel der Schiffer dem Befrachter durch die theilweise Ausführung des Transportes genützt habe", sondern es hat auch hauptsächlich die „eigenen Opfer" desselben berücksichtigt wissen wollen (Prot. V S. 2412). Natürlich darf die noch zurückzulegende Reise nicht von demselben Orte aus berechnet werden, sondern von dem aus, von welchem die Waaren mit einem anderen Schiffe nach dem Bestimmungshafen befördert werden müssen.

Art. 634.

Die Auflösung des Frachtvertrages ändert nichts in den Verpflichtungen des Schiffers, bei Abwesenheit der Betheiligten auch nach dem Verluste des Schiffs für das Beste der Ladung zu sorgen (Art. 504—506). Der Schiffer ist demzufolge berechtigt und verpflichtet, und zwar im Falle der Dringlichkeit auch ohne vorherige Anfrage, je nachdem es den Umständen entspricht, entweder die Ladung für Rechnung der Betheiligten mittelst eines anderen Schiffs

---

1) Ebenso finnländ. Seegesetz Art. 102; chilen. H.G.B. Art. 1029.
2) Der *Code* lässt die Fracht zahlen *jusqu'au lieu de la prise* (Art. 303). Die französischen Prisengerichte im Kriege des Jahres 1870/71 haben dies durchweg von dem Aufbringungshafen verstanden und mit Rücksicht auf diesen Ort stets die Distanzfracht berechnet. P ö h l s hält eine solche Auffassung für die einzig richtige, weil der Hafen, nach welchem das genommene Schiff aufgebracht wird, der Punkt ist, bis zu welchem dasselbe die Güter geschafft hat (Seerecht II S. 591 f.).

nach dem Bestimmungshafen befördern zu lassen, oder die Auflagerung oder den Verkauf derselben zu bewirken und im Falle der Weiterbeförderung oder Auflagerung behufs Beschaffung der hierzu sowie zur Erhaltung der Ladung nöthigen Mittel einen Theil davon zu verkaufen oder im Falle der Weiterbeförderung die Ladung ganz oder zum Theil zu verbodmen.

Der Schiffer ist jedoch nicht verpflichtet, die Ladung auszuantworten oder zur Weiterbeförderung einem anderen Schiffer zu übergeben, bevor die Distanzfracht nebst den sonstigen Forderungen des Verfrachters (Art. 615) und die auf der Ladung haftenden Beiträge zur grossen Haverei, Bergungs- und Hülfskosten und Bodmereigelder bezahlt oder sichergestellt sind.

Auch für die Erfüllung der nach dem ersten Absatz dieses Artikels dem Schiffer obliegenden Pflichten haftet der Rheder mit dem Schiffe, soweit etwas davon gerettet ist, und mit der Fracht.

1. Das Gesetz verpflichtet nicht den Verfrachter, sondern den Schiffer, nach dem Untergange des Schiffs für das Beste der Ladung zu sorgen, d. h. „diejenigen Maassregeln im Interesse der Ladung zu ergreifen, welche nach den Umständen des Falls als die angemessensten erscheinen". Was derselbe in dieser Hinsicht vornimmt, thut er nicht „zum Vollzuge des einmal erloschenen Frachtvertrages", nicht als Vertreter des Rheders, sondern als gesetzlicher Vertreter der Ladungsinteressenten. Der Schiffer steht zu den Ladungsinteressenten in einem mandatsähnlichen Verhältniss, welches eben dadurch von dem reinen Mandatsverhältniss sich unterscheidet, dass das Vertretungsrecht und die Vertretungspflicht nicht auf einem Auftrage der Ladungsinteressenten selbst, sondern auf dem Gesetz beruht; weshalb denn auch auf der hamburger Konferenz der Schiffer geradezu als „gesetzlicher Mandatar der Ladungsinteressenten" bezeichnet wurde (Prot. V S. 2462, 2464; vgl. Entsch. des R.O.H.G. XXV S. 9 f.). Auch nach Auflösung des Frachtvertrages bleibt der Schiffer in diesem Verhältniss, und es kann derselbe nicht etwa dann als *negotiorum gestor* der Ladungsbetheiligten aufgefasst werden, weil die Vornahme einer Reihe von Rechtshandlungen für die Ladungsinteressenten ihm durch das Gesetz auferlegt, nicht aber seiner freien Entschliessung überlassen ist. Da der Schiffer aber hier als Stellvertreter der Ladungsinteressenten, und zwar in der vom Gesetz vorgeschriebenen Weise zu handeln hat, so darf er nicht in jedem Falle die Ladung nach dem ursprünglichen Bestimmungsorte schaffen, selbst wenn sich ihm dazu eine Gelegenheit darböte. Er darf dies nicht thun 1. gegen den Widerspruch der Ladungsinteressenten, 2. ohne die Ermächtigung derselben, wenn diese eingeholt werden konnte, 3. wenn es den Umständen nicht gemäss ist, d. h. dem wohl verstandenen Interesse der Ladungseigenthümer widerspricht, wo eine vorherige Anfrage nicht stattfinden konnte. Ferner hat der Schiffer, auch wenn er die Ladung

nach dem Bestimmungsorte bringt, nicht das Recht, die vertragsmässige Fracht zu verlangen [1]). Dagegen kann derselbe Ersatz
der Auslagen fordern, welche er bei Ausrichtung seiner Obliegenheiten gehabt hat, und auch Vergütung für seine Mühwaltungen,
ohne dass dabei der Betrag der vertragsmässigen Fracht als Grenze
angesehen werden könnte (Prot. V S. 2364 f.). Dies ergiebt sich
aus der Stellung des Schiffers gegenüber den Ladungsinteressenten,
und aus der Analogie des Art. 526. Der Schiffer macht seine Ansprüche geltend mit der *actio mandati contraria* [2]) (nicht *negotiorum
gestorum contraria*, wie das R.O.H.G. — Entsch. XV S. 66 f. —
will; vgl. oben S. 172 f.).

2. Das Gesetz erhält die aus Art. 504—506 fliessende Verbindlichkeit des Schiffers, „dem Interesse der Ladung zu dienen",
aufrecht nur bei Abwesenheit der Betheiligten. Dieselbe
erreicht daher ihr Ende, „sobald die Ladung einen Vertreter gefunden hat" (Entsch. des R.O.H.G XV S. 66).

3. Der letzte Absatz erklärt sich daraus, dass, wenn der Kapitän auch „nach der Auflösung des Frachtvertrages ausschliesslich als Vertreter der Ladungsinteressenten" handelt (Prot. VIII
S. 4307), er dies doch lediglich auf Grund seiner Qualität als
Schiffer thut.

---

1) Der *Code de comm.* (französische Art. 296 Abs. 2; belgische II
Art. 94 Abs. 2) macht es dem Schiffer zur Pflicht, wenn das Schiff reparaturunfähig geworden, ein anderes zu chartern, um die Ladung nach dem Bestimmungsort zu bringen (wie das Gleiche anzunehmen ist, wenn das Schiff wirklich verloren gegangen oder genommen ist; s. Desjardins III S. 522 f.); er bestimmt
aber nicht — wie dies der Art. 634 H.G.B. ausdrücklich gethan —, auf wessen
Rechnung dies geschehen soll. Die herrschende Ansicht in Theorie und Praxis
geht (gestützt auf Art. 393 *Code de comm.*, der dem Ladungsversicherer auch
zur Last legt *l' excédant du fret*) dahin, dass es zu Lasten des Befrachters ist,
wenn für den Weitertransport eine höhere Fracht, als die ursprüngliche, zu
zahlen ist. Nicht eben so allgemein wird angenommen, dass dem Befrachter
auch der Vortheil zu Gute kommt, wenn die zweite Fracht niedriger ist. Doch
haben sich für diese vom Standpunkt der Rechtskonsequenz, wie der Billigkeit
aus allein mögliche Ansicht die neuesten hervorragenden Seerechtsschriftsteller
ausgesprochen; so Laurin bei Cresp II S. 110—114; Ruben de Couder IV
S. 463 f. N. 231; Desjardins III S. 523—526. Der Verfrachter hat also hiernach Anspruch auf Distanzfracht, während der Weitertransport für Rechnung
des Befrachters geschieht, wie dieser auch die Kosten der Ausladung, Lagerung,
Wiedereinladung zu tragen hat. In England ist es nach den Angaben der
Seerechtsschriftsteller noch nicht zur gerichtlichen Entscheidung gekommen, ob
der Schiffer unter den in Rede stehenden Umständen verpflichtet ist, ein anderes
Schiff zum Weitertransport der Güter zu chartern. Berechtigt ist derselbe dazu
und hat bei Ausführung des Transports Anspruch auf die ursprüngliche Fracht,
selbst wenn der Weitertransport gegen eine geringere Fracht ausgeführt ist. Dagegen
ist es streitig, ob die höhere Fracht dieses Weitertransports zu Lasten des Befrachters oder Verfrachters ist. S. Abbott S. 314 ff.; Maclachlan S. 428—430,
S. 502 f. Das holländische H.G.B. (Art. 478 Abs. 3) verpflichtet den Schiffer,
gerade für seine Rechnung den Weitertransport der Ladung zu besorgen. Ebenso
das spanische H.G.B. (Art. 771 Abs. 1).

2) Diese Auffassung findet sich auch bei den französischen Juristen; vgl.
Ruben de Couder IV S. 463 f. N. 231 und die daselbst Zitirten.

Art. 635.

Gehen nach Antritt der Reise die Güter durch einen Zufall ver-
loren, so endet der Frachtvertrag, ohne dass ein Theil zur Entschä-
digung des anderen verpflichtet ist, insbesondere ist die Fracht weder
ganz noch theilweise zu zahlen, insofern nicht im Gesetze das Gegen-
theil bestimmt ist (Art. 619).

Der Artikel zieht lediglich die Konsequenz aus Art. 618.
Darüber, dass Güter, welche während der Reise durch Seeunfälle beschädigt und deshalb im Nothhafen verkauft sind, nicht
als verloren gegangen zu betrachten sind, vgl. die Ausführungen
zu Art. 618 (S. 335 f.).

Art. 636.

Ereignet sich nach dem Antritt der Reise einer der im Art. 631
erwähnten Zufälle, so ist jeder Theil befugt, von dem Vertrage zu-
rückzutreten, ohne zur Entschädigung verpflichtet zu sein.

Ist jedoch einer der im Art. 631 unter Ziff. 1 bezeichneten Zu-
fälle eingetreten, so muss, bevor der Rücktritt stattfindet, auf die Be-
seitigung des Hindernisses drei oder fünf Monate gewartet werden,
je nachdem das Schiff in einem europäischen oder in einem nicht-
europäischen Hafen sich befindet.

Die Frist wird, wenn der Schiffer das Hinderniss während des
Aufenthalts in einem Hafen erfährt, von dem Tage der erhaltenen
Kunde, anderenfalls von dem Tage an berechnet, an welchem der
Schiffer, nachdem er davon in Kenntniss gesetzt worden ist, mit dem
Schiffe zuerst einen Hafen erreicht.

Die Ausladung des Schiffs erfolgt, in Ermangelung einer ander-
weitigen Vereinbarung, in dem Hafen, in welchem es zur Zeit der
Erklärung des Rücktritts sich befindet.

Für den zurückgelegten Theil der Reise ist der Befrachter Di-
stanzfracht (Art. 632, 633) zu zahlen verpflichtet.

Ist das Schiff in Folge des Hindernisses in den Abgangshafen
oder in einen anderen Hafen zurückgekehrt, so wird bei Berechnung
der Distanzfracht der dem Bestimmungshafen nächste Punkt, welchen
das Schiff erreicht hat, behufs Feststellung der zurückgelegten Ent-
fernung zum Anhalt genommen.

Der Schiffer ist auch in den Fällen dieses Artikels verpflichtet,
vor und nach der Auflösung des Frachtvertrags für das Beste der
Ladung nach Maassgabe der Art. 504 bis 506 und 634 zu sorgen.

Der Artikel hat im Abs. 2 die Zeit, während welcher das den
Rücktritt vom Vertrage rechtfertigende Ereigniss gedauert haben
muss, fixirt. Diese von Art. 631 Ziff. 1 abweichende Bestimmung
wurde auf der hamburger Konferenz dadurch motivirt, dass,

während im Abladehafen regelmässig der „Befrachter oder ein Korrespondent desselben" anwesend sein würde, und so eine Verständigung zwischen Befrachter und Verfrachter erzielt werden könnte, dies nicht leicht der Fall sein dürfte nach Antritt der Reise an dem Orte, wo das Schiff sich gerade befände (Prot. V S. 2404 f.).

Diese Frist hat das Gesetz verschieden normirt, je nachdem sich das Schiff in einem europäischen Hafen — welchem nach Art. 447 die nichteuropäischen des Mittelländischen, Schwarzen und Azowschen Meeres gleichstehen — oder einem aussereuropäischen befindet, während der Bestimmungshafen dabei nicht in Betracht kommt (Prot. V S. 2406 f.). Der Grund für diese Unterscheidung, wie auch dafür, dass die Fristen so weit bemessen sind, ist darin zu suchen, dass dem Befrachter die Möglichkeit gewährt werden soll, „sich mit dem Schiffer über das weitere Verfahren immer in Benehmen" zu setzen, ihm die „geeigneten Instruktionen" zu ertheilen, und „falls eine besondere Uebereinkunft über ein längeres Zuwarten des Schiffers gegen ein angemessenes Liegegeld nicht zu Stande" kommt, „für die Uebernahme der Ladung geeignete Fürsorge" zu treffen (Prot. V S. 2406 f.).

Art. 637.

Muss das Schiff, nachdem es die Ladung eingenommen hat, vor Antritt der Reise in dem Abladungshafen oder nach Antritt derselben in einem Zwischen- oder Nothhafen in Folge eines der im Art. 631 erwähnten Ereignisse liegen bleiben, so werden die Kosten des Aufenthalts, auch wenn die Erfordernisse der grossen Haverei nicht vorliegen, über Schiff, Fracht und Ladung nach den Grundsätzen der grossen Haverei vertheilt, gleichviel ob demnächst der Vertrag aufgehoben oder vollständig erfüllt wird. Zu den Kosten des Aufenthalts werden alle in dem zweiten Absatz des Artikels 708 Ziff. 4 aufgeführten Kosten gezählt, diejenigen des Ein- und Auslaufens jedoch nur dann, wenn wegen des Hindernisses ein Nothhafen angelaufen ist.

1. Nur bei gewissen der im Art. 631 aufgeführten Ereignisse, wie bei Blokade des Bestimmungshafens, beim Unfreiwerden von Schiff und Ladung, würde das Einlaufen des Schiffs in einen Nothhafen nach Art. 708 Ziff. 4 unter den Begriff der Havariegrosse fallen; bei allen anderen würde es hierzu an dem Erforderniss der „gemeinsamen Gefahr" fehlen. Eben so liegen nicht die Voraussetzungen der grossen Havarie vor, wenn der Schiffer in Folge eines der gedachten Ereignisse im Abladehafen oder einem Zwischenhafen liegen bleibt. Denn es geschieht hier nicht „etwas Positives", es wird kein Schaden dem Schiffe resp. der Ladung zugefügt, „um die Gefahr zu beseitigen", sondern es wird nur etwas unterlassen, was, „wenn es vorgenommen würde, das Schiff und die Ladung erst der Gefahr aussetzen würde". In manchen

Fällen, z. B. beim Embargo, bei der Beschlagnahme, fehlt es auch an dem „Erforderniss der Freiwilligkeit des Opfers" (Prot. VI S. 2676 f.). Wegen der Gleichheit des Verhältnisses sind aber die sämmtlichen hier in Betracht kommenden Fälle gleich behandelt worden (Entsch. des R.O.H.G. VII S. 170) [1].

2. Die Bestimmung des Artikels greift nur Platz bei dem Schiffe, welches, nachdem es die Ladung eingenommen hat, liegen bleiben muss. Als Grund hierfür wird angegeben, dass erst nach Vollendung der Abladung eine Gemeinschaft zwischen Schiff und Ladung eingetreten ist, während vorher jeder Theil den „ihn betreffenden Schaden zu tragen" hat (Prot. V S. 2409 f.). Allein es ist nicht nothwendig, dass das Ereigniss dem Schiffer auch erst nach Beendigung der Abladung bekannt wird, vielmehr kommt der Artikel auch dann zur Anwendung, wenn der Kapitän nach dem Bekanntwerden des fr. Ereignisses mit der Beladung fortfährt und mit dem beladenen Schiffe liegen bleibt. Dies ist dem Wortlaut des Artikels durchaus konform. Das Gesetz sagt: „muss das Schiff, nachdem es die Ladung eingenommen hat, — in Folge eines der im Art. 631 erwähnten Ereignisse liegen bleiben"; es sagt aber nicht: wird eines der fr. Ereignisse, nachdem das Schiff die Ladung eingenommen, dem Schiffer bekannt. Es kommt eben nicht darauf an, wann das Ereigniss selbst eintritt, noch auch, wann es bekannt wird, sondern wann dasselbe „seine Wirksamkeit äussert" (Prot. V S. 2410), d. h. „den Schiffer zu dem Entschluss bringt, mit dem Schiffe liegen zu bleiben". Nicht immer nämlich werden die Ereignisse des Art. 631 diesen Entschluss gleich nach ihrem Bekanntwerden bei dem Schiffer hervorbringen, sondern erst nach Ablauf einer gewissen Zeit (Entsch. des R.O.H.G. VII S. 171 f.). Man darf sich auch, wie das R.O.H.G. (a. a. O.) mit Recht ausführt, für die entgegengesetzte Ansicht nicht darauf berufen, dass auf der hamburger Konferenz der Antrag abgelehnt wurde, die Bestimmung, dass dem Schiffer für seinen Aufenthalt im Abgangshafen „Entschädigung zu leisten und die Kosten hierfür nach Maassgabe der Grundsätze über die Havariegrosse zu vertheilen seien", auch „für die Zeit vor Vollendung der

---

[1] Für den Fall, dass ein Schiff während der Reise durch höhere Gewalt aufgehalten ist, (in diesem Sinne werden die Worte des franz. Code: par l'ordre d'une puissance von den hervorragendsten neueren Schriftstellern verstanden — s. Desjardins III S. 635f.; Ruben de Couder IV S. 465 N. 238 —, während der belg. Code ausdrücklich force majeure sagt) bestimmen das französische und das belgische Recht: La nourriture et les loyers de l'équipage pendant la détention du navire sont réputés avaries (franz. Code de comm. Art. 300; belg. II Art. 85). Avaries communes sind sie jedoch, da die in Rede stehende Bestimmung ihre genauere Bedeutung erst aus den Grundsätzen über die Klassifizirung der Havarie erhält, nach dem französischen Code nur, si le navire est affrété au mois (Art. 400 N. 6), nach dem belgischen nur, wenn die allgemeinen Voraussetzungen der Havariegrosse vorliegen, d. h. wenn die Ausgaben unter die dépenses extra-ordinaires fallen faites volontairement pour le bien et salut commun du navire et des marchandises (Art. 102, 103). Vgl. Desjardins III S. 636.

Abladung" zur Anwendung zu bringen (Prot. V S. 2411). Denn
dieser Antrag hatte den Zweck, die gedachte Vertheilung der
Kosten auch dann eintreten zu lassen, wenn die „begonnene Abladung" durch eines der im Art. 631 genannten Hindernisse „unterbrochen" würde, „das Schiff also, ohne die Abladung zu beendigen, liegen bliebe".

Art. 638.

*Wird nur ein Theil der Ladung vor Antritt der Reise durch
einen Zufall betroffen, welcher, hätte er die ganze Ladung betroffen,
nach den Art. 630 und 631 den Vertrag aufgelöst oder die Parteien
zum Rücktritt berechtigt haben würde, so ist der Befrachter nur befugt, entweder statt der vertragsmässigen andere Güter abzuladen,
sofern durch deren Beförderung die Lage des Verfrachters nicht erschwert wird (Art. 563), oder von dem Vertrage unter der Verpflichtung zurückzutreten, die Hälfte der bedungenen Fracht und die
sonstigen Forderungen des Verfrachters zu berichtigen (Art. 581 und
582). Bei Ausübung dieser Rechte ist der Befrachter jedoch nicht
an die sonst einzuhaltende Zeit gebunden. Er hat sich aber ohne
Verzug zu erklären, von welchem der beiden Rechte er Gebrauch
machen wolle und, wenn er die Abladung anderer Güter wählt, dieselbe binnen kürzester Frist zu bewirken, auch die etwaigen Mehrkosten dieser Abladung zu tragen und, insoweit durch sie die Wartezeit überschritten wird, den dem Verfrachter daraus entstehenden
Schaden zu ersetzen.*

*Macht er von keinem der beiden Rechte Gebrauch, so muss er
auch für den durch den Zufall betroffenen Theil der Ladung die
volle Fracht entrichten. Den durch Krieg, Ein- und Ausfuhrverbot
oder eine andere Verfügung von hoher Hand unfrei gewordenen
Theil der Ladung ist er jedenfalls aus dem Schiffe herauszunehmen
verbunden.*

*Tritt der Zufall nach Antritt der Reise ein, so muss der Be-
frachter für den dadurch betroffenen Theil der Ladung die volle
Fracht auch dann entrichten, wenn der Schiffer diesen Theil in
einem anderen als dem Bestimmungshafen zu löschen sich genöthigt
gefunden und hierauf mit oder ohne Aufenthalt die Reise fortgesetzt hat.*

*Durch diesen Artikel werden die Bestimmungen der Art. 618
und 619 nicht berührt.*

1. Das im Abs. 1 dem Befrachter eingeräumte Wahlrecht kann
von demselben ausgeübt werden auch nach Abfertigung des Schiffs
resp. vollständiger oder theilweiser Lieferung der Ladung und dem
Ablauf der Wartezeit (Art. 581) bis zum Augenblick der
Abreise des Schiffs. Doch muss derselbe von diesen Rechten
„bei Gefahr des Verlustes derselben ungesäumt Gebrauch machen"
(Prot. V S. 2420).

2. Der Artikel lässt den Art. 618, wonach, wenn die Güter nach der Empfangnahme durch einen Unfall zu Grunde gegangen, dafür keine Fracht zu entrichten ist, und den Art. 619, wonach dieses Prinzip eine Ausnahme erleidet bei Gütern, die in Folge ihrer natürlichen Beschaffenheit verloren gegangen, Thieren, die natürlichen Todes gestorben sind, unberührt.

Art. 639.

Abgesehen von den Fällen der Art. 631 bis 638 hat ein Aufenthalt, welchen die Reise vor oder nach ihrem Antritt durch Naturereignisse oder andere Zufälle erlitten, auf die Rechte und Pflichten der Parteien keinen Einfluss, es sei denn, dass der erkennbare Zweck des Vertrages durch einen solchen Aufenthalt vereitelt würde. Der Befrachter ist jedoch befugt, während jedes durch einen Zufall entstandenen, voraussichtlich längeren Aufenthalts die bereits in das Schiff geladenen Güter auf seine Gefahr und Kosten gegen Sicherheitsleistung für die rechtzeitige Wiedereinladung auszuladen. Unterlässt er die Wiedereinladung, so hat er die volle Fracht zu zahlen. In jedem Falle muss er den Schaden ersetzen, welcher aus der von ihm veranlassten Wiederausladung entsteht.

Gründet sich der Aufenthalt in einer Verfügung von hoher Hand, so ist für die Dauer derselben keine Fracht zu bezahlen, wenn diese zeitweise bedungen war (Art. 623).

1. Dieser Artikel enthält die Regel über den Einfluss, welchen eine durch Naturereignisse oder sonstige zufällige Ereignisse verursachte Verzögerung der Reise auf den Fortbestand des Frachtvertrages ausübt. Die Regel lautet nun, dass ein derartiger Aufenthalt durchaus einflusslos ist. Weder wird der Frachtvertrag aufgelöst, noch erleiden die beiderseitigen Ansprüche aus demselben irgend welche Veränderung [1]). Und zwar soll es keinen Unter-

---

1) So auch nach englischem Recht; vgl. Maclachlan S. 358 ff. Der französische und der belgische Code de comm. bestimmen: *S'il existe une force majeure qui n'empêche que pour un temps la sortie du navire, les conventions subsistent, et il n' y a pas lieu à dommages-intérêts à raison du retard* (franz. Art. 277 Abs. 1; belg. II Art. 84). *Elles subsistent également et il n'y a lieu à aucune augmentation de fret, si la force majeure arrive pendant le voyage* (franz. Art. 277 Abs. 2). *Le chargeur peut, pendant l'arrêt du navire, faire décharger ses marchandises à ses frais, à condition de les recharger ou d' indemniser le capitaine* (franz. Art. 278; belg. Art. 86). Hieraus folgt, dass der Befrachter in diesem Falle nicht auf Grund des Art. 288 Abs. 3 gegen Zahlung von Fautfracht vom Vertrage zurücktreten kann. So Bédarride II N. 671; a. M. Desjardins III S. 556. *Si le vaisseau est arrêté dans le cours de son voyage par l'ordre d'une puissance (par une force majeure: belg.; dass in derselben Weise die Worte des franz. Code zu verstehen, s. S. 359 Note 1), il n'est dû aucun fret pour le temps de sa détention. si le navire est affrété au mois; ni augmentation de fret, s'il est loué au voyage* (franz. Art. 300 Abs. 1; belg. 85 Abs. 1). Ebenso das holländische H.G.B. Art. 505; das portugiesische Art. 1550.

schied begründen, ob dieser Aufenthalt sich v o r oder n a c h A n -
t r i t t d e r R e i s e ereignet. Hierbei setzt das Gesetzbuch auch
nicht etwa voraus, dass der geschlossene Frachtkontrakt bereits in
der Ausführung begriffen, das Schiff also dem Befrachter im Abladehafen zur Disposition gestellt ist; denn es kann, da ganz allgemein von dem vor Antritt der Reise stattgehabten Aufenthalt die
Rede ist, keinen Unterschied begründen, ob der Antritt der Reise
verzögert wird durch ein Ereigniss, welches die Ladebereitschaft
verhindert oder die Kompletirung der Ladung oder das Auslaufen
des beladenen Schiffs [1]).

2. Von der Regel werden aber Ausnahmen zugelassen. Solche
begründen einmal die in den Art. 631—638 aufgeführten Fälle
und ferner der vom Artikel selbst hervorgehobene, erst in zweiter
Lesung hinzugefügte Fall, dass durch einen solchen Aufenthalt der
erkennbare Z w e c k d e s V e r t r a g e s selbst vereitelt werden
würde. Der Zweck des Vertrages ist nicht ein beiden Kontrahenten gemeinsamer Zweck. Ein solcher würde nur in den allerseltensten Fällen vorhanden sein; denn der erste und Hauptzweck
eines jeden Frachtvertrages ist nicht für beide Kontrahenten derselbe, ist nicht, wie das O.A.G. zu Lübeck in einer Entscheidung
vom 22. September 1868 (in K i e r u l f f s Samml. IV S. 590) hervorhebt, die „Beförderung von Waaren oder Menschen von einem
Orte nach dem anderen". Dies ist vielmehr nur der Zweck des
Befrachters. Der Zweck, welchen der Verfrachter beim Abschluss eines Frachtgeschäfts verfolgt, ist die Erzielung eines
Gewinnes, des Frachtverdienstes. Wäre jenes wirklich der Zweck,
so könnte ein solcher in seiner Allgemeinheit, wie das Gericht mit
Recht bemerkt, auch niemals durch einen blossen Aufenthalt vereitelt werden. Uebrigens wird es schon durch die Bezeichnung
des Zweckes als eines erkennbaren ausgeschlossen, dass er ein gemeinsamer sein muss; denn bei einem solchen wäre die Bezeichnung „erkennbar" eine sinnlose. Der Zweck kann aber eben sowohl der Zweck des Befrachters, wie der des Verfrachters sein.
Der Zweck des ersteren kann durch einen solchen Aufenthalt vereitelt werden, wenn derselbe z. B. „leicht verderbende Waaren,
wie Apfelsinen, Austern" u. s. w. verladen wollte, und das Schiff
in der Weise beschädigt ward, dass eine voraussichtlich mehrere
Monate in Anspruch nehmende Reparatur nothwendig wurde; der
des Verfrachters, wenn er sich z. B. bereits einem anderen Be-

---

1) Besonders deutlich wird dies durch die in einem Erk. des O.A.G. zu
Lübeck vom 22. September 1868 (in K i e r u l f f's Samml. IV S. 589) gegebene
Exemplification. Es wird hier nämlich gegenüber gestellt der Fall, wo das gecharterte Schiff im Hafen liegt, um die Ladung einzunehmen, aber noch be-
schäftigt ist, die dorthin gebrachte Ladung zu löschen, und in dieser Zeit durch
einen *casus*, z. B. Ansegelung oder Feuer beschädigt, ehe es die kontraktliche
Reise antreten kann, noch erst repariren muss; und der Fall, wo der Unfall
das Schiff traf, nachdem die Löschung der alten Ladung beendet war und es
bereit lag, die neue Ladung einzunehmen.

frachter gegenüber verpflichtet hatte, in dem Bestimmungshafen der
jetzt anzutretenden Reise vor Eintritt einer bestimmten Jahreszeit
sich zur Disposition zu stellen oder Ladung einzunehmen. (S. Prot.
VIII S. 3985; vgl. oben S. 265 f. N. 6.)

3. Der Zweck des Vertrages, der zur Auflösung berechtigt,
muss ein e r k e n n b a r e r sein. Damit soll nicht gesagt sein, dass
nur die von den Kontrahenten ausdrücklich namhaft gemachten
Zwecke in Betracht kommen, es genügt vielmehr, wenn der
eine Kontrahent den Zweck des anderen überhaupt und als mit
einer Verzögerung der Reise nicht vereinbar gekannt hat oder aus
dem Inhalte des Vertrages hat kennen müssen. Dagegen ist ein
nur innerlich beabsichtigter Zweck des einen Kontrahenten nicht
zu berücksichtigen (Entsch. des O.A.G. zu Lübeck vom 22. Sep-
teber 1868 in K i e r u l f f s Samml. IV S. 591; vgl. Prot. VIII
S. 4067 f.). Ebenso wenig kommen selbstverständlich in Betracht
allgemeine beim Abschluss des Frachtvertrages gethane Aeusserungen, aus denen nicht mit Nothwendigkeit ein Schluss auf einen
solchen Zweck zu ziehen, wie z. B. die Aeusserung des Befrachters,
es liege ihm viel daran, die Waare möglichst bald zu verschiffen;
oder gar, die Waaren lägen zu einem bestimmten Zeitpunkt zur
Verladung bereit (s. Hanseat. Gerichts-Zeit. von 1880 S. 221 ff.).

Art. 640.

*Muss das Schiff während der Reise ausgebessert werden, so hat
der Befrachter die Wahl, ob er die ganze Ladung an dem Orte,
wo das Schiff sich befindet, gegen Berichtigung der vollen Fracht
und der übrigen Forderungen des Verfrachters (Art. 615) und gegen
Berichtigung oder Sicherstellung der im Art. 616 bezeichneten Forderungen zurücknehmen, oder die Wiederherstellung abwarten will.
Im letzteren Falle ist für die Dauer der Ausbesserung keine Fracht
zu bezahlen, wenn diese zeitweise bedungen war.*

Das Gesetzbuch giebt dem Befrachter das Recht, in dem im
Art. 640 gesetzten Falle die Herausgabe der ganzen Ladung, nicht
aber eines Theils der Ladung, gegen Zahlung der ganzen Fracht
und deren Accidenzen (nicht der blossen Distanzfracht) und gegen
Berichtigung oder Sicherstellung derjenigen Forderungen des Verfrachters, welche dieser geltend machen dürfte, wenn der Nothhafen,
in den das Schiff behufs der vorzunehmenden Reparaturen eingelaufen,
der Bestimmungshafen wäre [1]), zu verlangen. Der Befrachter ist

---

1) Eben so das h o l l ä n d i s c h e H.G.B. (Art. 478 Abs. 1 u. 2); der f r a n -
z ö s i s c h e *Code de comm.* (Art. 296 Abs. 1) und das b e l g i s c h e (II Art. 94
Abs. 1): *Si le capitaine est contraint de faire radouber le navire pendant
le voyage, l'affréteur est tenu d'attendre, ou de payer le fret en entier.* Auch
im e n g l i s c h e n Recht gilt der Grundsatz: Der Schiffer *may retain the cargo,
for a reasonable time, until the repaires are completed.* Für den Fall, dass

aber nicht verpflichtet, alles dasjenige dem Verfrachter zu erstatten, was dieser gehabt haben würde, wenn er die Reise nach dem Bestimmungshafen, nach dem er sich vielleicht mit Rücksicht auf einen anderweitigen bereits abgeschlossenen Frachtvertrag begeben muss, mit der Ladung vollendet hätte. Derselbe hat also nicht die Kosten einer neuen Versicherung zu ersetzen; auch trifft denselben nicht die auf der Weiterfahrt des Schiffs entstandene Havariegrosse (Prot. V S. 2427 f.).

Art. 641.

Wird der Frachtvertrag in Gemässheit der Art. 630 bis 636 aufgelöst, so werden die Kosten der Ausladung aus dem Schiffe von dem Verfrachter, die übrigen Löschungskosten von dem Befrachter getragen. Hat der Zufall jedoch nur die Ladung betroffen, so fallen die sämmtlichen Kosten der Löschung dem Befrachter zur Last. Dasselbe gilt, wenn im Falle des Art. 638 ein Theil der Ladung gelöscht wird. Musste in einem solchen Falle behufs der Löschung ein Hafen angelaufen werden, so hat der Befrachter auch die Hafenkosten zu tragen.

Art. 642.

Die Art. 630 bis 641 kommen auch zur Anwendung, wenn das Schiff zur Einnahme der Ladung eine Zureise in Ballast nach dem Abladungshafen zu machen hat. Die Reise gilt aber in einem solchen Falle erst dann als angetreten, wenn sie aus dem Abladungshafen angetreten ist. Wird der Vertrag, nachdem das Schiff den Abladungshafen erreicht hat, aber vor Antritt der Reise aus dem letzteren aufgelöst, so erhält der Verfrachter für die Zureise eine nach den Grundsätzen der Distanzfracht (Art. 633) zu bemessende Entschädigung.

In anderen Fällen einer zusammengesetzten Reise sind die obigen Artikel insoweit anwendbar, als Natur und Inhalt des Vertrages nicht entgegenstehen.

1. Die Art. 630—641 beziehen sich zunächst auf den gewöhnlichen Fall eines Frachtvertrages, nämlich auf den einer einfachen Reise, wobei sich das Schiff beim Abschlusse des Frachtvertrages im Abladehafen befunden hat. Der Art. 642 dehnt die darin aufgestellten Grundsätze auch auf zusammengesetzte Reisen aus, und zwar unbedingt auf solche, wo der Reise in Ladung vorangeht

---

ein Uebereinkommen zwischen Schiffer und Befrachter zu Stande gekommen, wonach letzterer im Nothhafen die Güter zurücknimmt, bemerkt jedoch M a c l a c h l a n: *it is not unreasonable from these facts to presume an agreement on the part of the charterer to pay pro rata freight.* S. überhaupt M a c l a c h l a n S. 427 f.

eine Reise in Ballast nach dem Abladehafen; auf andere kombinirte Reisen aber nur, soweit sich jene Bestimmungen mit der Natur und dem Inhalte des betreffenden Vertrages vereinigen lassen [1]).

Für die kombinirte Reise der ersteren Art musste das Gesetzbuch jedoch den Anfang fixiren, weil es zweifelhaft sein kann, ob man denselben bereits in den Zeitpunkt zu setzen hat, wo das Schiff die Ballastreise begonnen hat, oder erst in den, wo die Reise in Ladung angetreten ist; wie denn auch beide Ansichten auf der hamburger Konferenz vertreten waren. Die Majorität entschied sich für die letztere Meinung, indem — aber nur hinsichtlich der Wirkung zufälliger Ereignisse auf den Frachtvertrag — angenommen wurde, dass „die Zureise als eine vor Antritt der Reise statthabende vorbereitende Handlung zu betrachten sei" (Prot. V S. 2431—2433).

2. Für die Anwendung des Art. 639 auf eine Reise dieser Art ist es natürlich aus den in den Ausführungen zu diesem Artikel angegebenen Gründen (o. S. 362) irrelevant, ob die Verzögerung vor Antritt der Zureise stattgefunden hat oder erst während derselben (Entsch. des hamb. Oberger. vom 28. Februar 1867 und des O.A.G. zu Lübeck vom 22. September 1868 in Kierulffs Samml. IV S. 584, 589).

3. Dass das Gesetzbuch, obwohl es die Reise erst beginnen lässt, wenn das Schiff den Abladungshafen verlassen, doch dem Verfrachter einen Anspruch auf eine Entschädigung gewährt, wenn der Frachtvertrag vor Antritt der Reise, aber nachdem das Schiff den Abladungshafen erreicht hat, durch eines der Ereignisse der Art. 630 und 631 aufgelöst wird, ist aus Billigkeitsrücksichten zu erklären (Prot. V S. 2432). Dem Wortlaut des Artikels nach würde sich diese Bestimmung nicht auf den Fall beziehen, wo der Frachtvertrag erst nach Antritt der Reise aus einem der gedachten Gründe aufgelöst wird. Allein mit Recht macht das R.O.H.G. (Entsch. III S. 262 f., XXIII S. 23 f.) darauf aufmerksam, dass die Fassung „aber vor Antritt der Reise aus dem letzteren" auf einer ungenauen Redaktion beruht und nur den Sinn „obgleich noch vor Antritt der Reise" haben kann. Da nämlich die hamburger Konferenz in ihrer Majorität die Reise nicht bereits mit dem Anfange der Ballastreise beginnen lassen wollte, sondern erst mit dem Verlassen des Abladehafens, auf der anderen Seite eine billige Entschädigung des Verfrachters für die Zureise gerechtfertigt fand, so datirte sie gewissermaassen mit Rücksicht auf diesen Zweck das Moment des Antritts der Reise, wie

---

1) Für den Fall einer Reise aus und zu Haus bestimmen der französische (Art. 399) und belgische (II Art. 91) Code de comm.: S'il arrive interdiction de commerce avec le pays pour lequel le navire est en route, et qu'il soit obligé de revenir avec son chargement, il n'est dû au capitaine que le fret de l'aller, quoique le vaisseau ait été affrété pour l'aller et le retour.

das O.H.G. sagt, auf den Zeitpunkt der Erreichung des Abladehafens zurück. Man hatte aber durchaus nicht die Absicht, den Entschädigungsanspruch auf den Fall der Auflösung des Frachtvertrages vor Antritt der Reise zu beschränken, und dem Verfrachter denselben abzusprechen, wenn die Auflösung erst nach dem Antritte erfolgte. Dies ergeben auch die Berathungsprotokolle ganz klar. Sie sagen nämlich (V S. 2433), es sei entschieden, „dass dem Schiffer, wenn das die Ausführung des Transports behindernde Ereigniss erst nach Erreichung des Bestimmungshafens eintreten sollte, eine billige Entschädigung für die Zureise zu gewähren sei." Wäre in einem solchen Fall ein Anspruch auf Distanzfracht überhaupt begründet, so würde freilich der Richter, auch wenn er nicht den dritten Satz des Art. 642, sondern nur Art. 632 ff. zur Anwendung zu bringen hätte, doch befugt sein, dem Verfrachter eine billige Entschädigung für die Ballastreise zuzusprechen, indem ihn Art. 633 ermächtigt, den Aufwand an Kosten und Zeit, welche mit dem vollendeten Theile der Reise verbunden sind, in Anschlag zu bringen, ihn also unzweifelhaft auch ermächtigt, den Umstand mit in Betracht zu ziehen, dass das Schiff, um die Reise in Ladung zu machen, erst eine Zureise in Ballast machen musste.

4. Der Anspruch des Verfrachters auf eine Entschädigung setzt voraus, dass derselbe „vertragsmässig verpflichtet" war, „die Zureise in Ballast zu machen"; denn der Abs. 1 des Artikels hat den Fall vor Augen, wo das Schiff eine Zureise in Ballast zu machen hat, wie denn auch die Billigkeit eine solche Entschädigung nur dann fordern kann, wenn die Ballastreise im alleinigen Interesse des Befrachters auszuführen war. Der Anspruch würde also in dem Falle nicht Platz greifen, wo nach der Chartepartie das Schiff nach Wahl des Kapitäns „entweder direkt in Ballast, oder mit Ladung zum Besten des Schiffs für einen auf dem Wege gelegenen Hafen" nach dem Abladungshafen segeln sollte. Und es würde auch hieran natürlich der Umstand nichts ändern, dass von vornherein nur eine geringe Wahrscheinlichkeit bestand, „für die zu machende Zureise Ladung zu finden" (Entsch. des R.O.H.G. XXIII S. 24 f.).

5. Der Verfrachter erhält eine nach den Grundsätzen der Distanzfracht zu bemessende Entschädigung. Es finden daher auf diese Entschädigung nur die Grundsätze Anwendung, welche für die Höhe der Distanzfracht maassgebend sind, nicht alle, welche sich auf die Distanzfracht beziehen, so nicht der Satz, dass der Verfrachter einen Entschädigungsanspruch blos soweit hat, als Güter gerettet sind. Die im Anfange des Artikels angezogenen Art. 630—641 beziehen sich allein auf die beiden ersten Sätze, nicht auf den dritten.

6. Wenn bei einer anderweitigen zusammengesetzten Reise, für welche eine Gesammtfracht stipulirt war, der Frachtvertrag aufgelöst wird, nachdem eine oder mehrere Reisen

bereits vollendet waren, so ist auf Grund des Art. 633 aus dem Verhältniss[1]) der bereits gemachten Reisen zu den noch zu machenden die Fracht der vollendeten Reisen zu ermitteln, und diese dem Verfrachter voll zuzusprechen, sollte auch auf der unterbrochenen Reise die Ladung vollständig zu Grunde gegangen und demgemäss dafür vom Befrachter nach Art. 635 Fracht überhaupt nicht zu zahlen sein. Für die früheren Reisen ist dieser Umstand irrelevant, da aus denselben die Ladung an die Empfänger bereits abgeliefert und demgemäss die Fracht verdient ist. Die Vereinbarung nämlich, dass die Fracht erst nach Ablieferung der Ladung der letzten Reise zu zahlen, macht die Forderung nur zu einer betagten, nicht aber zu einer bedingten. Ganz ebenso würde in dem Falle zu verfahren sein, wo nur für die Heimreise eine Fracht vereinbart ist, mit Rücksicht auf die Höhe eben dieser aber keine für die Ausreise; es müsste denn aus den Umständen des konkreten Falls erhellen, dass der Verfrachter, statt eine Zureise in Ballast zu machen, sich zur unentgeltlichen Beförderung von Gütern entschlossen hätte, in welchem Falle die Ausreise mit Rücksicht auf die dem Verfrachter gebührende Entschädigung nach den über die Zureise in Ballast geltenden Grundsätzen zu beurtheilen wäre (Entsch. des R.O.H.G. III S. 254 f., 257—260, 265 f.).

Art. 643.

Wenn der Vertrag nicht auf das Schiff im Ganzen, sondern nur auf einen verhältnissmässigen Theil oder einen bestimmt bezeichneten Raum des Schiffs oder auf Stückgüter sich bezieht, so gelten die Art. 630—642 mit folgenden Abweichungen:

1. In den Fällen der Art. 631 und 636 ist jeder Theil sogleich nach Eintritt des Hindernisses und ohne Rücksicht auf die Dauer desselben von dem Vertrage zurückzutreten befugt.

2. Im Falle des Art. 638 kann von dem Befrachter das Recht, von dem Vertrage zurückzutreten, nicht ausgeübt werden.

3. Im Falle des Art. 639 steht dem Befrachter das Recht der einstweiligen Löschung nur dann zu, wenn die übrigen Befrachter ihre Genehmigung ertheilen.

4. Im Falle des Art. 640 kann der Befrachter die Güter gegen Entrichtung der vollen Fracht und der übrigen Forderungen nur dann zurücknehmen, wenn während der Ausbesserung die Löschung dieser Güter ohnehin erfolgt ist.

Die Vorschriften der Art. 588 und 590 werden hierdurch nicht berührt.

---

1) Hierbei ist natürlich nicht nur die Dauer der betreffenden Reisen in Betracht zu ziehen, sondern auch die Art der Güter und alle anderen Umstände, welche auf die Höhe der Fracht einzuwirken pflegen. In Hamburg besteht der auch in den Allg. Seeversicherungsbedingungen § 21 zur Anwendung gekommene Gebrauch, in dem Falle, wo eine gemeinsame Fracht für die Ausreise und die Rückreise stipulirt ist, ⅓ auf die Ausreise, ⅔ auf die Rückreise zu rechnen (Entsch. des R.O.H.G. III S. 265).

1. Hinsichtlich der Anwendung des Art. 637 auf die im
Art. 643 genannten Frachtverträge ist zu· beachten, dass zu den
Kosten des Aufenthalts im Abladehafen oder Zwischen- resp.
Nothhafen nicht nur die von dem zufälligen Ereignisse betroffenen
Güter beizutragen haben, sondern die ganze Ladung (Prot. V
S. 2438—2441).

2. Durch den Schlusssatz des Artikels wird den Stückguts-
und Partialbefrachtern das Recht, unter denselben Bedingungen
vom Vertrage zurückzutreten, unter denen denselben das Rücktrittsrecht bereits ohne Grund zusteht, auch für die Fälle der
Ziff. 2, 3 und 4 vorbehalten. Ursprünglich bezog sich dieser Vorbehalt nur auf Ziff. 4. In dem Entwurf aus erster Lesung lautet
nämlich Ziff. 4 (des Art. 572):

Im Falle des Art. 569 kann der Befrachter die Güter gegen
Entrichtung der vollen Fracht und der übrigen Forderungen des
Verfrachters unbeschadet der Vorschrift des Art. 574 Abs. 2 nur
dann zurücknehmen, wenn während der Ausbesserung die Löschung
dieser Güter ohnehin erfolgt ist.

Durch die Verwandelung des Zwischensatzes „unbeschadet der
Vorschrift des Art. 574 Abs. 2" in einen Hauptsatz, den jetzigen
Schlusssatz des Artikels, wurde die Salvirung des dem Partial-
und Stückgutsbefrachter im Allgemeinen zustehenden Rücktrittsrechts auch auf die anderen im Art. 643 aufgeführten Fälle, in
denen das Recht des Stückguts und Partialbefrachters im Verhältniss
zu dem des Befrachters eines ganzen Schiffs einer Beschränkung
unterworfen ist, nämlich auf die Fälle der Ziff. 2 und 3 ausgedehnt.
Zu Ziff. 1 kann natürlich der Vorbehalt keine Beziehung haben.
(S. Entsch. des hamburger Ober-Ger. vom 5. September 1870 in
Goldschmidts Zeitschr. XVIII S. 587 f.)

Art. 644.

Nach Beendigung jeder einzelnen Abladung hat der Schiffer
dem Ablader ohne Verzug gegen Rückgabe des etwa bei der An
nahme der Güter ertheilten vorläufigen Empfangscheins ein Kon
nossement in so vielen Exemplaren auszustellen, als der Ablader
verlangt.

Alle Exemplare des Konnossements müssen von gleichem Inhalt
sein, dasselbe Datum haben und ausdrücken, wie viele Exemplare
ausgestellt sind.

Dem Schiffer ist auf sein Verlangen von dem Ablader eine mit
der Unterschrift des letzteren versehene Abschrift des Konnossements
zu ertheilen.

1. Nach Annahme der Waaren hat der Schiffer oder ein
Stellvertreter desselben — regelmässig der Steuermann — einen
Empfangschein auszustellen. Dieser Empfangschein hat ledig-

lich die Natur einer Quittung und kann nicht als eine Anweisung auf das Konnossement betrachtet werden [1]). Das Gesetzbuch sagt daher auch nicht, dass dem **Inhaber** des Empfangscheines, sondern dem **Ablader** gegen Rückgabe des Empfangscheines das Konnossement auszustellen ist [2]). Natürlich kann statt des Abladers auch der Bevollmächtigte desselben dies fordern.

2. Dem Inhalte des Empfangscheines entsprechend hat der Schiffer das **Konnossement** [3]) auszustellen. Es soll dies nach **jeder einzelnen Abladung**, also bei Stückgüterfracht, der Befrachtung eines bestimmten Raumes oder eines quoten Theils des Schiffs nicht erst nach der Befrachtung des ganzen Schiffs geschehen.

3. Das Gesetz schreibt vor, dass das Konnossement **ohne Verzug** ausgestellt werde, aber es hat nicht, wie andere Gesetzgebungen [4]) einen bestimmten Zeitraum angegeben, innerhalb dessen dies zu geschehen hat.

4. Die **Zahl** der Konnossemente hängt, wie nach den meisten neueren Gesetzgebungen [5]), von dem Willen des Abladers ab.

---

1) Ich kann nicht finden, dass der Empfangschein allgemein als Inhaberpapier und als ein negoziables Papier betrachtet wird. Pöhls, an einer Stelle seines Seerechts (II S. 446) und Kaltenborn (Seerecht I S. 285) bezeichnen zwar den Empfangschein als „eine Art von Papier *au porteur*", welches den Inhaber berechtige, die Ausstellung des Konnossements zu verlangen. Allein an einer anderen Stelle (II S. 561) nennt Pöhls dies geradezu eine hamburgische Ansicht, welche „allgemein genommen manchen Bedenken unterliegen" dürfte. Abbott (S. 257) sagt nur: *the master must make out his bill of lading according to the direction of the shipper of the goods, or the holder of the receipt given on the shipment.* Die übliche Form eines solchen Empfangscheines würde auch schwerlich einen Anhaltspunkt dafür abgeben, jedwedem Inhaber desselben ein Recht auf Auslieferung des Konnossements zuzusprechen. Derselbe lautet nämlich gewöhnlich:
Empfangen in gutem Stand am Bord des Schiffs . . . Kptn. . . . bestimmt nach . . . (Aufzählung und Bezeichnung der Güter).
(Datum.)   (Unterschrift.)
                                 Steuermann.
2) In den Motiven zum preussischen Entwurf des H.G.B. S. 263 heisst es freilich, der Empfangschein werde wohl im kaufmännischen Verkehr als ein negoziables Papier angesehen der Art, dass der Inhaber desselben dem Schiffer gegenüber als legitimirt gelte, das Konnossement auf seinen Namen als Ablader ausstellen und es sich aushändigen zu lassen. (Dafür wird Kaltenborn angeführt I § 104.) Der Entwurf enthalte keine Sanktionirung dieses Satzes, aber auch nichts dem Widersprechendes, überlasse die Anerkennung und Ausbildung desselben also dem Handelsgebrauch.
3) Ueber die Ausbildung desselben s. Goldschmidt II S. 654 ff. — Nicht bei jedem Seetransport werden übrigens Konnossemente ausgestellt; so nicht bei der Küstenfahrt; wenn die Güter erst im letzten Augenblick vor der Abfahrt an Bord gebracht werden (Prot. VI S. 2701; Kaltenborn I S. 287; vergl. Art. 710 H.G.B). S. auch finnländ. Seegesetz Art. 90.
4) So verlangen, dass das Konnossement in 24 Stunden ausgestellt wird, der französische *Code de comm.* Art. 282; der belgische II Art. 41; das holländ. H.G.B. Art. 509; portugies. H.G.B. Art. 1555; brasilian. H.G.B. Art. 578.
5) So nach englischem Recht (Abbott S. 256 f.; Maclachlan S. 390 f.);

Derselbe kann mehrere Exemplare verlangen, weil er der Sicherheit halber das Konnossement mit verschiedenen Gelegenheiten an den Empfänger senden will und ein Exemplar, um selbst ein Beweismittel gegen den Verfrachter in Händen zu haben, zurückbehält. So werden sehr häufig 4 Exemplare ausgestellt, aber auch die Ausstellung von 5, 6 und mehr ist nicht selten. Die Konnossemente müssen jedoch auf ein Mal gefordert werden, wenigstens würde der Schiffer einer Nachforderung keine Folge zu leisten haben, wenn er die mit dem Vermerk über die Zahl versehenen Exemplare an den Ablader abgeliefert hätte (Goldschmidt, H.R. II S. 676 Note 29). Die mehreren Exemplare werden als Exemplare eines und desselben Konnossements durch die Angabe der Zahl der ausgestellten bezeichnet, und es ist diese daher auch nach den Gesetzgebungen für wesentlich zu halten, welche sie nicht, wie das D.H.G.B., ausdrücklich fordern [1]). Dagegen ist nicht erforderlich die noch jetzt regelmässig vorkommende kassatorische Klausel („die nur für eines gelten"; s. Goldschmidt II S. 694 Note 25).

5. Die verschiedenen Exemplare brauchen nicht denselben Wortlaut zu haben. Der auf der hamburger Konferenz gestellte Antrag, statt des im Entwurf gebrauchten Ausdrucks: „von gleichem Inhalt" das Wort „gleichlautend" zu setzen, wurde verworfen, weil hierdurch „die geringste Abweichung in den unerheblichsten Punkten für erheblich erklärt" und ausserdem ausgeschlossen werde, „dass die verschiedenen Exemplare des Konnossements in verschiedenen Sprachen ausgestellt würden" (Prot. VIII S. 4004).

6. Das Gesetz verpflichtet den Schiffer, ein Konnossement auszustellen. Daraus geht hervor, dass der Schiffer regelmässig das Konnossement zu zeichnen hat, und dass der Ablader auf Zeichnung des Konnossements durch den Schiffer bestehen kann, vorausgesetzt, dass er sich dieses Rechts nicht vertragsmässig begeben hat, was schon darin liegen würde, dass die Befrachtung auf Grund eines bekannt gemachten Reglements erfolgte, welches die Zeichnung durch eine andere Person vorsieht. Die Gültigkeit

---

nach dem spanischen (II.G.B. Art. 800); dem finnländischen (Art. 87). Manche Rechte fordern wenigstens 4 Exemplare, so der französische *Code de comm.* (Art. 282: *Chaque connaissement est fait en quatre originaux au moins; un pour le chargeur; un pour celui à qui les marchandises sont adressées; un pour le capitaine; un pour l'armateur du bâtiment. Les quatre originaux sont signés par le chargeur et par le capitaine dans les vingt-quatre heures après le chargement.*); der belgische (II Art. 41); das holländische II.G.B. (Art. 509). Doch setzt man sich nach den Angaben von Courcy (I S. 20) im Dampfschifffahrts-Verkehr über diese Vorschrift hinweg.

1) So auch Bédarride II N. 691; Laurin bei Cresp II S. 143. Der belgische *Code de comm.* (II Art. 41) schreibt vor, dass wenn mehrere für den Destinatär bestimmte Exemplare da sind, dieselben als Prima, Sekunda, Tertia u. s. w. zu bezeichnen sind.

ist indess nicht von der Unterschrift des Schiffers abhängig (Prot. V
S. 2194, S. 2211 f.). Der Rheder kann vielmehr zur Zeichnung der
Konnossemente sich auch andere Vertreter bestellen, und zwar ständige ein für alle Mal, wie dies bei den Dampfschiffsgesellschaften geschieht, wo hierfür, wie überhaupt für die Erledigung der Befrach-
tungsgeschäfte, besondere Expeditionen oder Agenturen bestehen;
aber auch für einen einzelnen Fall, wenn zur Zeit der Abladung
kein Schiffer vorhanden oder derselbe (etwa in Folge einer Krankheit) nicht im Stande wäre, die Konnossemente zu zeichnen [1]). Ebenso
kann der Schiffer selbst einen Vertreter hierzu bestellen. (S. Entsch.
des R.G. Ziv.S. II S. 128 f.; vgl. auch Voigt jun. im Neuen Archiv
f. H.R. 11 S. 461 ff.) Dagegen sind die Schiffsagenten oder Mäkler
als solche (d. h. wenn sie nicht vom Schiffer oder Rheder dazu
bevollmächtigt sind) zur Zeichnung von Konnossementen nicht
befugt. Aus dem von einem solchen gezeichneten Konnossement
würden die lediglich auf diesem beruhenden Ansprüche gegen den
Rheder nicht geltend gemacht werden können. (Vgl. Voigt im
Neuen Archiv II S. 105, 107 f., S. 117, 124; Entsch. des R.O.H.G.
XIV S. 337.) Ueblich ist es, dass das Konnossement vom Befrachter ausgefüllt und vom Schiffer vollzogen wird (Entsch. des
O.A.G. zu Lübeck vom 14. Juni 1866 in Kierulffs Samml. II
S. 405). Dagegen wird es nicht, wie nach manchen anderen
Rechten [2]), vom Befrachter mit unterschrieben. Wohl aber ist der
Ablader verpflichtet, dem Schiffer (der auf Grund des Art. 480
H.G.B. ein Konnossements-Exemplar an Bord führen muss) auf
sein Verlangen eine von ihm unterzeichnete gleichlautende Kopie
des Konnossements auszuhändigen (Prot. V S. 2194—2197), welche

---

1) Hiermit stimmt auch die englische Praxis überein; vgl. Foard S. 467 f.
Die in den englischen Konnossements-Formularen regelmässig vorkommende Erwähnung des *purser* neben dem Schiffer (*in witness whereof the master or
purser of the said ship hath affirmed*; vgl. Abott S. 257) ist zwar lediglich
eine Reminiscenz aus der früheren Zeit, wo es neben dem schreibunkundigen
Schiffer einen Schiffschreiber auf dem Schiffe gab, welcher stets das Konnossement ausstellte (s. Goldschmidt S. 665 ff.). Doch findet sich zuweilen noch
jetzt auf sehr grossen Schiffen ein besonderer *purser*, als Zahlmeister, der
dann auch wohl (in Folge der von der betreffenden Rhederei aufgestellten Reglements) die Konnossemente zeichnet; und in neueren Konnossements-Formularen
wird als Zeichner genannt *the master or agent* (Voigt jun. im Neuen Arch. f.
H.R. II S. 462 Note *) oder blos *the agent* (of the Steam-ship Company; s.
Voigt, zum See- und Versicherungsrecht, Jena 1880, S. 9). Dem entsprechend
heisst es auch in der *Bill of Lading Act* vom 14. August 1855 (18 und
19 Victoria c. 111) sect. 3 *the master or other person signing the bill
of lading*. — Der französische Code de comm. (Art. 282) schreibt zwar
Zeichnung durch den Kapitän vor, doch bemerkt Courcy (I S. 21,) dass bei der
Dampfschifffahrt die Konnossemente gezeichnet würden *par un écrivain, non
par le capitaine*.
2) So nach dem französischen Code de comm. Art. 282 (doch sagt
Courcy I S. 21, dass Zeichnung der Konnossemente durch den Befrachter sehr
selten vorkäme); dem holländ. H.G.B. (Art. 507). Nach dem spanischen
H.G.B. (Art. 800) und dem belgischen Code de comm. (II Art. 41) wird das
für den Kapitän bestimmte Konnossements-Exemplar vom Ablader unterschrieben,
die anderen vom Kapitän.

24*

aber nicht begeben werden kann (Goldschmidt II S. 676
Note 30).

7. Hinsichtlich einer Differenz zwischen dem in den Händen
des Schiffers befindlichen und den anderen Konnossements-Exem-
plaren hatte der preussische Entwurf (Art. 487) bestimmt:

*Wenn das in den Händen des Schiffers befindliche Exemplar
des Konnossements von dem Inhalte eines anderen Exemplars, auf
welches die Ablieferung geschehen soll, abweicht, so geht das äusserlich unverdächtige dem verdächtigen vor.*

*Sind beide unverdächtig, so bestimmen sich die Pflichten des
Schiffers nach seinem Exemplare, seine Rechte nach dem Exemplare
des Abladers.*

Auf der hamburger Konferenz wurde der Artikel mit Rücksicht darauf, dass „der fragliche Kollisionsfall nach allgemeinen
Rechtsgrundsätzen sich entscheiden lasse, deren Anwendung auszuschliessen kein Grund vorliege“, gestrichen (Prot. V S. 2228).
Hiernach aber muss das Konnossement des Schiffers, wenn es mit
keinem der übrigen übereinstimmt (abgesehen natürlich vom Falle
einer Fälschung) als blosse Kopie diesen nachstehen; stimmt es
jedoch mit einem der Originalkonnossemente überein, so ist nachzuweisen, welches Konnossement den thatsächlichen Verhältnissen
und dem zur Zeit des Kontraktsabschlusses vorhandenen übereinstimmenden Willen der Kontrahenten entspricht [1]. (Vgl. Koch,
Kommentar Anm. 165 zu Art. 654; Pöhls, Seerecht II S. 475 f.)

Art. 645.

Das Konnossement enthält:

1. den Namen des Schiffers;
2. den Namen und die Nationalität des Schiffs;
3. den Namen des Abladers;
4. den Namen des Empfängers;
5. den Abladungshafen;
*6. den Löschungshafen oder den Ort, an welchem Order über den-
   selben einzuholen ist;*
*7. die Bezeichnung der abgeladenen Güter, deren Menge und Merk-
   zeichen;*
8. die Bestimmung in Ansehung der Fracht;
9. den Ort und den Tag der Ausstellung;
10. die Zahl der ausgestellten Exemplare.

---

1) Nach dem französischen *Code de comm.* Art. 284 beweist das Exemplar
gegen die Partei, welche es ausgefüllt hat. Wie aber Laurin bei Cresp II
S. 144 bemerkt, wird zur Anwendung dieser Regel vorausgesetzt, *ou que les
exemplaires ont été remplis par des personnages différentes, ou, s'ils l'ont
été de la même main, que l'orginal détenu par l'autre partie est défavorable
à la prétention du rédacteur.* Nach dem holländischen H.G.B. (Art. 515)

1. In dem Konnossement bekennt der Schiffer, die verladenen Waaren empfangen zu haben, und verpflichtet sich, dieselben an den im Konnossement mit Namen oder sonst genau (d. h. als den, welcher mit dem Willen des Abladers die Güter erhalten soll) bezeichneten Destinatär abzuliefern [1]). Das Konnossement ist kein Formalakt (Prot. V S. 2204 f.). Daraus erklärt sich, dass durch das Vorhandensein der im Art. 645 aufgeführten Bestandtheile nicht die formelle Gültigkeit bedingt ist. Doch ist der Ablader berechtigt, vom Schiffer die Aufnahme der aufgezählten Punkte (welche im Wesentlichen mit denen der anderen neueren Gesetzgebungen übereinstimmen [2]) in das Konnossement zu verlangen. Welche Bedeutung dem Fehlen des einen oder des anderen Bestandtheils beizulegen, ist nur im konkreten Falle zu ermessen, und zwar danach, ob dasselbe die Identität der wirklich abgeladenen und der im Konnossement bekundeten Ladung oder etwa gar den Konnossements-Charakter der Urkunde in Frage stellt. (Vgl. Prot. V S. 2202—2204; Ullrichs Samml. II S. 272 f.)

2. Hinsichtlich der einzelnen Bestandtheile ist nur Folgendes zu bemerken:

Der Empfänger, wie dies aus dem Art. 646 hervorgeht, braucht nicht benannt, sondern nur bezeichnet zu werden.

Dass statt des Löschungshafens auch der Ort, an welchem Order über denselben einzuholen ist, der s. g. Orderhafen gesetzt werden kann, hängt damit zusammen, dass der Ablader zur Zeit des Abganges des Schiffs vielleicht noch nicht weiss, an welchem Platze er die Waaren verkaufen will, dies vielmehr erst von der

---

hat das Konnossement den Vorzug, das am meisten in Ordnung ist. Nach dem belgischen *Code de comm.* (II Art. 43) gilt jedes Exemplar gegen den Theil, der es gezeichnet hat (vgl. oben S. 371 Note 2).

1) Man bedient sich bei der Ausstellung der Konnossemente gedruckter Formulare. Die übliche Form ist folgende:

Ich A . . ., Schiffer von dem Schiffe genannt B . . ., welches jetzt in H . . . (resp. hier) ladet, um nach S . . . zu segeln, — bescheinige, dass ich im Raume des erwähnten Schiffs von Herrn C . . . folgende Güter — mit nebenstehendem Zeichen (resp. nebenstehenden Marken und Nummern) empfangen habe, um solche nach zurückgelegter glücklicher Reise abzuliefern in S . . . an Herrn D . . . (resp. die Order des Herrn D . . .) gegen die Bezahlung der Fracht von — *per* — nebst — % Primage.

Die Havarie wird nach Seegebrauch festgesetzt.

Zur Erfüllung dessen verbinde ich meine Person, Güter und das Schiff mit allem Zubehör, indem ich darüber — Konnossemente gleichen Inhaltes unterschrieben habe, die nur für eines gelten.

H . . . den 24. September 1883.   A . . . .

2) Französischer *Code de comm.* Art. 281: *Le connaissement doit exprimer la nature et la quantité ainsi que les espèces ou qualités des objets à transporter. Il indique le nom du chargeur; le nom et l'adresse de celui à qui l'expédition est faite; le nom et le domicile du capitaine; le nom et le tonnage du navire; le lieu du départ et celui de la destination. Il énonce le prix du fret. Il présente en marge les marques et numéros des objets à transporter.* Ebenso holländisch. H.G.B. Art. 507; belgischer *Code de comm.* II Art. 40.

späteren Konjunktur abhängig macht, vielleicht auch auf Grund
vorangegangener Verhandlung mit dem Destinatär diesem dieselbe
Möglichkeit offen zu lassen hat. Aus diesem Grunde wird dem
Schiffer aufgegeben, zunächst einen bestimmten Hafen anzulaufen,
um daselbst die Weisung zu empfangen, in welchem Hafen er die
Ladung zu löschen hat. Es geschieht dies in kürzester Weise,
z. B. *Falmouth for ordres.*
     Das Gesetz verlangt n i c h t vom Schiffer (wie es der preus-
sische Entwurf Art. 484 gethan hatte), dass er die G a t t u n g d e r
g e l a d e n e n G ü t e r angebe, um denselben nicht in die Lage zu
bringen, ihm unbekannte Eigenschaften der Güter, anzuerkennen
(Prot. V S. 2210 f.). Es genügt, wenn derselbe neben Angabe
von Menge und Merkzeichen die Güter ganz im Allgemeinen z. B.
als Kaufmannsgüter bezeichnet.

Art. 646.

*Auf Verlangen des Abladers ist das Konnossement, sofern nicht
das Gegentheil vereinbart ist, an die Order des Empfängers oder
lediglich an Order zu stellen. Im letzteren Falle ist unter der Order
die Order des Abladers zu verstehen.*

*Das Konnossement kann auch auf den Namen des Schiffers als
Empfängers lauten.*

     Das H.G.B. hat in Uebereinstimmung mit den übrigen neueren
Rechten [1]) nicht, wie der preussische Entwurf Art. 230, das Konnossement unbedingt für ein negoziables Werthpapier und für in-
dossabel erklärt, sondern, nur wenn dasselbe an Order gestellt ist
(Art. 302 [2]); vgl. Prot. V S. 2204—2208, VIII S. 4005). Auf der
anderen Seite verpflichtet es den Schiffer, auf Verlangen des Abladers das Konnossement an Order zu stellen, wenn er nicht bei
Abschliessung des Frachtvertrages sich das Gegentheil ausbedungen
hat. Danach kann der Schiffer versprechen, die Waaren auszuliefern an eine bestimmte, namentlich bezeichnete Person (N a m e n s -
K o n n o s s e m e n t). Diese Person kann sein irgend ein dritter
Destinatär, es kann sein der Ablader selbst (der z. B. eine Handelsniederlassung an dem Bestimmungsorte hat) oder auch der
Schiffer, welcher alsdann als Verkaufs-Kommissionär des Abladers
erscheint. Der Schiffer, von welchem das H.G.B. spricht, ist natürlich stets der, welcher das Konnossement gezeichnet hat (Prot. VIII

---

     1) Vgl. A b b o t t S. 416: *The bill of lading, in all its usual forms, contains
the word „assigns“; but it will be proper to advert again to the differend
forms on common use. Sometimes it is made for delivery to the consignor
by name or assigns; sometimes to order or assigns, not naming any person,
and at other times to the consignee by name or assigns.*
     2) *Ingleichen können Konnossemente der Seeschiffer — durch Indossa-
ment übertragen werden, wenn sie an Order lauten.*

S. 4006). Das Namens-Konnossement kann nur durch Zession auf
einen Anderen übertragen werden (vgl. Prot. V S. 2238). Ein auf
dasselbe gesetztes Indossament würde nur als Beweismittel für die
stattgehabte Zession in Betracht kommen können (Seufferts
Archiv XXIV Nr. 72). Der Schiffer kann ferner die Waaren auszuliefern sich verpflichten an eine der genannten Personen oder
deren Order oder, was damit gleichbedeutend ist, an die Order
einer der fraglichen Personen (Order-Konnossement). Und in
dieser Hinsicht stellt das Gesetz die Interpretationsregel auf, dass
die blossen Worte „an Order" Order des Abladers bedeuten.
Das Order-Konnossement kann nicht blos durch ein Namens-Indos-
sament, sondern auch durch ein Blanko-Indossament[1]) übertragen
werden.

Das von anderen Gesetzen anerkannte Inhaber-Konnossement,
welches jeden Inhaber als Empfänger bezeichnet[2]), oder Blanko-
Konnossement, in welchem für den Namen des Destinatärs ein
leerer Raum gelassen[3]), ist dem deutschen Recht fremd. (Prot. V
S. 2112; Goldschmidt, H.R. II S. 674 f.)

Art. 647.

*Der Schiffer ist verpflichtet, im Löschungshafen dem legitimirten
Inhaber auch nur eines Exemplars des Konnossements die Güter
auszuliefern.*

*Zur Empfangnahme der Güter legitimirt ist derjenige, an welchen
die Güter nach dem Konnossement abgeliefert werden sollen oder
auf welchen das Konnossement, wenn es an Order lautet, durch Indossament übertragen ist.*

1. Der Schiffer muss und darf nur im Löschungshafen
die Güter ausliefern, d. h. in dem im Konnossement angegebenen
oder durch die im Orderhafen erhaltene Weisung bezeichneten
Bestimmungshafen.

2. Die Auslieferung der Güter kann und muss nur geschehen
an den Inhaber eines Konnossements, selbst beim Namens-Konnossement an den in diesem bezeichneten Destinatär nur unter
dieser Voraussetzung (Entsch. des R.O.H.G. XV S. 228).

---

1) Für die Beschaffenheit des Indossaments sind maassgebend die Vorschriften des Art. 305 H.G.B. und der daselbst angezogenen Art. 11—13, 36, 74
A.D.W.O.
2) Französischer *Code de comm.* Art. 281: — *Le connaissement peut
être à ordre, ou au porteur, ou à personne dénommée.* Ebenso der belgische
II Art. 40; das holländische H.G.B. Art. 508. In gleicher Weise erkennt
Inhaberkonnossemente an das englische Recht (s. Foard S. 465 Note 2; vgl.
S. 469), das nordamerikanische *(Code civil of New-York* sect. 1110), das
schwedische Seegesetz (§ 96) u. a.
3) Abbott S. 258: *sometimes no person is named as consignee, but the
terms of the instrument are „To be delivered etc. unto   order,
or   assigns".*

3. Legitimirter Inhaber des Konnossements ist beim Namens-Konnossement der in demselben namhaft gemachte Destinatär, an dessen Stelle aber auch ein Bevollmächtigter oder ein Zessionar treten kann. Beim Order-Konnossement ist es entweder gleichfalls der namentlich bezeichnete Empfänger oder der durch eine fortlaufende Reihe von Indossamenten (Art. 36 A.D.W.O.) als rechtmässiger Inhaber des Konnossements nachgewiesene Indossatar, ohne Rücksicht darauf, ob demselben das Konnossement behufs eigener Empfangnahme der Ladung indossirt war, oder um dasselbe an eine andere Person wieder auszuliefern [1]) (Entsch. des R.O.H.G. XV S. 230). Eben so wenig wie der Zahlende beim Wechsel ist der Schiffer beim Order-Konnossement verpflichtet, die Aechtheit der Indossamente zu prüfen, vielmehr ist die Erfüllung als gültig zu betrachten, selbst wenn sich nachträglich die Unächtheit der Indossamente. herausstellen sollte. Dagegen hat derselbe sich beim Namens-Konnossement von der Gültigkeit der Vollmacht oder der Zession des Konnossementsinhabers zu überzeugen, indem er anderenfalls die Ladung an den letzteren auf seine Gefahr abliefert (Prot. V S. 2237 f.).

4. Dass der Schiffer zunächst dem Inhaber auch nur eines Konnossements die Ladung auszuliefern hat [2]), während er verpflichtet ist, auf Verlangen des Abladers mehrere Konnossemente auszustellen, erklärt sich daraus, dass niemals sämmtliche Konnossemente an den Destinatär gelangen werden, indem wenigstens eins vom Ablader zurückbehalten werden wird.

5. Ueber die Voraussetzungen, unter denen der Schiffer an einem anderen Orte als dem Bestimmungshafen, und an eine andere Person als den legitimirten Inhaber eines Konnossements die Ladung ausliefern darf, enthalten die Art. 661, 662 die Bestimmungen.

Art. 648.

Melden sich mehrere legitimirte Konnossementsinhaber, so ist der Schiffer verpflichtet, sie sämmtlich zurückzuweisen, die Güter gerichtlich oder in einer anderen sicheren Weise niederzulegen und die Konnossementsinhaber, welche sich gemeldet haben, unter Angabe der Gründe seines Verfahrens hiervon zu benachrichtigen.

Wenn die Niederlegung nicht gerichtlich geschieht, so ist er befugt, über sein Verfahren und dessen Gründe eine öffentliche Urkunde errichten zu lassen und wegen der daraus entstehenden Kosten in gleicher Art wie wegen der Fracht sich an die Güter zu halten (Art. 626).

---

1) So auch Foard S. 469; Bédarride II N. 689; Ruben de Couder III S. 387 N. 86.
2) Eben dasselbe gilt auch nach den fremden Rechten; vgl. Maclachlan S. 433; Kent III S. 292; Bédarride II N. 686.

1. Die verschiedenen Exemplare des Konnossements gelten nur als **ein** Konnossement, und zwar sollte entweder nur **ein** Exemplar in den Verkehr kommen, oder die verschiedenen Exemplare sollten in **einer** Hand vereinigt sein, wenn die Ladung im Bestimmungshafen anlangt (Motive zum preuss. Entwurf S. 268 ff.). Trotzdem kommt es auch, abgesehen von einem Delikt und einem Versehen, vor, dass sich die **Konnossements-Exemplare in verschiedenen Händen** befinden. So kann z. B., wenn der Destinatär unsicher wird oder Konkurs über dessen Vermögen eröffnet wird, der wegen des Kaufgeldes noch nicht befriedigte Absender ein zweites Exemplar an einen Korrespondenten absenden, damit dieser dem ersten Konnossementsinhaber womöglich zuvorkomme und die Auslieferung der Waaren an denselben verhindere. Eben dasselbe können, wenn Konkurs über das Vermögen des Abladers eröffnet wird, dessen Gläubiger thun, um die Ladung zur Masse zu ziehen. Damit nun der Schiffer nicht der Gefahr ausgesetzt würde, „mit allen Konnossementsinhabern in Prozesse verwickelt" zu werden, wurde eine Vorschrift, wie sich der Schiffer in solchem Falle zu verhalten, auf der hamburger Konferenz für ein dringendes Bedürfniss gehalten. Und zwar adoptirte die Versammlung die Bestimmung des preussischen Entwurfs (Art. 489), weil sie die gleichfalls mögliche Vorschrift, dass der Schiffer die Wahl habe, „an welchen der Destinatäre er in solchem Falle die Waare ausliefern wolle", und es denselben überlasse, den Streit unter einander auszutragen[1]), als dem Schiffer eine zu grosse Macht einräumend, für bedenklich hielt (Prot. V S. 2233).

2. Der Artikel findet sowohl Anwendung auf **nicht indossable**, wie auf **indossable Konnossemente**, da der Schiffer auch von denen der ersteren Art mehrere Exemplare auszustellen verpflichtet ist (Prot. V S. 2237).

---

1) Ueber das **englische** Recht heisst es bei **Abbott** S. 425: *In general, where two opposite parties claim a right to receive the goods, both or either of them will be willing to give an indemnity to the master; and the master should in prudence deliver the goods to the party upon whose indemnity he can most safely rely. But if a satisfactory indemnity is not offered, and the master must exercise a discretion, then, if the bill of lading has not been assigned over by the consignee, and he has failed, without doubt the master should deliver to the person who claims for the use of the consignor. If the consignor has endorsed bills of lading to different persons, — the master should deliver to the person to whom the consignor first made the endorsement. If the consignee has assigned the bill of lading, and the validity of the assignment be questionable, it seems most proper for the master to deposit the goods in a place of safety, and apply to the Court of Chancery by way of interpleader, to compel the contending parties to litigate their rights by an action between themselves.* Die **französischen** Juristen nahmen früher bei Konkurrenz mehrerer Konnossements-Inhaber an, der Schiffer habe dem die Güter auszuantworten, *dont le connaissement a été expédié le premier.* Nach einer Entscheidung des Tribunals zu Havre vom 8. Juni 1861 soll jedoch in solchem Falle der Kapitän *attendre une attribution judiciaire qui dégage sa responsabilité* (**Ruben de Couder** III S. 394 N. 132 und die Zitate daselbst).

3. Dass die mehreren Konnossementsinhaber sich wirklich
gleichzeitig bei dem Schiffer melden, ist nicht erforderlich.
Es genügt, dass ein weiterer Konnossementsinhaber sich meldet,
bevor der, welcher sich früher gemeldet, die Auslieferung der Ladung erlangt hat, also so lange diese sich noch an Bord des Schiffs
befindet oder deponirt ist. Hat der Schiffer einen Theil der Ladung ausgeliefert, so greift die Vorschrift des Artikels hinsichtlich
des noch nicht ausgelieferten Restes Platz (Prot. V S. 2236 f.).
Auch macht sich der Schiffer regresspflichtig, wenn er die Auslieferung der Ladung ausführt oder vollendet, nachdem sich ein
weiterer Konnossementsinhaber gemeldet hat, selbst wenn er sich
bereits dem ersteren gegenüber ausdrücklich zur Ablieferung der
Waaren verpflichtet haben sollte.
4. Selbstverständlich hört die Pflicht des Schiffers
zur Deposition auf, wenn die Konnossementsinhaber einig
sind, „dass der Schiffer einem aus ihrer Mitte die Waaren gebe“,
weil alsdann von einer — die Voraussetzung des Artikels bildenden — Konkurrenz von Konnossementsinhabern nicht mehr die
Rede sein kann, und eben so, wenn dieselben übereinkommen, dass
die Waare bei einem Dritten deponirt werden, vorausgesetzt dass
diesem zugleich ein Konnossements-Exemplar übertragen wird, und
die Konnossementsinhaber (unter Vorbehalt ihrer gegenseitigen Rechte)
dem Schiffer gegenüber ihren Rücktritt erklären (Prot. V S 2236).
5. Der preussische Entwurf (Art. 489) verpflichtete in jedem
Falle der Deposition den Schiffer, Protest zu erheben. Auf der
hamburger Konferenz wurde eine solche Vorschrift bedenklich gefunden, „weil sie zu der irrigen Auslegung führen könnte, als sollte
der Fortbestand der Rechte des Verfrachters von der Protesterhebung abhängig, und dieser nur im Falle der letzteren befugt
sein, der Klage eines Konnossementsinhabers mit der Einrede entgegen zu treten, es habe sich noch ein anderer gemeldet“. Demgemäss verwandelte man die Pflicht des Schiffers zur Erhebung
des Protestes in eine Pflicht zur Benachrichtigung der Konnossementsinhaber, damit diese Kenntniss davon erhielten, weshalb der
Schiffer die Waaren an sie nicht ausliefern wolle, und wo er sie
deponire (Prot. V S. 2234 f.). Das Gesetz ermächtigt den Schiffer,
auf Kosten der Ladung förmlichen Protest zu erheben, wenn die
Deposition nicht bei Gericht geschieht, weil es demselben die Möglichkeit gewähren will, sich erforderlichenfalls in den Besitz eines
Beweismittels über das Vorhandensein der gesetzlichen Voraussetzungen der Deposition zu setzen, während dies bei der gerichtlichen Niederlegung nicht für nothwendig gehalten wurde, indem
alsdann schon die über die Deposition gepflogenen Verhandlungen
genügende Auskunft über die gedachten Voraussetzungen geben.

Art. 649.

*Die Uebergabe des an Order lautenden Konnossements an den-
jenigen, welcher durch dasselbe zur Empfangnahme legitimirt wird,*

hat, sobald die Güter wirklich abgeladen sind, für den Erwerb der von der Uebergabe der Güter abhängigen Rechte dieselben rechtlichen Wirkungen wie die Uebergabe der Güter.

1. Schon seit langer Zeit bedient man sich im Handelsverkehr der Konnossemente, um Dispositionen über Waaren vorzunehmen. Nicht nur zahlt der Käufer einer Ladung dem Verkäufer gegen den Empfang des Konnossements den Kaufpreis, sondern er selbst bedient sich wieder des Konnossements, um die noch nicht in seinen Besitz gelangte Ladung weiter zu veräussern. Um diese Funktion zu erfüllen, genügt es nicht, dass das Konnossement dem berechtigten Inhaber ein Forderungsrecht gegen den Schiffer gewährt, welches durchaus unabhängig ist von dem zwischen diesem und dem Ablader bestehenden Rechtsverhältniss, vielmehr muss dasselbe auch geeignet sein, in der Hand des Inhabers ein gegen jeden Dritten verfolgbares Recht entstehen zu lassen. So gewöhnte man sich daran, an die Uebergabe des Konnossements dieselben dinglichen Wirkungen zu knüpfen, wie an die Uebergabe der Güter oder schlechtweg die Uebertragung des Konnossements der Uebertragung des körperlichen Besitzes der Waaren gleichzustellen. Und zwar wird diese Auffassung schon frühzeitig geradezu als kaufmännisches Gewohnheitsrecht bezeichnet. (So bereits im 17. Jahrhundert in verschiedenen Gutachten holländischer Advokaten bei Barels *Advijzen over den Koophandel en zeevaert* Amsterdam 1781 I N. 15, N. 42 — die betreffenden Stellen mitgetheilt in Goldschmidts H.R. II S. 707 f. Note 23 —; ferner von Valin, *commentaire sur l'ordonnance de la marine* I S. 606 ff.; Büsch, Darstellung der Handlung, 3. Ausg., II S. 353 ff. und vielen anderen; s. die Zitate bei Goldschmidt II S. 707 ff. Note 23; vgl. überhaupt S. 661 ff., S. 700 ff.) Seit den zwanziger Jahren dieses Jahrhunderts ist allerdings in Deutschland in einer Reihe von gerichtlichen Entscheidungen und Seitens einer Anzahl von Schriftstellern die Existenz des in Rede stehenden Handelsgebrauchs geleugnet worden (s. die Zitate bei Thöl I S. 893 Note 23, bei Goldschmidt II S. 705 f. Note 16), wobei wohl der Satz: „Empfang des Konnossements ist gleich dem Besitzerwerb der Waare" als populäre Bezeichnung des regelmässigen thatsächlichen Erfolges der Uebergabe des Konnossements charakterisirt wurde [1]), dessen

---

1) Jhering (dogmatische Jahrb. I S. 178 ff., bes. S. 182 ff., auch gesammelte Aufs. I S. 113 ff., bes. S. 116 ff.) will das „unmittelbare rechtliche Verhältniss", in welches das Konnossement den Destinatär zu den noch nicht an ihn abgelieferten Waaren setzt und die diesem gewährte Möglichkeit, seine Macht über die Waaren durch Zession oder durch Indossirung des Konnossements auf einen Anderen zu übertragen, aus einer mit der Konnossements-Uebertragung vom Befrachter vorgenommenen Zession der Besitz- und Eigenthumsklagen, wie der persönlichen Klage gegen den Schiffer erklären; ein Versuch, der weder mit der positiven Gestaltung des Konnossements noch mit den positiven Wirkungen eines solchen im Einklange steht (vgl. Goldschmidt, H.R. II S. 706 f.; Lewis in Endemanns Handb. IV S. 186 f. Note 2).

juristische Natur in der strengen Skripturobligation bestünde, welche
der Schiffer dem durch den Besitz desselben legitimirten Empfänger
gegenüber zur Auslieferung des Frachtguts übernähme (so besonders
Gerber, deutsches Privatr. § 184 und in den Prot. der hamburger
Konferenz V S. 2217; vgl. Thöl 1 S. 892 f.). Allein die Anerkennung des Handelsgebrauchs in den Motiven zum preussischen Entwurf eines H.G.B. (S. 116), zum württembergischen Entwurf (S. 313),
sowie in Aeusserungen von Mitgliedern der nürnberger und hamburger Konferenz (Prot. I S. 443—446, 450, 452, V S. 2223 f.,
VIII S. 4017 f.) ist nicht minder ein vollwichtiges Zeugniss für die
wirkliche Existenz eines solchen als die Legalisirung des Satzes
durch die neuere bremische Gesetzgebung (Erb- und Handfesten-O.
vom 19. Dezember 1833 § 128ᵈ; Verordn. vom 25. August 1848
§ 2; Erb- und Handfesten-O. vom 30. Juli 1860 §§ 123ᵈ, 136ᵉ),
welche gerade durch die Negirung desselben in der Judikatur des
höchsten hanseatischen Gerichtshofs hervorgerufen wurde [1]).

Der in Rede stehende Satz wird nun nicht dadurch erklärt,
dass man die Konnossements-Uebertragung als symbolische Tradition der Güter auffasst (so u. A. Pöhls, Handelsr. I S. 181 ff.,
Kaltenborn, Seerecht 1 S. 307 ff., Beseler, deutsch. Privatr. II
§ 255 Note 30); denn hierzu bedürfte es des weiteren Nachweises,
dass dem heutigen gemeinen Recht eine symbolische Tradition, von
welcher das R.R. nichts weiss, bekannt wäre, und dass das Konnossement als Symbol der Ladung aufgefasst werden könnte; eben so wenig
durch die Annahme eines *constitutum possessorium* (so u. A. Entsch.
des O.A.G. zu Rostock vom 27. Januar 1845, in der Zeitschr. f.
D. R. IX S. 489 ff.; Mittermaier, deutsch. Privatr. II § 565), weil
weder in der blossen Thatsache der Versendung der Güter, noch
in der Annahme des vom Schiffer gezeichneten Konnossements
durch den Ablader ohne Weiteres die Umwandelung des *animus
rem sibi habendi* in den *animus*, fortan für den Destinatär besitzen
zu wollen, gefunden werden kann [2]); wohl aber ergiebt sich in folgender Weise die Uebereinstimmung desselben mit der zivilistischen
Besitztheorie. Der Schiffer erhält die Güter vom Ablader, um mit
denselben den Anweisungen des Frachtvertrages gemäss zu verfahren. Er erhält also die Detention derselben, nicht juristischen
Besitz; und zwar detinirt er für den Ablader, weil dieser beliebig
auf die Güter einwirken kann, und der Schiffer den darauf gerichteten Anweisungen desselben Folge zu leisten verpflichtet ist.
Durch die Konnossements-Zeichnung übernimmt der Schiffer die Verpflichtung, die Güter dem durch das Konnossement nachgewiesenen

---

1) In Endemanns Handb. IV S. 187 habe ich auf den Widerspruch
einiger früheren Erkenntnisse und einiger Schriftsteller zu grosses Gewicht gelegt und nicht genügend beachtet, dass die Begründung des Widerspruchs, so
weit eine solche überhaupt gegeben wird, lediglich gegen die verkehrten zivilistischen Konstruktionen, nicht aber gegen die gewohnheitsrechtliche Geltung des
Satzes sich richtet.
2) Ueber andere Konstruktionsversuche s. Goldschmidt II S. 719—721.

und durch den Besitz desselben legitimirten Destinatär auszuantworten. So lange nun das Konnossement sich in den Händen des
Schiffers oder auch des Abladers befindet, kann dasselbe noch
keinerlei Wirksamkeit äussern, weil so lange noch kein durch den
Besitz des Konnossements legitimirter Destinatär vorhanden ist.
So lange detinirt denn auch der Schiffer die Güter für den Ablader. Durch die Uebertragung des Konnossements auf den Destinatär hört aber für den Ablader die Möglichkeit auf, auf die Ladung einzuwirken. Der Schiffer hört auf, für denselben zu detiniren. Der Ablader giebt den Besitz auf und überträgt denselben
auf den Destinatär, indem er diesen zum Konnossements-Besitzer
macht, für welchen der Schiffer nach dem Inhalt' des Konnossements detinirt. In gleicher Weise hört beim Order-Konnossement
durch Indossirung und Weiterbegebung desselben nach dem Willen
des Indossanten der Schiffer auf, für diesen zu detiniren und detinirt fortan für den Indossator, den jetzigen Konnossementsbesitzer.
Dieser Auffassung steht auch der Umstand nicht entgegen, dass
beim Order-Konnossement der Destinatär eine *persona incerta* für
den Schiffer ist; denn wie der Besitz an eine *persona incerta*, in
welcher nur eine bestimmte vom Veräusserer gesetzte Voraussetzung zutrifft, übertragen werden kann *(L 9 § 7 D. De A. R. D.
41, 1; § 46 I. De R. D. 2, 1)*, und eine *negotiorum gestio* selbst
dann angenommen wird, wenn Jemand die Geschäfte einer anderen
Person wirklich geführt hat, als für welche er dieselben hat besorgen wollen *(L. 5 § 1, § 10 De neg. gest. 3, 5; L. 14 § 1, L. 29
pr. Comm. div. 10, 3)*, so kann man auch den Besitz für eine Person erwerben, von der man zwar keine individuelle Vorstellung
hat, die aber bestimmt bezeichnet ist.

Dieser Auffassung, welche zuerst Goldschmidt (II S. 721 ff.)
vertreten und begründet hat, ist in der neuesten Zeit das R.G.
(Entsch. Ziv.S. V S. 80) beigetreten [1]).

Die Uebertragung des Konnossements hat dieselben rechtlichen
Wirkungen, wie die Uebertragung der Güter selbst. Sie ersetzt
nur die Uebertragung der Güter, gewährt also an sich nur die
Detention [2]). Von welcher Beschaffenheit die rechtlichen Wirkungen

---

1) Das R.G. macht noch darauf aufmerksam, dass diese Auffassung für
das preussische Recht einen besonderen Anhalt an der Bestimmung der §§ 60,
67 A.L.R. I, 7 habe, wonach die Besitzübergabe in der Weise vollzogen werden
kann, dass der, welcher für einen Anderen eine Sache inne hat, von diesem die
Anweisung erhält, den Besitz im Namen einer bestimmten dritten Person fortzusetzen, und diese Uebergabe in dem Augenblicke als vollzogen gilt, wo der neue
Besitzer die Anweisung angenommen hat; denn in der Vereinbarung, dass dem
Schiffer übergebene Gut solle nicht mehr zur Verfügung des Abladers stehen,
sondern dem legitimirten Inhaber des Konnossements ausgeliefert werden, sei
nothwendiger Weise die Anweisung enthalten, für diesen Inhaber zu detiniren.
2) Der Umstand, dass hiernach der Detentor die Detention durch einen
Stellvertreter ausübt, steht nicht im Widerspruch zu den Grundsätzen des bürgerlichen Rechts. Eine Repräsentation kann nämlich beim Besitz stets nur

sind, hängt von dem zwischen dem Ablader und Destinatär bestehenden Rechtsverhältniss ab, auf Grund dessen die Konnossements-Uebertragung erfolgte. Hiervon hängt es ab, ob der Destinatär nur die Detention, oder juristischen Besitz, Pfandrecht oder
Eigenthum erhält. Der Handlungsbevollmächtigte des Abladers
erhält durch das Konnossement (wie durch Besitzübertragung) lediglich Detention der verladenen Waaren, der Kommissionär und der
Spediteur erhalten zunächst auch nur Detention, unter den in Art.
374 und 382 H.G.B. angegebenen Voraussetzungen aber ein Pfandrecht an denselben und alsdann auch juristischen Besitz. Der
Empfänger, welchem auf Grund eines Kaufgeschäfts vom bisherigen
Eigenthümer die Waare übersandt wird, erhält (nach Zahlung resp.
Kreditirung des Kaufpreises im gemeinen Recht; auch ohne dieses
Requisit wo das Landesrecht ein solches nicht aufstellt) Eigenthum [1]); desgleichen, *bona fides* vorausgesetzt, ohne Weiteres der,
welchem dieselbe von einem Kaufmann in dessen Handelsbetriebe
auf Grund eines Veräusserungsgeschäfts übersandt wird, selbst wenn
dieser nicht Eigenthümer war (Art. 306), wogegen nach gemeinem
Recht in diesem Falle der selbst in *bona fide* befindliche Empfänger
nur juristischen Besitz erhalten würde, wenn der Absender der
Güter kein Kaufmann war, resp. dieselben nicht in seinem Handelsbetriebe veräussert hätte.

2. Die eben erörterte Frage, ob hinsichtlich der Wirkungen die
Uebertragung des Konnossements mit der Uebertragung des kör-
perlichen Besitzes der verladenen Güter identisch wäre, ist bei
Abfassung des H.G.B. lebhaft ventilirt worden. Der preussische
Entwurf (Art. 230 Abs. 2) enthielt die Bestimmung:

*Die Uebergabe des indossirten Konnossements oder Duplikats
des Frachtbriefs oder Ladescheins an den Indossator steht der Uebergabe der Waare gleich.*

In der ersten Lesung der nürnberger Konferenz wurde mit
überwiegender Majorität (11 gegen 5 Stimmen) der Satz angenommen:

*Die Uebergabe des Ladescheins steht der Uebergabe der Ladung
gleich* (Art. 351 des Entw. aus erster Lesung);

indem namentlich auf die Unentbehrlichkeit eines solchen Satzes
für den Handelsverkehr hingewiesen wurde (Prot. I S. 443 – 446).
Eben so lautet der Entwurf aus zweiter Lesung (Art. 388):

---

hinsichtlich der Detention stattfinden. Da diese nun die Voraussetzung mancher
Rechte ist, so ist die Stellvertretung nicht nur für den juristischen Besitzer, sondern auch für den Detentor möglich: Goldschmidt II S. 723.

1) Der Eigenthums-Beweis bei der *rei vindicatio* ist allerdings auch darauf
zu richten, dass die Tradition (hier also die Konnossements-Uebergabe) mit dem
Willen, Eigenthum zu übertragen, stattgefunden hat. Allein bei einem Order-
Konnossement, welches durch Indossament übertragen ist, wird dieser Wille prä-
sumirt, wenn sich nicht aus der Form des letzteren (Prokura-Indossament) das
Gegentheil ergiebt: Entsch. des R.G. Ziv.S. IV S. 148.

Die Uebergabe des Ladescheins steht der Uebergabe des Gutes gleich.

Auf der hamburger Konferenz wurde auf den Antrag von Gerber, der seine oben (S. 379 f.) mitgetheilte Auffassung geltend machte, der Art. 388 des Entwurfs aus zweiter Lesung mit 9 gegen 3 Stimmen gestrichen (Prot. V S. 2217—2222, 2226). ·Schon bei dieser Gelegenheit war von der Minorität von Neuem auf die Bedürfnisse des Verkehrs und die Anschauungen der Handelswelt, sowie auf die Gesetzgebung der bedeutendsten handeltreibenden Nationen hingewiesen, mit denen sich das deutsche H.G.B. durch Beseitigung des in Rede stehenden Prinzips in Widerspruch setzen würde (Prot. V S. 2222—2226). Und in zweiter Lesung wurden von Neuem Anträge eingebracht, die Uebergabe des Konnossements überhaupt oder mit Rücksicht auf gewisse Wirkungen der Uebergabe der Waare gleichzustellen. Die Versammlung entschied sich zunächst mit 9 Stimmen gegen Eine, dass eine ausdrückliche Bestimmung in diesem Sinne aufzunehmen; sie verwarf die Beschränkung der Gleichstellung auf die Begründung von Eigenthum und Pfandrecht mit 8 gegen 2 Stimmen; die Beschränkung der Gleichstellung zu Gunsten des *bonae fidei possessor* mit 6 gegen 4 Stimmen und beschloss endlich die Beschränkung der Gleichstellung auf das an Order lautende Konnossement mit 6 gegen 4 Stimmen. Für den letzteren Beschluss wurde gegenüber der Behauptung, dass es für eine Unterscheidung zwischen indossablen und nichtindossablen Konnossementen an jedem inneren Grunde fehle, geltend gemacht: „die fragliche Unterscheidung entspreche der Auffassung des Verkehrs, wie sie wenigstens im Süden seit lange Geltung habe." Der Kaufmann glaube dort durch ein nicht indossables Konnossement nicht ein eben so sicheres Recht erhalten zu haben, wie durch ein indossables. Die Unterscheidung gewähre dem Ablader den Vortheil, durch die Wahl eines nicht indossablen Konnossements den Uebergang des Besitzes zu verhindern, wo dies seinen Interessen gemäss sei. Die Unterscheidung entspreche „der Natur der Sache"; denn nur bei einem indossablen Konnossement „sei die Auslieferung der Ladung an den Inhaber ohne weitere Untersuchung Pflicht und Recht des Schiffers", das nicht indossable Konnossement erscheine mehr als eine „Beweisurkunde über anderweitig begründete Rechte" (Prot. VIII S. 4015—4020). Den wahren Grund für dieses Verhalten der Konferenz findet Goldschmidt entschieden richtig in einer gewissen Aengstlichkeit, „den nothwendigen Rechtssatz ganz unbeschränkt aufzustellen" (H.R. II S. 716 Note 32).

3. Dass das Gesetzbuch die angegebenen Wirkungen der Konnossements-Uebertragung nur dann eintreten lässt, wenn die Waaren wirklich abgeladen sind, versteht sich nach der hier vertretenen Auffassung von selbst; denn nur unter dieser Voraussetzung kann davon die Rede sein, dass der Schiffer die Güter detinirt.

4. Das H.G.B. hat den betrachteten Grundsatz, wie eben bemerkt, nur hinsichtlich des Order-Konnossements ausgesprochen. In Betreff des Namens-Konnossements ist die Gleichstellung der Uebergabe des Konnossements mit der der Güter ausdrücklich anerkannt worden in Betreff der Begründung und Fortdauer von Retentions- und Pfandrecht (Art. 313, 374, 382 H.G.B.). Abgesehen hiervon ist in Betreff des Namens-Konnossements das frühere Recht bestehen geblieben. Indem nämlich der Art. 649 für das Order-Konnossement ausdrücklich die Gleichstellung der Uebergabe des Konnossements mit der der Waare statuirt, hat er dieselbe Wirkung dem Namens-Konnossement nicht geradezu absprechen wollen. Und wenn auch die Ansicht einzelner Mitglieder der Konferenz nach Ausweis der Protokolle (s. oben S. 383) entschieden dahin ging, so ist doch dies nirgends als die Meinung der Majorität hervorgetreten. Jedenfalls hätte der Art. 649, wenn es (wie dies Beseler, deutsch. Privatr. II S. 1047 Note 31 annimmt) beabsichtigt worden wäre, eine ganz andere Fassung erhalten müssen. So wie derselbe jetzt lautet, kann nur gesagt werden: das H.G.B. enthält eine Bestimmung über die Wirkungen der Uebergabe eines Konnossements blos in Betreff der Order-Konnossemente. Hinsichtlich der Namens-Konnossemente enthält es, ausser den Spezialbestimmungen in Art. 313, 374 und 382, keine Vorschrift. Wo aber das Gesetzbuch schweigt, ist (nach Art. 1) auf die Handelsgebräuche und das allgemeine bürgerliche Recht zu rekurriren. Somit ist auch für die Namens-Konnossemente das bürgerliche (partikular-rechtliche und gemeinrechtliche) Gesetzesrecht[1]) resp. Gewohnheitsrecht maassgebend. Diese Ansicht wurde früher namentlich von Thöl (H.R. S. 890 ff.) und Goldschmidt (S. 716 Note 32) vertreten. Sie ist neuerdings auch vom R.O.H.G. in einem Erkenntnisse vom 19. Novbr. 1873 adoptirt worden (Entsch. XI S. 415—417). Hiernach ist aber vom Standpunkt des gemeinen Rechts nach dem unter Nr. 1 Ausgeführten dem Satz: Der Empfang des Konnossements Seitens des Destinatärs hat dieselben rechtlichen Wirkungen, wie der Besitzerwerb der Güter selbst, für das Namens-Konnossement nicht minder Geltung, wie für das Order-Konnossement beizulegen. Und es hat sich in diesem Sinne, wennschon natürlich hinsichtlich des Namens-Konnossements der alte Streit fortdauert (Thöl, H.R. S. 890 ff.; Entsch. des O.A.G. zu Lübeck vom 22. Juni 1869 in Kierulffs Samml. V S. 356 ff., auch in Seufferts Archiv XXIV Nr. 72 und die in Goldschmidts H.R. II S. 705 f. Note 16 Zitirten), das R.G. (Ziv.S. V S. 80) ausgesprochen[2]).

---

1) So enthält der § 2 der bremischen Verordnung vom 25. August 1848, den Uebergang des Eigenthums an beweglichen Sachen betreffend, eine Anerkennung des Grundsatzes, „dass mit der geschehenen Einsendung oder Uebertragung des über eine verschiffte Waare ausgestellten Konnossements die Waare selbst für übertragen gilt".

2) Einige fremde Gesetzbücher haben ohne Unterscheidung von Namens- und Order-Konnossement den Grundsatz ausdrücklich anerkannt, dabei aber die Ueber-

5. Die Wirkungen der Konnossements-Uebergabe können aufgehoben werden durch das von der R.Konk.O. [1]), wie den fremden Rechten [2]) anerkannte Verfolgungsrecht, besser Hemmungsrecht, *right of stoppage in transitu, droit de suite*, welches dem wegen des Kaufpreises der verladenen Waare nicht vollständig befriedigten Absender (Verkäufer oder Einkaufskommissionär) das Recht giebt, wegen einer nach Empfang des Konnossements eingetretenen Insolvenz des Destinatärs die noch auf dem Transport befindlichen Güter trotz des übergegangenen Eigenthums zurückzufordern. Dem Absender steht eine Klage auf Rückgängigmachung des Eigenthumsüberganges, eine *actio publiciana rescissoria* zu. Sie kann gegen jeden Inhaber der Waare angestellt

tragung des Konnossements als symbolische Tradition aufgefasst. So das chilenische H.G.B. Art. 149 Ziff. 1; das portugies. H.G.B. Art. 472 Ziff. 5; das brasilianische H.G.B. Art. 200 Ziff. 4; die beiden letzteren unter der Voraussetzung, dass das Konnossement die Klausel: *por conta* enthält. In England gilt der Satz als kaufmännisches Gewohnheitsrecht schon seit langer Zeit (*by the custom of merchants, recognised from a very early period in the law of this country*: Maclachlan S. 397) und findet sich als solcher auch anerkannt in der *Bills of Lading Act* vom 14. August 1855 (18 u. 19 Victoria c. 111 pr.: *Whereas by the custom of merchants a bill of lading of goods being transferable by endorsement the property in the goods may thereby pass to the endorsee*). Und zwar gilt er nicht allein für das Order-Konnossement; vgl. Abbott S. 274; Newson S. 73. In Frankreich gilt der Satz unbestritten beim Order-Konnossement; ja es geht hierbei die herrschende auch vom Kassationshof adoptirte Meinung dahin: soweit das Verhältniss des Erwerbers zu dritten Personen (im Gegensatz zum Auktor) in Frage steht, *le connaissement* (und ebenso *l'endossement régulier d'un connaissement*) *est par lui-même translatif de propriété* (Hoechster et Sacré I S. 489 f., S. 494; Laurin bei Cresp II S. 148 f.; Ruben de Couder III S. 381 N. 49, S. 383—385 N. 65—74 und die Zitate daselbst), wobei jedoch die Authentizität (*la sincérité*) des Konnossements und die Abwesenheit von Kollusion und Betrug (auf Seiten des Erwerbers) vorausgesetzt wird (Hoechster et Sacré I S. 491, S. 494; Ruben de Couder III S. 388, N. 95, S. 386 N. 81). Dagegen gewährt nach einer anderen Ansicht das Konnossement dem legitimirten Inhaber *un droit à la consignation*, so dass dieser noch den Erwerb des Rechts nachweisen muss, welches er in Anspruch nimmt, so Caumont S. 519 N. 34. Manche Schriftsteller lassen bei jeder Art von Konnossement die Gleichstellung von Konnossements-Uebergabe mit Besitzübertragung Platz greifen, so Caumont a. a. O., Laurin a. a. O., Ruben de Couder III S. 381 N. 49. Laurin statuirt den Unterschied zwischen Order- und Namens-Konnossement, dass ersteres Eigenthum übertrage, letzteres nur *un droit à la consignation*.

1) § 36. *Der Verkäufer oder Einkaufskommissionär kann Waaren, welche von einem anderen Orte an den Gemeinschuldner abgesendet und von dem Gemeinschuldner noch nicht vollständig bezahlt sind, zurückfordern, sofern nicht dieselben schon vor der Eröffnung des Verfahrens an dem Orte der Ablieferung angekommen und in den Gewahrsam des Gemeinschuldners oder einer anderen Person für ihn gelangt sind.*

2) So *Code de comm.* Art. 576; vgl. Caumont S. 663 N. 42, S. 664, 665 N. 47; Abbott S. 401—435; Maclachlan S. 587—601. Nach manchen Rechten wird das Verfolgungsrecht noch zugelassen, wenn die Waare kurze Zeit vor der Konkurseröffnung in den Besitz des Empfängers gekommen ist (*droit de suite* im engeren Sinne). So nach dem holländischen H.G.B. Art. 232 ff.; portugiesischen H.G.B. Art. 911, 912. (Vgl. Goldschmidt II S. 864 ff.)

werden [1]). (S. Goldschmidt II S. 870; Wilmowski, D. R.-
Konkursordnung, 2. Aufl. Berlin 1881, S. 213; Entsch. des R.G.
Ziv.S. VIII S. 84.) Das Verfolgungsrecht hört auf, sobald die
Güter vor Eröffnung des Konkursverfahrens am Orte der Ablieferung (als welcher nicht nur der ursprüngliche Bestimmungsort,
sondern jeder Platz gilt, an welchem der Empfänger den Transport
„beendigt oder durch einen Vertreter beendigen lässt und neue Verfügungen über die Waare trifft" [2]): Entsch. des R.O.H.G. VI S. 305)
angekommen und in den Gewahrsam (= Detention, faktische Inne-
habung: R.G. Ziv.S. VIII S. 87) des Gemeinschuldners oder eines
Vertreters desselben gelangt sind. Ebenso zessirt dasselbe, wenn
vor der Ankunft der Güter im Bestimmungshafen ein Dritter [3]) in
Gemässheit der Grundsätze der Art. 306 f. D.H.G.B. oder der
Landesrechte, welche den Satz „Hand muss Hand wahren" anerkennen, an den Gütern Eigenthum [4]) oder ein vertragsmässiges
oder gesetzliches Pfandrecht [5]) erworben hat. (Vgl. überhaupt
Goldschmidt II S. 855 ff., S. 866 ff.; Wilmowski S. 210—213.)

Art. 650.

*Sind mehrere Exemplare eines an Order lautenden Konnosse-
ments ausgestellt, so können von dem Inhaber des einen Exemplars
die in dem vorstehenden Artikel bezeichneten rechtlichen Wirkungen*

---

1) Doch kann der Konkursverwalter durch Zahlung des Kaufpreises die
Rückforderung beseitigen: R.K.O. § 15.
2) Anders liegt die Sache, wenn nur ein „temporärer Aufschub der Weiterbeförderung" angeordnet, also der Transport nur unterbrochen ist: Entsch. des
R.O.H.G. XXII S. 69.
3) Wo *bona fides* des Erwerbers erforderlich ist, da wird diese ausgeschlossen „durch das Bewusstsein, dass die in Rede stehende Waare nicht bezahlt
ist und nach den Umständen des Destinatärs unbezahlt bleiben wird", verbunden
mit der Absicht, durch Erlangung des Besitzes an derselben „das Verfolgungsrecht zu vereiteln": Voigt im Neuen Archiv f. H.R. III 277, S. 287, S. 321,
IV S. 461 f.; Entsch. des R.O.H.G. XXIV S. 353.
4) Hier macht sich jedoch der § 38 der R.K.O. geltend.
5) Der Spediteur kann das ihm auf Grund des Art. 382 D.H.G.B. zustehende
Pfandrecht auch dem Verfolgungsrecht gegenüber geltend machen, nicht aber das
blosse Retentionsrecht, welches ihm das D.H.G.B. Art. 313 f. gewährt. Das kaufmännische Retentionsrecht, für welches der Art. 306 H.G.B. nicht in Betracht
kommt, kann nämlich nur an Sachen geltend gemacht werden, welche im Eigenthum des Schuldners des Retentionsberechtigten stehen. Nun ist aber die Ver-
folgungsklage auf Herstellung von *res integra* gerichtet und bewirkt, dass der
Eigenthumsübergang auf den Destinatär (den Schuldner des Retentionsberechtigten) nicht geschehen zu betrachten ist. (Vgl. Voigt im Neuen Archiv IV
S. 331 f.; Entsch. des R.O.H.G. VI S. 306 ff., X S. 78 ff., XXIV S. 348; Erk.
des hamb. O.G. vom 13. Febr. 1874, in Goldschmidts Zeitschr. XIX S. 561;
Entsch. des R.G. Ziv.S. VIII S. 81 ff.; Wilmowski S. 213.) Der § 41 Ziff. 8
der R.K.O. beabsichtigt nichts Anderes, als das kaufmännische Retentionsrecht
aufrecht zu erhalten. Derselbe will nicht etwa die Wirkungen desselben denen
des Pfandrechts gleichstellen: Wilmowski S. 242; Entsch. des R.G. Ziv.S.
VIII S. 81.

der Uebergabe des Konnossements zum Nachtheil desjenigen nicht geltend gemacht werden, welcher auf Grund eines anderen Exemplars in Gemässheit des Art. 647 die Auslieferung der Güter von dem Schiffer erlangt hat, bevor der Anspruch auf Auslieferung von dem Inhaber des ersteren Exemplars erhoben worden ist.

Der Art. 649 lässt durch Uebertragung des Order-Konnossements für den Empfänger dieselben Wirkungen entstehen, welche mit der Besitzübertragung verbunden sind. Ob der Ablader diese Wirkungen rückgängig machen oder aufheben kann, hängt ganz von der Beschaffenheit derselben und von der Natur des Rechtsverhältnisses ab, auf Grund dessen die Uebertragung des Konnossements erfolgte. So wird der Absender der Detention, welche der Empfänger als dessen Bevollmächtigter, Agent, Kommissionär (vorausgesetzt, dass diesem letzteren kein Pfandrecht zustand) hat, in jedem Augenblick ein Ende machen können. Der Absender, welcher das Konnossement dem Destinatär einschickte, auf Grund eines Kaufgeschäfts aber — weil der Kaufpreis weder bezahlt noch kreditirt war — unter dem gesetzlichen Vorbehalt des Eigenthums an den Gütern, wird gleichfalls dem Empfänger den Besitz wieder entziehen können. Der Absender dagegen, welcher den Kaufpreis kreditirte, wird die Wirkung des übertragenen Konnossements nur auf Grund des ihm zustehenden Verfolgungsrechts rückgängig machen können. Hieraus folgt wieder, dass der Absender nur insoweit mit rechtlichen Wirkungen einer ferneren Person ein anderweites Konnossement übertragen kann, als die Rechte, welche dieser letzteren dadurch eingeräumt werden sollen, nicht mit denen in Kollision treten, welche durch das frühere Konnossement dem ersten Destinatär übertragen wurden. Und eben dasselbe ist von einem Indossatar zu sagen, der das Konnossement durch Giro weiter begiebt. Demgemäss sollte stets, wenn mehrere Konnossemente an verschiedene Personen übertragen sind, auf Grund deren diese kollidirende Rechte an denselben Gütern geltend machen, die Priorität der Uebertragung entscheiden, d. h. derjenige vorgehen, dem zuerst vom gemeinsamen Indossanten das Konnossement übertragen ist.

Diese Anordnung ist auch durch Art. 651 getroffen worden. Der Art. 650 statuirt von dieser Regel eine Ausnahme zu Gunsten des Konnossementsinhabers, der bereits in legaler Weise, d. h. der Vorschrift des Art. 647 gemäss, also im Bestimmungshafen, die Auslieferung der Ladung Seitens des Schiffers erhalten hat. Diese Bestimmung hat ihren Grund lediglich in Zweckmässigkeitsrücksichten und ist folgendermaassen entstanden. Bei der Berathung des dem Art. 651 zu Grunde liegenden Antrags wurde ausgesprochen, dass die in demselben enthaltene Bestimmung nur dann Anwendung finden sollte, „wenn die Güter bereits verladen, aber noch nicht vom Schiffer an einen Konnossementsinhaber abgeliefert" wären, also nur dann, „wenn sich dieselben noch in der Hand des

Schiffers befänden, oder beim Vorhandensein mehrerer Konnossementsinhaber deponirt worden" wären (Prot. VIII S. 4033). Unter
Hinweis hierauf, sowie unter Geltendmachung des Umstandes, dass
man die Anwendbarkeit des Satzes, die Uebergabe des Konnossements stehe der Uebergabe der Güter in ihren rechtlichen Wirkungen gleich, in dem Falle nicht ausschliessen dürfe, wo „die
Wirkungen der Uebergabe des Konnossements gegen den Absender
oder gegen die Konkursgläubiger desselben geltend gemacht werden
sollten", stellte die Redaktionskommission den Antrag, die im jetzigen Art. 650 enthaltene Bestimmung aufzunehmen, welcher Antrag
Seitens der Konferenz mit Stimmeneinhelligkeit angenommen wurde
(Prot. VIII S. 4130).

Der Artikel findet daher nur Anwendung auf das Verhältniss
der Konnossementsinhaber zu einander, nicht auf das Verhältniss
eines Konnossementsinhabers zum Ablader oder zu den Konkurs-
gläubigern desselben.

Art. 651.

*Hat der Schiffer die Güter noch nicht ausgeliefert, so geht unter
mehreren sich meldenden Konnossementsinhabern, wenn und soweit
die von denselben auf Grund der Konnossementsübergabe an den
Gütern geltend gemachten Rechte kollidiren, derjenige vor, dessen
Exemplar von dem gemeinschaftlichen Vormann, welcher mehrere
Konnossementsexemplare an verschiedene Personen übertragen hat,
zuerst der einen dieser Personen dergestalt übergeben ist, dass dieselbe zur Empfangnahme der Güter legitimirt wurde.*

*Bei dem nach einem anderen Orte übersandten Exemplare wird
die Zeit der Uebergabe durch den Zeitpunkt der Absendung bestimmt.*

1. Für die Entscheidung eines Rechtsstreites unter mehreren
Konnossementsinhabern ist zunächst die Natur des Rechts, welches
ein jeder in Anspruch nimmt, maassgebend, und erst wenn dieselben sich gleiche Rechte beilegen, und demgemäss eine Kollision
zwischen diesen stattfindet, ist die Bestimmung des Artikels zur
Anwendung zu bringen. Und zwar gilt dies eben so wohl in dem
Falle, wo die verschiedenen Konnossementsinhaber Rechte im eigenen Namen geltend machen, als in dem, wo der eine im Namen
des Abladers handelt (Prot. VIII S. 4032 f.).

Die Bestimmung selbst ist den Prinzipien des gemeinen Zivil-
rechts durchaus konform (*L. 72 De R. V. 6, 1; L. 9 § 4 De publ.
act. 6, 2; L. 6 pr. De div. temp. praescr. 44, 3; L. 14 Qui pot.
20, 4; L. 2, L. 4 C. Qui pot. 8, 18*)[1]).

---

[1] Dieselben Grundsätze werden in England (Abbott S. 425, s. o.S. 377
Note 1), Amerika (Kent III S. 292), Frankreich (Delamarre et Lepoitvin VI N. 204, 205) zur Anwendung gebracht.

Von dem Frachtgeschäft zur Beförderung von Gütern. Art. 651, 652.   389

Der gemeinschaftliche Vormann kann der Ablader sein, aber auch ein Indossatar, der das Konnossement weiter begeben hat.

2. Dass das Gesetzbuch bei den nach einem anderen Orte übersandten Konnossementsexemplaren als Z e i t p u n k t d e r U e b e r g a b e den Zeitpunkt der Absendung betrachtet, erklärt sich aus den Bestimmungen über die Perfektion der Verträge (Art. 321; vgl. Prot. VIII S. 4034).

3. Sind die verschiedenen Konnossementsexemplare nicht von einem gemeinschaftlichen Vormann übertragen, sondern v o n m e h r e r e n V o r m ä n n e r n — ein Fall, der, wie G o l d s c h m i d t mit Recht bemerkt, ohne ein Delikt schwer denkbar ist — oder l ä s s t s i c h (weil die Indossamente nicht datirt sind) n i c h t e r m i t t e l n, w e l c h e s der verschiedenen Konnossemente z u e r s t von dem gemeinsamen Vormann weiter b e g e b e n ist, so gilt keiner als Besitzer der Güter. Besitzer ist nämlich der Inhaber des zuerst vom gemeinsamen Vormann indossirten Konnossements. Dies trifft im ersteren Falle bei keinem zu; im zweiten lässt es sich von keinem beweisen. Aus dem Konnossement ist in diesem Falle überhaupt kein Recht geltend zu machen, sondern nur aus dem Rechtsverhältniss, in welchem die Konnossementsinhaber zu ihren Vormännern stehen, und zwar gegen eben diese (G o l d s c h m i d t II S. 732). Dagegen würde in dem Falle des Art. 650 dieser Umstand nicht gegen die Aufrechterhaltung des *status quo* geltend gemacht werden können, da *in pari causa possessor potior haberi debet.*

Art. 652.

Der Schiffer ist zur Ablieferung der Güter nur gegen Rückgabe eines Exemplars des Konnossements, auf welchem die Ablieferung der Güter zu bescheinigen ist, verpflichtet.

Wie bereits der Art. 303 Abs. 3 H.G.B. hinsichtlich des Order-Konnossements verordnet, ist der Schiffer als Schuldner aus dem Konnossement nur gegen Aushändigung des quittirten Papiers zu erfüllen verpflichtet. Und zwar hat, wie dies durch das Wort g e g e n ausgesprochen wird, die Auslieferung des Konnossements und die Ablieferung der Güter Zug um Zug stattzufinden[1]). Mit Rücksicht auf die strengen Verpflichtungen, die der Schiffer durch Zeichnung des Konnossements übernimmt, hielt man es auf der hamburger Konferenz für nothwendig, auszusprechen, dass derselbe „nicht mit seiner Leistung voranzugehen schuldig sei". Regelmässig wird der Schiffer auf seinem Recht, die Auslieferung des Konnossements zu verlangen, nicht bestehen, sondern sich, wenn er dem Destinatär nicht unbedingt Vertrauen schenkt, mit dem

---

1) Der f r a n z ö s i s c h e (Art. 285) und b e l g i s c h e *Code de comm.* (II Art. 46) verpflichten den Destinatär nur, eine Quittung dem Schiffer zu geben, und zwar erst nach Ablieferung der Ladung. Nach dem s p a n i s c h e n H.G.B. (Art. 803) hat der Schiffer die Güter gegen Vorzeigung des Konnossements auszuliefern.

Nachweis, dass derselbe das Konnossement wirklich besitze, oder
„mit der Deponirung des Konnossements bei einem Dritten bis nach
geschehener Entlöschung" begnügen (Prot. V S. 2239).

Ueber die in Hamburg bestehende Sitte, wonach die Ablieferung der Waare an den Everführer gegen das von diesem quit-
tirte Konnossement erfolgt, s. die Ausführungen zum Art. 610
(S. 322).

Art. 653.

*Das Konnossement ist entscheidend für die Rechtsverhältnisse
zwischen dem Verfrachter und dem Empfänger der Güter; insbesondere muss die Ablieferung der Güter an den Empfänger nach Inhalt
des Konnossements erfolgen.*

*Die in das Konnossement nicht aufgenommenen Bestimmungen
des Frachtvertrages haben gegenüber dem Empfänger keine rechtliche
Wirkung, sofern nicht auf dieselben ausdrücklich Bezug genommen
ist. Wird in Ansehung der Fracht auf den Frachtvertrag verwiesen
(z. B. durch die Worte: „Fracht laut Chartepartie"), so sind hierin
die Bestimmungen über Löschzeit, Ueberliegezeit und Liegezeit [1]) nicht
als einbegriffen anzusehen.*

*Für die Rechtsverhältnisse zwischen Verfrachter und Befrachter
bleiben die Bestimmungen des Frachtvertrages maassgebend.*

1. Das Konnossement ist nicht nur ein **Empfangsbekenntniss** des Schiffers, sondern auch **Verpflichtungsurkunde.**

Schon daraus, dass die Urkunde diesen zwiefachen Charakter
nothwendiger Weise hat, geht hervor, dass die dadurch begründete
Obligation keine Formalobligation ist; denn die Verbindlichkeit
des Schiffers kann ohne eine *causa debendi* gar nicht gedacht
werden.

Der Schiffer verpflichtet sich nämlich nicht schlechtweg dem
Destinatär zur Lieferung bestimmter Waaren, sondern lediglich zur
Wiederablieferung derjenigen Güter, welche er von dem Ablader
wirklich erhalten hat. Seine Verbindlichkeit besteht nicht in einem
dare, sondern *restituere* (Prot. V S. 2208, 2260 f.). Der Gegenstand
der Verbindlichkeit des Schiffers wird denn auch durch die Aus-

---

1) Statt des Wortes Liegezeit am Schluss des Abs. 2, wie der von der
Kommission vorgelegte Entwurf und alle offiziellen Ausgaben lauten, ist zu lesen
Liegegeld. In den Verhandlungen der hamburger Konferenz über die Tragweite
der Klausel „Fracht nach Chartepartie" wurde nur die Frage ventilirt, ob diese
sich auch auf das Liegegeld beziehe, und gerade diese Frage wurde bei der
Abstimmung verneint (Prot. V S. 2226—2228). Demgemäss hiess es auch im Entwurf aus erster Lesung Art. 525:
— *Wird in Ansehung der Fracht auf den Frachtvertrag verwiesen, —
so sind hierin die Bestimmungen über Löschzeit, Ueberliegezeit und Liegegeld
nicht als einbegriffen anzusehen.*
In zweiter Lesung ist aber irgend eine Aenderung dieses Satzes nicht beschlossen worden (Prot. VIII S. 4007). Vgl. Entsch. des R.O.H.G. V S. 132 f.,
XV S. 222.

stellung des Konnossements nicht geändert, vielmehr ist es dieselbe Verpflichtung, welche bereits durch den Frachtvertrag eingegangen war. Nur wird dadurch ein neuer Gläubiger eingeführt und diesem gegenüber dieselbe Verbindlichkeit Seitens des Schiffers, und zwar als eine selbständige und unabhängig vom Vertrage eingegangen. Trotzdem liesse sich, da das Empfangsbekenntniss die Grundlage des Versprechens ist, denken, dass durch erwiesene Unrichtigkeit des ersteren auch das letztere modifizirt werden müsste. Da aber das Konnossement dem Handelsverkehr zu dienen bestimmt ist, so muss der Schiffer verpflichtet werden, bei Zeichnung desselben „die Diligenz eines ordentlichen Schiffers zu prästiren" und, so viel an ihm ist, „zu verhindern, dass Dritte durch dasselbe getäuscht" werden[1]) (Prot. V S. 2260; Entsch. des R.O.H.G. XXV S. 196 ff.; Abbott S. 259). Dies hat der Handelsgebrauch dadurch bewerkstelligen zu müssen geglaubt, dass er den Schiffer nöthigte, den Inhalt des Konnossements unbedingt zu vertreten. Das Konnossement macht nicht nur jeden anderen Beweis überflüssig, sondern schliesst auch den Gegenbeweis völlig aus.

Diesen Grundsatz, der sich freilich nicht aus allgemeinen Rechtsprinzipien ergiebt, sondern rein positiver Natur ist (vgl. Entsch. des R.G. Ziv.S. V S. 81 f.), der aber in allen Seerechten sich findet und mehr oder minder konsequent durchgeführt[2]), auch

---

1) Daher darf auch das Konnossement nicht früher gezeichnet werden, als die Güter wirklich an Bord sind, weil die Verladungszeit, aus welcher sich ein Schluss auf den Zeitpunkt des Eintreffens der Güter im Bestimmungshafen ziehen lässt, für den Konnossements-Erwerber von Interesse ist: Entsch. des R.O.H.G. XXV S. 196 ff.; des R.G. Ziv.S. III S. 102 f. Das finnländische Seegesetz (Art. 89) hat denn auch den Grundsatz ausdrücklich ausgesprochen. Vgl. Lewis in Endemanns Handb. IV S. 166 Note 7.

2) Einige fremde Gesetze haben das Prinzip nicht ausdrücklich aufgestellt, enthalten vielmehr nur einen Satz über die unbedingte Beweiskraft des Konnossements, worin aber eine Anerkennung des in Rede stehenden Prinzips enthalten ist, so der französische *Code de comm.* (Art. 283: *Le connaissement rédigé dans la forme ci-dessus prescrite, fait foi entre toutes les parties intéressées au chargement et entre elles et les assureurs*); der belgische (II Art. 42); das spanische H.G.B. (Art. 808); das holländische (Art. 512). In der Ordonnance de la marine aber heisst es geradezu II, 1 Art. 9: *Demeurera responsable de toutes les marchandises chargées dans son bâtiment, dont il sera tenu de rendre compte sur le pied de ses connoissemens.* In England ist der Grundsatz allerdings erst durch die *Bills of Lading Act* von 1855 anerkannt. Diese bestimmt (sect. 3): *Every bill of lading in the hands of a consignee or endorsee for valuable consideration representing goods to have been shipped on board a vessel shall be conclusive evidence of such shipment as against the master or other person signing the same, notwithstanding that such goods or some part thereof may not have been so shipped.* Die Regel gilt dann nicht, wenn der Inhaber des Konnossements zur Zeit des Erwerbs desselben Kunde davon hatte, dass die Güter nicht verladen waren; ferner dann nicht, wenn der Konnossements-Zeichner beweist, dass die Nichtübereinstimmung des Konnossements mit dem wirklichen Thatbestande ohne seine eigene Schuld, lediglich durch Betrug des Abladers oder des Konnossements-Inhabers, oder eines Auktors des letzteren veranlasst ist. Die englischen Juristen lassen die Regel nur Anwendung finden auf das Verhältniss des Destinatärs zum Schiffer oder

in Deutschland schon früher anerkannt und in der Praxis zur Anwendung gebracht worden ist[1]), hat das H.G.B. direkt ausgesprochen, indem es bestimmt, dass das Rechtsverhältniss zwischen
Schiffer und Empfänger durch das Konnossement allein geregelt
wird und es hat dasselbe die Konsequenzen dieses Satzes in vollem
Umfange gezogen (Entsch. des R.O.H.G. III S. 24).

2. Das Konnossement begründet zunächst eine selbständige,
aus dem Frachtvertrage ausgeschiedene[2]) Verpflichtung des
Schiffers (Entsch. des R.O.H.G. XV S. 223). Der Schiffer ist daher verpflichtet, die Güter dem Konnossement gemäss abzuliefern[3])
und darf dem Empfänger keine Einreden aus der Person des Abladers entgegensetzen (Entsch. des R.O.H.G. II S. 330). Er darf
sich nicht darauf berufen, dass die darin verzeichneten Güter nicht
abgeladen sind, sei es, dass der Ablader keine geliefert hat, sei
es, dass er selbst durch *vis maior* verhindert worden ist, dieselben einzunehmen, oder dass dieselben vom Ablader wieder zurückgenommen
sind (Prot. V S. 2265; Voigt jun. im Neuen Archiv f. H.R. I
S. 488 f.; Entsch. des O.A.G. zu Lübeck vom 25. Mai 1857, in
Goldschmidts Zeitschr. III S. 212). Anders liegt jedoch die
Sache, wenn der Empfänger einen ihm nach dem Konnossement
zustehenden Anspruch lediglich im Interesse des Abladers geltend
macht. In diesem Falle dürfen demselben Seitens des Schiffers dieselben Einreden entgegengesetzt werden, welche dem Ablader entgegengesetzt werden könnten, wenn dieser in Person den Anspruch
geltend machte (Prot. V S. 2279; Entsch. des hamb. Oberger. vom
11. Juli 1873, in Goldschmidts Zeitschr. XIX S. 231).

sonstigen Konnossements-Zeichner, nicht des Destinatärs zum Rheder *(not signing)*: Abbott S. 260 f., bes. Note f.; Maclachlan S. 396, bes. Note 1.
1) Vgl. Voigt jun. im Neuen Archiv f. H.R. I S. 487 f.; Erk. des hamb.
Handelsger. vom 9 Januar 1851 (Ullrich, Samml. Nr. 2), vom 14. April 1851
(das. Nr. 15), vom 9. Juli 1851 (das. Nr. 26), vom 1. November 1852 (das.
Nr. 80), vom 11. November 1857 (das. Nr. 343), vom 21. April 1858 (Seebohm,
Samml. Nr. 12), vom 11. August 1858 (das. Nr. 26), vom 6. September 1858
(das. Nr. 30), vom 6. September 1858 (das. Nr. 31), vom 20. November 1858
(das. Nr. 45), vom 31. März und 16. April 1860 (das. Nr. 139), vom 25. April
1860 (das. Nr. 143), vom 7. Juli 1860 (das. Nr. 161), vom 31. Oktober 1860
(das. Nr. 173), vom 22. Dezember 1860 (das. Nr. 182). Entsch. des O.A.G. zu
Lübeck vom 25. Mai 1857 (in Goldschmidts Zeitschr. III S. 212).
2) Dass das Konnossement nicht, wie einige Schriftsteller (so Brinck-
mann, Lehrb. des H.R. § 78 Note 9; Thöl, H.R. I S. 887 f.) wollen, eine Urkunde über den Frachtvertrag ist, geht schon daraus hervor, dass der Schiffer
dem Ablader die Konnossemente zu zeichnen hat, wenn auch der Ablader nicht
der Befrachter, und der Frachtvertrag nicht mit ihm, sondern einem anderen
Verfrachter eingegangen ist (Prot. V S. 2196; vgl. Motive zum preuss. Entwurf
S. 263). Auch der Inhalt des Konnossements spricht gegen eine solche Auffassung.
3) Die Güter müssen auch mittels des im Konnossement genannten Schiffs
transportirt sein (abgesehen von den Fällen, wo das Gesetz eine Umladung gestattet). Die Lieferung von durch ein anderes Schiff transportirten Gütern würde
der Destinatär nicht als Erfüllung seines Anspruchs gelten zu lassen brauchen:
Hanseat. Gerichts-Zeit. von 1883 S. 129 f.

3. Das Konnossement ist entscheidend für die Rechtsverhältnisse zwischen Verfrachter und Destinatär, es hat aber selbstverständlich keinen Einfluss auf das zwischen Ablader und Empfänger bestehende Rechtsverhältniss. Ist daher die Waare dem letzteren auf Grund eines mit dem ersteren abgeschlossenen Kaufvertrages übersandt worden, so ist die Geltendmachung eines Anspruchs wegen mangelhafter Lieferung gegen diesen nicht davon abhängig, dass jener die ihm aus dem Konnossement gegen den Schiffer zustehenden Rechte gehörig gewahrt hat. Vielmehr kann in solchem Falle der Empfänger sein Interesse nach seiner Wahl geltend machen entweder aus dem Konnossement gegen den Schiffer, oder aus dem Vertrage gegen den Ablader, als Verkäufer (Entsch. des R.O.H.G. II S. 330).

4. Da das durch die Zeichnung begründete Rechtsverhältniss unabhängig vom Frachtvertrage ist, so verträgt das Konnossements „keine anderen Vorbehalte und Verweisungen, als die ihm selber eingefügten resp. die ihm dergestalt annektirten, dass sich das Konnossement und die Einschränkung als Eine Urkunde darstellt" (Entsch. des R.O.H.G. I S. 201, VI S. 346). Daraus folgt, dass es zwar zu einer Modifikation des Konnossements durch den Frachtvertrag nicht erforderlich ist, dass die betreffende Bestimmung des letzteren dem ersteren inserirt ist (Entsch. des R.O.H.G. XV S. 223), wohl aber dass dieselbe ausdrücklich angezogen ist. Eine stillschweigende Bezugnahme auf den Frachtvertrag ist für Destinatär und Verfrachter nicht maassgebend, namentlich darf aus der Bezugnahme auf eine einzelne Bestimmung der Chartepartie nicht geschlossen werden, dass auch alle anderen für maassgebend hätten erklärt werden sollen (Prot. V S. 2227 f.; Entsch. des R.O.H.G. XII S. 131, XVII S. 76). Dagegen ist es eben so wohl zulässig, auf sämmtliche Bestimmungen der Chartepartie, als auf einzelne Bezug zu nehmen (Motive zum preuss. Entw. S. 266 f.; Entsch. des R.O.H.G. XVII S. 74 ff. und die S. 75 zitirten Erk. und Schriften). Durch die, namentlich in englischen und amerikanischen Konnossementen sich findende Klausel: *on paying freight for the said good and all other conditions as per charter party*, wird daher der ganze Inhalt der Chartepartie zu einem integrirenden Bestandtheil des Konnossements (Entsch. des R.O.H.G. XV S. 222 f., XIX S. 263 f.). Wie weit in jedem Falle die Bezugnahme auf die Chartepartie sich erstreckt, ist Sache der richterlichen Interpretation (Entsch. des R.O.H.G. XVII S. 73).

5. Lediglich eine Konsequenz aus dem unter Nr. 4 erörterten Prinzip ist es, dass die Klausel „Fracht laut Chartepartie" sich ausschliesslich auf den eigentlichen Frachtanspruch des Verfrachters bezieht, d. h. zwar nicht einzig und allein auf „die mit dem Namen der Fracht in der Chartepartie bezeichnete Geldprästation", sondern auch auf die gewöhnlichen unzweifelhaften Akzessionen derselben, wie die Kaplaken und Primage und eine etwa dem Schiffer zugesicherte Gratifikation — auf letztere indess nur

bei Verfrachtung des Schiffs im Ganzen oder zu einem Theile und
soweit eine Repartition überhaupt denkbar ist —, nicht aber auf
die übrigen Ansprüche des Verfrachters aus dem Frachtvertrage,
namentlich nicht auf das Liegegeld, auch wenn dasselbe für die
Löschung eventuell festgesetzt worden wäre (Prot. V S. 2226 bis
2228), demgemäss auch nicht auf die Löschzeit und die Ueberliegezeit.

6. Der letzte Absatz des Artikels lautete in der Fassung des
preussischen Entwurfs (Art. 486):

*Für die Rechtsverhältnisse zwischen Schiffer und Ablader bleiben
die Bestimmungen des Frachtvertrages verbindlich, soweit im Konnossemente nichts Abweichendes enthalten ist;*

und in den Motiven heisst es (S. 267) in dieser Hinsicht: „soweit
das Konnossement der Chartepartie widersprechende Bestimmungen
enthält, ist anzunehmen, dass der Schiffer und Ablader die Chartepartie haben aufheben wollen, und insoweit entscheidet auch für
sie das Konnossement". Denselben Zusatz enthielt in Betreff der
Ladescheine der Art. 415 in seiner ursprünglichen Fassung (Art.
350 des Entwurfs aus erster Lesung). In zweiter Lesung wurde
dieser Zusatz, ohne dass erhellt, aus welchem Grunde, fortgelassen
(Prot. III S. 1242, 1247; Art. 387 des Entwurfs aus zweiter
Lesung), und auf der hamburger Konferenz wurde beschlossen, die
Fassung des Art. 486 des preussischen Entwurfs mit der des Art.
387 des Entwurfs aus zweiter Lesung möglichst in Einklang zu
bringen (Prot. V S. 2228). Demgemäss gelten abweichende Bestimmungen des späteren Konnossements nicht ohne Weiteres als
von den Parteien beliebte Abänderungen des Frachtvertrages, vielmehr greift in dieser Beziehung freie richterliche Prüfung Platz
(Entsch. des R.O.H.G. XVII S. 73).

Da für das Verhältniss von Schiffer und Ablader allein
der Frachtvertrag maassgebend ist, so kann man die im Konnossement festgesetzte Fracht von dem Befrachter nicht beanspruchen,
wenn Konnossement und Chartepartie in dieser Hinsicht nicht
übereinstimmen (Erk. des Handelsger. zu Bremen vom 4. Mai 1863,
bestätigt durch Entsch. des O.A.G. zu Lübeck vom 28. Januar
1865 in Kierulffs Samml. I S. 37). Andererseits hat der Ablader dem Verfrachter für allen daraus entstandenen Schaden aufzukommen, dass durch seine Schuld die Güter nicht die im Konnossemente angegebene Beschaffenheit hatten. Natürlich hat auch
für das Verhältniss von Schiffer und Ablader das Konnossement
die Bedeutung eines Empfangsbekenntnisses, allein dieses ist ein
gewöhnliches Beweismittel, gegen welches Gegenbeweis zulässig ist
(Entsch. des O.A.G. zu München vom 9. Dezember 1861 in
Seufferts Archiv XV Nr. 49; Erk. des hamb. Handelsger. vom
16. Juli 1864 bei Hermann und Hirsch, Samml. Nr. 114 S. 484;
vgl. Prot. V S. 2279).

7. Die Bestimmung des letzten Absatzes, wonach das Konnossement für das Verhältniss von Befrachter und Verfrachter nicht in Betracht kommt, gilt nicht für den Fall, dass das Konnossement Zusätze erhalten hat, welche in ein gewöhnliches Konnossement nicht gehören und nur die Beziehungen zwischen Verfrachter und Befrachter angehen. Solche Zusätze sind nämlich als wesentliche Bestimmungen des Frachtvertrages anzusehen. Dies gilt z. B. alsdann, wenn der Verfrachter (etwa eine Packetfahrt-Gesellschaft), dessen Schiff auf Grund der Chartepartie die Waaren nicht nach dem Bestimmungshafen, sondern nur nach einem Zwischenhafen bringen soll, in dem hierüber ausgestellten Konnossement sich zugleich verpflichtet, für die Weiterbeförderung der Waaren nach dem Bestimmungsort mittels einer anderen Transportgelegenheit Sorge zu tragen (z. B. durch den Satz: *the goods to be forwarded by steamer from — to —*). Alsdann haftet der Verfrachter aus diesem irregulären Konnossement wie aus einem Frachtvertrage für den weiteren Transport der Ladung dem Befrachter (Entsch. des O.A.G. zu Lübeck vom 14. Juni 1866 in Kierulffs Samml. II S. 405 f.; vgl. Entsch. des R.O.H.G. XVII S. 73)[1]).

---

1) Ueber den Seetransport auf ein s. g. durchgehendes Konnossement (*through-bill of lading*), ein dem H.G.B. fremdes Institut, s. Schlodtmann in Goldschmidts Zeitschr. XXI S. 384 ff.; Voigt, zum See- und Versicherungs-R., Jena 1880, S. 7 ff.; vgl. Entsch. des R.O.H.G. III S. 221 ff. Durch ein solches Konnossement verpflichtet sich der Aussteller desselben, den Transport der Waaren nach einem bestimmten Platze zu besorgen, indem er mit eigenem Schiff nur einen Theil des Transports auszuführen verspricht, zugleich aber die Weiterbeförderung der Güter zusagt, entweder schlechtweg oder mittels einer bestimmten Schiffs- oder sonstigen Transportgelegenheit. Namentlich bezeichnet wird nur das Schiff, in welches die Güter vom Ablader geliefert und bis zur ersten Transportstation gebracht werden. Ein solches Konnossement kann erst in der Endstation des Transports geltend gemacht werden, nicht in irgend einer Zwischenstation, also auch nicht in der, wo der durch das namentlich genannte Schiff oder vom Konnossements-Aussteller selbst besorgte Transport endet. Im Bestimmungsort aber richtet sich die Verbindlichkeit des Transportführers nicht nach diesem Konnossement. Für die verschiedenen Theiltransporte tritt vielmehr eine Haftung verschiedener Personen ein, die keineswegs nach denselben Grundsätzen zu beurtheilen ist. Für den ersten Theiltransport haftet der Konnossements-Aussteller, mag er sein eigenes Schiff oder ein fremdes dazu verwenden, aus dem Frachtvertrage. Für die späteren Theiltransporte, soweit sie nicht von ihm selbst übernommen sind, hat er dafür zu sorgen, dass dieselben nach Maassgabe des Inhalts des Konnossements durch geeignete Personen übernommen werden. Hierbei haftet derselbe, soweit nicht bestimmte Transport-Gelegenheiten im Konnossement bezeichnet sind, für *culpa in eligendo*; nicht jedoch für die Verschuldungen solcher Transport-Uebernehmer. Diese stehen in einem unmittelbaren Kontraktsverhältniss zum Ablader und dessen Rechtsnachfolgern, den legitimirten Konnossementsinhabern, da der Konnossements-Aussteller, unter Umständen auch spätere Transportführer die ferneren Verträge als Stellvertreter des Abladers geschlossen haben. Jeder Transportführer haftet als solcher, als Verfrachter oder Frachtführer, nur für den von ihm auszuführenden Transport nach Maassgabe des von ihm eingegangenen Frachtvertrages resp. gezeichneten Konnossements, *in subsidium* des für ihn geltenden Rechts; jedoch nur für die

Art. 654.

Der Verfrachter ist für die Richtigkeit der im Konnossement enthaltenen Bezeichnung der abgeladenen Güter dem Empfänger verantwortlich. Seine Haftung beschränkt sich jedoch auf den Ersatz des Minderwerths, welcher aus der Nichtübereinstimmung der Güter mit der im Konnossement enthaltenen Bezeichnung sich ergiebt.

1. Die in den Art. 654—662 enthaltenen Vorschriften sind lediglich Folgerungen aus dem im Art. 653 aufgestellten Prinzip. Und zwar wird in den Art. 654—656 der Satz des vorigen Artikels, dass für das Rechtsverhältniss von Verfrachter und Destinatär allein das Konnossement maassgebend ist, angewendet auf die Benennung der Güter nach Art und Gattung. Der Verfrachter hat in dieser Beziehung das Konnossement zu erfüllen und wird von dieser Verpflichtung nicht befreit, selbst wenn erwiesenermaassen von ihm das abgeliefert worden ist, was er empfing, z. B. wenn der ausgelieferte Brasil-Kaffee (und nicht, wie im Konnossement verzeichnet, Java-Kaffee) oder die ausgelieferten Fässer Rum (und nicht Wein, worauf das Konnossement lautete) oder das ausgelieferte amerikanische (und nicht, wie nach dem Konnossement, spanische) Nussbaumholz wirklich eingenommen war (Art. 655; Entsch. des R.O.H.G. III S. 24).

2. Liefert der Schiffer die Waare aus, welche er empfangen, so darf der Destinatär, wenn dieselbe nicht von der im Konnossement angegebenen Art ist, deren Annahme nicht verweigern und sein Interesse geltend machen, sondern er hat die Güter abzunehmen und sich mit dem Ersatz des Minderwerths derselben zu begnügen. Als Grund dafür wurde namentlich auf der hamburger Konferenz geltend gemacht: Da der Verfrachter, welcher die im Konnossement verzeichneten Waaren wirklich erhalten habe, aber nicht im Stande sei, dieselben auszuliefern, weil sie ihm etwa abhanden gekommen, nur für den Werth der Güter einzustehen habe, so dürfe der, welcher etwas abliefere, was nicht ohne Werth sei, nicht schlechter zu stehen kommen (Prot. VIII S. 4132). Natürlich gilt dieser Grundsatz nicht in dem Falle, wo der Schiffer etwas Anderes abliefern wollte, „als er vom Ablader zum Transport erhalten" (Prot. V S. 2278 f.). Hier würde vielmehr der

---

Güter, welche ihm von seinem Vormann übergeben, resp. in seinem Konnossement als ihm übergeben bezeichnet sind; denn eine analoge Anwendung des Art. 401 D.H.G.B. ist hier nicht möglich, eben so wenig des Art. 384 H.G.B. (Schlodtmann S. 388 ff.; Voigt S. 18). Der Beweis der Einnahme der Güter kann aber durch das durchgehende Konnossement nur gegenüber dem ersten Schiffer geführt werden. Somit ist ein solches Konnossement, soweit dessen obligatorische Wirkungen in Betracht kommen, nur als der zwischen dem Ablader und dem Aussteller geschlossene Vertrag über die Ausführung des Transports zu betrachten. Ausserdem dient dasselbe zur Legitimation des Destinatärs im Bestimmungsplatze.

Destinatär unter Zurückweisung der Waare sein volles Interesse geltend machen können.

3. Unter B̲ezeichnung ist nicht das Merkzeichen, welches die Güter tragen, zu verstehen; denn das Gesetzbuch unterscheidet beides ausdrücklich (Art. 645 Ziff. 7). Eine Haftung des Schiffers für die im Konnossement angegebenen Merkzeichen der Güter würde auch keinen Sinn haben, da der Verfrachter stets nur den Minderwerth der abgeladenen Güter im Vergleich zu den im Konnossement verzeichneten zu vergüten hat, ein solcher Minderwerth aber schwerlich die Folge einer Verschiedenheit der Merkzeichen sein kann. Dagegen ist die Unrichtigkeit der Merkzeichen von grosser Bedeutung für den dem Schiffer obliegenden Beweis, wenn Seitens des Empfängers die Identität der abgelieferten Waaren mit den abgeladenen bestritten und deshalb deren Annahme verweigert wird. Denn da das Merkzeichen hierbei das hauptsächlichste Beweismittel für den Schiffer ist, so wird die Beweisführung für denselben dadurch erheblich erschwert, nicht selten unmöglich werden (Schlodtmann in Goldschmidts Zeitschr. XXI S. 404 ff.).

Art. 655.

Die im vorstehenden Artikel erwähnte Haftung des Verfrachters tritt auch dann ein, wenn die Güter dem Schiffer in Verpackung oder in geschlossenen Gefässen übergeben sind.

Ist dieses zugleich aus dem Konnossement ersichtlich, so ist der Verfrachter für die Richtigkeit der Bezeichnung der Güter dem Empfänger nicht verantwortlich, sofern er beweist, dass ungeachtet der Sorgfalt eines ordentlichen Schiffers die Unrichtigkeit der in dem Konnossement enthaltenen Bezeichnung nicht wahrgenommen werden konnte.

Die Haftung des Verfrachters wird dadurch nicht ausgeschlossen, dass die Identität der abgelieferten und der übernommenen Güter nicht bestritten oder dass dieselbe von dem Verfrachter nachgewiesen ist.

1. Bei der strengen Haftung, welche das Gesetz dem Verfrachter auferlegt, hat es zugleich Fürsorge getroffen, dass dieses Prinzip nicht zu „übertriebenen Härten" gegen denselben führe (Entsch. des R.O.H.G. III S. 25). Darauf beruhen Art. 655 Abs. 2, Art. 656, 657, 659, 660.

2. Der Art. 655 stellt zunächst als Folgerung aus Art. 653 den Satz auf, dass bei der Anwendung des im vorigen Artikel aufgestellten Prinzips kein Unterschied zu machen, ob die Art der Güter für den Schiffer ohne Weiteres erkennbar war oder nicht; aber es statuirt diesen Satz nur für den Fall, wo nicht aus dem Konnossement die Schwierigkeit für den Schiffer, die Gattung der einzelnen Güter zu konstatiren, erhellt, und nicht zugleich der Schiffer den Beweis führt, dass er „die Unrichtigkeit

der Konnossementsbezeichnung, ungeachtet der Sorgfalt eines ordentlichen Schiffers, nicht habe wahrnehmen können". Ist ersteres jedoch der Fall, d. h. ist aus dem Konnossement ersichtlich, dass die Güter in Verpackung oder geschlossenen Gefässen abgeladen, und führt der Schiffer auch den gedachten Beweis, so soll es „bei der Haftung aus dem Frachtvertrage und aus dem Rezeptum" verbleiben, der Schiffer also nur das erweislich Empfangene abzuliefern verpflichtet sein (Entsch. des R.O.H.G. III S. 25). Den Beweis aber, dass „die abgelieferten Güter mit den ihm zum Transport übergebenen identisch seien", hat der Schiffer zu führen, sobald die Identität beanstandet wird (Prot. V S. 2268). Dieser Beweis ist nicht darauf zu beschränken, dass „der Ablader dem Schiffer die von ihm abgelieferten Kolli, Kisten und dergleichen übergeben, sondern ist auch auf „die Identität des Inhalts der Verpackung" zu erstrecken. Dabei ist es aber selbstverständlich, „dass die Unverletztheit der äusseren Umhüllung als Beweisgrund für die Identität ihres Inhalts in Betracht kommen" und die letztere durch die erstere unter Umständen — wenn gar „kein Verdacht einer Unredlichkeit des Schiffers" vorliegt, und aus der Unverletztheit der Gefässe sich die Unmöglichkeit einer Unterschiebung ergiebt — vollständig bewiesen werden kann (Prot. V S. 2277 f.; vgl. R.Z.Pr.O. § 259).

Art. 656.

Werden dem Schiffer Güter in Verpackung oder in geschlossenen Gefässen übergeben, so kann er das Konnossement mit dem Zusatze: „Inhalt unbekannt" versehen. Enthält das Konnossement diesen oder einen gleichbedeutenden Zusatz, so ist der Verfrachter im Falle der Nichtübereinstimmung des abgelieferten Inhalts mit dem im Konnossement angegebenen nur insoweit verantwortlich, als ihm bewiesen wird, dass er einen anderen als den abgelieferten Inhalt empfangen habe.

1. Abgesehen von der in Abs. 2 des vorigen Artikels enthaltenen Bestimmung hat das Gesetzbuch die strenge Haftung des Verfrachters aus dem Konnossement noch gemildert durch Anerkennung von gewissen, im Seehandelsverkehr seit langer Zeit gebräuchlichen s. g. Konnossements-Klauseln. Diese Klauseln sind: „Inhalt unbekannt" (Art. 656), „Zahl, Maass, Gewicht unbekannt" (Art. 657), „frei von Bruch", „frei von Leckage", „frei von Beschädigung" (Art. 659) [1].

---

[1] Die Konnossements-Formulare, deren sich die Hamburg-Amerikanische Packetfahrt-Gesellschaft für die westindische Fahrt bedient, enthalten auch die Klausel: *not responsible for marks, brands and numbers*. Eine solche Klausel kennt das H.G.B. nicht. Es sind daher derselben nicht die mit den anerkannten Klauseln verbundenen Wirkungen beizulegen, namentlich ist dieselbe nicht nach

2. Die in diesem Artikel behandelte Klausel erleichtert die Lage des Schiffers in zwiefacher Hinsicht:

a) sie hebt die Verhaftung des Schiffers aus dem Konnossement auf und lässt nur die aus dem Rezeptum bestehen;

b) sie nöthigt „den Empfänger zu dem Beweise, dass der Schiffer einen anderen als den abgelieferten Inhalt empfangen habe" (Entsch. des R.O.H.G. III S. 25).

Der Gedankengang bei dieser Bestimmung im Verhältniss zu Art. 653 und 654 ist der: In der vorbehaltlosen Zeichnung des Konnossements liegt die Versicherung des Schiffers, „er habe keinen Grund gefunden, die Angabe des Abladers über den Inhalt der Verpackung zu bezweifeln", und gewissermaassen die Uebernahme der Garantie für den im Konnossement angegebenen Inhalt. Durch Beifügung der in Rede stehenden Klausel lehnt derselbe „diese Garantie und die Annahme, als hätte er die erwähnte Zusicherung durch Zeichnung des Konnossements geben wollen", ab (vgl. Prot. V S. 2276 f.)[1].

3. Das Gesetzbuch ermächtigt den Schiffer nur dann, die in Rede stehende Klausel dem Konnossement einzuverleiben, wenn ihm Güter in einer Verpackung oder in geschlossenen Gefässen übergeben sind. Das gleiche Recht steht demselben daher nicht zu, wenn die Güter lose verladen sind, z. B. Getreide, Reis, Hölzer, oder zwar in Packen zusammengeschnürt, aber ohne dass sie dadurch unerkennbar geworden sind, wie z. B. Häute. Der Grund hierfür ist darin zu suchen, dass die Unkenntniss des Schiffers von der wahren Beschaffenheit der abgeladenen Waaren denselben niemals von der Verhaftung aus dem Konnossement befreien kann, wenn dieselbe sich mit der Sorgfalt eines ordentlichen Schiffers nicht verträgt. Daher braucht in Fällen der letzteren Art nicht nur der Ablader die Hinzufügung der fraglichen Klausel sich nicht gefallen zu lassen, sondern es ist die Klausel selbst, wenn hinzugefügt, dem Destinatär gegenüber ohne Effekt (Voigt jun. im Neuen Archiv f. H.R. I S. 489 ff; Schlodtmann in Goldschmidts Zeitschr. XXI S. 402 f.).

Art. 657.

Sind die im Konnossement nach Zahl, Maass oder Gewicht bezeichneten Güter dem Schiffer nicht zugezählt, zugemessen oder zu-

---

Analogie der Klausel: „Inhalt unbekannt" zu beurtheilen, und sie befreit demgemäss den Schiffer nicht von der Pflicht, die Identität der mit falschem Merkzeichen versehenen Waaren mit den abgelieferten zu beweisen. S. Schlodtmann in Goldschmidts Zeitschr. XXI S. 403 f., 407, 409.

1) So auch Foard S. 363. Einige fremde Seegesetze gestatten dem Schiffer, im Konnossement zu vermerken, dass ihm die Art der verladenen Güter nicht bekannt sei, so das holländische H.G.B. (Art. 513), wenn die Güter dem Kapitän nicht zugezählt, zugewogen, zugemessen sind; das chilenische (Art. 1052), wenn der Kapitän die Ladung ohne vorherige Prüfung aufnimmt. Hierbei steht natürlich derselbe Sachverhalt in Frage, wie im Art. 656 D.H.G.B.

gewogen, so kann er das Konnossement mit dem Zusatze: „Zahl, Maass, Gewicht unbekannt" versehen. Enthält das Konnossement diesen oder einen gleichbedeutenden Zusatz, so hat der Verfrachter die Richtigkeit der Angaben des Konnossements über Zahl, Maass oder Gewicht der übernommenen Güter nicht zu vertreten.

1. Lediglich eine Konsequenz aus Art. 653 ist es, dass der Schiffer die Konnossementsangaben auch hinsichtlich des Quantums der Güter zu vertreten hat, wenn dieses angegeben ist [1]), wogegen, wenn dies nicht der Fall, dem Verfrachter Seitens des Empfängers der Beweis des abgeladenen Quantums in anderer Weise zu erbringen ist. In dem ersteren Falle, d. h. wenn das Quantum der abgeladenen Güter nach Zahl, Maass oder Gewicht angegeben ist, ist es dem Schiffer gestattet, sich durch Beifügung der Konnossements-Klausel „Maass, Zahl, Gewicht unbekannt" (resp. „Maass unbekannt", „Zahl unbekannt", „Gewicht unbekannt": Prot. VIII S. 4008) „von der Vertretung der Quantitäts-Angabe freizuzeichnen" [2]). Dieses Recht ist dem Schiffer jedoch nur dann eingeräumt, und die Klausel nur dann wirksam, wenn demselben die Waaren nicht zugezählt, zugemessen, zugewogen sind, weil im entgegengesetzten Falle eine Unwissenheit des Kapitäns sich ohne Verletzung der Sorgfalt eines ordentlichen Schiffers nicht denken liesse [3]) (Voigt jun. im Neuen Archiv f. H.R. I S. 495 f.; Schlodtmann in Goldschmidts Zeitschr. XXI S. 402 f.).

2. Das Gesetzbuch lässt den Schiffer durch die in Rede stehende Klausel von der Verbindlichkeit, die Quantitätsangaben des Konnossements zu vertreten, befreit

---

1) Es ist dies üblich (vergl. auch Art. 645 Ziff. 7), aber keineswegs erforderlich.

2) Bei einem Konnossement, welches keine Quantitätsangabe enthält, würde die Klausel ein bedeutungsloser Zusatz sein, der sich nur daraus erklärt, dass man vergessen hat, in dem Formular den betreffenden Passus auszustreichen.

3) Dieselbe Auffassung findet sich bei den englischen Juristen. Die Klausel *„quantity and quality unknown"* wird nach diesen vom Schiffer dem Konnossement inserirt, wenn *at the time of shipment he cannot accurately determine either, and is compelled to accept the freigther's statement;* und zwar soll derselbe dadurch geschützt werden *from alleged short delivery, or a deterioration beyond his control, or without any default in him* (Foard S. 363; Maclachlan S. 465). Einige fremde Seegesetze haben gleichfalls den Schiffer unter den in diesem Artikel aufgestellten Voraussetzungen ausdrücklich zur Aufnahme der in Rede stehenden Klausel ermächtigt. So das holländische H.G.B. Art. 513; das chilenische Art. 1052; das brasilianische Art. 582. Abgesehen davon kann nach dem holländischen H.G.B. (Art. 514) der Schiffer dem Ablader gegenüber den Nachweis führen, dass das Schiff das im Konnossement angegebene Quantum nicht habe einnehmen können; hat aber dennoch (vorbehaltlich des Regresses gegen den Ablader) den Destinatär schadlos zu halten, wenn dieser auf Grund des Konnossements dem Ablader für ein grösseres Quantum, als das Schiff eingenommen, Zahlung oder Vorschuss geleistet hat.

werden, und es ist demselben alsdann der Nachweis vom Destinatär
zu liefern, dass er vom Ablader wirklich das im Konnossement angegebene Quantum zum Transport erhalten habe. Der preussische
Entwurf hatte der Klausel eine weitergehende Bedeutung beigelegt.
Derselbe enthält nämlich (im Art. 497) die Bestimmung:

*Ebenso haftet der Schiffer bis zum Beweise seines oder der
Schiffsleute Verschuldens nicht für Zahl, Maass oder Gewicht oder
für Bruch oder Leckage, wenn er das Konnossement mit dem Vermerk: „Zahl, Maass oder Gewicht unbekannt", oder „frei von Bruch",
oder „frei von Leckage" gezeichnet hat.*

In gleicher Weise wurde auf der hamburger Konferenz von
einigen Mitgliedern geltend gemacht, dass die Klausel nach den
Anschauungen des Geschäftsverkehrs nicht nur den Konnossementsangaben gegenüber von Bedeutung sei, sondern auch die Obliegenheiten des Schiffers aus dem Rezeptum dahin mildern solle,
„dass er für ein Manko an dem, was er wirklich erhielt, nur dann
aufzukommen habe, wenn seinerseits oder auf Seiten der Personen,
für die er verantwortlich sei, ein Verschulden in der Mitte liege".
Es wurde demgemäss auch über die Bedeutung der Klausel „Zahl,
Maass oder Gewicht unbekannt" ein der Sache nach mit der Bestimmung des preussischen Entwurfs übereinstimmender Antrag
gestellt. Allein dieser Antrag, wie auch der im Art. 497 des
preussischen Entwurfs enthaltene Vorschlag, wurde verworfen, und
ein die Bestimmung des jetzigen Art. 657 enthaltender Antrag angenommen (Prot. V S. 2290—2295). Da nun aber dieser Artikel
der in Rede stehenden Klausel lediglich dem Anspruch aus dem
Konnossement gegenüber Bedeutung beilegt, eine Ausdehnung derselben auf den davon verschiedenen Anspruch aus dem Rezeptum
aber durchaus willkürlich sein würde, so wird die Verhaftung des
Schiffers aus diesem (Art. 607), wie aus dem Frachtvertrage durch
die Klausel nicht berührt (Ullrichs Samml. Nr. 72, Nr. 181;
Goldschmidts Zeitschr. X S. 148; Hamburger Handelsgerichts-
Zeit. von 1872 Nr. 50; Entsch. des R.O.H.G. XIV S. 296, XV
S. 381).

Art. 658.

*Ist die Fracht nach Zahl, Maass oder Gewicht der Güter be-
dungen und im Konnossement Zahl, Maass oder Gewicht angegeben,
so ist diese Angabe für die Berechnung der Fracht entscheidend,
wenn nicht das Konnossement eine abweichende Bestimmung enthält.
Als eine solche ist der Zusatz: „Zahl, Maass, Gewicht unbekannt"
oder ein gleichbedeutender Zusatz nicht anzusehen.*

1. Der preussische Entwurf enthielt (im Art. 506) für die
Berechnung der Fracht in jedem Falle lediglich die jetzt im Art. 621
enthaltene Regel. Auf der hamburger Konferenz wurde aber die
Aufnahme folgenden Grundsatzes beantragt:

War die Fracht nach Maass, Gewicht oder Menge der Ladungs-
güter bedungen, so ist im Zweifel anzunehmen, dass Maass, Gewicht
oder Menge, wie dieselben im Konnossement als eingenommen be-
zeichnet sind, für die Frachtzahlung entscheiden sollen.

Zur Begründung dieses Satzes wurde geltend gemacht: Nach
einem in Deutschland bestehenden, mit den Grundsätzen der Mehrzahl der neueren Gesetze übereinstimmenden, allgemeinen Gebrauch
habe die Angabe von Maass, Zahl oder Gewicht im Konnossement
gerade die Bedeutung, der zukünftigen Frachtberechnung zu Grunde
gelegt zu werden, wie dies schon aus dem Umstande hervorgehe,
dass einer solchen Quantitätsangabe sehr häufig die Klausel „Zahl,
Maass oder Gewicht unbekannt" zugefügt werde, indem anderenfalls die erstere hierdurch all und jede Bedeutung verlieren würde.
Ausserdem hob man noch Zweckmässigkeitsrücksichten hervor.
Der beantragte Grundsatz verhindere, dass durch das Schwinden
der Güter die dem Verfrachter in Wahrheit gebührende Fracht
ungerechtfertigter Weise verringert, durch die Zunahme des Ge-
wichts- oder Maassvolumens dagegen erhöht werde; er verhüte
Streitigkeiten über die Reduktion des für die Fracht entscheidenden, im Konnossemente oder Frachtvertrage angegebenen Maasses
oder Gewichts auf das am Bestimmungsorte geltende und bei der
Löschung angewendete, sowie auch den Zeitaufwand, welchen das
abermalige Wiegen oder Messen am Bestimmungsorte verursachen
würde.

Gegen diesen Vorschlag wurde unter Anderem geltend gemacht, dass derselbe keine Entscheidungsnorm für die Fälle gebe,
wo über die verladene Waare ein Konnossement entweder überhaupt nicht ausgestellt worden, oder wo dasselbe keine ausreichenden Angaben über das verladene Quantum enthalte. Ausserdem
sei noch zu erwägen, ob man gegenüber den Angaben des Konnossements dem Empfänger nicht den Beweis ihrer Unrichtigkeit,
nämlich den Nachweis vorbehalten müsse, dass der Schiffer in
Wirklichkeit weniger eingenommen, als im Konnossement angegeben sei. Mit Rücksicht hierauf wurde folgende Fassung vorgeschlagen:

War die Fracht nach Maass, Gewicht oder Menge der Ladungs-
güter bedungen, so ist im Zweifel anzunehmen, dass die darüber im
Konnossement enthaltene Angabe maassgebend sein, in deren Er-
mangelung aber Maass, Gewicht oder Menge der abgelieferten und
nicht der eingeladenen Güter für die Höhe der Fracht entschei-
den soll.

Ein dritter Vorschlag wich von diesem zweiten nur darin ab,
dass er — wohl um den gedachten Vorbehalt noch deutlicher zum
Ausdruck zu bringen — die Angaben des Konnossements bis zum
Beweise ihrer Unrichtigkeit für entscheidend erklärte. Von diesen
Anträgen wurde der zweite „vorbehaltlich wiederholter Prüfung
seiner Redaktion" angenommen, nachdem vorher die „Räthlichkeit

des erwähnten Vorbehaltes" von mehreren Seiten bekämpft war, weil er zu bedenklichen Verwicklungen der Beweisverhandlungen führen und „doch nur in äusserst seltenen Fällen ein Interesse für den Empfänger haben würde" (Prot. V S. 2338—2341). Der in Folge des gedachten Beschlusses gemachte Vorschlag der Redaktionskommission ist nicht wieder Gegenstand einer Diskussion gewesen, sondern ist *pure* in den Entwurf aus erster Lesung (als Art. 555) aufgenommen worden und nur mit gewissen redaktionellen Aenderungen in den endgültigen Entwurf, in welchem aus ihm die Art. 621 und 658 hervorgegangen sind (Prot. VIII S. 3930, 4014). Die Redaktionskommission hat demgemäss mit dem oben angegebenen zweiten Vorschlage eine (von der Konferenz stillschweigend gebilligte) sachliche Aenderung vorgenommen, indem sie die Konnossementsangaben ohne Weiteres für maassgebend erklärte, während dieselben nach dem Vorschlage selbst nur im Zweifel entscheidend sein sollen.

2. Dass der Art. 658 n i c h t, wie Art. 621, e i n e I n t e r p r e t a t i o n s r e g e l geben will, sondern eine absolute Rechtsnorm, folgt mit Nothwendigkeit aus der Fassung des Artikels und aus einer Vergleichung derselben mit der des Art. 621. Art. 658 sagt: Die Angabe des Konnossements über Zahl, Maass oder Gewicht ist „e n t s c h e i d e n d", während es im Art. 621 heisst: Es ist „im Zweifel anzunehmen", dass Maass, Gewicht oder Menge der abgelieferten Güter entscheiden soll. Diese so verschiedenartige Ausdrucksweise lässt sich nur aus der eben gegebenen, verschiedenen Bedeutung der beiden Artikel erklären. Dass aber der Art. 658 die Quantitätsangaben des Konnossements unbedingt für maassgebend erklären[1]), also eine absolute Regel aufstellen musste,

---

1) In F r a n k r e i c h nimmt eine ziemlich konstante Praxis gleichfalls als Basis der Frachtberechnung an *le chiffre indiqué par le connaissement* und lässt die Quantität der ausgelieferten Güter nur maassgebend sein im Falle einer *stipulation expresse insérée à cet effet dans le titre lui-même*. Als solche wird jedoch nicht angesehen die übliche Klausel *que dit être* oder *qualité et poids inconnus*, weil diese sich lediglich auf die Verantwortlichkeit des Kapitäns beziehen. Es wird indess auch, u. A. vom Handelsger. zu Marseille die Ansicht vertreten, dass die Frachtberechnung sich nach dem ausgelieferten Quantum in dem Falle richte, wo dieses höher ist, als das im Konnossement angegebene. S. L a u r i n bei C r e s p II S. 173 und die Zitate daselbst; D e s j a r d i n s III S. 662 f. In E n g l a n d ist gleichfalls der Grundsatz anerkannt, dass die Konnossementsangaben für die Frachtberechnung maassgebend seien: M a c l a c h l a n S. 461 f. Eine eigenthümliche Bedeutung legen englische Juristen der Klausel *weight unknown* bei, wenn die Quantitäts-Angabe im Konnossement in fremdem Gewicht ausgedrückt ist. M a c l a c h l a n referirt darüber aus der Entscheidung eines Falles, wo der Empfänger einer Ladung, der, um die Waaren zu erhalten, die Fracht *for the foreign weight expressed in the bill of lading* bezahlt hatte, während die öffentliche Wage *(the King's scales)* ein geringeres Gewicht auswies, zurückforderte *the surplus overpaid to the shipowner: Gibbs, C. J., before whom the action was tried, being pressed with the fact that the payment was according to the quantities expressed in the bill of lading, pointed out that the master had signed it, adding „weight unknown", a circumstance, he*

der gegenüber man nicht auf einen anderweitigen Willen der Kontrahenten des Frachtvertrages, sofern dieser nicht seinen Ausdruck im Konnossement gefunden, und nicht auf die etwa abweichenden materiellen Verhältnisse — die Thatsache, dass die dem Schiffer übergebenen Güter in Wirklichkeit ein grösseres oder geringeres Quantum ausgemacht hätten, — rekurriren darf, ergiebt sich aus der Natur des Konnossements (H.G.B. Art. 653: Ablieferung der Güter an den Empfänger nach Inhalt des Konnossements; Art. 615: Verpflichtung des Empfängers zur Zahlung der Fracht u. s. w. nach Maassgabe des Konnossements; vgl. Erk. des O.G. zu Bremen vom 16. September 1869, bestätigt durch Entsch. des O.A.G. zu Lübeck vom 27. Januar 1870, in Kierulffs Samml. VI S. 54 ff., auch in Seufferts Archiv XXVII Nr. 251). Es muss daher jeder der beiden Theile die Angaben des Konnossements anerkennen und es wird weder der Verfrachter zum Beweise der Behauptung, dass die Konnossementsangabe zu niedrig, noch der Empfänger, — abgesehen von dem Falle doloser Kollusion des Verfrachters mit dem Befrachter — zu dem, dass sie zu hoch sei, zugelassen (Entsch. des R.O.H.G. XII S. 371).

Verweist das Konnossement hinsichtlich der Fracht auf die Chartepartie, sei es, dass hier blos die Höhe der Fracht für irgend eine bestimmte Einheit angegeben, oder noch weiter bemerkt ist, dass die Fracht nach dem eingenommenen Maasse zu zahlen, so schliesst dies die Anwendung des Art. 658 nicht aus, da die Bestimmung desselben stets Platz greift, wo im „Konnossement Zahl, Maass oder Gewicht angegeben ist" (zit. Entsch. des O.G. zu Bremen a. a. O. S. 60; vgl. auch Entsch. des R.O.H.G. XV S. 223).

3. Die Bestimmung des Konnossements, welche eine Abweichung von der Regel bewirken soll, muss klar und deutlich aussprechen, dass die Quantitätsangaben desselben gerade f ü r d i e B e r e c h n u n g d e r F r a c h t n i c h t e n t s c h e i d e n d sind, entweder ohne weiteren Zusatz, oder mit dem Zusatz, dass der Konnossementszeichner „Maass-, Zahl- und Gewichtsermittelung bei der Löschung vorbehalte, und dass die Fracht gemäss dieser Ermittelung zu zahlen sei" (Entsch. des R.O.H.G. I S. 200). In dem ersteren Falle würde die Regel des Art. 621 Platz greifen. ·

Das Gesetz hat die gedachte Bedeutung der Klausel „Zahl, Maass, Gewicht unbekannt" nicht gegeben, weil die Auffassung des Verkehrs derselben die in dem vorigen Artikel angegebene Wirkung beilegt, aus ihrer Anwendung daher niemals mit Sicherheit auf die hier in Rede stehende Absicht zu schliessen ist.

Auch der der Namensunterschrift auf dem Konnossement beigefügte Vermerk „unter Protest", „signed under protest" ist nicht

---

said, which opened it to the effect of usage; and the jury, in finding for the plaintiff, informed the Court, that the usage was to check the foreign weights by the King's landing scales, and to pay freight according to the nett weight ascertained there.

als eine die Quantitätsangabe des Konnossements ausschliessende
Bestimmung anzusehen. Denn ein solcher Vermerk kann die
allerverschiedensten Bedeutungen haben. Er kann sich beziehen
auf die Quantitätsangabe, auf das Bekenntniss der Wohlbeschaffen-
heit und des guten Zustandes des Frachtgutes, auf mögliche Ueberschreitung der Abladefrist Seitens der Ablader, auf die Nicht-
gewährung einer nach der Chartepartie bedungenen vollen Ladung
u. s. w. Der Vermerk hat daher noch eine geringere Bestimmtheit, als die Worte „Zahl, Maass, Gewicht unbekannt"; und selbst
auf die Quantitätsangabe des Konnossements bezogen, würde er
keine grössere Bestimmtheit besitzen, als die gedachte Klausel
(Entsch. des R.O.H.G. I S. 200).

Dagegen würde, wie das R.O.H.G. in einem Erkenntniss vom
22. Juni 1872 m. E. mit Recht ausführt, der der Unterschrift beigefügte Vermerk „unter Protest wegen Uebermaass" mit genügender Klarheit ausdrücken, dass der Verfrachter die Quantitätsangaben des Konnossements „für den Betrag seines Frachtanspruchs
nicht als genügend anerkenne", sondern sich die Feststellung der
Quantität „durch Uebermessen am Bestimmungsorte vorbehalte"
(Entsch. VI S. 350).

4. Die Bestimmung, dass die Quantitätsangabe des Konnossements
nicht entscheidend sein soll, muss, wie das Gesetz deutlich ausspricht,
in dem Konnossement selbst enthalten sein. Sie darf nicht in
einer besondern Protesturkunde sich befinden; es müsste denn das
Konnossement ausdrücklich auf den Protest verweisen und dieser derartig mit demselben verbunden sein, dass er einen Theil des Konnossements ausmacht und als solcher mit dem letzteren in die Hände
des Destinatärs und nicht blos des Abladers gelangte. Der blosse
Hinweis auf den Protest („unter beiliegendem Protest") genügt nicht,
weil der Empfänger daraus eben so wenig, wie aus dem Vermerk
„unter Protest" entnehmen kann, dass der Verfrachter die maassgebende Bedeutung der Quantitätsangaben des Konnossements für
die Frachtberechnung habe ausschliessen wollen (Entsch. des
R.O.H.G. I S. 201, VI S. 348).

Art. 659.

*Ist das Konnossement mit dem Zusatze: „frei von Bruch" oder:
„frei von Leckage" oder: „frei von Beschädigung", oder mit einem
gleichbedeutenden Zusatze versehen, so haftet der Verfrachter bis zum
Beweise des Verschuldens des Schiffers oder einer Person, für welche
der Verfrachter verantwortlich ist, nicht für Bruch oder Leckage
oder Beschädigung.*

1. Die in diesem Artikel behandelten Klauseln haben eine
ganz andere Tragweite, als die: „Inhalt unbekannt" und „Zahl,
Maass, Gewicht unbekannt". Durch die beiden letzteren zeichnet
der Verfrachter sich von der Vertretung der Konnossementsangaben frei, durch die Klausel des Art. 659 zeichnet er sich von

der Verantwortlichkeit für Bruch, Leckage, Beschädigung überhaupt, bis zum Beweise des Verschuldens, frei. Er beschränkt dadurch seine Verhaftung aus dem Rezeptum. Während der Verfrachter aus diesem, wenn er ein reines Konnossement gezeichnet hat, dem Empfänger für jeden Schaden aufzukommen hat, so lange er denselben nicht auf *vis maior* zurückzuführen im Stande ist, so haftet er, wenn er das Konnossement mit den Klauseln dieses Artikels gezeichnet hat, für keinen Schaden, von dem nicht der Empfänger nachweist, dass er durch das Verschulden, *dolus* oder *culpa* des Schiffers oder einer sonstigen Person, für die der Verfrachter verantwortlich, entstanden ist.

2. Unter den P e r s o n e n, f ü r w e l c h e der V e r f r a c h t e r v e r a n t w o r t l i c h ist, sind ausser den Personen der Schiffsbesatzung solche zu verstehen, die unter der Aufsicht des Schiffers Arbeiten auf dem Schiffe zu verrichten haben, wie z. B. Stauer, Schauerleute u. s. w. (Prot. VIII S. 4012).

3. O b d e r S c h i f f e r b e r e c h t i g t i s t, dem Konnossement die in Rede stehenden Klauseln hinzuzufügen, hängt von dem „Inhalte des Frachtvertrages, den besonderen Umständen des Falles und den Anschauungen des Verkehrs ab“. Bei den Waaren, für welche dieselben besonders wichtig sind, ist ihre Anwendung so allgemein anerkannt, dass selten ein Zweifel über die Berechtigung des Schiffers zu deren Beifügung entstehen wird, selbst wenn der Frachtvertrag ihn nicht dazu ermächtigt (Prot. VIII S. 4013; V o i g t jun. im Neuen Archiv f. H.R. I S. 498 f.).

4. Die Konnossements-Klauseln des H.G.B. sind schon seit langer Zeit im Seeverkehr in Gebrauch. Neuerdings sind viel w e i t e r g e h e n d e B e f r e i u n g s k l a u s e l n aufgekommen und namentlich in die von den grossen Dampfschiff-Gesellschaften ausgestellten Konnossemente aufgenommen. Unter Anderem wird hier Seitens der Rheder jede Haftung für irgend einen durch Verschulden (*dolus* nicht minder als *culpa*) einer Person der Besatzung verursachten Schaden abgelehnt (*free from any act, neglect or default whatsoever of the pilot, master or mariners in navigating the ship;* ausserdem *free from barratry;* vgl. V o i g t, zum See- und Versicherungsrecht S. 28 f.; oder *barratry of the master and mariners and all and every accidents of navigation excepted even when occasioned by the negligence, default, or error in judgment of the master, mariners or other servants of the shipowners;* so in dem in jüngster Zeit von England aus in Vorschlag gebrachten internationalen Konnossements-Formular — *Common Form of Bill of Lading* —; vgl. V o i g t, die neuen Unternehmungen zum Zweck der Ausgleichung der Verschiedenheiten der in den Seestaaten geltenden Havariegrosse- und Seefracht-Rechte, Jena 1882, S. 17 f.; auch die Klausel kommt vor: *the shipowner is not to be liable for any damage to any goods which is capable of being covered by insurance:* M a c l a c h l a n S. 539). Durch diese Klauseln wird, da das Konnossement für das Verhältniss von Verfrachter und Destinatär allein maassgebend

ist, all und jede Haftung des Rheders aus dem Rezeptum beseitigt, und es bleibt nur bestehen die Haftung desselben aus eigenem *dolus* und eigener *culpa* und die Verantwortlichkeit desselben für die Folgen der Versehen des Schiffers in seiner Eigenschaft als geschäftlicher Vertreter des Rheders, wenn nicht etwa auch die letztere klar ausgeschlossen ist (vgl. Voigt, zum See- und Versicherungsrecht S. 31 ff.). Die Wirksamkeit des Art. 660 wird natürlich auch durch solche Klauseln nicht berührt. Dass die Ablader sich die Aufnahme derartiger Befreiungsklauseln ohne eine darauf bezügliche Vereinbarung im Frachtvertrage nicht gefallen zu lassen brauchen, liegt auf der Hand. Allein da die Inhaber der grossen Dampferlinien durchweg auf Aufnahme dieser Klauseln bestehen, sie auch geradezu ein faktisches Monopol für den Dampfschiff-Transport nach gewissen transatlantischen Plätzen haben, so sind die Ablader bestimmter Waaren-Sendungen nicht in der Lage, ein darauf gerichtetes Ansinnen der Rheder zurückzuweisen. Auch die Gültigkeit der Klausel, wodurch der Verfrachter die Haftung für Verschulden, selbst *dolus* der Besatzung ablehnt, lässt sich nicht in Frage stellen. Die Ausschliessung der Haftungspflicht durch Vertrag würde nur dann unstatthaft sein, wenn dadurch gegen das *ius publicum* oder die guten Sitten verstossen würde. Ein darauf bezügliches *ius publicum* existirt nun nicht, und eine Verletzung der guten Sitten würde nur in der Ausschliessung der Haftung für eigenen *dolus* gefunden werden können [1]) (*L. 23 De R. I. 50, 17*), weshalb dann die Klausel *barratry of the master excepted* in einem vom Schiffer gezeichneten Konnossement ungültig sein würde (s. Entsch. des R.O.H.G. XXV S. 181; des hanseat. O.L.G. vom 28. März 1883 in der Hanseat. Gerichtszeit. v. 1883 S. 126 ff.; Voigt, zum See- und Versicherungrecht S. 37—41).

Art. 660.

Sind dem Schiffer Güter übergeben, deren Beschädigung, schlechte Beschaffenheit oder schlechte Verpackung sichtbar ist, so

---

1) In demselben Sinne hat sich der französische Kassationshof über die Statthaftigkeit derartiger Klauseln ausgesprochen in einer Entscheidung vom 14. März 1877 (Courcy II S. 89; Desjardins II S. 62; auch in Goldschmidts Zeitschr. f. H.R. XXIV S. 584) und vom 23. Juli 1878 (ungedruckt); ebenso eine Reihe anderer Gerichte (siehe die Zitate bei Ruben de Couder III S. 390. f. N. 110). Nur wenige französische Juristen leugnen auf Grund der Art. 1384 und 1998 *Code civil.* die Möglichkeit, die Haftung für die *fautes du capitaine* abzulehnen, so Laurin bei Cresp I S. 638—649; Desjardins II S. 62—68. In den englischen Gerichten ist niemals die Rechtsbeständigkeit dieser Klauseln in Frage gestellt worden — vgl. Maclachlan S. 539 f. —; und die nordamerikanische *Act to limit the Liability of Ship-owners* von 1851 bestimmt geradezu (sect. 1): *Nothing in this Act contained shall prevent the parties from making such contract, as they please, extending or limiting the liability of ship-owners.*

*hat er diese Mängel im Konnossement zu bemerken, widrigenfalls er
dem Empfänger dafür verantwortlich ist, auch wenn das Konnossement mit einem der im vorhergehenden Artikel erwähnten Zusätze
versehen ist.*

1. Die Verpflichtung des Verfrachters, für die Richtigkeit
der Konnossementsbezeichnung einzustehen (Art. 654 f.), wird
in diesem Artikel auf die Beschaffenheit der Güter ausgedehnt (Entsch. des R.O.H.G. III S. 24). Der Schiffer kann
sich hiernach, wenn er, wie es üblich, im Konnossement bemerkt,
dass er die Waaren in guter Beschaffenheit erhalten, oder dies
zwar nicht ausdrücklich hervorgehoben, aber auch keine Mängel
angegeben hat[1]), von der Verbindlichkeit, die Güter in unbeschä-
digtem Zustande abzuliefern, nicht durch den Beweis befreien,
die Beschädigung oder schlechte Beschaffenheit derselben sei bereits
bei der Abladung vorhanden gewesen, wenn er zugleich zugeben
muss, dass er die Mängel selbst wahrgenommen. In diesem Falle
kann auch die Aufnahme einer der Klauseln des Art. 659 in das
Konnossement die Verhaftung des Verfrachters aus Art. 607 nicht
aufheben.

2. Die Bestimmung des Artikels greift nur Platz, wenn die
Mängel sichtbar waren, und zwar selbstverständlich sichtbar
waren zur Zeit der Abladung der Güter und der Zeichnung des
Konnossements. Hinsichtlich der Frage aber, ob „der Schiffer die
Nichterkennbarkeit der Mängel zu der entscheidenden Zeit, oder
der Empfänger die damalige Erkennbarkeit zu beweisen habe",
ist nach Analogie der Art. 655 f.[2]) zu unterscheiden, ob der
Schiffer ein reines Konnossement gezeichnet oder demselben die
Klausel „Inhalt unbekannt" oder „Qualität unbekannt" inserirt
hat. Zu letzterem ist derselbe, soweit es sich darum handelt, die
Verantwortlichkeit für die Beschaffenheit der Güter abzulehnen,
nicht nur dann befugt, wenn ihm die Güter in Verpackung oder
geschlossenen Gefässen, sondern auch, wenn ihm dieselben unver-
packt übergeben sind, vorausgesetzt, dass das Nichtwahrnehmen
der Mängel sich bei dem Kapitän, der zwar zur Sorgfalt eines
ordentlichen Schiffers, aber nicht eines mit ganz spezieller Waaren-
kunde ausgestatteten Kaufmanns verpflichtet ist, entschuldigen

---

1) Das vorbehaltlose Bekenntniss, die Waaren empfangen zu haben, ist
gleichbedeutend mit dem Bekenntniss, die Waaren in gutem Zustande erhalten
zu haben.

2) Das R.O.H.G. macht darauf aufmerksam, dass es juristisch irrelevant ist,
ob die Verpflichtung zur Vertretung aus dem Konnossement sich dahin verwirk-
lichen soll, dass der Schiffer eine andere Art und Gattung von Gütern, als er
empfangen hat, oder eine andere Beschaffenheit der Güter, als diejenige. in
welcher er dieselben empfing, zu vertreten hat. Eben so weist es darauf hin, dass
man von Bezeichnung nicht nur sprechen könne mit Rücksicht auf die Art und
Gattung, sondern auch die (gute oder schlechte) Beschaffenheit der Güter (Entsch.
III S. 27).

lässt (vgl. Entsch. des R.G.Ziv.S. IV S. 90). Hat der Schiffer ein reines Konnossement gezeichnet, so liegt ihm die Beweislast ob; hat er dasselbe mit der Klausel „Inhalt unbekannt", wie „Qualität unbekannt" versehen, dem Destinatär. Letzteres folgt, wie das m. E. zutreffend das R.O.H.G. (Entsch. III S. 28 f.) ausführt, aus der Bestimmung des Art. 656. Der Grundsatz dieses Artikels, dass der Schiffer durch die Klausel „Inhalt unbekannt" von der Verpflichtung zur Vertretung der Richtigkeit der Konnossementszeichnung befreit werde, kann freilich in dem vorliegenden Verhältniss, wo danach für den Schiffer nur die Verpflichtung übrig bleiben würde, „das Empfangene und dies nur in der empfangenen Beschaffenheit auszuliefern", selbst wenn er die erkennbaren Mängel nicht im Konnossement bemerkt hätte, in Folge der absoluten Fassung des Artikels nicht Platz greifen (vgl. auch Entsch. des R.G. Ziv.S. IV S. 90 f.). Dagegen liegt kein Grund vor, der zweiten, auf die Beweislast bezüglichen, durch Art. 656 der Klausel „Inhalt unbekannt" beigelegten Wirkung für den Fall des Art. 660 die Anwendbarkeit zu versagen. Hierbei begründet es auch keinen Unterschied, ob der Schiffer die gute Beschaffenheit der Waaren im Konnossement ausdrücklich bezeugte oder nicht; denn auch im ersteren Falle würde der Schiffer nur haben erklären wollen, dass er eine schlechte Beschaffenheit nicht wahrgenommen [1]).

Art. 661.

Nachdem der Schiffer ein an Order lautendes Konnossement ausgestellt hat, darf er den Anweisungen des Abladers wegen Zurückgabe oder Auslieferung der Güter nur dann Folge leisten, wenn ihm die sämmtlichen Exemplare des Konnossements zurückgegeben werden.

Dasselbe gilt in Ansehung der Anforderungen eines Konnossementsinhabers auf Auslieferung der Güter, so lange der Schiffer den Bestimmungshafen nicht erreicht hat.

Handelt er diesen Bestimmungen entgegen, so bleibt er dem rechtmässigen Inhaber des Konnossements verpflichtet.

Lautet das Konnossement nicht an Order, so ist der Schiffer zur Zurückgabe oder Auslieferung der Güter, auch ohne Beibringung eines Exemplars des Konnossements, verpflichtet, sofern der Ablader und der im Konnossement bezeichnete Empfänger in die Zurückgabe oder Auslieferung der Güter willigen. Werden jedoch nicht sämmtliche Exemplare des Konnossements zurückgestellt, so kann der Schiffer wegen der deshalb zu besorgenden Nachtheile zuvor Sicherheitsleistung fordern.

---

1) Auch in England schützt die Klausel *quality unknown* den Schiffer nur vor der Vertretung solcher Mängel, die sich bei der Abladung seiner Kontrole entzogen: Foard S. 363.

1. Die Bestimmungen dieses Artikels sind durch die Natur des Konnossements bedingt. Der Schiffer ist dem legitimirten Inhaber eines Exemplars des Konnossements gegenüber zur Ablieferung der Ladung im Bestimmungshafen verpflichtet. Beim Order - Konnossement wird nun der berechtigte Inhaber lediglich durch das Indossement bestimmt. Ein Indossiren aber ist bis zur Auslieferung der Waare möglich, auch können die verschiedenen Konnossements-Exemplare an verschiedene Personen indossirt werden. Daher kann bei einem solchen Konnossement der Schiffer einer demselben widersprechenden Anweisung in Betreff der Auslieferung der Güter nur dann Folge leisten, wenn ihm sämmtliche Exemplare desselben zurückgegeben werden [1]).

2. Ob dem Verfrachter, wenn er vorzeitig und ohne dass ihm sämmtliche Konnossements-Exemplare ausgehändigt sind, die Ladung ausgeliefert hat, ein selbständiges Klagerecht auf Rückgabe der Konnossemente oder Sicherstellung zusteht, hängt von den Modalitäten der Auslieferung und namentlich von dem Umstande ab, ob diese mit oder ohne Vorbehalt erfolgt ist (Prot. V S. 2458).

3 Beim Namens-Konnossement ist der legitimirte Inhaber des Konnossements von vorn herein bestimmt; es ist eben der darin bezeichnete Destinatär. Daher genügt die Einwilligung desselben und des Abladers, um den Schiffer zu einer dem Konnossement widersprechenden Auslieferung der Güter zu nöthigen. Denn ein Einwand aus der Person des Destinatärs kann auch den Zessionaren desselben entgegengesetzt werden (Prot. V S. 2228 f.). Die Einwilligung des Abladers ist erforderlich, weil die Möglichkeit vorhanden, dass dieser die Absendung des vom Schiffer gezeichneten Konnossements an den darin genannten Empfänger unterlässt.

4. Die Nachtheile, wegen deren in diesem Falle der Schiffer bei Nichtaushändigung der Konnossements-Exemplare berechtigt ist, Sicherheitsleistung zu fordern, bestehen in der Möglichkeit, in Prozesse mit etwaigen Konnossementsinhabern, die sich auf eine angebliche Zession des im Konnossement genannten Destinatärs stützen, verwickelt zu werden (Prot. V S. 2229).

---

1) Das holländische H.G.B. (Art. 511) stellt als Regel allerdings gleichfalls den Satz auf, dass die Wiederausladung der Güter vom Ablader nur gegen Rückgabe sämmtlicher Konnossemente gefordert werden kann. Doch lässt dasselbe, wenn eins oder mehrere der Konnossemente versendet sind, die Wiederausladung auch zu auf richterliche, *causa cognita* erfolgende, Ermächtigung (von welcher abgesehen wird bei dem dem Stückgutsbefrachter in dem Falle gestatteten Rücktritt, wo ein Zeitpunkt für den Abgang des Schiffs nicht fixirt ist: Art. 473) und unter Bürgschaftsstellung des Abladers. Ebenso braucht nach dem spanischen H.G.B. der Kapitän eine Veränderung der Bestimmung der Waaren sich nur gefallen zu lassen, wenn ihm sämmtliche Konnossemente zurückgegeben werden (Art. 804); doch wird diese Rückgabe ersetzt durch genügende Bürgschaftsleistung, wenn das Konnossement verloren gegangen ist (Art. 805).

Art. 662.

Die Bestimmungen des Art. 661 kommen auch dann zur An-
wendung, wenn der Frachtvertrag vor Erreichung des Bestimmungs-
hafens in Folge eines Zufalls nach den Art. 630 bis 643 aufgelöst
wird [1]).

Art. 663.

In Ansehung der Verpflichtungen des Schiffers aus den von ihm
geschlossenen Frachtverträgen und ausgestellten Konnossementen hat
es bei den Vorschriften der Art. 478, 479 und 502 sein Bewenden.

Die Aufnahme dieser Bestimmung wurde auf der hamburger
Konferenz dadurch motivirt, dass der Wortlaut der Konnossemente [2])
„sehr leicht zu dem Zweifel Veranlassung gebe, ob der Schiffer
nicht wenigstens durch ihre Ausstellung eine persönliche Verpflichtung übernehme, indem er darin in der Regel ausser dem
Schiffe auch sein gesammtes Vermögen für die Erfüllung des
Konnossements verpfände". Diese Ausdrucksweise erklärt sich aus
der Beibehaltung der in früherer Zeit üblichen Formulare, wo der
Kapitän als der Herr des Schiffs galt. In Wahrheit haben diese
Worte gar keine Bedeutung mehr. Der Schiffer haftet aus der
Konnossements-Zeichnung nicht weiter, als er sonst haftet, d. h.
in Folge eines Verschuldens (Art. 478 f.) und aus einer übernommenen Gewährleistung (Art. 502), und auch in solchem Falle
kann von einem durch das Konnossement begründeten Pfandrecht
am Vermögen des Schiffers nicht die Rede sein (Prot. IV S. 1901
bis 1903, V S. 2459 f.).

Art. 664.

Im Falle der Unterverfrachtung haftet für die Erfüllung des
Unterfrachtvertrages, insoweit dessen Ausführung zu den Dienst-
obliegenheiten des Schiffers gehört und von diesem übernommen ist,
insbesondere durch Annahme der Güter und Ausstellung des Kon-
nossements, nicht der Unterverfrachter, sondern der Rheder mit Schiff
und Fracht (Art. 452).

---

1) Der **belgische** *Code de comm.* (II Art. 45) bestimmt: *En cas de nau-*
frage ou de relache forcée, tout porteur d'un connaissement, alors même,
qu'il serait à personne dénommée, peut exercer tous les droits du chargeur,
se faire délivrer la marchandise par le capitaine et en toucher le produit,
à la charge de fournir caution et en se faisant autoriser en Belgique par
le tribunal de commerce, en pays étranger par le consul de Belgique ou le
magistrat du lieu, qui prescrira telles mesures conservatoires des droits des
tiers qu'il jugera convenables.

2) „Zur Erfüllung dessen verbinde ich meine Person, Güter und das Schiff
mit allem Zubehör."

Ob und inwieweit im Uebrigen der Rheder oder der Unterver-
frachter von dem Unterbefrachter in Anspruch genommen werden
könne, und ob im letzteren Falle der Unterverfrachter für die Er-
füllung unbeschränkt zu haften oder nur die auf Schiff und Fracht
beschränkte Haftung des Rheders zu vertreten habe, wird durch vor-
stehende Bestimmung nicht berührt.

1. Ist von dem Charterer eines Schiffs mit einer anderen
Person ein Unterfrachtvertrag geschlossen worden, so haftet zunächst für die Ausführung desselben der erstere in seiner Eigenschaft als Afterverfrachter (vgl. Samml. von H e r m a n n und H i r s c h
Nr. 89). Nun weiss aber der Afterbefrachter und ist damit einverstanden, dass der Afterverfrachter nicht selbst den Vertrag er-
fülle, sondern dass dies durch den Hauptverfrachter geschehen
wird. Der Hauptverfrachter aber darf diese Erfüllung nicht verweigern, vorausgesetzt, dass seine Lage nicht in irgend einer Weise
verändert wird, und nicht das Gegentheil in dem ursprünglichen
Frachtvertrage etwa vereinbart war, wie er auch den Unterbefrachter
„als Ablader oder Vertreter des Befrachters" gelten lassen muss,
wenn er von letzterem die entsprechende Anweisung erhalten hat [1]).
Eben deshalb und weil der U n t e r v e r f r a c h t e r keine Macht
über Schiff und Schiffer hat, k a n n derselbe für irgend welche
Versehen, die sich der Schiffer bei Ausführung des Frachtvertrages
zu Schulden kommen lässt, n i c h t e i n s t e h e n, zumal es auch
an jedem Grunde einer Verpflichtung des Afterverfrachters durch
den Schiffer fehlt, da dieser zu jenem in gar keinem Stellvertretungsverhältnisse steht (Prot. VIII S. 4290 f.; B r u h n s in G o l d -
s c h m i d t s Zeitschrift XXI S. 129 ff.). Hieraus erklärt sich die
Bestimmung des Art. 664 Abs. 1.

2. Aus dem unter Nr. 1 Bemerkten ergiebt sich von selbst,
dass die Befreiung des Aftervercharterers von seiner Haftung erst
dann eintreten kann, wenn der Schiffer die Ausführung des Unterfrachtvertrages übernommen hat. Ein solches Uebernehmen würde
aber noch nicht in der blossen Erklärung des Verfrachters oder
des Schiffers zu finden sein, er sei bereit, den Unterfrachtvertrag
zu erfüllen, wennschon dadurch ein Anspruch des Unterbefrachters
gegen den Hauptverfrachter unmittelbar begründet werden würde.
Es wird vielmehr, wie dies auch aus den gewählten Beispielen
(Annahme der Güter, Ausstellung der Konnossemente) hervorgeht,
vorausgesetzt, dass der Schiffer bereits einen thatsächlichen Anfang
mit der Ausführung des Frachtvertrages gemacht hat. Daher
z e s s i r t auch die H a f t u n g d e s A f t e r v e r f r a c h t e r s nur, in-
s o w e i t Seitens des Schiffers ein Anfang mit der Ausführung des
Frachtvertrages gemacht ist, d. h. in Betreff derjenigen Güter,
welche er in Empfang genommen hat (B r u h n s a. a. O. S. 131 f.).

---

1) *L. 6 C. De locato (4, 65)*, welche zwar von der Sachmiethe handelt,
aber unbedenklich auch auf die *locatio conductio operis* ausgedehnt werden
kann.

3. In dem in Rede stehenden Falle hat der Rheder aufzukommen selbst für Handlungen des Schiffers, welche dieser
in Ausführung von Bestimmungen des Unterfrachtvertrages, die
mit dem Hauptvertrage in Widerspruch stehen und
die Rechte des Rheders verletzen, vorgenommen hat. So z. B.
wenn der Schiffer auf Grund des Unterfrachtvertrages reine Konnossemente gezeichnet hat, während der Rheder sich in dem Haupt-
frachtvertrage nur zur Ausstellung verklausulirter Konnossemente
verpflichtet hatte [1]).

4. Der Abs. 2 des Artikels wurde hinzugefügt, damit aus
Abs. 1 nicht *argumento e contrario* geschlossen werden könnte,
dass in allen nicht unter denselben gehörenden Fällen der Unterverfrachter, und zwar mit seinem ganzen Vermögen, zu haften
hätte (Prot. VIII S. 4305 f., 4310). Die Frage, wer in diesen
Fällen, und wie weit der Unterverfrachter zu haften hat, ist vielmehr nach den konkreten Verhältnissen zu entscheiden. So wird
z. B. wegen einer Verbodmung der Ladung (aus Art. 510) der
Unterbefrachter sich nur an den Rheder, nicht aber an den Unterverfrachter halten dürfen. Ist die Haftungspflicht des Unterver-
frachters begründet, so hängt der Umfang seiner Haftung davon
ab, ob dieselbe in seiner eigenen Person (einem Thun oder Unterlassen von seiner Seite) oder in einer Handlung oder Unterlassung
des Rheders oder des Schiffers ihren Grund hat. Im ersteren
Falle — so wenn er durch eigenes Verschulden die Nichterfüllung
des Unterfrachtvertrages herbeigeführt, z. B. dadurch, dass er in
diesen dem Hauptvertrage widersprechende Bestimmungen aufgenommen hat, oder wenn er die Erfüllung des Unterfrachtvertrages besonders gewährleistet hat (arg. Art. 452) — haftet derselbe
persönlich. Im zweiten Falle kommt es wieder darauf an, ob der
Rheder als Hauptverfrachter dem Unterverfrachter (als seinem
Befrachter) persönlich oder nur mit Schiff und Fracht haftet, und
zwar deshalb, weil der Afterbefrachter und Afterverfrachter darin
übereinstimmen, dass die Erfüllung des Vertrages durch den
Hauptverfrachter erfolge. Hat daher z. B. der Afterverfrachter
den Vertrag nicht erfüllen können, weil der Hauptverfrachter
kontraktwidriger Weise anderweitig über das Schiff disponirte, so
haftet der Afterverfrachter dem Afterbefrachter persönlich. Liegt aber
der Grund darin, dass das Schiff dem Afterbefrachter in Folge
eines Verschuldens des Schiffers nicht rechtzeitig zur Disposition
gestellt wurde, so haftet der Afterverfrachter nicht persönlich
(Art. 452), sondern er hat nur, wie der Art. 664 sagt, die auf Schiff
und Fracht beschränkte Haftung des Rheders zu vertreten, d. h.
mit seinem Vermögen nur bis auf den Werth des Schiffs und der
Fracht einzustehen (Prot. VIII S. 4304 f.; Bruhns a. a. O.
S. 132 f.).

---

1) Selbstverständlich hat in solchem Falle der Rheder das Recht, Schadloshaltung von seinem Befrachter (dem Unterverfrachter) zu fordern.

SECHSTER TITEL.

Von dem Frachtgeschäft zur Beförderung von Reisenden.

Uebersicht.

Das Transportgeschäft zur Beförderung von Reisenden ist vom H. G. B. nach Analogie des Frachtgeschäfts behandelt. Dies gilt von der Abtretung des Rechts auf Ueberfahrt Seitens des Kontrahenten an einen Anderen (Art. 665); von dem Ausserkrafttreten des „Frachtvertrags" (Art. 669) und dem Rücktrittsrecht des Reisenden, wie des Transportunternehmers, des „Verfrachters" (Art. 670—672; Art. 667 statuirt dann noch Verlust des Anspruchs auf Beförderung, wenn der Reisende sich nicht rechtzeitig an Bord einfindet); von der rechtlichen Behandlung der von den Reisenden an Bord gebrachten Sachen (Art. 674), an denen der Transportunternehmer wegen des Ueberfahrtsgeldes ein Pfandrecht hat (Art. 675). Positiv ist angeordnet, dass für die an Bord zu bringenden Reise-Effekten, wenn nichts Anderes vereinbart, keine besondere Vergütung zu zahlen ist (Art. 673). Art. 666 und 676 sind mehr öffentlichrechtlicher Natur. Weiter wird bestimmt, dass wenn ein Schiff zur Beförderung von Reisenden einem Dritten verfrachtet wird, das Rechtsverhältniss zwischen diesem und dem Verfrachter, soweit die Natur der Sache dies zulässt, als Frachtvertrag zu behandeln ist (Art. 677); und dass die Ueberfahrtsgelder mit Rücksicht auf die Bestimmungen der Tit. 7—12 des V. Buchs im Zweifel unter den Begriff der Fracht fallen (Art. 678).

Art. 665.

Ist der Reisende in dem Ueberfahrtsvertrage genannt, so ist derselbe nicht befugt, das Recht auf die Ueberfahrt an einen Anderen abzutreten.

1. Der Ueberfahrtsvertrag, welcher als *locatio conductio operis* erscheint, bedarf zu seiner Gültigkeit keiner besonderen Form[1]) (Art. 317 H.G.B.), da die Uebernahme der Beförderung von Reisenden zur See zu den Handelsgeschäften gehört (Art. 271 Ziff. 4 H.G.B.).

2. Der Artikel findet keine Anwendung, wenn „der Passagevertrag in Bezug auf die zu transportirenden Personen unbestimmt abgeschlossen worden"[2]). Doch steht selbstverständlich dem Fall des Artikels der gleich, wo der Passagekontrakt zwar nicht auf eine bestimmte Person lautet, der Inhaber des Billets aber schon die Reise angetreten hat (Prot. V S. 2504 f.).

3. Nach R.R. ist für ein während der Ueberfahrt auf dem Schiffe geborenes Kind kein Passagegeld zu entrichten *(L. 19 § 7 Locati 19, 2)*, und dieser Grundsatz ist nicht nur für das gemeine Recht, sondern auch für jedes Recht anzuerkennen, welches keine ausdrückliche Bestimmung über diesen Fall enthält[3]).

Art. 666.

Der Reisende ist verpflichtet, alle die Schiffsordnung betreffenden Anweisungen des Schiffers zu befolgen.

Art. 667.

Der Reisende, welcher vor oder nach dem Antritt der Reise sich nicht rechtzeitig an Bord begiebt, muss das volle Ueberfahrtsgeld bezahlen, wenn der Schiffer die Reise antritt oder fortsetzt, ohne auf ihn zu warten.

Der Reisende hat sich rechtzeitig an Bord zu begeben, d. h. wenn der Termin der Abfahrt des Schiffs im voraus bestimmt ist,

---

1) Die französischen Juristen sehen gleichfalls von dem Erforderniss der Schriftlichkeit ab: Desjardins III S. VIII. Dagegen verlangt die englische *Passengers Act* von 1855 (18 u. 19 *Victoria* c. 119) sect. 71 bei Reisen, auf die sich das Gesetz bezieht, (d. h. abgesehen von wenigen Ausnahmen allein *from the United Kingdom to any place out of Europe and not being within the Mediterranean Sea*) Aushändigung eines der vorgeschriebenen Form entsprechenden, vom Rheder, Schiffer, Ueberfahrtsexpedienten oder von einem Vertreter derselben gezeichnetes *contract-ticket* für den Reisenden. Vgl. Maclachlan S. 322 f.
2) Nach dem holländischen H.G.B. (Art. 523) und dem belgischen *Code de comm.* (II Art. 120) darf der Passagier in keinem Falle ohne Einwilligung des Schiffers sein Recht aus dem Transportvertrage einem Anderen übertragen. Für das französische Recht ist Desjardins III S. VII f. umgekehrt in jedem Fall für freie Uebertragbarkeit, mit Ausnahme des Falls, wo der Passagevertrag mit Rücksicht auf eine besonders qualifizirte Person abgeschlossen ist (z. B. ein Billet zu einem ermässigten Preise einem *fonctionnaire civil ou militaire* ausgehändigt ist).
3) Dasselbe nehmen die französischen Juristen an (s. Desjardins III S. XXXV f.); ebenso, wie es scheint, Dernburg (Preuss. Privatr. II § 209 Note 9) für das preussische Recht.

vor diesem; wenn dies nicht der Fall, sofort auf die Aufforderung des Schiffers oder auf die Mittheilung desselben von der Segelbereitschaft des Schiffs [1]).

Art. 668.

Wenn der Reisende vor dem Antritt der Reise den Rücktritt von dem Ueberfahrtsvertrage erklärt, oder stirbt, oder durch Krankheit oder einen anderen in seiner Person sich ereignenden Zufall zurückzubleiben genöthigt wird, so ist nur die Hälfte des Ueberfahrtsgeldes zu zahlen.

Wenn nach Antritt der Reise der Rücktritt erklärt wird oder einer der erwähnten Zufälle sich ereignet, so ist das volle Ueberfahrtsgeld zu zahlen.

1. Ganz wie die Bestimmung des Art. 581 Abs. 1 beruht der Abs. 1 des Art. 668 lediglich auf Zweckmässigkeitsrücksichten. Man machte auf der hamburger Konferenz geltend, es sei billig, dem Verfrachter einen Entschädigungsanspruch zu gewähren, wenn es für den Reisenden unmöglich geworden, die beabsichtigte Reise auszuführen, da der erstere in der Regel Auslagen für den letzteren bestritten, z. B. Proviant für denselben angekauft; es auch fraglich sei, ob der Verfrachter den Platz des Reisenden wieder besetzen könne. Auf der anderen Seite wollte man die Streitigkeiten vermeiden, welche sich über die Frage erheben könnten, ob die Ausführung der Reise für den Reisenden unmöglich geworden, wenn demselben nur aus diesem Grunde das Recht, vom Vertrage zurückzutreten, gewährt wäre. Und so wurde der Rücktritt des Reisenden vor Beginn der Reise lediglich von seiner Willkür abhängig gemacht, aber in jedem Falle nur gegen Entrichtung des halben Ueberfahrtsgeldes gestattet (Prot. V S. 2514 f.).

2. Ist die Reise durch einen in der Person des Reisenden sich ereignenden Zufall, wie Krankheit oder Tod, unmöglich geworden, so ist das Recht desselben oder seiner Erben, nur die Hälfte der Fracht zu bezahlen, nicht durch eine ausdrückliche Rücktrittserklärung bedingt (Prot. VIII S. 4036).

3. Die Reise muss als angetreten betrachtet werden, sobald das Schiff, um in See zu stechen, den Anlegeplatz verlassen hat [2]).

---

1) Das holländische H.G.B. (Art. 522) und der belgische *Code de comm.* (II Art. 127) enthalten die gleiche Bestimmung wie das D.H.G.B.

2) Nach dem finnländischen Seegesetz (Art. 105) kann der Reisende gegen Zahlung der Hälfte des Passagegeldes nur dann vom Vertrage zurücktreten, wenn die Reise für ihn unmöglich geworden ist. Nach dem belgischen *Code de comm.* muss der Kapitän den Rücktritt des Passagiers bei Zahlung der Hälfte des Ueberfahrtsgeldes sich gefallen lassen, wenn der Rücktritt acht Tage vor Antritt der Reise erklärt wird. Er hat nur Anspruch auf ein Viertel des Passagegeldes (und zwar des reinen Passagegeldes nach Abzug der Kosten

Art. 669.

Der Ueberfahrtsvertrag tritt ausser Kraft, wenn durch einen Zufall das Schiff verloren geht (Art. 630 Ziff. 1).

Wenn durch einen Zufall sowohl das Schiff als die Person des Reisenden betroffen wird, so ist dies so zu beurtheilen, als wenn der Zufall das Schiff allein betroffen hätte, und die Bestimmung des Artikels greift daher Platz (Prot. V S. 2515 f.). Durch den Verlust des Schiffs wird nämlich der Ueberfahrtskontrakt aufgelöst. Ob damit ein Zufall konkurrirt, der den Reisenden verhindert haben würde, von dem Schiffe Gebrauch zu machen und ihn genöthigt hätte, gegen Zahlung der Hälfte des Passagegeldes vom Vertrage zurückzutreten, ist irrelevant.

Art. 670.

Der Reisende ist befugt, von dem Vertrage zurückzutreten, wenn ein Krieg ausbricht, in Folge dessen das Schiff nicht mehr als frei betrachtet werden kann und der Gefahr der Aufbringung ausgesetzt wäre, oder wenn die Reise durch eine das Schiff betreffende Verfügung von hoher Hand aufgehalten wird.

Das Recht des Rücktritts steht auch dem Verfrachter zu, wenn er in einem der vorstehenden Fälle die Reise aufgiebt, oder wenn das Schiff hauptsächlich zur Beförderung von Gütern bestimmt ist, und die Unternehmung unterbleiben muss, weil die Güter ohne sein Verschulden nicht befördert werden können.

1. Dass dem Reisenden das Recht eingeräumt wird, vom Vertrage zurückzutreten, nicht nur wenn das Schiff unfrei geworden, sondern auch wenn die Reise durch eine das Schiff betreffende Verfügung von hoher Hand a u f g e h a l t e n wird, wurde dadurch motivirt, dass man es demselben, da ihm in der Regel an unverweilter Ausführung der Reise gelegen, billiger Weise nicht zumuthen könne, Monate lang in einem Hafen auf Aufhebung der Verfügung zu warten (Prot. V S. 2516). Hiermit stimmt es freilich nicht überein, dass (nach Art. 672) der Reisende sich den durch eine Ausbesserung des Schiffs verursachten Aufenthalt gefallen lassen muss.

---

des Unterhalts, wenn diese im Passagegelde einbegriffen sind), wenn der Passagier gestorben oder durch schwere Krankheit oder höhere Gewalt verhindert ist, die Reise anzutreten (Art. 128). Ist der Reisende unterwegs gestorben oder durch Krankheit genöthigt, das Schiff zu verlassen, so ist nur Passagegeld zu zahlen à proportion de ce que le voyage est avancé. Verlässt derselbe jedoch ohne Grund unterwegs das Schiff, so ist das ganze Ueberfahrtsgeld zu entrichten (Art. 131). Nach dem holländischen H.G.B. (Art. 524) wird nur in dem Falle, wo der Passagier vor Antritt der Reise gestorben, das Ueberfahrtsgeld auf die Hälfte (und zwar des reinen Passagegeldes nach Abzug der Unterhaltskosten) ermässigt.

2. Für den Verfrachter ist das Recht, wegen der im Abs. 1 genannten Ereignisse vom Vertrage zurückzutreten, noch an die weitere Voraussetzung geknüpft, dass die beabsichtigte Reise überhaupt unterbleibt.

3. Dem Verfrachter, der es bei einer bestimmten Reise hauptsächlich auf den Gütertransport abgesehen hat, wird das Recht gegeben, von dem Ueberfahrtskontrakte zurückzutreten, wenn ohne seine Schuld die Beförderung der Güter unterbleibt, weil in solchem Falle der Verfrachter eigentlich nur unter der stillschweigend verstandenen Bedingung dem Reisenden gegenüber sich verpflichtet hat, dass „die Reise überhaupt zur Ausführung" gelangt, der Reisende selbst hierüber auch von vorn herein durch die Bekanntmachungen des Verfrachters oder des Mäklers desselben regelmässig unterrichtet ist (Prot. V S. 2516 f.).

Art. 671.

In allen Fällen, in welchen zufolge der Art. 669 und 670 der Ueberfahrtsvertrag aufgelöst wird, ist kein Theil zur Entschädigung des anderen verpflichtet.

Ist jedoch die Auflösung erst nach Antritt der Reise erfolgt, so hat der Reisende das Ueberfahrtsgeld nach Verhältniss der zurückgelegten zur ganzen Reise zu zahlen.

Bei der Berechnung des zu zahlenden Betrages sind die Vorschriften des Art. 633 maassgebend.

Das Gesetz gewährt dem Transportunternehmer Anspruch auf eine nach den für die Distanzfracht geltenden Grundsätzen berechnete Entschädigung, wenn der Frachtvertrag erst nach Antritt der Reise aufgelöst wird [1].

---

1) Das holländische H.G.B. trifft dieselben Bestimmungen wie das D.H.G.B. für den Fall, dass in Folge unwiderstehlicher Gewalt oder einer vom Schiffer und der Rhederei unabhängigen Ursache die Reise unterbleibt oder eingestellt wird (Art. 525). Zugleich gewährt es dem Schiffer Anspruch auf Ersatz der Auslagen, die er für die Passagiere (auch für deren Beköstigung) gehabt hat (Art. 527). Das finnländische Seegesetz (Art. 105) beschränkt sich auf die Vorschrift, dass der Reisende nur Distanzfracht zu zahlen hat, wenn ihn das Schiff nicht nach dem Bestimmungsorte bringt. Der belgische *Code de comm.* 11 verordnet: *Le contrat est résolu sans indemnité de part ni d'autre, si le départ est empéché par l'interdiction de commerce avec le port de destination, le blocus ou quelque autre force majeure* (Art. 130). *Dans le cas où le navire n'arrive point à destination par suite de prise, de naufrage ou de déclaration d'innavigabilité du navire, le capitaine n'a droit qu'au remboursement des frais d'entretien, s'il y a lieu* (Art. 132). Die englische *Passengers Act Amendment Act* von 1863 (26 u. 27 *Victoria* c. 51) statuirt (bei *passenger ships* und den Reisen, auf welche sich die *Passenger Act* bezieht) eine unbedingte Pflicht für den Transportunternehmer, die Passagiere nach dem Bestimmungsort zu bringen, nach dem Verlust des eigenen Schiffs mittels eines anderen (sect. 14—16), während es nach *common law* von dem speziellen Vertrage abhängt, ob der Transportunternehmer dazu verbunden ist. S. Maclachlan S. 326 f.; vgl. oben S. 415 Note 1.

Art. 672.

Muss das Schiff während der Reise ausgebessert werden, so hat der Reisende, auch wenn er die Ausbesserung nicht abwartet, das volle Ueberfahrtsgeld zu zahlen. Wartet er die Ausbesserung ab, so hat ihm der Verfrachter bis zum Wiederantritt der Reise ohne besondere Vergütung Wohnung zu gewähren, auch die nach dem Ueberfahrtsvertrage in Anschung der Beköstigung ihm obliegenden Pflichten weiter zu erfüllen.

Erbietet sich jedoch der Verfrachter, den Reisenden mit einer anderen gleich guten Schiffsgelegenheit ohne Beeinträchtigung der übrigen vertragsmässigen Rechte desselben nach dem Bestimmungshafen zu befördern, und weigert sich der Reisende, von dem Anerbieten Gebrauch zu machen, so hat er auf Gewährung von Wohnung und Kost bis zum Wiederantritt der Reise nicht weiter Anspruch.

Das Gesetz spricht nur von Pflichten des Verfrachters in Anschung der Beköstigung, welche demselben nach dem Ueberfahrtsvertrage obliegen. Das ist nicht nur maassgebend für die Art und Weise der Beköstigung, sondern auch für die Frage, ob während des Aufenthaltes im Nothhafen dem Reisenden auf Kosten des Verfrachters überhaupt Beköstigung zu gewähren ist. Nur dann hat der Reisende hierauf Anspruch, wenn ihm auf Grund des Ueberfahrtsvertrages solche auf dem Schiffe gewährt wurde[1]) (Prot. VIII S. 4038).

Art. 673.

Für den Transport der Reise-Effekten, welche der Reisende nach dem Ueberfahrtsvertrage an Bord zu bringen befugt ist, hat derselbe, wenn nicht ein Anderes bedungen ist, neben dem Ueberfahrtsgelde keine besondere Vergütung zu zahlen.

1. Ob und wie viele Reise-Effekten ein Reisender mit sich zu nehmen berechtigt ist, richtet sich nach dem Ueberfahrtsvertrage, und zwar entweder nach dem ausdrücklichen Inhalte desselben, oder nach den „denselben begleitenden Umständen". Hierauf wird durch den Ausdruck „befugt ist" hingedeutet (Prot. V S. 2509).

2. Unter Reise-Effekten sind nicht diejenigen Gegenstände allein zu verstehen, „die der Reisende während der Fahrt auf dem Schiffe" gebraucht. Das Wort soll vielmehr nur den Gegen-

---

1) Nach holländischem H.G.B. (Art. 526) hat während der in Rede stehenden Zeit der Reisende selbst für seine Beköstigung zu sorgen, wenn nicht eine Einigung in dieser Beziehung mit dem Schiffer zu Stande kommt. Dagegen stimmt der belgische *Code de comm.* (II Art. 133) mit dem D.H.G.B. überein.

satz zu den Waaren, den eigentlichen Frachtgütern ausdrücken
(Prot. V S. 2510).

3. Nach dem Gesetz spricht die Vermuthung gegen eine
Verbindlichkeit des Reisenden, etwas Besonderes für die
Effekten zu bezahlen, welche er nach dem Ueberfahrtsvertrage
mitzunehmen berechtigt ist. Eine solche Verbindlichkeit setzt
daher stets ein besonderes Uebereinkommen voraus (Prot. V
S. 2509).

Art. 674.

*Auf die an Bord gebrachten Reise-Effekten finden die Vor-
schriften der Art. 562, 594, 618 Anwendung.*

*Sind dieselben von dem Schiffer oder einem dazu bestellten
Dritten übernommen, so gelten für den Fall ihres Verlustes oder
ihrer Beschädigung die Vorschriften der Art. 607, 608, 609, 610, 611.*

*Auf sämmtliche von dem Reisenden an Bord gebrachte Sachen
finden ausserdem die Art. 564, 565, 566 und 620 Anwendung.*

1. Der Artikel unterscheidet mit Rücksicht auf die Anwendbarkeit von Bestimmungen des Tit. 5 des V. B. drei Kategorien von
Sachen: Reise-Effekten, welche von dem Schiffer oder einem Bevollmächtigten desselben nicht förmlich übernommen sind, Reise-
Effekten, welche übernommen sind, und sonstige von dem Reisenden
an Bord gebrachte Sachen [1]).

Dass auf die Seitens des Schiffers nicht förmlich übernommenen Sachen nicht die Grundsätze vom Rezeptum für
anwendbar erklärt werden, wurde auf der hamburger Konferenz
damit motivirt, dass es bei der grossen Zahl von Reisenden, die
in jetziger Zeit auf demselben Schiffe für eine weite Reise befördert würden, geradezu unmöglich sei, für die von denselben
nicht abgelieferten Effekten gebührend zu sorgen (Prot. V S. 2509).
Für Verschulden der Besatzung haftet der Verfrachter natürlich
auch bei diesen.

2. Mit Rücksicht auf die Anwendbarkeit des Art. 564 kommt
noch in Betracht § 297 R.Str.G.B.:

*Ein Reisender, welcher — ohne Vorwissen des Schiffers — Ge-
genstände an Bord nimmt, welche das Schiff oder die Ladung gefährden, indem sie die Beschlagnahme oder Einziehung des Schiffs
oder der Ladung veranlassen können, wird mit Geldstrafe bis zu eintausendfünfhundert Mark oder mit Gefängniss bis zu zwei Jahren
bestraft.*

---

1) Nach dem holländischen H.G.B. (Art. 532) und dem belgischen
Code de comm. II Art. 122 erscheint der Reisende in Betreff der an Bord gebrachten Güter als Ablader. Für den Schaden, der Gütern zugefügt ist, die er
selbst in seinem Gewahrsam behalten hat, haftet der Schiffer nicht, wenn derselbe nicht durch Handlungen der Besatzung herbeigeführt ist.

Art. 675.

Der Verfrachter hat wegen des Ueberfahrtsgeldes an den von dem Reisenden an Bord gebrachten Sachen ein Pfandrecht.

Das Pfandrecht besteht jedoch nur so lange die Sachen zurückbehalten oder deponirt sind.

Vgl. Art. 624 H.G.B. [1]).

Art. 676.

Stirbt ein Reisender, so ist der Schiffer verpflichtet, in Ansehung der an Bord sich befindenden Effekten desselben das Interesse der Erben nach den Umständen des Falles in geeigneter Weise wahrzunehmen.

Durch diese Bestimmung [2]) sollte den etwa an Bord befindlichen Angehörigen des verstorbenen Reisenden die Mitwirkung des Schiffers in den Fällen gesichert werden, wo sie derselben bedürfen, und dem Schiffer, „wenn keine Angehörigen an Bord sind, und in Ausnahmefällen, auch wenn solche dort sind" (die etwa nicht erbberechtigt oder nicht allein erbberechtigt sind), ein Anhalt gegeben werden, „um einer Benachtheiligung der Erben vorzubeugen" (Prot. VIII S. 4036 f.).

Art. 677.

Wird ein Schiff zur Beförderung von Reisenden einem Dritten verfrachtet, sei es im Ganzen oder zu einem Theil oder dergestalt, dass eine bestimmte Zahl von Reisenden befördert werden soll, so gelten für das Rechtsverhältniss zwischen dem Verfrachter und dem Dritten die Vorschriften des fünften Titels, soweit die Natur der Sache die Anwendung derselben zulässt.

1. Wenn ein Expedient ein Schiff chartert, um für seine eigene Rechnung die „Ueberfahrtskontrakte mit den einzelnen Reisenden abzuschliessen", so werden „zwei wesentlich von einander verschiedene Vertragsverhältnisse" begründet, das zwischen dem Expedienten und dem Rheder, und das zwischen dem Expedienten und den Passagieren. Letzteres ist nach den Vorschriften des Tit. 6 vom Passagevertrag, ersteres dagegen nach denen des Tit. 5 zu beurtheilen, indem es im Allgemeinen keinen Unterschied begründen kann, „ob der Vercharterung des Schiffs die Absicht des Gütertransports oder der Personenbeförderung zum Grunde liegt". Ob

---

1) Die fremden Rechte stimmen mit der Bestimmung des Art. 675 überein: holländisches H.G.B. Art. 533; belgischer *Code de comm.* II Art. 124; Abbott S. 166.

2) Gleiche Bestimmungen enthalten das holländische H.G.B. Art. 531; der belgische *Code de comm.* II Art. 125.

die Grundsätze über Totalverfrachtungen oder über Stückgüter-
ladungen zur Anwendung zu bringen sind, wenn nicht das ganze
Schiff gechartert, sondern nur die Beförderung einer bestimmten
Anzahl von Reisenden ausbedungen ist, ist nach den Umständen
des konkreten Falls (besonders der Grösse des Schiffs, der Zahl der
Passagiere, dem sonstigen Inhalt des Vertrages) zu entscheiden
(Prot. V S. 2530 f.).

2. Dass in diesem Falle der Rheder nicht als Kontrahent dem
Reisenden unmittelbar gegenübersteht, hat auf das **Verhältniss
des Kapitäns** als Schiffsführer zu dem letzteren selbstverständlich keinen Einfluss (Prot. V S. 2533).

Art. 678.

*Wenn in den folgenden Titeln dieses Buchs die Fracht erwähnt
wird, so sind unter dieser, sofern nicht das Gegentheil bestimmt ist,
auch die Ueberfahrtsgelder zu verstehen.*

Die Bestimmung dieses Artikels kommt namentlich zur Anwendung hinsichtlich der Art. 680 f., 702, 759, 801 f., 825,
859, 882.

Art. 679.

*Die auf das Auswanderungswesen sich beziehenden Landesgesetze,
auch insoweit sie privatrechtliche Bestimmungen enthalten, werden
durch die Vorschriften dieses Titels nicht berührt.*

Die Bremische Einführungsverordnung § 44 bestimmt, dass
durch den 6. Tit. des V. B. D.H.G.B. die auf die Beförderung von
Schiffspassagieren bezüglichen Anordnungen nicht berührt werden.
Eben dasselbe verordnen das Hannöversche Einführungsgesetz
§ 38 hinsichtlich des Gesetzes vom 19. März 1852, betreffend die
Beförderung von Schiffspassagieren nach überseeischen Häfen, und
das Oldenburgische Einführungsgesetz § 32 hinsichtlich des Gesetzes vom 3. August 1853, desselben Inhalts, sowie hinsichtlich der
zu beiden Gesetzen erlassenen Ausführungsverordnungen. Nach
der Erhebung des H.G.B. zum Reichsgesetz haben jedoch die von
demselben abweichenden landesgesetzlichen Bestimmungen nur soweit Gültigkeit, als sie sich auf solche Passagiere beziehen, die
wirklich Auswanderer sind.

Pierer'sche Hofbuchdruckerei. Stephan Geibel & Co. in Altenburg.